務本堂藏敦煌遺書

己卯齊白石

務本堂藏　方廣錩編

②

廣西師範大學出版社·桂林

圖書在版編目(CIP)數據

務本堂藏敦煌遺書. ②/方廣錩編. —桂林:廣西師範大學出版社, 2024.1
ISBN 978-7-5598-6126-9

Ⅰ.①務… Ⅱ.①方… Ⅲ.①敦煌學-文獻 Ⅳ.①K870.6

中國國家版本館 CIP 數據核字(2023)第 103399 號

務本堂藏敦煌遺書. ②
WUBENTANG CANG DUNHUANGYISHU. ②

出 品 人:劉廣漢
策 劃 人:鄧 燕
責任編輯:劉孝霞 吕解頤
裝幀設計:李婷婷
圖片拍攝:鄧 燕

廣西師範大學出版社出版發行
(廣西桂林市五里店路9號 郵政編碼:541004
網址:http://www.bbtpress.com)
出版人:黄軒莊
全國新華書店經銷
銷售熱綫:021-65200318 021-31260822-898
上海雅昌藝術印刷有限公司印刷
(上海市嘉定區嘉羅公路1022號 郵政編碼:201800)
開本:787 mm×1 092 mm 1/8
印張:60.5 字數:520千
2024年1月第1版 2024年1月第1次印刷
定價:2280.00圓

序言

務本堂是我國近年崛起的私人收藏單位，除了其他收藏外，頗致力於從拍賣市場拍賣並收藏敦煌遺書，多年來屢有斬獲。值得稱道的是，務本堂並不滿足於私藏，而是將所得的敦煌遺書正式出版，供給學術界研究，並與同好者共同欣賞。二〇一三年六月，廣西師範大學出版社出版《務本堂藏敦煌遺書①》，該書收入敦煌遺書四十三號（含少量山西晋南古寫經與日本古寫經）。此次又將二〇一三年以後新得敦煌遺書編輯爲《務本堂藏敦煌遺書②》出版。

《務本堂藏敦煌遺書②》收入各種遺書四十八號（亦含少量山西晋南古寫經與日本古寫經），頗有一些精品。從文獻角度，包含極爲稀見的三階教經典；並有若干歷代大藏經未收的經典；有的經典雖爲歷代大藏經所收，行文卻有差異，甚至有較大差異，故有較大的校勘及研究價值。從文物角度，不少遺書紙張精良，有一件遺書長達二十四米，另一件長達十四米，均已達到國家珍貴古籍名錄的評選標準。此外，竟有一件唐五代刻本，甚爲珍貴。這批敦煌遺書的年代從五六世紀到十一世紀，反映了這六七百年中我國文字的演變、紙張工藝的變化及卷軸裝潢的演變，均極有研究價值。收入的晋南古代寫經，則反映了中原地區古寫經的情況，可與敦煌遺書對照研究。本書收入的若干件敦煌遺書乃近年從日本回流，體現了我國收藏家對保存中國文化的熱忱。

特別值得一提的是，如本書策劃鄧女士在『後記』中所述，正當本書由廣西師範大學出版社緊張編輯出版的關鍵時刻，突然傳來驚人消息：務本堂堂主循正規渠道、按正規手續在拍賣場競拍得到，且已經收入本書的《金光明最勝王經》卷八（本書編爲『務本八十一號』）居然是四川省圖書館十六年前被盜的九件文物之一。了解真相後，務本堂堂主將此卷慷慨捐獻給四川省圖書館。而四川省圖書館也同意在本書中刊出《金光明最勝王經》卷八的圖版與資料。雙方的舉動，都令人欽佩與感懷。〔一〕

二〇一五年，鄧女士曾應我的要求，携這批珍貴文物到浙江温州文成西坑鎮的深山中，供安福寺佛教文獻研修班的同學們觀摩、學習。我至今保留着當時的照片。同學們能夠得到現場觀摩、考察古代珍貴佛典的機會，得到有關這些珍貴佛典的實實在在的知識，無不歡喜雀躍。在此，對務本堂堂主慷慨大度的心胸再次表示感謝。

方廣錩

二〇二三年五月二十七日於文成安福寺

〔一〕《金光明最勝王經》卷八，即《金光明最勝王經堅牢地神品第十八》。二〇一六年一月至二〇二一年三月收藏於務本堂，爲二〇一六年務本堂拍賣競得。此後務本堂獲悉該經爲四川省圖書館被盗文物，故於二〇二一年三月捐獻給四川省圖書館。

目　錄　務本 044 號至 091 號

務本 044 號 1 彩繪佛像（扉畫）（31–01）

佛説佛名經卷苐十一
舍利弗舉要言之現在諸佛説不可盡舍
利弗辟如東方恒河沙世界南方恒河沙世界
西方恒河沙世界北方恒河沙世界上下四維恒
河沙世界彼一切世界下至水際上至有頂
滿中微塵舍利弗於意云何彼如是微塵
可知數不舍利弗言不也世尊佛言舍利弗如
是同名釋迦牟尼佛現在世者我現前見彼
諸佛母同名摩訶摩耶父同名輸頭檀王城
同名迦毗羅彼諸佛苐一聲聞弟子同名舍
利弗目揵連侍者弟子同名阿難何況種種異
名母異名父異名城異名弟子異名侍者舍利
弗彼若干世界彼人於何等世界着微塵於
何等世界不着微塵彼諸世界若着微塵及
不着者下至水際上至有頂舍利弗復有苐
二人取彼微塵彼若干微塵數尒所佛國土向僧

務本 044 號 2 佛名經（十六卷本）卷一一（31–02）

不着者下至水際上至有頂舍利弗復有苐
二人取彼微塵彼若干微塵數尒所佛國土向僧
祇億百千万那由他世界過尒所世界爲一步舍
利弗復人復過若干微塵數世界爲一步彼人
如是過百千万億那由他阿僧祇劫行乃下一塵
如是盡諸微塵舍利弗如是若干世界若着微
塵及不着者滿中微塵復着十方世界舍利弗
復過是世界若着微塵及不着者彼諸世界下
至水際上至有頂滿中微塵
舍利弗復有苐三人取彼尒所微塵過彼尒所
微塵數世界爲過一步彼若千百千万億那由
他阿僧祇劫行乃下一塵如是盡諸微塵復有
苐四人彼若干微塵數世界若着微塵及不着
者下至水際上至有頂滿中微塵舍利弗於意
云何彼微塵可知數不舍利弗言不也世尊佛告
舍利弗彼若千微塵可知其數然彼同名釋迦
牟尼佛母同名摩訶摩耶父同名輸頭檀王城
同名迦毗羅苐一弟子同名舍利弗目揵連侍者
弟子同名阿難陁彼佛不可知數舍利弗如是
苐五人苐六苐七苐八苐九苐十人
舍利弗復有苐十二人是人彼若干微塵中取

務本 044 號 2 佛名經（十六卷本）卷一一（31–03）

苐五人苐六苐七苐八苐九苐十人
舍利弗復有苐十二人是人彼若干微塵中取
一微塵破為十方若干世界微塵數分如是餘
微塵亦悉破為若干世界微塵數分舍利弗
於意云何彼微塵分可知數不舍利弗言不也世
尊佛告舍利弗復有人彼若干微塵分佛國土為
過一步如是速疾神通行東方世界无量无邊劫
下一微塵東方盡如是微塵舍利弗如是若干
世界若著微塵及不著者滿中微塵復更著
十方世界舍利弗復過是世界若著微塵及不
著者彼諸世界下至水際上至有頂滿中微塵
舍利弗復有苐三人取彼介所微塵過彼介所
微塵數世界為過一步彼若干百千万億那由他阿
僧祇劫行乃下一塵如是盡諸微塵復有苐四人
彼若干微塵數世界若著微塵及不著者下
至水際上至有頂滿中微塵舍利弗於意云何
彼微塵可知數不舍利弗言不也世尊佛告舍利弗
彼若干微塵可知其數然彼同名釋迦牟尼佛
母同名摩訶摩耶父同名輸頭檀域同名迦毗羅弟
一弟子同名舍利弗目揵連侍者弟子同名阿難
陀彼佛不可知數舍利弗如是苐五人苐六人七苐

務本 044 號 2 佛名經（十六卷本）卷一一（31-04）

一弟子同名舍利弗目揵連侍者弟子同名阿難
陀彼佛不可知數舍利弗如是苐五人苐六人七苐
八苐九苐十人
舍利弗復有苐十人是人彼若干微塵中取一微
塵破為十方若干世界微塵數分如是餘微塵亦
悉破為若干世界微塵數分舍利弗於意云何彼微
塵分可知數不舍利弗言不也世尊佛告舍利弗復
有人彼若干微塵分佛國土為過一步如是速疾神
通行東方世界无量无邊劫下一微塵東方如是微
塵若著微塵及不著者下至水際上至有頂滿中
微塵如是南方乃至十方下至水際上至有頂滿中
微塵舍利弗於意云何彼微塵可知數不舍利弗
言不也世尊佛告舍利弗彼若干微塵分可知其數
然現今在世同名釋迦牟尼佛母同名摩訶摩耶
父同名輸頭檀域同名迦毗羅弟子同名舍利弗
目揵連侍者弟子同名阿難陀不可數知何況種
種異名佛異名母異名父異名域異名城異名弟
子異名侍者舍利弗我若干微塵數劫住世說一同
名釋迦牟尼不可窮盡如是同名然燈佛同名提
波延佛同名燈光明佛同名一切勝佛同名稱佛
同名波頭摩勝佛勝同名毗婆尸佛同名尸棄佛

務本 044 號 2 佛名經（十六卷本）卷一一（31-05）

波延佛同名燈光明佛同名一切勝佛同名稱佛
同名波頭摩勝佛勝同名毗婆尸佛同名尸棄佛
同名毗舍浮佛同名拘留孫佛同名拘那含佛同名
迦葉佛如是等異名乃至異名侍者現在世者我今
悉知汝等應當一心敬礼
尒時佛告舍利弗若善男子善女人求阿耨多羅三
藐三菩提者當先懺悔一切諸罪若比丘犯四重罪
比丘尼犯八重罪式叉摩那沙弥沙弥尼犯出家根
本罪若優婆塞犯優婆塞重戒優婆夷犯優婆
夷重戒欲懺悔者當淨洗浴著新淨衣不食葷
辛在靜處脩治室內以諸幡華莊嚴道場香泥
塗畫懸四十九枚幡莊嚴佛坐安置佛像燒種種
香旃檀沉水熏陸多伽羅藴揵陁種種末香塗香
燒香如是等種妙香散種種華與大慈悲願救苦
衆生未度者令度未解者令解未安者令安未涅槃
者令得涅槃晝夜思惟如來本行苦行於无量劫
受諸苦惱不生疲猒為求无上菩提故於一切衆生
自生下心如僮僕心若比丘懺悔四重罪如是晝夜卌
九日當對八清淨比丘發露所犯罪言白一對發露至
心殷重誨昔所作一心歸命十方諸佛稱名礼拜隨
力隨分如是至心滿四十九日罪必除滅是人得清淨

心殷重誨昔所作一心歸命十方諸佛稱名礼拜隨
力隨分如是至心滿四十九日罪必除滅是人得清淨
時當有相現若於覺中若於夢中見十方諸佛與
其記莂或見菩薩與其記莂將詣道場共為已
伴或與摩頂示滅罪相或自見身入大會中處在衆
次或自見身處衆說法或見諸師淨行沙門將詣
道場亦其諸佛舍利弗若比丘懺悔罪時若見如是
相者當知是人罪垢得滅除不至心若比丘尼懺悔
八重罪者當如比丘法滿足四十九日當得清淨除不
至心若式叉摩那沙弥沙弥尼懺悔根本重罪當對
四清淨比丘比丘尼如上法滿廿一日當知清淨除不
至心若優婆塞優婆夷懺重戒罪應當至心恭敬
三寶若見沙門恭敬礼拜生難遭想當讚詣道
場設種種供養當請一比丘心敬重者就其發露所
犯諸罪至心懺悔一心歸命十方諸佛稱名礼拜如
是滿足七日必得清淨除不至心尒時世尊而說偈言
得成菩提降伏魔　自在經行道樹下
證无障㝵眼及身　法界平等如虛空
十億國土微塵數　菩薩弟子衆圍繞
得於一切寂靜心　善住普賢諸行中
佛身相好妙莊嚴　放於種種无量光

得於一切寂靜心　善住普賢諸行中
佛身相好妙莊嚴　放於種種无量光
普照十方諸國土　諸佛不可思議力
見諸國土悉无法　无量妙色清淨滿
諸佛所有勝妙事　承佛神力見大衆
東方世界名寶幢　遠離諸垢妙莊嚴
彼處自在寶燈佛　於今現在彼世界
南方頗梨燈國土　清淨妙色普嚴淨
摩尼清淨雲如來　現今在世說妙法
西方无垢清淨土　名為安樂妙世界
彼自在佛无量壽　菩薩弟子現圍繞
北方世界名香燈　國土清淨甚嚴飾
无染光幢佛所化　現今自在道場樹
琉璃光明真妙色　國土清淨勝莊嚴
无礙光雲佛如來　於今現在東北方
光明照幢世界中　現見滿足諸菩薩
自在吼聲佛彼處　現今在於東南方
種種樂樂佛世界　摩尼莊嚴妙无垢
勝妙智月如須彌　現見在於西南方
現見西北方如來　彌留光明平等界
彼處大聖自在佛　弟子菩薩衆圍繞

務本 044 號 2 佛名經（十六卷本）卷一一（31-08）

現見西北方如來　彌留光明平等界
彼處大聖自在佛　弟子菩薩衆圍繞
下方世界自在光　國土清淨寶夫藏
光明妙輪不空見　佛今住彼妙國土
上方世界光夫藏　彼世界名淨无垢
普眼功德光明雲　現見菩提樹下坐
即時舍利弗等大衆承佛神力見十方過去
未來現在諸佛无量无邊尒時舍利弗在大
衆中悲泣流淚白佛言希有世尊若善男子
善女人發阿耨多羅三藐三菩提心者不得成佛
我等昔來猶如腐草雖逢春陽无希秋實
尒時慧命舍利弗即從坐起偏袒右肩右膝著
地合掌白佛言世尊世尊願更廣說十方所有
諸佛名号我等樂聞尒時佛告舍利弗汝當至
心諦聽我為汝說舍利弗從此世界東方過百千
億世界有佛世界名然燈彼世界有佛名寶集
阿羅訶三藐三佛陁現在說法
舍利弗若有善男子善女人聞彼佛名至心受持
憶念是善男子善女人畢竟得七覺分三昧得不
退轉阿耨多羅三藐三菩提心起越世間六十劫
尒時世尊以偈頌曰

務本 044 號 2 佛名經（十六卷本）卷一一（31-09）

退轉阿耨多羅三藐三菩提心起越世間六十劫
尒時世尊以偈頌曰
東方然燈界　有佛名寶集　若人聞名者　超世六十劫
舍利弗東方有世界名寶集彼佛世界有佛名寶
勝阿羅訶三藐三佛陁現在說法若善男子善女
人聞彼佛名至心受持憶念讀誦合掌礼拜若復
有善男子善女人以滿足三千大千世界珎寶布施
如是日月布施滿一百歲如此布施福德比前至心
礼拜功德分不及一千分不及一百千分不及一數
不及一筭不及一譬喻不及一尒時世尊以偈頌曰
寶集世界　有佛寶勝　若人聞名　施不及一
舍利弗從此東方過八百世界有佛世界名香積彼
世界有佛名成就盧舍那
阿羅訶三藐三佛陁現在說法若人聞彼佛名受
持讀誦憶念礼拜超越世間五百劫
舍利弗從此世界東方過千世界名樹提跋提彼世
界有佛名盧舍那鏡像
阿羅訶三藐三佛陁現在說法若善男子善女人聞
彼佛名受持讀誦至心憶念恭敬礼拜得脫三惡道
舍利弗從此東方過二千世界有佛國土名无量光
明功德世界有佛名盧舍那光明阿羅訶三藐三

務本 044 號 2 佛名經（十六卷本）卷一一（31–10）

舍利弗從此東方過二千世界有佛國土名无量光
明功德世界有佛名盧舍那光明阿羅訶三藐三
佛陁若善男子善女人人聞彼佛名五體投地深心
敬重受持讀誦恭敬礼拜是人超越世間世劫
舍利弗東方過千世界有佛國土名可樂彼佛名不
動應供正遍知若善男子善女人聞彼佛名受持讀
誦恭敬礼拜是人畢竟不退阿耨多羅三藐三菩
提一切諸魔所不能動
舍利弗東方過千世有佛世界名不可量彼處佛
名大光明　阿羅訶三藐三佛
陁現在說法若善男子善女人聞彼光明佛名受
持讀誦恭敬礼拜是人常不離一切諸佛菩薩畢
竟得不退轉阿耨多羅三藐三菩提心
舍利弗從此佛國土東方過六十千世界有佛世界名
然燈佛名不可量聲
阿羅訶三藐三佛陁現在說法若善男子善女人聞
彼阿弥陁佛名三稱南无不可量聲如來南无不可
量聲如來南无不可量聲如來是人畢不墮三惡道
定心阿耨多羅三藐三菩提
舍利弗復過彼世界度千佛國土有佛世界名无塵
彼有佛同名阿弥陁劬沙

務本 044 號 2 佛名經（十六卷本）卷一一（31–11）

舍利弗復過彼世界度千佛國土有佛世界名无塵
彼有佛同名阿弥陁劬沙
阿羅訶三藐三佛陁現在説法説若善男子善女人
聞彼佛名深心敬重受持讀誦恭敬礼拜是人
超越世間十二劫
舍利弗復過廿千佛國土有佛世界名難勝彼處
有佛名大稱　阿羅訶三藐三佛陁若善男子善
女人聞彼佛名合掌作如是言
南无大稱如来若復有人以須弥山等七寶日日布
施滿一百歳比聞此佛名礼拜功德百分不及一乃
至筭數分不及一
次礼十二部尊經大藏法輪
南无　句義　經　南无鷹王　經
南无須　達經　南无弘道三昧經
南无義決律經　南无須那越國貧人經
南无　齊　經　南无等人法嚴　經
南无陰持入　經　南无佛説護淨　經
南无方便心論　經　南无諫心　經
南无摩訶剎頭經　南无中陰　經
南无所欲致患經　南无流離王　經
南无孫陁耶致經　南无逝　經

務本 044 號 2 佛名經（十六卷本）卷一一（31–12）

南无所欲致患經　南无流離王　經
南无孫陁耶致經　南无逝　經
南无僧　大　經　南无夫婦　經
南无佛般泥洹後灌臘經　南无天皇梵摩經
南无遺日定行經　南无十二死　經
南无和難　經　南无施陁梨呪　經
南无犯戒罪報輕重經　南无菩薩大業　經
次礼十方諸大菩薩
南无等觀　菩薩　南无不等觀　菩薩
南无等不等觀菩薩　南无定自在王菩薩
南无法自在王菩薩　南无法相　菩薩
南无光相　菩薩　南无光嚴　菩薩
南无大嚴菩薩　南无寶積　菩薩
南无辯積菩薩　南无寶手　菩薩
南无寶印手菩薩　南无常舉手菩薩
南无常下手菩薩　南无常慘　菩薩
南无善根　菩薩　南无善王　菩薩
南无辯音菩薩　南无虛空藏　菩薩
南无執寶炬菩薩　南无寶勇　菩薩
南无寶見菩薩　南无帝網　菩薩
南无明網　菩薩　南无无緣觀　菩薩

務本 044 號 2 佛名經（十六卷本）卷一一（31–13）

南无寶見菩薩　南无帝網菩薩
南无明網菩薩　南无无緣觀菩薩
次礼聲聞緣覺一切賢聖
南无見人飛騰辟支佛　南无可波羅辟支佛
南无秦摩利辟支佛　南无月淨辟支佛
南无善智辟支佛　南无脩陁辟支佛
南无善法辟支佛　南无應求辟支佛
南无豁求辟支佛　南无大勢辟支佛
南无脩行不着辟支佛　南无難捨辟支佛
歸命如是等无量无邊辟支佛
礼三寶已次復懺悔
以共懺悔身三業竟今當次第懺悔口四惡
業經中說言口業之罪能令衆生墮於地獄
餓鬼受苦若在畜生則受鵂鶹鴝鵒之形聞
其聲者无不憎惡若生人中口氣常臭所有言
說人不信受眷屬不和常好鬪諍口業既有如
是惡果是故弟子今日至誠歸依於佛
南无東方須彌燈王佛　南无南方大功德佛
南无西方无量方佛　南无北方覺華生德佛
南无東南方一切覺華佛　南无西南方无量辯才佛
南无西北方蓮華生王佛　南无東方北滅一切憂佛

務本 044 號 2 佛名經（十六卷本）卷一一（31–14）

南无東南方一切覺華佛　南无西南方无量辯才佛
南无西北方蓮華生王佛　南无東方北滅一切憂佛
南无下方至光明王佛　南无上方雷燈王幢佛
如是十方盡虛空界一切三寶
弟子等自從无始以來至於今日妄言兩舌惡口
綺語傳虛說有說有言虛不見言見見言不見
不聞言聞聞言不聞不知言知知言不知欺賢罔
聖言行相乖自稱讚譽得過人法我得四禪
四无色定阿那般那十六行觀得須陁洹至阿羅
漢我得辟支佛不退菩薩天來龍來鬼來神來
旋風土鬼皆至我所彼問我答顯異惑衆要世
名利如是等罪今悉懺悔
又復无始以來至於今日或讒言鬪亂交扇彼此
兩舌鬪構敗弄口舌向彼說此向此道彼離他眷
屬壞人善友使和密者爲踈親舊者成怨或綺
辭不實言不及義誑誘君父平薄師長破壞
忠良埋没勝己通致二國彼此扇作浮華虛巧
發言常虛口是心非其逢非一對面譽數背則
呵毀讚誦邪書傳邪惡法或惡口罵詈言語麁
橫呼天扣地牽引鬼神如是口業所生諸罪无
量无邊今日至到向十方佛尊法聖衆皆悉懺悔

務本 044 號 2 佛名經（十六卷本）卷一一（31–15）

橫呼天扣地奉引鬼神如是口業所生諸罪无
量无邊今日至到向十方佛尊法聖衆皆悉懺悔
願弟子等承是懺悔口業衆罪所生功德生生
世世具八音聲四无㝵辯常說和合和益之語其
聲清雅一切樂聞善解衆生方俗言說若有所
說應根令彼聽者即得解悟超凡入聖開　發
慧眼 礼一拜
舍利弗復過三千佛國土有世界名光明佛名寶
光明　阿羅訶三藐三佛陁若善男子善女人受持
彼佛名超越世間劫得不退轉心向耨多羅三藐
三菩提若有人不信聞名得如此功德是人當墮
阿鼻地獄滿足千百劫

從此以上八千七百佛十二部經一切賢聖
舍利弗東方過十五佛國土有世界名光明照彼處
有佛名得大无畏
阿羅訶三藐三佛陁現在說法若善男子善女
人聞彼佛名受持讀誦恭敬礼拜是人畢竟得
大无畏攝取无量无邊功德
舍利弗過第七千佛國土有世界名摩尼光明彼
處有佛名然燈佛　阿羅訶三藐三佛陁現在說
法若善男子善女人聞彼佛名至心恭敬礼拜受

九　**務本 044 號 2** 佛名經（十六卷本）卷一一（31–16）

處有佛名然燈佛　阿羅訶三藐三佛陁現在說
法若善男子善女人聞彼佛名至心恭敬礼拜受
持讀誦是人攝得如來十力
舍利弗復過八千佛國土有寶世界彼世界中有
佛名寶聲如來阿羅訶三藐三佛陁現在說法
若善男子善女人聞彼佛名至心受持讀誦至
心礼拜是人畢竟得四聖諦畢竟得阿耨多羅
三藐菩提
舍利弗復過廿千佛國土有佛世界名光明佛无
佛名无邊无垢　阿羅訶三藐三佛陁現在說
法若善男子善女人聞彼佛名至心信受持讀
誦恭敬礼拜若復有人以滿三千大千世界七
寶布施比聞无垢佛名受持讀誦功德千万
分不及一乃至筭數分不及一何以故若衆生善
根微薄不能得聞无垢佛名若有善男子善女
人聞无邊離垢如來名是人非於一佛所種諸善
根亦非十佛所種諸善根是人乃是百千万佛所種
諸善根是人超越世間卌八劫
舍利弗東方過九千佛國土有世界名妙聲佛名月
聲　阿羅訶三藐三佛陁現在說法若善男子善
女人聞彼佛名能受持讀誦至心礼拜是人所得

務本 044 號 2 佛名經（十六卷本）卷一一（31–17）

聲 阿羅訶三藐三佛陁現在說法若善男子善
女人聞彼佛名能受持讀誦至心礼拜是人所得
一切功德白法具足如滿月月畢竟得阿耨多
羅三藐三菩提
舍利弗過復十千佛國土有世界名无畏佛名无
邊稱阿羅訶三藐三佛陁現在說法若善男子
善女人聞彼佛名受持讀誦合掌作如是言南
无无邊稱世尊若復有人以七寶如須弥等
布施日日如是滿足百年此福德聚比持佛名
功德百分不及一乃至筭數譬喻所不能及
舍利弗復過千五百佛國土有世界名日然燈佛
名日月光明 阿羅訶三藐三佛陁現在說法
若善男子善女人聞彼佛名受持讀誦胡跪
合掌右膝著地三遍作如是言
南无日月光明世尊南无日月光明世尊南无日
月光明世尊是人速成阿耨多羅三藐三菩提
舍利弗復過三十千佛國土有世界名无垢佛名
无垢光明
阿羅訶三藐三佛陁現在說法若善男子善
女人天龍夜叉羅剎若人非人聞是佛名畢竟
不退阿耨多羅三藐三菩提不入惡道舍利弗東

務本 044 號 2 佛名經（十六卷本）卷一一（31–18）

女人天龍夜叉羅剎若人非人聞是佛名畢竟
不退阿耨多羅三藐三菩提不入惡道舍利弗東
方過十千佛國土有世界名百光明佛名清淨光明
阿羅訶三藐三佛陁現在說法若天龍夜叉人非
人聞名者必得人身遠貪瞋癡煩惱若人聞不信
者六十千劫墮大地獄
舍利弗復過百佛國土有世界名善德佛名日光
明 阿羅訶三藐三佛陁現在說法若人畢竟清
淨心稱彼佛名所得功德足如日輪畢竟能伏
一切諸魔外道超越世間卅劫
舍利弗復過六十千佛國土有世界名住七覺分
佛名无邊寶 阿羅訶三藐三佛陁現在說法
若人聞彼佛名是人具足得七寶分能置衆生者
勝寶中畢竟成就无量功德聚
舍利弗復過五百佛國土有世界名華鏡像佛
名華勝 阿羅訶三藐三佛陁現在說法若人
聞彼名信心敬重彼人一切善法成就如華敷起
越世間五十五劫
舍利弗復過百千億佛國土有世界名遠離一切憂
惱佛名妙身

務本 044 號 2 佛名經（十六卷本）卷一一（31–19）

舍利弗復過百千億佛國土有世界名遠離一切憂
惱佛名妙身
阿羅訶三藐三佛陁現在說法若人聞彼佛名至
心敬重礼拜供養是人畢竟遠離一切諸障不入
惡道超越世間无量劫
舍利弗復過那由他佛國土有世界名平等彼處有
佛号法光明清淨開敷蓮華佛阿羅訶三藐三佛
陁現在說法若人得聞彼如來名受持不妄失者
永離三惡道
舍利弗若比丘比丘尼優婆塞優婆夷欲懺諸罪
當淨洗浴着新淨衣淨室內敷高座安置佛像
懸廿五枚幡種種華香供養誦此廿五佛名日夜六
時懺悔滿廿五日滅四重八重等罪式叉摩那沙弥
沙弥尼亦復如是
尒時舍利弗白佛言世尊唯願世尊為我說過去七
佛姓名壽命長短我等樂聞佛告舍利弗諦聽諦
聽當為汝說舍利弗過去九十一劫
有佛名毗婆尸如來過去卅劫
有佛名尸棄如來彼劫中復有毗舍浮如來自此以
後无量无邊劫空過无佛至賢劫中有四佛
拘留孫佛 拘那含牟佛 迦葉佛 我釋迦牟尼佛

濱田藏敦煌遺書②

務本 044 號 2 佛名經（十六卷本）卷一一（31-20）

後无量无邊劫空過无佛至賢劫中有四佛
拘留孫佛 拘那含牟佛 迦葉佛 我釋迦牟尼佛
毗婆尸佛壽命八十千劫尸棄佛壽命六十千劫毗舍
浮佛壽命二千劫拘留孫佛壽命十四小劫拘那含牟尼
佛壽命卅小劫 迦葉佛壽命二小劫 我現在㝡小壽
命一百歲
毗婆尸佛尸棄佛毗舍浮佛剎利家生拘留孫佛拘那
含牟尼佛迦葉佛婆羅門生家
舍利弗我釋迦牟尼佛剎利家生
毗婆尸佛尸棄佛毗舍浮佛三佛姓拘隣
拘留孫佛拘那含牟尼佛迦葉佛此三佛姓迦葉
舍利弗我釋迦牟尼佛姓瞿曇
舍利弗毗婆尸佛波吒羅樹下得阿耨多羅三藐三菩提
尸棄佛分陁利樹下得阿耨多羅三藐三菩提毗舍
浮佛莎羅樹下得阿耨多羅三藐三菩提拘那含
牟尼佛尸利沙樹下得阿耨多羅三藐三菩提
拘留孫佛憂頭跋樹下得阿耨多羅三藐三菩提
迦葉佛尼拘律樹下得阿耨多羅三藐三菩提
我釋迦牟尼佛阿說陁樹下得阿耨多羅三藐三菩提
毗婆尸佛三集聲聞 尸棄佛三集 聲聞
毗舍浮佛再集聲聞 拘留孫佛一集 聲聞

務本 044 號 2 佛名經（十六卷本）卷一一（31-21）

毗婆尸佛三集聲聞　尸棄佛三集　聲聞
毗舍浮佛再集聲聞　拘留孫佛一集聲聞
拘那含牟尼佛一集聲聞　迦葉佛一集　聲聞
我釋迦牟尼佛一集聲聞
毗婆尸佛第一聲聞弟子一名吉沙二名看荼
尸棄佛第一聲聞弟子一名勝二名自在
毗舍浮佛第一聲聞弟子一名星宿二名上
拘留孫佛第一聲聞弟子一名疾二名　力
拘那含牟尼佛第一聲聞弟子一名泹二名毗頭羅
迦葉佛第一聲聞弟子一名輸那二名頻羅隨
我釋迦牟尼佛第一聲聞弟子一名舍利弗二名
目揵連如上二人并前者智慧第一後神通第一
毗婆尸佛侍者名无憂　尸棄佛侍者名離畏
毗舍浮佛侍者名寂　拘留孫佛侍者名智
拘那含文尼佛侍者名覲　迦葉佛侍者名迦夫
我侍者名　歡喜　毗婆尸佛子名成陰
尸棄佛子名不可量　毗舍浮佛子名善智
拘留孫佛子名　上　拘那含文尼佛子名勝
迦葉佛子名導師　我子名　羅睺羅
毗婆尸佛父名槃頭母名槃頭　意成名槃頭
尸棄佛父名鈎那母名　勝城名向樓那跋提

毗婆尸佛父名槃頭母名槃頭　意成名槃頭
尸棄佛父名鈎那母名勝城名向樓那跋提
毗舍浮佛父名向樓那天子母名　稱意城名須意
拘留孫佛父婆羅門種父名切德母名廣彼天
子名无畏城名无畏
拘那含文尼佛父婆羅門種父名大德母名難勝
天子名莊嚴城亦名莊嚴
迦葉佛婆羅門種父名淨德母名善才天子名知
使城亦名知使今時波羅柰城是
我今父名輸頭樹王母名摩訶摩耶城名迦毗羅
舍利弗應當敬礼我本師謂釋迦牟尼佛稱
妙佛降伏一切德
南无然燈光佛　南无无畏佛
南无法勝佛
如是等初一大阿僧祇劫有八千億佛家後名
釋迦牟尼佛
第二阿僧祇劫初寶勝佛　然燈佛　如聲佛
勝成佛　善見佛　善眼佛　提侍羅吒佛
師子无畏自在不違善眼善山善意旃檀降
伏報降伏闇師子奮迅妙聲无量威德淨德
炎見第一義復有釋迦牟尼妙行勝妙寂靜妙

伏報降伏闇師子奮迅妙聲无量威德淨德
炎見第一義復有釋迦牟尼妙行勝妙寂靜妙
身切德梵命月降自在調山曰陁羅財山是
第二大阿僧祇劫有如是等七十二億佛應當敬
舍利弗大力大精進淨德大明陽炎復有釋迦
牟尼大龍大威德堅行旃檀寶山曰陁羅幢
无畏作富樓那寶髻波頭摩勝妙勝无无與
光明降伏怨波斯他大幢頻羅墮畢沙星宿
毗婆尸尸棄拘隣毗舍浮能作光明不可勝復
有尸棄善見家後釋迦牟尼第三大阿僧祇劫
中有如是等七十一億佛應當敬礼
南无歡喜增長佛　南无人自在王佛
舍利弗如是等過去无量佛等應當敬礼
南无不動佛　南无大聖佛
南无歡喜佛　南无自在佛
南无普光明佛　南无滿足佛
南无拘隣佛　南无安隱佛
南无大精進佛　南无智慧佛
南无大稱佛　南无阿㝹律佛
南无妙勝佛　南无不厭足佛
南无大光炎聚佛　南无月光佛

務本 044 號 2 佛名經（十六卷本）卷一一（31–24）

南无妙勝佛　南无不厭足佛
南无大光炎聚佛　南无月光佛
南无大威德佛　南无普寶蓋佛
南无那羅延光明佛　南无師子乘光明佛
南无離一切憂惱光明佛　南无堅固光明佛
南无雲王光明佛　南无无垢辟光明佛
南无成就義光明佛　南无勝讃光明佛
南无梵勝天王光明佛
南无如是等同名不可說不可說佛
舍利弗汝應當敬礼无量壽佛國安樂世界觀
世音菩薩得大勢菩薩以為上首
及无量无邊菩薩如是摩利支世界難勝佛國
土光明幢菩薩光明勝菩薩以為上首
及无量无邊阿僧祇菩薩衆如是可樂世界
阿閦佛國土香象菩薩妙香菩薩以為上首
及无量无邊菩薩衆如是盧舍那世界日月佛
國土師子菩薩師子慧菩薩以為上首
及无量无邊菩薩衆如是不瞬世界善月佛
國土莎羅胎菩薩一切法得自在菩薩以為上首
及无量无邊菩薩衆樂成世界寶炎如來佛國
土不空奮迅菩薩不空見菩薩以為上首

務本 044 號 2 佛名經（十六卷本）卷一一（31–25）

及无量无邊菩薩衆樂成世界寶炎如来佛國
土不空奮迅菩薩不空見菩薩以為上首
及无量无邊菩薩衆觀世音界觀如来佛國土
雲音菩薩法王菩薩以為上首
及无量无邊菩薩衆見愛世界觀世音如来佛
國土降伏魔菩薩山王菩薩以為上首
及无量无邊菩薩衆如是等十方世界一切佛國
土一切菩薩我皆歸命
舍利弗歸命善清淨无垢寶功德集勝王佛
南无曰陁羅憧佛　南无普照佛
南无清淨光明王佛　南无金山光明師子奮迅佛
南无普勝山功德佛　南无金剛勝佛
南无普見王佛　南无善住功德摩尼王佛
南无普賢佛　南无普照佛
南无寶法勝决定佛　南无无畏王佛
次礼十二部尊經大藏法輪
南无菩薩所生地經　南无分然洹國迦羅越經
南无菩薩五十德行經　南无耆摩竭經
南无諦了生死本經　南无何耆尗菩薩經
南无了本生死經　南无師比丘經
南无呪盡道呪經　南无善馬有三相經

務本 044 號 2 佛名經（十六卷本）卷一一（31–26）

南无了本生死經　南无師比丘經
南无呪盡道呪經　南无善馬有三相經
南无長者法志妻經　南无呪毒虵神呪經
南无移山經　南无須真太子經
南无聖法印經　南无諸佛要集經
南无七夢經　南无四貪想經
南无九傷經　南无諸福德田經
南无神呪辟除賊害經　南无尼吒國王經
南无比丘分衛經　南无鑪炭經
南无梵摩經　南无須陁洹四功德經
南无持戒而教人欲生經　南无蓮華女經
次礼十方諸大菩薩
南无慧積菩薩　南无寶勝菩薩
南无天王菩薩　南无壞魔菩薩
南无電德菩薩　南无自在王菩薩
從此以上八千八百佛十二部經一切賢聖

南无功德相嚴菩薩　南无師子吼菩薩
南无雷音菩薩　南无山相擊音菩薩
南无香象菩薩　南无白香象菩薩
南无常精進菩薩　南无不休息菩薩
南无妙生菩薩　南无華嚴菩薩

務本 044 號 2 佛名經（十六卷本）卷一一（31–27）

南无常精進菩薩　南无不休息菩薩
南无妙生菩薩　南无華嚴菩薩
南无觀世音菩薩　南无得大勢菩薩
南无梵網菩薩　南无寶杖菩薩
南无无勝菩薩　南无嚴土菩薩
南无金髻菩薩　南无珠髻菩薩
南无弥勒菩薩　南无文殊師利法王子菩薩
次礼聲聞緣覺一切賢聖
南无寶辟支佛　南无不可比辟支佛
南无寶辟支佛　南无歡喜辟支佛
南无隨喜辟支佛　南无十二婆羅門辟支佛
南无十同名婆羅辟支佛　南无大身辟支佛
南无同菩提辟支佛　南无摩訶男辟支佛
南无心上辟支佛　南无跋淨辟支佛
歸命如是等无量无邊辟支佛
礼三寶已次復懺悔
已懺悔身畐竟次復懺悔佛法僧間一切諸
障經中佛說人身難得佛法難聞衆僧難值
信心難生六根難具善友難得而今相與宿殖
善根得此人身六根完具又值善友得聞正法
於其中間復各能盡心精懃堪到怨於未來長

務本 044 號 2　佛名經（十六卷本）卷一一（31–28）

善根得此人身六根完具又值善友得聞正法
於其中間復各能盡心精懃堪到怨於未來長
溺万苦无有出期是故今日應須至到慙愧稽
首歸依於佛
南无東方滿月光明佛　南无南方自在王佛
南无西方无邊光佛　南无北方金剛王佛
南无東南方師子音佛　南无西南方香象遊戲佛
南无西北方須弥相佛　南无東北方寶聚高德佛
南无下方寶憂鉢花佛　南无上方廣衆德佛
如是等十方盡虛空界一切三寶
弟子等自從无始以來至於今日常以无明覆心煩
惱障意見佛形像不能盡心恭敬輕蔑衆僧殘
害善友破塔毀寺焚燒形像出佛身血或自處
華堂安置尊像卑猥之處使烟熏日暴風吹
雨露塵土汙坌雀鼠殘毀共住共宿曾无礼敬或
裸露像身初不嚴飾或遮掩燈燭開閉殿宇障
佛光明如是等罪今日至誠皆悉懺悔
又復无始以來至于今日或於法間有障不淨手爪
把捉經卷或臨經書非法俗語或安置床頭坐
起不敬或開閉箱篋虫噉杇爛或首軸脫落部
黨失次或讒脫漏誤紙墨破裂自不脩理不肯流

務本 044 號 2　佛名經（十六卷本）卷一一（31–29）

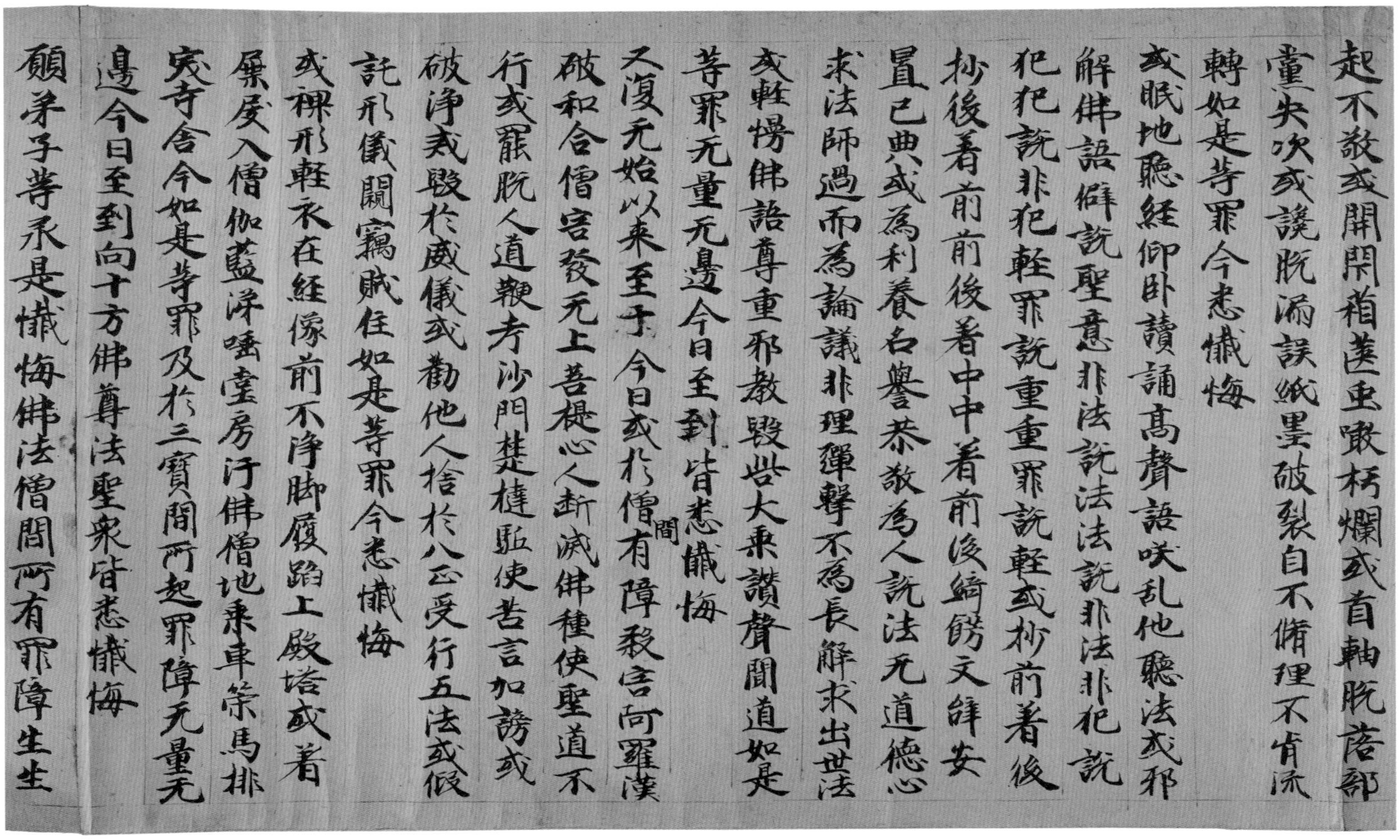
起不敬或開閉箱篋蟲噉朽爛或首軸脫落部
黨失次或譏脫漏誤紙墨破裂自不脩理不肯流
轉如是等罪今悉懺悔
或眠地聽經仰卧讀誦高聲語咲乱他聽法或邪
解佛語僻說聖意非法說法法說非法非犯說
犯犯說非犯輕罪說重重罪說輕或抄前著後
抄後著前前後著中中著前後綺飾文辭安
置已典或為利養名譽恭敬為人說法无道德心
求法師過而為論議非理彈擊不為長解求出世法
或輕慢佛語尊重邪教毀呰大乘讃聲聞道如是
等罪无量无邊今日至到皆悉懺悔
又復无始以來至于今日或於僧間有障殺害阿羅漢
破和合僧害發无上菩提心人斷滅佛種使聖道不
行或罷脫人道鞭考沙門楚撻駈使苦言加謗或
破淨戒毀於威儀或勸他人捨於八正受行五法或假
託形儀闚竊賊住如是等罪今悉懺悔
或裸形輕衣在經像前不淨脚履踏上殿塔或著
屧屐入僧伽藍洟唾塗房汙佛僧地乘車策馬排
突寺舍今如是等罪及於三寶間所起罪障无量无
邊今日至到向十方佛尊法聖衆皆悉懺悔
願弟子等承是懺悔佛法僧間所有罪障生生

務本 044 號 2 佛名經（十六卷本）卷一一（31–30）

佛說佛名經卷第十一

務本 044 號 2 佛名經（十六卷本）卷一一（經名簽）

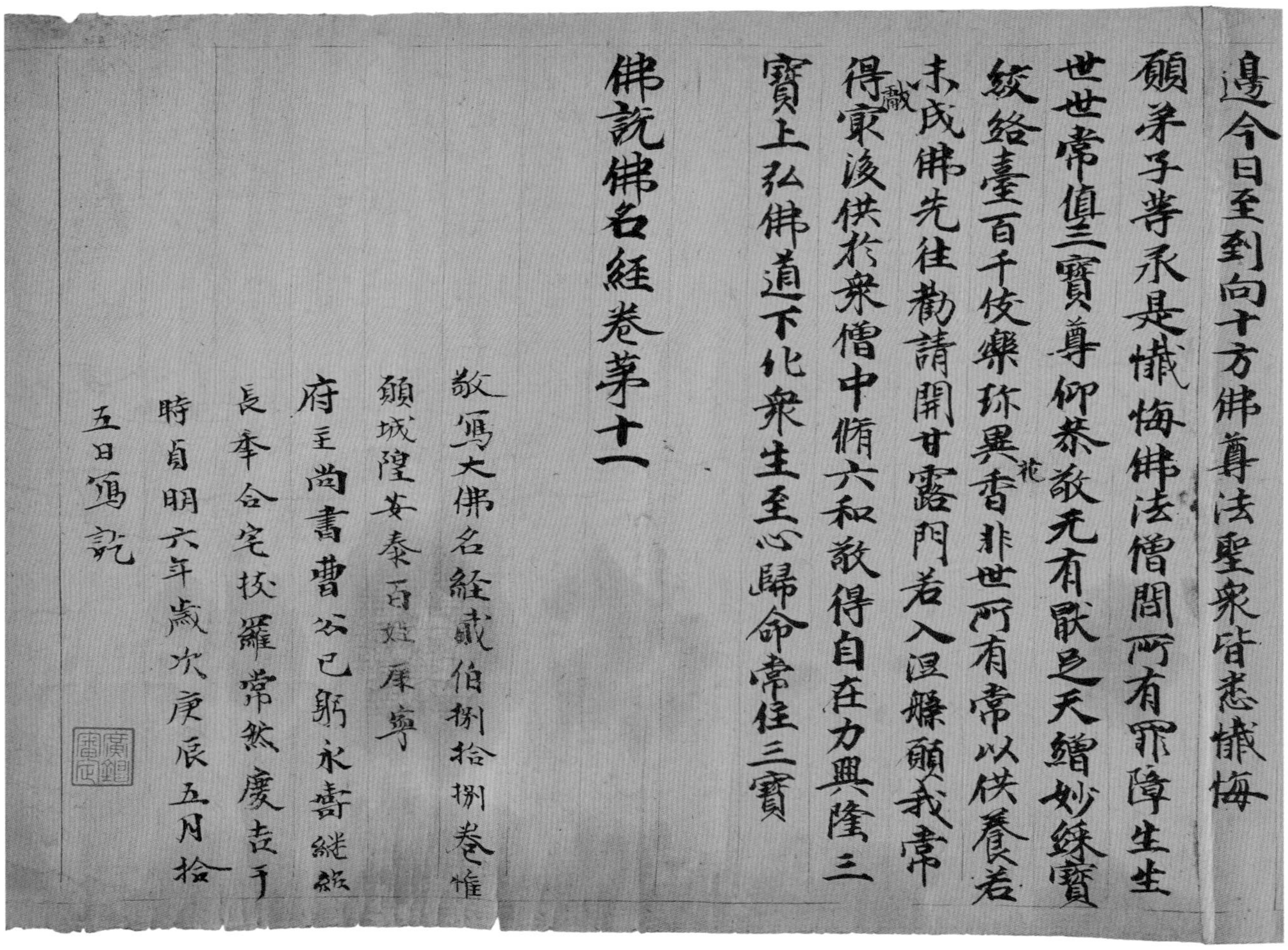
邊今日至到向十方佛尊法聖衆皆悉懺悔
願弟子等承是懺悔佛法僧間所有罪障生生
世世常值三寶尊仰恭敬无有猒足天繒妙綵寶
紋絡臺百千伎樂珎異香花非世所有常以供養若
未成佛先往勸請開甘露門若入涅槃願我常
得最後供於衆僧中脩六和敬得自在力興隆三
寶上弘佛道下化衆生至心歸命常住三寶
佛說佛名經卷第十一
敬寫大佛名經貳伯捌拾捌卷伏
願城隍安泰百姓康寧
府主尚書曹公已躬永壽繼紹
長年合宅枝羅常然慶吉于
時貞明六年歲次庚辰五月拾
五日寫訖

務本 044 號 2 佛名經（十六卷本）卷一一（31–31）

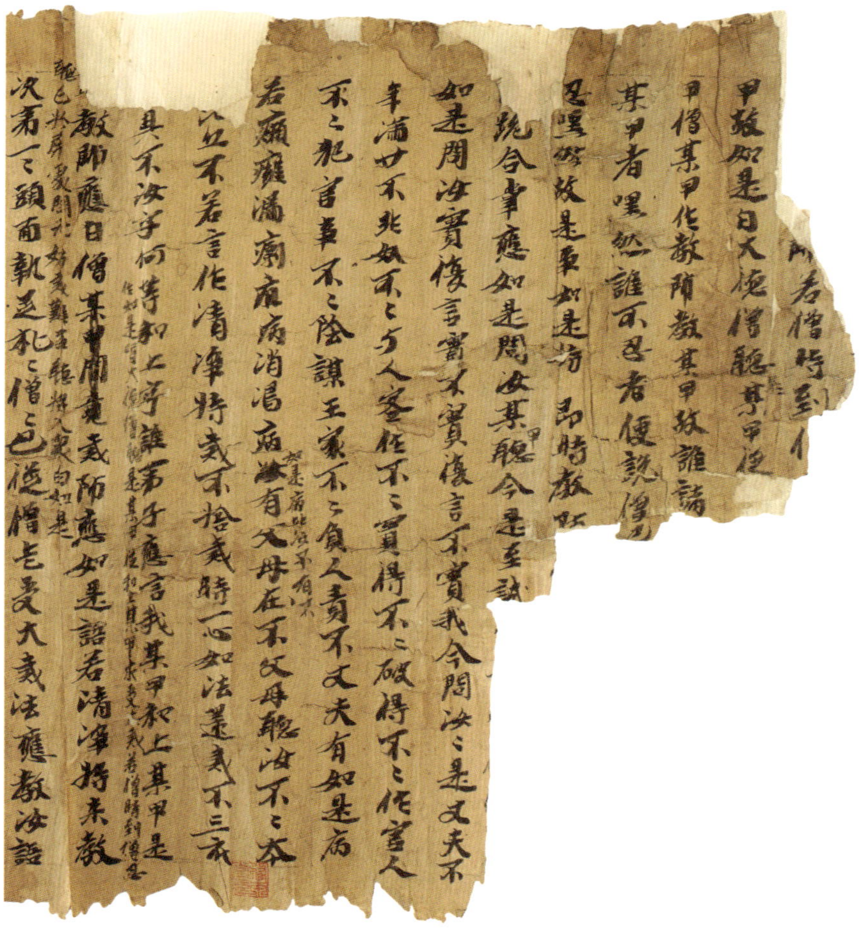

務本 045 號 十誦羯磨比丘要用（11–01）

務本 045 號 十誦羯磨比丘要用（外觀）

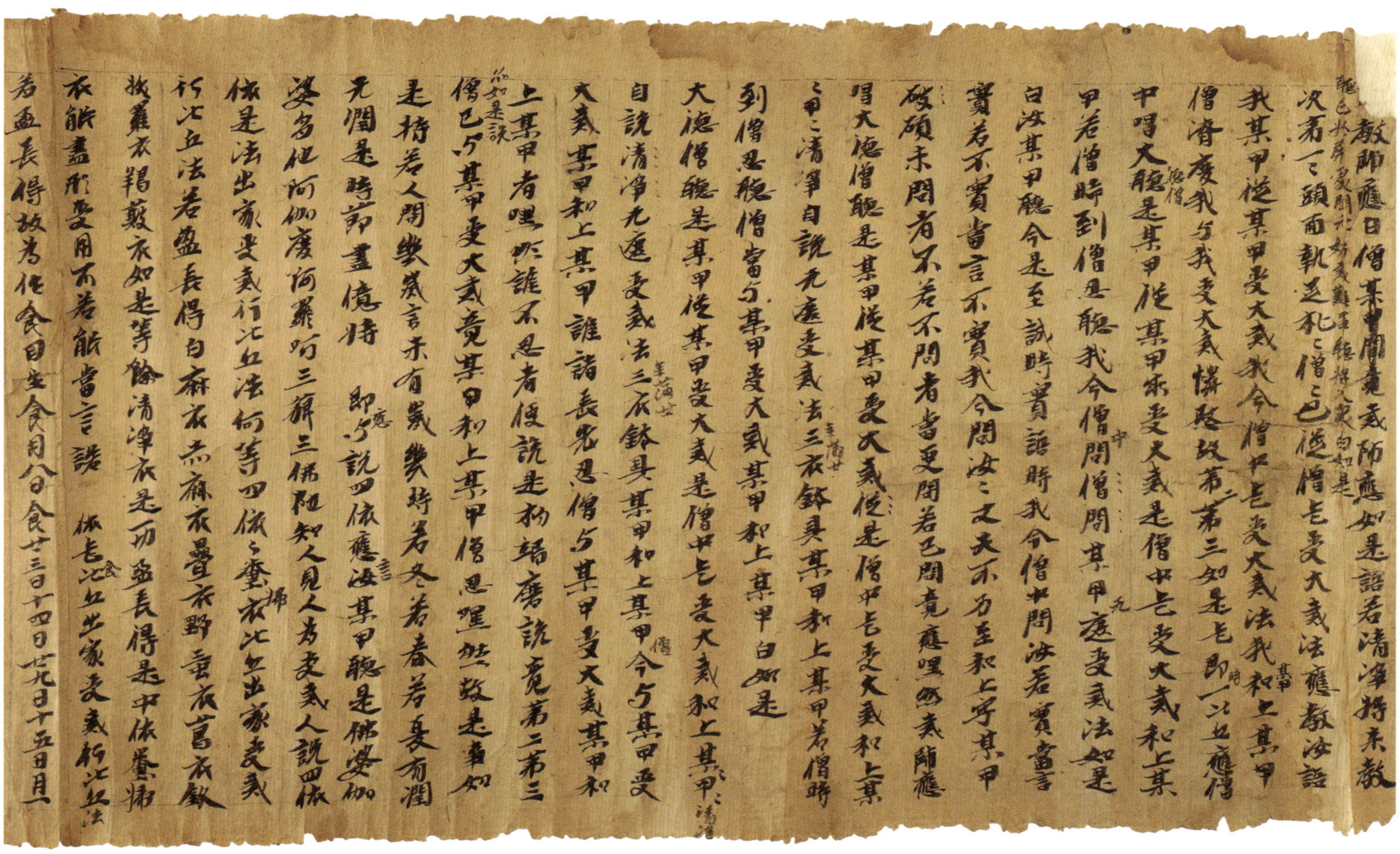

務本 045 號 十誦羯磨比丘要用（11–02）

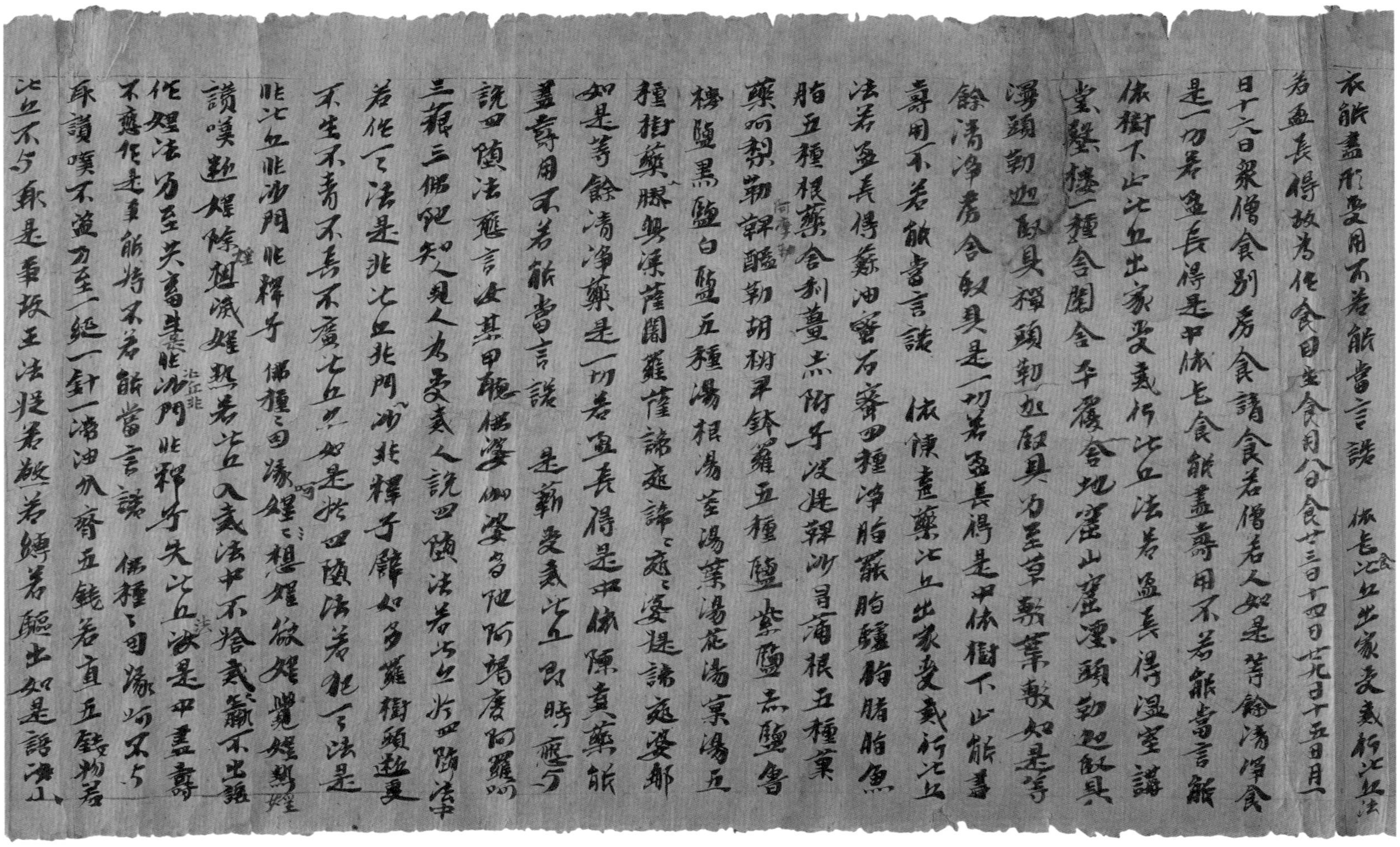
衣能盡形受用不若能當言諾　依乞食比丘出家受戒行比丘法
若盡長得故為作食日生食月八日食十三日十四日十五日月一
日十六日衆僧食別房食請食若僧若人如是等餘清淨食
是一切若盡長得是中依乞食能盡壽用不若能當言能
依樹下出比丘出家受戒行比丘法若盡長得溫室講
堂經樓一種舍閣舍平覆舍地窟山窟陶頭勒迦敷具
浮頭勒迦敷具[illegible]頭勒迦敷具乃至草敷葉敷如是等
餘清淨房舍敷具是一切若盡長得是中依樹下出能盡
壽用不若能當言諾　依陳棄藥比丘出家受戒行比丘
法若盡長得酥油蜜石蜜四種淨脂[illegible]脂肪脂魚
脂五種根藥舍利薑赤附子波提毗沙昌蒲根五種果
藥呵梨勒鞞醯勒阿摩勒胡椒畢鉢羅五種鹽紫鹽赤鹽鹵
樓鹽黑鹽白鹽五種湯根湯莖湯葉湯花湯果湯五
種樹膠興渠薩闍羅薩諦諦迦諦ミ迦ミ婆提諦迦婆那
如是等餘清淨藥是一切若盡長得是中依陳棄藥能
盡壽用不若能當言諾　是誰受戒比丘即時應與
說四墮法應言汝某甲聽佛婆伽婆多陀阿伽度阿羅呵
三藐三佛陀知人見人為受戒人說四墮法若比丘於四墮法
若作一ミ法是非比丘非沙門非釋子譬如多羅樹頭斷更
不生不青不長不廣比丘亦如是於四墮法若犯一ミ法是
非比丘非沙門非釋子　佛種ミ因緣呵欲ミ想欲覺欲熱
讚歎斷欲除欲想滅欲熱若比丘入戒法中不捨戒戒羸不出
作婬法乃至共畜生是非沙門非釋子失比丘法是中盡壽
不應作是事能持不若能當言諾　佛種ミ因緣呵不與
取讚歎不盜乃至一綖一針一滯油乃齊五錢若直五錢物若
比丘不與取是事故王法捉若殺若縛若驅出如是語汝小

務本 045 號 十誦羯磨比丘要用（11–03）

取讚歎不盜乃至一綖一針一滯油乃齊五錢若直五錢物若
比丘不與取是事故王法捉若殺若縛若驅出如是語汝小
汝愚汝賊汝偷人汝非比丘非沙門非釋子失比丘法汝是中盡
壽不應作是事能持不若能當言諾　佛種ミ因緣呵
奪他人命讚嘆不奪命乃至蟻子不應故奪命何況
人若比丘自手奪人命若持刀與若遣人持刀與殺教死讚
死若作是語咄丈夫用惡活為死勝生隨彼心樂死種因緣
教死讚死若坑殺若弶殺若[illegible]若施殺若墮殺若呪令殺
殺若機發殺若化比丘羅殺若半叱地羅殺若[illegible]命殺
若墮胎殺若案腹殺若推著火中殺若推水著中殺
若高上推著下殺若遣道路中殺乃至母腹中初得二根
身根命根初在胎中起殺心欲殺是因緣死是非沙門非比丘非
釋子失比丘法是中盡壽不應作是事能持不若能當言諾
佛種ミ因緣呵妄語讚嘆不妄語乃至戲咲不得妄語何況故妄
語若比丘自知空无所有過人法自讚我得阿羅漢果證若向阿羅
漢我得阿那含果證若向阿那含我得斯陀含果證若向斯
陀含我得須陀洹果證若向須陀洹若言我得第一禪第二禪
第三禪第四禪我得慈悲喜捨空處定識處定无所有處定
非有想非无想處定得滅盡定得不淨觀安般念諸天來至
我所諸龍夜叉鬼薜荔伽羅鬼拘槃荼鬼羅刹鬼如是鬼輩
問我ミ亦問彼ミ亦答我ミ亦答彼是事空妄語是非比丘非沙
門非釋子失比丘法汝是中盡壽不應作是事能持不若能
當言能　汝某甲聽初羯磨衆不可過第二羯磨[illegible]起衣[illegible]滅隨
持應行婆利婆沙六夜應行摩那埵廿比丘衆中出罪是事
衆中可取為人所輕是中汝故不得非陰出精是事能不若能當

務本 045 號 十誦羯磨比丘要用（11–04）

時應行婆利婆沙六夜應行摩那埵廿比丘眾中與出罪是事
眾中可恥為人所輕是中汝故不得弄陰出精是事能不若能當
言諾不得故觸女人身不得向女人惡口語不得女人前讚歎身
供養身不得媒嫁女人不得自起房如是佛聽應作不聽不應
作不得自起大房佛聽應作不聽不應作無根罪不得謗他人少許
罪因緣不得謗言大不得懃破僧不得先破僧人不應毀辱他
家不得性戾難教如是事能不作不若能當言諾
當善謙下心樂順從教悔汝受具竟邊明和上明阿闍梨明
比丘僧得好國土好衣服汝今當加敬三寶佛寶法寶僧
寶當學三學戒定智慧當求三脫門空無想無願當三業勤
坐禪誦經勸化眾事汝行是法開甘露門當得須陀洹果
斯陀含果阿那含果阿羅漢果辟支佛果譬如青蓮花白
蓮花紅蓮花水中生日々增長汝亦如是比丘法中日々增長
其餘戒和上阿闍梨廣教汝已受戒竟

釋師子法中　一切妙善集　深大無崖際　功德之寶藏
是須轉輪王　天王善法王　常求作沙門　不遂汝已得
精懃行三業　佛法無量種　汝常億念法　遠諸無量智
如蓮花在水　漸々日增長　汝亦如是信　戒聞定慧增
餘戒佛所制　和上師當教　眾中禮遣竟　喜合從所樂

六法尼禮文

若沙彌尼初來應教次第頭面禮僧々足已次應去和上尼
戒師應教言我沙彌尼某甲求尊為我作和上尼尊為我作和上
尼故僧當與我二歲學戒第二亦應言我沙彌尼某甲求尊為
和上尼尊為我作和上尼故僧當與我二歲學戒第三亦如是
說一比丘尼應問和上尼能為某甲作和上尼不答言能應將至眾

務本 045 號　十誦羯磨比丘要用（11-05）

和上尼尊為我作和上尼故僧當與我二歲學戒第三亦如是
說一比丘尼應問和上尼能為某甲作和上尼不答言能應將至眾
場內著眼見處離聞處爾時應問僧和合不僧一心和合當作
如和上尼某甲沙彌尼某甲僧當與二歲學戒第二第三亦如是
說若僧一心和合者應喚沙彌尼來教令禮比丘尼僧足頭面
禮足已次應教令從僧乞二歲學戒作是言我沙彌尼某甲
因和上尼某甲從僧乞二歲學戒因和々上々尼々某甲僧當與我
二歲學戒和上尼某甲憐愍故第二第三亦如是說即時戒師
應僧中唱言
大德比丘尼僧聽是沙彌尼某甲因和上尼某
甲從僧乞二歲學戒和上尼某甲若僧時到僧忍聽僧與沙
彌尼某甲二歲學戒和上尼某甲如是白　大德比丘尼僧聽是沙
彌尼某甲從僧乞二歲學戒和上尼某甲僧今與沙彌尼某甲
二歲學戒和上尼某甲誰諸尼僧忍與沙彌尼某甲二歲學
戒和上尼某甲者嘿然若不忍便說是名初羯磨第二第三亦
應如是說僧已與沙彌尼某甲二歲學戒竟僧忍嘿然故是
事如是持　即時為說式叉摩尼六法汝式叉摩尼聽佛世尊
多陀阿伽度阿羅呵三藐三佛陀是知者見者說式叉摩尼
六法汝式叉摩尼盡壽受行佛世尊種々因緣呵欲々想欲覺
欲熱讚嘆離欲除欲想滅欲熱若式叉摩尼入式叉摩尼法不
捨戒々羸不出相隨心變隨欲乃至共畜生是非式叉摩尼非
沙彌尼非釋種女失式叉摩尼法是事盡壽不應作若能持當言能
佛世尊種々因緣呵責偷奪讚嘆不偷奪乃至一縷一丁綖一渧
油不應取是中佛制極少至五錢若五錢直若式叉摩尼隨所偷
事若王捉若打若縛若擯出若作是言汝賊汝小兒汝癡汝隨
官罪若式叉摩尼如是偷奪者非式叉摩尼非沙彌尼非釋女

務本 045 號　十誦羯磨比丘要用（11-06）

事若王捉若打若縛若擯出若作是言汝賊汝小兒汝癡汝陋
宮羅若式叉摩尼如是偷奪者非式叉摩尼非沙弥尼非釋女
失式叉摩尼法是事盡壽不應作若能持當言能
佛種種因緣訶殺生讚嘆離殺乃至蟻子尚不應故奪命何
況於人若式叉摩尼故自手奪人命若持刀与若教死作是言
用惡活為死勝生隨是人意種種因緣教死讚死若作憂多羅
殺若作頭多殺若作殘殺若作細殺若作廢殺若作毗陀羅
殺若作似毗陀羅殺若斷氣殺若墮胎殺若按腹墮胎殺
若推著火中殺若推著水中殺若推高上推著下殺若遣使道
中殺若母腹中初受二根身根命根迦羅邏中生惡心方便
奪命殺若以是因緣死者是非式叉摩尼非沙門尼非釋女失
式叉摩尼法是事盡壽不應作若能持當言能
佛種種因緣訶嘖妄語讚不妄語乃至戲笑不（嘆）尚應妄語何況故
妄語若式叉摩尼不知不見過人法自言如是知如是（見）我是阿
羅漢向阿羅漢我是阿那含向阿那含我是斯陀含向斯陀
含若須陀洹向須陀洹若得初禪第二第三第四若得慈悲喜
捨无若得无色空處定識處定无所有處定非想非非想處
定若得不淨觀阿那般那念諸天來到我所諸龍夜叉薜荔毗
舍闍鳩槃茶羅剎來到我所彼問我我答彼彼答我若式叉摩
尼如是妄語者非式叉摩尼非沙門尼非釋女失式叉摩尼法是
事盡壽不應作汝能持不若能當言能　佛種種因緣訶欲欲想
欲欲欲覺欲熱讚嘆離欲除欲想滅欲熱若式叉摩尼有漏
心聽漏心男子從髮際至膝從膝已上裸身受細滑若循身摩
若逆摩若摩若從下抱著上從上抱著下若捺若創是非式叉摩
尼非沙門尼非釋女失式叉摩尼法若犯者更可更是中盡壽
不應作汝能持不若能當言能　佛種種因緣訶責欲欲想欲

務本 045 號　十誦羯磨比丘要用（11-07）

尼非沙門尼非釋女失式叉摩尼法若犯者更可更是中盡壽
不應作汝能持不若能當言能　佛種種因緣訶責欲欲想欲
欲覺欲熱讚嘆離欲除欲想滅欲熱若式叉摩尼有漏心聽漏心男
子若受捉手若捉衣若共立若共語若共期若入屏處若待男
子來若自身与如在家女法以此八事自身与是非式叉摩尼非
沙門尼非釋女失式叉摩尼法若犯可更受是中盡壽不應作汝能
不持若能當言能　汝某甲聽僧（已）与汝學法式叉摩尼受持六
法名式叉摩尼汝已得具滿和上尼具滿阿闍梨尼具滿比丘尼
僧具滿國土汝轉輪王領汝今已滿當供敬三寶佛寶法寶
僧寶和上尼阿闍梨尼恭敬上中下坐當懃三業坐禪誦經
勸作作福當懃三學善戒學善定學善慧當脩三脫空无
相无作如是諸法開涅槃門當得須陀洹果斯陀含果阿那含
果阿羅漢果如蓮華在水中日日增長開敷清淨汝亦如是增長
道法後當受具足戒
釋師子法中　已獲難得處　已得未使空　頭面禮僧足　右遶歡喜去
、大比丘尼受具足戒文
佛言比丘尼初來將式叉摩尼入僧教人人頭面禮僧足竟尼教禮
摩師應教受衣鉢問此衣是汝有不答言是應教我語我
某甲是衣僧伽梨若干條割截是衣持用第二第三亦應如是
說次教我某甲是衣優多羅僧七條受兩長一短割截衣持
用第二第三亦應如是說次教我某甲是衣安陀會五條受一
長一短割截衣持用第二第三亦應如是說　次教言此衣覆肩
衣受長四肘廣二肘半是覆肩衣持用第二第三亦應如是說
次教是厥修羅多受長四肘廣二肘半此衣厥修羅衣持用第二（次此鉢多羅是汝有不答言是應教言我某甲此）
第三亦如是說（若三衣未割截當言漫）　受衣鉢竟次教令志和上尼我
鉢多羅應量受長用故第二第三亦如是三說（或衣亦當如是三說）

務本 045 號　十誦羯磨比丘要用（11-08）

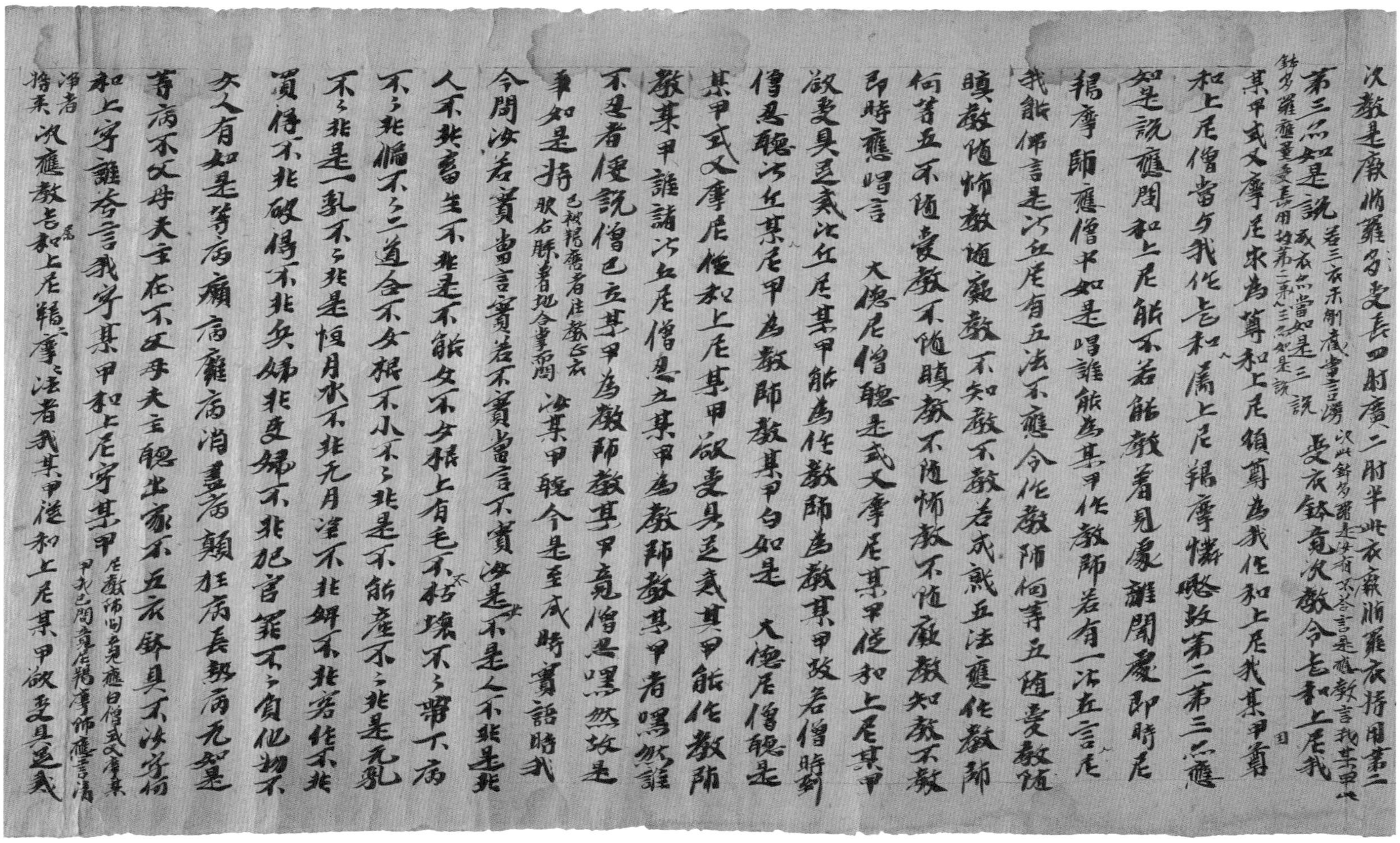

務本 045 號 十誦羯磨比丘要用（11–09）

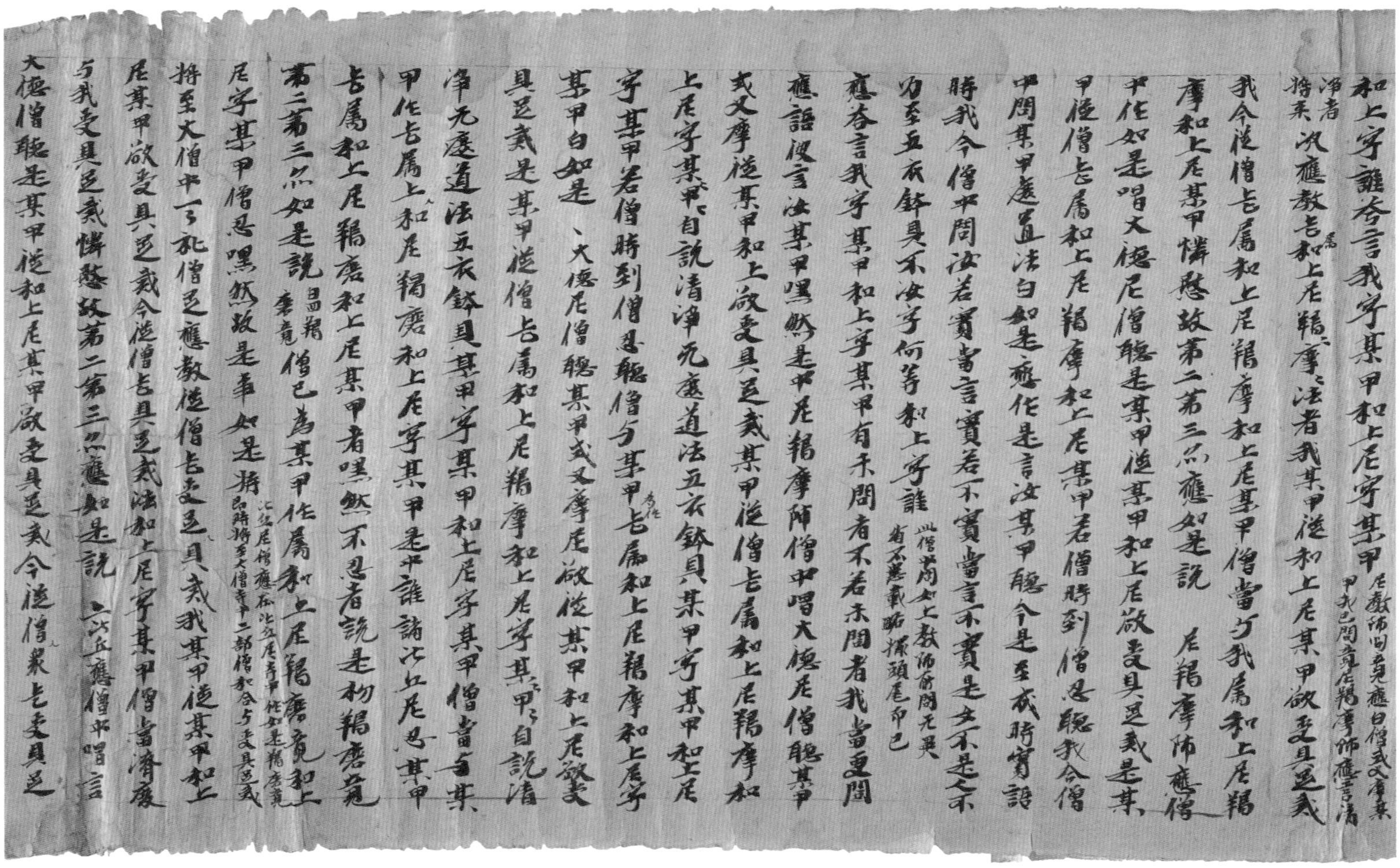

務本 045 號 十誦羯磨比丘要用（11–10）

務本 045 號 十誦羯磨比丘要用（印章）

印文：顧鼇　廣鋁審定　務本堂藏

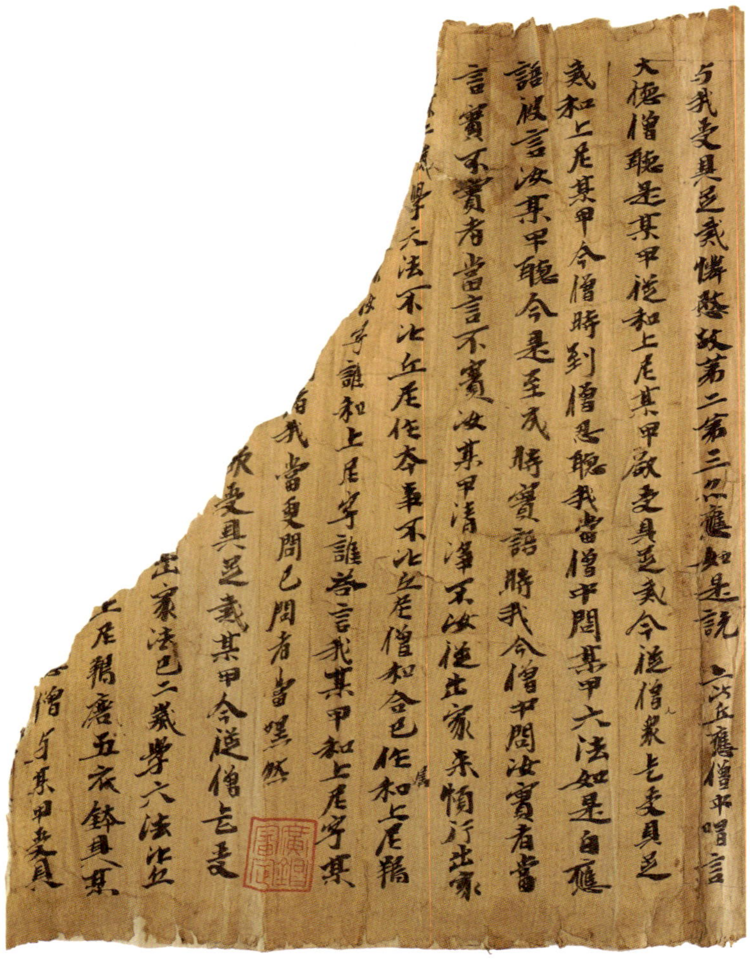

務本 045 號 十誦羯磨比丘要用（11–11）

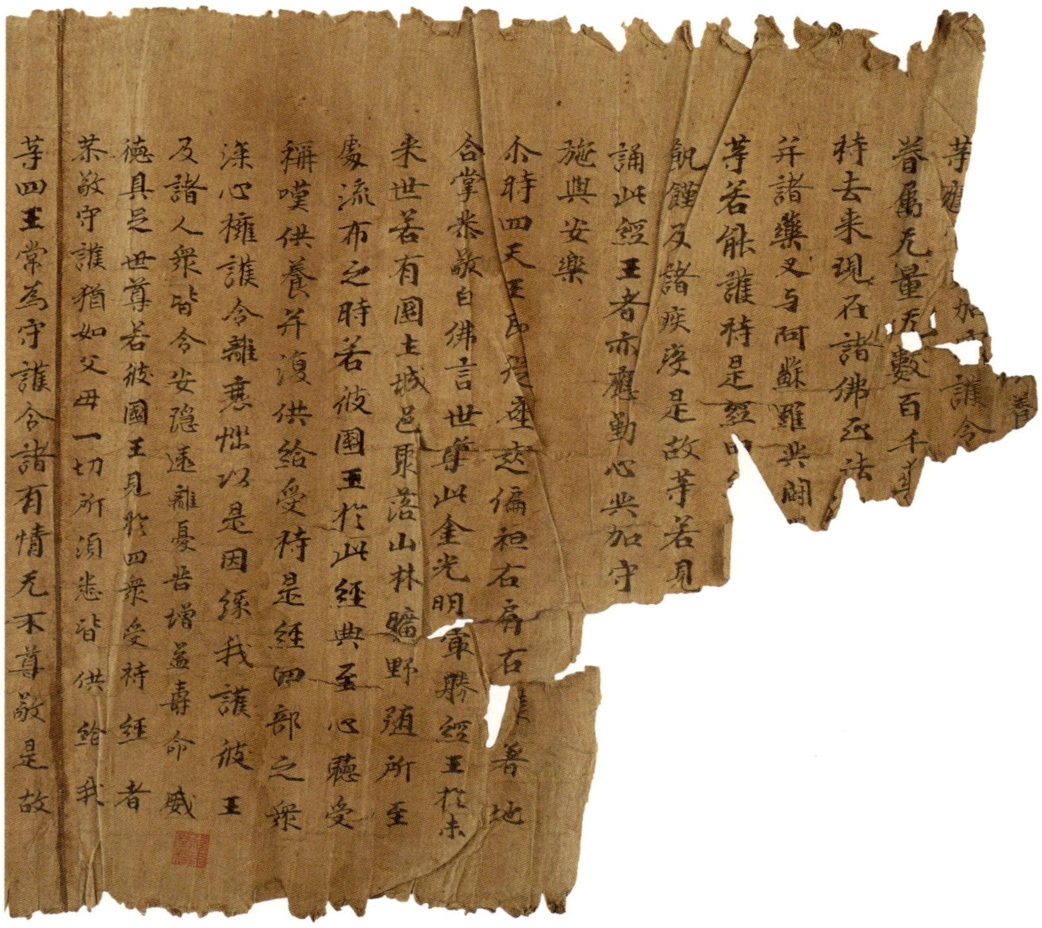

務本 046 號 金光明最勝王經卷六（13–01）

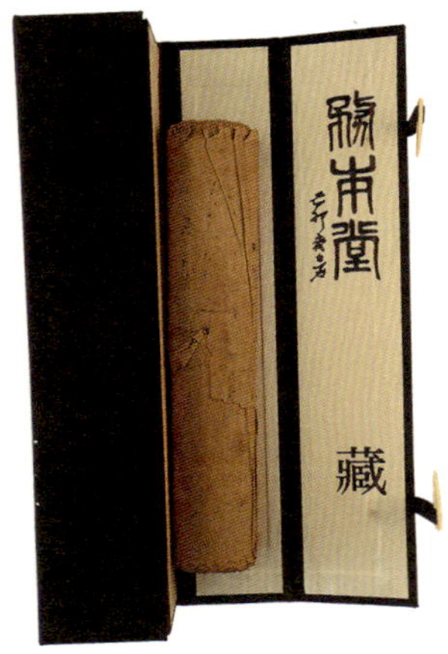

務本 046 號 金光明最勝王經卷六（外觀）

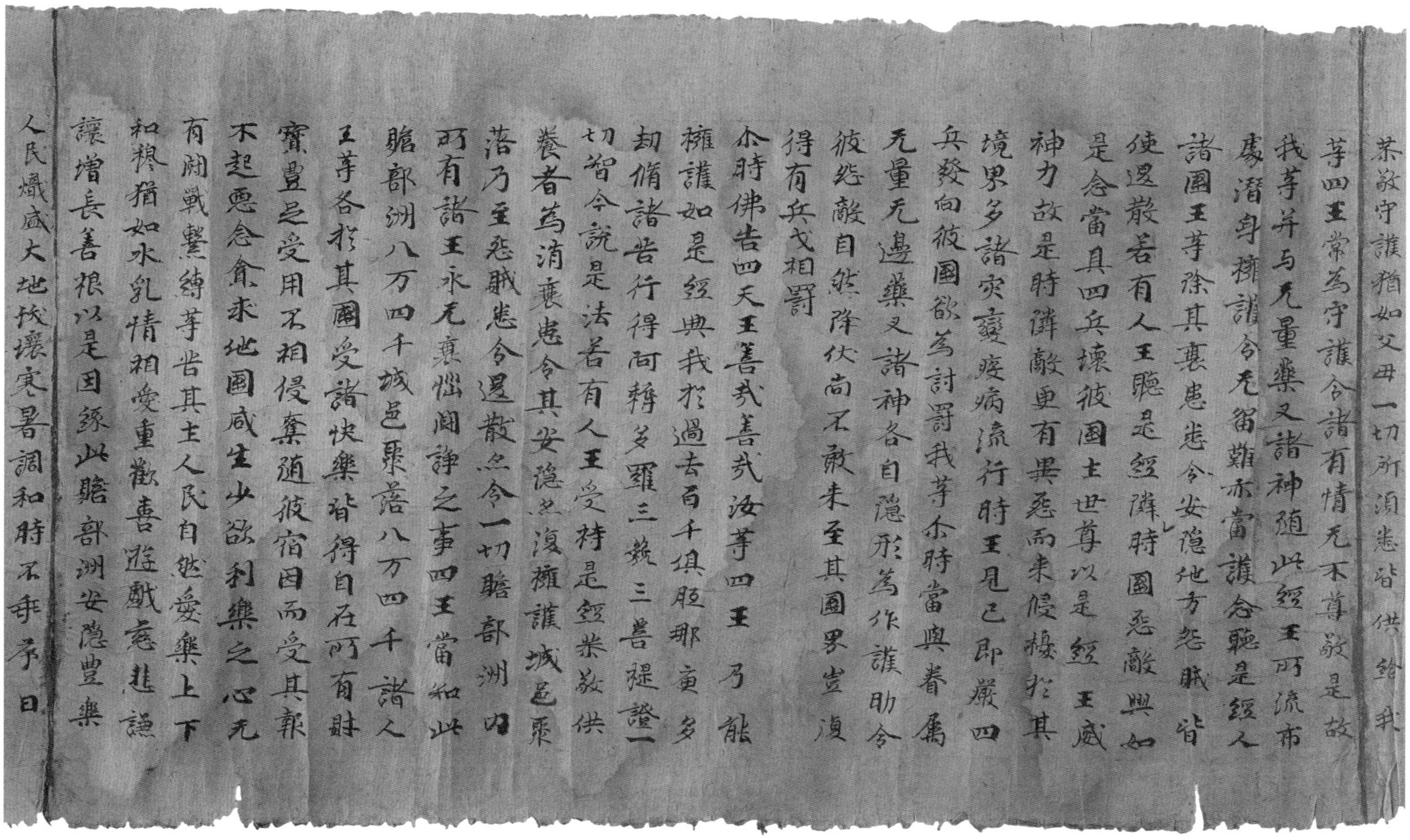

恭敬守護猶如父母一切所須悉皆供給我
等四王常為守護令諸有情无不尊敬是故
我等并与无量藥叉諸神隨此經王所流布
處潛身擁護令无留難亦當護念聽是經人
諸國王等除其衰患悉令安隱他方怨賊皆
使退散若有人王聽是經時鄰國怨敵興如
是念當具四兵壞彼國土世尊以是經王威
神力故是時鄰敵更有異怨而來侵擾於其
境界多諸災變疫病流行時王見已即嚴四
兵發向彼國欲為討罰我等尒時當與眷屬
无量无邊藥叉諸神各自隱形為作護助令
彼怨敵自然降伏尚不敢來至其國界豈復
得有兵戈相罰
尒時佛告四天王善哉善哉汝等四王乃能
擁護如是經典我於過去百千俱胝那庾多
劫修諸苦行得阿耨多羅三藐三菩提證一
切智今說是法若有人王受持是經恭敬供
養者為消衰患令其安隱亦復擁護城邑聚
落乃至怨賊悉令退散亦令一切贍部洲內
所有諸王永无衰惱鬪諍之事四王當知此
贍部洲八万四千城邑聚落八万四千諸人
王等各於其國受諸快樂皆得自在所有財
寶豐足受用不相侵奪隨彼宿因而受其報
不起惡念貪求他國咸生少欲利樂之心无
有鬪戰繫縛等苦其土人民自生愛樂上下
和穆猶如水乳情相愛重歡喜遊戲慈悲謙
讓增長善根以是因緣此贍部洲安隱豐樂
人民熾盛大地沃壤寒暑調和時不乖序日

務本 046 號 金光明最勝王經卷六（13–02）

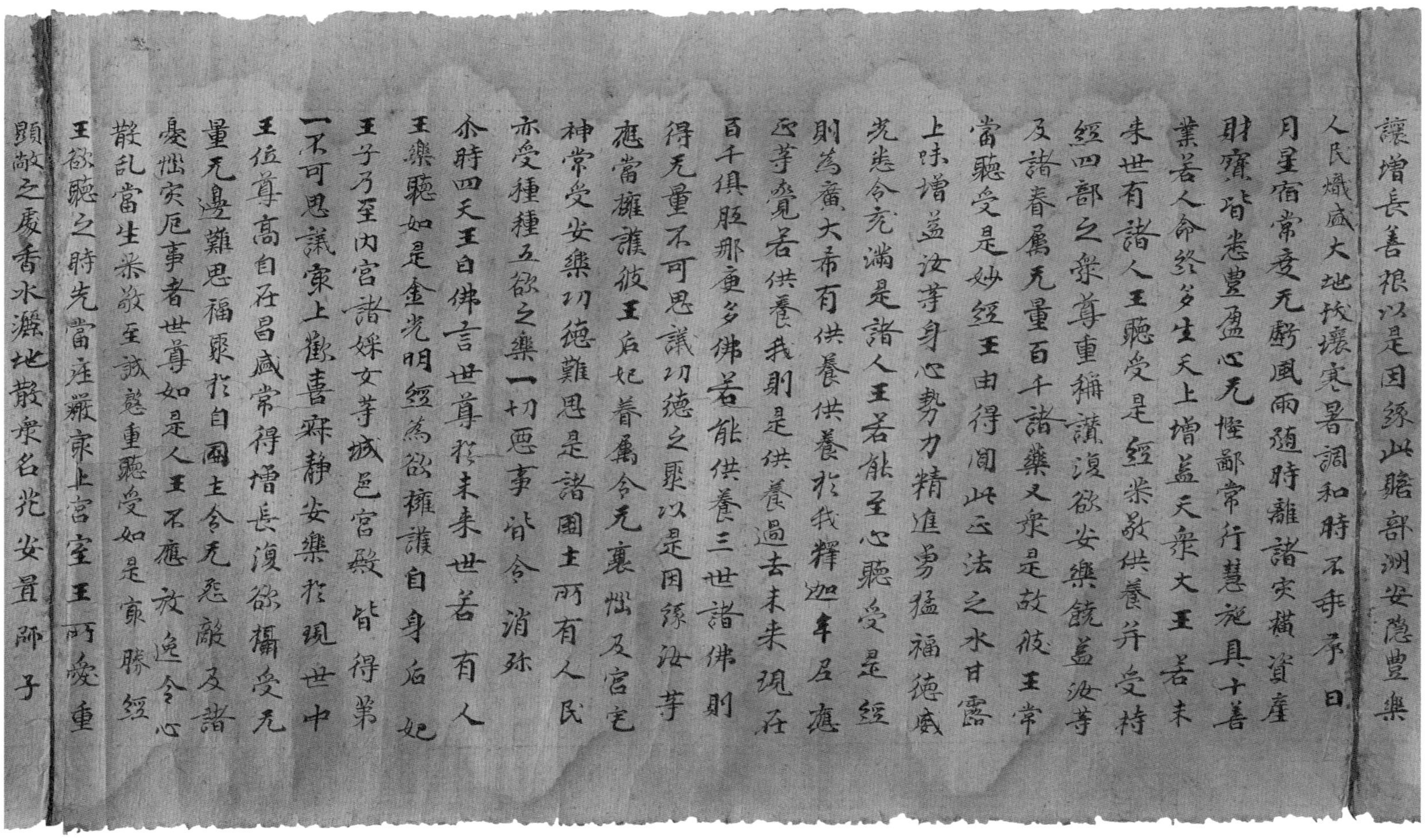

讓增長善根以是因緣此贍部洲安隱豐樂
人民熾盛大地沃壤寒暑調和時不乖序日
月星宿常度无虧風雨隨時離諸災橫資產
財寶皆悉豐盈心无慳鄙常行惠施具十善
業若人命終多生天上增益天眾大王若未
來世有諸人王聽受是經恭敬供養并受持
經四部之眾尊重稱讚復欲安樂饒益汝等
及諸眷屬无量百千諸藥叉眾是故彼王常
當聽受是妙經王由得聞此正法之水甘露
上味增益汝等身心勢力精進勇猛福德威
光悉令充滿是諸人王若能至心聽受是經
則為廣大希有供養供養於我釋迦牟尼應
正等覺若供養我則是供養過去未來現在
百千俱胝那庾多佛若能供養三世諸佛則
得无量不可思議功德之聚以是因緣汝等
應當擁護彼王后妃眷屬令无衰惱及宮宅
神常受安樂功德難思是諸國土所有人民
亦受種種五欲之樂一切惡事皆令消殄
尒時四天王白佛言世尊於未來世若有人
王樂聽如是金光明經為欲擁護自身后妃
王子乃至內宮諸婇女等城邑宮殿皆得第
一不可思議最上歡喜寂靜安樂於現世中
王位尊高自在昌盛常得增長復欲攝受无
量无邊難思福聚於自國土令无怨敵及諸
憂惱災厄事者世尊如是人王不應放逸令心
散亂當生恭敬至誠慇重聽受如是最勝經
王欲聽之時先當莊嚴最上宮室王所愛重
顯敞之處香水灑地散眾名花安置師子

務本 046 號 金光明最勝王經卷六（13–03）

王欲聽之時先當莊嚴最上宮室王所愛重
顯敞之處香水灑地散衆名花安置師子
殊勝法座以諸珍寶而為挍飾張施種種寶
蓋幢幡燒无價香奏諸音樂其王尒時當淨
澡浴以香塗身著新淨衣及諸瓔珞坐小卑
座不生高舉捨自在位離諸憍慢端心正念
聽是經王於法師所起大師想復於宮內后
妃王子婇女眷屬生慈愍心喜悅相視和顏
愛語於自身心大喜充遍作如是念我今獲
得難思殊勝廣大利益於此經王盛興供養
既敷設已見法師至當起虔敬渴仰之心尒
時佛告四天王不應如是不迎法師時彼人
王應著純淨鮮潔之衣種種瓔珞以為嚴飾
自持白蓋及以香花備整軍儀盛陳音樂步
出城闕迎彼法師運想虔恭為吉祥事四王
以何因緣令彼人王親作如是恭敬供養由
彼人王舉足下足步步即是恭敬供養承事
尊重百千万億那庾多諸佛世尊復得超越
如是劫數生死之苦復於來世如是數劫當
受輪王殊勝尊位隨其步步亦於現世福德
增長自在為王感應難思衆所欽重當於无
量百千億劫人天受用七寶宮殿所在生處
常得為王增益壽命言詞辯了人天信受无
所畏懼有大名稱咸共瞻仰天上人中受勝
妙樂獲大力勢有大威德身相奇妙端嚴无
比值天人師遇善知識成就具足无量福聚
四王當知彼諸人王見如是等種種无量功德
利益故應自往奉迎法師若一踰繕那乃至
百千踰繕那於說法師應生佛想還至城

務本 046 號 金光明最勝王經卷六（13-04）

利益故應自往奉迎法師若一踰繕那乃至
百千踰繕那於說法師應生佛想還至城
邑作如是念今日釋迦牟尼如來應正等覺
入我宮中受我供養為我說法我聞法已即
於阿耨多羅三藐三菩提不復退轉即是值
遇百千万億那庾多諸佛世尊我於今日即
是種種廣大殊勝上妙樂具供養過去未來
現在諸佛我於今日即是永拔琰魔王界地
獄餓鬼傍生之苦便為已種无量百千万億
轉輪聖王釋梵天主善根種子當令无量百
千万億衆生出生死苦得涅槃樂積集无量无
邊不可思議福德之聚後宮眷屬及諸人
民皆蒙安隱國土清泰无諸災厄毒害惡人
他方怨敵不來侵擾遠離憂患四王當知時
彼人王應作如是尊重正法亦於受持是妙
經典苾芻苾芻尼鄔波索迦鄔波斯迦供養
恭敬尊重讚歎所獲善根先以勝福施与汝
等及諸眷屬彼之人王有大福德善業因緣
於現世中得大自在增益威光吉祥妙相皆
悉莊嚴一切怨敵能以正法而摧伏之尒時
四天王白佛言世尊若有人王能作如是恭
敬正法聽此經王并於四衆持經之人恭敬
供養尊重讚歎時彼人王欲為我等生歡
喜故當在一邊近於法座香水灑地散衆名
花安置處所設四王座我与彼王共聽正法
其王所有自利善根亦以福分施及我等世尊
時彼人王請說法者昇座之時便為我等
燒衆名香供養是經世尊時彼香烟於
一念頃上昇虛空即至我等諸天宮殿於虛

務本 046 號 金光明最勝王經卷六（13-05）

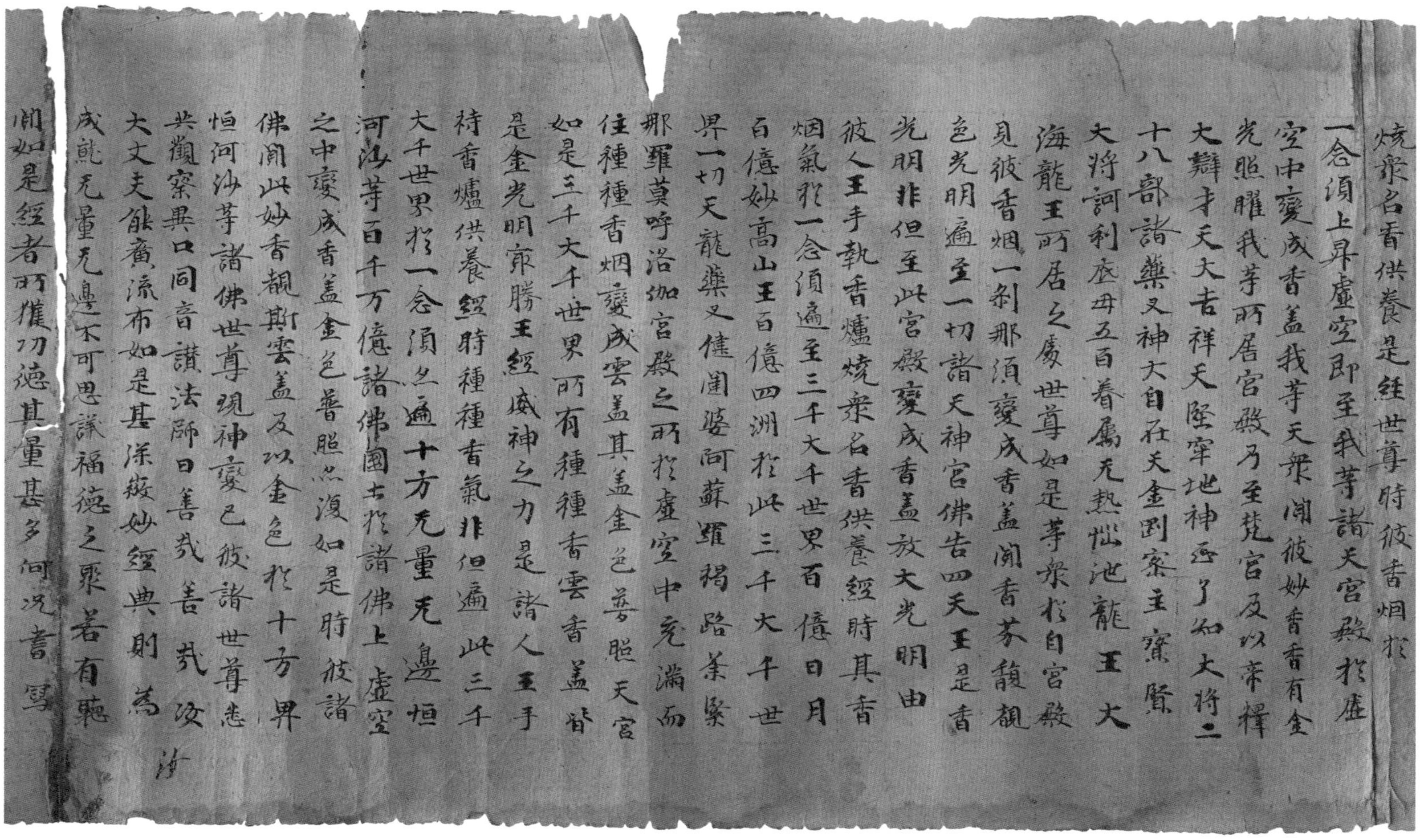
燒眾名香供養是經世尊時彼香烟於
一念頃上昇虛空即至我等諸天宮殿於虛
空中變成香蓋我等天眾聞彼妙香香有金
光照曜我等所居宮殿乃至梵宮及以帝釋
大辯才天大吉祥天堅牢地神正了知大將二
十八部諸藥叉神大自在天金剛密主寶賢
大將訶利底母五百眷屬无熱惱池龍王大
海龍王所居之處世尊如是等眾於自宮殿
見彼香烟一剎那頃變成香蓋聞香芬馥覩
色光明遍至一切諸天神宮佛告四天王是香
光明非但至此宮殿變成香蓋放大光明由
彼人王手執香爐燒眾名香供養經時其香
烟氣於一念頃遍至三千大千世界百億日月
百億妙高山王百億四洲於此三千大千世
界一切天龍藥叉健闥婆阿蘇羅揭路荼緊
那羅莫呼洛伽宮殿之所於虛空中充滿而
住種種香烟變成雲蓋其蓋金色普照天宮
如是三千大千世界所有種種香雲香蓋皆
是金光明最勝王經威神之力是諸人王手
持香爐供養經時種種香氣非但遍此三千
大千世界於一念頃亦遍十方无量无邊恒
河沙等百千万億諸佛國土於諸佛上虛空
之中變成香蓋金色普照亦復如是時彼諸
佛聞此妙香覩斯雲蓋及以金色於十方界
恒河沙等諸佛世尊現神變已彼諸世尊悉
共觀察異口同音讚法師曰善哉善哉汝
大丈夫能廣流布如是甚深微妙經典則為
成就无量无邊不可思議福德之聚若有聽
聞如是經者所獲功德其量甚多何況書寫

務本 046 號 金光明最勝王經卷六（13–06）

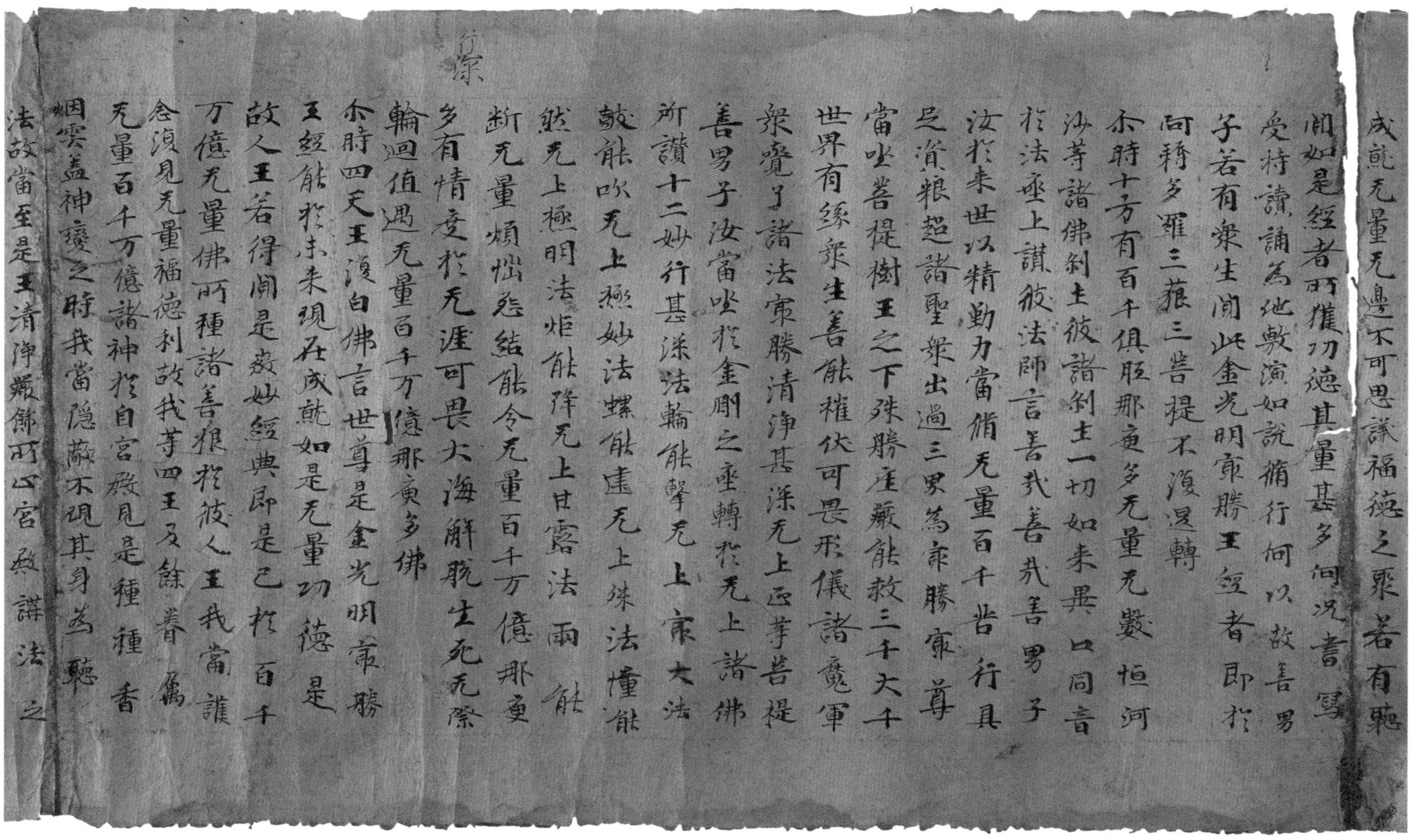
成就无量无邊不可思議福德之聚若有聽
聞如是經者所獲功德其量甚多何況書寫
受持讀誦為他敷演如說脩行何以故善男
子若有眾生聞此金光明最勝王經者即於
阿耨多羅三藐三菩提不復退轉
尒時十方有百千俱胝那庾多无量无數恒河
沙等諸佛剎土彼諸剎土一切如來異口同音
於法座上讚彼法師言善哉善哉善男子
汝於來世以精勤力當脩无量百千苦行具
足資粮超諸聖眾出過三界為最勝尊
當坐菩提樹王之下殊勝莊嚴能救三千大千
世界有緣眾生善能摧伏可畏形儀諸魔軍
眾覺了諸法最勝清淨甚深无上正等菩提
善男子汝當坐於金剛之座轉於无上諸佛
所讚十二妙行甚深法輪能擊无上最大法
鼓能吹无上極妙法螺能建无上殊法幢能
然无上極明法炬能降无上甘露法雨能
斷无量煩惱怨結能令无量百千万億那庾
多有情度於无涯可畏大海解脫生死无際
輪迴值遇无量百千万億那庾多佛
尒時四天王復白佛言世尊是金光明最勝
王經能於未來現在成就如是无量功德是
故人王若得聞是微妙經典即是已於百千
万億无量佛所種諸善根於彼人王我當護
念復見无量福德利故我等四王及餘眷屬
无量百千万億諸神於自宮殿見是種種香
烟雲蓋神變之時我當隱蔽不現其身為聽
法故當至是王清淨嚴飾所止宮殿講法之

務本 046 號 金光明最勝王經卷六（13–07）

烟雲蓋神變之時我當隱蔽不現其身為聽
法故當至是王清淨嚴飾所止宮殿講法之
處如是乃至梵宮帝釋大辯才天大吉祥天
堅牢地神正了知神大將二十八部諸藥叉
神大自在天金剛密主寶賢大將訶利底母五
百眷屬无熱惱池龍王大海龍王无量百千
万億那庾多諸天藥叉如是等衆為聽法
故皆不現身至彼人王殊勝宮殿莊嚴高座
說法之所世尊我等四王及餘眷屬藥叉諸
神皆當一心共彼人王為善知識因是无上
大法施主以甘露味充足於我是故我等當
護是王除其衰患令得安隱及其宮殿城
邑國土諸惡災變悉令消滅尒時四天王俱共
合掌白佛言世尊若有人王於其國土雖有
此經未嘗流布心生捨離不樂聽聞亦不供
養尊重讚嘆見四部衆持經之人亦復不能
尊重供養遂令我等及餘眷屬无量諸天
不得聞此甚深妙法背甘露味失正法流无有
威光及以勢力增長惡趣損減人天墜生死河
乖涅槃路世尊我等四王并諸眷屬及藥叉
等見如斯事捨其國土无擁護心非但我等
捨棄是王亦有无量守護國土諸大善神悉
皆捨去既捨離已其國當有種種災禍喪失
國位一切人衆皆无善心唯有繫縛殺害瞋諍
互相讒諂枉及无辜疾疫流行彗星數出兩日
並現薄蝕无恒黑白二虹表不祥相星流地
動井內發聲暴雨惡風不依時節常遭飢
饉苗實不成多有他方怨賊侵掠國內人

務本 046 號 金光明最勝王經卷六（13-08）

動井內發聲暴雨惡風不依時節常遭飢
饉苗實不成多有他方怨賊侵掠國內人
民受諸苦惱土地无有可樂之處世尊我等
四王及与无量百千天神并護國土諸舊善
神遠離去時生如是等无量百千災怪惡事
世尊若有人王欲護國土常受快樂欲令衆
生咸蒙安隱欲得摧伏一切外敵於自國境
永得昌盛欲令正教流布世間苦惱惡法皆
除滅者世尊是諸國主必當聽受是妙經王
亦應恭敬供養讀誦受持經者我等及餘无
量天衆以是聽法善根威力得服无上甘露
法味增益我等所有眷屬并餘天神皆得勝
利何以故以是人王至心聽受是經典故世
尊如大梵天於諸有情常為宣說世出世論
帝釋復說種種諸論五通神仙亦說諸論世
尊梵天帝釋五通仙人雖有百千俱胝那庾
多无量諸論然佛世尊慈悲哀愍為人天衆
說金光明微妙經典比前所說勝彼百千俱
胝那庾多倍不可為喻何以故由此能令諸
贍部洲所有王等正法化世能与衆生安樂
之事為護自身及諸眷屬令无苦惱又无他
方怨賊侵害所有諸惡悉皆遠去亦令國土
災厄屏除化以正法无有諍訟是故人王各
於國土當然法炬明照无邊增益天衆并諸
眷屬世尊我等四王无量天神藥叉之衆贍
部洲內所有天神以是因緣得服无上甘露
法味獲大威德勢力光明无不具足一切衆
生皆得安隱復於來世无量百千不可思議
那庾多劫常受快樂復得值遇无量諸佛種

務本 046 號 金光明最勝王經卷六（13-09）

生皆得安隱復於未來世无量百千不可思議
那庾多劫常受快樂復得値遇无量諸佛種
諸善根然後證得阿耨多羅三藐三菩提如
是无量无邊勝利皆是如來應正等覺以大
慈悲過梵衆以大智慧逾帝釋脩諸苦行勝
五通仙百千万億那庾多倍不可稱計為諸
衆生演說如是微妙經典令贍部洲一切國
主及諸人衆明了世間所有法式治國化人勸
導之事由此經王流通力故普得安樂此等
福利皆是釋迦大師於此經典廣為流通慈
悲力故世尊以是因緣諸人王等皆應受持
供養恭敬尊重讚嘆此妙經王何以故以如
是等不可思議殊勝功德利益一切是故名
曰最勝經王
尒時世尊復告四天王汝等四王及餘眷屬
无量百千俱胝那庾多諸天大衆見彼人王
若能至心聽是經典供養供敬尊重讚嘆者
應當擁護除其衰患能令汝等亦受安樂若
四部衆能廣流布是經王者於人天中廣作
佛事普能利益无量衆生如是之人汝等四
王常當擁護如是四衆勿使他緣共相侵擾
令彼身心寂靜安樂於此經王廣宣流布令不
斷絶利益有情盡未來際
尒時多聞天王從座而起白佛言世尊我有
如意寶珠陁羅尼法若有衆生樂受持者功
德无量我常擁護令彼衆生離苦得樂能成
福智二種資糧欲受持者先當誦此護身之
呪即說呪曰

務本 046 號 金光明最勝王經卷六（13–10）

福智二種資糧欲受持者先當誦此護身之
呪即說呪曰
南无薜室囉末拏也　莫訶曷囉闍也
怛姪他囉囉囉　矩𡛼矩𡛼區𡛼區𡛼
窶𡛼窶𡛼颯縛颯縛　羯囉羯囉莫訶毗羯剌㲉
莫訶毗羯剌㲉　莫訶曷囉社
曷囉叉曷路叉覩濘　薩婆薩埵難者莎訶
世尊誦此呪者當以白線呪之七遍一遍一結
繫之肘後其事必成應取諸香所謂安息
栴檀龍腦蘇合多揭羅薰陸皆須等分和合
一處手執香爐燒香供養清淨澡浴著鮮潔
衣於一靜室可誦神呪
請我薜室囉末拏天王即說呪曰
南謨薜室囉末拏引也　南无檀那馱也
檀泥說囉引也阿揭㗚　阿鉢唎弭多檀泥說羅
鉢囉摩迦留尼迦　薩婆薩埵呬多振多
摩摩名　檀那末拏　𡁠闍摩揭㗚莎訶
此呪誦滿一七遍已次誦本呪欲誦呪時先
當稱名敬禮三寶及薜室羅末拏大王能施
財物令諸衆生所求願滿悉能成就與其安
樂如是禮已次誦薜室羅末拏王如意末
尼寶心神呪能施衆生隨意安樂尒時多聞
天王即於佛前說如意末尼寶心呪曰
南无曷喇怛那　怛喇夜引也
南无薜室囉末拏也　莫訶囉闍引也
怛姪他四弭四弭　蘇母蘇母
旃荼旃荼祈羅祈羅　薩囉薩囉
羯囉羯囉枳哩枳哩　矩嚕矩嚕

務本 046 號 金光明最勝王經卷六（13–11）

旃荼旃荼 祈羅祈羅 薩囉 薩囉
羯囉羯囉 枳哩枳哩 矩嚕 矩嚕
母嚕母嚕 主嚕主嚕 娑大也 頻貪
我名某甲 呢店頻他 達達頡 莎訶
南无薜羅末拏也 莎訶 檀那馱也 莎訶
曼奴喇他 鉢唎脯喇迦 引 也 莎訶
受持呪時先誦千遍然後於淨室中瞿摩
塗地作小壇場隨時飲食一心供養常然妙
香令烟不絕誦前心呪晝夜繫心唯自耳聞
勿令他解時有薜室羅末拏王子名禪膩師
現童子形來至其所問言何故須喚我父即可
報言我為供養三寶事須財物願當施與時
禪膩師聞是語已即還父所白其父言今有
善人發至誠心供養三寶少乏財物為斯
請召其父報曰汝可速去日日與彼一百迦利沙
波拏（此是根本梵音唯目諸物而隨方不定或是金銀銅鐵等錢然摩揭陀國現今通用一迦利沙波拏有一千六百貝齒校數可以准知若准物直隨方不定若人持呪得成就者獲物之時自知其數有本云每日與一百陳那羅即金錢也乃至盡形日日常得西方求者多有神驗除不至心也）
其持呪者見是相已知事得成當須獨處淨室
燒香而臥可於牀邊置一香篋每至曉已觀
其篋中獲所求物每得物時當日即須供養
三寶香花飲食兼施貧乏皆令罄盡不得
停留於諸有情起慈悲念勿生瞋誑諂害之
心若起瞋者即失神驗常可護心勿令瞋恚
又持此呪者每日中憶我多聞天王及男
女眷屬稱揚讚嘆恒以十善共相資助令彼
天等福力增明眾善普臻證菩提處彼諸天
眾見是事已皆大歡喜共來擁衛持呪之人
又持呪者壽命長遠經无量歲永離三塗常

務本 046 號 金光明最勝王經卷六（13–12）

眾見是事已皆大歡喜共來擁衛持呪之人
又持呪者壽命長遠經无量歲永離三塗常
无災厄亦令獲得如意寶珠及以伏藏神通
自在所願皆成若求官榮无不稱意亦解一
切禽獸之語
世尊若持呪時欲得見我自身現者可於月
八日或十五日於白疊上畫佛形像當用木
膠雜彩莊飾其畫像人為受八戒於佛左邊
作吉祥天女像於佛右邊作我多聞天像并
畫男女眷屬之類安置坐處咸令如法布列
花彩燒眾名香然燈續明晝夜无歇上妙飲食
種種珍奇發慇重心隨時供養受持神呪不
得輕心請召我時應誦此呪
南无室唎健那也 勃陁 引 也
南无薜室囉末拏也 引 世 莫訶羅闍
阿地囉闍 褒
莫訶提𪘲 世
怛囉怛囉 末囉
窣窣 漢娜
末足羯諾迦 跋祈囉薜瑠也
目登迦楞訖栗哆 設唎囉褒
蒲 引 薩婆薩埵 呬哆迦 引 摩
薜室囉末拏 室唎夜提鼻
跋攞 婆 引 也 毗田藍婆
瞿㗚拏瞿 喇
達跋四 寫 二合 自誦
達哩設那迦 設 南

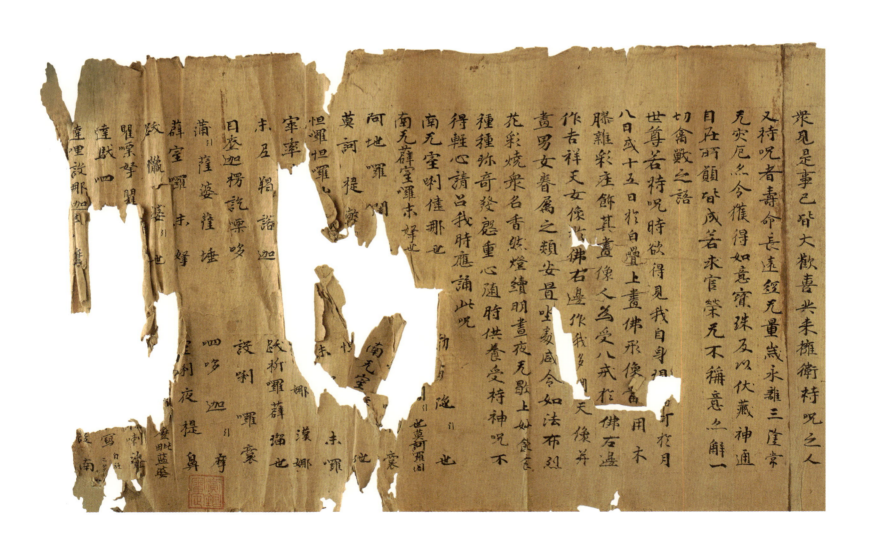

務本 046 號 金光明最勝王經卷六（13–13）

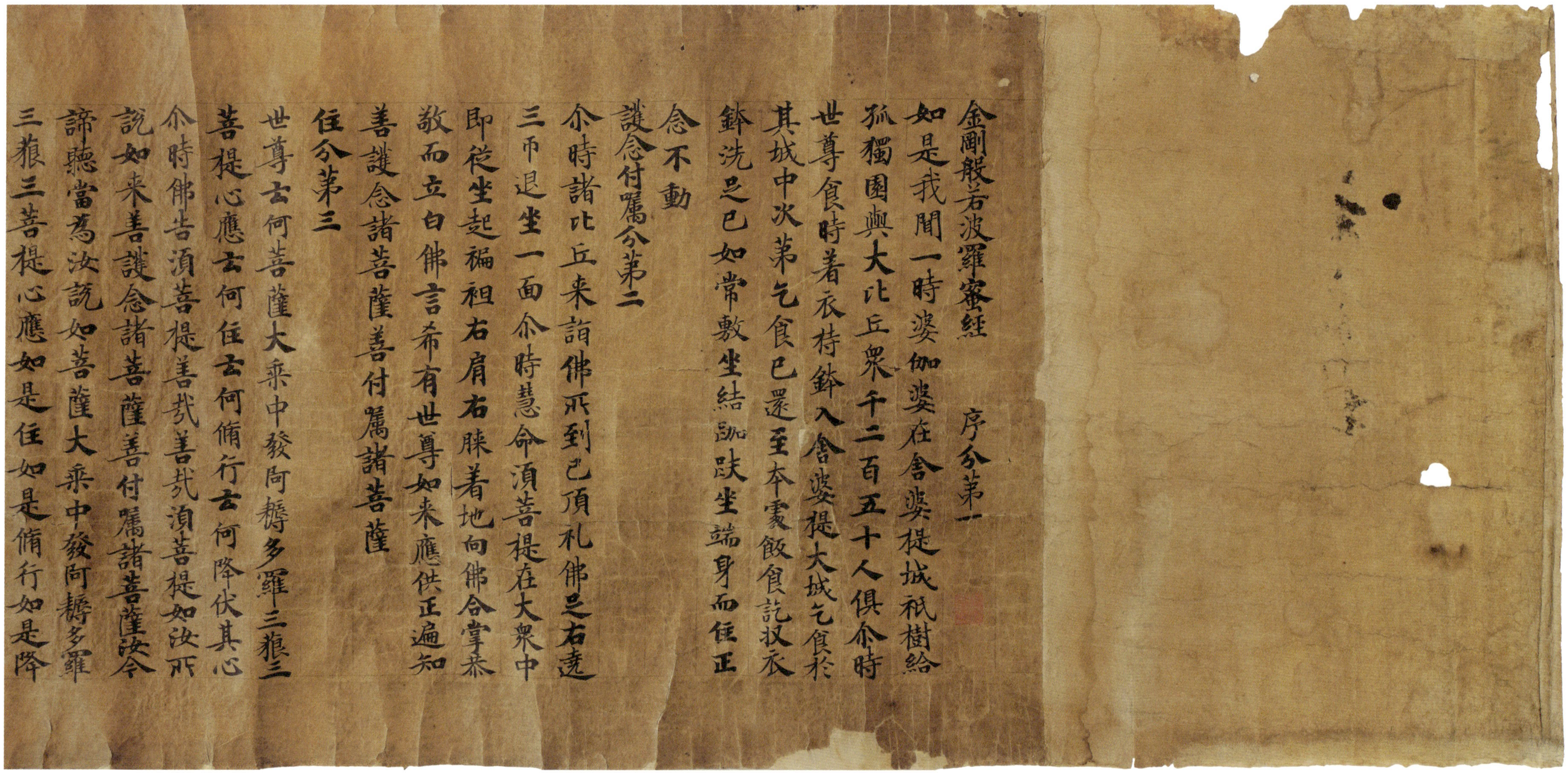

金剛般若波羅蜜經　序分第一
如是我聞一時婆伽婆在舍婆提城祇樹給
孤獨園與大比丘衆千二百五十人俱尒時
世尊食時著衣持鉢入舍婆提大城乞食於
其城中次第乞食已還至本處飯食訖收衣
鉢洗足已如常敷坐結跏趺坐端身而住正
念不動
護念付囑分第二
尒時諸比丘來詣佛所到已頂礼佛足右遶
三帀退坐一面尒時慧命須菩提在大衆中
即從坐起偏袒右肩右膝著地向佛合掌恭
敬而立白佛言希有世尊如來應供正遍知
善護念諸菩薩善付囑諸菩薩
住分第三
世尊云何菩薩大乘中發阿耨多羅三藐三
菩提心應云何住云何脩行云何降伏其心
尒時佛告須菩提善哉善哉須菩提如汝所
說如來善護念諸菩薩善付囑諸菩薩汝今
諦聽當為汝說如菩薩大乘中發阿耨多羅
三藐三菩提心應如是住如是脩行如是降

務本 047 號 金剛般若波羅蜜經（菩提流支本）（10–01）

諦聽當為汝說如菩薩大乘中發阿耨多羅
三藐三菩提心應如是住如是修行如是降
伏其心須菩提白佛言世尊如是願樂欲聞
佛告須菩提諸菩薩生如是心所有一切衆
生衆生所攝若卵生若胎生若濕生若化生
若有色若无色若有想若无想若非有想非
无想所有衆生界衆生所攝我皆令入无餘
涅槃而滅度之如是滅度无量无邊衆生實
无衆生得滅度者何以故須菩提若菩薩有
衆生相即非菩薩何以故非須菩提若菩薩
起衆生相人相壽者相則不名菩薩
如實修行分第四
復次須菩提菩薩不住於事行於布施无所
住行於布施不住色布施不住聲香味觸法
布施須菩提菩薩應如是布施不住於相想
何以故若菩薩不住相布施其福德聚不可
思量須菩提於汝意云何東方虛空可思量
不須菩提言不也世尊佛言如是須菩提南
西北方四維上下虛空可思量不須菩提言
不也世尊佛言如是如是須菩提菩薩无
住相布施福德聚亦復如是不可思量佛
復告須菩提菩薩但應如是行於布施
如來非有為相分第五
須菩提於意云何可以相成就見如來不須
菩提言不也世尊不可以相成就得見如來
何以故如來所說相即非相佛告須菩提凡
所有相皆是妄語若見諸相非相則非妄語
如是諸相非相則見如來
我空法空分第六
須菩提白佛言世尊頗有衆生於未來世末
世得聞如是修多羅章句生實相不佛告須
菩提莫作是說頗有衆生於未來世末世得

務本047號 金剛般若波羅蜜經（菩提流支本）（10-02）

世得聞如是脩多羅章句生實相不佛告須
菩提莫作是說頗有衆生於未來世得
聞如是脩多羅章句生實相不佛復告須菩
提有未來世末世有菩薩摩訶薩法欲滅時
有持戒脩福德智慧者於此脩多羅章句
能生信心以此為實佛復告須菩提當知彼
菩薩摩訶薩非於一佛二佛三四五佛所脩行
供養非於一佛二佛三四五佛所而種善根
佛復告須菩提已於无量百千万諸佛所脩
行供養无量百千万諸佛所種諸善根聞是
脩多羅乃至一念能生淨信須菩提如來悉
知是諸衆生如來悉見是諸衆生須菩提是
諸菩薩生如是无量福德聚取如是无量福
德何以故須菩提是諸菩薩无復我相衆
生相人相壽者相須菩提是諸菩薩无法
相亦非无法相无相亦非无相何以故須菩
提是諸菩薩若取法相則為着我人衆生壽
者須菩提若是菩薩有法相即着我相人相
衆生相壽者相何以故須菩提不應取法非
不取法以是義故如來常說栰喻法門是
法應捨非捨法故
復次佛告慧命須菩提須菩提於意云何如
來得阿耨多羅三藐三菩提耶如來有所說
法耶須菩提言如我解佛所說義无有定法
如來得阿耨多羅三藐三菩提亦无有定法
如來可說何以故如來所說法皆不可取不
可說非法非非法何以故一切聖人皆以无
為法得名
具足功德校量分第七
須菩提於意云何若滿三千大千世界七
寶以用布施須菩提於意云何是善男子
善女人所得福德寧為多不須菩提言甚
多婆伽婆甚多脩伽陁彼善男子善女人

善女人所得福德寧為多不須菩提言甚
多婆伽婆甚多脩伽陁彼善男子善女人
得福甚多何以故世尊是福德聚即非福
德聚是故如来說福德聚福德聚佛言須
菩提若善男子善女人以滿三千大千世界
七寶持用布施若復於此經中受持乃至
四句偈等為他人說其福勝彼无量不
可數何以故須菩提一切諸佛阿耨多羅三
藐三菩提法皆從此經出一切諸佛如来皆
從此經生須菩提所謂佛法佛法者即非
佛法
須菩提於意云何須陁洹能作是念我得須
陁洹果不須菩提言不也世尊何以故實无
有法名須陁洹不入色聲香味觸法是名須
陁洹佛言須菩提於意云何斯陁含能作是
念我得斯陁含果不須菩提言不也世尊何
以故實无有法名斯陁含是名斯陁含須菩
提於意云何阿那含能作是念我得阿那含
果不須菩提言不也世尊何以故實无有法
名阿那含是名阿那含須菩提於意云何阿
羅漢能作是念我得阿羅漢果不須菩提言
不也世尊何以故實无有法名阿羅漢世尊
若阿羅漢作是念我得阿羅漢即為著我人
衆生壽者世尊佛說我得无諍三昧寂為
第一世尊說我是離欲阿羅漢世尊我不
作是念我是離欲阿羅漢世尊我若作是
念我得阿羅漢世尊則不記我无諍行第
一以須菩提實无所行而名須菩提无諍
无諍行
佛告須菩提於意云何如来昔在然燈佛
所得阿耨多羅三藐三菩提法不須菩提
言不也世尊如来在然燈佛所於法實无所

所得阿耨多羅三藐三菩提法不須菩提
言不也世尊如來在然燈佛所於法實无所
得阿耨多羅三菩提
佛告須菩提若菩薩作是言我莊嚴佛國
土彼菩薩不實語何以故須菩提如來所說
莊嚴佛土者則非莊嚴是名莊嚴佛土是故
須菩提諸菩薩摩訶薩應如是生清淨心
而无所住不住色生心不住聲味觸法生心
應无所住而生其心須菩提譬如有人身如
須弥山王須菩提於意云何是身為大不須
菩提言甚大世尊何以故佛說非身是名大
身彼身非身是名大身
佛言須菩提如恒河中所有沙數如是沙等
恒河於意云何是諸恒河沙寧為多不須菩
提言甚多世尊但諸恒河尚多无數何況其
沙佛言須菩提我今實言告汝若有善男子
善女人以七寶滿尒數恒沙數世界以施諸
佛如來須菩提於意云何彼善男子善女
人得福多不須菩提言甚多世尊彼善男
子善女人得福甚多佛告須菩提以七寶
滿尒數恒河沙世界持用布施若善男子善
女人於此法門乃至受持四句偈等為他人
說而此福德勝前福德无量阿僧祇
復次須菩提隨所有處說是法門乃至四句
偈等當知此處一切世間天人阿脩羅皆應
供養如佛塔廟何況有人盡能受持讀誦此
經須菩提當知是人成就最上第一希有
之法若是經典所在之處則為有佛若尊
重似佛
尒時須菩提白佛言世尊當何名此法門我
等云何奉持佛告須菩提是法門名為金剛
般若波羅蜜以是名字汝當奉持何以故須
菩提佛說般若波羅蜜則非般若波羅蜜須

般若波羅蜜以是名字汝當奉持何以故須
菩提佛說般若波羅蜜則非般若波羅蜜須
菩提於意云何如来有所說法不須菩提言
世尊如来无所說法須菩提於意云何三千
大千世界所有微塵是為多不須菩提言彼
微塵甚多世尊須菩提是諸微塵如来說非
微塵是名微塵如来說世界非世界是名世
界佛言須菩提於意云何可以三十二大人
相見如来不須菩提言不也世尊何以故如
来說三十二大人相即是非相是名三十二
大人相佛言須菩提若有善男子善女人以
恒河沙等身命布施若復有人於此法門中
乃至受持四句偈等為他人說其福甚多无
量阿僧祇

尒時須菩提聞說是經深解義趣涕淚悲泣
捫淚而白佛言希有婆伽婆希有脩伽陁佛
說如是甚深法門我從昔来所得慧眼未曽
得聞如是法門何以故須菩提佛說般若波
羅蜜即非般若波羅蜜世尊若復有人得聞
是經信心清淨則生實相當知是人成就第
一希有功德世尊是實相者則是非相是故
如来說名實相實相世尊我今得聞如是法
門信解受持不足為難若當来世其有衆
生得聞是法門信解受持是人則為第一
希有何以故此人无我相人相衆生相壽者
相何以故我相即是非相人相衆生相壽者
相即是非相何以故離一切諸相則名諸佛
佛告須菩提如是如是若復有人得聞是
經不驚不怖不畏當知是人甚為希有
何以故須菩提如来說第一波羅蜜非
第一波羅蜜如来說第一波羅蜜者彼
无量諸佛亦說波羅蜜是名第一波羅
蜜

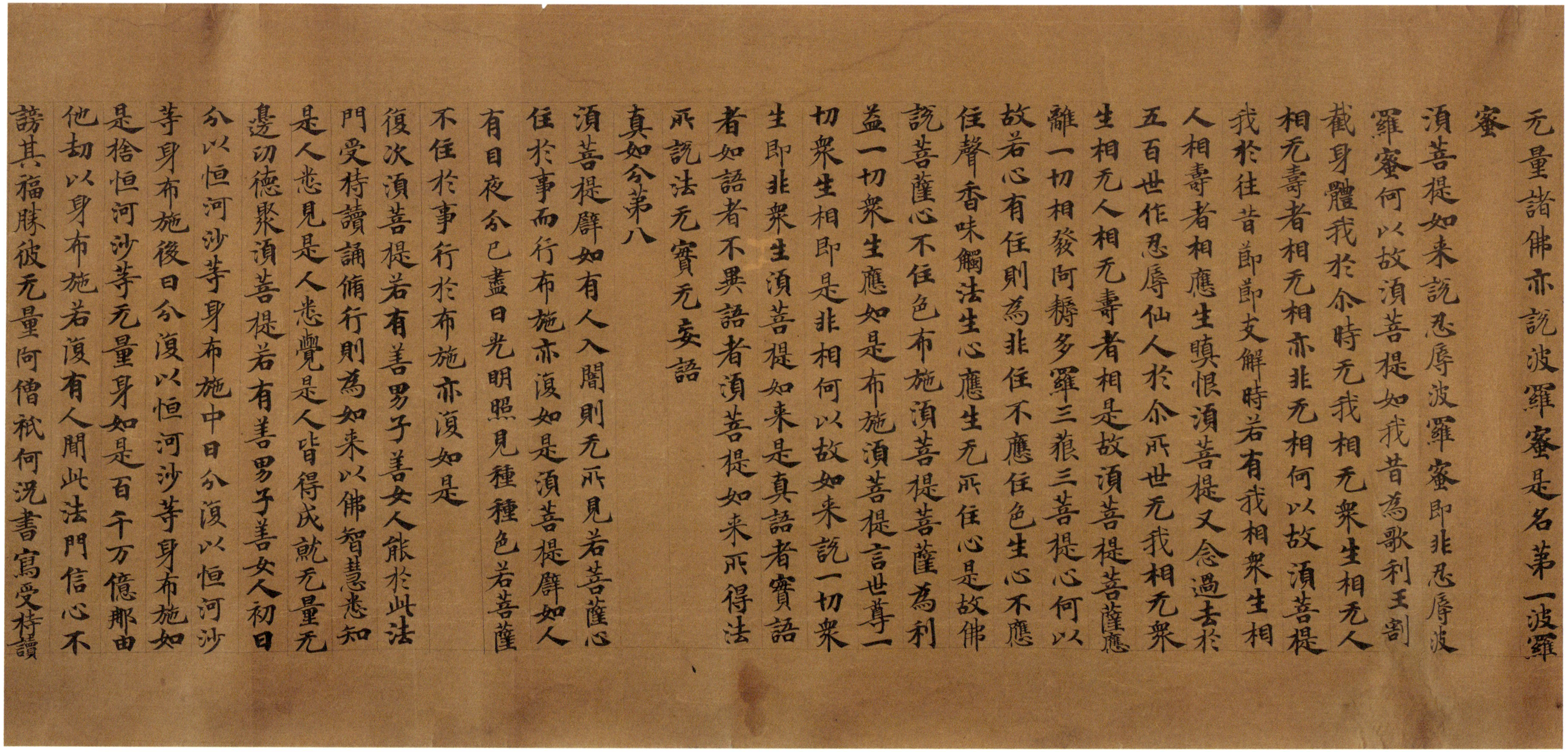
无量諸佛亦說波羅蜜是名第一波羅
蜜
須菩提如来說忍辱波羅蜜即非忍辱波
羅蜜何以故須菩提如我昔為歌利王割
截身體我於尒時无我相无衆生相无人
相无壽者相无相亦非无相何以故須菩提
我於往昔節節支解時若有我相衆生相
人相壽者相應生瞋恨須菩提又念過去於
五百世作忍辱仙人於尒所世无我相无衆
生相无人相无壽者相是故須菩提菩薩應
離一切相發阿耨多羅三藐三菩提心何以
故若心有住則為非住不應住色生心不應
住聲香味觸法生心應生无所住心是故佛
說菩薩心不住色布施須菩提菩薩為利
益一切衆生應如是布施須菩提言世尊一
切衆生相即是非相何以故如来說一切衆
生即非衆生須菩提如来是真語者實語
者如語者不異語者須菩提如来所得法
所說法无實无妄語
真如分第八
須菩提譬如有人入闇則无所見若菩薩心
住於事而行布施亦復如是須菩提譬如人
有目夜分已盡日光明照見種種色若菩薩
不住於事行於布施亦復如是
復次須菩提若有善男子善女人能於此法
門受持讀誦脩行則為如来以佛智慧悉知
是人悉見是人悉覺是人皆得成就无量无
邊功德聚須菩提若有善男子善女人初日
分以恒河沙等身布施中日分復以恒河沙
等身布施後日分復以恒河沙等身布施如
是捨恒河沙等无量身如是百千万億那由
他劫以身布施若復有人聞此法門信心不
謗其福勝彼无量阿僧祇何況書寫受持讀

務本 047 號 金剛般若波羅蜜經（菩提流支本）（10-07）

他劫以身布施若復有人聞此法門信心不
謗其福勝彼无量阿僧祇何況書寫受持讀
誦脩行為人廣說
利益分第九
須菩提以要言之是經有不可思議不可稱
量无邊功德此法門如来為發大乘者說
為發最上乘者說若有人能受持讀誦脩
行此經廣為人說如来悉知是人悉見是人
皆成就不可思議不可稱无有邊无量功
德聚如是等則為荷擔如来阿耨多羅三
藐三菩提何以故須菩提若樂小法者則
於此經不能受持讀誦脩行為人解說若
有我見衆生見人見壽者見於此法門
能受持讀誦脩行為人解說者无有是處
須菩提在在處處若有此經一切世間天
人阿脩羅所應供養當知此處則為是塔
皆應恭敬作礼圍遶以諸華香而散其
處
復次須菩提若善男子善女人受持讀誦此
經為人輕賤何以故是人先世罪業應墮惡
道以今世人輕賤故先世罪業則為消滅當得
阿耨多羅三藐三菩提須菩提我念過去无
量阿僧祇阿僧祇劫於然燈佛前得值八十
四億那由他百千万諸佛我皆親承供養无
空過者須菩提如是无量諸佛我皆親承
供養无空過者若復有人於後世末世能受
持讀誦脩行此經所得功德我所供養諸佛
功德於彼百分不及一千万億分乃至筭數
譬喻所不能及須菩提若有善男子善女人
於後世末世有受持讀誦脩行此經所得功
德若我具說者或有人聞心則狂亂疑惑不
信須菩提當知是法門不可思議果報亦不
可思議

信須菩提當知是法門不可思議果報亦不
可思議
斷疑分第十
尒時須菩提白佛言世尊云何菩薩發阿耨
多羅三藐三菩提心云何住云何脩行云何
降伏其心佛告須菩提菩薩發阿耨多羅三
藐三菩提心者當生如是心我應滅度一切
衆生令入无餘涅槃界如是滅度一切衆生
已而无一衆生實滅度者何以故須菩提若
菩薩有衆生相人相壽者相則非菩薩何以
故須菩提實无有法名為菩薩發阿耨多
羅三藐三菩提心者
須菩提於意云何如来於然燈佛所有法得
阿耨多羅三藐三菩提不須菩提白佛言不
也世尊如我解佛所說義佛於然燈佛所无
有法得阿耨多羅三藐三菩提佛言如是如
是須菩提實无有法如来於然燈佛所得阿
耨多羅三藐三菩提須菩提若有法如来
得阿耨多羅三藐三菩提者然燈佛則不與
我受記汝於来世當得作佛号釋迦牟尼以
實无有法得阿耨多羅三藐三菩提是故然
燈佛與我受記作如是言摩那婆汝於来世
當得作佛号釋迦牟尼何以故須菩提言如
来者即實真如須菩提若有人言如来得阿
耨多羅三藐三菩提者是人不實語須菩提
實无有法佛得阿耨多羅三藐三菩提須菩
提如来所得阿耨多羅三藐三菩提於是中
不實不妄語是故如来說一切法皆是佛法
須菩提所言一切法一切法者即非一切法
是故名一切法
須菩提譬如有人其身妙大須菩提言世尊
如来說人身妙大則非大身是故如来說名
大身

如来說人身妙大則非大身是故如来說名
大身
佛言須菩提菩薩亦如是若作是言我當滅
度无量衆生則非菩薩佛言須菩提於意
云何頗有實法名為菩薩須菩提言不也世
尊實无有法名為菩薩是故佛說一切法无
衆生无人无壽者須菩提若菩薩作是言
我莊嚴佛國土是不名菩薩何以故如来說
莊嚴佛土莊嚴佛土者即非莊嚴是名莊嚴
佛國土須菩提若菩薩通達无我无我法
者如来說名真實菩薩菩薩
須菩提於意云何如来有肉眼不須菩提言
如是世尊如来有肉眼佛言須菩提於意云
何如来有天眼不須菩提言如是世尊如来
有天眼佛言須菩提於意云何如来有慧眼
不須菩提言如是世尊如来有慧眼佛言須
菩提於意云何如来有法眼不須菩提言如
是世尊如来有法眼佛言須菩提於意云何
如来有佛眼不須菩提言如是世尊如来有
佛眼佛言須菩提於意云何如恒河中所有
沙佛說是沙不須菩提言如是世尊如来說
是沙佛言須菩提於意云何如一恒河中所
有沙有如是等恒河是諸恒河所有沙數佛
世界如是世界寧為多不須菩提言彼世界
甚多世尊
佛言須菩提尒所世界中所有衆生若干種
心住如来悉知何以故如来說諸心住皆為
非心住是名為心住何以故須菩提過去心
不可得現在心不可得未来心不可得
菩提於意云何若有人以滿三千大千世
[illegible]寶持用布施是[illegible]
[illegible]福多不須[illegible]
[illegible]得福[illegible]

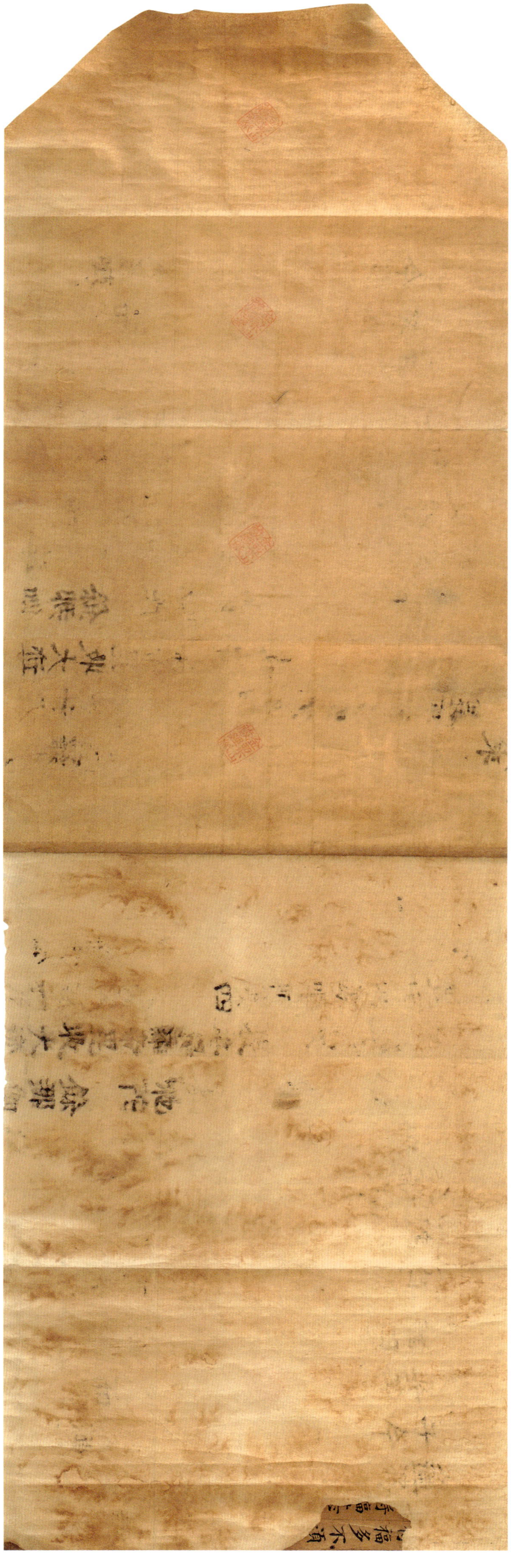

務本 047 號 金剛般若波羅蜜經（菩提流支本）（背面）

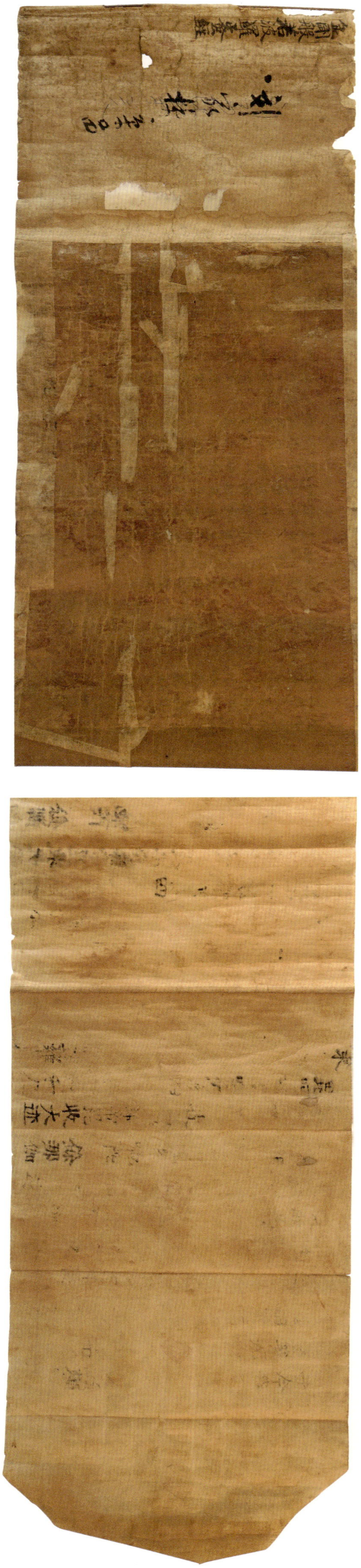

務本 048 號 妙法蓮華經卷六（王池）

妙法蓮華經如來神力品第二十一
尒時千世界微塵等菩薩摩訶薩從地踊出
者皆於佛前一心合掌瞻仰尊顏而白佛言
世尊我等於佛滅後世尊分身所在國土滅
度之處當廣說此經所以者何我等亦自欲
得是真淨大法受持讀誦解說書寫而供養
之尒時世尊於文殊師利等无量百千萬億
舊住娑婆世界菩薩摩訶薩及諸比丘比丘
尼優婆塞優婆夷天龍夜叉乾闥婆阿脩羅
迦樓羅緊那羅摩睺羅伽人非人等一切眾
前現大神力出廣長舌上至梵世一切毛孔
放於无量无數色光皆悉遍照十方世界眾
寶樹下師子座上諸佛亦復如是出廣長舌
放无量光釋迦牟尼佛及寶樹下諸佛現神
力時滿百千歲然後還攝舌相一時謦欬俱
共彈指是二音聲遍至十方諸佛世界地皆
六種震動其中眾生天龍夜叉乾闥婆阿脩
羅迦樓羅緊那羅摩睺羅伽人非人等以佛
神力故皆見此娑婆世界无量无邊百千萬
億眾寶樹下師子座上諸佛及見釋迦牟尼
佛共多寶如來在寶塔中坐師子座又見无
量无邊百千萬億菩薩摩訶薩及諸四眾恭
敬圍繞釋迦牟尼佛既見是已皆大歡喜得
未曾有即時諸天於虛空中高聲唱言過此
无量无邊百千萬億阿僧祇世界有國名娑
婆是中有佛名釋迦牟尼今為諸菩薩摩訶
薩說大乘經名妙法蓮華教菩薩法佛所護
念汝等當深心隨喜亦當禮拜供養釋迦牟
尼佛彼諸眾生聞虛空中聲已合掌向娑婆
世界作如是言南无釋迦牟尼佛南无釋迦
牟尼佛以種種華香瓔珞幡蓋及諸嚴身之
具珎寶妙物皆共遙散娑婆世界所散諸物
從十方來譬如雲集變成寶帳遍覆此間諸
佛之上于時十方世界通達无礙如一佛土

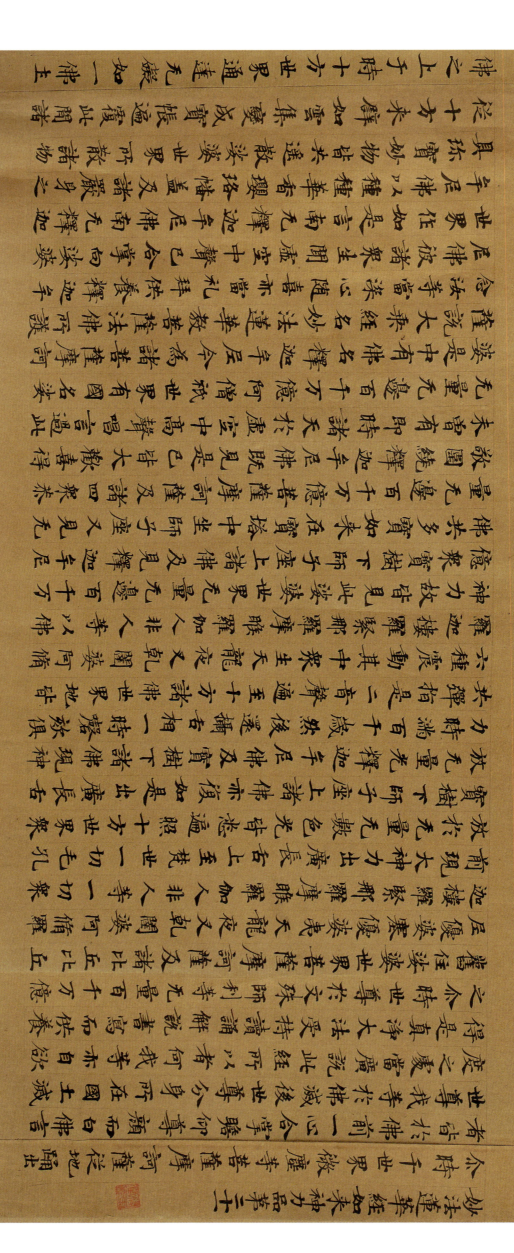

從十方来譬如雲集變成寶帳遍覆此間諸
佛之上于時十方世界通達无㝵如一佛土
尒時佛告上行等菩薩大衆諸佛神力如是
无量无邊不可思議若我以是神力於无量
无邊百千万億阿僧祇劫為囑累故說此經
功德猶不能盡以要言之如来一切所有之
法如来一切自在神力如来一切秘要之藏
如来一切甚深之事皆於此經宣示顯說是
故汝等於如来滅後應一心受持讀誦解說
書寫如說脩行所在國土若有受持讀誦解
說書寫如說脩行若經卷所住之處若於園
中若於林中若於樹下若於僧坊若白衣舍
若在殿堂若山谷曠野是中皆應起塔供養
所以者何當知是處即是道場諸佛於此得
阿耨多羅三藐三菩提諸佛於此轉于法輪
諸佛於此而般涅槃尒時世尊欲重宣此義
而說偈言

諸佛救世者　住於大神通　為悅衆生故　現无量神力
舌相至梵天　身放无數光　為求佛道者　現此希有事
諸佛謦欬聲　及彈指之聲　周聞十方國　地皆六種動
以佛滅度後　能持是經故　諸佛皆歡喜　現无量神力
囑累是經故　讚美受持者　於无量劫中　猶故不能盡
是人之功德　无邊无有窮　如十方虛空　不可得邊際
能持是經者　則為已見我　亦見多寶佛　及諸分身者
又見我今日　教化諸菩薩　能持是經者　令我及分身
滅度多寶佛　一切皆歡喜　十方現在佛　并過去未来
亦見亦供養　亦令得歡喜　諸佛坐道場　所得秘要法
能持是經者　不久亦當得　能持是經者　於諸法之義
名字及言辭　樂說无窮盡　如風於空中　一切无鄣㝵
於如来滅後　知佛所說經　因緣及次苐　隨義如實說
如日月光明　能除諸幽冥　斯人行世間　能滅衆生闇
教无量菩薩　畢竟住一乘　是故有智者　聞此功德利
於我滅度後　應受持斯經　是人於佛道　決定无有疑

務本048號　妙法蓮華經卷六（09-02）

教无量菩薩　畢竟住一乘　是故有智者　聞此功德利
於我滅度後　應受持斯經　是人於佛道　決定无有疑

妙法蓮華經囑累品第二十二

尒時釋迦牟尼佛從法座起現大神力以右
手摩无量菩薩摩訶薩頂而作是言我於无
量百千万億阿僧祇劫脩習是難得阿耨多
羅三藐三菩提法今以付囑汝等汝等應當
一心流布此法廣令增益如是三摩諸菩薩
摩訶薩頂而作是言我於无量百千万億阿
僧祇劫脩習是難得阿耨多羅三藐三菩提
法今以付囑汝等汝等當受持讀誦廣宣此
法令一切衆生普得聞知所以者何如来有
大慈悲无諸慳悋亦无所畏能與衆生佛之
智慧如来智慧自然智慧如来是一切衆生
之大施主汝等亦應隨學如来之法勿生慳
悋於未来世若有善男子善女人信如来智
慧者當為演說此法華經使得聞知為令其
人得佛慧故若有衆生不信受者當於如来
餘深法中示教利喜汝等若能如是則為已
報諸佛之恩時諸菩薩摩訶薩聞佛作是說
已皆大歡喜遍滿其身益加恭敬曲躬低頭
合掌向佛俱發聲言如世尊勑當具奉行唯
然世尊願不有慮諸菩薩摩訶薩衆如是三
反俱發聲言如世尊勑當具奉行唯然世尊
願不有慮尒時釋迦牟尼佛令十方来諸分
身佛各還本土而作是言諸佛各隨所安多
寶佛塔還可如故說是語時十方无量分身
諸佛坐寶樹下師子座上者及多寶佛并上
行等无邊阿僧祇菩薩大衆舍利弗等聲聞
四衆及一切世間天人阿脩羅等聞佛所說
皆大歡喜

妙法蓮華經藥王菩薩本事品第二十三

尒時宿王華菩薩白佛言世尊藥王菩薩云

妙法蓮華經藥王菩薩本事品第二十三
尒時宿王華菩薩白佛言世尊藥王菩薩云
何遊於娑婆世界世尊是藥王菩薩有若干
百千万億那由他難行苦行善哉世尊願少
解說諸天龍神夜叉乾闥婆阿脩羅迦樓羅
緊那羅摩睺羅伽人非人等又他國土諸來
菩薩及此聲聞衆聞皆歡喜尒時佛告宿王
華菩薩乃往過去无量恒河沙劫有佛号曰
日月淨明德如來應供正遍知明行足善逝世
間解无上士調御丈夫天人師佛世尊其佛
有八十億大菩薩摩訶薩七十二恒河沙大
聲聞衆佛壽四万二千劫菩薩壽命亦等彼
國无有女人地獄餓鬼畜生阿脩羅等及以
諸難地平如掌琉璃所成寶樹莊嚴寶帳覆
上垂寶華幡寶瓶香鑪周遍國界七寶為臺
一樹一臺其樹去臺盡一箭道此諸寶樹皆
有菩薩聲聞而坐其下諸寶臺上各有百億
諸天作天伎樂歌嘆於佛以為供養尒時彼
佛為一切衆生憙見菩薩及衆菩薩諸聲聞
衆說法華經是一切衆生憙見菩薩樂習苦
行於日月淨明德佛法中精進經行一心求
佛滿万二千歲已得現一切色身三昧得此
三昧已心大歡喜即作念言我得現一切色
身三昧皆是得聞法華經力我今當供養日
月淨明德佛及法華經即時入是三昧於虛
空中雨曼陁羅華摩訶曼陁羅華細末堅黑
栴檀滿虛空中如雲而下又雨海此岸栴檀
之香此香六銖價直娑婆世界以供養佛作
是供養已從三昧起而自念言我雖以神力
供養於佛不如以身供養即服諸香栴檀薰
陸兜樓婆畢力迦沈水膠香又飲瞻蔔諸華
香油滿千二百歲已香油塗身於日月淨明
德佛前以天寶衣而自纏身灌諸香油以神

務本048號 妙法蓮華經卷六（09-04）

香油滿千二百歲已香油塗身於日月淨明
德佛前以天寶衣而自纏身灌諸香油以神
通力願而自然身光明遍照八十億恒河沙
世界其中諸佛同時讚言善哉善哉善男子
是真精進是名真法供養如来若以華香瓔
珞燒香末香塗香天繒幡蓋及海此岸栴檀
之香如是等種種諸物供養所不能及假使
國城妻子布施亦所不及善男子是名第一
之施於諸施中冣尊冣上以法供養諸如来
故作是語已而各嘿然其身火然千二百歲
過是已後其身乃盡一切衆生憙見菩薩作
如是法供養已命終之後復生日月淨明德
佛國中於淨德王家結跏趺坐忽然化生即
為其父而說偈言
大王今當知　我經行彼處　即時得一切　現諸身三昧
勤行大精進　捨所愛之身
說是偈已而白父言日月淨明德佛今故現
在我先供養佛已得解一切衆生語言陁羅
尼復聞是法華經八百千万億那由他甄迦
羅頻婆羅阿閦婆等偈大王我今當還供養
此佛白已即坐七寶之臺上升虚空高七多
羅樹往到佛所頭面礼足合十指爪以偈讚
佛
容顏甚奇妙　光明照十方　我適曾供養　今復還親覲
尒時一切衆生憙見菩薩說是偈已而白佛
言世尊世尊猶故在世尒時日月淨明德佛
告一切衆生憙見菩薩善男子我涅槃時到
滅盡時至汝可安施牀座我於今夜當般涅
槃又勅一切衆生憙見菩薩善男子我以佛
法囑累於汝及諸菩薩大弟子并阿耨多羅
三藐三菩提法亦以三千大千七寶世界諸
寶樹寶臺及給侍諸天悉付於汝我滅度後
所有舍利亦付囑汝當令流布廣設供養應

寶樹寶臺及給侍諸天悉付於汝我滅度後
所有舍利亦付屬汝當令流布廣設供養應
起若干千塔如是日月淨明德佛勅一切衆
生憙見菩薩已於夜後分入於涅槃尒時一
切衆生憙見菩薩見佛滅度悲感懊惱戀慕
於佛即以海此岸栴檀爲積供養佛身而以
燒之火滅已後收取舍利作八万四千寶瓶
以起八万四千塔高三世界表刹莊嚴垂諸
幡蓋懸衆寳鈴尒時一切衆生憙見菩薩復
自念言我雖作是供養心猶未足我今當更
供養舍利便語諸菩薩大弟子及天龍夜叉
等一切大衆汝等當一心念我今供養日月
淨明德佛舍利作是語已即於八万四千塔
前然百福莊嚴臂七万二千歲而以供養令
无數求聲聞衆无量阿僧祇人發阿耨多羅
三藐三菩提心皆使得住現一切色身三昧
尒時諸菩薩天人阿脩羅等見其无臂憂惱
悲哀而作是言此一切衆生憙見菩薩是我
等師教化我者而今燒臂身不具足于時一
切衆生憙見菩薩於大衆中立此誓言我捨
兩臂必當得佛金色之身若實不虛令我兩
臂還復如故作是誓已自然還復由斯菩薩
福德智慧淳厚所致當尒之時三千大千世
界六種震動天雨寶華一切人天得未曾有
佛告宿王華菩薩於汝意云何一切衆生憙
見菩薩豈異人乎今藥王菩薩是也其所捨
身布施如是无量百千万億那由他數宿王
華若有發心欲得阿耨多羅三藐三菩提者
能然手指乃至足一指供養佛塔勝以國城
妻子及三千大千國土山林河池諸珎寶物
而供養者若復有人以七寶滿三千大千世
界供養於佛及大菩薩辟支佛阿羅漢是人
所得功德不如受持此法華經乃至一四句

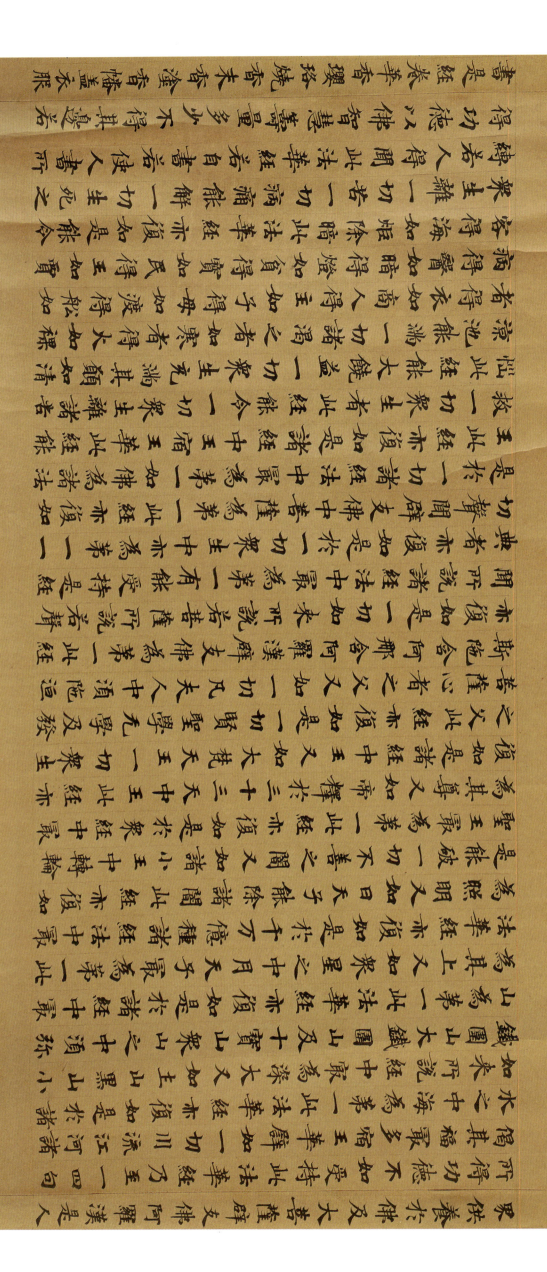

果供養於佛及大菩薩辟支佛阿羅漢是人
所得功德不如受持此法華經乃至一四句
偈其福最多宿王華辟如一切川流江河諸
水之中海為第一此法華經亦復如是於諸
如來所說經中最為深大又如土山黑山小
鐵圍山大鐵圍山及十寶山眾山之中須弥
山為第一此法華經亦復如是於諸經中最
為其上又如眾星之中月天子最為第一此
法華經亦復如是於千万億種諸經法中最
為照明又如日天子能除諸闇此經亦復如
是能破一切不善之闇又如諸小王中轉輪
聖王最為第一此經亦復如是於眾經中最
為其尊又如帝釋於三十三天中王此經亦
復如是諸經中王又如大梵天王一切眾生
之父此經亦復如是一切賢聖學无學及發
菩薩心者之父又如一切凡夫人中須陁洹
斯陁含阿那含阿羅漢辟支佛為第一此經
亦復如是一切如來所說若菩薩所說若聲
聞所說諸經法中最為第一有能受持是經
典者亦復如是於一切眾生中亦為第一一
切聲聞辟支佛中菩薩為第一此經亦復如
是於一切諸經法中最為第一如佛為諸法
王此經亦復如是諸經中王宿王華此經能
救一切眾生者此經能令一切眾生離諸苦
惱此經能大饒益一切眾生充滿其願如清
涼池能滿一切諸渴之者如寒者得火如裸
者得衣如商人得主如子得母如渡得船如
病得醫如暗得燈如貧得寶如民得王如賈
客得海如炬除暗此法華經亦復如是能令
眾生離一切苦一切病痛能解一切生死之
縛若人得聞此法華經若自書若使人書所
得功德以佛智慧籌量多少不得其邊若
書是經卷華香瓔珞燒香末香塗香幡蓋衣服

得功德以佛智慧籌量多少不得其邊若
書是經卷華香瓔珞燒香末香塗香幡蓋衣服
種種之燈穌燈油燈諸香油燈瞻蔔油燈須
曼那油燈波羅羅油燈婆利師迦油燈那婆
摩利油燈供養所得功德亦復无量宿王華
若有人聞是藥王菩薩本事品者亦得无量
无邊功德若有女人聞是藥王菩薩本事品
能受持者盡是女身後不復受若如來滅後
後五百歲中若有女人聞是經典如說脩行
於此命終即往安樂世界阿弥陁佛大菩薩
衆圍繞住處生蓮華中寶座之上不復為貪
欲所惱亦復不為瞋恚愚癡所惱亦復不為
憍慢嫉妬諸垢所惱得菩薩神通无生法忍
得是忍已眼根清淨以是清淨眼根見七百
万二千億那由他恒河沙等諸佛如來是時
諸佛遥共讚言善哉善哉善男子汝能於釋
迦牟尼佛法中受持讀誦思惟是經為他人
說所得福德无量无邊火不能燒水不能漂
汝之功德千佛共說不能令盡汝今已能破
諸魔賊壞生死軍諸餘怨敵皆悉摧滅善男
子百千諸佛以神通力共守護汝於一切世
間天人之中无如汝者唯除如來其諸聲聞
辟支佛乃至菩薩智慧禪定无有與汝等者
宿王華此菩薩成就如是功德智慧之力若
有人聞是藥王菩薩本事品能隨喜讚善者
是人現世口中常出青蓮華香身毛孔中常
出牛頭栴檀之香所得功德如上所說是故
宿王華以此藥王菩薩本事品囑累於汝我
滅度後後五百歲中廣宣流布於閻浮提无
令斷絶惡魔魔民諸天龍夜叉鳩槃荼等得
其便也宿王華汝當以神通之力守護是經
所以者何此經則為閻浮提人病之良藥若
人有病得聞是經病即消滅不老不死宿王

務本 048 號 妙法蓮華經卷六（印章）

印文：覺曉齋　龐龐山　東川曹氏十硯齋　楊昭携觀
圓園審定　張遠伯　志潭之章　晋（？）◇　卅六峰草堂

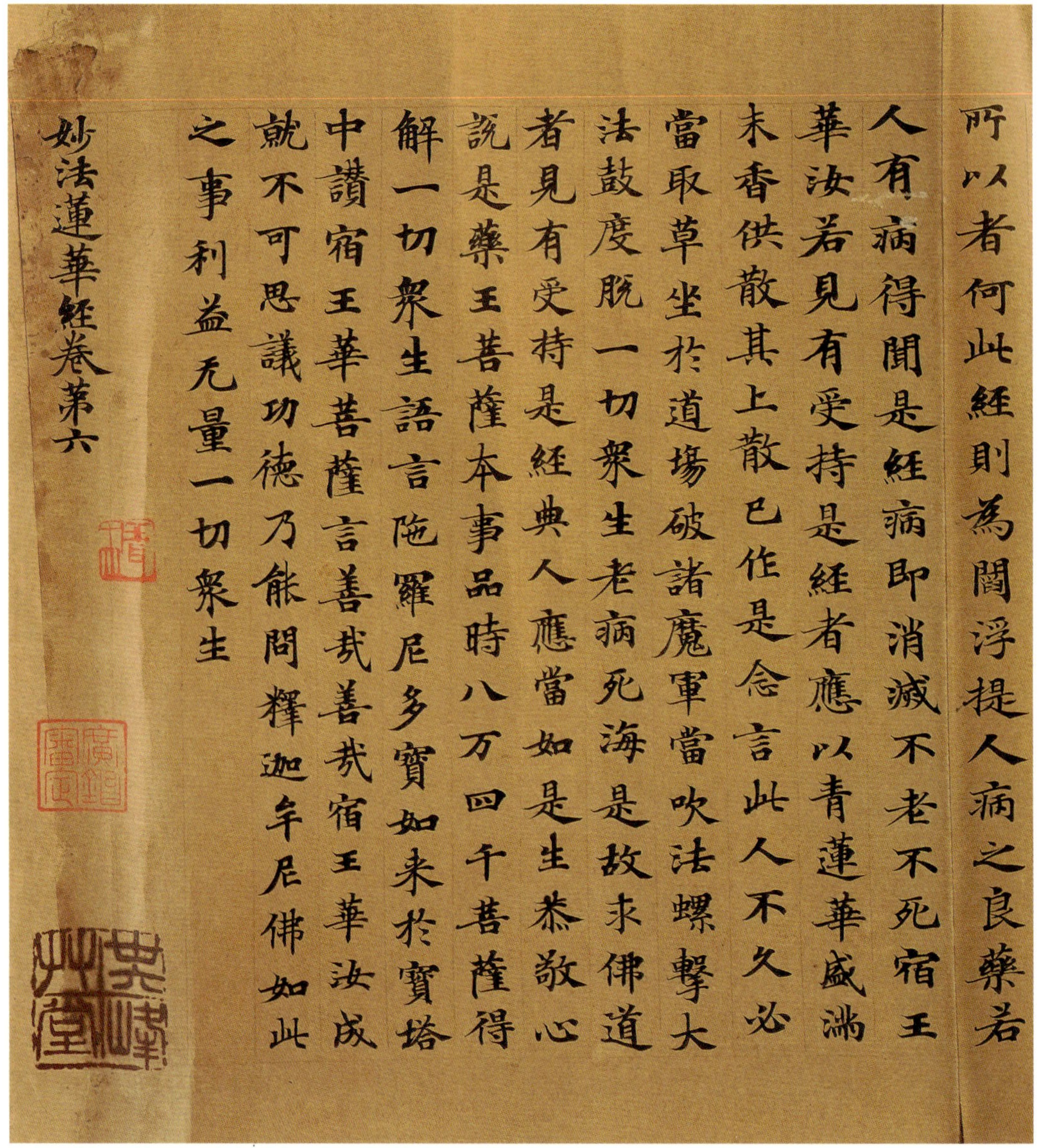

所以者何此經則為閻浮提人病之良藥若
人有病得聞是經病即消滅不老不死宿王
華汝若見有受持是經者應以青蓮華盛滿
末香供散其上散已作是念言此人不久必
當取草坐於道場破諸魔軍當吹法螺擊大
法鼓度脫一切衆生老病死海是故求佛道
者見有受持是經典人應當如是生恭敬心
說是藥王菩薩本事品時八万四千菩薩得
解一切衆生語言陁羅尼多寶如來於寶塔
中讚宿王華菩薩言善哉善哉宿王華汝成
就不可思議功德乃能問釋迦牟尼佛如此
之事利益无量一切衆生

妙法蓮華經卷第六

務本 048 號 妙法蓮華經卷六（09–09）

務本049號 金光明經卷四（12-01）

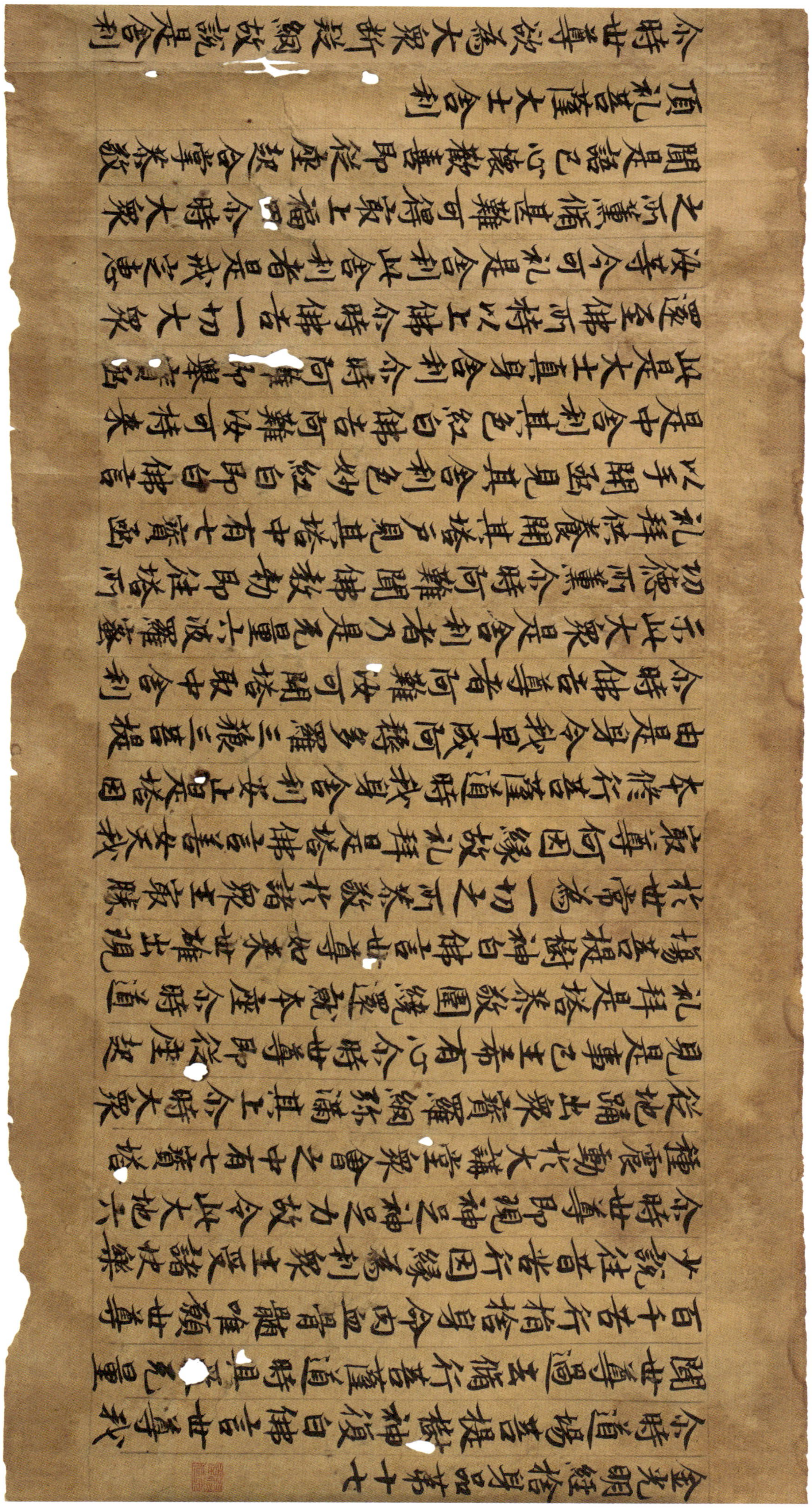

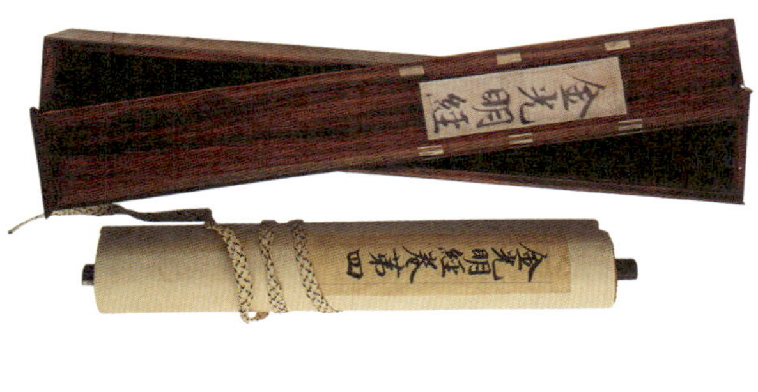

務本049號 金光明經卷四（外觀）

頂礼菩薩大士舍利
尒時世尊欲為大衆断疑網故說是舍利
往昔因縁阿難過去之世有王名曰摩訶
羅陁脩行善法善治國土无有怨敵時有
三子端正微妙形色殊特威德第一第一太
子名摩訶波那羅次子名曰摩訶提婆小
子名曰摩訶薩埵是三王子於諸園林遊
戲觀看次第漸到一大竹林憩駕止息第
一王子作如是言我於今日心甚怖懼於是
林中将无衰損第二王子復作是言我於
今日不自惜身但離所愛心憂愁耳第三
王子復作是言我於今日獨无怖懼亦无
愁惱山中空寂神仙所讚是處閑靜能令
行人安隱受樂諸王子說是語已轉復
前行見有一虎適産七日而有七子圍繞周
匝飢餓窮悴身體羸損命将欲絶第
一王子見是虎已作如是言怪哉此虎産来
七日七子圍繞不得求食若為飢逼必還
噉子第三王子言此虎經常所食何物第
一王子言此虎唯食新熱肉血第三王子言
君等誰能與此虎食第二王子言此虎飢
餓身體羸瘦困窮頓乏餘命无幾不容
餘處為其求食設餘求者命必不濟誰
能為此不惜身命第一王子言一切難捨不
過己身第二王子言我等今者以貪惜故
於此身命不能放捨智恵薄少故於是事
而生驚怖若諸大士欲利益他生大悲心為
衆生者捨此身命不足為難時諸王子心大
愁憂久住視之目未曾捨作是觀已尋便
離去尒時第三王子作是念言我今捨身
時已到矣何以故我從昔来多棄是身都
无所為亦常愛護處之屋宅又復供給衣

時已到矣何以故我從昔來多棄是身都
无所為亦常愛護處之屋宅又復供給衣
服飲食卧具醫藥象馬車乘隨時將養令
无所乏而不知恩反生怨害然後不免无常
敗壞復次是身不堅无所利益可惡如賊猶
若行廁我於今日當使此身作无上業於生死
海中作大橋梁復次若捨此身則捨无量癰
疽癲疾百千怖畏是身唯有大小便利是
身不堅如水上沫是身不淨多諸虫戶是
身可惡筋纏血塗皮骨髓腦共相連持如
是觀察甚可患猒是故我今應當捨離
以求寂滅无上涅槃永離憂患无常變異
生死休息无諸塵累无量禪定智惠功
德具足成就微妙法身百福莊嚴諸佛所
讚證成如是无上法身與諸衆生无量法
樂是時王子勇猛堪任作是大願以上大
悲薰脩其心慮其二兄心懷怖懼或恐固
遮為作留難即便語言兄等今者可與
眷屬還其所止尒時王子摩訶薩埵還至
虎所脫身衣裳置竹枝上作是誓言我今
為利諸衆生故證於最勝无上道故大悲
不動捨難捨故為求菩提智所讚故欲度
三有諸衆生故滅生死怖畏惱熱故是時
王子作是誓已即自放身卧餓虎前是時
王子以大慈力故虎无能為王子復作如
是念言虎今羸瘦身无勢力不能得我
身血肉食即起求刀周遍求之了不能得
即以乾竹刺頸出血於高山上投身虎前
是時大地六種震動日无精光如羅睺羅
阿脩羅王捉持鄣蔽又雨雜花種種妙香
時虛空中有諸餘天見是事已心生歡喜
歎未曾有讚言善哉善哉大士汝今真是

時虛空中有諸餘天見是事已心生歡喜
歎未曾有讚言善哉善哉大士汝今真是
行大悲者為衆生故能捨難捨於諸學人
第一勇健汝已為得諸佛所讚常樂住
處不久當證無惱無熱清淨涅槃是時尒
時見血流出汙王子身即便舐血噉食其
肉唯留餘骨尒時第一王子見地大動為弟
二王子而說偈言
震動大地　及以大海　日无精光　如有覆蔽
於上虛空　雨諸華香　必是我弟　捨所愛身
第二王子復說偈言
彼虎產來　已經七日　七子圍繞　窮无飲食
氣力羸損　命不云遠　小弟大悲　知其窮悴
懼不堪忍　還食其子　恐乏捨身　以救彼命
時二王子心大愁怖涕泣悲歎容貌憔悴復
共相將還至虎所見弟所著被服衣裳皆
悉在一竹枝之上骸骨髮爪布散狼藉流血
處處遍汙其地見已悶絕不自勝持投身
骨上良久乃寤即起舉首呼天而哭我弟
幼稚才能過人特為父母之所愛念奄忽
捨身以飴餓虎我今還宮父母設問當云何
荅我寧在此併命一處不忍見是骸骨
髮爪何心捨離還見父母妻子眷屬朋友
知識時二王子悲號懊惱漸捨而去時小王
子所將侍從各散諸方手相謂言今者我
天為何所在尒時王妃於睡中夢乳被割
牙齒墮落得三鴿鶵一為鷹食尒時王妃
大地動時即便驚悟心大愁怖而說偈言
今日何故　大地大水　一切皆動　物不安所
日无精光　如有覆蔽　我心憂苦　目睫瞤動
如我今者　所見瑞相　必有災異　不祥苦惱
於是王妃說是偈已時有青衣在外已聞

如我今者　所見瑞相　必有灾異　不祥苦惱
於是王妃　說是偈已　時有青衣　在外已聞
王子消息　心驚惶怖　尋即入宮　啓白王妃
作如是言　向者在外　聞諸侍從　推覓王子
不知所在　王妃聞已　生大憂惱　涕泣滿目　至
大王所　我於向者　傳聞外人　失我最小　所愛
之子　大王聞已　而復悶絕　悲哽苦惱　扙淚
而言　如何今日　失我心中　所愛重者　尒時世
尊欲重宣此義而說偈言
我於往昔　無量劫中　捨所重身　以求菩提
若為國王　及作王子　常捨難捨　以求菩提
我念宿命　有大國王　其王名曰　摩訶羅陁
是王有子　能大布施　其子名曰　摩訶薩埵
復有二兄　長者名曰　大波那羅　次名大天
三人同遊　至一空山　見新產虎　飢窮無食
時勝大士　生大悲心　我今當捨　所重之身
此虎或為　飢餓所逼　儻能還食　自所生子
即上高山　自投虎前　為令虎子　得全性命
是時大地　及諸大山　皆悉震動　驚諸虫獸
虎狼師子　四散馳走　世間皆闇　無有光明
是時二兄　故在竹林　心懷憂惱　愁苦涕泣
漸漸推求　遂至虎所　見虎虎子　血汙其口
又見骸骨　毛髮爪齒　處處流血　狼藉在地
時二王子　見是事已　心更悶絕　自躃於地
以灰塵土　自塗全身　忘失正念　生狂癡心
所將侍從　覩見是事　亦生悲慟　失聲號叫
采以冷水　共相噴灑　然後乃息　而復得起
是時王子　當捨身時　正值後宮　妃后婇女
眷屬五百　共相娛樂　王妃是時　兩乳汁出
一切支節　痛如針刺　心生愁惱　以喪愛子
於是王妃　疾至王所　其聲微細　悲泣而言
大王今當　諦聽諦聽　憂愁盛火　今來燒我

務本 049 號　金光明經卷四（12-05）

於是王妃　疾至王所　其聲微細　悲泣而言
大王今當　諦聽諦聽　憂愁盛火　今來燒我
我今二乳　俱時汁出　身體苦切　如被針刺
我見如是　不祥瑞相　恐更不復　見所愛子
今以身命　奉上大王　願速遣人　求覓我子
夢三鴿鶵　在我懷抱　其最小者　可適我心
有鷹飛來　奪我而去　夢是事已　即生憂惱
我今愁怖　恐命不濟　願速遣人　推求我子
是時王妃　說是語已　即時悶絕　而復躃地
王聞是語　復生憂惱　以不得見　所愛子故
其王大臣　及諸眷屬　悉皆聚集　在王左右
哀哭悲號　聲動天地　尒時城內　所有人民
聞是聲已　驚愕而出　各相謂言　今是王子
為活來耶　為已死亡　如是大士　常出軟語
為衆所愛　今難可見　已有諸人　入林推求
不久自當　得定消息　諸人尒時　慞惶如是
而復悲號　哀動神祇
尒時大王　即從座起　以水灑妃　良久乃穌
還得正念　微聲問王　我子今者　為死活耶
尒時王妃　念其子故　倍復懊惱　心无暫捨
可惜我子　形色端正　如何一旦　捨我終亡
云何我身　不先蒐沒　而見如是　諸苦惱事
善子妙色　猶淨蓮花　誰壞汝身　使令分離
將非是我　昔日怨讎　挾本業緣　而煞汝耶
我子面目　淨如滿月　不留一旦　遇斯禍對
寧使我身　破碎如塵　不令我子　喪失身命
我所見夢　已為得報　值我无情　能堪是苦
如我所夢　牙齒墮落　二乳一時　汁自流出
必定是我　夫所愛子　夢三鴿鶵　鷹奪一去
三子之中　必定失一
尒時大王　即告其妃　我今當遣　大臣使者
周遍東西　推求覓子　汝今且可　莫大憂愁

尒時大王　即告其妃　我今當遣　大臣使者
周遍東西　推求覓子　汝今且可　莫大憂愁
大王如是　慰喻妃已　即便嚴駕　出其宮殿
心生愁惱　憂苦所切　雖在大衆　顔貌憔悴
即出其城　覓所愛子　尒時亦有　无量諸人
哀號動地　尋從王後
是時大王　既出城已　四向顧望　求覓其子
煩冤心亂　靡知所在　最後遥見　有一信來
頭蒙塵土　血汙其衣　灰土坌身　悲號而至
尒時大王　摩訶羅陁　見是使已　倍生懊惱
舉手號叫　仰天而哭　先所遣臣　尋復來至
既至王所　作如是言　願王莫愁　諸子猶在
不久當至　令王得見　須臾之頃　復有臣來
見王愁苦　顔貌憔悴　身所著衣　垢膩塵污
大王當知　一子已終　二子雖存　哀悴无賴
第三王子　見新産虎　飢窮七日　恐還食子
見是虎已　深生悲心　發大誓願　當度衆生
於未來世　證成菩提　即上高處　投身餓虎
虎飢所逼　便起噉食　一切血肉　已爲都盡
唯有骸骨　狼藉在地　是時大王　聞臣語已
轉復悶絶　失念躄地　憂愁盛火　熾然其身
諸臣眷屬　亦復如是　以水灑王　良久乃蘇
復起舉手　號天而哭　復有臣來　而白王言
向於林中　見王二子　愁憂苦毒　悲號啼哭
迷悶失志　自投於地　臣即求水　灑其身上
良久之頃　乃還蘇息　望見四方　大火熾然
扶持暫起　尋復躄地　舉手悲哀　號天而哭
乍復稱嘆　其弟功德　是時大王　以離愛子
其心迷没　憂勞悶然　憂惱涕泣　益復思惟
是最小子　我所愛重　无常大鬼　奄便吞食
其餘二子　今雖存在　而爲憂火　之所焚燒
或能爲是　喪失命根　我宜速往　至彼林所

其餘二子今雖存在 而爲憂火之所焚燒
或能爲是喪失命根 我宜速往 至彼林所
迎載諸子 急還宮殿 其母在後 憂苦逼切
心肝分裂 或能失命 若見二子 慰喻其心
可使終保 餘年壽命 尒時大王 駕乘名象
與諸侍從 欲至彼林 即於中路 見其二子
號天扣地 稱弟名字 時王即前 抱持二子
悲號涕泣 隨路還宮 速令二子 覲見其母
佛告樹神 汝今當知 尒時王子 摩訶薩埵
捨身餇虎 今我身是 尒時大王 摩訶羅陁
於今父王 閱頭檀是 尒時王妃 今摩耶是
第一王子 今弥勒是 第二王子 今調達是
尒時虎者 今瞿夷是 時虎七子 五比丘
及舍利弗 目揵連是
尒時大王摩訶薩陁及其妃后悲號涕泣
悉皆脫身御服瓔珞與諸大衆往竹林中
收其舍利即於此處起七寶塔是時王子
摩訶薩埵臨捨命時作是誓願願我舍利
於未來世過筭數劫常爲衆生而作佛事
說是經時无量阿僧祇諸天及人發阿耨
多羅三藐三菩提心樹神是名礼塔往昔因
緣尒時佛神力故是七寶塔即沒不現
金光明經讃佛品第十八
尒時无量百千萬億諸菩薩衆從此世界
至金寶蓋山王如來國土到彼土已五體
投地爲佛作礼却一面立向佛合掌異口同
音而讃歎曰
如來之身 金色微妙 其明照曜 如金山王
身淨柔軟 如金蓮華 无量妙相 以自莊嚴
隨形之好 光餝其體 淨潔无比 如紫金山
圓足无垢 如淨滿月 其音清徹 妙如梵聲
師子吼聲 大雷震聲 六種清淨 微妙音聲

圓足无垢 如淨滿月 其音清徹 妙如梵聲
師子吼聲 大雷震聲 六種清淨 微妙音聲
迦陵頻伽 孔雀之聲 清淨无垢 威德具足
百福相好 莊嚴其身 光明遠照 无有齊限
智惠寂滅 无諸愛習 世尊成就 无量功德
譬如大海 須弥寶山 爲諸衆生 生憐愍心
於未來世 能與快樂 如來所說 第一深義
能令衆生 寂滅安隱 能與衆生 无量快樂
能演无上 甘露妙法 能開无上 甘露法門
能入一切 无患寂宅 能令衆生 悉得解脫
度於三有 无量苦海 安住正道 无諸憂苦
如來世尊 功德智惠 大慈悲力 精進方便
如是无量 不可稱計 我等今者 不能說喻
諸天世人 於无量劫 盡思度量 不能得知
如來所有 功德智惠 无量大海 一渧少分
我今略讚 如來功德 百千億分 不能宣一
若我功德 得聚集者 迴與衆生 證无上道
尒時信相菩薩即於此會從坐而起偏袒
右肩右膝着地合掌向佛而說讚言
世尊百福 相好微妙 功德千數 莊嚴其身
色淨遠照 覩之无猒 如日千光 弥滿虛空
光明熾盛 无量无邊 猶如无數 珎寶大聚
其明五色 青紅赤白 琉璃頗梨 如融真金
光明赫弈 通徹諸山 悉能遠照 无量佛土
能滅衆生 无量苦惱 又與衆生 上妙快樂
諸根清淨 微妙第一 衆生見者 无有猒足
髮紺柔軟 猶孔雀項 如諸蜂王 集在蓮花
清淨大悲 功德莊嚴 无量三昧 及以大慈
如是功德 悉已聚集 相好妙色 嚴飾其身
種種功德 助成菩提
如來悉能 調伏衆生 令心柔軟 受諸快樂
種種深妙 功德莊嚴 亦爲十方 諸佛所讚

務本 049 號 金光明經卷四（12–09）

如来悲愍　調伏衆生　令心柔軟　受諸快樂
種種深妙　功德莊嚴　亦爲十方　諸佛所讚
其光遠照　遍於諸方　猶如日明　充滿虛空
功德成就　如須弥山　在在示現　於諸世界
齒白齊整　猶如珂雪　其德如日　虛空明顯
眉間豪相　右旋婉轉　光明流出　如琉璃珠
其色微妙　如日處空
尒時道場菩提樹神復說讚曰
南无清淨　无上正覺　甚深妙法　隨順覺了
遠離一切　非法非道　獨拔而出　成佛正覺
知有非有　本性清淨
希有希有　如来功德　希有希有　如来大海
希有希有　如須弥山　希有希有　佛无邊行
希有希有　佛出於世　如優曇花　時一現耳
希有如来　无量大海　釋迦牟尼　爲人中日
爲欲利益　諸衆生故　宣說如是　妙寶經典
善哉如来　諸根寂滅　而復遊入　善寂大城
无垢清淨　甚深三昧　入於諸佛　所行之處
一切聲聞　身皆空寂　兩足之尊　行處亦空
如是一切　无量諸法　推本性相　亦皆空寂
一切衆生　性相亦空　狂愚心故　不能覺知
我常念佛　樂見世尊　常作誓願　不離佛日
我常於地　長跪合掌　其心戀慕　欲見於佛
我常脩行　无上大悲　哀泣雨淚　欲見於佛
我常渴仰　欲見於佛　爲是事已　憂火熾然
唯願世尊　賜我慈悲　清冷法水　以滅是火
世尊慈愍　悲心无量　願使我身　常得見佛
聲聞之身　猶如虛空　炎幻響化　如水中月
衆生之性　如夢所見　如来行處　淨如琉璃
如来行處　微妙甚深　一切衆生　无能知者
五通神仙　及諸聲聞　一切緣覺　亦不能知
我今不疑　佛所行處　唯願慈悲　爲我現身

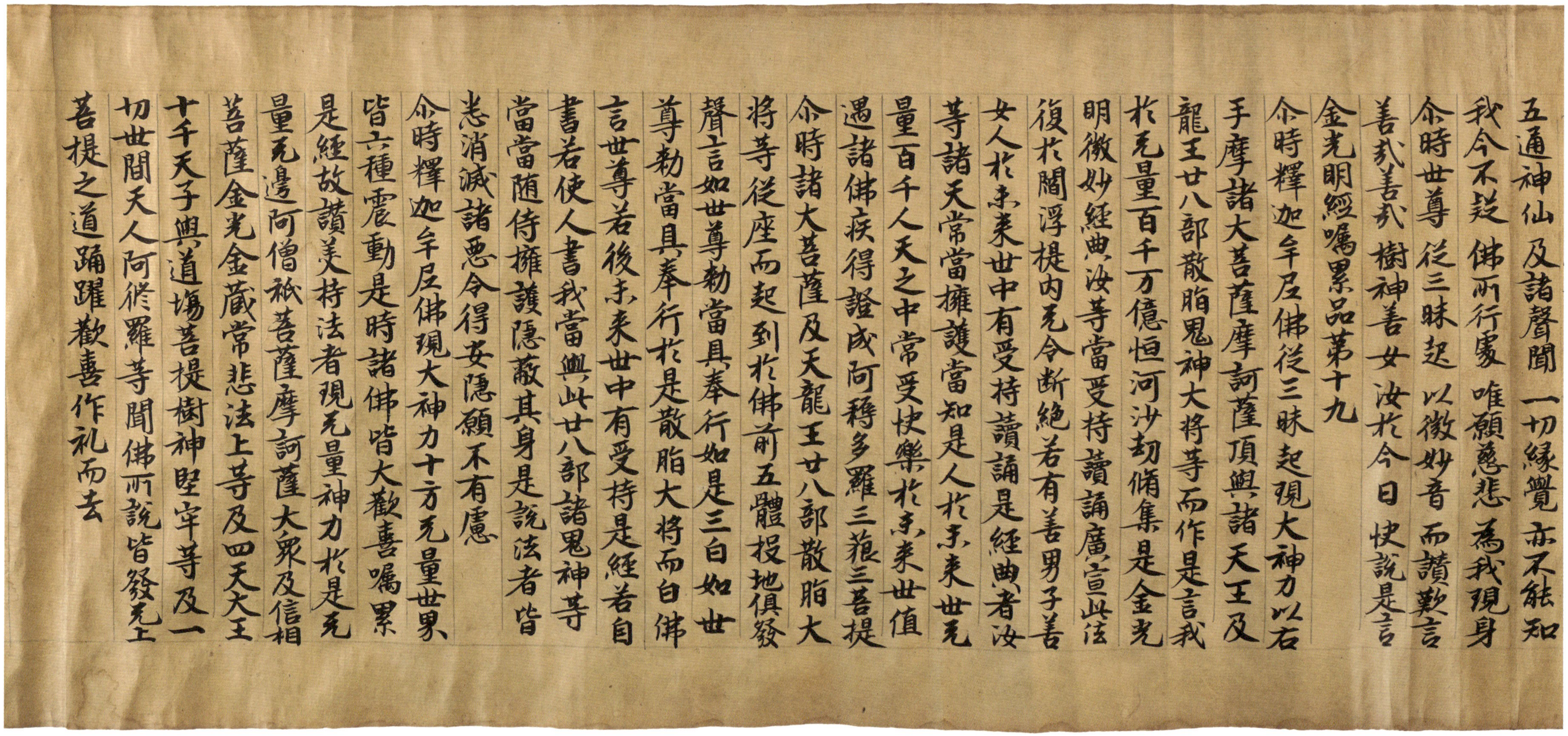
五通神仙及諸聲聞 一切緣覺亦不能知
我今不疑 佛所行處 唯願慈悲 為我現身
尒時世尊從三昧起 以微妙音而讚歎言
善哉善哉 樹神善女 汝於今日 快說是言
金光明經囑累品第十九
尒時釋迦牟尼佛從三昧起現大神力以右
手摩諸大菩薩摩訶薩頂與諸天王及
龍王廿八部散脂鬼神大將等而作是言我
於无量百千万億恒河沙劫脩集是金光
明微妙經典汝等當受持讀誦廣宣此法
復於閻浮提內无令斷絕若有善男子善
女人於未來世中有受持讀誦是經典者汝
等諸天常當擁護當知是人於未來世无
量百千人天之中常受快樂於未來世值
遇諸佛疾得證成阿耨多羅三藐三菩提
尒時諸大菩薩及天龍王廿八部散脂大
將等從座而起到於佛前五體投地俱發
聲言如世尊勅當具奉行如是三白如世
尊勅當具奉行於是散脂大將而白佛
言世尊若後未來世中有受持是經若自
書若使人書我當與此廿八部諸鬼神等
當當隨侍擁護隱蔽其身是說法者皆
悉消滅諸惡令得安隱願不有慮
尒時釋迦牟尼佛現大神力十方无量世界
皆六種震動是時諸佛皆大歡喜囑累
是經故讚美持法者現无量神力於是无
量无邊阿僧祇菩薩摩訶薩大衆及信相
菩薩金光金藏常悲法上等及四天大王
十千天子與道場菩提樹神堅牢等及一
切世間天人阿修羅等聞佛所說皆發无上
菩提之道踊躍歡喜作礼而去

務本 049 號 金光明經卷四（12–11）

務本 049 號 金光明經卷四（印章）

印文：白氏過眼　廣錩審定　“佛禪定朱印”（半枚）　務本堂藏

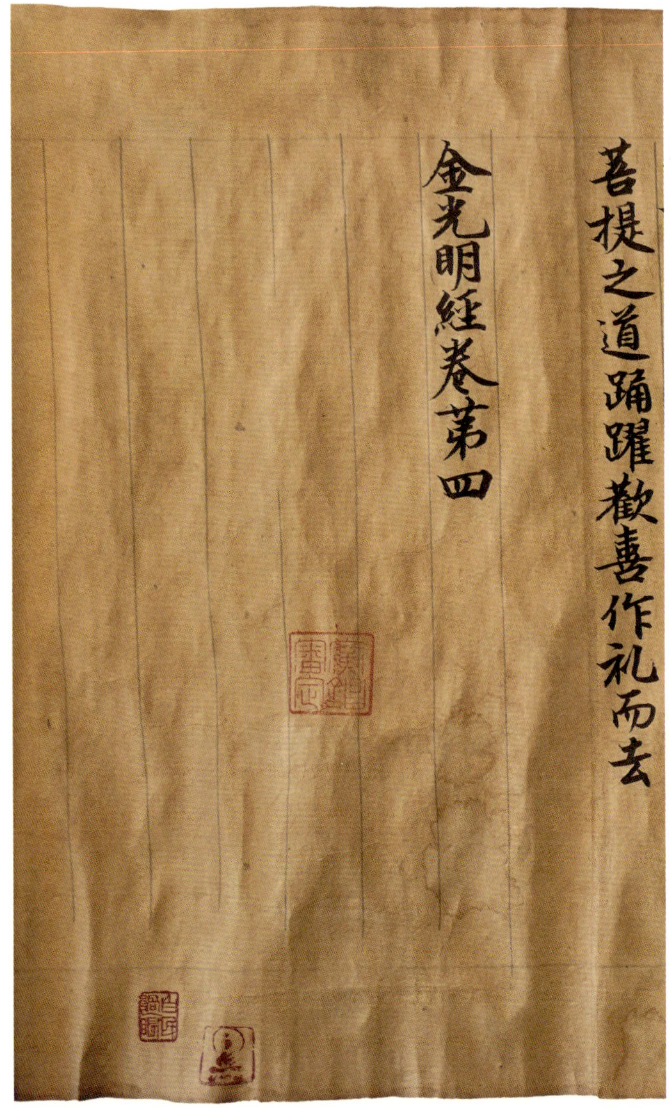

菩提之道踊躍歡喜作礼而去

金光明經卷第四

務本 049 號 金光明經卷四（12–12）

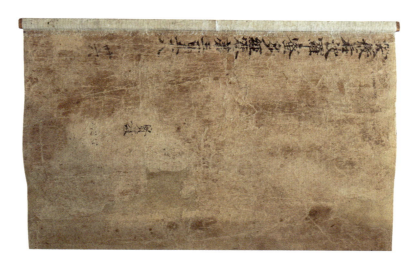

務本 050 號 大般若波羅蜜多經卷三五八（護首）

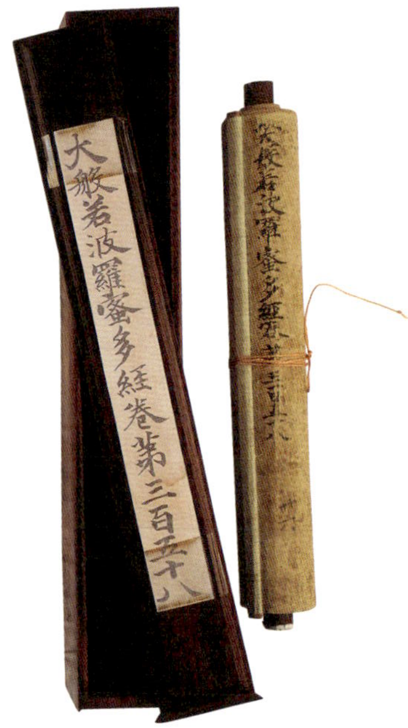

務本 050 號 大般若波羅蜜多經卷三五八（外觀）

大般若波羅蜜多經卷第三百五十八
初分多問不二品第六十一之八　三藏法師玄奘奉　詔譯
世尊云何布施波羅蜜多實際相云何淨戒
安忍精進靜慮般若波羅蜜多實際相諸
菩薩摩訶薩如實了知而於中學於一切法如
實了知略廣之相善現無布施波羅蜜多際
是名布施波羅蜜多實際相無淨戒乃至般
若波羅蜜多際是名淨戒乃至般若波羅蜜
多實際相諸菩薩摩訶薩如實了知當於中
學於一切法如實了知略廣之相世尊云何
內空實際相云何外空內外空空空大空勝
義空有為空無為空畢竟空無際空散空無
變異空本性空自相空共相空一切法空不
可得空無性空自性空無性自性空實際相
諸菩薩摩訶薩如實了知而於中學於一切
法如實了知略廣之相善現無內空際是名
內空實際相無外空乃至無性自性空際是
名外空乃至無性自性空實際相諸菩薩摩
訶薩如實了知當於中學於一切法如實了
知略廣之相世尊云何真如實際相云何
法界法性不虛妄性不變異性平等性離生
性法定法住實際虛空界不思議界實際相
諸菩薩摩訶薩如實了知而於中學於一切
法如實了知略廣之相善現無真如際是名
真如實際相無法界乃至不思議界際是名
法界乃至不思議界實際相諸菩薩摩訶薩
如實了知當於中學於一切法如實了知略廣

法界乃至不思議界實際相諸菩薩摩訶薩
如實了知當於中學於一切法如實了知略廣
之相世尊云何苦聖諦實際相云何集滅道
聖諦實際相諸菩薩摩訶薩如實了知而
於中學於一切法如實了知略廣之相善現
無苦聖諦際是名苦聖諦實際相無集滅
道聖諦際是名集滅道聖諦實際相諸菩薩
摩訶薩如實了知當於中學於一切法如實了
知略廣之相世尊云何四靜慮實際相云何
四無量四無色定實際相諸菩薩摩訶薩如
實了知而於中學於一切法如實了知略廣之
相善現無四靜慮際是名四靜慮實際相
無四無量四無色定際是名四無量四無色
定實際相諸菩薩摩訶薩如實了知當於中
學於一切法如實了知略廣之相世尊云何
八解脫實際相云何八勝處九次第定十遍
處實際相諸菩薩摩訶薩如實了知而於中
學於一切法如實了知略廣之相善現無八
解脫際是名八解脫實際相無八勝處九次
第定十遍處際是名八勝處九次第定十遍
處實際相諸菩薩摩訶薩如實了知當於中
學於一切法如實了知略廣之相世尊云何
四念住實際相云何四正斷四神足五根五
力七等覺支八聖道支實際相諸菩薩摩訶
薩如實了知而於中學於一切法如實了知略
廣之相善現無四念住際是名四念住實際
相無四正斷乃至八聖道支際是名四正
斷乃至八聖道支實際相諸菩薩摩訶薩如
實了知當於中學於一切法如實了知略廣
之相世尊云何空解脫門實際相云何無相

實了知當於中學於一切法如實了知略廣
之相世尊云何空解脫門實際相云何無相
無願解脫門實際相諸菩薩摩訶薩如實了
知而於中學於一切法如實了知略廣之相
善現無空解脫門際是名空解脫門實際相
無無相無願解脫門際是名無相無願解脫
門實際相諸菩薩摩訶薩如實了知當於中
學於一切法如實了知略廣之相
世尊云何五眼實際相云何六神通實際相
諸菩薩摩訶薩如實了知而於中學於一切
法如實了知略廣之相善現無五眼際是名
五眼實際相無六神通際是名六神通實際
相諸菩薩摩訶薩如實了知當於中學於一
切法如實了知略廣之相世尊云何佛十力
實際相云何四無所畏四無礙解大慈大悲
大喜大捨十八佛不共法實際相諸菩薩摩
訶薩如實了知而於中學於一切法如實了
知略廣之相善現無佛十力際是名佛十力
實際相無四無所畏乃至十八佛不共法際
是名四無所畏乃至十八佛不共法實際相
諸菩薩摩訶薩如實了知當於中學於一切
法如實了知略廣之相世尊云何無忘失法
實際相云何恒住捨性實際相諸菩薩摩訶
薩如實了知而於中學於一切法如實了知
略廣之相善現無無忘失法際是名無忘失
法實際相無恒住捨性際是名恒住捨性實
際相諸菩薩摩訶薩如實了知當於中學
於一切法如實了知略廣之相世尊云何一切
智實際相云何道相智一切相智實際相諸
菩薩摩訶薩如實了知而於中學於一切法

智實際相云何道相智一切相智實際相諸
菩薩摩訶薩如實了知而於中學於一切法
如實了知略廣之相善現無一切智智際是名一
切智實際相無道相智一切相智際是名
道相智一切相智實際相諸菩薩摩訶薩如
實了知當於中學於一切法如實了知略廣
之相世尊云何一切陁羅尼門實際相云何
一切三摩地門實際相諸菩薩摩訶薩如實
了知而於中學於一切法如實了知略廣之
相善現無一切陁羅尼門際是名一切陁羅
尼門實際相無一切三摩地門際是名一切
三摩地門實際相諸菩薩摩訶薩如實了知
當於中學於一切法如實了知略廣之相
世尊云何預流果實際相云何一来不還阿
羅漢果實際相諸菩薩摩訶薩如實了知而
於中學於一切法如實了知略廣之相善現
無預流果際是名預流果實際相無一来不
還阿羅漢果際是名一来不還阿羅漢果實
際相諸菩薩摩訶薩如實了知當於中學於
一切法如實了知略廣之相世尊云何獨覺
菩提實際相諸菩薩摩訶薩如實了知而於
中學於一切法如實了知略廣之相善現無獨
覺菩提際是名獨覺菩提實際相諸菩薩
摩訶薩如實了知當於中學於一切法如實
了知略廣之相世尊云何一切菩薩摩訶薩行
實際相諸菩薩摩訶薩如實了知而於中
學於一切法如實了知略廣之相善現無一
切菩薩摩訶薩行際是名一切菩薩摩訶薩
行實際相諸菩薩摩訶薩如實了知當於中
學於一切法如實了知略廣之相世尊云何

務本050號 大般若波羅蜜多經卷三五八（07-04）

行實際相諸菩薩摩訶薩如實了知當於中
學於一切法如實了知略廣之相世尊云何
諸佛無上正等菩提實際相諸菩薩摩訶薩
如實了知而於中學於一切法如實了知略
廣之相善現無諸佛無上正等菩提際是名
諸佛無上正等菩提實際相諸菩薩摩訶薩
如實了知當於中學於一切法如實了知略廣
之相
復次善現若菩薩摩訶薩如實了知色法界
相如實了知受想行識法界相是菩薩摩訶
薩於一切法如實了知略廣之相善現若菩薩
摩訶薩如實了知眼處法界相如實了知耳
鼻舌身意處法界相是菩薩摩訶薩於一切
法如實了知略廣之相善現若菩薩摩訶薩
如實了知色處法界相如實了知聲香味觸
法處法界相是菩薩摩訶薩於一切法如實
了知略廣之相善現若菩薩摩訶薩如實了
知眼界法界相如實了知耳鼻舌身意界法
界相是菩薩摩訶薩於一切法如實了知略
廣之相善現若菩薩摩訶薩如實了知色界
法界相如實了知聲香味觸法界法界相是
菩薩摩訶薩於一切法如實了知略廣之相
善現若菩薩摩訶薩如實了知眼識界法界
相如實了知耳鼻舌身意識界法界相是菩
薩摩訶薩於一切法如實了知略廣之相善
現若菩薩摩訶薩如實了知眼觸法界相如
實了知耳鼻舌身意觸法界相是菩薩摩訶
薩於一切法如實了知略廣之相善現若菩
薩摩訶薩如實了知眼觸為緣所生諸受法
界相如實了知耳鼻舌身意觸為緣所生諸

薩摩訶薩如實了知眼觸為緣所生諸受法
界相如實了知耳鼻舌身意觸為緣所生諸
受法界相是菩薩摩訶薩於一切法如實了
知略廣之相善現若菩薩摩訶薩如實了知
地界法界相如實了知水火風空識界法界
相是菩薩摩訶薩於一切法如實了知略廣
之相善現若菩薩摩訶薩如實了知無明法
界相如實了知行識名色六處觸受愛取有
生老死愁歎苦憂惱法界相是菩薩摩訶薩
於一切法如實了知略廣之相
善現若菩薩摩訶薩如實了知布施波羅蜜
多法界相如實了知淨戒安忍精進靜慮般
若波羅蜜多法界相是菩薩摩訶薩於一切
法如實了知略廣之相善現若菩薩摩訶薩
如實了知內空法界相如實了知外空內外
空空空大空勝義空有為空無為空畢竟空
無際空散空無變異空本性空自相空共相
空一切法空不可得空無性空自性空無性
自性空法界相是菩薩摩訶薩於一切法如
實了知略廣之相善現若菩薩摩訶薩如實
了知真如法界相如實了知法界法性不虛
妄性不變異性平等性離生性法定法住實
際虛空界不思議界法界相是菩薩摩訶薩
於一切法如實了知略廣之相善現若菩薩
摩訶薩如實了知苦聖諦法界相如實了知集
滅道聖諦法界相是菩薩摩訶薩於一切法
如實了知略廣之相善現若菩薩摩訶薩如
實了知四靜慮法界相如實了知四無量
四無色定法界相是菩薩摩訶薩於一切法
如實了知略廣之相善現若菩薩摩訶薩如

四無色定法界相是菩薩摩訶薩於一切法
如實了知略廣之相善現若菩薩摩訶薩如
實了知八解脫法界相如實了知八勝處九
次第定十遍處法界相是菩薩摩訶薩於一
切法如實了知略廣之相善現若菩薩摩訶
薩如實了知四念住法界相如實了知四正斷
四神足五根五力七等覺支八聖道支法界
相是菩薩摩訶薩於一切法如實了知略
廣之相善現若菩薩摩訶薩如實了知空解
脫門法界相如實了知無相無願解脫門法
界相是菩薩摩訶薩於一切法如實了知略
廣之相
善現若菩薩摩訶薩如實了知五眼法界相如
實了知六神通法界相是菩薩摩訶薩於一
切法如實了知略廣之相善現若菩薩摩
訶薩如實了知佛十力法界相如實了知四無
所畏四無礙解大慈大悲大喜大捨十八
佛不共法法界相是菩薩摩訶薩於一切法
如實了知略廣之相善現若菩薩摩訶薩如
實了知無忘失法法界相如實了知恒住捨性
法界相是菩薩摩訶薩於一切法如實了
知略廣之相善現若菩薩摩訶薩如實了知
一切智法界相如實了知道相智一切相智
法界相是菩薩摩訶薩於一切法如實了知
略廣之相善現若菩薩摩訶薩如實了知一
切陁羅尼門法界相如實了知一切三摩地
門法界相是菩薩摩訶薩於一切法如實了
知略廣之相
善現若菩薩摩訶薩如實了知預流果法界

住居吠你勢 陛瑟致得迦 住在蓋形國
調摩羯藥叉 住在三層殿 廣目藥叉神
住居一腋國 紫弩婆藥叉 優曇鉢羅國
無功用藥叉 憍閃弥國住 嚴盧者耶神
寂靜意城住 遮羅底迦神 住居馳蓋國
赤黄色藥叉 劍畢離國住 薄俱羅藥叉
嗢逝訶耶住 布喇弩藥叉 住曷弩化國
顛迦謎沁神 半遮離城住 難權大藥叉
葉度婆國住 賢類藥叉神 住在水天國
睹蘭逝野神 住在闘戰國 怛洛迦藥叉
及俱怛洛迦 二天藥叉王 住在俱盧土
大烏盧佉羅 及與迷佉羅 此二藥叉女
威德具名稱 并與諸眷屬 亦住俱盧土
嚴帝播帝神 及以義成就 此三藥叉王
阿曳底林住 住成就藥叉 窣底近耶住
窣土羅藥叉 住窣土羅國 虎力師子力
并大師子力 俱胝年大將 他滕宮中住
華齒藥叉神 住在占波城 摩羯陁藥叉
住在山行處 鉢馱多藥叉 瞿瑜伽處住
蘇𡅏耶藥叉 耶藥羅國住 勇辟大藥叉
娑雞多邑住 能引樂藥叉 住在哥乾底
無勞倦藥叉 住憍閃弥國 賢善藥叉神
住於賢善國 步多面藥叉 波吒離子住
無憂大藥叉 住在羯遮國 羯嚴羯吒神
奄波瑟侘住 成就義藥叉 住在天腋國
曷耶迦藥叉 住在雞滕國 解髮藥叉神
住居滕水國 寶林藥叉神 住先陁婆國

務本 051 號 佛母大孔雀明王經（異卷）卷上（12–01）

曷耶迦藥叉 住在雞滕國 解髮藥叉神
住居滕水國 寶林藥叉神 住先陁婆國
常謹護藥叉 劫毗羅國住 羯吒嚴羯吒
迦毗羅衛國 堅猛藥叉神 住乾陁羅國
隨羅藥叉神 膩攞耶肩住 處中藥叉神
賢善名稱住 吠琉璃藥叉 堅實城中住
深薄迦藥叉 住居沙磧地 含多大藥叉
及以毗羯吒 此二藥叉神 物耶檎迦住
毗摩尼迦神 提婆設摩住 曷陁羅藥叉
捺羅耶國住 作光明藥叉 羯濕弥羅國
占博迦藥叉 在羯吒城住 半支迦藥叉
羯濕弥羅際 具足五百子 有大軍大力
長子名肩自 住在支耶國 諸餘兄弟等
憍尸迦國住 牙足藥叉神 羯陵迦國住
曷荼羅藥叉 住曷荼羅處 楞伽自在神
住於迦畢試 摩利支藥叉 羅摩腳差住
達磨波羅神 住在於辣勒 大肩藥叉神
薄佉羅國住 毗沙門王子 具衆德威光
住在覩火羅 有大軍大力 一俱胝藥叉
而為其眷屬 娑多山藥叉 及以雪山神
此二大藥叉 辛都河側住 執三戟藥叉
住在三層殿 能摧大藥叉 羯陵迦國住
半遮羅𡾰弩 達弥弩國住 財自在藥叉
住在師子國 鸚鵡口藥叉 住於曠野處
兢羯娑藥叉 常依地下住 有光明藥叉
白蓮花國住 設頞羅藥叉 於大城中住
能破他藥叉 捺羅尼國住 氷葉羅藥叉
奄末離國住 末末弩藥叉 末末弩藏國

務本 051 號 佛母大孔雀明王經（異卷）卷上（12–02）

能破他藥叉 捺羅尼國住 氷羯羅藥叉
菴末離國住 末末拏藥叉 末末拏藏國
摩怛里藥叉 住於施欲國 捺覺藥叉神
布底嚩吒住 那吒矩韈羅 住於迦畢試
鉢羅設羅神 鉢羅多國住 商羯羅藥叉
住於爍迦處 毗摩質多羅 莫里迦城住
氷羯羅藥叉 羯得迦國住 滿面藥叉主
奔拏韈達那 羯囉羅藥叉 住在烏長國
瓮腹藥叉神 憍薩羅國住 摩竭幢大神
住居沙磧處 質怛羅細那 僕迦那國住
羅嚩拏藥叉 羅摩陁國住 赤黄色藥叉
羅尸那國住 樂見藥叉神 鉢尼耶國住
金毗羅藥叉 住於王舍城 常居毗富羅
有大軍大力 萬俱胝藥叉 而為其眷屬
瞿波羅藥叉 住在鼬蓋國 頞洛迦藥叉
頞洛迦城住 難提大藥叉 住在難提國
末里大天神 住居村巷處 毗沙門居住
佛下寶階處 遏拏撓多城 億衆神圍遶
如是等藥叉 有大軍大力 降伏他惡敵
無有能勝者 名稱滿諸方 具足大威德
天與阿修羅 戰時相助力
此等福德諸神大藥叉將遍贍部洲護
持佛法咸起慈心彼亦以此佛母大孔雀明
王真言常擁護我某甲攝授饒益令得安
隱所有厄難皆悉滅消或為刀杖損傷或
被毒中王賊水火之所逼惱或為天龍藥
叉所持及諸鬼等乃至畢舍遮迦行惡病
者皆悉遠離於我某甲并諸眷屬我結

務本 051 號 佛母大孔雀明王經（異卷）卷上（12–03）

叉所持及諸鬼等乃至畢舍遮迦行惡病
者皆悉遠離於我某甲并諸眷屬我結
地界結方隅界讀誦此經除諸憂惱壽命百
歲願見百秋即說真言曰
怛你也二合他一 阿迦蘇二 尾迦蘇三 訶哩抳四 賀
哩引抳五 馱囉抳引 囉抳六 護計護計七 毋計
毋計八 我某甲所有病苦 賀曩賀曩九 賀
曩賀曩十 賀曩賀曩十一 賀曩賀曩十二
賀曩賀曩十三 我某甲所有恐怖 娜賀娜賀
娜賀娜賀十四 娜賀娜賀十五 娜賀娜賀十六 娜賀娜賀十七
娜賀娜賀十八 我某甲所有惡家 跛左跛左
跛左跛左十九 跛左跛左廿 跛左跛左廿一 跛左跛左廿二 跛左
跛左廿三 我某甲所有不饒益事 度度度
度度度度度度度廿四 我某甲所遭毒藥
賀賀賀賀賀賀賀賀賀賀廿五 我某甲
所有他人厭禱 介昰介昰介昰介昰廿六 介昰介昰廿七
介昰介昰廿八 介昰介昰廿九 介昰介昰卅 我某
甲所有罪業願皆消滅 祖魯祖魯祖魯卅一 祖魯
祖魯卅二 祖魯祖魯卅三 祖魯祖魯卅四 祖魯祖魯
呬里呬里卅五 呬里呬里卅六 呬里呬里卅七 呬里呬里卅八 呬里呬里卅九 呬里
里卌 須里須里卌一 須里須里卌二 須里須里卌三 須里
須里卌四 須里須里卌五 普嚕普嚕卌六 普嚕普嚕
普嚕普嚕卌七 普嚕普嚕卌八 普嚕普嚕卌九 普嚕普嚕五十
唧昰唧昰五十一 唧昰唧昰五十二 唧昰唧昰五十三
唧昰唧昰五十四 唧昰唧昰五十五 呬計五十六 須計五十七
唧計五十八 尾計五十九 室哩二合六十 馱捺嚕二合 曹蘗梨
引六十一 三滿多馱捺嚕引二合六十二 薩縛引 囉他二合 娑
去引 馱顐六十三 阿上 麼梨六十四 尾麼梨六十五 贊捺囉二合

務本 051 號 佛母大孔雀明王經（異卷）卷上（12–04）

六十一引三滿多跋捺𡁠二合六十引三薩縛引囉他二合娑
去引馱顊三六十阿上麼黎四六十尾麼黎五六十賛捺囉二合
鉢囉陛六十六素引哩野二合逮引帝七六十努鼻迷
六十八怒引努鼻迷九六十畢哩二合孕迦𤘽七十娑縛
二合賀七十一
惟願諸神等常擁護我某甲并諸眷屬
壽命百歲願見百秋
佛告阿難陁復有二十八藥叉大將名号
汝當稱名此藥叉大將能於十方世界
覆護一切衆生為除衰患厄難之事有
四藥叉大將住於東方擁護東方所有
衆生令離憂苦其名曰
涅伽去一蘇寧怛囉二合引二布囉拏二合迦
三劫比羅四
彼亦以此佛母大孔雀明王擁護我某甲
并諸眷屬壽命百年說所求事
阿難陁有四藥叉將大住於南方擁護
南方所有衆生令離憂苦其名曰
僧思孕反賀一塢跛僧上賀二餉企羅三
難上耶四
彼亦以此佛母大孔雀明王擁護我某甲
并諸眷屬壽命百年
阿難陁有四藥叉大將住於西方擁護
西方所有衆生令離憂苦其名曰
賀囉一賀哩計爍二鉢囉二合僕三劫比
羅四
彼亦以此佛母大孔雀明王擁護我某甲并
諸眷屬壽命百年

務本 051 號 佛母大孔雀明王經（異卷）卷上（12–05）

彼亦以此佛母大孔雀明王擁護我某甲并
諸眷屬壽命百年
阿難陁有四藥叉大將住於北方擁護北方
所有衆生令離憂苦其名曰
馱囉拏一引馱囉難上拏二㗚你庾二合引葉
播路三尾瑟努三合四
彼亦以此佛母大孔雀明王擁護我某甲并
諸眷屬壽命百年
阿難陁有四藥叉大將各住四維擁護四
維所有衆生令離憂苦其名曰
半止脚一半者羅嚩拏二娑去路假哩
三六麼縛多四
彼亦以此佛母大孔雀明王擁護我某甲并
諸眷屬壽命百年
阿難陁有四藥叉大將常居於地擁護所
有地居衆生令離憂苦其名曰
步莫一蘇上步莫二迦羅三塢跛迦引
羅四
彼亦以此佛母大孔雀明王擁護我某甲
并諸眷屬壽命百年
阿難陁有四藥叉大將常在空居擁
護所有空居衆生令離憂苦其名曰
素引哩野二合一素讓引二阿儗顊二合三縛引
庾四
彼亦以此佛母大孔雀明王擁護我某甲并
諸眷屬壽命百年
復次阿難陁汝當稱念多聞天王兄弟
軍將名号此等常護一切有情為除災禍

務本 051 號 佛母大孔雀明王經（異卷）卷上（12–06）

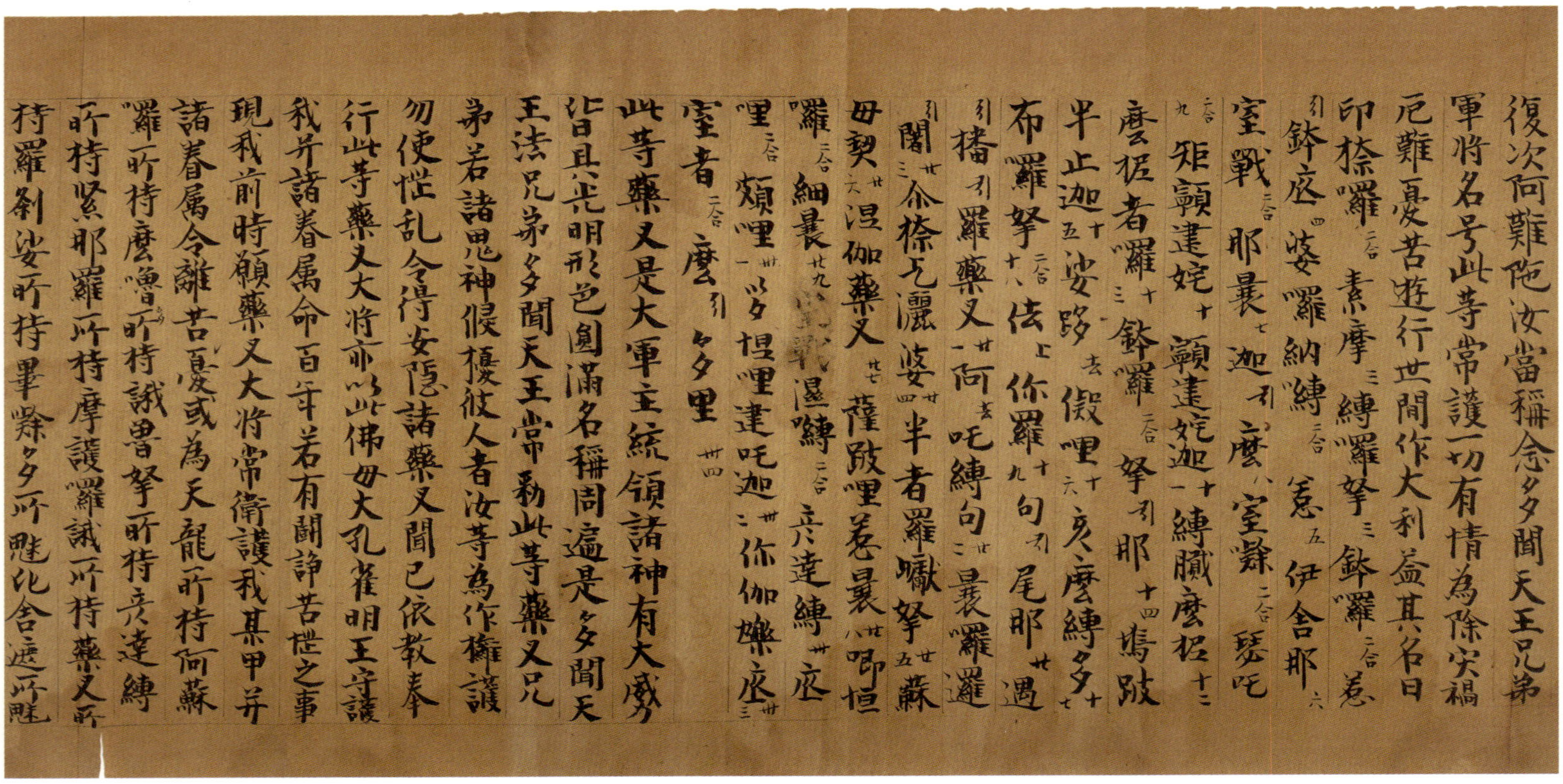
復次阿難陀汝當稱念多聞天王兄弟
軍將名号此等常護一切有情為除災禍
厄難憂苦遊行世間作大利益其名曰
印捺囉二合 素摩三 縛囉拏三 鉢囉二合惹
引鉢底四 娑囉納縛二合 惹五 伊舍那六
室戰二合 那曩七 迦引 麼八 室鞞二合 瑟吒
二合九 矩鞞建姹十 鞞建姹迦十一 縛臟麼抳十二
麼抳者囉十三 鉢囉二合 拏引 耶十四 嗚䟦
半止迦十五 娑路去 儗哩十六 亥麼縛多十七
布囉拏十八 佉上 你羅十九 句引 尾耶廿 遇
引播引 羅藥叉廿一 阿去 吒縛句廿二 曩囉邏
引闍廿三 介捺乞灑 娑廿四 半者羅嚩拏廿五 蘇
母契廿六 涅伽藥叉廿七 薩䟦哩惹曩曩廿八 吶怛
囉二合 細曩廿九 濕縛二合 亦達縛卅 底
哩二合 頞哩卅一 多怛哩建吒迦卅二 你伽爍底卅三
室者二合 麼引 多里卅四
此等藥叉是大軍主統領諸神有大威勢
皆具光明形色圓滿名稱周遍是多聞天
王法兄弟多聞天王常勅此等藥叉兄
弟若諸鬼神侵擾彼人者汝等為作擁護
勿使惱乱令得安隱諸藥叉聞已依教奉
行此等藥叉大將亦以此佛母大孔雀明王守護
我并諸眷屬命百年若有鬪諍苦惱之事
現我前時願藥叉大將常衛護我某甲并
諸眷屬令離苦憂或為天龍所持阿蘇
囉所持麼嚕多所持誐嚕拏所持彥達縛
所持緊那羅所持摩護囉誐所持藥叉所
持羅剎娑所持畢隸多所魅比舍遮所魅

務本 051 號 佛母大孔雀明王經（異卷）卷上（12–07）

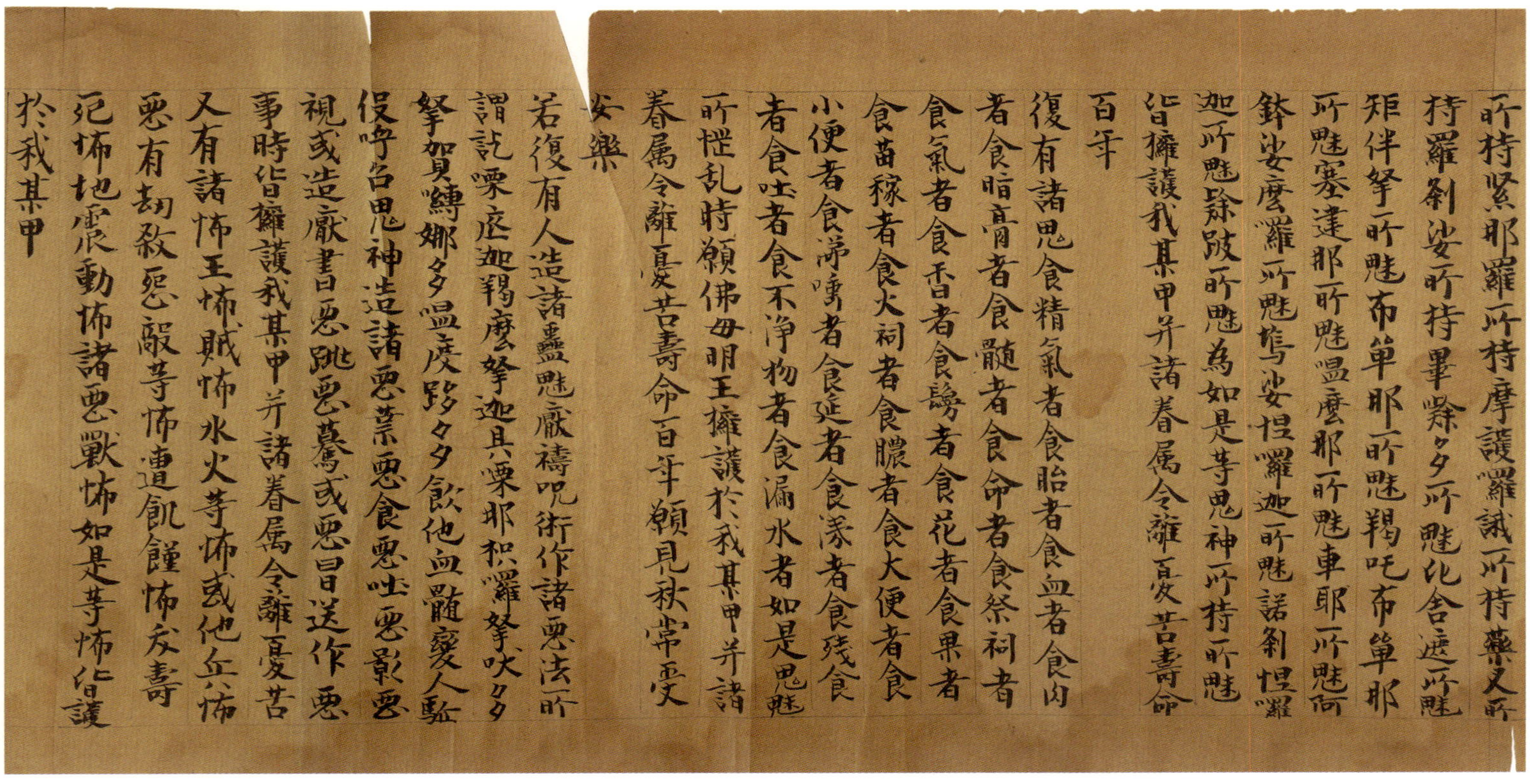
所持緊那羅所持摩護囉誐所持藥叉所
持羅剎娑所持畢隸多所魅比舍遮所魅
矩伴拏所魅布單那所魅羯吒布單那
所魅塞建那所魅嗢麼那所魅車耶所魅阿
鉢娑麼囉所魅塢娑怛囉迦所魅諾剎怛囉
迦所魅鞞䟦所魅為如是等鬼神所持所魅
皆擁護我某甲并諸眷屬令離憂苦壽命
百年
復有諸鬼食精氣者食胎者食血者食肉
者食脂膏者食髓者食命者食祭祠者
食氣者食香者食鬘者食花者食果者
食苗稼者食火祠者食膿者食大便者食
小便者食涕唾者食涎者食涕者食殘食
者食吐者食不淨物者食漏水者如是鬼魅
所惱乱時願佛母明王擁護於我某甲并諸
眷屬令離憂苦壽命百年願見秋常受
安樂
若復有人造諸蠱魅厭禱呪術作諸惡法所
謂訖栗底迦羯麼拏迦具栗耶枳囉拏吠多
拏賀縛娜多嗢度路多飲他血髓變人驅
役呼召鬼神造諸惡業惡食惡吐惡影惡
視或造厭書惡跳惡驀或惡目送作惡
事時皆擁護我某甲并諸眷屬令離憂苦
又有諸怖王怖賊怖水火等怖或他兵怖
惡有劫殺惡敵等怖遭飢饉怖夭壽
厄怖地震動怖諸惡獸怖如是等怖皆護
於我某甲

務本 051 號 佛母大孔雀明王經（異卷）卷上（12–08）

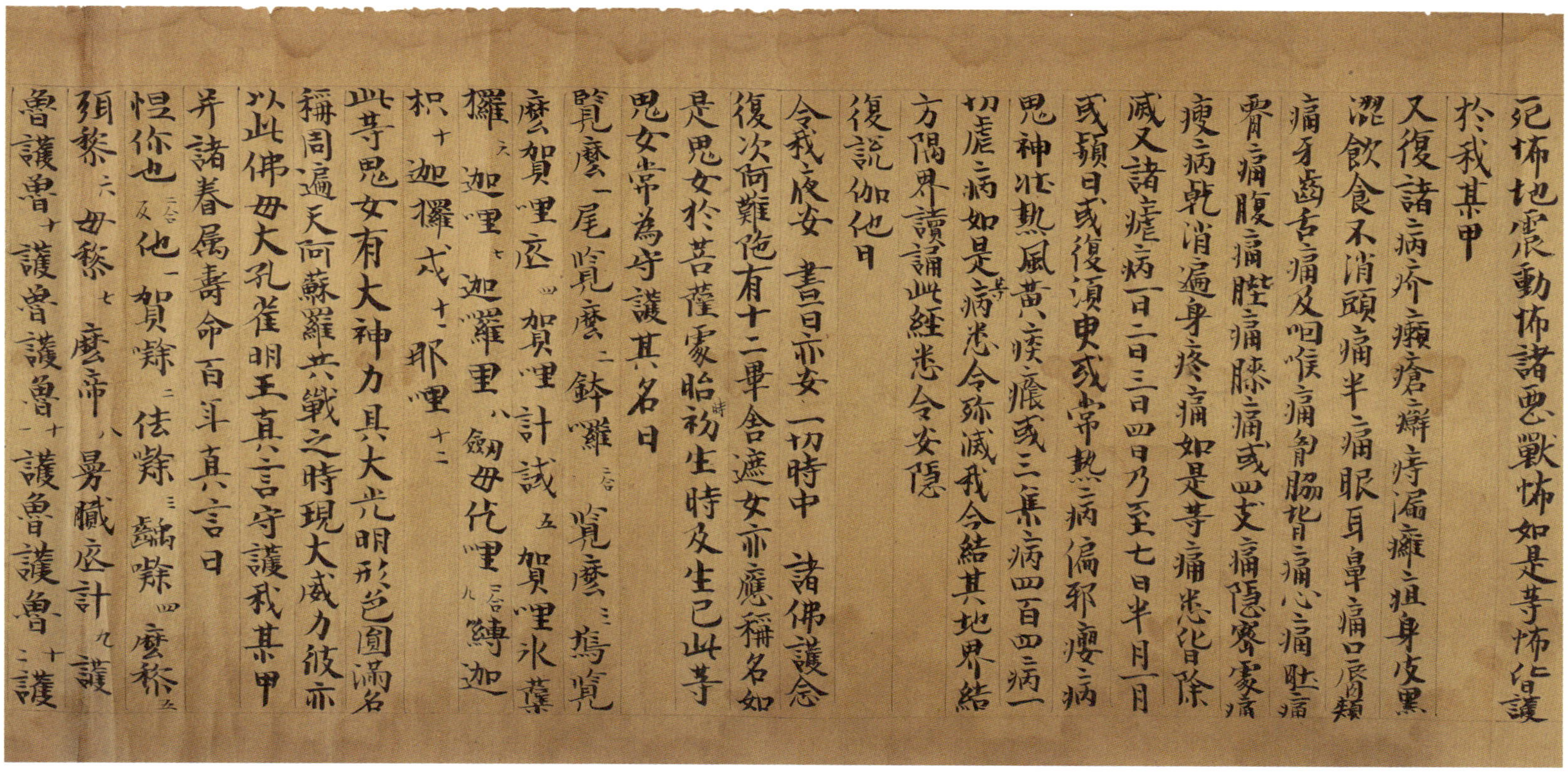

厄怖地震動怖諸惡獸怖如是等怖皆護
於我某甲
又復諸病疥癩瘡癬痔漏癰疽身皮黑
澀飲食不消頭痛半痛眼耳鼻痛口脣頰
痛牙齒舌痛及咽喉痛胸脇背痛心痛肚痛
胷痛腹痛䏶痛膝痛或四支痛隱密處痛
瘦病乾消遍身疼痛如是等痛悉皆除
滅又諸瘧病一日二日三日四日乃至七日半月一月
或頻日或復須臾或常熱病偏邪癭病
鬼神壯熱風黃痰癊或三集病四百四病一
切瘧病如是病等悉令殄滅我今結其地界結
方隅界讀誦此經悉令安隱
復說伽他曰
令我夜安　晝日亦安　一切時中　諸佛護念
復次阿難陁有十二畢舍遮女亦應稱名如
是鬼女於菩薩處胎初時生時及生已此等
鬼女常為守護其名曰
覽麼一 尾覽麼二 鉢囉二合 覽麼三 烏覽
麼賀哩底四 賀哩計誐五 賀哩冰蘖
攞六 迦哩七 迦羅里八 劒母佗哩二合九 縛迦
枳十 迦攞弋十一 耶哩十二
此等鬼女有大神力具大光明形色圓滿名
稱周遍天阿蘇羅共戰之時現大威力彼亦
以此佛母大孔雀明王真言守護我某甲
并諸眷屬壽命百年真言曰
怛你也二合反他一 賀黎二 佉黎三 齲黎四 麼黎五
須黎六 母黎七 麼帝八 曇臟底計九 護
魯護魯十 護魯護魯十一 護魯護魯十二 護

務本 051 號　佛母大孔雀明王經（異卷）卷上（12–09）

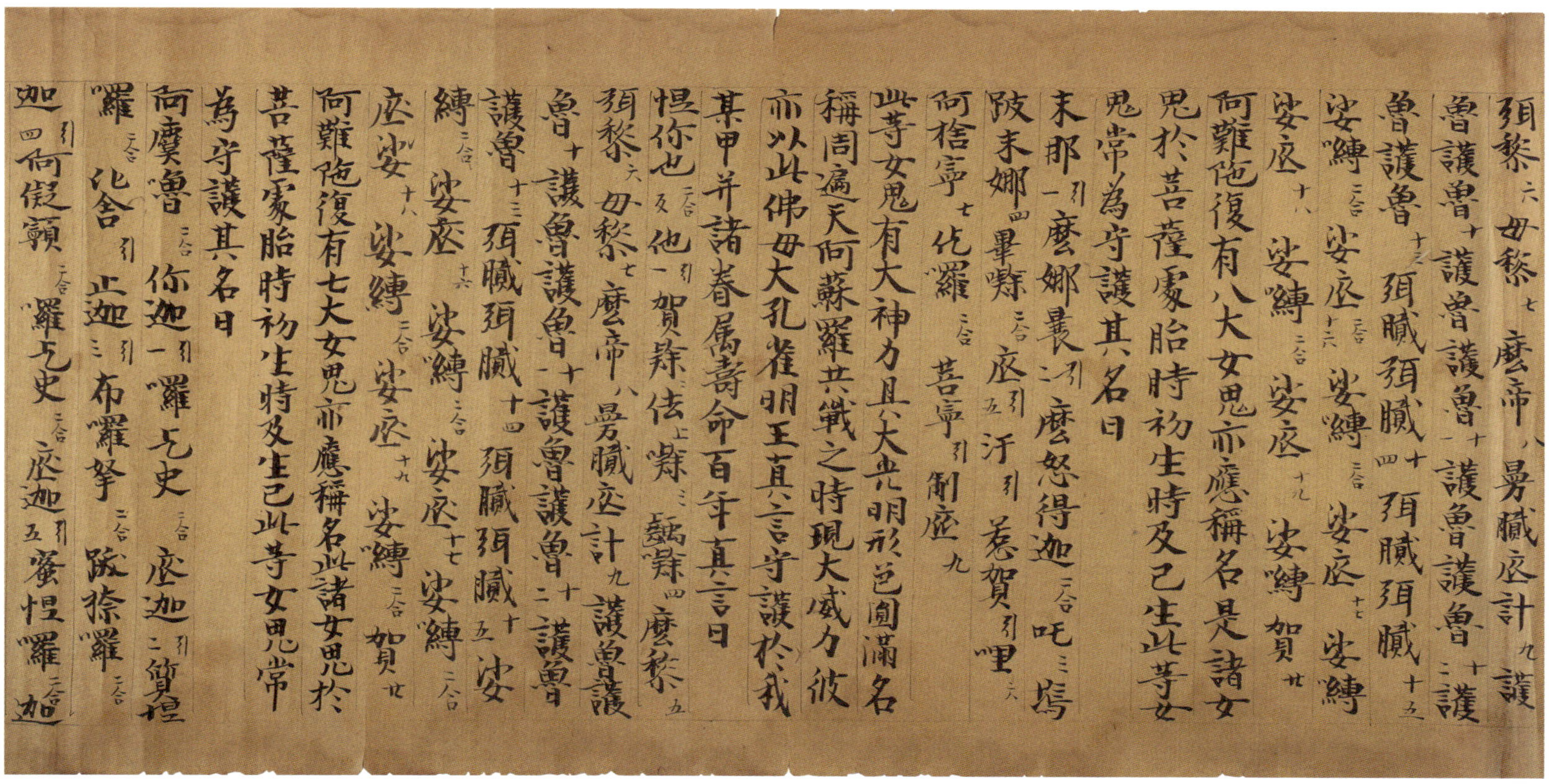

須黎六 母黎七 麼帝八 曇臟底計九 護
魯護魯十 護魯護魯十一 護魯護魯十二 護
魯護魯十三 須臟須臟十四 須臟須臟十五
娑嚩二合 娑底十六 娑嚩二合 娑底十七 娑嚩
娑底十八 娑嚩二合 娑底十九 娑嚩 賀廿
阿難陁復有八大女鬼亦應稱名是諸女
鬼於菩薩處胎時初生時及已生此等女
鬼常為守護其名曰
末那一引 麼娜曩二引 麼怒得迦二合 吒三 烏
跛末娜四 畢嚟二合 底五引 汙引 惹賀引 哩六
阿捨寧七 佗羅二合 菩寧引 制底九
此等女鬼有大神力具大光明形色圓滿名
稱周遍天阿蘇羅共戰之時現大威力彼
亦以此佛母大孔雀明王真言守護於我
某甲并諸眷屬壽命百年真言曰
怛你也二合反他一引 賀黎二 佉上黎三 齲黎四 麼黎五
須黎六 母黎七 麼帝八 曇臟底計九 護魯護
魯十 護魯護魯十一 護魯護魯十二 護
護魯十三 須臟須臟十四 須臟須臟十五 娑
縛二合 娑底十六 娑縛二合 娑底十七 娑縛二合
底娑十八 娑縛二合 娑底十九 娑縛二合 賀廿
阿難陁復有七大女鬼亦應稱名此諸女鬼於
菩薩處胎時初生時及生已此等女鬼常
為守護其名曰
阿麌魯二合 你迦一引 囉乞史二合 底迦二引 質怛
囉二合 化舍引 止迦三引 布囉拏二合 跛捺囉二合
迦四引 阿儗額二合 囉乞史二合 底迦五引 蜜怛囉二合 迦

務本 051 號　佛母大孔雀明王經（異卷）卷上（12–10）

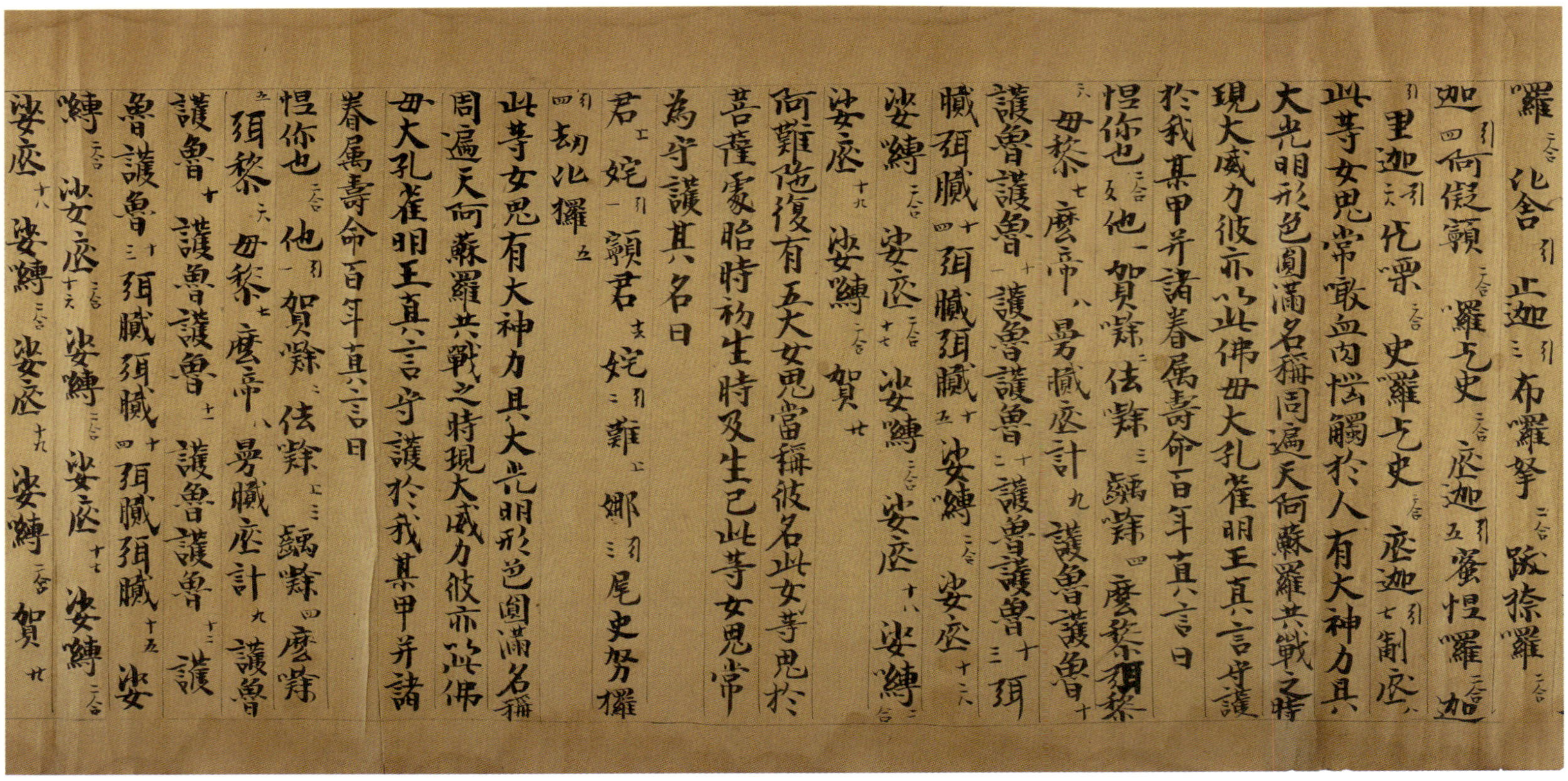

囉二合 化舍引 止迦三引 布囉拏二合 跛捺囉二合
迦四引 何儗顊二合 囉乞史二合 庅迦五引 蜜怛囉二合 迦
引里迦六引 化栗二合 史囉乞史二合 庅迦七引 制庅八
此等女鬼常噉血肉惱觸於人有大神力具
大光明形色圓滿名稱周遍天阿蘇羅共戰之時
現大威力彼亦以此佛母大孔雀明王真言守護
於我某甲并諸眷屬壽命百年真言曰
怛你也二合 他一 賀䵷二 佉䵷三 黳䵷四 麼黎須黎
六 母黎七 麼帝八 曷膩庅計九 護魯護魯十
護魯護魯十一 護魯護魯十二 護魯護魯十三 須
膩須膩十四 須膩須膩十五 娑嚩二合 娑庅十六
娑嚩二合 娑庅十七 娑嚩二合 娑庅十八 娑嚩二合
娑庅十九 娑嚩二合 賀廿
阿難陁復有五大女鬼當稱彼名此女等鬼於
菩薩處胎時初生時及生已此等女鬼常
為守護其名曰
君工引 姹一 顊君去 姹二引 難上 娜三引 尾史努攞
四引 劫氾攞五
此等女鬼有大神力具大光明形色圓滿名稱
周遍天阿蘇羅共戰之時現大威力彼亦以佛
母大孔雀明王真言守護於我某甲并諸
眷屬壽命百年真言曰
怛你也二合 他一引 賀䵷二 佉䵷上三 黳䵷四 麼䵷
五 須黎六 母黎七 麼帝八 曷膩庅計九 護魯
護魯十 護魯護魯十一 護魯護魯十二 護
魯護魯十三 須膩須膩十四 須膩須膩十五 娑
嚩二合 娑庅十六 娑嚩二合 娑庅十七 娑嚩二合
娑庅十八 娑嚩二合 娑庅十九 娑嚩二合 賀廿

務本 051 號 佛母大孔雀明王經（異卷）卷上（12–11）

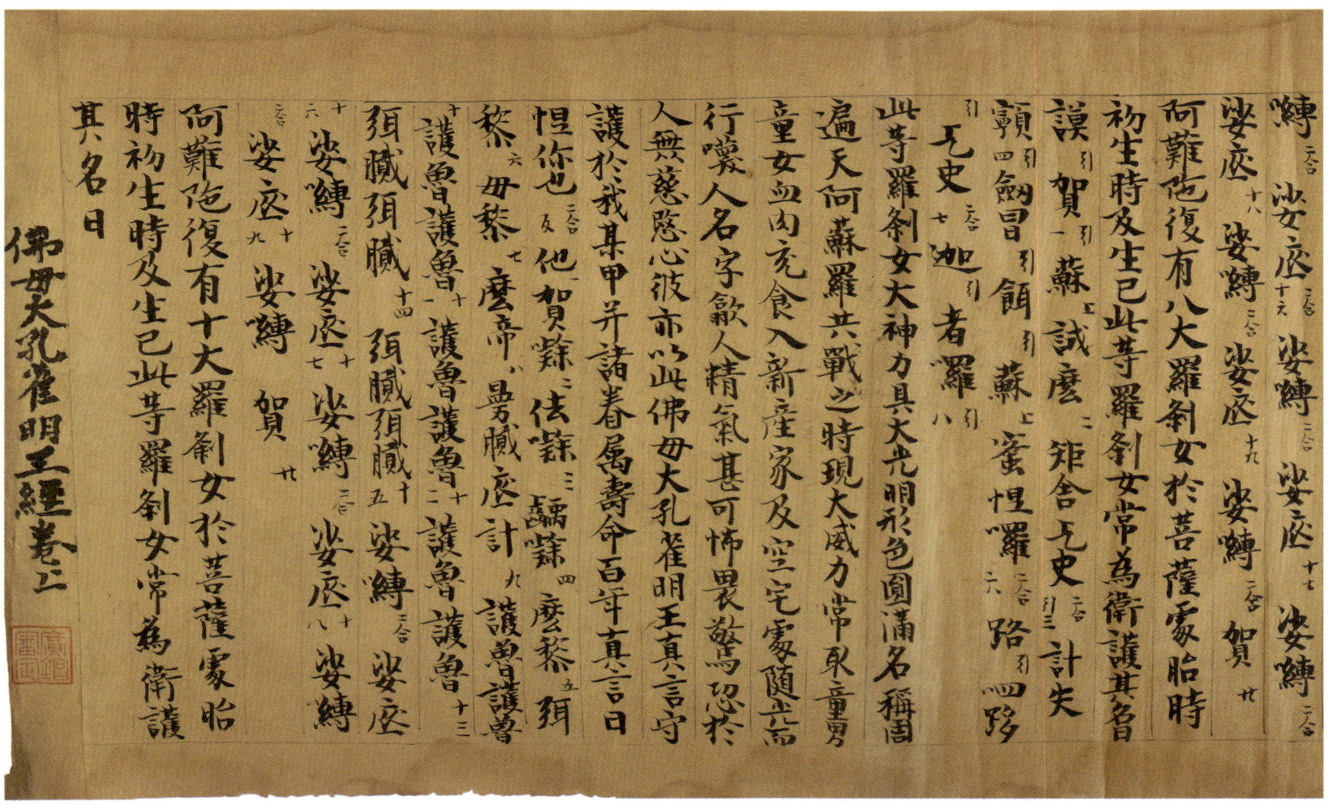

嚩二合 娑庅 娑嚩二合 娑庅十七 娑嚩二合
娑庅十八 娑嚩二合 娑庅十九 娑嚩二合 賀廿
阿難陁復有八大羅剎女於菩薩處胎時
初生時及生已此等羅剎女常為衛護其名
謨引 賀一引 蘇上 試麼二 矩舍乞史二合 引三 計失
顊四引 劍冒引 餌引 蘇上 蜜怛囉二合 六 路引 呬路
乞史二合 七 迦引 者囉八引
此等羅剎女大神力具大光明形色圓滿名稱周
遍天阿蘇羅共戰之時現大威力常取童男
童女血肉充食入新產家及空宅處隨意
行嚫人名字歙人精氣甚可怖畏驚恐於
人無慈愍心彼亦以此佛母大孔雀明王真言守
護於我某甲并諸眷屬壽命百年真言曰
怛你也二合 他一 賀䵷二 佉䵷三 黳䵷四 麼黎五 須
黎六 母黎七 麼帝八 曷膩庅計九 護魯護魯
十 護魯護魯十一 護魯護魯十二 護魯護魯十三
須膩須膩十四 須膩須膩十五 娑嚩二合 娑庅
十六 娑嚩二合 娑庅十七 娑嚩二合 娑庅十八 娑嚩
二合 娑庅十九 娑嚩 賀廿
阿難陁復有十大羅剎女於菩薩處胎
時初生時及生已此等羅剎女常為衛護
其名曰

佛母大孔雀明王經卷上

務本 051 號 佛母大孔雀明王經（異卷）卷上（12–12）

……也其……
之境眇莽无……
……夫聖智无知而万品俱照……
……籍弥布冥權无謀而動与事……
……利現天下於我為而惑者覩感照因謂
……玄籍便謂之言見變動而謂之權夫道之
極者豈可以形言權智而語其神域哉然群生長寢非言莫曉道不
孤運弘之由人是以如來命文殊於異方召維摩於他土爰集
毗耶共弘斯道此經所明統万行則以權智為主樹德本則以六
度為根濟蒙惑則以慈悲為首語宗極則以不二為言凡此眾
說皆思議之本也至若借座燈王請飯香土手接大千室包乾像不
思議之迹也然幽關難啟聖應不同非本无以（垂迹非迹無以）顯本々迹雖殊而不思議
一也故命侍者標以名焉大秦天王儁神超世玄心獨悟弘至治於万機之上
揚道化於千載之下每尋翫茲典以為棲神之宅恨支竺所出理滯於文
常恐玄宗墜於譯人北天之運々通有所在也以弘始八年歲次鶉火命大
將軍常山公右將軍安城侯與義學沙門千二百人於長安大寺請羅什法
師重譯正本什以高世之量冥心真境既盡環中又善方言于時手執胡文口自
宣譯道俗虔々一言三復陶冶精求務存聖意其文約而詣其旨婉而彰微遠
之言於茲顯然余以闇短時預聽次雖思乏參玄然麁得文意輒順所聞為
之注解略記成言述而无作庶將來君子異世同聞焉　維摩詰所說
經　叡曰夫經或以人為名或以法為名者自非仏所說多隨人為名仏之所說非唯一
經故隨所說法以為名此經總人法二名者以人為名則明所由以法為名則略經之大
歸所而存耳　什曰維摩詰秦言淨名即五百童子之一人也從妙樂國來遊
此境所應既周將還本土欲顯其淳德以澤群生顯迹悟時要必有由故命同志
詣仏而獨不行則知其疾也何以知之同志五百共遵大道至於進德修
善動靜必俱今淨國之會業之大者而不同舉明其有疾々故有問疾之
會問疾之會由淨國之集由淨名方便然則此經始終所由良有在也若自
說而覩則與聖齊功推本而尋功由淨名原其所由故曰維摩詰所說也
肇曰維摩詰秦言淨名法身大士也其權道无方隱顯殊迹釋彼妙喜現此
忍土所以和光塵俗因通道教常與寶積俱遊為法城之侶其教緣既
畢將返妙喜故欲顯其神德以弘如來不議思解脫之道至今寶積獨詣釋
迦因留現疾々以生問疾之端建微之言始妙唱自彼故稱說其也　生曰維摩
詰者此晉无垢稱也其晦迹五欲超然無染清名遐布故致斯号貴
名求實者必重其說々本表實重之則終得所求因斯近接有過聖言
矣經梵云脩多羅此譯云契々理之言當根之教返迷證實万聖同規亦曰為常
故肇師云經常也古今雖殊覺道不改群邪不能沮衆聖不能異也　一名不可
思議解脫此約法受名也下文云仏為增上慢人說離婬怒癡為解脫若无增上

務本 052 號　淨名經關中疏卷上（56–01）

故肇師云經常也古今雖殊覺道不改群邪不能沮衆聖不能異也　一名不可
思議解脫此約法受名也下文云仏為增上慢人說離婬怒癡為解脫若无增上
慢者婬怒癡性即是解脫此談體也或就悲願處染不染非道通道此約用名以菩
教權引二乘言同解脫今將返權歸實故特号不思議也即大百句解脫華
嚴諸善知識解脫皆同此也　什曰亦名三昧亦名神足或令脩短改度或巨
細相容變化隨意於法自在解脫於閡故名解脫能者能然物不知所以
故曰不思議亦云法身大士念則隨應不入禪定然後能也心得自在不為不
能縛故曰解脫也若明法空則乖於常習无以取信故現物隨心變明物无
定性物无定性則其性虛矣菩薩得其无定故令物隨心轉則不思議乃
空之明證將顯理宗故以為經之標也　肇曰微遠幽深二乘不能測不思議也
縱任无閡塵累不能拘解脫也此經自始于淨土終于法養其中所明雖殊然其不
思議解脫一也故總以為名焉上以人名經此以法名經以法名經所以標榜指歸
以人名經所以因人弘道者也　生曰无垢之稱或止形迹心不必然故復言其解
脫吏為一名不可思議者凡有二種一曰理空非惑情所圖二日音非淺識所量若體
夫空理則脫思議之惑惑既脫矣所為難測維摩詰今動靜皆神奇必脫諸
惑脫惑在乎體空說空是其所體是以无垢之名信而有徵名為有徵其求
愈到到於求者何患不悟乎　叡曰蓋无心應物有說衆生但覩其教
莫測所由故名說為不思議難說而无心故不礙於有難无心而不能說故不
礙於无空有所不能累故名之為解脫　仏國品第一　什曰經始終由於淨國故以
仏國冠於衆篇也真應二土會以平等廣如下文然十四品大分三別初此半
品為未令信故名序分次十一品半信已令悟故名正宗分三後二品盡經慶
已應傳名流通分初序分中復有三別初列時方處等是集經者列事
證信次今蓋現土是說經者駭物令信後稱歎讚揚是問經者使仰德生信
也初文又六一信經緣二傳經旨三聞經時四說經者五聽經衆六聞經處
如是此初信經緣也　肇曰如是信順辭也夫信則所言之理順順則師
資之道成　經无豐約非信不傳故建言如是我聞此二傳經旨也
肇曰出經者明己親承聖旨无傳聞之謬也一時此三聞經時也衆生信
重為感如來悲願為應感應道交故曰一時　肇曰法王啓運嘉集之
時也　仏此四說經者梵音[illegible]具言仏馱此飜為知者大品之知諸法實義

重為感如來悲願為應感應道交故曰一時　肇曰法王啓運嘉集之
時也　仏此四字說經者梵音具言仏馱此翻為知者大品之知諸法實義
故大論云菩提名智仏名智者即是餘圓德備言誠物信也　毗耶離此
下五列聽經處有通別有通為遠者知別為近不絮此初通處
肇曰毗耶離國名也秦言廣嚴其土平廣華嚴事同以為名文云好稱之宜也
菴羅樹園別處肇曰菴羅樹名也其菓似桃而非先言柰氏失也事在
他經園者住處之通稱梵之僧伽藍摩此云衆園言伽藍者略也　與大
比丘衆八千人俱　此下六列同聞經衆證非己謬傳衆有三別初列聲聞形
心俱勝證信最親故先列也次列菩薩心同形異證信小疎故次列也後
列天龍形心俱乖證信最疎故後列也初列比丘与者共也大即極果此丘
人名衆言和合肇曰比丘秦言或淨乞食或名破煩惱或名能持戒名或
能怖魔天竺一名該此四義秦無一名以譯之故存其本名焉　菩薩
此下二列菩薩衆文五一舉名二辯數三歎德四列名五總結此初也肇曰
菩薩正音云菩提薩埵菩提佛道也薩埵秦言大心衆生有大心入佛
道也謂以大悲智无邊行願為物求道故以名之什曰大士凡有三種一者
出家二者在家三者他方來復次一者結業身二法身也此中菩薩
多是法身然應感之形与物同迹物或齊其所見而生劣想故舉
大數然後序德也　三万二千　二辯數也　衆所知識　此下三歎德也文三
總初歎次別歎後結歎總歎又三此初歎外化也聞名欽風為知覩形
欽化為識肇曰大士處世猶日月之天有目之士誰不知識　大智本行皆
悉成就　二自行也大智歎解本行歎行肇曰大智一切種智也此智
以六度六通衆行為本諸大士已備此本行　諸仏威神之所建立
三結釋也肇曰天澤无私不潤枯木仏威雖普不立无根所建立者道
根必深乎　叡曰凡有二種或以神化所加令其覺悟名為建立以妙法啓
心化之同已亦名建立　為護法城受持正法　此下二明別歎文三初約護
法歎次約修行歎後就近果歎　初文又三謂護法攝復二此初歎修因也
肇曰外為護法之城內有受持之固也什曰法城即實相法也使物无異
見故言護也復次一切經法皆名法城護持宣布令不壞也有能持正法
亦兼護之也　睿　真理為法文字為城城之壍固則內不害文字存則

見玆言讙也復次一切經法皆名法城讙持宣布令不壞也有能持正法
亦兼讙之也　肇曰眞理爲法文字爲城ゝ壍固則内不空文字存則
理不虧也　能師子吼名聞十方　二歎功成也　肇曰師子吼无畏音
也凡所言説不畏群邪異學喻師子吼衆獸下之行滿天下故稱无
不善　衆人不請友而安之　此二歎讙人亦二此先歎心也肇曰
眞友不待請譬慈母之赴嬰兒也　紹隆三寶能使不絶
二歎功圓也　肇曰繼仏種三寶隆非眞顯明三寶宣通經法之謂也謂能
積善累功自致成仏成仏則有法有法則有僧不絶之功事在來劫
今言不絶則必能也又於其中間自行化人亦化物ゝ我俱成三寶
弥興衆生无盡故寶亦不絶也　降伏魔怨制諸外道　此三釋
歎　肇曰魔四魔也九十六種外道也天台云禪定伏愛得通以降
魔智惠破見發辯以制外道如問疾品明　悉以淨淸　此下二歎修
行文即二別自行化他也前自行復二初歎斷得後歎智得斷
文三此初物歎也　永離蓋纏　二別歎也　肇曰蓋五蓋纏十纏亦有
无量纏身口意淨三業悉淨則蓋纏不能累也五蓋者一貪欲蓋二
嗔恚蓋三睡眠蓋四掉悔蓋五疑蓋初二障戒睡眠障惠掉悔障定疑
障解脫及知見十纏者无慚无愧慳嫉悔眠掉擧惛沉及忿覆也　叡曰
凡夫心結轉滅還生二乘雖滅發處由存大士了虛情塵俱寂滅處盡
根生无所寄法身居然不論故去也　心常安住无礙解脫　三結
歎也　什曰不思議解脫即其類也於物无閡故名也　肇曰七住所
得ゝ此解脫則於諸法通達无閡故心常安住　念定總持辯才不斷
此下二歎智德亦三此初總歎也　肇曰念正念定正定總持ゝ善
不失持惡不生无所遺念謂之總持辯才七辯也大論云一捷疾辯
二利辯三无盡辯四不斷辯五隨應辯六義辯七世間最上辯此四是大
士之要用故常不斷　叡曰念不忘則惠逾增定不捨心常一持善不
不失則徂識而惡不生辯不絶則化无ゝ閡備此四門可以官府万行故
日也　什曰菩薩得此四法也深入堅固身不失歷劫逾明故言不斷也
布施持戒忍辱精進禪定智惠及方便力无不具足
二別歎智德　肇曰具足謂无相行也七住已上心智寂滅以心无德不故爲是

布施持戒忍辱精進禪定智惠及方便力无不具足
二別歎智德　肇曰具足謂无相行也七住已上心智寂滅以忍无德不故為是
以旋拯於施而未嘗施戒拯於戒而未嘗戒七德殊功其相不異乃名窮
具足方便者智之別用耳智以通幽窮微決定法相无知而无不知謂足
智也雖達法相而能不證處有不失无在无不捨有寘空存德彼我兩
濟故曰方便也　遠无所得不起法忍　三約位結也　肇曰忍即无生
惠也以能堪受實相故以忍為名得此忍則於法无取无得心相永滅
故曰无所得不起法忍也　已能隨順轉不退輪　此下二明化他行
文二初明內具化行後明行化利物內行復三初明說法德次明无畏德
後明名聞德　初說法文二此初舉堪能轉不退輪　肇曰无生之道无有得
而失不退也流演圓通无繫于一人名輪也諸仏既轉此輪諸士亦能隨轉
也　善解法相知衆生根　二釋堪能隨轉　肇曰諸法殊相无不
解群生異根无不知也謂由知病識藥故能隨轉也　蓋諸大衆得
无所畏　此下二明蓋衆无畏德文二此初標也　肇曰菩薩別有四无所
畏一得聞能持二知衆生根三不見能難己使不能荅者四隨問能荅善
決衆疑有此四德故能映蓋大衆　功德智惠以修其心相好嚴身色
像第一捨諸世間所有飾好　此二釋也　什曰明備此德所以无畏
肇曰心以智德為嚴形以相好為飾嚴心進道飾形所以靡俗亦為尊
形者亦嚴相耳豈俗飾之在心也　名稱高遠踰於須弥　此下明三
具名稱德是即凡以名懷行聖以名化物文二此初標也　肇曰名自
有高而不遠遠而不高前文十方取其遠今踰須弥取其高謂高勝也
深信堅固猶若金剛　二釋名高所以由信固也　肇曰七住已上无生信
不壞也　法寶普照而雨甘露　此下二明正化益物文三一明生善
二益二明破惡益三明獲果益　生善又三此初標二喻況說法應根善生物
善也　肇曰法寶光无不照照癡冥也澍澤无不潤生死也喻海有神寶能
旋光除瞋亦因光能雨甘露潤枯槁也　於衆言音微妙第一
二法合也謂出世善言故稱第一　肇曰殊類異音既善其言而復超勝
深入緣起斷諸耶見有无二邊无復餘習　三釋也凡夫不了緣生故執
无因耶因二乘不了緣滅故滯涅槃皆非深也菩薩惱生非生非滅

務本052號 淨名經關中疏卷上（56–05）

深入緣起斷諸邪見有无二邊无復餘習　三釋也凡夫不了緣生故執
无因邪因二乘不了緣滅故滯涅槃皆非深也菩薩悟生非生
滅非滅使習俱亡故名〻深入故經云无〻明亦无〻盡也肇曰深入爲
深解也解法從緣起則邪見无由生有无二見群迷之或大士之盡故无
餘習　演法无畏猶師子吼其所講說乃如雷震　此下二明破惡益文二
初舉二喻二摠結又前喻破見後喻破愛見以迷理愛以滯事因其見
則衆无由宣說其愛則善牙莫能發故　什曰上明一切時无畏無說
法无畏上師子吼德音遠振此明能說實法衆咸敬順猶師子威攝群
獸也又肇曰法音遠震開導萌牙猶春雷之動百草　无有量已過量
此二結歎然智依理發德与智冥理知无邊德何可量肇曰既德法身入
无爲境心不可以智求形不可以像取故曰无量六住已下名有量也
集衆法寶如海導師　此下三明獲果益文初標導師導寶喻也六
師邪導不獲真果正利物必至涅槃故借喻焉肇曰導衆生入大
乘海採衆法寶使必獲无歎猶海善導商人必獲夜光
了達諸法深妙之義善知衆生往來所趣及心所行　此下二釋能導所
以〻具權智故也智達深義能住菩提權悟衆生往來如幻所以非利有
情而物不能累大士之德其在茲焉故楞伽經云智不得有无而興大
悲心　近无等〻佛自在慧十力无畏十八不共　此三明近果歎
德也文三此初明自證也肇曰佛道超絕无与等者唯佛自等故言
无等〻所以辯其等者明一大道理无撥平若虛空豈昇降之有也自
在慧者十力四无畏十八不共即其事也大士雖未全其佛慧且以近矣關
閉一切諸惡趣門而生五道以現其身　此二明化益二初明不生而生
後明應生利物此初證无相故諸趣自閉不捨大悲而現生五道者三
趣人天肇曰法身无生而无不生无生故惡趣門无不生故現生五道
爲大醫王善療衆病應病與藥令得服行　二明所以應生非已業
繫但爲利他作醫王耳肇曰法藥善療喻醫王也无
无量功德皆成就　此三摠結歎也文四此初正句必報滿也肇曰无德不備
无量佛土皆嚴淨　二依報滿也肇曰群生无量所好不同故修
无量淨土以應彼殊好也　其見聞者无不蒙益　三利物德滿

无量仏土皆嚴淨　二依報滿也肇曰群生无量所好不同故修
无量淨土以應彼殊好也　其見聞者无不蒙益　三利物德滿
肇曰法身无形聲應物故形聲耳豈有見聞而无益哉叡曰法身
无身故感而後應感而後應則无應而不會故使其見聞者无不蒙
益　諸有所作亦不唐捐　四自行德滿　肇曰功不虛設　叡曰法身
无為ゝ不由己為不由己則動无非時動无非時故能諸有所作亦不唐
捐　如是一切功德皆悉具足　此三總ゝ結也　其名曰等觀菩薩
此下四形名　叡曰此諸菩薩或以功行為名亦有因相得稱非唯一途亦
如今人字耳宜為可望文消息无定義也　什曰等觀四等觀衆生也
不等觀菩薩　智惠分別諸法也　等不等觀菩薩　兼此二也
定自在王菩薩　什曰於諸定中自在　法自在王菩薩　什曰說法中
自在　法相菩薩　什曰功德法相現於身也　光相菩薩　什曰光明之相現
於身也　光嚴菩薩　什曰光明莊嚴身也　大嚴菩薩　什曰明其身相
大莊嚴也　寶積菩薩　什曰積聚智惠寶也　辯積菩薩　什曰積聚
四辯也　寶手菩薩　什曰手中出无量寶也　寶印手菩薩　什曰印者
相也手有出寶之相亦云有寶印也　常舉手菩薩、什曰現已大慈之手
撫慰衆生令不恐畏是以常舉手向人言勿怖　常下手菩薩　什曰現常
垂下其手現慈心屈下无傷物之像　常慘菩薩　什曰悲念衆生也
喜王菩薩　什曰喜有二種一不淨喜受也二淨清法喜故言王也　辯音菩
薩　什曰辯辯也　虛空藏菩薩　什曰寶相惠藏如虛空也　執寶炬菩
薩　什曰執惠寶炬除衆冥也　寶勇菩薩　什曰勇於德寶亦得寶
故能勇　寶見菩薩　什曰以惠寶見諸法　帝網菩薩　什曰幻術經名
帝網也此大士神變自在猶如幻化故借帝網以名之又曰大士施化如帝
王法網也　明網菩薩　什曰明網自說手有網縵故光明也
无緣觀菩薩　什曰觀時不取相故无緣亦滏入觀莫見其所緣
惠積菩薩　什曰積聚惠也　寶勝菩薩　什曰功德寶超於世也
天王菩薩　什曰一假名天人王名天也ゝゝ二止天諸天也賢聖天大士皆現生也
壞魔菩薩　什曰行壞魔道　電德菩薩　什曰回事為名　自在王菩薩
什曰於法自在如王之於人　功德相嚴菩薩　什曰功德之相莊嚴身也

壞魔菩薩　什曰行壞魔道　電德菩薩　什曰因事為名　自在王菩薩
什曰於法自在如王之於人　功德相嚴菩薩　什曰功德之相莊嚴身也
師子吼菩薩　什曰以大法音令衆生伏也　雷音菩薩　什曰所說法能
令天人歡喜羣耶振悚猶若雷音聞者喜懼也　山相擊音菩薩
什曰以大法音消伏剛強音聲振擊若兩山相搏　香象菩薩
什曰青香象也身出香風菩薩身香亦如此也　白香象菩薩　什曰其
香最勝大士身香亦如是　常精進菩薩　什曰始終不退　不休息菩薩
什曰求善不息　妙生菩薩　什曰生時有妙瑞也又曰從法化生為妙
華嚴菩薩　什曰以三昧力現衆花遍滿虛空大莊嚴也　觀世音菩薩
什曰世有危難稱名自歸菩薩觀其音聲即解脫也亦名觀世念亦
名觀世自在　得大世勢菩薩　什曰有大勢力也以大神力飛到十方所
至之國六返振動惡趣休息　梵網菩薩　什曰梵四梵行慈悲喜捨網言其
多　寶仗菩薩　什曰或物寶或法寶以為仗　無勝菩薩　功德超勝也
嚴土菩薩　什曰淨國土　金髻菩薩　什曰金在髻　珠髻菩薩　什曰如意寶
珠在其髻中悉見十方世界及衆生行業果報因緣　彌勒菩薩　什曰姓也
此曰慈氏阿逸多字也此云無勝南天竺婆羅門子也　文殊師利法王子菩
薩　什曰秦言妙德以法身遊方莫知其所生又來補佛處故言法王子也
如是等三万二千人　此五結衆數　肇曰歎德列名所存名以證經也　復有万
梵天王尸棄等從餘四天下來詣佛所而聽法　此下三列雜衆此梵王梵衆
肇曰棄梵王名秦言頂髻　復有万二千天帝亦從餘四天下來在會坐
此帝釋衆忉利天主也　肇曰一佛土百億四天下一四天下各有梵釋故言餘亦
或從他佛土來也　并餘大威力諸天　此諸衆天　肇曰除梵釋餘大天也
龍此下八部衆也　肇曰龍有二種地龍虛空龍種有四生也　神　肇曰神受
善惡雜報其勝形人劣天身輕捷難見也　夜叉　肇曰秦言輕捷有三種
一在地二在虛空三天夜叉居下二天守天城門閣　乾闥婆　此云香蔭　肇曰樂
神也居地上寶山中天須樂時此神體上有異相現然後上天也　阿修羅　肇曰
秦言不飲須此神類男醜女端正有大威力能與共天鬪也　迦樓羅
肇曰秦言不飲酒　金翅鳥神也　緊那羅　肇曰秦言人非人其形似人
而頭上有一角遂稱為人非人亦天樂神小不如　乾闥婆摩睺羅伽等悉

肇曰秦言不飲酒 金翅鳥神也　緊那羅　肇曰秦言人非人其形似人
而頭上有一角遂稱為人非人亦天樂神小不如　乾闥婆摩睺羅伽等悉
來會坐　肇曰蟒神也此八神皆有大神力能自變形在坐聽法　諸比丘比丘尼
此下四衆也　肇曰比丘義同上尼女名也上八千比丘別稱得道者　優婆塞
肇曰義名信士又曰五戒為近事男八戒為近住男　優婆夷俱來會坐
夷者女也准上可知彼時　仏與无量百千之衆恭敬圍繞而為說法
此二明仏現神變驗物令信授人夜光匙不按劍況乎深妙未信而傳凡物易以
相從難以理悟故神化无方便行也文有二初明仏現勝耳後明寶積獻蓋
前文二：法喻合也此即初現勝身也昔說小乘法殘而相劣今將說大乘
其門內踰師子床羅列寶物此表說大乘現勝相也故下得文曰淨於廣
法勝而相勝法華云著弊垢衣執除糞器此表昔說小乘現劣相也又右於
如等歎勝相說法不有无等歎法始勝在仏樹等歎劣相三轉法輪等
歎權法也譬如須弥山王顯于大海安處衆寶師子之坐蔽於一切諸來
衆大　須弥山等喻也安處衆寶等合也　肇曰須弥秦言妙高
山處大海之際中水上方三百三十六万里如來處四部之中威相超絕光
蔽大衆猶金山之顯滇海也　尒時毗耶離城有長者子名曰寶積與五
百長者子俱侍七寶蓋來詣所頭面礼足各以其蓋共供養仏
此二明獻蓋現瑞表說淨土之相也文初獻次合蓋後信此初獻蓋表
大慈蔭物淨土化生即慈之事也　肇曰寶積亦法身大士也常与淨名
俱詣如來共弘道教而今獨与里人詣仏者將生問疾之由啟兹典之門
也　仏之威神令諸寶蓋合成一蓋遍覆三千大千世界　此二合蓋文
初合蓋内慈无緣絕於彼我二外現淨土表應物差別淨穢不同此初也
彼我未亡寶積等蓋殊而慈局執亡往一諸仏所以蓋合慈覆三千
什曰現此神變其旨有二一者現神變无量顯智惠必深二者寶積獻
其所珎必獲可珎之果來世所茂必若此之妙明因小而果大　而此世界
廣長之相悉於中現又此三千大千世界諸須弥山雪山目真隣陁山
摩訶目真隣陁山香山寶山金山黑山鐵圍山大鐵圍山大海江河川
流泉源及日月星辰天宫龍宫諸尊神宫悉現於寶蓋中　二外現土
前別合蓋既表法身平等慈覆不殊此差別亦表應身隨緣國土不一

流泉原及日月星辰天宮龍宮諸尊神宮悉現於寶蓋中　二文現土表
前別合蓋既表法身平等慈覆不殊此蓋別亦表應身隨緣國土不一
文二初現此界二現十方此中文三初十山表陸居衆生住處二大海表水族
居三日月等表空居住處然此三類等以慈覆故俱現蓋中　肇曰蓋亦不
廣而彌八極土亦不狹而現蓋中　又十方諸仏諸仏說法亦現於寶蓋中
二現十方吳本云十方諸仏〻國嚴淨及十方仏所在說法皆現寶蓋中
此即現相明宗旨可見矣　肇曰將現仏土殊好不同故通現十方也諸長
者子皆久發道心而未修淨土欲悅其來共之情啓淨志土之志故因其
蓋而現焉　尒時一切大衆覩仏神力歎未曾有合掌礼仏瞻仰
尊顏目不暫捨　此三覩瑞三業歸信也　付日信樂發中現相於外
也　長者子寶積即於仏前以偈頌曰　此下三明伸經者稱揚德仏
使物歸信為啓問之由　肇曰形敬不足以寫心故復讚之詠之廿六
行偈述歎文四初歎大乘勝應二歎現瑞表發四歎仏三密功德前文又三
初兩行總歎內得兩行明神通五行歎說法此初也　目淨脩廣如青蓮
此初四句此句歎形　肇曰五情百體目最為長瞻顏而衣故先歎目也天竺
有青蓮花其葉脩而廣青白分明有大人目相故以為喻也　心淨以度
諸禪定　此句歎心　肇曰長形者目主德者心歎目則攝衆相歎心則攝万
得故佐者標二為頌首禪定之海深廣無際自非如來清淨真心無能度者
久積淨業稱無量　此句歎因　肇曰於數劫積三淨業故名稱無量　道衆以寂
故稽首　此句歎果言与衆同遊八正至寂滅涅槃敬礼也　肇曰寂為無寂滅
之道也　既見聖大以神變普現十方無量〻土其中諸仏演說法於是一切悉
見聞　此二歎神通也以見蓋中國土淨穢不同為下致問之由也　肇曰既見
合蓋之神變已不可測方於中現十方國土及諸仏演法於是忍界一切衆會
悉遙見聞為希有也　法王法力超羣生常以法財施一切　此至歎說法文三此
初標法施也　肇曰俗王以俗力勝民故能澤及一國法王以法力超衆故能
導濟無疆也　能善分別諸法相於第一義而不動　此二兩行歎法王義
肇曰第一義為諸法一相義雖分別殊相而不乖一相此義王法莫易之道動
為乖矣　已於諸法得自在是故稽首此法王　肇曰世王自在於民法王自在
在於法〻〻無定相隨應而辯為好異者辯異而不乖同為好同者辯同而不乖

為亦矣　已於諸法得自在是故稽首此法王　肇曰世尊自在於法法王自在
在於法法无定相隨應而辯為好異者辯異而不乖同為好同者辯同而不乖
異同異殊辯而俱適法相故得自在　說法有不亦不无　此三釋歎說
大乘二空法也　此初明因緣有故即有非有為法空也不同小乘捨有證空
此即不亡於空故名法執也　肇曰欲言其有有不自生欲言其无緣會則形
形非為无非自非謂有且有有故有无无有何所无有无故有有无无　有有然自
則有則不有自无則不无此法王之正說也　以因緣故諸法生　此句釋也
肇曰有亦不由緣无亦不由緣以法非有无故由因緣生　論曰法從緣故
不有緣起故不无也　无我无造无受者　此下偈明我本不有即无无
我入不二門不同二乘捨我住无我也又我造受三計之我別名此明由
業遷形豈有常我主其以形哉　肇曰諸法皆從緣生別有真宰主
之者故无我也夫以有我故能造善惡受禍福法既无我故无造无
受者　善惡諸業亦不亡　此句釋也　肇曰若无造无受者則不應
有為善獲福為惡致殃然衆生心識相傳美惡由起報應之道連連
鑠相襲其猶聲和響順形直影端此自然之理无差毫分復何假常我而主
之哉　始在佛樹力降魔得甘露覺道成　此二八偈歎昔說權能現方
身益物也　文四初兩行明得道二兩行明轉法輪三兩行明得益四兩行總
觀平等　此初先明降魔證滅謂如來應跡王宮割愛喻城歷試邪道捨邪
坐樹誓取菩提魔宮振動光權色貪次伏怨敵外魔既散方證泥洹甘
露釋滅結習內魔於茲永盡佛樹者菩提也始言初也　已无心意无受行
而悉摧伏諸外道　此釋伏外也　一解云昔六行修禪及苦行等並无心受
彼邪法但為亦同調伏耳又　肇曰心者何也惑有以生受者何也苦樂是
行至人冥真體寂虛空其懷雖万法普照而心未嘗有苦樂是經而不為受
物我永寂豈心受之可得此无心伏於物而物无不伏受者受善也
三轉法輪於大千其輪本來常清淨　此二明指鹿野苑轉法輪也道成
即化物故次說法文二此先明轉法也三轉者示相轉勸修轉引證轉
也謂初示四諦法相也次勸修行此四諦也復言我已獲證令信受也大奇
佛化境　肇曰法輪常淨猶虛空也雖復古今不同時移俗易聖聖相
傳其道不改　天人得道此為證三寶於是現世間　此二明功成　肇曰初轉法輪

務本052號　淨名經關中疏卷上（56–11）

仏化境　肇曰法輪常淨猶虛空也雖復古今不同時移俗易聖〻相
傳其致（道不）　天人得道此爲證三寶於是現世間　此二明功成　肇曰初轉法輪
時俱輪等五人八万諸天得道此常清淨之明證覺道既成仏寶輪既法
轉法寶五人出家得道僧寶於是言其始也五人者陳橋如摩訶男阿濕卑
婆提婆數也　以斯妙法濟群生一受不退常寂然度老病死大醫王當
礼法海得邊　此三明得益明斷見證成得涅槃益也　肇曰九十六種道上者
亦能斷結生无色界天但其道不真要還墮三途仏以四諦妙法濟三乘衆
生无有既受而還墮生死者故曰一受不退永畢无爲故常寂然也
又生老死病患之重者濟以法藥故爲醫王之長也　此明法輪渊曠難測法
海流潤无涯得无邊也毀譽不動如須弥　此四斷歎平等文三　此初八風
不動也　肇曰利衰毀譽稱譏苦樂八法之風不動如來猶四風之吹須
弥也　於善不善等以慈　此二違順不動　肇曰截手不感捧足不忻善
惡自彼慈實不二又順法違法及不違順心平等也　心行平等如虛空
空孰聞人寶不敬承　三結釋也　肇曰在天爲天寶在人爲寶〻於人
天者豈人之所能故物莫不敬承也　今奉世尊此微蓋於中現我三千
界諸天龍神所居宮乾闥婆等及夜叉悉見世間諸所有十力哀現是
化變衆都希有皆歎仏今我稽首三尊界　此下四行頌上獻蓋
等三奉微蓋等獻蓋也於中現等合蓋也衆覩普衆歎也　肇曰微
蓋也所奉至微所見至廣此是如來哀愍之所現十方者是如來別稱
耳　大聖法王衆所歸淨心觀仏靡不忻各見世尊在其前斯則神力
不共法　此下第四歎仏三密利物功德此初身密也法王慈惠衆庶懷歸淨信有
殊仏亦隨應　肇曰法身圓應猶一月昇天影現百水不与二乘共也
仏以一音演說法衆生隨類各得解皆謂世尊同其語斯則神力不共法
此下六行歎口密四辯　此初二行法詞二辯也隨類各解諸名字不同此法辯
也皆謂世尊同其言音此詞辯也仏得一切衆生語言隨羅足无言之言
不与二乘共也仏以一音演說法衆生各各隨所解普得受行
獲其利斯則神力不共法此兩行歎義辯也凡夫示因果善
惡之義二乘示以無常寂滅等義大乘示以不生不滅實相之
義　肇曰好施者聞施好戒者聞戒各果行獲果其利或人天

惡之義二乘示以無常寂滅等義大乘示以不生不滅寄相之
義肇曰好施者聞施好戒者聞戒各異行獲異其利或人天
樂果或二乘涅槃或究竟菩提一雨所潤三草不同豈二乘共也
佛以一音演說法或有恐畏或歡喜或生厭離或斷疑斯則神
力不共此二行樂說辯也肇曰衆生聞苦報則恐畏聞妙果則
歡喜聞不淨則厭離聞法相則斷疑不知一音何演而令歡畏異
生此豈二乘所能共也　稽首十力大精進稽首已得無所畏稽首
住於不共法稽首一切大導師　此下七行歎心密文三初兩行歎智
德次兩行明斷得後三行明恩德也智与理冥相心如寂不可
以慮知辯不可以名數定之言十力無畏等者蓋是物方便
爾智不可屈力也不攝外難无畏也二乘所无不共也名數如別
稽首能斷衆結縛稽首已到於彼岸　此下斷歎得也二乘自斷
大聖無度此自斷結縛也結謂九結愛恚慢无明疑　此五鈍使見結
身邊邪二見也取結戒取見取也　此二結五利使也慳結嫉結十纏
中二纏也縛四縛貪欲縛瞋恚縛戒取縛見取縛亦云貪瞋癡三縛又
一念取相須迷真理万惑從起皆名結縛即一切煩惱皆名為結皆名
為縛也　稽首能度世間稽首永離生死道　此明自度結即能度
諸世間離生死也　悲知衆生来去相善於諸法得解脫　此下三明无
緣悲化即恩德也　此行知生去来於法无着　肇曰衆生往来於六取
心馳騁於是非悲知之也又我除諸法拔諸法縛我々心无染則万縛斯解
不着世間如蓮花常善入於空寂行　此行知世如幻而大悲不捨　肇曰出
入自在而不乖寂故常善入也　達諸法相无罣礙稽首如空无所依
此行明解諸法如不取着　肇曰万法幽深誰識其族唯佛无閡故獨稱達
而聖心无寄猶空无依　尒時長者子寶積說此偈已白佛言世尊是五
百長者子皆已發阿耨多羅三藐三菩提心　此下明正宗前序分既合
蓋驗心讚揚信發故此當根啟悟證果獲益文三初佛國半品法王会宗
二方便下九品大士助佛揚化三菩薩行見阿閦二品宣揚事訖還歸印定
如王正宣令大臣行事々訖朝尊之類也初文二初寶積請說二如
来酬答物請文二初明發心即堪聞法之根也　肇曰阿耨多羅秦

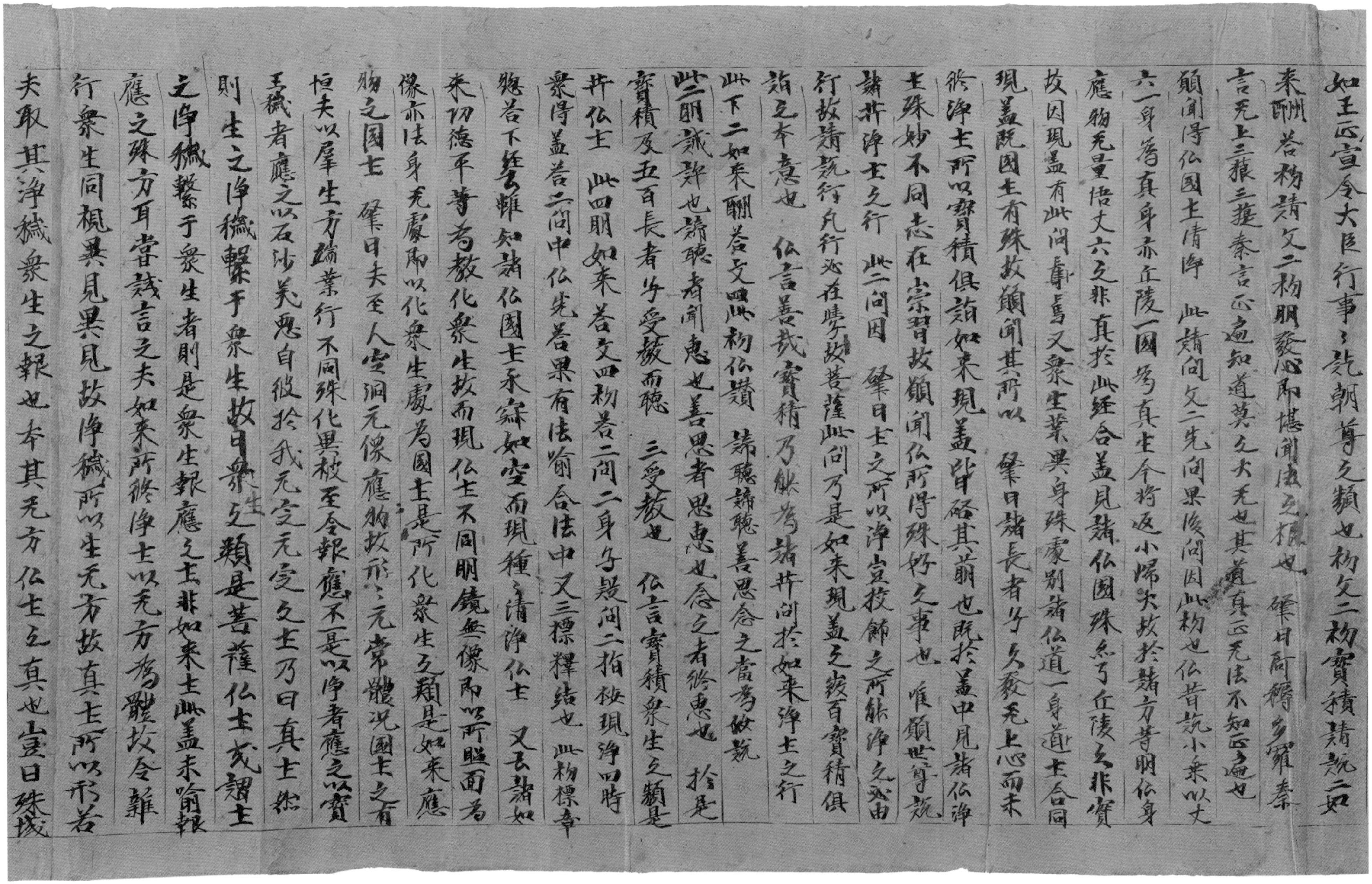
如王正宣令大臣行事〻訖朝尊之類也初文二初寶積請說二如
來酬答初請文二初明發心即堪聞法之根也　肇曰阿耨多羅秦
言無上三藐三菩提秦言正遍知道莫之大無也其道真正無法不知正遍也
願聞得仏國土清淨　此請問文二先問果後問因此初也仏昔說小乘以丈
六一身為真身亦丘陵一國為真土今將返小歸大故於諸方普明仏身
應物無量倍丈六之非真於此經合蓋見諸仏國殊糸丘陵之非實
故因現蓋有此問舉高又衆生業異身殊處別諸仏道一身道土合同
現蓋既國土有殊故願聞其所以　肇曰諸長者子久發無上心而未
修淨土所以寶積俱詣如來現蓋皆啓其萌也既於蓋中見諸仏淨
土殊妙不同志在崇習故願聞仏所得殊好之事也　唯願世尊說
諸菩薩淨土之行　此二問因　肇曰土之所以淨豈校飾之所能淨必由
行故請說行凡行必在學故菩薩此問乃是如來現蓋之旨百寶積俱
詣之本意也　仏言善哉寶積乃能為諸菩薩問於如來淨土之行
此下二如來酬答文四此初仏讚　諦聽諦聽善思念之當為汝說
此二明誡許也諦聽者聞惠也善思者思惠也念之者修惠也　於是
寶積及五百長者子受教而聽　三受教也　仏言寶積衆生之類是
菩薩仏土　此四明如來答文四初答二問二身分疑問二指校現淨四時
衆得益答二問中仏先答果有法喻合法中又三標釋結也　此初標章
總答下餐雖知諸仏國土永寂如空而現種〻清淨仏土　又云諸如
來功德平等為教化衆生故而現仏土不同明鏡無像即以所照面為
像亦法身無處即以化衆生處為國土是所化衆生之類是如來應
物之国土　肇曰夫至人空洞無像應物故形〻無常體況國土之有
恒夫以群生萬端業行不同殊化異被至令報應不一是以淨者應之以寶
玉穢者應之以石沙美惡自彼於我無定無定之土乃曰真土然
則生之淨穢繫于衆生故曰衆生之類是菩薩仏土或謂土
之淨穢繫于衆生者則是衆生報應之土非如來土此蓋未喻報
應之殊方耳嘗試言之夫如來所修淨土以無方為體故令雜
行衆生同覩異見異見故淨穢所以生無方故真土所以形若
夫取其淨穢衆生之報也本其無方仏土之真也豈曰殊域

行衆生同槻異見異見故淨穢所以生无方故真土所以形若
夫取其淨穢衆生之報也本其无方仏土之真也豈曰殊域
異處凡聖兩土然後辯其淨穢哉　所以者何菩随所化
衆生而取仏土　此二明列釋四句文四此明仏初國寬狹不同
所以　肇曰此下釋所以衆生即仏土也仏土者即衆生之厭響
耳夫形脩影長形短影促日月使之然乎形自耳故随所化衆
生之多少而取仏土之寬狹也是以仏土或以四天下或以三千
或以恒沙為一國也　随所調伏衆生而取仏土
此二明仏土淨穢不同　肇曰随所伏衆生之深淺而取仏土之好醜
随諸衆生應以何國入仏智慧而取仏土　此三明聞法入惠之差
別如香積根熟而淳說大乘娑婆根鈍乃先三後一之類也
肇曰衆生自有見淨好慕而進修者亦有見穢惡厭而進修者所好
殊方而言之耳所因雖異然其入仏惠一也　随諸衆生應以何國起
菩根而取仏土　此下四明起根不同而會為仏事即於鼻起菩根
聲為仏事即於耳起根之類也根謂信等諸善根即是發菩提心
也又云或有於淨起根厭穢起根如前　所以者何菩取於淨國
皆為饒益諸衆生故　此五結釋所以也　肇曰法身无定何國之
有美惡斯外何淨可取淨國者皆為彼耳故随其所應而取焉
譬如有人欲於空地造立宮室随意无閡　此二喻文二此初喻菩
因化衆生故有淨土　肇曰淨土必因衆生譬立室必因地无地无
衆生室土无以成　若於虛空終不能成　此喻二乘不化衆生故无淨
土也　肇曰二乘澄神虛无不因衆生故无淨土也　菩如是為成
就衆生故願取仏國願取仏國者非於空也　此三合文可見
寶積當知直心是菩淨土　此二若行因也文二前摽約一十七行明
行淨不同致果各異後竪約一十三位明行既從麁階妙國土亦
漸微轉淨此初也理實万行遍是淨因文列十七行者略標宗首
耳又此諸行皆上半明行因菩戍仏菩皆舉果釋因復次自行
直心自攝法身正報之果化人行直心感善眷屬得淨土之果又云
自行直心教人行直心讚歎直心法随喜行直心者偹此衆善

直心自招法身正報之果化人行直心感善眷屬得淨土之果又云
自行直心教人行直心讚歎直心法隨喜行直心者備此名淨土
淨土行也唯此直心餘行亦然 肇曰土之淨也必在衆生衆生之
淨必因衆行上直舉衆生以釋土淨今備舉衆行明其所以淨也
夫行淨則衆生淨衆生淨則佛土淨此必然之數不可差也直心等
者此約三心明淨土 肇曰土無定典乃出于心直故曰直心是菩
淨土此即因就果猶指金為食也直心者謂心質直無諂此心乃
万行之本故遠章有之 菩薩成佛時不諂衆生來生其國
此下舉果釋因 肇曰化彼同己自土既成故令同行斯集觸化緣相
及故果報相連佛土之義顯也自下因果相對或前後異名或前
略後廣或前因後果類同行耳 深心是菩薩成佛時具足
切德衆生來生其國 肇曰樹心衆德深固難拔深心也又自心既
深則所化亦深道因既深則所感國土自然切德具足 大乘心是
菩薩淨土菩薩成佛時大乘衆生來生其國 法華云若有衆生
從佛聞法教懃精進求一切智如來知見力無畏等愍念安樂無
量衆生利益天人度脫一切是名大乘以此化物成佛之時國土無二乘
之名香積佛土即其事也 布施是菩薩淨土菩薩成佛時一切能捨衆生
來生其國 此下約六度明淨土行也一切能捨者 肇曰外捨國
財身命內捨貪恚慳嫉名一切能捨也 持戒是菩薩淨土菩薩成佛時
行十善道滿願衆生來生其國 肇曰十善菩薩戒也亦有無量戒略舉
十耳戒具則無願不得故言滿願也 忍辱是菩薩淨土菩薩成佛時三
十二相莊嚴衆生來生其國 肇曰忍辱顏和故繫以容相耳豈
直形報而已哉 精進是菩薩淨土菩薩成佛時懃修一切功德衆生來生
其國 禪定是菩薩淨土菩薩成佛時攝心不亂衆生來生其國 智惠是
菩薩淨土菩薩成佛時正定衆生來生其國 肇曰得正定惠決定法
相三聚衆生中名正定聚也依仁王經未登發趣心為邪定聚十
信為不定聚十住已去為正定聚 四無量心是菩薩淨土菩薩成
佛時成就慈悲喜捨衆生來生其國 此慈悲喜捨也
去

信為不定聚十住已去為正定聚　四无量心是菩薩淨土菩薩成
仏時成就慈悲喜捨眾生來生其國　此慈悲喜捨也
肇日此四心周被无隘故名无量也此下雜就万行明也　四攝法是菩薩淨
土菩薩成仏時解脫所攝眾生來生其國　肇日以四事攝眾生為四攝也
一者惠施財法隨彼所須二者愛心和言隨彼所適三者利行隨彼
所利方便利之四者同事遇惡同惡而濟惡遇善同善而進善菩薩以此
為解脫生死而攝眾生不同凡夫為恩愛名利王法等相攝縛
也　方便是菩薩淨土菩薩成仏時於一切法方便无閡眾生來生其
國　肇日方便謂慧也積小德而獲大功功雖就而不為證无為而
无所不為此方便无礙也復次菩薩自行善時不退善根化他善能進
物善故去无礙方便也　三十七道品是菩薩淨土菩薩成仏時念處正懃神足
根力覺道眾生來生其國　肇日念處四念處正懃四正懃也　神足四神
足根五根也力五力也覺七覺意也　道八正道菩薩以此正道化物故成
仏時正終眾生同生其國外道邪終土无也　迴向心是菩薩淨土菩薩成
仏時得一切具足功德國土　迴已功德普施眾生同向菩提不住餘果此大
士迴向也復次施等善行招人天報若能迴向俱到菩提此迴向為大利也
復次事即世善理即菩提若能即事悟理此真迴向也故下文云布施性
即是迴向一切智性此之謂又迴向菩提何得不具也　說除八難是菩薩
淨土菩薩成仏時國土无有三惡八難　八難者三塗北洲无想天世智邪
辯仏前仏後生聾生盲也有說願生善處輪除初五難發正願輪除
世智辯聰值善人輪除仏前仏後諸種善根輪除生聾生盲也又諸經
明或聞仏名菩薩名相好名緣名陀羅尼名常住二字等皆除三惡八難
見仏聞法也具八難患之極除能利之冢行不至艱切濟甚大凡諸
學者可不勉歟　自守戒行不譏彼闕是菩薩淨土菩薩成仏時
國土无有犯禁之名　肇日犯禁惡名出乎譏彼而不自守也
十善是菩薩淨土菩薩成仏時命不中夭大富梵行所言誠諦常
以濡語眷屬不離善和諍訟言必饒益不嫉不恚正見眾生來生其
國　肇日不中夭不殺報也大富不盜報也梵行不婬報也誠諦不妄語

以㶲語眷屬不離　善和諍訟言必饒益不瞋不恚正見衆生來生其
國　肇曰不中矢不殺報也大富不盜報也梵行不婬報也誠諦不妄語
報　軟語不惡口不離和諍不兩舌也饒益不綺語也不嫉不恚正見嫉恚
邪見心患之尤者故別立三善也　如是寶積菩薩隨其直心則能發行
此下明二嚴約諸行相資至極淨土也　叡曰上但廣明衆行因果對相
此明諸行自為始終階藏至極於菩薩自行直心終國土衆生一切都淨也
肇曰夫心直則信故然後能發迹造行然始於万行者其唯直心乎
此章明行之次漸發着相因是以始于直心終于淨土譬猶植栽
絲髮其茂百圍直心樹其萌衆行因而成故言隨次有以在名
配此經句經文雖不明就理亦不為則直心配十住乃至功德淨配
法去可知　隨其發行則得深心　肇曰既能發行則道情弥深
隨其深心則意調伏　肇曰道情既深則意无麁礦也　隨意調伏
則如說行　肇曰心既調柔則聞斯能行也　隨其說行則能迴向
肇曰聞既能行則能迴其所行標心勝境　隨其迴向則有方便　肇曰方便之
既迴向大乘則大方便之所由生也　隨其方便則成就衆生　肇曰隨其成就衆生則佛土淨
衆生既淨則无穢土也　隨佛土淨則說法淨　肇曰既處淨土則有淨
說　隨說法淨則智慧淨　肇曰既有淨說則有淨智慧生　隨智慧淨
則其心淨　肇曰淨智既生則淨心轉明也　隨其心淨則一切功德淨　肇曰
積得不已者欲以淨心心既淨則无得不淨　是故寶積若菩薩欲得淨土
當淨其心隨其心淨則佛土淨　肇別曰結成淨土義也淨土蓋是心
之影響耳夫欲響順必和其聲欲影端必正其形此報應之大數也
尒時舍利弗承佛威神作是念若菩薩心淨則佛土淨者我世尊本為菩
時意豈不淨而是佛土不淨若此　上佛答二門既不悟解故次第
二就緣生疑文二初身子生疑後梵王見異初中又四一生疑二質
問三奉對四解釋此初胴嚮聞不知真土穢淨斯云應土穢淨隨
物謂佛實報大六依報丘陵故是執果疑因因若必淨土不應穢如
其穢也不應成佛故疑問焉　肇曰土之淨穢因非二乘之所能及也
如來將明佛土常淨美惡生彼故以威神發其疑念以生言端故言
承也　佛知其念臨即告之言於意云何日月豈不淨耶而盲者不見對

如來將明佛土常淨美惡生彼故以威神發其疑念以生言端故言
錄也　佛知其念即告之言於意云何日月豈不淨耶而盲者不見對
日不也世尊是盲者非日月咎　此三對以盲過也　舍利弗衆生
罪故不見如來佛國嚴淨非如來咎舍利弗我此土淨而汝不見
此下四明辨釋　肇曰日月豈不明不見自由瞽佛土豈不淨罪穢故不
見豈唯凡夫不覩身子二亦智眼亦不見　介時螺髻梵王語舍利弗
勿作是意謂此佛土以為不淨所以者何我見釋迦牟尼佛土清淨
譬如自在天宮　此下二明螺髻見淨文三　此初梵王同天見淨　什曰佛國
清淨階差不同或如四天乃至如六天或如梵天乃至淨居或有過淨
居唯補處菩薩生此國也稱適衆心故現國不同　肇曰佛土真淨超絶
三界豈直如天宮世淨而已哉此蓋齊其所見而為言耳舍利弗在
入而見土石梵王居天而見若天宮自餘所見亦各不同佛土殊應義
在于此也　舍利弗言我見此土丘陵坑坎荊棘沙礫土石諸山穢
惡充滿　此二身子執穢　螺髻梵言仁者心有高下不依佛慧故見
此土為不淨耳舍利弗菩薩於一切衆生悉皆平等深心清淨依佛智
慧則能見此佛土清淨　此三釋二見所以先明身子次辨梵王也　下文去
雖知諸佛國及與衆生空而常修淨土教化於羣生身子不了淨穢
隨緣不依佛慧所淨故穢心有高下非真者見也大士了此淨穢應現各依佛
慧知土如幻故皆平等既淨穢常一各其所見也　於是佛以足指按地即
時三千大千世界若干百千珍寶嚴飾譬如寶莊嚴佛无量功德
寶莊嚴土一切大衆歎未曾有而皆自見坐寶蓮花　此三明如來現
淨文四　此初指按現淨文為現淨況淨衆見也前佛答二向身子生疑梵王
啓諭衆既不悟故假現實使知淨穢無定返權悟實矣　生曰現此変者
亦無定相以遣封穢之情使取為淨之旨　肇曰寶莊土淨土之最故以為
喻也自見坐蓮花可解　佛告舍利弗汝且觀是佛土嚴淨　此二勸觀淨也
生曰且觀且寄嚴淨以明無穢於實乃無名淨土矣　舍利弗言唯然世尊
本所不見本所不聞今佛國土嚴淨悉現　此三對佛昔在小乘法會不
見淨土亦不聞說今屆茲會方見寶淨　佛語舍利弗我佛國土常
淨若此為欲度斯下劣人故示是衆惡不淨土耳　此下四釋令昔淨

見淨土亦不聞說今屆茲會方見寶淨　佛語舍利弗我佛國土常
淨若此為欲度斯下劣人故示是衆惡不淨土耳　此下四釋令昔淨
穢所以也文三此初法說也　肇曰自佛而言故常淨若此外應下劣故
不淨同彼也　譬如諸天共寶器食隨其福德飯色有異
此二喻也　肇曰飯在器色一在手不同飯豈有異〻自天耳佛土不同亦爾
可知故不文去諸佛如來功德平等為教化衆生故而現佛土不同　如是
舍利弗若人心淨便見此土功德莊嚴　三合文可見　當佛現此國土嚴
淨之時寶積所將五百長者子皆得無生法忍　此大段第四時衆
得益文中大小兩乘為有深淺二益也此深無生也大品即色明空悟空
色不二亦證無生法忍法花壽量即伽耶短壽明長壽悟法身非長非短
亦悟無生忍此經即穢明淨寶積等悟淨穢不二亦得無生忍以此而觀經旨
殊唱會歸同致　肇曰佛國之興其正為此無生忍同上不起諸忍也　八万
四千人發阿耨多羅三藐三菩提心此賤者發心也　佛攝神足於是世界
還復如故求聲聞乘三万二千天及人知有為法皆悉無常遠塵離
垢得法眼淨　此二小乘益既不悟淨穢應緣故執實有為見無常
肇曰國土穢而可淨〻而復穢因悟無常故得法眼名須陀洹道也見
道迹故得法眼名塵垢八十八結也　八千比丘不受諸法漏盡意解
肇曰無著之道於法無受無染漏盡九十八結漏既盡故意解脫成羅
漢也

方便品第二

此下第二淨名助佛闡揚淨土之化九品經文大分為二初三品失外訶彈
後六品室內攝受有先析住處此訶聲聞後訶菩薩三品淺深之此也此
以歎淨名益物方便故目品也　爾時毗耶離大城中有長者名
維摩詰　肇曰此經之作起于淨名其微言幽唱亦備之後文生經
者欲遠存其人以弘其道教故此一品全序其得也品文二先歎德次
益物初中歎本迹二身法身十德本也應身三業迹也天台云西方
貴人稱為長者皆具十德今淨名法身長者十德亦然十德如斜文
已曾供養無量諸佛深殖善本　第一姓貴者值佛聞法從法化生也
肇曰樹德先聖故善本深殖也　得無生忍　二證位高也三賢葉生也

已曾供養无量諸仏深殖善本　其一姓貴者值仏聞法從法化生也
肇曰樹德先聖故善本深殖也　得无生忍　二證位高也三賢業生七
地頒生八地已去法身无生名无生忍此法身大士名龍象也
辯才无閡遊戲神通逮諸總持　此三業淨藏名大留也辯才口業神
通身業總持心業體切積總三輪得滿濟廣物莫大於茲
獲无所畏降勞魔怨　四無畏勢　肇曰於四无畏也四魔勞我為怨也
入深法門善於智度通達方便大願成就明了衆生心之所趣又能
分別諸根利鈍　五二智深也實智深入智度圓滿權智方便
弘誓成就此自行二智也了衆生心同歸本覺見有分別利鈍隨
根教化照俗也此二化他智也　久於仏道心已純淑決定大乘六年
春百千僧祇積德妙智八地法身決定真務此年春也　諸有所
作能善思量　七行无失　肇曰身口意有所作智恵恒在前故所
作无失也　住仏威儀心大如海　八禮儀備也　肇曰舉動進止不失
聖儀海有五德一澄淨不受死屍二多出妙寶三大龍降雨渧如
車軸受而不溢四成風日不能竭五淵深難測大士心淨不受毀戒之
屍出恵明之寶仏大法雨受而溢耶魔風日不能虧損其智淵
深莫能測者故曰心大如海　諸仏咨嗟　九上人嗟歎一念淨信者
仏稱揚況法身哉　弟子釋梵世主所敬　此十下人歸敬弟子聲聞
也釋帝釋也梵三王也世護世四王也主諸國王也伏其首則羣下從
之欲度人故以善方便居毗耶離　此下第二歎迹化之得文三初標隨
物處次列三業益物後結歎初標可見　資財无量攝諸貧民奉戒
清淨攝諸毀禁以忍調行攝諸恚怒以大精進攝諸懈怠一心禪寂
攝諸亂意以決定慧攝諸无智　此第二列三業方便初六度攝物
心密方便次白衣下十八事身密方便後長者中尊下十一事口密
方便品自之位其在茲焉初資財等六度者　肇曰至人不現
行六度現行六度者為攝六蔽耳此中非但非施等法身本
布施奉戒等化物迹非本不可以蔽本非迹不可以化物此初六度
方便也　雖為白衣奉持沙門清淨律行　此下身密方便雖現白
衣之儀而不染法身之本清身寂滅即仏所持大沙門律行

方便也　雖為白衣奉持沙門清淨律行　此下身密方便雖現白
衣之儀而不乖法身之本諸身寂滅即佛所持大沙門律行
也　肇曰秦言義訓勤行趣涅槃也亦曰休息〻塵死往來也
雖處居家不著三界　三界生死之家知如幻故不著　亦有妻
子常修梵行　肇曰梵清淨无欲行也又曰患厭淤泥故　現有眷
屬常樂遠離　肇曰在衆若野又曰覺愛別離故　雖服寶飾
而以相好嚴身　肇曰外服俗飾而內修相好也　雖服飲食而以禪悅
為味　肇曰外食世饍而內甘禪悅　若至博弈戲處輙以度人
傳云博弈圍碁也　空奔光隆无禪來業　肇曰因戲正戲　受諸異
道不毀正信　肇曰同於異者欲令異同於我耳豈正信之可毀受
謂受學道法也　雖明世典常樂佛法　肇曰世典雖盡明所樂在
兵法　一切見敬為供養中最　肇曰含齒无不敬淨養无不供
故曰為致養之最也　執持正法攝諸長幼　肇曰外國諸部曲皆
立三老有得者為執法人以決鄉訟長幼也淨名現執俗法因通
道法也　一切治生諧偶雖獲俗利不以喜悅　肇曰貪賈営葉有
身皆患世利彌心彌增流浪大士誡之不以喜悅　遊諸四衢饒益
衆生　肇曰四衢要路人所交集隨彼所須而為益焉　入治政法救護
一切　肇曰治政法律官也尊以正法使民无偏枉救護一切也　入講論處導
以大乘　外道二乘執見異論大士攝伏導以大乘令其解脫　入諸學堂誘
開童蒙　肇曰學堂童蒙書學堂也誘開如太子入學現梵書也　入諸
婬舍示欲之過　肇曰外國婬人別立聚落凡豫士流目不暫顧大士同其
欲然後示其過　入諸酒肆能立其志　肇曰酒致失志開其逸門也
若在長者〻〻中尊為說勝法　此下三明口密益物　肇曰凡人易以威順
難以理從大士每處其尊以弘風靡之化長者豪族望重多以世教
因居不求出世勝法永處輪迴　若在居士〻〻中尊斷其貪著　肇曰
積財一億入居士里寶化則殖貪著自纏豈思出離　若在刹利〻〻
中尊教以忍辱　肇曰刹利王者種也秦言田主劫初人食地味轉復
自然粳米後人情漸偽各有封殖遂立有德處平分田此王者之始也
其尊貴自在多殘暴悖恣意傷害自取淪迴故教以和忍

自然稟來後人情衛僞各有封疆遂立有德處平分田此王者之始也
其尊貴自在多彊暴慈惡傷害自取淪迴故教以和忍
若在婆羅門婆羅門中尊除其我慢　肇曰秦言外意以學道爲業或
在家或出家若行多恃己道術我慢自蔽沒生死流　若在大臣大
臣中尊教以正法　肇曰正法治正法也教以正法治國以道佐時
亦令如身如泡不保榮祿　若在王子王子中尊示以忠孝　爲臣須忠
爲子應孝　肇曰所承處重宜以忠孝爲先也　若在內官內官中
尊化正宮女　什曰外國法取歷世忠良者長有德爲內官化正
宮女嗜色之業報以女身若不正將豈能出離　若在庶民庶人
中尊令興福力　肇曰福力微淺故生庶民衣食尚之安能進道
若在梵天梵天中尊誨以勝慧　肇曰梵天多有禪福不求出世勝慧
若在帝釋帝釋中尊示現無常　帝志滯欲愛之神湯凡未
離欲界志豈不銘心哉　什曰梵垢薄而著淺故爲說勝慧釋愛重
而著深故現無常也　若在護世護世中尊護諸衆生　護世
四天王也東方持國主乾闥婆二部　南方增長主二部鳩
槃荼薜荔多　西方雜語主二部龍及富單那　北方多聞主二部夜
叉羅刹　護諸世間也　長者維摩詰以如是等無量方便饒益衆生
此第三結歎也　肇曰法身圓應其迹無端故稱無量上略
言之耳　其以方便現身有疾　此下第二現疾益物文四一明方便現疾
二諸人參問三因疾說法四受法得益　此初也　肇曰雖復變現殊方
妙迹不一然此經之起本于現疾故作者別序其事也　以其疾方便
疾故國王大臣長者居士婆羅門等及諸王子并餘官屬無數千
人皆往問疾　此下第二奉有衆生因集參問也　其往者維摩詰
因以身疾廣爲說法　此三明因疾說法文二初勸厭求凡身二勸求
佛身前文復二前明緣理正觀後辨緣事對治觀此物標也肇
曰同我者易信異我者難順故因其身疾以明有身之患　什曰欲
明履道之身未見其患況於無得而可保耶　諸仁者是身無
常無強無力無堅速朽之諸不可信也　此下次政說無常苦空
無我四觀文也　此初無常觀夫無常者語身有爲體性生滅

常無強無力無堅速朽之法不可信也　此下次段說无常苦空
无我四觀文也　此初无常觀夫无常者語身有為體性生滅
此理无常也可階道通若四時大謝形變色衰此是事轉非无常也
肇曰身之危脆強力不能保孰能信其常故者此无常苦也
為苦為惱衆病所集諸人者如此身明智者所不怙　此二苦觀諸
身常樂无漏因生則和漏因生身性本　自苦見此苦理道果從
生若諸鞭捶復傷害方見苦者非苦理也病惱於仍明智不怙之持怙
也　是身如聚沫不可撮摩　此下十喻明空觀身苦因是妄惑異
是為報觀察此理名悟空也　復次四大虛偽不真故空亦
非毀滅代謝之空哉　肇曰撮摩聚沫之无實以喻觀身之虛偽
此下至電喻明空義也是身如泡不得久立　肇曰不久似明无常義
然水上泡以虛中不實故不久立猶空義也　是身如燄從渴愛生
肇曰渴見陽焰惑以為水愛見四大迷以為身　是身如萑中无有堅　芭
萑之草唯葉无幹　是身如幻從顛倒起　肇曰見幻為人四大為身皆
顛倒也　是身如夢為虛妄見　妄心所計重誑如夢　是身如焰影從業
緣現　是身如響屬諸因緣　肇曰身之起於業因猶影之生形響
是身如浮雲須臾變滅　是身如電念念不住　肇曰變滅不住似釋无
常然皆取其虛偽不真故速滅不住猶釋空義也　是身无主為如地
此下六喻觀无我也　肇曰夫萬事萬形皆四大成在外則為土石山河在
內則為四支百體聚而為生散而為死生則為內死則為外內外雖殊然
其大不異故以內外四大類明无我也外地古今於傳經者先空故无生也
身亦衆緣所成緣合則起緣散則離何有真宰常主之者主
壽人即是一我義立四名耳地性能持妄計為主是身无我為如火
性炎上妄計為我　肇曰縱任自由謂之我而外火起滅由薪火不自
在火无我也外火既无我內火類可知　是身无壽為如風　風息通令
妄計為壽　肇曰常存不變謂之壽而外風即起飄鼓動止无常風
无壽也外風既无壽內風類可知　是身无人為如水　水性隨物妄計
為人　肇曰貴於萬物而始終不改謂之人而外水善利萬形方圓隨物洿
隆異適而體无定若體定則水无人也外水既无人內水類可知

為人　肇曰貴於万物而始終不改謂之人而外求善刹万形方圓隨物僮
陰異適而體无定若體定則水无人也外水既无人內水類可知
是身不實四大為家　此身骨肉等地大血髓等水大煖氣火
大喘息等風大不都了四大妄計為身假會為家非實身也是身為
離我所　此五空界觀身之呻吟猶橐籥共聲動因空空无我所既
无我所何異外空耶　是身无知如草木瓦礫　此六識界觀也草木隨
氣變化万形識身隨業受報非一既緣彰无常知何異草木又草
木隨氣榮枯識亦隨緣生滅生滅无定知何異草木　肇曰身雖能
觸而无知內識能知而无觸自性而求二俱无知既曰知何異瓦礫
是身无作風力所轉　此破作者也身隨業風巧拙異動无作者也
肇曰舉動事為風力使然誰作之者　是身不淨穢惡充滿　此下
明緣事對治觀破惟思惑也　肇曰卅六物充滿其體此不淨相也
是身為虛偽雖假澡浴衣食必歸磨滅　肇曰雖復澡以香服以衣
以上服首曰非真豈得久立此虛偽相也　是身為灾百一病惱
肇曰一大增損則百一病生此灾患相也　是身如丘井為老所逼
丘井者故破村落丘墟故井也謂人物宮室移就新居井不可改因
見崩壞人者亦然感力少色皆患遷移棄者形骸留此散壞相也
肇曰神之處身為老死所逼猶危人之在丘井為龍虵所逼也緣在
他經　是身无定為要當死　无苦　肇曰壽夭雖无定不得
不受死此必死相也　是身如毒虵如怨賊如空聚陰界諸入所共合
成此物明不可樂相也　肇曰四大喻四虵五陰喻五賊六情喻空聚
皆為戍喻在他經五陰十八界十二入三法假合成身猶若空聚无一可
寄也　諸仁者此可患厭當樂仏身　此下第二勸求仏身文四第一
舉勸第二徵勸第三識勸第四結勸此初舉厭勸忻　肇曰善
同有斯患可厭久矣宜共樂求仏身也　所以者何此二徵勸意　肇曰
近見者謂佛身真正形之如者未免生死寒暑之患是為而求將辯
法身如極之體　佛身者即法身也　此三釋勸文三初辯果體前
從回此初也　肇曰經云法身者虛空身也无生而无不生无形而无
不形超三界之表絕有心之境陰入所不攝稱讚所不及寒暑不能為其患

後因此初也　肇曰經云諸身者虛空身也無生而無不生無形而無
不形超三界之表絕有心之境陰入所不攝稱謂所不及寒暑不能為其患
生死無以化其體故其為物也微妙無像不可為有備應萬形不可為無
彌綸八極不可為小細入無間不可為大故能出生入死通洞乎無窮之
化變現殊方應無端之求此二乘之所不議補處之所未覩況凡夫無
目敢措思於其間哉聊依經誠言粗標其玄極耳然則法身在天
而天在人豈復近捨丈六而遠求法身乎　從無量功德智慧生
此二明修因　肇曰夫妙極之身必生乎妙極之因功德智慧大二業
也此二蓋是萬行之初門泥洹之關要故唱言有之　從戒定慧解
脫解脫知見生　肇曰五分法也　從慈悲喜捨生　四等也　從布施持戒
忍辱柔和勤行精進禪定解脫三昧多聞智慧諸波羅蜜生
肇曰禪四禪定四空定解脫八解脫三昧三三昧此皆禪度之別
行　從方便生從六通生　肇曰自非六通方便生其無方之化無成
無極之體　從三明生　肇曰天眼宿命智漏盡通為三明　從三明
從卅七道品生從止觀生　卅品如下　什曰始觀時係心處名止靜極則
明明則慧慧名觀　從十力四無所畏十八不共法生名數如常自非
封圓勝德何能證茲法身　從斷一切不善法集一切善法生
肇曰忍斷之志必集之情此二心行之綱目也　從真實生從不放逸
生　肇曰真實善根所以生不放逸功業所以成此二心行之要也
從如是無量清淨法生如來身此總結也　諸仁者欲得佛身斷
一切眾生病者當發阿耨多羅三藐三菩提心此四結勸起悲願
也肇曰發無上心豈唯自除病亦濟群生病　如是長者維摩
詰為諸問病者如應說法令無數千人皆發阿耨多羅三藐
三菩提心　此四結益也　弟子品第三　此二明弟子因命問疾
壽宣何辭挫小進大故因品焉　爾時長者維摩詰自念寢疾于牀
品文二初自念疾後佛命問疾　此初先自念也生曰自念寢疾者自
傷念疾也夫有身則有疾此自世常之可達者體之何所傷哉然
毗耶離諸長者子皆觀佛聽法維摩詰事應是同而獨疾不預理
在致傷故託以崇法招佛問疾也　世尊大慈寧不垂愍此念

毗耶離諸長者子皆覲仏聽法維摩詰事應是同而獨疾不積理
在致傷故託以宗法招仏問疾也　世尊大慈寧不垂愍
問　肇曰世尊大慈必見垂問因以弘道所濟良多是現疾之
本意也　仏知其意即告舍利弗汝行詣維摩詰問疾　此二命
問疾人先別命十人此初章也又二初命後辭此初命也　肇曰至人
懸心默通不先形言冥機潛應故先勅也如其知識人不堪而猶
命者將顯淨名无常之德以生衆會欣仰之情耳舍利弗名身
其母名也弗秦言子天竺多以母名名子　舍利弗白仏言世尊
我不堪任詣彼問疾　此二辭也文四一奏辭不堪二略出所以三廣引
彈事四結辭不堪此即初也生日有以致辭非拒命也託不拒命之辭
以取推維摩詰義　所以者何憶念我昔曾於林中宴坐樹下
此二所以下散釋不堪所由也宴安也禪定安心故云宴坐聲聞入定
不過八地定及滅盡定皆是默下氣動於七定故亦隱身於
林息乱於定此非真宴寂　時維摩詰來謂我言唯舍利弗不
必是坐爲宴坐也　此三時維摩詰下引所彈事文三總別結也
此初總可不必此坐爲真坐也夫心體離念性本寂滅體此安住
名真宴坐豈同二乘默乱於定而爲宴寂哉　夫宴坐者不於
三界現身意是爲宴坐　此二夫宴坐下別剥文六此初剥形
神不寂失夫三界住空未嘗不寂身心如幻何時不定豈有默
於我　肇曰令舍利弗猶有世報生身及世報意根故以人間爲煩
擾而宴坐林下未能形神无迹故致斯呵　不起滅定而現諸儀
威是爲宴坐　二呵寂用相乖失小乘滅受想心名爲滅定故
滅而无用也體心性常寂滅名滅盡定故寂如常用　肇曰小乘
人入滅盡定則形猶枯木无運用之能大士入實相定心智寂滅
而形充八極順機而作應會无方舉動進止不捨威儀其爲
宴也亦以極矣　不捨道法而現凡夫事是爲宴坐　三訶真俗異緣
失仁王云雙照二諦平等道照真故道法照俗故凡事
肇曰小乘障隔生死故不能和光大士美惡齊旨道俗一觀故
終日凡夫終日道法也淨名之有居家即其事也心不住内亦不在

肇曰小乘障隔生死故不能和光大士美惡齊旨道俗一觀故
終日凡夫終日道法也淨名之有居家即其事也心不住內亦不在
外是為宴坐　四呵心住內外失心生則內外相生心寂則內
外相滅此无住為住也　肇曰身為幻宅曷為住內万物斯
虛曷為在外小乘防念故繫心於內凡夫多求故馳想於外
大士齊觀故內外无寄也　於諸見不動而修行三十七品是為
宴坐　五呵卯中起行失　肇曰諸見六十二諸妄見也夫以見為見
者要動捨諸見以修道品大士觀諸見真性即是道品故不
近捨妄見而遠修道品也如小乘觀身不淨破淨倒名見動大
士觀身性空非垢非淨名為不動念處既尒餘品例然不斷煩
惱而入涅槃是為宴坐　六呵滌淨未疑失　肇曰七使九結惱
亂羣生名為煩惱煩惱真性即是涅槃慧力強者觀煩惱即是
入涅槃而不待斷而後入也　若能如是坐者仏所印可此三結也
肇曰此平等法坐仏所印可豈若善仁者有待之坐乎　時我世
尊聞是語已嘿然而止不能加報故我不任詣彼問疾
此四結不堪也　肇曰理出意外莫知所對　仏告大目揵連汝行詣維
摩詰問疾　文二此初命也目揵連此云讚誦姓也輔相之族字拘律陀
此樹名也禱樹求之因以名也　肇曰弟子中神通第一生日夫人寸有
長短所能不同舍利弗可不能餘何必彼故不抑之而不告也
復得因以廣維摩詰之美　目連白仏言世尊我不堪任詣彼問
疾　二辭也文四如前此初也　所以者何憶念我昔入毗耶大城於里
巷中為諸居士說法　此二不堪之由此說小乘无常苦法也　肇曰
當是說有為善法施戒之流也　時維摩詰來謂我言唯大目連
為白衣居士說法不當如仁者所說　此三辯所彈事　文三初
呵鳴次示真後呵　蓋此初總呵不當順此方言應云仁者所說
不當法唯一實餘二非真故云不當　夫說法者當如法說　此
示真也文二初理本无說二示說方軌前中文三標釋結也　此初
標也　肇曰法一相真實法也　法无衆生離衆生垢故
二釋　法此初約无我明實相義　肇曰自此生下辯真法義也夫在

標也　肇曰法身一相真實法也　法无衆生離衆生垢故
二釋　法此初約无我明實相義　肇曰自生下辯真法義也夫在
衆生則垢真法若悟法无衆生則其垢自離又解此明法性大
无衆生不同二乘斷衆生相也下三句類然　法无有我離我垢故
生曰我者自在言主耳　法无壽命離生死故　肇曰生死命之
始終耳始中既離則壽命斯无矣言離者皆空之別名也　法无
有人前後際斷故　肇曰天生万物以人爲貴始終不改謂之人
故外道以人名神謂始終不變若法前後際斷則新々不同新々不
同則无不變之者无不變之者則无復人矣　法常寂然滅諸
相故　此下約法空辯實相義也法性常寂无生滅相也不同小乘
妄執有爲有生異滅相　法離於相无所緣故　肇曰緣心緣也
相心之影響耳夫有緣故有相无緣故无相　法无名字言語斷故
名生於相々空則名去　肇曰名生於言々斷離名　語无有說離
覺觀故　執名相就從覺觀生假名相就覺觀自離　肇曰覺
觀麤心言語之本真法无相覺觀自離　法无形相如虛空故
肇曰万法万形万形万相解曰此明一法万形无定形故无定亦一體
多相无定相故无相　法无戲論畢竟空故　肇曰真境无言凡
有言論皆是虛戲妙絕言境畢竟空也　法无我所離我所故
肇曰上真明我无此明无我所自我之外一切諸法皆名我所　法
无分別離諸識故　妄法有相故識有分別真法无相故智无分別
肇曰分別生於識　法无有比无相待故　此下約絕待辯實相義
肇曰諸法相待生猶長短比而形　法不屬因不在緣故　妄法有生
故屬因緣真法无生故不屬因緣　肇曰前後相生因也現相助成緣
也諸法要因緣相假然後成立善觀法不在緣則法不屬因也
法同法性入諸法故　隨事則相殊性理則同性　肇曰諸法殊相誰
能遍入諸法者其唯法性乎　法隨於如无所隨故　肇曰法自无
法誰隨如者以无所隨故名隨如也　法住實際諸邊不動故
肇曰有邊故有動无邊何所動无邊之邊謂之實際此真法之
所住也　法无動搖不依六塵故　肇曰情依六塵故有奔逸之動

肇曰有邊故有動无邊何所動无邊之邊謂之實際此真法之
所住也　法无動搖不依六塵故　肇曰情依六塵故有奔逸之動
法本无依故无動搖　法无去來常不住故　肇曰法若常住則從
未來到現在從現在到過去法一逕三世則有去來也以法不常住
故法无去來也　法順空隨无相應无作法離好醜法无增損法无
生滅法无所歸　肇曰同三空又解實相性離好醜故不違三脈性
无分別故離好醜增損生滅普如也即體真故无別歸趣
法過眼耳鼻舌身意心法无高下　肇曰超出常境非六情之所
及法性平等故无高下　法常住不動　肇曰真法常定賢聖不能
移　肇曰法本无相非觀行之所見了之者其唯大目連法
相如是豈說可乎　此三結也　肇曰心觀不能及況於言乎　夫說
法者无說无示其聽法者无聞无得　此下第二亦說方軌文二初
妄任无說故為物故文有法喻結能說如幻故无說无示聽者
如幻故无聞无得　肇曰无說豈曰不言謂能无其所說无聞豈
日不聽謂能无其所聞故无終日聞而未嘗聞也亦謂說法亦
人得謂聞法所得　譬如幻士為幻人說法喻也　當建是意而為說
法　結也　當了衆生根有利鈍　此第二為物故說无名相中假
名相說文三此初了根利鈍隨疾而化　善於知見无所罣礙
二了法无相而隨物說相也　肇曰說有不乖空者由其於諸法无
閡知未悉善也无閡知見即實相智也　以大悲心讚于大乘念
報佛恩不斷三寶然後說法　三結說益也　肇曰夫大悲所以建大乘
所以篤佛恩所以報三寶所以隆皆由明了人根善解實相而自建
備爾斯事故以誨之　維摩結說是法時八百居士發阿耨多
羅三藐三菩提心　三聞得益　我无此辯是故不任詣彼問疾
第四結成不堪　佛告大迦葉汝行詣維摩結問疾　文二同上此初
命也迦葉此云龜亦曰飲光皆取其明義　肇曰迦葉弟中頭陀苦
行第一出婆羅門重種姓迦葉也迦葉白佛言世尊我不堪任詣
彼問疾　此下二奉辭文四此初辭也　所以者何憶念我昔於貧
里而行乞食二辭明所以也詣貧二意一少欲故二大悲故亦以迦葉

彼問疾　此下二舉辭文四此初辭也　所以者何憶念我昔於貧
里而行乞　二顯明所以也　指貧二意一少欲故二大悲故亦以迦葉
於市中分此二勝故呵也　生曰大迦葉小欲行頭陀中第一也得滅
盡三昧亦最勝　凡得滅盡定者能為人作現世福田也　一
其以自業能使人得現法報　而貧有交切之苦　故以大悲心
欲拔之也　乞食是其頭陀之業　又至貧里有會少欲之迹
時維摩詰來謂我言唯大迦葉有慈悲心而不能普捨豪富
從貧乞　此下第三廣彈事文三初呵悲劣二明頭陀不真三稽伏
此初也　迦葉因苦生悲故不普　并了生如幻苦樂一如　普起大
悲而无緣念故能普也　迦葉住平等法應次行乞食　此二約
乞食是真頭陀明小乘頭陀不真頭此去外數小乘外數其心
不著旁舍臥具湯藥四事名為頭陀　大乘頭陀外數　其心一切不
著不著生死不住涅槃　生滅垢淨等廣如善住意天子經明
於中文五　一欲乞心貪法　二入聚離染法　三是正法食
四結成法食五斥二乘也　此初　四假撿乞食心若為修定惠資長法
法身名真頭陀　若為愛養世報而乞食者非外數也　住平等者
為求平等法身而乞食者應觀无相貪富一如此第行乞不應
取貧富相　壞真外數也　為不食故應行乞食　法身不食　肇
曰不食即涅槃法　涅槃无生死寒暑飢渴之患　其道平等豈容
分別　應以此平等心而行乞食使因果不殊也　為壞和合相故應取
搏食　壞五陰名法身　肇曰五故陰搏食俱和合相耳　壞五陰名　為
涅槃　應以此心而取搏食也　若然則終日搏食終日涅槃也　為不
受故應受彼食　法身不受生死也　肇曰不受亦涅槃法也　夫為涅
槃而行乞者應以无受心而受彼食　若然則終日受而未嘗受　是
乃受也　以空聚想入於聚落　此二入聚離染法　既有法身不受
毒身而乞食者聚落六塵能傷正觀　入聚乞食何以獲全　故亦聚
落无相　真空外數　文三初觀外聚　次此觀內根　三結真頭陀　此初也
肇曰空聚亦涅槃相也　凡入聚落宜存此相　若然則終日聚落終日
空聚也　所見色與盲等　此二觀內根頭陀也　見色如盲者　肇

肇曰空聚亦涅槃相也凡入聚落宜存此相若然則終日聚落終日
空聚也 所見色與盲等 此二觀內根頭陁也見色如盲者 肇
曰二乘惡厭生死怖畏六塵故誡以等觀也盲謂不見美惡之
異非謂閉目也 所聞聲與響等 聲如幻也 肇曰未有因文響而
致喜怒者也 所嗅香與風等 香如幻也 肇曰香臭因風風無香
臭也 所食味不分別 味如幻也 什曰法無定性由分別取相譬之有
味若不分別時則非味也雖食當如本相也 受諸觸如智證
觸如幻也 肇曰得盡智無智自證成道捧身柔軟快樂而不
生善身受諸觸宜若此也 知諸法如幻相 法無定相心而變故去
而幻也 無自性無他性本自不然今則無滅 三結真頭陁若能如
此六塵無自無他不然不滅名真頭陁也 肇曰諸法如幻從因緣生豈
自他之所得也 如葉若能舍不八邪入八解脫 此下三示正法食既得
己應思禪悅法喜食也文二初示法食後令施食 此初也小乘捨八邪入
八解脫為禪悅大乘不捨而入也 肇曰八邪八脫本性常一善觀
八邪即入八脫曷為捨邪更求解乎善是能如是者名入解也 以邪
相入正法 此法喜食也小乘捨邪相入無相大乘相無相不二 肇曰善本
性常一先則邪正相入不乖其相也 以一食施一切供養諸佛及眾賢
聖然後可食 此明悲施 肇曰因施以無礙施法也善能等邪正又
能以一食等心施一切然後自食善得法身則能實充足一切如後
一飯義也 如是食者非有煩惱非離煩惱非入定意非起意定非
住世間非住涅槃 四明法食已得法身益文二此先明受施益
肇曰有煩惱食凡夫也離煩惱食二乘也若能而上平等而食者
則是法身之食非有煩惱而食非離煩惱而食也又定乱一如世出世
等平等法喜同資法也 其有施者無大福無小福不為益不為
損 二能施益 肇曰若能等心受食則有等教既有等教則施
主同獲平等不計福之大小己之損益也 是為正入佛道不依依
聲聞迦葉若如是食為不空食人之施也 此五結斥也 肇曰平等
法食自利利人故正入佛道不依聲聞又名真應供故不空施福
也 時我世尊聞說是語得未曾有即於一切菩薩深起敬心 此三

法食自利利人故正入佛道不依聲聞又名真應供故不空施福
也　時我世尊聞說是得未曾有即於一切菩薩起敬心　此三
捐伏始知菩薩頭陀行勝也　復作是念斯有家名辯才智慧乃
能如是其誰不發阿耨多羅三藐三菩提心　肇曰時諸在家大士智
辯尚亦其誰不發上無心也　我從是來不復勸人以聲聞辟支
佛行　肇曰始知二乘之劣不復以勸人也　是故不任詣彼問疾
四結不堪也　佛告須菩提汝行詣維摩詰問疾　肇曰秦言善吉弟
子中解空第一文此初命也　須菩提白佛言世尊我不堪任詣彼
問疾　二辭文四此初辭也　所以者何憶念我昔入其舍從乞食二
略釋所以　生曰須菩提得無淨三昧人中第一也維摩詰欲辯難當
辭有數顯其門者而須菩提既有此空又獨能詣之迹入悟空
矣便有悟空之迹而致詰者豈不有為然乎又若善吉詣
貧貧無物施心則有淨今既詣富為施不難故順無淨行也
時維摩詰取我鉢盛滿飯　此三廣辭事文五一取鉢二詰三置
鉢四安慰五聞益此初也　生曰維摩詰迹在居士有悋惜之嫌若未
與食便詰之者物或謂之然矣故先取鉢盛滿飯也而不授
之者恐須菩提得鉢便去不盡言論勢也　謂我言唯須菩提若能
於食等者諸法亦等諸法等者於食亦等如是行乞乃可
取食　此下二明詰善吉入四禪空之不怖物心名為無淨大士入
實相空乃法平等名為無淨有善吉捨有觀空名為解空大
士有空平等名為解空任此平等名真福田乃所取食文中
有四一法食等二染淨等三邪正等四損益等此初也小乘內
心見生死涅槃苦樂不等故外行乞食見於貧富亦不等也大士
內任實相苦樂平等外化無緣大悲亦平等也　肇曰萬法同
相準可一若於食等者諸法亦等諸法等者於食亦等以此
行乞乃可取食耳曷為捨貧從富自生異想乎
若須菩提不斷婬怒癡亦不與俱　此下二染淨等文三初約無生死菩
問二執凡問三結成可食初文四句此初約或生為集諦　肇
日婬怒癡聲聞斷婬怒癡凡夫大士觀婬怒癡即是涅槃故不斷
俱若能如是者乃可取食也　不壞於身而隨一相　二悟陰無相為

日婬怒癡聲聞離婬怒癡俱凡夫大士觀婬怒癡即是涅槃故不斷
俱若能如是者乃可取食也　不壞於身而隨一相　二諦除无相為
苦諦也　肇曰万物齊旨是非同觀一相也然則　身即一相豈待壞身
滅體然後謂之一相乎身五陰身也　不滅癡愛起於明脫　三漏即
无漏為道諦也　肇曰聲聞以癡暗智故滅癡而明以愛見心故愛
解而脫大士觀癡愛真相即是明脫故不滅癡愛而起明脫
以五逆相而得解脫亦不解不縛　四縛本生今則无滅為滅諦也
肇曰五逆真相即是解脫豈有縛脫之異耶五逆罪之尤者解脫
道之勝者能若即五逆相而得解脫者乃取人之食　不見四
諦非不見諦非得果非不果得非凡夫非離凡夫法非聖人非不
聖人　此下二就人凡聖問也凡夫不見四諦初果見諦大士无見ミ一
切義諦也二乘有證有得故得果大士无所得故非得果也此則
凡聖一如豈有分別哉　雖成就一切法而離諸乃可取食　此三結
真福田可食也　肇曰捨惡法而從善則一切諸法于何不成諸法
雖成而離其相以離其相美惡斯成意若能備而上說乃可取
食也　若須菩提不見佛不聞法　此下三明邪正等文三初揔明皆正
次別明同邪後結合食此初也　肇曰猶論以平等也夫頗能齊是非一
好醜者雖復上同如來不以為尊下等六師不以為卑何則天地一
旨万物一觀邪正雖殊其性不二豈有如來獨尊而六師獨卑若同
彼六師不見佛不聞法因其出家隨其所墮而不異為異者乃
可取食也　蓋窮理盡性極无方之說也善惡反論而不為其異邪
正同辯而不乖其真斯可謂平等正化莫二之道乎天台意云已
行證真故可食此敬田也此下為同惡故食即悲田也　彼外道六師富
蘭那迦葉　此二明同六師　肇曰姓迦葉字富蘭那其人起邪見謂一
切法斷滅性空无君臣父子忠孝之道　末伽梨拘賖梨子
肇曰迦末梨字也拘賖梨其母名也其人起邪見謂衆生苦樂不
因行得自然示有　刪闍夜毗羅胝子　肇曰刪闍夜字也毗羅胝其
母名也其人謂道不須求經生死劫數苦盡自得如轉縷丸於高山
縷盡自正何假求也　阿耆多翅舍欽婆羅　肇曰阿耆多字也

母名也其人謂道不須求經生死劫數苦盡自得如轉縷丸於高山
縷盡自止何假求也　阿耆多翅舍欽婆羅　肇曰阿耆多字也
翅舍欽婆羅麁弊衣名也其人著弊衣自拔髮五熱炙身以苦行為
道謂今身併受苦後身常樂也　迦羅鳩馱迦旃延　肇曰姓迦旃延字
迦羅鳩馱其人謂諸法亦有亦無相也　尼犍陀若提子　肇曰
尼犍陀其出家總名也如仙法出家名沙門若提母名也其人謂罪福苦樂
本有定因要當必受非行道所能斷也此六師佛未出世時皆道天王竺也
因其出家彼師所墮汝亦隨墮乃可取食　此三結取食也　肇曰若能同彼
六師不壞異相者乃可取食　若須菩提入諸邪見不到彼岸　此下四明
損益等也　又三初明損益等次明福非益住後明罪損住此初也　肇曰
彼岸實相岸也或者以邪見為邪彼岸為正故捨此邪見適彼岸有
邪見彼岸本性不殊曷為捨邪而適彼岸乎是以入諸邪見不到彼岸
者乃可取食也自六師已下至乎不得滅度類生逆談以成大順庶通心君子
有以標其玄旨而遺其所以是也　住於八難不得無難　肇曰夫見難
為難必捨難而求無難也若能不以難為難故能住於難不以無難
為無難故不得於無難也　同於煩惱離清淨法　肇曰夫能悟惱
非惱雖而淨若以淨為淨雖淨而惱是以同惱而離淨者乃可以常淨
也　汝得無諍三昧衆生亦得是定　此下明福非益住淨妙禪定
亂一旨善吉群生不容有二如不二也則罪福無主雖福非福執墮故
不墮故經云　非福田非不福田非應供養非不應供養　肇曰善
吉之與群生常自一也為善吉獨得而群生不得乎此明本不偏也
其施汝者不名福田　肇曰我受彼施令彼獲大福故名福田有由
大觀之彼我不異誰為種者誰為田者　供養汝者墮三惡道　肇曰
五逆之損供養之益大觀正齊未覺其異若五逆而可墮供養亦可
墮也　謂與衆魔共一手作諸勞侶汝與衆魔及諸塵勞等無有異
此下三明罪非損住魔王者誘人入生死也法王者化人出生死也若生死
平等者魔佛二化同一手也既曰為同等無異也　肇曰又曰夫以無
異故能其成異也既為其侶安得有異　於一切衆生而有怨心謗
諸佛毀於法　肇曰怨親之心毀譽之意美惡一致孰云其異蓋曰

異故能其成異也既爲其侶安得有異 於一切衆生而有怨心謗
諸佛毀於法 肇曰怨親之心毀譽之意美惡一致孰云其異前曰
不異亦何爲同 不入衆數終不得滅度汝若如是乃可取食 夫見
聖諦者入聖衆數斷煩惱者得至滅度實相无見无不見故不入衆數
寂滅无得无不得故不得滅度若能如是任真平等此真應供乃可
取食 肇曰夫捨惡從善人之常情耳然是非經心由未免乎累是以等
觀者以存善爲幻故捨善以求宗以捨惡爲累故即惡而返本然則
即惡有忘累之功捨善有无染之勳故知同善未爲得同惡未
爲夫淨名之意似存此也 時我世尊聞此茫然不識是何言不知
以何荅便置鉢欲出其捨 此第三智鉢也天台云從非其敬退
非其悲故置之也 肇曰淨名言逆而理順善吉似未思其言故不識
是何說便置鉢而去也 維摩詰言唯須菩提取鉢勿懼於意云何
如來所作化人若以是事詰寧有懼不 此下四淨名安慰文三初慰問
次荅後釋 此初也 肇曰淨名欲令善吉弘平等之道无以聽美惡
斯順而善吉本不思其言迷所說故復引愉以明也
我言不也 此二荅也 維摩結言一切諸法如幻化相汝今不應有所懼
也 此三釋也 文三初標釋後重釋也 肇曰君於第子中解空第一既知化
之无心亦知法之如化以此而聽曷爲而懼也 所以者何一切言說不離
是相 此二釋也 肇曰是相即幻化相也言說如化聽亦如化以化聽化豈
文有懼 智者不著文字故无所懼 肇曰夫文字之作生於惑取
法无可取則文相自離虛妄假名智者不著 何以故文字性離
无有文字是則解脫解脫相者則諸法也 三重釋也 肇曰解脫謂无
爲真解脫也夫名生於不足不足則无名故无有文字是真解脫也
則諸法者 肇曰名生於法法生於名名既解脫故諸法同解也
維摩結說是法時二百天子得法眼淨 此五得益也 故我不任詣彼問
疾 四結不堪也 佛告富樓那彌多羅尼子汝行詣維摩詰問
疾 文二此初命也 肇曰富樓那字也秦言滿願彌多羅尼其母名
秦言善知識也通名爲字第子中辯才第一 富樓那白佛言世尊
我不堪任詣彼問疾 此二辭文四此初辭也 所以者何憶念我昔於大林

秦言善知識也通名為字弟子中辯才第一富樓那白佛言世尊
我不堪任詣彼問疾 此二釋文四此初也 所以者何憶念我昔於大林
中在一樹下為諸新學比丘說法 二略釋也 時維摩詰來謂我
唯富樓那先當入定觀此人心然後說法无以穢食置於寶器
三廣引釋事前呵目連說不稱理此呵滿願不識根性文七一說法失機
二結過呵責三命識宿命四大志開發五更為說法六得不退轉七歎
者敬揖勸文四別此初勸觀心心本性淨不應以小乘穢法汙其本
也 肇曰大乘自法身已上得无寻真心之智寂然未嘗不定以心常
定故能万事普照不假推求然後知也小乘心有限量又不能常
定凡所觀察在定則見出定不見且聲聞定力淺者見衆生根極八
万劫耳定力淺者身數而已大士所見見亦无窮此新學比丘根
在大乘應聞大道而為說小乘法故誨其入定也又曰穢食充
飢小乘法也盛无上寶大乘器 當知是比丘心之所念无以琉璃同彼水精
二勸觀心念心念雖生滅而性无生滅此真寶也說生滅者為寶也 肇
曰當識其心念之根本无令真為不雜也 汝不能知衆生根原无得發起
以小乘法彼自无瘡勿傷之也 三大示信根稱大无瘡示小示信名為
傷也 肇曰彼大示之體自无瘡疣无以小示之剋損傷之也
欲行大道莫示小徑无以大海內於牛跡无以日光等彼螢火 四總喻
喻也 肇曰大物當置大處曷為迴龍象於兔徑注大海於牛跡等日
光者 肇曰明昧之殊其喻若此而欲等之者何耶有說大道法性
喻法身也大海廣納喻般若也日光破闇喻解脫也 富樓那此比
丘久發大乘心中妄此意如何以小乘法而教道之我觀小乘智慧
微淺猶如盲人不能分別一切衆生根之利鈍 此二富樓那下結過
呵責也 肇曰未得无生忍心皆有退忘時維摩詰即入三昧令此比
丘自識宿命曾於五百佛所殖衆德本迴向阿耨多羅三藐三菩提
心 此三令識宿命 肇曰淨名將開其本意故以定力令諸比丘
整識宿命自知曾於五百佛所殖衆得本曾已迴此功德向无上道
此其本意 即時豁然還得本心於是諸比丘稽首禮維摩詰足
此四大志開發盛恩致敬也 時維摩詰因為說法 此五更為說
法定力暫豁如事不久欲令自悟要因說法 於阿耨多羅三
藐三菩提不復退轉 此下六開悟理於无上道獲不退也 我念
聲聞不觀人根不應說法 此七自念敬伏也是故不任詣彼問疾
此四結也 佛告摩訶迦旃延汝行詣維摩詰問疾 肇曰迦旃延南
天竺婆羅門姓也以本姓為名弟子中解義第一有說迦旃延此云文飾
也又云剪髮種也 迦旃延白佛言世尊我不堪任詣彼問疾
二釋文四初釋也 所以者何憶念昔者佛為諸比丘略說法要 二略
釋文二此初佛光略說 肇曰如來常略說有為法寂滅不動此二言總
一切法盡故言略也生曰為悟所津若必由乎也 我即於後夫演其
義為无常義苦義空義无我義寂滅義 二迦旃延廣演義

一切法盡故言畧也　生曰爲悟所滯若出由戶也　我即於後夫演其
義爲无常義苦義空義无我義寂滅義　二迦旃延廣演義
者義理小乘以无常等五爲理大乘以一實相爲理由悟此理發道
非餘故云要也　肇曰如來言說未曾有心故其所說法未曾
有相迦旃延不谕玄旨故於入室之後皆以相說也何則如來去
常故說无常非謂是无常去樂故言苦非謂是苦去實故言
空非謂是空去我故言无我非謂是无我去相故言寂滅非謂
是寂滅此五者可謂无言之教无相之談而迦旃延造擬不同心聽
隨心異聞无常則取其流動至聞寂滅亦取其滅相此言同音
異迦旃延所以惑也　生曰存至而不在肆故曰演其義也
時維摩詰來謂我言唯迦旃延无以生滅心行說實相法　法三
廣引彈事文三初總呵次示真後得益此初也見諸法生滅小乘義也悟
生滅本不生滅實相義　肇曰心者何也惑相所生行者何也造用之
名夫有形必有影有相必有心无形故无影无相故无心然則心隨
事轉行因用起見法生滅故心有生滅悟法无生則心无生滅迦
旃延聞无常義謂法有生滅之相法有生滅之相故影響其心同
於生滅也夫實相幽深妙絕常境非有心之所知非辯者之能言如
何以生滅心行而欲說乎　迦旃延諸法畢竟不生不滅是无常義
此二示真實相義也此下五義破執名殊而實相之理一也　肇
曰小乘觀法生滅爲无常義大乘以不生不滅爲无常義无常
名同而幽致超絕　生曰夫言无常者據事滅驗之也終苟有滅
始无然乎始善果然則生非定矣生不定生滅亂定哉　五受陰
洞達空无所起是苦義　肇曰有漏五陰受染生死名受陰也小乘
以受陰起則衆苦生爲苦義大乘通達受陰內外常空本自无起
誰生苦者此真苦義大經云凡夫有苦无諦二乘有苦有諦并解苦
无苦而有真諦餘義例此可見　諸法究竟无所有是空義
肇曰小乘觀法緣起內无真主爲空義雖能觀空而於空未能
都我故不究竟大乘在有不有在空不空理无不極所以究
竟義也　於我无我而不二是无我義　肇曰小乘以封我爲累故尊
於无我无我既尊則於我爲二乘是非齊旨二者不殊爲无我義也

竟義也　於我无我而不二是无我義　肇曰小乘以封我爲累故尊
於我无我既尊則於我爲二亦是非之本二者不殊爲无我義也
又曰諸義例此亦同不二爲實相也　法本不然今則无滅是寂滅義
肇曰小乘以三界熾然故滅之以求无爲夫熾然既形滅名以生大乘
觀法本自不然今何所滅不然不滅乃真寂滅也　說是法時彼諸
比丘心得解脫　此三得益也　故我不任詣彼問疾　四辭也　仏告阿
那律汝行詣維摩詰問疾　肇曰阿那律秦言如意刹利種也
弟子中天眼弟一又云无滅一燈照佛九十劫来善根不滅今得天眼
第一又常受如意報故生刹利種乃至得道　阿那律白仏言世
尊我不堪任詣彼問疾　所以者何憶念我昔於
一處經行時有梵王名曰嚴淨与万梵俱放淨光明來詣我所稽
首作礼問我言幾何阿那律天眼所見　二明禪又二先初梵王問也阿
那律終歎天眼梵王業報天眼欲比其優劣故致問也　我即答言仁者
吾見此釋迦牟尼仏土三千大千世界如觀掌中菴摩勒菓　二阿那答
也　肇曰時手執此菓故即以爲諭也　時維摩詰來謂我言唯阿那
律天眼所見爲作相耶无作相也　此下三番行又五一難嗚二受屈三問
真四申述五發心初又二先雙定後雙難此初定也是本去爲受相
耶无受相耶此雙難意去天眼所見爲取相耶爲不取相也小乘依
俗禪得天眼故取相見大乘依實相定得天眼故見而不取相也
肇曰三界報身六情諸根從結業起名爲有作相也法身出三界六情
諸根不由結業生名爲无作相夫以有作故有所不作以法身无作故
无所不作彼假作相則与外道五通等　此二難也二乘依四禪得五通
与外道等也　肇曰外道修俗禪五通然不能出凡夫見聞之境也此有作
相也欲等之乎　若无作相即是无爲不應有見　若菩薩實相
三昧得真天眼所見十方皆是无爲不應有分別之見　肇曰若
无作相即是法身无爲之相豈容見聞近遠之言天台云二乘依四禪
得五通則与外道等若觀四諦斷或擇滅无爲雖異外道則无有見
世尊我時默然　二受屈也　肇曰欲言作相則即同外道欲言无作則爲
前見意故不知所答　彼諸梵聞其言得未曾有即爲作礼而問曰
世孰有真天眼者　此三梵王歎問　肇曰諸梵謂天眼正以徹視遠見
爲理而淨名致詰殊違本察疑有真異故致斯問者也　維摩

世孰有真天眼者　此三梵王歎問　肇曰諸梵謂天眼正以徹視遠見
爲理而淨名致詰殊違夲余疑有真異故致斯問者也　維摩
詰言有仏世尊得真天眼常在三昧悉見諸仏不以二相　此四荅
真也　肇曰真天眼謂如來法身无相之目也幽燭微形巨細兼覩万㳽
曠有若目前未嘗不見而未嘗有見故无眼色之二相二乘有窒則見
生窒容見如來未嘗不見故常在三昧徹日如來天眼入仏眼中雖
緣无緣故不以二相有爲不以淨穢二相有爲不以動寂二相也　於是嚴淨
梵王及其眷屬五百梵天皆發阿耨多羅三藐三菩提心礼維摩詰足
已忽然不現　此五聞勝發心　肇曰其所發明成五若此　故我不任詣彼
問疾　四結也　仏告優波離汝行詣維摩詰問疾　優波離者上首弟子中持律第一　仏告優波離　優波離白仏言世尊我不堪任詣彼問疾
二肆文四初肆　所以者何憶念我昔者有二比丘犯律行以爲恥不敢
問仏來問我言唯優波離我等犯律誠以爲恥不敢問仏願解疑悔
得免斯咎　二略釋文初來問後爲解此初也　肇曰愧其所犯不敢聞
仏以優波離持律第一故從問也　我即爲其如法解說　二爲解持律有二一
法身性淨之律二隨身口之律今優波離持四之律見罪生滅壞法身
无相之律故爲訶也　肇曰如法謂依戒律決其罪之輕重示其悔過
法也　時維摩詰來謂我言唯優波離无重增此二比丘罪當直除
滅勿優其心　此三處引中二初彈呵二二比丘驚伏呵文六初直呵勸
二解釋所以三引證四問荅五分別六結成此即初呵无重增兼勸直
滅小乘以犯戒爲罪生大乘以取相爲罪生既令見罪懺悔是名重增
又二比丘迷於實相妄見罪生今來懺悔又見罪滅重增滅見故㳽
云重增　肇曰二比丘既犯律行疑悔情深方重結其罪則封累㳽累㳽厚
則罪垢㳽增當直說法空反悟罪不實封累情除罪垢斯滅
矣　天台云懺悔法有三一者戒門依律法懺是二功德門謂礼仏誦經
般舟方等道場法是三无生門令悟罪性空若違罪性与福无異是
也今淨名示此无生懺也　所以者何彼罪性不在内不在外不在中間
此三解釋也　肇曰夫罪累之生因緣所成求其實性不在三處如弦
因彼我即内外也自我非即自彼亦非殺彼我既非豈在中間衆緣
所成尋之悉虛也　如仏所說心垢故衆生垢心淨故衆生淨心亦不在

内不在外不在中間如其心然罪垢亦然諸法亦然不出於如　此三引

所成導之悲虛也　如仏所說心垢故衆生垢心淨故衆生淨心亦不在
內不在外不在中間如其心然罪垢亦然諸法亦然不出於如　此三引
仏語證文有引有釋有結有類也　肇曰逆知其本也夫執本以知其
末守母以見其子仏言衆生垢淨皆由心起求心之本不在三處心既
无在罪垢可知也諸法亦然者　肇曰万法去ゝ皆由心起豈獨垢淨之然
哉故諸法亦然不離於如ゝ謂如本相也　如優波離以心相得解脫
時寧有垢不　此四問答此小明大也文有問答釋三　肇曰得解脫
時謂其初成羅漢得第九解脫尒時心冥一義无復心相欲以其類明
衆生心故先定其言也　我言不也　二答也　維摩詰言一切衆生心
相无垢亦復如是　三此釋也　肇曰群生心相如解脫相生曰衆生心相
无垢理不得異但与不見殊耳　唯優波離妄相是垢无妄相是淨　此
五分別本性无垢文三初妄垢非垢次明諸不住後明內心妄見此初也
生曰垢實无也在妄想中是垢耳若无妄想垢即淨也妄想者妄分
別之相也　顛倒是垢无顛倒是淨倒心見垢離倒則非垢生曰見亡縛也
見縛於內則妄分別外事也　取我是垢不取我是淨　取我即著垢
離我則无垢也　肇曰見罪則存我也　優波離一切法生滅不住如幻如電
諸法不相待乃至一念不住　二明諸法不住故无住　肇曰成前无相常
淨義也諸法如電新ゝ不停一起滅不相得也彈指頃有六十念過諸法乃
无一念頃住況欲久停无住則如ゝ幻ゝ則不實ゝ則為空ゝ則常淨然則
物ゝ斯淨何有罪累於我哉　諸法皆妄見如夢如焰如水中月如鏡中
像以妄想生　此三明妄見也　肇曰上明外法不住此明內心妄見俱
辯空義內外為異耳夫以見妄故所ゝ見ゝ不ゝ實ゝ故无相常淨也
上耳翻取其速滅此四翻取其妄想也　其知者是名奉律其知此
者是名善解　此六結也若能悟罪无生知心不住是名真解奉持法
身无相之律也　肇曰若能知乃名善解不知此法而稱持律未之有何
耶念知優波離深教意也　於是二比丘言上智哉是優波離所
不及持律之上而不能說　此下第二歎伏文三初比丘歎二尊者伏
過三比丘發心此初歎也　肇曰二比丘悟罪常淨无復疑悔故致斯
歎　我答言自捨如來未有聲聞及菩薩能制其樂說之辯其智慧明
達者若此也　二歎伏也自仏已還无能制其大亦妙辯況我持律哉

歎　我答言自捨如來未有聲聞及菩薩能制其樂説之辯其智惠明
達爲若此也　二歎伏也自佛已還无能制其大智妙辯況我持律哉
時二比丘疑悔即除發阿耨多羅三藐三菩提心作是願言令一切衆生皆
得是辯　三明除疑發心法身如律諸佛所持悟解除疑因之發趣
什曰有罪則憂怖自生罪无則疑悔自滅　故我不任詣彼問疾
此四結也　佛告羅睺羅汝行詣維摩詰問疾　肇曰羅睺羅秦言覆
障六年爲母胎所障因以爲名本子中持戒第一又去家行第一故法
華經云羅睺羅密行唯我能知　羅睺羅白佛言世尊我不堪
任詣彼問疾　二辭文四此初辭也　所以者何憶念我昔時毗耶離諸長者
子來詣我所稽首作禮問我言唯羅睺羅汝佛之子捨轉輪王位出
家爲道其出家者有何等利　此下二略釋也文二此初問也諸長者
子心慕出家父母所制覩羅睺羅捨轉輪王十善之化而剃落從
道必有大利勝在家終故從而問焉　我即如法爲説出家功德之利　二答
也出家有二一者深猒生死樂求涅槃有證有得有利可説名爲小乘二者悟三界
如幻无生无滅无證无得无利可説此名大乘今羅睺羅讚小乘世之利既有利可説
非密行也未若大乘不取不捨无得无證无利可説真密行也生日世榮雖樂歎
可久保出家之理長樂无爲豈可同年語其優劣哉　維摩詰來謂
我言唯羅睺羅不應説出家功德之利　此下三廣引彈事文五一呵
不應説二辭釋所以三示真出家四結真出家五勸修出家此初總呵也
體本法身三界如幻不生不滅名爲出家此則損益兩忘无利可説
故可不應也　所以者何无利无功德是爲出家　二反釋所以文二此
初略釋也肇曰夫出家之意妙在无爲无爲之道豈容有功德利
乎　有爲法者可説有利有功德夫出家者爲无爲法无爲法中无利
无功德　次二廣釋也第一義諦名法性无爲森羅万像同歸此理悟此理者
无得无證名真出家非二乘釋滅有得證者名出家也肇曰夫有无
爲之果必有无爲之因因果同相自然之道也出家爲无爲即无爲
之因也无爲无利无功德當知出家亦然矣　唯羅睺羅夫出家者无
彼无此亦无中間　此三示真出家肇曰上真明出家之義自下明出
家之事雖去其事猶是无事者以去累爲志无爲之心以心心爲之心以心
无爲故所造衆得皆无爲也文三初內證德也肇曰爲大家者惡
惡生死尊彼涅槃故有中間三處之異出家者忘彼此豈有

无為故所造衆得皆无為也　文三初内發德也　肇曰為出家者惡
惡生死尊彼涅槃故有中間三處之異　出家者　万累忘彼此出有
是非三處之殊哉　離六十二見　處於涅槃　肇曰既无彼此即離衆
邪見同涅槃也　六十二見者　大品云外道依過去計神及世間常无常等四見依
未来世計神及世間邊无邊等四見依涅槃計有如来无如来等四見依此十二
見歴五陰成六十見　又計身与神一斷見　身与神常異見　為六十二見也
智者所受聖所行處　肇曰賢智閑之而從衆聖履之而通　可謂真出家之道
乎　降伏魔衆　此二顯絕降魔顯德　見實相則蘊魔自空　蘊空則諸魔
自伏　肇曰衆魔者四魔也　正道既袁往自塞　度五道　肇曰五道非无為之
路　又云生死五道性是涅槃故名度　淨五眼　得五力　立五根　體實相則始瞪
永云瞪之則眼自淨　五力五根亦然自增長　不惱於彼　肇曰道超事
外　与物无逆　何惱之有　離衆雜惡　肇曰俗善雖善　由雜不善　道法真淨
故純善不雜也　摧諸外道　三伏外道也　肇曰日月不期去闇而闇自除　出
家不期摧外道　外道自消　超越假名　肇曰万事万名虛假以生　道在真
悟　故超假名　出淤泥　无所繫著　肇曰出生死愛見之淤泥　无出家受道
之繫著　无我所　无所受　肇曰出家本乎无我　離著則諸受永亡
肇曰无受也　欲我受　戒受　見受　无擾乱　内懷喜　肇曰夫擾乱出乎多求　憂
苦生乎不足　出家寡欲　擾乱斯无　道法内充　故懷喜有餘　護彼意　隨
禪定　離衆過　住實相則不作物心　不違禪定　生滅不起　焉有過患哉
若能如是　是真出家　此四結真出家　肇曰若能不違上說　乃應出
家之道　非存利之所能也　於是維摩詰語諸長者子　汝等於正法中宜共
出家　此五形既緣發勸心出家也　文四　一勸　二辭　三釋勸意　四得意出家　此初勸
悟理出家也　所以者何　仏世難值　肇曰淨名知其不得出家　而勸之者　欲
發无上道心耳　諸長者子言　居士　我聞仏言　父母不聽　不得出家　二不悟勸
意違有礙也　肇曰非不欲出家　不敢違親耳　維摩詰言　汝然等便發阿耨
多羅三藐三菩提心　是即出家　是即具足　三釋勸意　肇曰雖為白衣　能
發无上心者　便為出家具足戒行矣　尒時卅二長者子皆發阿耨多羅三
藐三菩提心　四得意心發　故我不任詣彼問疾　此四結辭也　仏告阿
難　汝行詣維摩詰問疾　肇曰阿難秦言歡喜　弟子中總持第一　所以者何　憶念我昔
阿難白仏言　世尊　我不堪詣彼問疾　二辭文四　此初辭也
時世尊身小有疾　當用牛乳　我即持鉢詣大婆羅門家門下立
此二略釋所以　肇曰現身有疾者　亦不可一途而論　特以淺識之流　取信耳
目　於如来身而起劣相　故韵阿難不達　使惑同衆人　淨名可以開法身
之唱　使見形之徒悟應感難期　无方莫測　兼寄迹取乳　除彼貪求　假過
何以明小乘之劣　時維摩詰来謂我言　唯阿難　何為晨朝持鉢
住此　此三廣引彈事　文三　初問乞意　二呵彈　三恥媿　初中文二　此初問也

何以明小乘之劣　時維摩詰來謂我言唯阿難何為晨朝持鉢
住此　此三廣引彈事文三初問乞意二呵彈三恥愧初中文二此初問也
生曰晨朝非乞食時必有以也　我言居士世尊身小有疾當用牛乳故來
至此　二答如來為物受生有疾用乳阿難侍佛故行求乞　維摩
詰言止止阿難莫作是語　此二彈呵文四初略止二謗二略顯真身三
廣止二謗四廣顯真身此初略止二謗也天台云无病言病增謗也德圓言
減損謗也佛身无生應物現生有身則有疾小乘執實故去謗也大乘
知應故非謗也豈復離此現疾別有不謗之法身哉　如來身者
金剛之體諸惡已斷衆善普會當有何疾當有何惱　二略顯真
金剛體者喻不生不滅常住法身也諸惡斷解脫也衆善會若般也
肇曰夫疾患之生行業所為耳如來善无不積惡无不消雖若金剛何
患之有　黙往阿難勿謗如來莫使異人聞此麁言
三廣止二謗先止增也文三初勸黙也謗佛應言異人聞之必募說故令
黙往生曰舊云是實為謗佛也　又曰病者常近患之極也不達聞之必謂
然矣　无令大威德諸天及他方淨土諸來菩薩得聞斯語　二翻
聞必輕威德諸天淨土菩薩以己福惠不受疾報方於如來知應現也生曰
以彼推己无疾必達佛矣而此言實病不亦惑斯語之不得乎　阿難
轉輪聖王以少福故尚得无病豈況如來无量福會普勝者哉
三近事驗之轉輪聖王乃不及欲界諸天但以人中少福尚得无病豈
況如來善勝界而有病哉　行矣阿難勿使我等受恥也外道
梵志若聞此語當作是念何名為師自疾不能救而能救諸疾人可密
速去勿使人聞　此下二明損謗也若執不去非從佛有斯謗我等亦受
其恥　肇曰此土聞則謂汝不達邪土聞則謂佛實疾何名為法之良醫
身疾不能救而欲救人心疾乎　當知阿難諸如來身即是法身非
思欲身　此下四廣真身初說四得顯真此初无相法身大悲應現非思業貪
欲之所牽生自在之物應是我得也三界有待之形名思欲身也
生曰如來身從實理中來起不由欲應有何病耶　佛為世尊過於三界
二明三界受生苦也悟界如幻不受生故樂也生曰既欲為原便不出三界
三界是病之境也佛為悟理之體超越其域應有何病也　佛身无漏
諸漏已盡　三明發染生身漏也智證法身无漏即住淨也　肇曰夫法
身靈𡨋妙絕常境情累不能染心想不能議故曰諸漏已盡
佛身无為不墮諸數　四明有為之身四相所遷數也佛身无生離生滅
相常也　肇曰法身无為而无不為无不為故理身有為无為故不墮
有數也　如此之身當有何疾　二結也　如此常樂我淨金剛法當有
何疾　時我世尊實懷慚愧得无近佛而謬聽耶　此下三明恥愧文

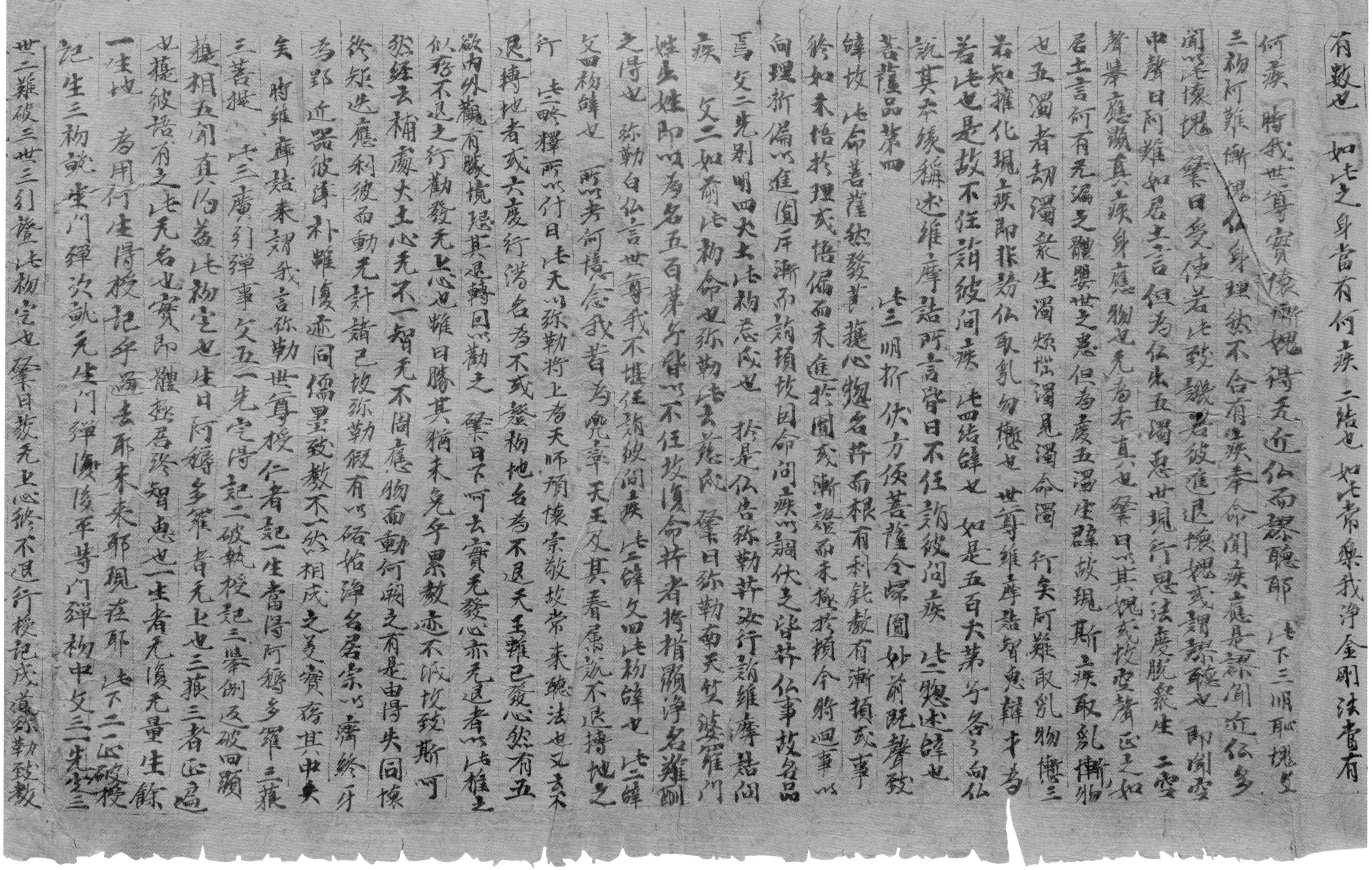

務本052號 淨名經關中疏卷上（56–45）

記生三初說生門禪次就无生門禪復次平等門禪初中文三一先定三
世二難破三世三引證　此初定也　肇曰發无上心終不退行授記成道彌勒致數
之本意也今將明平等大道以无行爲因无正覺以无得爲果故先質彌勒
明无記无得然後大齊羣生一万物之致以弘菩提莫二之道也夫有生即
有記无生即无記故推平三世以何生而得記乎　若過去生過去生已滅
二難破也　肇曰別推三世明无生也過去生已滅法不可謂之也生曰无復有
也　若未來生未來生未至　肇曰未來生未未至則无法以何爲生也
生曰竟未有也　若現在現在生无住　肇曰現法流速不住以何爲生耶
非有爲也盡有三相即有无窮之名三世既无生於何而得記乎生曰生時
已去未始停豈可得於中成仏耶　如仏所說比丘汝今即時亦生亦老亦滅三
引證　肇曰證无住義生曰新生滅交謝豈待白首然後爲變
乎若以无生得授記者无生即是正位於正位中亦无受記亦无得阿耨多
羅三藐三菩提云何彌勒受一生記乎　此三約无生門禪又二初約理破二約行
破此初也　肇曰上推有生无記此推无生亦无无生即七住无相真正法位
也正位者理无記无成彌勒於何授一生記乎
得授記耶　此二約行破又二此初雙定見如智生授記若見如滅授記耶
肇曰如雖无生滅而生滅不異如然則起于生滅寘會獨于即真故假如之
生滅以明記別之不殊也什曰夫記授要由得如本未得而今得似若起如起
即累滅亦似有物於中滅故先問其起滅以明无起滅也　若以如生得授記
者如无有生若以如滅得授記者如无有滅　二雙破生滅若見如智生如
體不生智亦无生若見如或滅如體无滅或亦不滅智无生即本覺或无滅即
寂滅此不生不滅豈有授記哉　肇曰如非不生滅非有生滅非不生滅故假
以言記非有生滅以取无記　一切衆生皆如也一切法亦如也衆聖賢亦如
也至於彌勒亦如也　此三約平等一如破文二總舉平等也一切衆生有情也
一切法无情也衆聖賢二亦也　肇曰有品雖殊有不如々者將齊是非一愚
智以成无記无得義也　若彌勒得授記者一切衆生亦應授所以者何夫如者
不二不異　此下二別約三得平等破也此初約真如理等法身得破也彌勒衆生
理如无二會如授記豈有得不得之二哉　肇曰凡聖一如豈有得失之殊哉生
曰二者真之二事也異者二相殊也　若彌勒得阿耨多羅三藐三菩提者一切衆生皆
應亦得所以者一切衆生即菩提相　二約本覺平等智得破也菩提此云覺
亦云智々无相故智平等本覺也若須從[illegible]則一切衆生皆菩提
相豈彌勒獨得之耶　肇曰无相之相是菩提相是无相理極之惠言之得
者得其菩提相也　若彌勒得滅度者一切衆生亦當滅度所以者何仏知一
切衆生畢竟寂滅即涅槃相不復更滅　三約平等寂滅解脫得破涅槃此

者得是菩提相也　若弥勒得滅度者一切衆生亦當滅度所以者何仏知一
切衆生畢竟寂滅即涅槃相不復更滅　三約平等寂滅解脱得破涅槃此
去滅度若法本不生今則无滅为寂滅者即一切衆本来滅度豈弥勒
獨之耶　肇曰本性常滅今復何滅生曰然終既至滅始滅驗矣始
若果滅終豈滅哉欲知衆生即涅槃相不復更滅是盡为滅而不滅也
是故弥勒无以此法誘諸天子實无發阿耨多羅三藐三菩提心者亦无退
者　此下三疊例返破平等菩提果當无記豈称心又不退行耶　肇曰
平等之道實无發心亦无退者而以不退之行誘其發心亦其美記者何耶
弥勒當令此諸天子捨於分別菩提之見　四顯真菩提相文三此初勸捨分別无
相平等是菩提相若分別得始終有退不退是分別非見菩提　肇曰菩提
以寂滅为相生死同相而諸天子畀生死尊菩提雖曰勝求更生塵累宜
聞以正路令捨分別景为是以道記增其見乎　所以者何菩提者不可以身得不可
以心得　此二勝徵釋身心无所得相是菩提相也　肇曰自此下大明菩提也道
之極者稱日菩提秦无言以譯之菩提義是正覺无相之真智乎其道虛玄
妙絶常境聽者无以容其聽智者无以運其智辯者无措其言像者
无以狀其儀故为道也家妙无相不可为有用之弥勤不可為无故能
幽鑑万物而不用玄軌超驾而弗哉大包天地而日寄曲濟群成而无
私至能道達殊方開物成務玄機叉密无思无慮然則无智而无不
知无为而无不为者唯菩提大覺之道也此无名之法故非名也不知所
以言故強名日菩提斯无为之道豈可以身心而乎　寂滅是菩提滅諸相故
此三歷法廣顯菩提相亦不可前是故破此是能立又前破而不斷此立
而不常有前破而不滅此立而不生又前會而不一此別而不異又前
已而不去此存而不來斯妙道之无方也觀夫聖人體極因物去名所以
教名悉種理窮實相非夫久殖善本莫能究其深費哉是故前以无
生滅故无菩提記此以无生滅故證寂滅名寂滅菩提寂滅无緣故不
觀寂滅无念故不行寂滅无見故斷寂滅无妄想故離寂滅无
所求故障寂滅无着故无入寂滅真如故順理寂滅即法性故安
住寂滅返生滅之際故至實際諸句例然不復廣說　肇曰妙會
真性滅諸法相故菩提之道與法俱寂　不觀是菩提離諸緣故
肇曰觀生於緣離緣即无觀也　不行是菩提无憶念故　肇曰行生於
念无念故无行　斷是菩提捨諸見故離是菩提離諸妄想故　肇曰諸
見斷妄想離又名菩提也　障是菩提障諸願故　肇曰真道无欲障諸願
求也　不入是菩提无貪著故　肇曰入謂受入可欲也　順是菩提順於如故住是
菩提住法性故至是菩提至實際故　肇曰不以三空菩提義也隨順本相謂之如故

求也 不入是菩提无貪著故 肇曰入謂受入可欲也 順是菩提順於如故住是
菩提住法性故至是菩提至實際故 肇曰不以三空菩提義也隨順本相謂之如故
計之以順常住不變謂之性故計之以住到實相彼岸謂之際故計之以至
也 不二是菩提離意法故 肇曰意与法爲二菩提无心何法之有也 等是
菩提等虛空故 肇曰无心於等而无不等故謂若虛空 无爲是菩提无生住
滅故 智是菩提了衆生心行故 肇曰菩提不有故无生滅菩提不无故了知衆生
心也 不會是菩提諸入不會故 肇曰諸入內外六入俱空故諸ゝ入不ゝ會ゝ
即菩提相 不合是菩提離煩惱習故 肇曰生死所以合煩惱之所經離惱故无
无ゝ合ゝ即菩提也 无處是菩提无形色故假名是菩提名字空故 肇曰外无形色
之處內无可名之實 如化是菩提无取捨故 肇曰菩提无取猶化人之
无心也 无亂是菩提常自淨故 肇曰內心既常靜外亂无由生 善寂是
菩提性淨清故 肇曰性无不淨故寂无不善ゝゝ寂謂善順寂滅常淨之道也
无取是菩提離攀緣故 肇曰情有所取故攀於前緣若離攀緣即无
取也 无異是菩提諸法等故 肇曰万法同解是非一至不異於異者其唯菩提
乎 无比是菩提无可喻故 肇曰第一大道无有兩正獨絕群方故无以喻
也 微妙是菩提諸法難知故 肇曰諸法幽遠難測非有智之所知以菩提无
知故无所不知无知而无不知者微妙之極也 世尊維摩詰說是法時二百天
子得无生忍法 此五明悟真記不記真得不得皮獲益也
故我不任詣彼問疾 此初結也 佛告光嚴童子汝行詣維摩詰問疾
文此初命也 光嚴白佛言世尊我不堪任詣彼問疾 此初辭也
文四此初辭也 所以者何憶念我昔出毗耶離大城 此二略釋所以也光
嚴據近故託閑林爲道場名詣理故諠靜一如爲道場出入之迹其
在茲也 生曰託在常出實有以也 時維摩詰方入城我即爲作礼而問言
居士從何所來 此下三明廣引事釋文五一礼問二略答三重問四廣答五衆
益 此初也 生曰城門是人之所湊處故得因廣化切也作礼者即同彌當現
終長幼之礼而問以取其來自有從也 答我言吾從道場來 二略答
肇曰閑宴修道之處謂之道場也光嚴志好閑獨睞以淨處爲心故
出毗耶將求道場淨名懸鑒故現從外將示以真場啓其封累
故逆云吾從道場來者以明道无不之場无不在若能壞道場於
胸中遺万累於身外者雖復形處憒閙而与事隣乘動所務非无
道場也又曰實相理遍爲場万行通證爲道生曰得佛之處也 我
問道場者何所是 三重問 肇曰會所求故深問也 答曰直心是道
場无虛假故 此下卅句廣約諸法明道場 此初約心解 肇曰
終心進道无亂之境是道場耳若能標心爲主万行爲場不越方寸

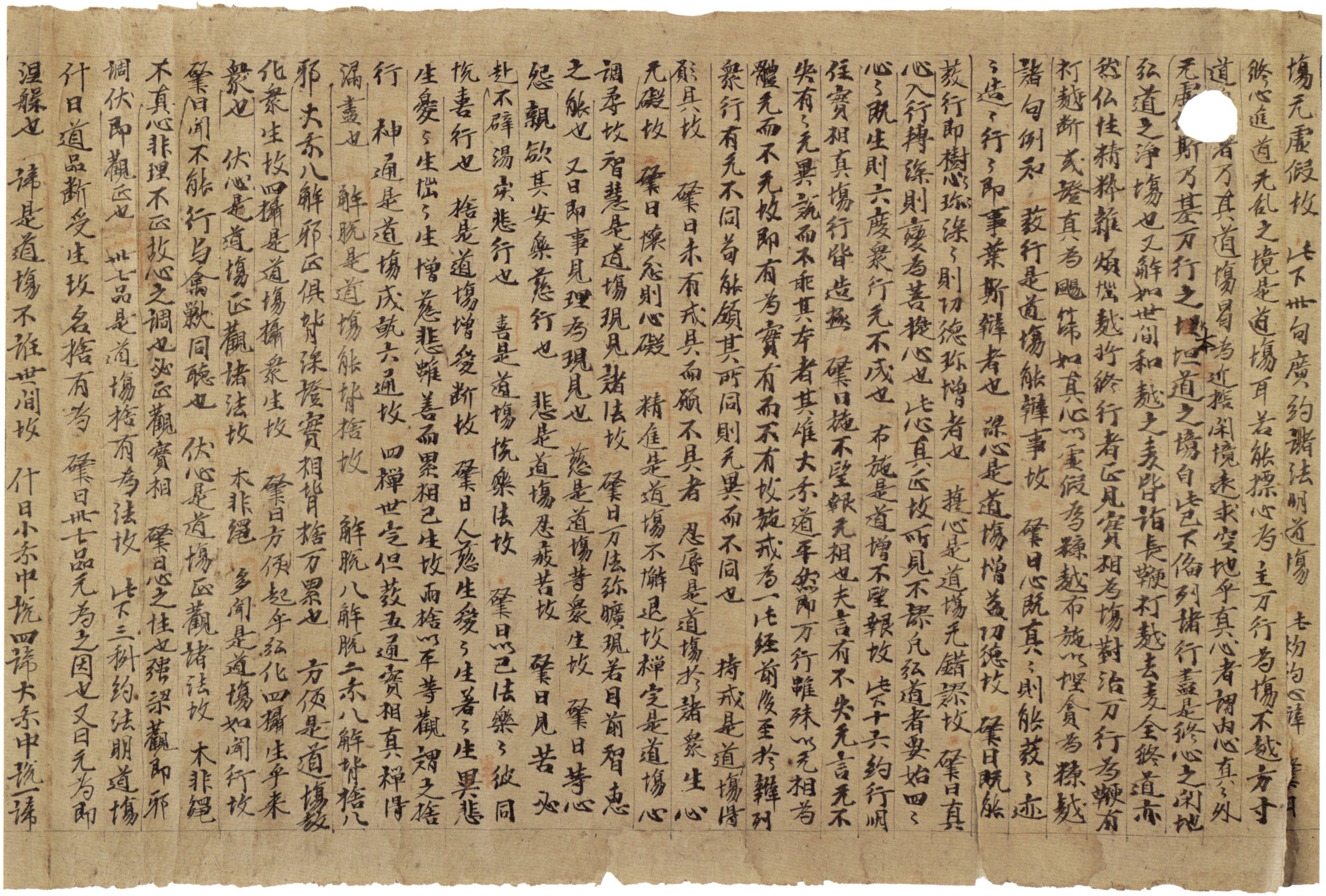
場无處假故　此下卅句廣約諸法明道場　去物治心辯　肇曰
終心進道无亂之境是道場耳若能標心為主万行為場不越方寸
道[illegible]者乃真道場耳焉近捨閑境遠求空地乎真心者謂内心真之外
无處[illegible]斯乃基万行之域坦道之境自此下備列諸行盡是終心之閑地
弘道之淨場也又解如世間和麩之麦皆詣長輾打麩去麦全終道亦
然仏性精粹雜煩惱麩於終行者正見實相為場對治万行為輾有
打麩斷惑證真為颺飾如真心以虛假為糠麩布施以慳貪為糠麩
諸句例知　發行是道場能辦事故　肇曰心既真之則能發之迹
之造之行之即事業斯辦者也　深心是道場增益功德故　肇曰既能
發行即樹心深之則功德弥增者也　菩提心是道場无錯謬故　肇曰真
心入行轉深則變為菩提心也此心真正故所見不謬凡弘道者要始四之
心之既生則六度衆行无不成也　布施是道場不望報故　此下十六約行明
住實相真場行皆造極　肇曰施不望報无相也夫言有不失无言无不
失有之无異說而不乖其本者其唯大乘道乎然即万行雖殊以无相為
體无而不无故即有為實有而不有故施戒為一此經前後至於辯列
衆行有无不同皆應領其所同則无異而不同也　持戒是道場得
願具故　肇曰未有戒具而願不具者　忍辱是道場於諸衆生心
无礙故　肇曰懷忿則心礙　精進是道場不懈退故禪定是道場心
調柔故智慧是道場現見諸法故　肇曰万法弥曠現若目前智惠
之能也　又曰即事見理為現見也　慈是道場等衆生故　肇曰等心
怨親欲其安樂慈行也　悲是道場忍疲苦故　肇曰見苦必
赴不辭湯炭悲行也　喜是道場悅樂法故　肇曰以己法樂之彼同
悅喜行也　捨是道場憎愛斷故　肇曰人慈生愛之生著之生異悲
生愛之生惱之生憎慈悲雖善而累相已生故兩捨以平等觀習之捨
行　神通是道場成就六通故　四禪世定但發五通實相真禪得
漏盡也　解脫是道場能背捨故　解脫八解脫二乘八解背捨八
邪大乘八解邪正俱背深證實相背捨万累也　方便是道場教
化衆生故四攝是道場攝衆生故　肇曰方便起乎弘化四攝生乎来
衆也　伏心是道場正觀諸法故　木非繩　多聞是道場如聞行故
肇曰聞不能行与禽獸同聽也　伏心是道場正觀諸法故　木非繩
不真心非理不正故心之調也必正觀實相　肇曰心之佳也猶梁觀即邪
調伏即觀正也　卅七品是道場捨有為法故　此下三科約法明道場
什曰道品斷受生故名捨有為　肇曰卅七品无為之因也又曰无為即
涅槃也　諦是道場不誑世間故　什曰小乘中說四諦大乘中說一諦

務本 052 號 淨名經關中疏卷上（56–49）

什曰道品斷受生故名捨有爲 肇曰此七品无爲之因也又曰无爲即
涅槃也 諦是道場不誑世間故 什曰小乘中說四諦大乘中說一諦
今言諦是一諦也實相也 緣起是道場无明乃至老死皆无盡故 緣
起十二因緣相生起也小乘觀十二緣无明滅即行滅非實相真場大
乘觀因緣不生不滅无无明亦无无明盡 此實相真場也
諸煩惱是道場知如實故 衆生是道場知无我故 一切法是道場知諸
法空故 此三種約所化爲明道場謂達知衆惑悟即真場
肇曰煩惱之實性衆生之无我諸法之空義皆道之所由生
降魔是道場不傾動故 三界是道場无所趣故 師子吼是道場无
所畏故 此下諸行約佛果德明坐道樹任然滅惑不著三界不畏四
魔能師子吼也 肇曰降魔在而不爲所動超越三界而不隨其
趣无畏法音所向无不攝 力无畏不共法是道場无諸過故 三明是
道場无餘导故 法身无過即衆德自顯心无餘导則慧明普
照 肇曰佛具此三業而无一闕三明通達而无导斯皆大道之所
由生也 一念知一切法是道場成就一切智故 什曰三乘法以此四成道大
乘唯以一念則豁然大悟具一切智也 肇曰一切智者智之極也朗若晨
曦衆冥俱照澄若靜淵群像並鑒无知而无所不知者其唯一切智乎
何則有心則有對對則有礙有礙則有限有限則其智有涯則所照不
普至人无心无心則无對无對則无礙无礙則其智无涯其智无
涯則所照无際故能以一念一時決知一切法也一切智羅什曰行禪之方行
之一有會萬行之所成其唯无上道乎故所以衆法皆爲道場也
生曰一念无不知者始乎大悟時也以向諸行終得此事故以名焉以直心
爲行初義極一念知一切法不亦是得佛之處乎 如是善男子菩薩若
應諸波羅蜜教化衆生諸有所作擧足下足當知皆從道場來住
於佛法矣 此下三結成 肇曰若能應上諸行化衆生者其人行則
遊道場止則住佛事動所之无非道場 說是法時五百天子皆發阿耨多
羅三藐三菩提心 此五明得益也 故我不任詣彼問疾 四持世 佛告
持世菩薩汝行詣維摩詰問疾 文二 此初命也 持世白佛言世尊我不堪任
詣彼問疾 二辭 文四 此初總也 所以者何憶念我昔住於靜室 此下三
別釋 文五 一住靜室二魔來三不識四說法五不受 此初持世經稱住靜樂
魔化善以[illegible]示有從執之物釋字 時魔波旬從萬二千天女狀如帝釋鼓樂
弦歌來詣我所與其眷屬稽首我足合掌恭敬於一面立 此二魔化
帝釋來也 肇曰波旬秦言殺者或言極惡斷人善根因名殺者惡
以起偽隱其真之大故名惡也 什曰魔作釋是佛弟子所知其不疑故作釋形來也

帝釋來也 肇曰波旬秦名殺者或名極惡斷人善根因名殺者遠
佛亂僧羅莫之大極惡也 什曰未釋是佛弟子知其不疑故作釋形來也
世持不作意觀他心故不見也天台云方便并不知魔來有三意一未
能魔佛二界一如等真故不知二緣修觀有出入之間故不知三味能
善惡齊化心有去取故不知也 我意謂是帝釋而語之言善來
憍尸迦雖福應有不當自恣當觀欲無常以求善本於身命財而修
堅法 此三持世不識謀為說法誡之以自恣戒之以無常修之以三堅
生曰從女弦歌是自恣法也福有而自恣者覆為罪之根者也五欲
者五情所欲也用為自恣覆之必深覺其無常然後能以之求善本
矣 肇曰三堅法身命財寶也若志身命棄則貴去封累而修是
者必獲無極之身無窮之命無盡之財此三天地焚而不燒劫數終而不
盡故名堅法以天帝樂著五欲不慮無常故勸修堅法也 即語我言
正士受是萬二千天女可備掃灑 此四魔更施女為亂也 生曰因其
說法可說以從善實欲以女亂之矣 我言憍尸迦無以此非法之物要我沙
門釋子此非我宜 此五不受女非順道之緣故捨而不受若法身正
觀萬品一如無非不順 肇曰持世菩薩時為比丘也 所言未訖時維
摩詰來謂我言非帝釋也是為魔來嬈固汝耳 此三廣引彈
事文中有八一覺悟二乞女三欲隱四勸捨五魔捨六說法七誘女八
還女 此初淨名覺悟 肇曰以持世不覺故發其狀也 即語魔言
是諸女等可以與我如我應受 此二淨名索女 肇曰將化諸女故現
從其索我為白衣應受此女冒為以與沙門釋子乎 魔即驚
懼念維摩詰將無惱我欲隱形去而不能隱盡其神力亦不得去 此三魔
欲隱去 肇曰淨名神力之所制也 即聞空中聲曰波旬以女與之乃可得
去 四空聲 勸捨女也 肇曰淨名以魔迷固故化聲之也 魔以畏故俛
仰而與 此五魔捨女 生曰推輕重留女故當勝自不得去也 尒時維摩詰
語諸女言魔以汝等與我今汝皆當發阿耨多羅三藐三菩提心 即
隨所應而為說法令發道意 此六淨名為女說法也二又二 此初令發
心也 肇曰在魔故欲在我宜從道教 復言汝等已發道意有法樂
可以自娛不應復樂五欲樂也 此下二勸修行文三一勸二問三答
此初勸樂法捨欲也 肇曰女人之性唯欲是樂以其初捨天樂故
是以法樂夫能以弘道為美積德為祈者雖復經苦履難而不改其
樂天地所重無易其祈以此自娛樂之極也豈五欲之足存自此已
下備列諸行以明超世之道至歡之所由生也 天女即問何謂法
樂 二示解故問也 答曰樂常信佛樂欲聽法樂供養眾樂離五欲三

不偏列諸行以明超世之道至歡之所由生也　天女即問何謂法
樂　二不辭故問也　答曰樂常信佛樂欲聽法樂供養衆樂離五欲　三
淨名答　又此初樂生四信　謂歸三寶及猒欲持戒　肇曰信而後
悦莫若三寶　樂離五欲者　什曰是信戒也　樂觀五陰如怨賊
樂觀四大如毒蛇　樂觀内入如空聚　此二樂猒苦報也　什曰如方便
品中說也　肇曰善惡必察　何樂如之也　樂隨護道意　樂
饒益衆生　樂敬養師　此三明樂修出道　又三　此初内護
道意　下益衆生　上敬養師　並行本也　肇曰將護无上道
心　令无若失　樂廣行施　樂堅持戒　樂忍辱柔和　樂勤集善
根　樂禪定不亂　樂離垢明慧　此二明六度正行也　什曰世俗慧中
不能生樂　要得无漏慧　離塵垢　即至樂自生也　樂廣菩提心
此下三遍修万行　肇曰彼我兼得　謂之廣也　樂降伏衆魔　樂斷
諸煩惱　魔怨散而惑病消　故樂也　樂淨佛國土　樂成就相好
故修諸功德　依報淨而正報圓　何樂如也　樂莊嚴道場　万
行之因　場謂道樹之果場　樂聞深法不畏　什曰心无近著　心不
邪疑　又能信諸佛有不思議法　故能聞深法　心不生畏也　肇曰樂
法之情　不深者聞深法必生畏也　樂三脫門　不盡其極而中路取證
謂之非時　此大士之不樂非時　肇曰三脫　空无相无作也　縛以之解
謂之脫　三乘所由謂之門　二乘入三脫門　不盡其極而中路取證　謂之
非時　此大士之所不樂也　樂近同學　樂於非同學中　心无恚礙
肇曰異我　自彼曰為生恚　非同學外道黨也　樂將護惡知識　樂
近善知識　護惡不捨大悲　近善能成大智　樂心喜清淨　肇曰清
淨是實相真法喜　樂修无量道品之法　遍化无方　故道品无量
肇曰法樂无量　上略言之耳　是為菩薩法樂　此四結也　於是波旬告諸
女言　我欲與汝俱還天宮　此下波旬誘諸女也　又二　此初誘也　肇曰先
聞空中聲畏而言　與非其真心　故欲俱還也　諸女言　與我等與此
居士　有法樂　我等甚樂　不復樂五欲樂也　二女辭也　肇曰已屬人
矣　兼有法樂　何由返也　魔言　居士可捨此女　一切所有施於修者　是
為菩薩　此八還女　又五　一索女　二還女　三請法　四為說　五隨還　此初索
也　肇曰淨名化導既訖　魔知其不捨　故請也　菩薩之道　一切无惜　想能見
還也　維摩詰言　我已捨矣　汝便將去　令一切衆生得法願具足　二還
女也　肇曰因布與願　菩薩常法也　以女還魔　願具滿故　因以生願　一
切衆生得法願具足　如摩之願滿也　於是諸女問維摩詰　我等去
何止於魔宮　三弟子辭師　故請法也　肇曰昔在魔宮　以五欲為

切衆生得法願具足如摩之願滿也　於是諸女問維摩詰我等去
何所於魔宮　三弟子辭師故請法也　肇曰昔在魔宮以五欲為
樂今在菩薩以法樂為樂復還魔天當何所業耶維摩詰言諸
姊有法門名無盡燈汝等當學四大士為說無盡燈法文三此初
標名勸也　肇曰將遠流大法明以照魔宮癡冥之室故說法門也
無盡燈者譬如一燈然百千燈冥者皆明明終不盡如是諸姊夫一
菩薩開道百千衆生令發阿耨多羅三藐三菩提心於其道意亦不
滅盡隨所說法而自增益一切善法是名無盡燈也　二釋勸
法喻合所見　肇曰自行化彼則功德彌增法光不絕名無盡燈汝
等雖住魔宮以是無盡燈令無數天子天女發阿耨多羅三
藐三菩提心者為報佛恩亦大饒益一切衆生　三結勸學也
肇曰報恩之上莫先弘道　尒時天女頭面禮維摩詰足隨魔還
宮忽然不現　五致禮辭還　世尊維摩詰有如是自在神力智慧
辯才故我不任詣彼問疾　此四結辭不堪也　佛告長者子善得汝
行詣維摩詰問疾　文二此初命也　梵云須達多亦云善得亦云善施
即給孤獨也回緣如別　善得白言世尊我不堪任詣彼問疾
二辭文四此初辭也　所以者何憶念我昔自於父舍設大施會供養
一切沙門婆羅門及諸外道貧窮下賤孤獨乞人期滿七日
二略釋也在家大士故於父舍行施化同類也　生曰婆羅門法七
日祠梵天行大施期生彼也言己承嫡繼業於父舍然也寄之所以習
明法大矣　什曰所以乃至弟七日方來激者欲令其功德滿心篤專熟也
時維摩詰來入會中謂我言長者子夫大施會不如汝所設
說　此三廣列彈事文六一彈呵二請說三略說四重請五廣說六
得益此彈也　肇曰天竺大施會法於父舍開四門立高幢告天下諸
有所須皆詣其舍於七日中傾家而施以求梵福時淨名以其俗施
既滿將進以法施故先譏其所設以明為施之殊也　當為法施之
會何用是財施會為　肇曰夫形必有所礙財必有所窮故會人
以形者不可普集施人以財不可以周給且施既不普則不益神
來若會群生於十方而即之本土懷法施於胷中而惠無不普以
此而會會無不均此而施施不遺人曷為畢殊方而集近賓捨心
益而獨潤身乎　我言居士何謂法施之會　此二請問也　法施會者無
前無後一時供養一切衆生是名法施之會　此三略答也　什曰若起慈心
即十方同緣施中之等莫先於此故曰無前無後也　肇曰夫以方會
人不可一息期以濟財物不可一時周是以會通無隔者彌綸而不漏法澤

即十方同緣施中之等莫先於此故曰无前无後也　肇曰夫以方會
人不可一息期以濟財物不可一時周是以會通无隔者弥綸而不漏法澤
宜被者不易時而同霑故能即无疆為一會而道无不潤虛心懷
德而物自賓曷為在濡沫之小惠捨夫江海之大益置一時之法養
而設前後之俗施乎　何謂也　此四重問也　肇曰群生无際而受化
不俱欲无前无一時而養者何謂也　謂以菩提起於慈心　此五度衆
万行明法施文五此初四等也　肇曰夫財養之身法養之神養神之道
務平實益何則群生流轉以无窮為路實〻相承莫能自返故
大士遠德不自為身一念之善皆為群生以為群生故弥行俱過行
過則已功立彌果則群生益已功立則有濟物之能群生益則
有反流人分然則并始速得於內群生已蒙益於外矣何必持俯
攝衆生之道必後為益乎報者弘濟之道也是以為積而起所以悲者含
於我而天下同益也　以持正法起於悲心　肇曰欲令彼我俱持正
正法善以之生也　以攝智惠行於捨心　肇曰小捨〻慳親大捨方
有捨万有者正智之性也　以攝慳貪起檀波羅蜜以化犯戒起尸羅
波蜜以无我法起羼提波羅蜜　此二明六度法施大士以一毫之善普衆
生永除六蔽圓滿六度　肇曰忍生於我无我即无覺以離身心相起毗離
耶波羅蜜　肇曰精進之相起乎身心而云離身心者其唯无相精
乎復誰受善身心不能精〻進〻者其在亡身心乎　以菩提相起禪波
羅蜜　肇曰菩提之相无定无亂以此起禪名同相也　以一切智起般若
波羅蜜　肇曰在佛名一切智在菩薩名般若因果異名也若然
一切以无相為相此起般〻若〻名无相因果雖異名其相不殊
教化衆生而起於空　此三約三脫明施　肇曰存衆生則乖空義存空
義則捨衆生善通法相虛空其懷者終日化衆生終日不乖空也
不捨有為法而起无相　肇曰即有而无故能起无相即无而有故能
不捨〻故万法兼備起无故受惡齊音　亦現受生而起无作
肇曰作謂造作生死也為彼受〻生者非作生而生也是以大士受生常
起无作　護持正法起方便力以度衆生起四攝法　此四遍約万行
明法施　肇曰非方便无以護正法非四攝无以濟群生　以敬事一切
起除慢法於身命財起三堅法於六念中起思念法於六和敬起
質真心息諂慢以終敬歎三当而終三堅內思六念外順六和此之
謂法施六念者　肇曰念佛法僧施戒天六念也六者　肇曰以心起
慈心起身口意業為三也四得重養与人共〻五戒持淨六備漏盡惠
非直心无以具六法非六法无以和群〻生〻不和非敬順之道正行善

務本 052 號　淨名經關中疏卷上（56–54）

慈心起身口意業為三世四得重養与人共〻五戒持淨六備福盡惠

非直心无以具六法非六法无以和羣〻生〻不和非敬順之道正行善
法起於淨命 肇曰凡所行不和邪心為命也 心淨歡喜起近賢
聖不憎人起調伏心 心淨者信也信樂賢聖常近三寶不增惡
人能調不善 肇曰近賢聖生淨喜見惡无增心也 以出家法起於遠
心 猒患三界誓求𢫏大本因緣非小志之所為也 肇曰出家之法非
淺心所能弘也 以如說行起於多聞 肇曰聞不能行非多聞也 以无諍
法起空閑處 法性平等名為无諍攝心比理是住空閑 肇曰忿競生
乎衆聚无諍出乎閑 趣向佛惠不於宴坐 肇曰佛惠深遠非定不趣
解衆生縛起修行地 理圓无滯而解縛者必修之以次位 肇曰已
行不修安能解彼 以具相好及淨佛土起福德業 和一切衆生心念如應說
法起於智業 肇曰大乘万行分為二業以智惠為行標故別立智業
諸行隨從故總立得業凡所修立非一業所成而衆經修相好淨
土繫以得業和念說法繫以智業比蓋取其功用之所多耳未
始相无也 知一切法不取不捨入一相门起於惠業 肇曰決定審
理謂之智造心分別謂之惠上決衆生念定諸法相然後說繫之
以智令造心分別法相令入一门故繫之以惠也 斷一切煩惱一切障礙一
切不善法起於一切善業 肇曰无善不修故无惡不斷 以得一切
智惠一切善法起於一切助佛道法 肇曰一切智惠習業也一切善法即
得業也佛道法大乘諸无漏法也智惠二業非有漏之所成者必由助佛
道法 如是善男子是為法施之會若菩薩住是法施會者為大施主
亦為一切世間福田 此下五結成法施 肇曰若能備上諸法則冥宜无偏
其為會也不止方其為施也不〻正〻形〻㲉〻故妙存濟釋不以一方故其
會弥綸可謂大施可謂大會矣 世尊維摩詰說是法時婆羅門衆
中二百人皆發阿耨多羅三藐三菩提心 比六明時衆得益文二初比婆
羅门發心也 我時心得清淨歎未曾有稽首礼維摩詰足即解瓔珞
價直百千以上之 二明善得心淨 肇曰心累悉除得清淨信也 文
四比初心悟瓔珞也 生曰七日施而比物在者家所重也而已上維摩
詰者現法施情也不肯取二權不受什曰本意為說法故亦為譏
財施故壞比二心所以不受我言居士願必納受隨意所与三重請
受隨施也 維摩詰乃受瓔珞分作二分持一分施比會中一家
下乞人持一分奉彼難勝如來 四淨名受已迴文四初迴施二
田也 肇曰直進以法施未等教施之心故施極上窮下明施心平
等以成善得為施之意也 一切衆會皆見光明國土難勝如來又見珠
瓔在彼佛上變成四柱寶臺四面嚴飾不相障蔽 二佛現化生曰
曰分作二分者欲以明等也現神力者驗法施也變成四柱寶臺旨

瓔在彼仏上變成四柱寶臺四面嚴飾不相障蔽　二仏現化生曰
曰分作二分者欲以明等也現神力者驗法施也變成四柱寶臺豈
財施能為之乎是法施會然也故能无不周百　維摩詰現神變
已住是言若施主等心施一家下乞人猶如如來福田之相　三勸
令等心文二有相等二无相等　此初也施仏神通若此施貧劝无差
事施者未能已於分別故淨名是之以平等　什日施仏以地勝故
心濃施貧以地苦故悲深是以福田同相致報也　无所分別等
于大悲不求果是即名為具足法施也　二无相等也　肇日若能
齊尊卑一行報以平等悲而為施者乃具足法施耳　城中一家
下乞人見是神力聞其所說皆發阿耨多羅三藐三菩提心
此四得益也　故我不任詣彼問疾　四結不堪　如是諸菩薩各〻向
仏說其本緣稱述維摩詰所言皆曰不任詣彼問疾　此是大段
第二總明諸菩薩奉辭　肇日三万二千菩薩皆說不任之辭先
不備載之耳

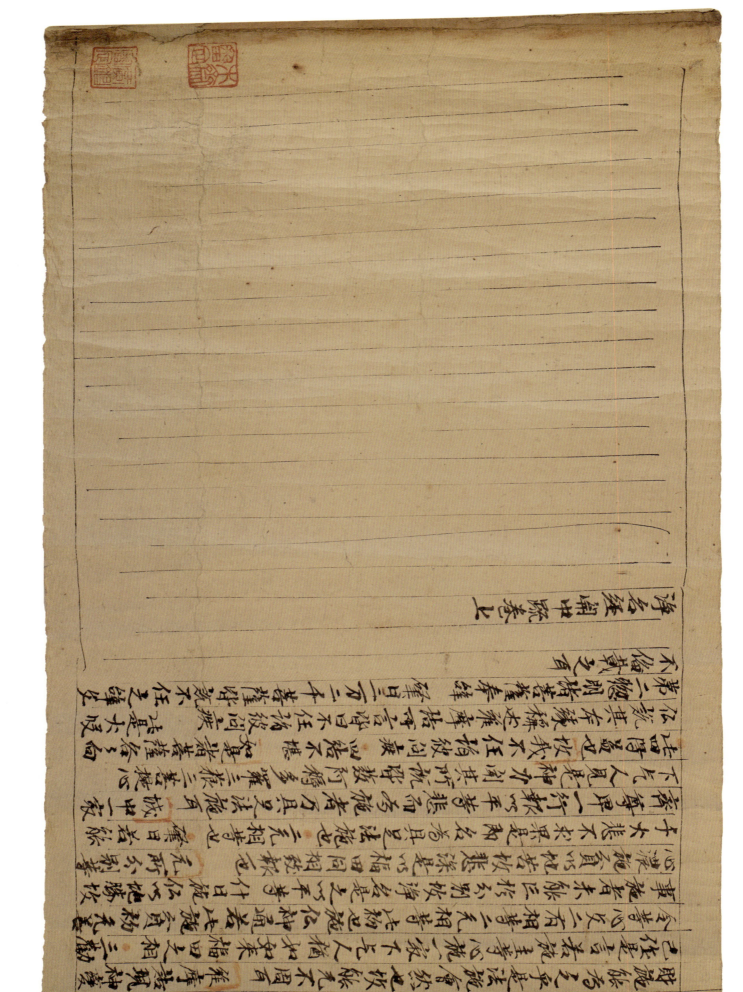

淨名經關中疏卷上

務本 052 號 淨名經關中疏卷上（印章）

印文：務本堂藏　廣錫審定　木齋審定

務本 052 號 淨名經關中疏卷上（外觀）

南无法界莊嚴佛　南无満足願佛
南无大師莊嚴佛　南无師子平等精進佛
南无脩行自在堅固佛　南无樂法脩行佛
南无勝慧佛　南无海步佛
南无大如脩行佛　南无高光明佛
南无淨智佛　南无師子聲佛
南无善報佛　南无善住佛
南无日光佛　南无甘露增上佛
南无道上首佛　南无勝自在觀佛
南无善見佛　南无无濁義佛
南无勝意佛　南无人月佛
南无威德光佛　南无普明佛
南无大莊嚴佛　南无師子奮迅去佛
南无摩樓多愛佛　南无寂心佛
南无大步佛　南无可聞聲佛
南无積功德佛　南无摩尼向佛
南无愛照佛　南无名稱佛
南无信功德佛　南无清淨智佛
南无寶功德佛　南无妙信香佛
南无熱圓佛　南无勝仙佛
南无寶智佛　南无甘露威德佛
南无藏信佛　南无月上勝佛
南无龍步佛　南无信黠慧佛
南无愛寶語佛　南无憂波羅香佛
南无旃檀自在佛　南无歡勝佛
南无普行佛　南无功德勝佛
南无大威德佛　南无種種色日佛
南无過諸過佛　南无无量眼佛
南无慚愧智佛　南无功德供養佛

南无過諸過佛　南无无量眼佛
南无慚愧智佛　南无功德供養佛
南无種種聲佛　南无功德可樂佛
南无住清淨佛　南无妙香佛
南无月光佛　南无式尒佛
南无華智佛　南无憂多摩意佛
南无不闇意佛　南无山自在積佛
南无寂王佛　南无解脫王佛
南无阿蹉孫留王佛　南无如意力釋去佛
南无姓阿提遮佛　南无不讃歎世間勝佛
南无法深佛　南无寶星宿解脫王佛
南无白寶勝佛　南无法行自在佛
南无陁羅尼自在佛　南无阿難陁聲佛
從此以上九千八百佛十二部經一切賢聖
南无智步王佛　南无孫留平等奮迅王佛
南无智奮迅佛　南无法華通樹提佛
南无多波尼體佛　南无阿尼伽陁跢摩勝佛
南无憂多羅勝法佛　南无大智念縛佛
南无闍伽提自在一切世間擔佛
南无見无畏佛　南无自畏住佛
南无自在量佛
舍利弗我見南方如是等无量種種名種
種姓種種佛國土汝等應當至心歸命
舍利弗應當歸命西方无量佛
南无阿婆羅奚婆羅華佛
南无摩菟沙口聲去佛
南无智勝增長稱佛　南无莎陽多波尸佛
南无歌羅毗羅奚華光佛　南无法行燈佛
南无无等勝佛　南无智奮迅名稱王佛
南无梵聲奮迅妙鼓聲佛

南无无等勝佛　南无智奮迅名稱王佛
南无梵聲奮迅妙鼓聲佛
南无波頭摩尸利藏眼佛
南无阿僧伽意光佛　南无千月光明藏佛
南无樂法行佛　南无摩尼娑他光佛
南无師子廣眼佛　南无十力生勝佛
南无智住佛　南无无邊精進降佛
南无一切諸怨佛　南无大勝起法佛
南无阿无荷見佛　南无无邊命佛
南无不利他意佛　南无觀法智佛
南无无畏精進日善思惟奮迅王佛
南无无見佛　南无智見法佛
南无一切善根種子佛
南无憂多智勝發行功德佛
南无智香勝佛　南无智上尸棄王佛
南无福德勝智吉佛　南无不思議法華王佛
南无法清淨勝佛　南无不可思議功智勝佛
南无能開法門佛　南无毗盧遮那法海香佛
南无力王善住法王佛　南无勝力散一切思王佛
南无見无邊樂佛　南无善化功德光華王佛
南无見彼岸佛　南无善化莊嚴佛
南无見樂愛佛　南无尼拘律王勝佛
南无妙勝佛　南无大力智慧奮迅佛
南无法樹提佛　南无堅固蓋成就佛
南无一切種智資生勝佛　南无入勝智自在山佛
南无一切世間得自在有橋梁勝佛
南无盡合勝佛　南无清淨武功德王佛
南无波頭摩散澡櫻智多莊嚴佛
南无一王佛　南无大多人安隱佛
南无二勝聲功德佛　南无圓堅佛

南无一王佛　南无大多人安隱佛
南无二勝聲功德佛　南无圓堅佛
南无力王佛　南无寶來摩尼火佛
南无大海弥留佛　南无勝王佛
南无不住佛　南无不空功德佛
南无初遠離不濁王佛　南无虛空行佛
南无无导稱佛　南无聲山佛
南无不可思議起三昧稱佛
南无諸天梵王難兇佛
南无亦无義王佛　南无護垢王佛
南无照功德佛　南无自在眼佛
南无智燄成就性佛　南无无障智成就佛
南无說決定義佛　南无莊嚴法燈妙稱佛
南无二寶法燈佛　南无火炎藏佛
南无自師子上身莊嚴佛　南无智寶日緣莊嚴佛
南无勝諸根清淨眼佛　南无善香隨香波頭摩佛
南无法佛　南无廣佛
從此以上九千九百佛十二部經一切賢聖
南无式功德佛　南无常鏡佛
南无隨憤稱佛　南无法自在佛
南无如意莊嚴佛　南无藏佛
南无情貪佛　南无思妙義堅固願佛
南无一切德輪光佛　南无法吼智明佛
南无甘露光佛　南无无邊莊嚴佛
南无勝福田佛　南无善決定諸佛法莊嚴佛
舍利弗西方如是等无量无邊佛汝當至
心歸命
次礼十二部尊經大藏法輪
南无治身經　南无菩道章經
南无衆祐經　南无流方等經

南无治身經　南无菩道章經
南无衆祐經　南无淦方等經
南无獨居思自念經　南无長者須達經
南无獨思惟意中念生經　南无无本經
南无極若經　南无月明童子經
南无无憂施經　南无无思議孩童經
南无隋藍經　南无法律三昧經
南无給孤獨生家門受施經
南无禪行法相經
南无法受塵經　南无頻多和多經
南无羅云母經　南无嚴調經
南无七處三觀經　南无貧女經
次礼十方諸大菩薩
南无金剛色世界法首菩薩
南无頗梨色世界智首菩薩
南无如寶色世界賢首菩薩
南无因陁羅世界法慧菩薩
南无蓮華世界一切慧菩薩
南无衆寶世界勝慧菩薩
南无憂鉢羅世界功德慧菩薩
南无妙行世界精進慧菩薩
南无善行世界善慧菩薩
南无歡喜世界智慧菩薩
南无星宿世界真實菩薩
南无歡慈世界无上慧菩薩
南无虛空世界堅固慧菩薩
南无衆寶金剛藏世界觀勝法清淨王菩薩
南无无量慧世界功德菩薩
南无幢慧世界惠林菩薩
南无地慧世界勝林菩薩

南无幢慧世界惠林菩薩
南无地慧世界勝林菩薩
南无勝慧世界无鬼菩薩
南无燈慧世界慙愧林菩薩
南无金剛慧世界精進菩薩
南无安樂世界力成就林菩薩
南无日慧世界堅固林菩薩
南无清淨慧世界如来林菩薩
南无梵慧世界智菩薩
次礼聲聞緣覺一切賢聖
南无善吉辟支佛　南无不可心辟支佛
南无善住辟支佛　南无无比辟支佛
南无憍慢辟支佛　南无勿多辟支佛
南无断愛辟支佛　南无耳辟支佛
南无心得解脱辟支佛　南无優波耳辟支佛
南无吉辟支佛　南无差摩辟支佛
歸命如是等无量无邊辟支佛
礼三寶已次復懺悔
已懺地獄報竟今當復次懺悔三惡道報經
中佛說多欲之人多求利故苦惱亦多知足
之人雖卧地上猶以為樂不知足者雖處天
堂猶不稱意但世間人忽有急難便能捨財
不計多而不知此身臨於塗涤坑之上一息
不還便應墮落忽有知識勸營功德令脩
未来善法資粮執此慳心无肯作理夫如此
者極為愚惑何以故尔經中佛說生時不賷
一文而来死亦不持一文而去苦身積聚為
之憂惱於己无益徒為他有无善可恃无
德可怙致令終墮諸惡道是故弟子等今日
稽顙至到歸依佛

德可怙致命終墮諸惡道是故弟子等今日
稽顙歸依佛
南无東方大光明曜佛　南无南方虛空住佛
南无西方金剛步佛　南无北方无邊力佛
南无東南方无邊垂佛　南无西南方壞諸怨賊佛
南无西北方離垢光佛　南无東北方金色光音佛
南无下方師子遊戲佛　南无上方月幢王佛
如是十方盡虛空界一切三寶至心歸命常
住三寶
弟子等今日次復懺悔畜生道中无所識知
罪報懺悔畜生道中負重牽犁償他宿債
罪報懺悔畜生道中不得自在為他所刲屠
割罪報懺悔畜生道中无足二足四足多足
罪報懺悔畜生道中身諸毛羽鱗甲之內為
諸小虫之所唼食罪報如是畜生道中有无
量罪報今日至誠皆悉懺悔悉歸命常住三
寶　次復懺悔餓鬼道中長飢罪報懺悔
餓鬼百千万歲不曾聞漿水之中罪報懺悔
餓鬼食噉膿血糞穢罪報懺悔餓鬼動身
之時一切支節火然罪報懺悔餓鬼腹大咽
小罪報如是餓鬼道中无量苦報今日稽顙
皆悉懺悔至心頂礼常住三寶
次復懺悔一切鬼神脩羅道中諛諂誑稱罪
報懺悔鬼神道中擔沙負石填河塞海罪報
懺悔鬼神羅剎鳩槃荼等諸惡鬼神生噉肉
血受此醜陋罪報如是鬼神道中无量无
邊一切罪報今日稽顙向十方佛大地菩薩
求哀懺悔悉令消滅至心頂礼　礼常住三寶
願弟子等承是懺悔畜生等報所生功德生

求哀懺悔悉令消滅至心礼頂礼常住三寶
願弟子等承是懺悔畜生等報所生功德生
生世世滅愚癡垢自識業緣智慧明照斷
惡道身願以懺悔餓鬼等報所生功德生生
世世永離慳貪飢渴之苦常食甘露解脫之味
願以懺悔鬼神脩羅等所生功德生生世世
質直無諂離邪命因除醜陋果福利人天
願弟子等從今以去乃至道場決定不受四
惡道報唯除大悲為衆生故以誓願力處
之無猒至心頂礼常住三寶
舍利弗汝當至心歸命北方佛
南無勝藏佛　南無自在藏　佛
南無無邊華龍一俱蘇摩生佛
南無降伏諸魔勇猛　佛
南無定諸魔佛　南無法像　佛
南無功德勝佛　南無山降光佛
南無法王　佛　南無普恭敬燈佛
從此以上一万佛十二部經一切賢聖
南無地勝　佛　南無成就如來家佛
南無一切寶成就佛　南無陁羅尼文句決定義佛
南無忍自在王佛　南無成就一切稱　佛
南無三世智自在佛　南無勝歸依德住佛
南無種種摩尼光佛　南無勝功德　佛
南無佛功德勝佛　南無無餘證　佛
南無得佛眼　佛　南無隨過去佛　佛
南無大慈成就悲勝佛　南無住持師子智佛
南無無量衆生住實際希　南無自家法得成就佛
南無大智莊嚴身佛　南無智　稱　佛
南無佛法音　佛　南無一切衆生德佛
南無過一切法門佛　南無自在因陁羅佛

南无佛法首佛　南无一切衆生德佛
南无過一切法門佛　南无自在因陁羅佛
南无滿足意佛　南无大焰積佛
南无菩提光明佛　南无不可思議法智光明佛
南无真檀不空王佛　南无不染波頭摩幢佛
南无法財聲王佛　南无釋法善知稱佛
南无智賢劫佛　南无佛眼清淨分陁利佛
南无智自在稱佛　南无斷无邊起佛
南无衆生方便自在王佛
南无无邊覺奮迅无㝵思惟佛
南无法行地善住佛　南无普衆生界廣佛
南无降伏諸魔力堅意佛　南无天王自在寶意佛
南无如實脩行藏佛　南无能生一切歡喜見佛
南无大迅覺迅佛　南无種種摩尼聲吼王佛
南无无歡王佛　南无不退了勇猛佛
南无佛土莊嚴身佛　南无智根本華幢佛
南无化身无㝵稱佛　南无一切龍摩尼藏佛
南无法聲自在佛　南无法甘露娑羅佛
南无无邊寶福德藏佛　南无清淨華行佛
南无大法王華勝佛　南无一切盡无盡藏佛
南无花山藏佛　南无智虛空山佛
南无智力不可破壞佛　南无无㝵堅固隨順智佛
南无邊大海藏佛　南无智王无盡稱佛
南无奮迅心意王佛　南无自清淨智佛
南无智自在法王佛　南无勝行佛
南无金剛見佛　南无法滿足隨香見佛
南无龍月佛　南无因陁羅園佛
南无无㝵王佛　南无寶因陁羅輪王佛
南无能生一切衆生敬稱佛
南无大威德光明輪王佛

南无能生一切衆生敬稱佛
南无大威德光明輪王佛
南无无障㝵波羅佛　南无无垢髻佛
南无放光明佛　南无无ナ畏上首佛
南无心自在王佛　南无山力月藏佛
南无堅固勇猛寶佛　南无堅固心善住王佛
南无能破闇幢王佛　南无勝大夫分陁利佛
南无百聖藏佛　南无妙蓮華藏佛
南无見平等法法身佛　南无妙蓮華藏佛
南无師子去佛　南无大威德佛
南无妙聲佛　南无无邊光佛
南无見愛佛　南无大首佛
南无勝首佛　南无樂聲佛
南无見寶佛　南无清稱佛
從此以上一万一百佛十二部經一切賢聖
南无師子慧佛　南无德聲佛
南无脩樓毗香佛　南无電燈佛
南无波頭摩光佛　南无大光佛
南无梵聲佛　南无无起佛
南无无邊勢力佛　南无月面佛
南无邊光佛　南无愛威德佛
南无散畏佛　南无功德燈佛
南无不藏威德佛　南无无邊藏佛
南无光明奮迅王佛　南无廣稱佛
南无遠離幢佛　南无增長聖佛
南无普見佛　南无不可勝佛
南无堅固步佛　南无威德聚佛
南无摩菟賒稱佛　南无无邊色佛
南无大光明佛　南无妙聲佛
南无不動步佛　南无无邊莊嚴佛

南无大光明佛　南无妙聲佛
南无不動步佛　南无无邊莊嚴佛
南无大清淨佛　南无威德聚光明佛
南无住智佛　南无堅佛
南无愛解脫佛　南无愛无畏佛
南无甘露藏佛　南无普觀察佛
南无大脩行佛　南无細威德佛
南无十方慈敬佛　南无光明勝佛
南无重說佛　南无光明莊嚴佛
南无師子奮迅佛　南无善見佛
南无甘露步佛　南无月光明佛
南无功德稱佛　南无去根佛
南无清淨聲佛　南无无导輪佛
南无甘露聲佛　南无衆生可敬佛
南无如意威德佛　南无无邊色佛
南无大力佛　南无决莊嚴佛
南无普照觀佛　南无奮迅德佛
南无妙色佛　南无稱意佛
南无寶莊嚴佛　南无高光明佛
南无解脫步佛　南无功德莊嚴佛
南无畢竟智佛　南无生離免佛
南无不動智佛　南无行意佛
南无妙色佛　南无寶色佛
南无火聲佛　南无善思惟佛
南无功德華佛　南无思惟世間佛
南无大高光佛　南无无辟喻奮迅佛
南无清淨覺佛　南无无月重佛
南无月燈佛　南无无邊光佛
南无種種日佛　南无天城佛
南无心清淨佛　南无波頭摩藏佛

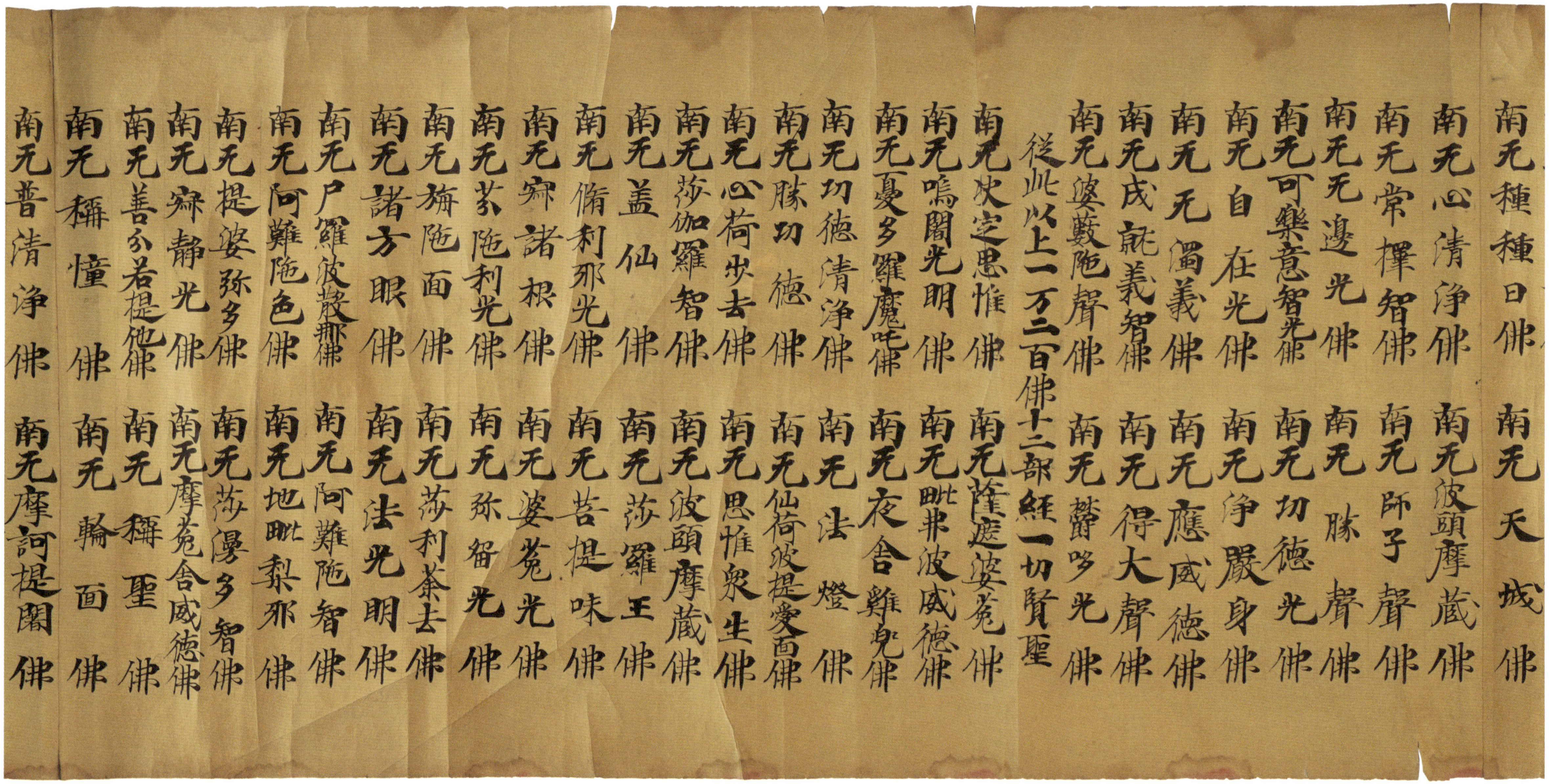
南无種種日佛　南无天城佛
南无心清淨佛　南无波頭摩藏佛
南无常擇智佛　南无師子聲佛
南无无邊光佛　南无勝聲佛
南无可樂意智光佛　南无功德光佛
南无自在光佛　南无淨嚴身佛
南无无獨義佛　南无應威德佛
南无成就義智佛　南无得大聲佛
南无婆藪陁聲佛　南无聲多光佛
從此以上一万二百佛十二部經一切賢聖
南无决定思惟佛　南无薩遮婆菟佛
南无鳴闍光明佛　南无毗卑波威德佛
南无憂多羅魔叱佛　南无夜含難免佛
南无功德清淨佛　南无法燈佛
南无勝功德佛　南无仙荷波提婆面佛
南无心荷步去佛　南无思惟衆生佛
南无莎伽羅智佛　南无波頭摩藏佛
南无蓋仙佛　南无莎羅王佛
南无脩利邪光佛　南无菩提味佛
南无寂諸根佛　南无婆菟光佛
南无荼陁利光佛　南无弥留光佛
南无旃陁面佛　南无莎利荼去佛
南无諸方眼佛　南无法光明佛
南无尸羅波般那佛　南无阿難陁智佛
南无阿難陁色佛　南无地毗梨邪佛
南无提婆弥多佛　南无莎㥄多智佛
南无寂靜光佛　南无摩菟含威德佛
南无善分若提陁佛　南无稱聖佛
南无稱幢佛　南无輪面佛
南无普清淨佛　南无摩訶提闍佛

務本 053 號 佛名經（十六卷本）卷一三（13–12）

南无稱幢佛　南无輪面佛
南无普清淨佛　南无摩訶提闍佛
南无阿羅訶應佛　南无優多那勝佛
南无悲蓮他思惟佛　南无愛伏養佛
南无三陽多讓佛　南无尼孫佛
南无信菩提佛　南无破意佛
南无出智佛　南无勝聲佛
南无質多羅婆蓊佛　南无孫荷聲佛
南无大矢騫陁佛　南无勝拘吒佛
南无阿舒加愛佛　南无天國士佛
南无師子難提构沙佛　南无阿難陁頗佛
南无見愛佛　南无波提波王佛
南无勝雞兜佛　南无方聞聲佛
南无愛眼佛　南无旃陁雞兜佛
南无阿婆夜蓮多佛　南无耶剎多王佛
南无蘇摩提婆佛　南无日光明佛
南无大稱佛　南无真聲佛
南无說愛佛　南无稱夏多羅佛
南无摩頭羅光明佛　南无脩佉聲佛
南无質多意佛　南无婆藪陁清淨佛
南无稱瞋佛　南无破意佛
南无宿王佛　南无毗伽陁畏佛
南无勝夏憂多摩佛　南无婆薩那智佛
南无慈勝種光佛　南无普見佛
南无見月佛　南无降伏諸魔威德佛
南无摩訶羅他佛　南无心荷步去佛
南无樂光佛　南无普讓佛
南无清淨意佛　南无戌就義佛
南无香山佛　南无摩尼清淨佛

摩訶般若波羅蜜經舍利品苐卅七
佛告釋提桓因言憍尸迦若滿閻浮提佛舍
利作一分復有人書般若波羅蜜經卷作一
分二分之中汝取何所釋提桓因白佛言世
尊若滿閻浮提佛舍利作一分般若波羅蜜
經卷作一分二分之中我寧取般若波羅蜜
經卷何以故世尊我於佛舍利非不恭敬非
不尊重世尊以舍利從般若波羅蜜中生般
若波羅蜜熏脩故是舍利得供養恭敬尊重
讚嘆尒時舍利弗問釋提桓因憍尸迦是般
若波羅蜜不可取无色无形无對一相所謂
无相汝云何欲取何以故是般若波羅蜜不
為取故出不為捨故出不為增減聚散損益
垢淨故出是般若波羅蜜不與諸佛法不捨
凡人法不與辟支佛法阿羅漢法學法不捨凡
人法不與无為性不捨有為性不與內空乃
至无法有法空不與四念處乃至一切種智
不捨凡人法釋提桓因語舍利弗如是如是
舍利弗若有人知是般若波羅蜜不與諸佛
法不捨凡人法乃至不與一切種智不捨凡人
法是菩薩摩訶薩能行般若波羅蜜能脩
般若波羅蜜何以故般若波羅蜜不行一
法故不二法相是般若波羅蜜不二法相是
禪波羅蜜乃至檀波羅蜜尒時佛讚釋
提桓因言善哉善哉憍尸迦如汝所說般若波
羅蜜不行二法故不二法相是般若波羅蜜不
二法相是禪波羅蜜乃至檀波羅蜜憍尸迦

務本 054 號 摩訶般若波羅蜜經（異卷）卷一五（10-01）

羅蜜不行二法故不二法相是般若波羅蜜不
二法相是禪波羅蜜乃至檀波羅蜜憍尸迦
若人欲得法性二相者是人為欲得般若波
羅蜜二相何以故憍尸迦法性般若波羅蜜
无二无別乃至檀波羅蜜亦如是若人欲得
實際不可思議性二相者是人為欲得般若
波羅蜜二相何以故般若波羅蜜不可思議
性无二无別釋提桓因白佛言世尊一切世間
諸天及人阿脩羅應礼拜供養般若波羅蜜
何以故諸菩薩摩訶薩般若波羅蜜中學得
阿耨多羅三藐三菩提世尊我常在善法
堂上坐我若不在坐時諸天子来供養我故
為我坐處作礼繞竟還去諸天子作是念釋
提桓因在是處坐為諸卅三天說法故如是世
尊在所處書是般若波羅蜜經卷受持讀
誦為他演說是處十方國土中諸天龍夜叉
乹闥婆阿脩羅迦樓羅緊那羅摩睺羅伽皆
来礼拜般若波羅蜜供養已去何以故是般
若波羅蜜中生諸佛及一切衆生樂具故諸
佛舍利亦是一切種智住處因緣以是故世尊二
分中我取般若波羅蜜復次世尊我若受持
讀誦般若波羅蜜心深入法中我是時不見
怖畏相何以故世尊是般若波羅蜜无相无狠
无言无說世尊无相无狠无言无說是般若波
羅蜜乃至是一切種智世尊般若波羅蜜若當
有相非无相者諸佛不應知一切法无相无
狠无言无說得阿耨多羅三藐三菩提為弟
子說諸法无相无狠无言无說世尊用般若
波羅蜜實是无相无狠无言无說故諸佛
知一切諸法无相无狠无言无說得阿耨多

務本054號　摩訶般若波羅蜜經（異卷）卷一五（10-02）

波羅蜜實是无相无狠无言无說故諸佛
知一切諸法无相无狠无言无說得阿耨多
羅三藐三菩提爲弟子說諸法之无相无
狠无言无說是故世尊是般若波羅蜜一切
世間諸天人阿脩羅應恭敬供養尊重讚
嘆華香瓔珞乃至幡蓋復次世尊若有人
受持般若波羅蜜親近讀誦說正憶念及
書供養華香乃至幡蓋是人不墮地獄畜
生餓鬼道中不墮聲聞辟支佛地乃至得阿
耨多羅三藐三菩提常見諸佛從一佛國至
一佛國供養諸佛恭敬尊重讚嘆華香乃至
幡蓋復次世尊滿三千大千國土佛舍利作
一分書般若波羅蜜經卷作一分是二分中
我故取般若波羅蜜何以故世尊是般若波羅
蜜中生諸佛舍利以是故舍利得供養恭
敬尊重讚嘆是善男子善女人供養恭敬舍
利故受天上人中福樂常不墮三惡道如所
願漸以三乘法入涅槃是故世尊若有見現
在佛若見般若波羅蜜經卷等无異何以故
世尊是般若波羅蜜與佛无二无別故復次
世尊如佛住三事示現說十二部經脩多羅
乃至優婆提舍復有善男子善女人受持讀
說是般若波羅蜜等无異何以故世尊是般
若波羅蜜中生三事示現及十二部經脩多
羅乃至優婆提舍復次世尊十方諸佛住三
事示現說十二部經脩多羅乃至優婆提舍
復有人受般若波羅蜜爲他人說等无異何
以故般若波羅蜜中生諸佛然生十二部經
脩多羅乃至優婆提舍復次世尊若有供養
十方如恒河沙等國土諸佛恭敬尊重讚嘆

務本 054 號 摩訶般若波羅蜜經（異卷）卷一五（10–03）

循多羅乃至優婆提舍復次世尊若有供養
十方如恒河沙等國土諸佛恭敬尊重讚歎
華香乃至幡蓋復有人書般若波羅蜜經卷
恭敬尊重讚歎華香乃至幡蓋其福正等
何以故十方諸佛皆從般若波羅蜜中生復
次世尊善男子善女人聞是般若波羅蜜經
持讀誦正憶念亦為他人說是人不墮地獄
道畜生餓鬼道亦不墮聲聞辟支佛地何以
故當知是善男子正住阿鞞跋致地中故是
般若波羅蜜遠離一切告惱衰病復次世尊
若有善男子善女人書是般若波羅蜜經卷
受持親近供養恭敬尊重讚歎是人離諸怨
怖世尊譬如負責人親近國王供給左右責
主反更供養恭敬是人不復怖畏何以
故世尊此人依近於王憑恃有力故如是世
尊諸佛舍利般若波羅蜜薰循故得供養恭
敬世尊當知般若波羅蜜如王舍利如負責
人負責人依王故得供養舍利亦依般若波
羅蜜薰循故得供養世尊當知諸佛一切種
智亦以般若波羅蜜薰循故得成就以是故
世尊二分中我取般若波羅蜜何以故世尊
般若波羅蜜中生諸佛舍利卅二相般若波
羅蜜中亦生佛十力四无所畏四无㝵智十
八不共法大慈大悲世尊般若波羅蜜中生
五波羅蜜使得波羅蜜名字般若波羅蜜中
生諸佛一切種智復次世尊在所三千大千
國土中若有受持供養恭敬尊重讚嘆般若
波羅蜜是處若人若非人不能得其便是人
漸漸得入涅槃世尊般若波羅蜜為大利
益如是於三千大千國土中能作佛事世尊在

漸漸得入涅槃世尊般若波羅蜜為大利
益如是於三千大千國土中能作佛事世尊在
所處有般若波羅蜜則為有佛世尊譬如无
價摩尼珠寶在所住處非人不得其便若男
子女人有熱病以是珠著身上熱病即時除
若有風病若有冷病若有雜熱風冷病以珠
著身上皆悉除愈若闇中是珠能令明熱時
能令涼寒時能令溫珠所住處其地不寒不
熱時節和適其處亦无諸餘毒螫若男子女
人為毒虵所螫以珠示之毒即除滅復次世
尊若男子女人眼病膚翳盲瞽以珠示之即
時除愈若有癰瘡惡腫以珠著身上病即
除愈復次世尊是摩尼寶所在水中水隨作一
色若以青物裹著水中水色則為青若黃赤
白紅縹物裹著水中水隨作黃赤白紅縹色
如是等種種色物裹著水中水隨作種種色
世尊若水濁以珠著中水即為清是珠其德
如是尒時阿難問釋提桓因言憍尸迦是摩
尼寶為是天上寶為是閻浮提寶釋提桓因
語阿難是天上寶閻浮提人亦有是寶但功
德相少不具足天上寶清淨輕妙不可以譬
喻為比復次世尊是摩尼寶若著篋中舉珠
出其功德薰篋故人皆愛敬如是世尊在所
處有書般若波羅蜜經卷是處則无衆惱之
患亦如摩尼寶所著處則无衆難世尊佛般
涅槃後舍利得供養皆般若波羅蜜力禪波
羅蜜乃至檀波羅蜜內空乃至无法有法空四
念處乃至十八不共法一切智法相法住法位
法性實際不可思議性一切種智是諸功德
力善男子善女人作是念是佛舍利一切智一

法性實際不可思議性一切種智是諸切德
力善男子善女人作是念是佛舍利一切智一
切種智大慈大悲斷一切結使及習常捨
行不錯謬法等諸佛切德住處以是故舍利
淂供養世尊舍利是諸功德寶波羅蜜住處
不垢不淨波羅蜜住處不生不滅波羅蜜不
入不出波羅蜜不增不損波羅蜜不來不去
不住波羅蜜是佛舍利是諸法相波羅蜜住
處以是諸法相波羅蜜薰脩故舍利淂供養復
次世尊置三千大千國土滿中舍利如恒河沙
等諸國土滿中其舍利作一分有人書般若
波羅蜜經卷作一分二分之中我取般若波
羅蜜何以故是般若波羅蜜中生諸佛舍利
是般若波羅蜜薰脩故舍利淂供養世尊若
有善男子善女人供養舍利恭敬尊重讚嘆
其功德報不可淂邊受人中天上福樂所謂
刹利大姓婆羅門大姓居士大家四天王天處
乃至他化自在天中受福樂亦以是福德因緣
故當淂盡苦若受是般若波羅蜜讀誦說正
憶念是人能具足禪波羅蜜乃至能具足檀
波羅蜜能具足四念處乃至能具足十八不共
法過聲聞辟支佛地住菩薩位住菩薩位已淂
菩薩神通從一佛國至一佛國是菩薩為衆
生故受身隨其所應成就衆生若作轉輪聖
王若作刹利大姓若作婆羅門大姓成就衆生
以是故世尊我不為輕慢不恭敬故不取舍利
以善男子善女人供養般若波羅蜜則為供
養舍利故復次世尊有人欲見十方无量阿僧
祇諸國土中現在佛法身色身是人應聞受
持般若波羅蜜讀誦正憶念為他人演說如
是善男子善女人當見十方无量阿僧祇國

持般若波羅蜜讀誦正憶念為他人演說如
是善男子善女人當見十方无量阿僧秖國
土中諸佛法身色身是善男子善女人行般
若波羅蜜亦應以法相脩念佛三昧復次善男
子善女人欲見現在諸佛當受是般若波羅蜜
乃至正憶念復次世尊有二種法相有為諸法
相无為諸法相云何有為諸法相所謂內空中智
慧乃至无法有法空中智慧四念處中智慧乃
至八聖道分中智慧佛十力四无所畏四无㝵
智十八不共法中智慧善法中不善法中有
漏法中无漏法中世間法中出世間法中
智慧是名有為諸法法相云何名无為諸法
法相若法无生无滅无住无異无垢无淨无
增无減諸法自性云何名諸法自性諸法无所
有性是諸法自性是名无為諸法相尒時佛
告釋提桓因如是如是憍尸迦過去諸佛因
是般若波羅蜜得阿耨多羅三藐三菩提
過去諸佛弟子亦因般若波羅蜜得須陁洹
道乃至阿羅漢辟支佛道未來現在十方无
量阿僧秖諸佛因是般若波羅蜜得阿耨多
羅三藐三菩提未來現在諸佛弟子亦因般
若波羅蜜得須陁洹道乃至辟支佛道何以故
般若波羅蜜中廣說三乘義以无相法故无生
无滅法故无垢无淨法故无作无起不入不出
不增不減不取不捨法故以俗法故非
以第一義何以故是般若波羅蜜非此非彼
非高非下非等非不等非相非无相非世
間非出世間非有漏非无漏非有為非无為
非善非不善非過去非未來非現在何以故
憍尸迦般若波羅蜜不取聲聞辟支佛法亦

非善非不善非過去非未来非現在何以故
慉尸迦般若波羅蜜不與聲聞辟支佛法亦
不捨凡人法釋提桓因白佛言世尊菩薩摩
訶薩行般若波羅蜜知一切衆生心亦不得
衆生乃至知者見者亦不得是菩薩不得色
不得受想行識不得眼乃至意不得色乃至法
不得眼觸因緣生受乃至意觸因緣生受不得
四念處乃至十八不共法不得阿耨多羅三藐
三菩提不得諸佛法不得佛何以故般若波
羅蜜不爲得法故出何以故般若波羅蜜性
无所有不可得所用法不可得處亦不可得
佛告釋提桓因如是如是慉尸迦如汝所説
菩薩摩訶薩長夜行般若波羅蜜阿耨多
羅三藐三菩提不可得何況菩薩及菩薩法
尒時釋提桓因白佛言世尊菩薩摩訶薩但
行般若波羅蜜不行餘波羅蜜耶佛告釋提
桓因言慉尸迦菩薩盡行六波羅蜜法以无所
得故行檀波羅蜜不得施者不得受者不得
財物行尸波羅蜜不得戒不得持戒人不得
破戒人乃至行般若波羅蜜不得智慧不得智
慧人不得无智慧人慉尸迦菩薩摩訶薩行布
施時般若波羅蜜爲作明導能具足檀波羅蜜
菩薩摩訶薩行持戒時般若波羅蜜爲作明導
能具足尸波羅蜜菩薩摩訶薩行忍辱時般
若波羅蜜爲作明導能具足羼提波羅蜜菩
薩摩訶薩行精進時般若波羅蜜爲作明導
能具足毗梨耶波羅蜜菩薩摩訶薩行禪時
般若波羅蜜爲作明導能具足禪波羅蜜菩
薩摩訶薩觀諸法時般若波羅蜜爲作明
導能具足般若波羅蜜一切法以无所得故所
謂色乃至一切種智慉尸迦譬如閻浮提諸樹

導能具足般若波羅蜜一切法以无所得故所
謂色乃至一切種智憍尸迦譬如閻浮提諸樹
種種葉種種華種種菓種種色其蔭无差別諸
波羅蜜入般若波羅蜜中至薩婆若无差別
亦如是以无所得故釋提桓因白佛言世尊般
若波羅蜜大功德成就世尊般若波羅蜜一
切功德成就世尊般若波羅蜜无量功德成
就无邊功德成就无等功德成就世尊若有
善男子善女人書是般若波羅蜜經卷恭敬
供養尊重讚嘆華香乃至幡蓋如般若波羅
蜜所說正憶念復有善男子善女人書般若
波羅蜜經卷與他人福其何所為多佛告釋提
桓因憍尸迦我還問汝隨汝意報我若有善
男子善女人供養諸佛舍利恭敬尊重讚嘆
華香乃至幡蓋復有人分舍利如芥子許
與他人令供養恭敬尊重讚嘆華香乃至幡
蓋其福何所為多釋提桓因白佛言世尊如
我從佛聞法中義有善男子善女人自供養
舍利乃至幡蓋若復有人分舍利如芥子許
與他人令供養其福多世尊佛見是福利眾生
故入金剛三昧中碎金剛身作末舍利何以故
有人佛滅度後供養佛舍利乃至如芥子許其
福報无邊乃至苦盡佛告釋提桓因如是如是
憍尸迦若善男子善女人書般若波羅蜜經卷供
養恭敬華香乃至幡蓋若復有人書般若波
羅蜜經卷與他人令學是善男子善女人其
福多復次憍尸迦善男子善女人如般若波羅
蜜中義為他人說開示分別令易解是善男
子善女人勝於前善男子善女人功德所從
聞般若波羅蜜當視其人如佛亦如高勝

子善女人勝於前善男子善女人功德所從
聞般若波羅蜜當視其人如佛亦如高勝
梵行人何以故當知般若波羅蜜即是佛般
若波羅蜜不異佛佛不異般若波羅蜜過去
未來現在諸佛皆從般若波羅蜜中學得阿
耨多羅三藐三菩提及高勝梵行人高勝梵
行人者所謂阿鞞跋致菩薩摩訶薩亦學是
般若波羅蜜當得阿耨多羅三藐三菩提聲
聞人學是般若波羅蜜得阿羅漢道求辟支
佛道人學是般若波羅蜜得辟支佛道菩薩
學是般若波羅蜜得入菩薩位以是故憍尸
迦善男子善女人欲供養現在佛恭敬尊重
讚嘆華香乃至幡蓋當供養般若波羅蜜我
見是利益初得阿耨多羅三藐三菩提時作
是念誰有可供養恭敬尊重讚嘆依止住者
憍尸迦我一切世間中若天若魔若梵若沙
門婆羅門中不見與我等何況有勝者自思
念我所得法自致作佛我供養是法恭敬尊
重讚嘆當依止住何等是法所謂般若波羅
蜜憍尸迦我自供養是般若波羅蜜恭敬尊
重讚嘆已依止住何況善男子善女人欲得阿
耨多羅三藐三菩提而不供養般若波羅
蜜恭敬尊重讚嘆華香瓔珞乃至幡蓋何以
故般若波羅蜜中生諸菩薩摩訶薩菩薩摩
訶薩中生諸佛以是故憍尸迦善男子善女
人若求佛道若求辟支佛道若求聲聞道皆
應供養般若波羅蜜恭敬尊重讚歎華香乃
至幡蓋

摩訶般若波羅蜜經卷第十五

……如……涅槃經說
十一者明凡夫菩薩於衆生内播惡成善分
齊見衆生種種惡皆作善想如寶雲經說
又或能請起教能行人内或有是出世
薩者莫不皆悉宗爲凡夫菩薩作軌法何以
故如上所引十一段菩薩行皆與上惡行菩
薩及下在家出家人離惡淺深相似所以
得知皆是爲凡夫菩薩說
又於内不明治罸破戒比丘淺深分齊或同
上第二段或同下第五段
又凡夫菩薩與惡魔阿闌提賊旃陁羅
人等所作惡相似者不合爲衆生說法唯除
清淨菩薩得爲衆生說法
又凡夫菩薩持戒者不合供養破戒菩薩
又教凡夫菩薩離惡人遠近或如下說或
如上法華經及惡行菩薩法内說
第四段明佛滅度五百年以後出家人行行
淺深分齊唯教學空兼教學戒定恵解脫
解脫知見何以故空一能滅惡法内惡二能滅
貴切德智慧輕空惡三能滅貴空輕切德
智慧惡四能滅不淨說法惡戒定恵但能滅
惡法内惡不能滅餘惡所以唯教偏學空兼
教學戒定慧不供養舍利不礼佛塔此教
在家人所行法
又於内不明治罸破戒比丘淺深分齊或同

務本 055 號　明一切衆生對根上下起行法（07-01）

在家人所行法
又於内不明治罸破戒比丘淺深分齊或同
上第二段或同下第五段
又著名利破戒不淨說法貴切德智慧輕空貴
空輕切德智恵惡皆毀出家人惡如此等賊
比丘不合爲衆生說法唯除不犯如上所說
罪真善菩薩真善比丘得爲衆生說法
又真善菩薩真善比丘不合供養破戒菩薩
破戒比丘
又佛勸坐禪比丘莫以第一義空出人過惡
又明凡夫真善菩薩等離惡人遠近已上人語已下經文
有四法菩薩應急走捨離過百由旬何等爲
四一者利養二者惡友三者惡衆四者同在
一處或作戱笑或瞋或鬪何以故打罵割截
三千大千世界一切衆生得罪尚少於瞋初
發心菩薩
第五段明五濁惡世界在家出家三乘人行
行淺深分齊於内有十段
一者教五濁惡世界在家出家三乘人成就
三乘法分齊初喻說後法說明世間國土十
法具足國得成就三乘法亦如是十法具足
始得成就
二者教五濁惡世界在家出家三乘人坐禪
分齊或能分斷名利或有解行唯合偏學坐
坐禪與死人一種不遣行餘行不遣教化衆

務本 055 號　明一切衆生對根上下起行法（07-02）

分齋或能分斷名利或有解行唯合偏學坐
坐禪與死人一種不遣行餘行不遣教化衆
生不得作二十種惡聽受四事供養何以故
不令心亂故
三者教五濁惡世界在家出家三乘人誦習
分齋或未能分斷名利或無解行而少利根
一教誦習二教坐禪三教教化衆生乃至下
所明行法皆悉是
四者教五濁惡世界在家出家三乘人營理
僧事分齋或未能分斷名利或無解行而復
鈍根一教營理僧事二教度脫門徒乃至下
所明行法皆悉是
五者教五濁惡世界在家出家三乘人敬三
寶淺深分齋於出家人莫問持戒破戒無戒
三種比丘一教敬作佛想二教敬作種種行
具足想三教敬作得涅槃想普供養普守
乃至共語禮足四教敬出家人淺深或見捉
弓箭或被射或被破口齒乃至被出家人煞
亦作真善比丘想不作惡想敬僧既尒佛
法類以可知但使是佛形者莫問真爲唯合
皆作真佛想但使是佛經莫問說者真爲唯
合皆作真法想
六者教五濁惡世界在家出家三乘人治罰
破戒比丘分齋一切在家人莫問貴賤皆悉
不聽治罰破戒比丘唯除和僧遣助者不在

務本 055 號　明一切衆生對根上下起行法（07–03）

破戒比丘分齋一切在家人莫問貴賤皆悉
不聽治罰破戒比丘唯除和僧遣助者不在
其限於出家人内或犯十一種根本罪或自
用三寶財物或自將衆僧飲食財物與俗人
或瞋罵打出家人或讚毀持戒破戒空有佛
教道教大乘小乘福德智惠犯如此等罪皆
名旃陀羅比丘亦不聽治罰破戒比丘唯除不
犯如上所說罪真善比丘得治罰破戒比
丘又明真善比丘治罰破戒比丘淺深若不
和僧不得處處說破戒比丘長短
又破戒比丘有犯十一種根本罪者或不共
說戒或不聽用衆僧財物或駈出寺或駈出
聚落或駈出國不合瞋破戒比丘不合罵破戒
比丘不合打破戒比丘不合繫縛破戒比丘
不合禁閉破戒比丘在牢獄不合煞破戒
比丘不合駈破戒比丘還俗如大集月藏分
經說大方廣十輪經内遣儐出者唯遣儐出
僧衆不遣罷道
又五濁惡世界唯合輕治罰破戒比丘不合
重治罰破戒比丘何以故若重治罰破戒比
丘或打或煞一能滅三寶二能滅國土
七者明五濁惡世界在家出家三乘人如上
深敬三寶輕行治罰者所得利益多少永除
三鄣從一佛國至一佛國常興諸佛菩薩
作大施主乃至成佛

務本 055 號　明一切衆生對根上下起行法（07–04）

三郭從一佛國至一佛國常與諸佛菩薩
作大施主乃至成佛
八者明五濁惡世界在家出家三乘人敬破
戒無戒兩種比丘所得利益多少
一明出家人内無戒比丘出家利益多少但
使出家剃頭着袈裟不受戒即爲三世諸佛
大涅槃印印竟
二明佛教諸天王等供養守護無戒破戒兩
種比丘然後供養守護持戒比丘
三明供養守護無戒破戒兩種比丘者得無
量無邊阿僧祇大福德聚
四明供養守護無戒破戒兩種比丘者皆得
無生法忍
五明無戒破戒兩種比丘皆得住不退地
六明破戒比丘種種惡具足如敗膿壞無一
善行乃至能亦人非人等無量功德珍寶伏
藏
七明敬持戒破戒比丘作佛想者能敬人
永得不生耶魔等種種耶見家
八明敬持戒破戒比丘作種種行具足想者
能敬人自然具足一切行
九明敬持戒破戒比丘作得涅槃想者能敬
人自然得涅槃果
十明共破戒比丘濡語乃至礼足以是因緣
此人後世生尊貴家有大勢力常爲一切之

務本 055 號 明一切衆生對根上下起行法（07–05）

十明共破戒比丘濡語乃至礼足以是因緣
此人後世生尊貴家有大勢力常爲一切之
所瞻視乃至當得入涅槃城
十一明破戒比丘所破之戒猶能利益無量
天人
十二明破戒比丘所受之戒破者自破餘
有不破者猶能利益無量衆生
十三明一切衆生但使得見破戒比丘者皆
得清淨智惠法眼能令見者尚得如是況爲
聞亦說種種法
十四明一切衆生但使得聞破戒比丘者皆
得涅槃何以故明無戒破戒兩種比丘於惡
衆生内有多利益若有供養守護者一能令
三寶不滅二能令三乘不滅三能令國土不
滅四戒是惡衆生有緣三寶
九者明五濁惡世界在家出家三乘人所作
惡多少如明惡魔阿闍提賊旃陀羅人等所
作惡多少法内廣說
十者明五濁惡世界在家出家三乘人遠離
譏嫌法亦名所行行分齋先離十惡爲首次
學即空起有出世間六度四無量四攝四辯
乃至種種行亦如是
又明五濁惡世界出家人莫問持戒破戒俱
得爲衆生說法俱得供養守護破戒比丘
又明五濁惡世界出家人内真善比丘等離

務本 055 號 明一切衆生對根上下起行法（07–06）

務本 055 號 明一切衆生對根上下起行法（印章）

印文：廣錩審定　務本堂藏

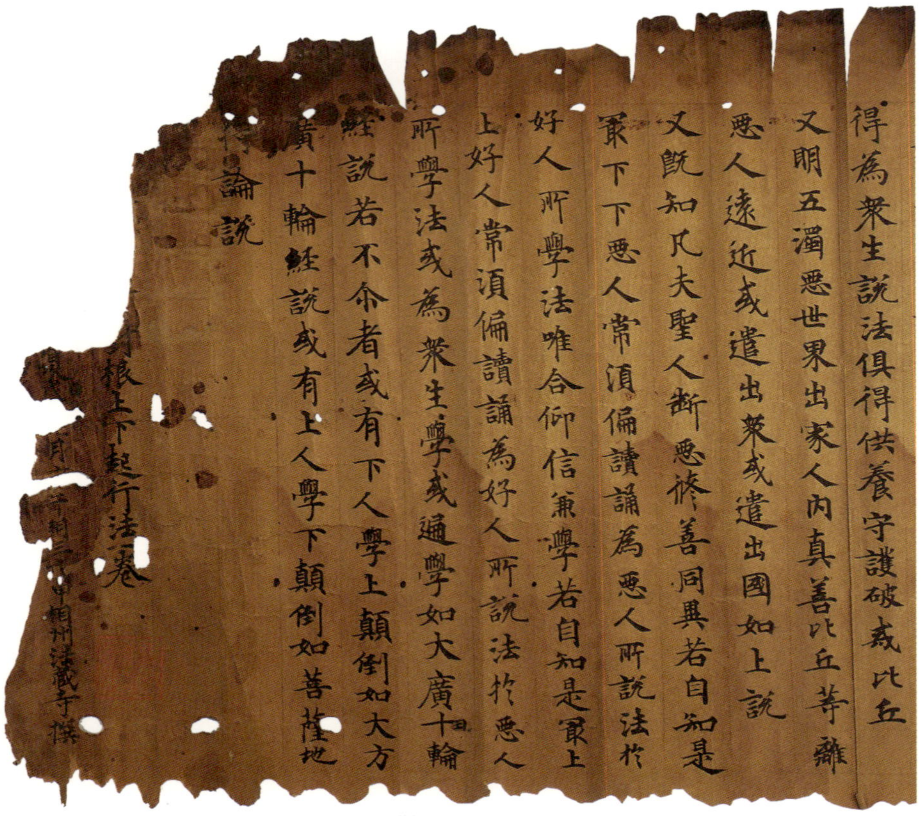
得為衆生說法俱得供養守護破戒比丘
又明五濁惡世界出家人内真善比丘等雜
惡人遠近或遣出衆或遣出國如上説
又既知凡夫聖人斷惡修善同異若自知是
最下下惡人常須偏讀誦為惡人所說法於
好人所學法唯合仰信兼學若自知是最上
上好人常須偏讀誦為好人所說法於惡人
所學法或為衆生學或通學如大廣十輪
經說若不介者或有下人學上顛倒如大方
廣十輪經說或有上人學下顛倒如菩薩地
持論說
根上下起行法卷
相州法藏寺撰

務本 055 號 明一切衆生對根上下起行法（07–07）

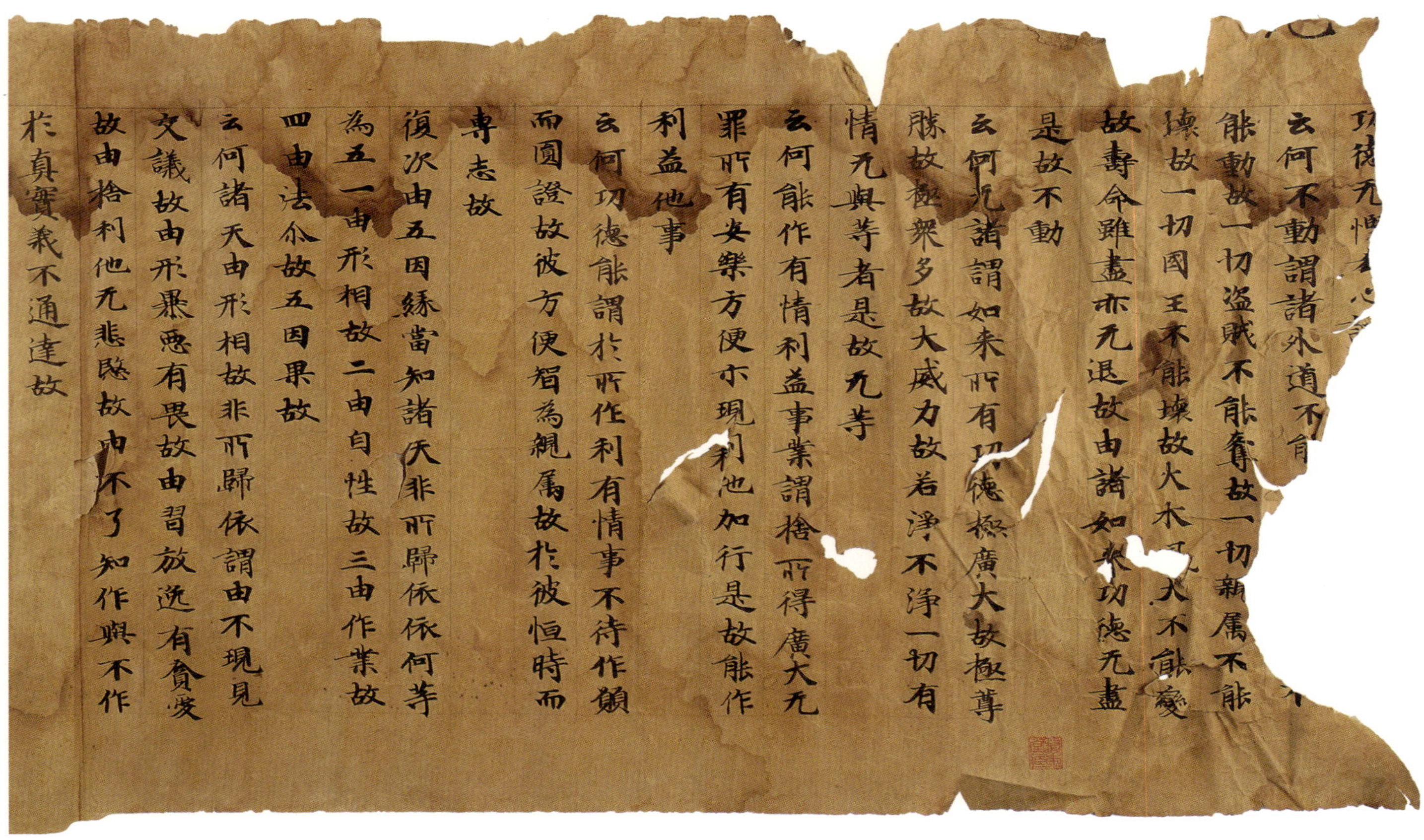
功德无
云何不動謂諸外道不能
能動故一切盜賊不能奪故一切親屬不能
壞故一切國王不能壞故火水風大不能變
故壽命雖盡亦无退故由諸如來功德无盡
是故不動
云何无諸謂如來所有功德極廣大故極尊
勝故極衆多故大威力故若淨不淨一切有
情无與等者是故无等
云何能作有情利益事業謂捨所得廣大无
罪所有安樂方便亦現利他加行是故能作
利益他事
云何功德能謂於所作利有情事不待作願
而圓證故彼方便智為親屬故於彼恒時而
專志故
復次由五因緣當知諸天非所歸依依何等
為五一由形相故二由自性故三由作業故
四由法介故五因果故
云何諸天由形相故非所歸依謂由不現見
文議故由形狠惡有畏故由習放逸有貪愛
故由捨利他无悲愍故由不了知作與不作
於真實義不通達故

務本 056 號 瑜伽師地論卷七四（11–01）

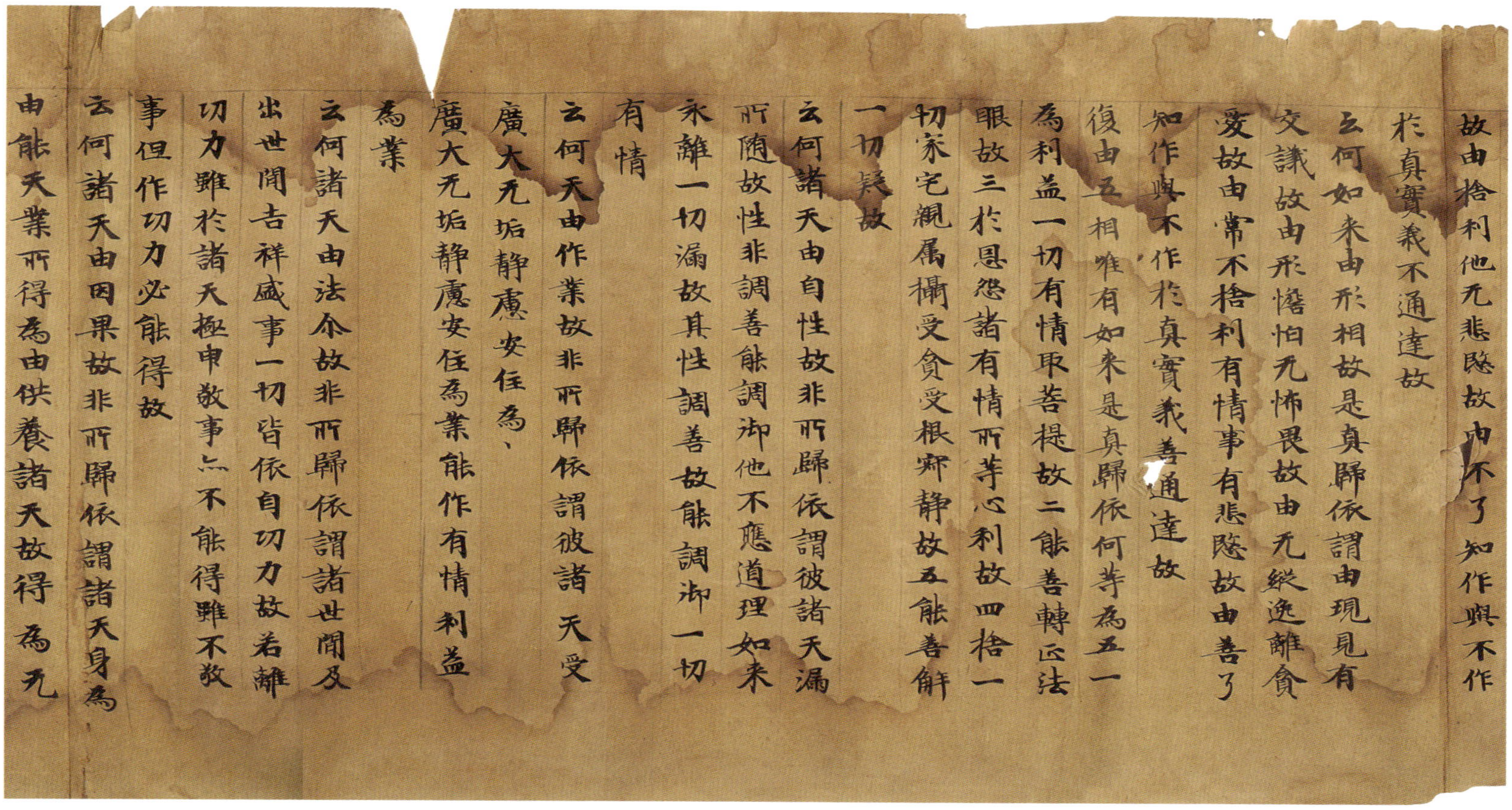
故由捨利他无悲愍故由不了知作與不作
於真實義不通達故
云何如來由形相故是真歸依謂由現見有
文議故由形惱怕无怖畏故由无縱逸離貪
愛故由常不捨利有情事有悲愍故由善了
知作與不作於真實義善通達故
復由五相唯有如來是真歸依何等為五一
為利益一切有情取菩提故二能善轉正法
眼故三於恩怨諸有情所等心利故四捨一
切家宅親屬攝受貪受根寂靜故五能善解
一切疑故
云何諸天由自性故非所歸依謂彼諸天漏
所隨故性非調善能調御他不應道理如來
永離一切漏故其性調善故能調御一切
有情
云何天由作業故非所歸依謂彼諸 天受
廣大无垢靜慮安住為、
廣大无垢靜慮安住為業能作有情利益
為業
云何諸天由法尒故非所歸依謂諸世間及
出世間吉祥盛事一切皆依自功力故若離
功力雖於諸天極申敬事亦不能得雖不敬
事但作功力必能得故
云何諸天由因果故非所歸依謂諸天身為
由能天業所得為由供養諸天故得 為无

務本 056 號 瑜伽師地論卷七四（11-02）

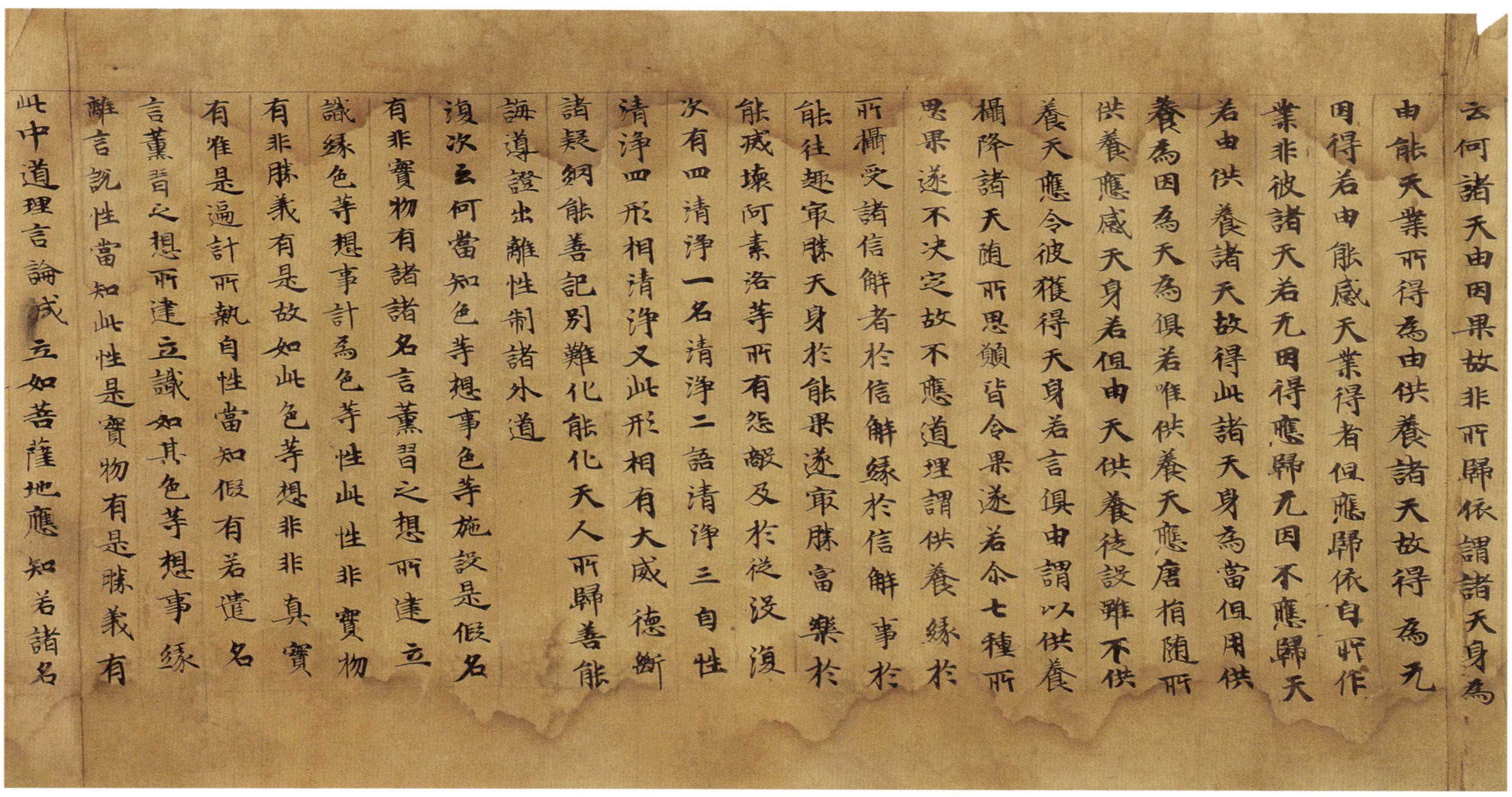
云何諸天由因果故非所歸依謂諸天身為
由能天業所得為由供養諸天故得 為无
因得若由能感天業得者但應歸依自所作
業非彼諸天若无因得應歸无因不應歸天
若由供養諸天故得此諸天身為當但用供
養為因為天為俱若唯供養天應唐捐隨所
供養應感天身若但由天供養徒設雖不供
養天應令彼獲得天身若言俱由謂以供養
攝降諸天隨所思願皆令果遂若尒七種所
思果遂不決定故不應道理謂供養緣於
所攝受諸信解者於信解緣於信解 事於
能往趣審勝天身於能果遂審勝富 樂於
能感壞阿素洛等所有怨敵及於從沒復
次有四清淨一名清淨二語清淨三自性
清淨四形相清淨又此形相有大威德斷
諸疑網能善記別難化能化天人所歸善能
誨導證出離性制諸外道
復次云何當知色等想事色等施設是假名
有非實物有諸諸名言薰習之想所建立
識緣色等想事計為色等性此性非實物
有非勝義有是故如此色等想非非真實
有唯是遍計所執自性當知假有若遣名
言薰習之想所建立識如其色等想事緣
離言說性當知此性是實物有是勝義有
此中道理言論成立如菩薩地應知若諸名

務本 056 號 瑜伽師地論卷七四（11-03）

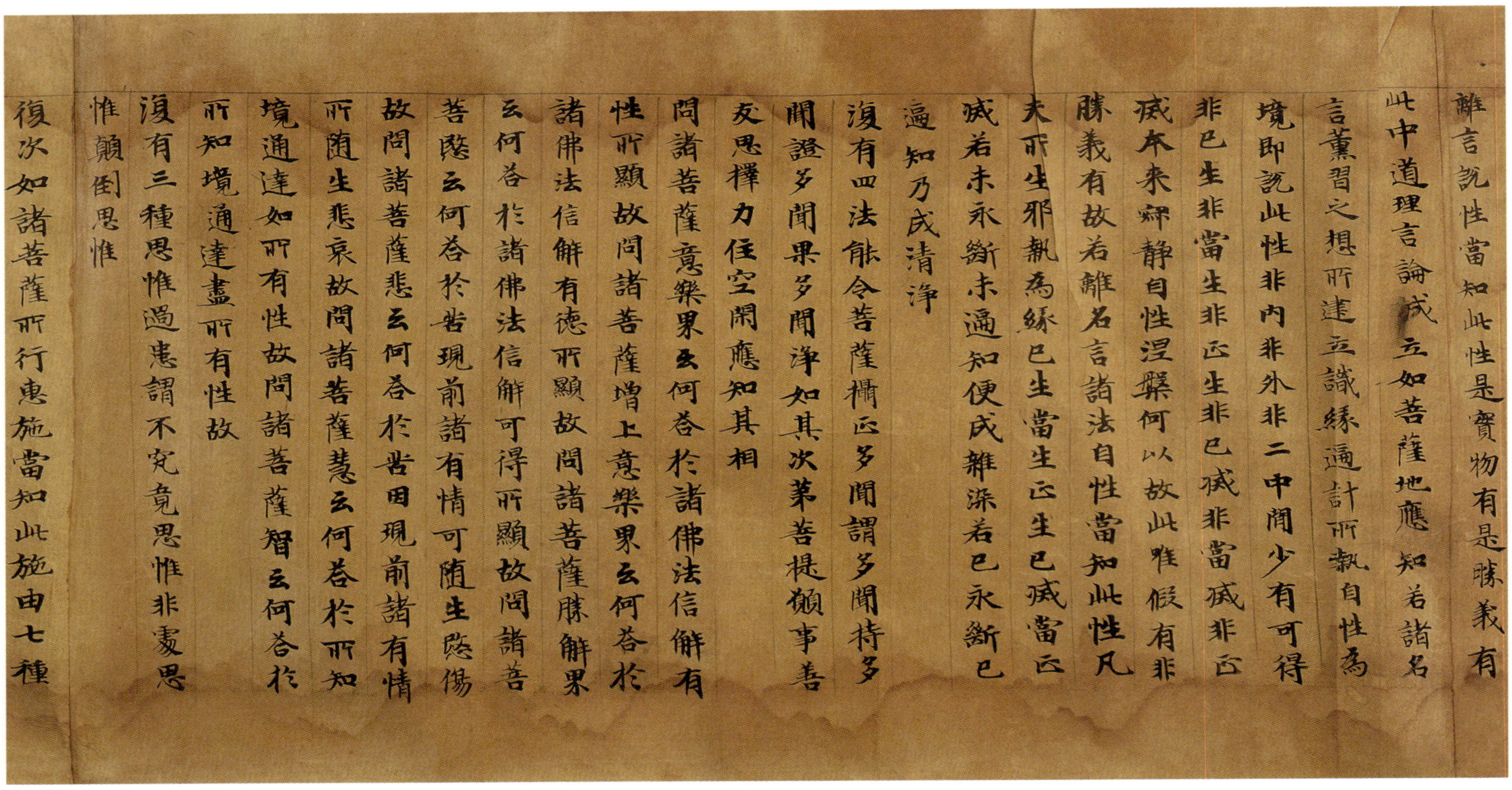

離言說性當知此性是實物有是勝義有
此中道理言論成立如菩薩地應知若諸名
言薰習之想所建立識緣遍計所執自性為
境即說此性非內非外非二中間少有可得
非已生非當生非正生非已滅非當滅非正
滅本來寂靜自性涅槃何以故此唯假有非
勝義有故若離名言諸法自性當知此性凡
夫所生邪執為緣已生當生正生已滅當正
滅若未永斷未遍知便成雜染若已永斷已
遍知乃成清淨
復有四法能令菩薩攝正多聞謂多聞持多
聞證多聞果多聞淨如其次第菩提願事善
友思擇力住空閑應知其相
問諸菩薩意樂果云何答於諸佛法信解有
性所顯故問諸菩薩增上意樂果云何答於
諸佛法信解有德所顯故問諸菩薩勝解果
云何答於諸佛法信解可得所顯故問諸菩
薩愍云何答於苦現前諸有情可隨生愍傷
故問諸菩薩悲云何答於苦因現前諸有情
所隨生悲哀故問諸菩薩慧云何答於所知
境通達如所有性故問諸菩薩智云何答於
所知境通達盡所有性故
復有三種思惟過患謂不究竟思惟非處思
惟顛倒思惟
復次如諸菩薩所行惠施當知此施由七種

務本 056 號 瑜伽師地論卷七四（11-04）

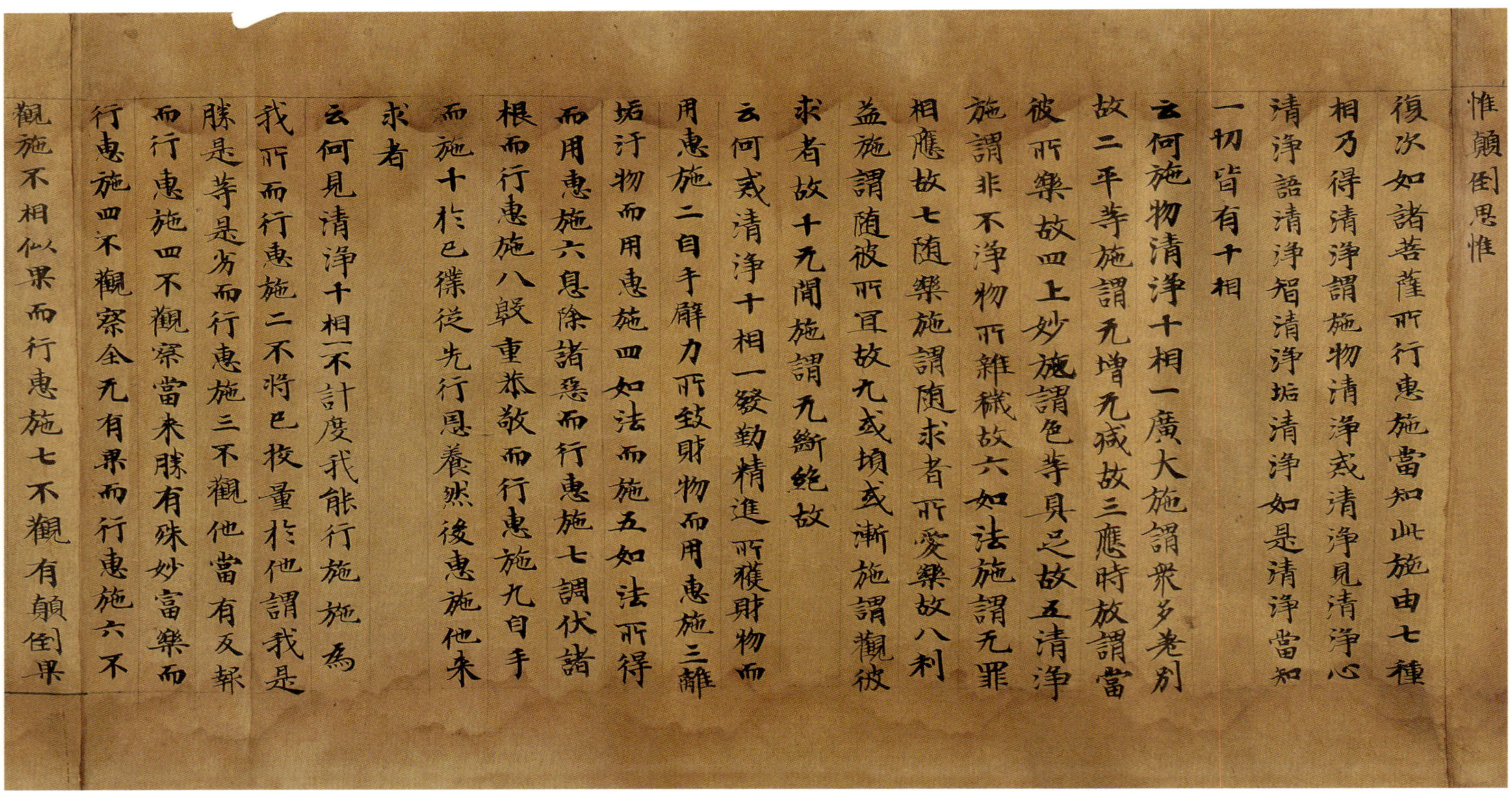

惟顛倒思惟
復次如諸菩薩所行惠施當知此施由七種
相乃得清淨謂施物清淨戒清淨見清淨心
清淨語清淨智清淨垢清淨如是清淨當知
一切皆有十相
云何施物清淨十相一廣大施謂衆多差別
故二平等施謂无增无減故三應時施謂當
彼所樂故四上妙施謂色等具足故五清淨
施謂非不淨物所雜穢故六如法施謂无罪
相應故七隨樂施謂隨求者所愛樂故八利
益施謂隨彼所宜故九或頓或漸施謂觀彼
求者故十无間施謂无斷絕故
云何戒清淨十相一發勤精進所獲財物而
用惠施二自手辭力所致財物而用惠施三離
垢汙物而用惠施四如法而施五如法所得
而用惠施六息除諸惡而行惠施七調伏諸
根而行惠施八敬重恭敬而行惠施九自手
而施十於已僕從先行恩養然後惠施他來
求者
云何見清淨十相一不計度我能行施施為
我所而行惠施二不將已校量於他謂我是
勝是等是劣而行惠施三不觀他當有反報
而行惠施四不觀察當來勝有殊妙富樂而
行惠施四不觀察全无有果而行惠施六不
觀施不相似果而行惠施七不觀有顛倒果

務本 056 號 瑜伽師地論卷七四（11-05）

行惠施四不觀察全无有果而行惠施六不
觀施不相似果而行惠施七不觀有顛倒果
而行惠施八不觀殺害為伴侶善而行惠施
九不觀奇變吉祥之相而行惠施十不為世
間聲譽稱讚而行惠施
云何心清淨十相一悕愛心而行惠施謂任
自性於諸有情二珎寶心而行惠施謂於施
所三平等心而行惠施謂於怨親及中庸所
調伏垢心而行惠施謂於慳垢及蓄積垢當
知不施於他名為慳垢自不受用名蓄積垢
五欣樂心而行惠施謂由七相一於未來求
者發喜樂心故二於已來求者初見便生淨
信心故三於正施時生悅豫心故四生靜定
心故五生无足心故六生不惱害意趣心故
七施已无追悔心故六忍辱心而行惠施謂
於求者強遮障中能堪忍故及无猒倦故七
以慈心而行惠施謂於惱害者八以悲心而
行惠施謂於有苦者九以喜心而行惠施謂
於有功德者十以捨心而行惠施謂於親交
所云何語清淨十相一先於施物恣彼乞者二
彼若至時稱善來進三遠離頻蹙平面而視
舒顏含笑先言問訊四以柔耎言共申議論
安慰乞者五從此无間言當施汝可愛財物
欣慶斯施六正發施言吾今惠汝七彼若遮
障從容分布不出麁言八於乞求者若對若

務本 056 號 瑜伽師地論卷七四（11–06）

欣慶斯施六正發施言吾今惠汝七彼若遮
障從容分布不出麁言八於乞求者若對若
背不毀不呰亦无論說九若无施物正言詞
謝許得隨與十於乞求者終不對面呵責驅
逐輕笑戲弄亦不令其改容懷愧
云何智清淨十相一由惠施智清淨二由求
者智清淨三由施物智清淨四由施加行智
清淨五由以施成熟有情智清淨六由方便
善巧智清淨七由諸欲過患智清淨八由除
垢智清淨九由於及遠離攝受智清淨十由
隱覆六方智清淨
一由惠施智清淨者謂於施異名於施體相
於施訓辞於施差別皆如實知而行惠施二
由求者智清淨者謂於一切有情皆 任福
田覺而行惠施於諸勝劣有德有失怨恩等
所能善了知隨來求者所樂差別而行施故
又先以諸所施財物遍於一切有情之類意
樂而捨若諸求者自然取時皆生隨喜
三由施物智清淨者謂於一切工巧業處智
善巧故速疾能集所有財物而用惠施或由
善根之所攝受謂於前生或現法受所感財
物而用惠施或發神通或由法受所致財物
而用惠施他積集所有財物而用惠施 如勸
導他或任彼務
四由施加行智清淨者謂於施加行能善了

務本 056 號 瑜伽師地論卷七四（11–07）

導他或任彼務
四由施加行智清淨者謂於施加行能善了
知不令求者身心勞倦自心无染而行惠施
善能分布施來求者施貪遺者施无依者施
惡行者施妙行者施自僕從謂若貧乏中則
大財隨其所應如軌行施非不如軌
五由施成熟有情智清淨者謂善了知施能
成熟諸有情已而行惠施以所施物與諸大
衆普共行施亦令大衆生无量福又於貧窮
樂行施者以己財物分布與之令其行施或
有不貪内壞慳吝雖欲惠施而不能用自財
布施即以財物與之令施或於佛法及僧田
中欲有所作更以財物棄捨與之令彼造
作由此因緣於二門中生无量福
六由方便善巧智清淨者謂或由教導令行
惠施或強力逼令行惠施或領彼恩令行惠
施或由故令行惠施或由神力而行惠施七
由諸欲過患智清淨者謂於諸欲所有過
患如實知已而行惠施謂於昔蘊中或時了
知二種過患一者現法二者後法或時了知
五種過患謂如五種過患經說或時了知
六種過患謂此諸欲是怖增語如是等類
廣說如經或時了知七種過患謂知諸欲无
常虛僞誑亡失法辟如幻事惑亂愚夫或時
了知八種過患謂知諸欲如朽骸骨如經廣

務本 056 號 瑜伽師地論卷七四（11–08）

常虛僞誑亡失法辟如幻事惑亂愚夫或時
了知八種過患謂知諸欲如朽骸骨如經廣
說乃至猶如樹、熟果
八由除垢智清淨者謂於除遣十四垢業如
實知已而行惠施此如尸佉落迦經說
九由於友遠離攝受智清淨者謂能善知
遠離四種惡友攝受四種善友而行惠施此
亦如尸佉落迦經說
十由隱覆六方智清淨者謂隱覆六方而行
惠施此亦如尸佉落迦經說
云何垢清淨十相一遠離懈怠垢而行惠施
謂或内或外或近或遠或身疲倦或不疲倦
或身羸劣或不羸劣而常惠施二遠離貪垢
而行惠施謂於財物三遠離瞋垢而行惠施
謂於求者四遠離癡垢而行惠施謂於因果
五遠離障垢而行惠施言障垢者謂四種障
一不串習二匱乏三耽湎四觀果六善分布
而行惠施此即遠離非道理垢謂貧乏者於
自僕從若中財者即於彼所及貧苦所若大財者
即於彼所亦於其餘來求者所七由圓滿而
行惠施此即遠離諸減少垢謂事圓滿意樂
圓滿事圓滿者復有七相一施資產事二施
國土事三施有性事四施莊嚴事五施舍宅
事六施居家事七施内身事意樂圓滿者謂
於内身及外財寶獲得自性无著意樂八

務本 056 號 瑜伽師地論卷七四（11–09）

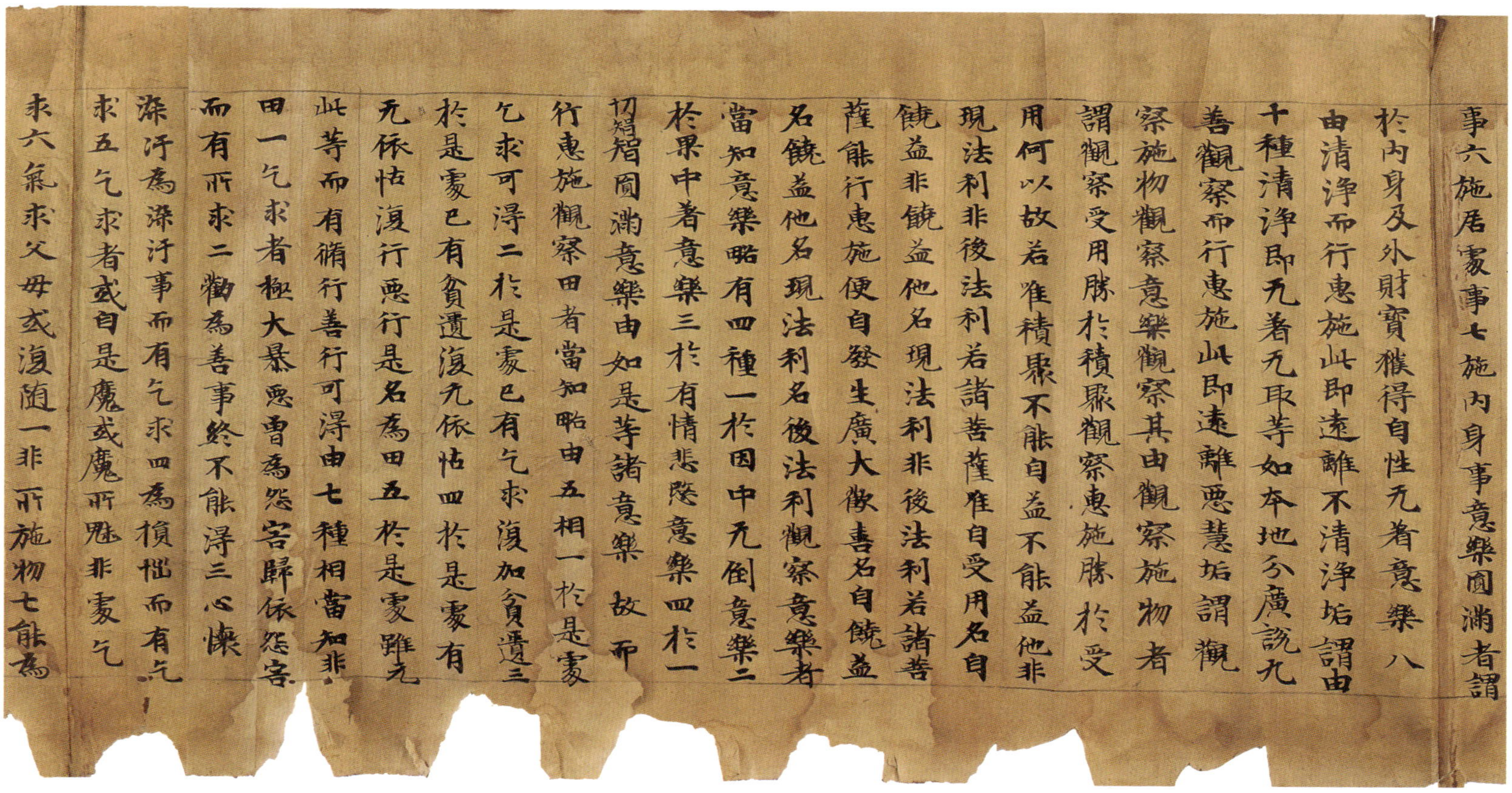
事六施居家事七施内身事意樂圓滿者謂
於内身及外財寶獲得自性无著意樂八
由清淨而行惠施此即遠離不清淨垢謂由
十種清淨即无著无取等如本地分廣說九
善觀察而行惠施此即遠離惡慧垢謂觀
察施物觀察意樂觀察其由觀察施物者
謂觀察受用勝於積聚觀察惠施勝於受
用何以故若唯積聚不能自益不能益他非
現法利非後法利若諸菩薩唯自受用名自
饒益非饒益他名現法利非後法利若諸菩
薩能行惠施便自發生廣大徵善名自饒益
名饒益他名現法利名後法利觀察意樂者
當知意樂略有四種一於因中无倒意樂二
於果中著意樂三於有情悲愍意樂四於一
切智智圓滿意樂由如是等諸意樂故而
行惠施觀察田者當知略由五相一於是處
乞求可得二於是處已有乞求復加貧遺三
於是處已有貧遺復无依怙四於是處有
无依怙復行惡行是名為田五於是處雖无
此等而有脩行善行可得由七種相當知非
田一乞求者極大暴惡曾為怨害歸依怨害
而有所求二勸為善事終不能得三心懷
染汙為染汙事而有乞求四為損惱而有乞
求五乞求者或自是魔或魔所魅非處乞
求六氣求父母或復隨一非所施物七能為

務本 056 號 瑜伽師地論卷七四（11–10）

務本 056 號 瑜伽師地論卷七四（印章）

印文：廣錩審定　務本堂藏

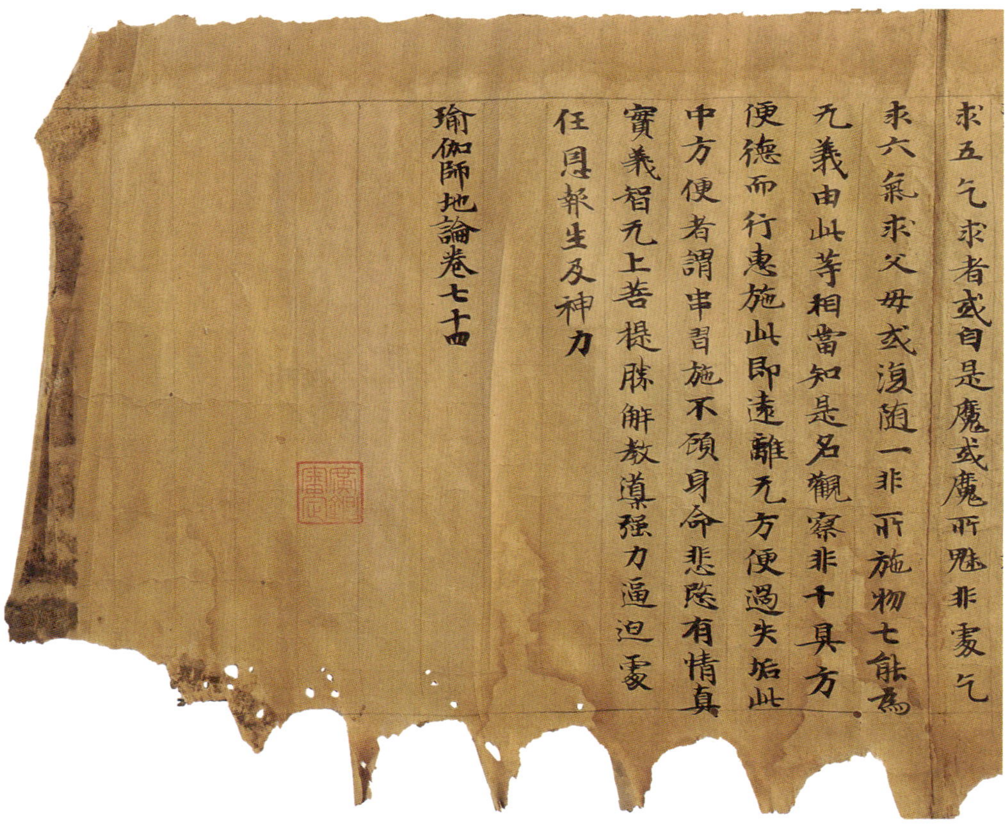
求五乞求者或自是魔或魔所魅非處乞
求六氣求父母或復隨一非所施物七能為
无義由此等相當知是名觀察非田具方
便德而行惠施此即遠離无方便過失垢此
中方便者謂串習施不顧身命悲愍有情真
實義智无上菩提勝解教導強力逼迫處
任恩報生及神力

瑜伽師地論卷七十四

務本 056 號 瑜伽師地論卷七四（11–11）

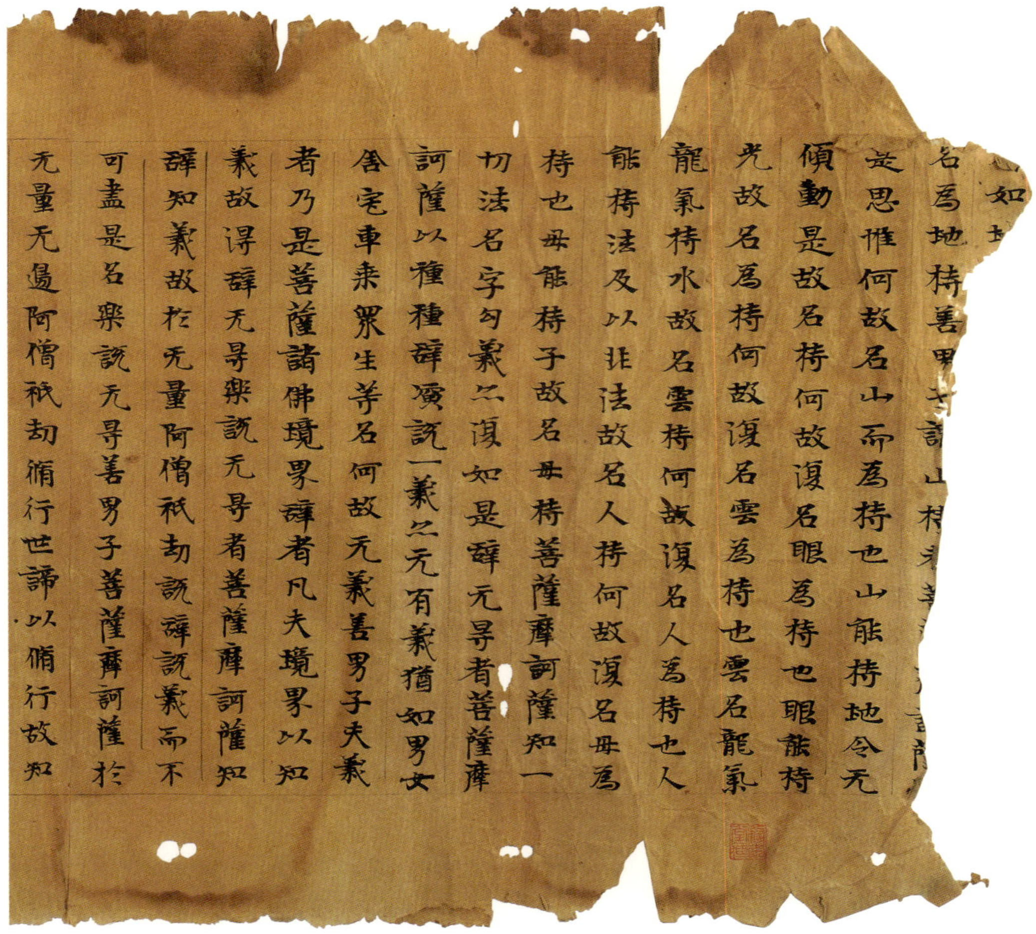

務本 057 號 大般涅槃經（北本異卷）卷一七（20–01）

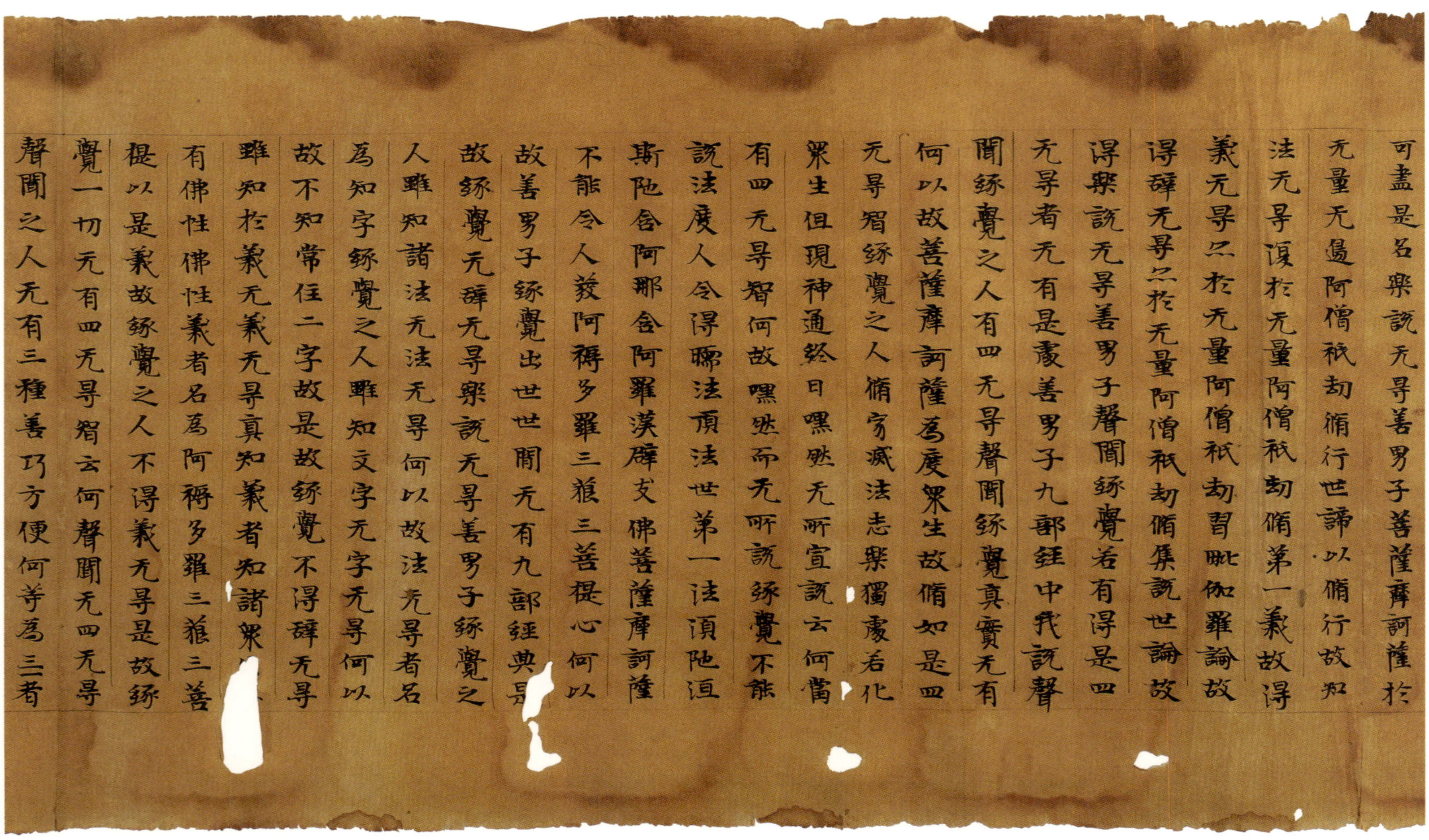

務本 057 號 大般涅槃經（北本異卷）卷一七（20–02）

覺一切无有四无㝵智云何聲聞无四无㝵
聲聞之人无有三種善巧方便何等爲三者
必須濡語然後受法二者必須麤語□後受
化三者不濡不麤然後受化聲聞之人无此
三故无四无㝵復次聲聞緣覺不能畢竟知
辭知義无自在智知於境界无有十力四无
所畏不能畢竟度於十二因緣大河不能善
知衆生諸根利鈍差別未能永斷二諦疑心
不知衆生種種諸心所緣境界不能善說□
一義空是故二乘无四无㝵迦葉菩薩白佛
言世尊若諸聲聞緣覺之人一切无有四无
㝵者云何世尊說舍利弗智慧第一大目揵
連神足第一摩訶拘絺羅四无㝵第一如其
无者如來何故作如是說尒時世□□
言善哉善哉善男子辟如恒河有无量水辛
頭大河水亦无量博叉大河水亦无量悉陁
大河水亦无量阿耨達池水亦无量大海之
中水亦无量如是諸水雖同无量然其多少
其實不等聲聞緣覺及諸菩薩四无□
復如是善男子若說等者无有是處善男子
我爲凡夫說摩訶拘絺羅四无㝵智爲最第
一汝所問者其義如是善男子聲聞之人或
有得一或有得二若具足四无有是處迦葉
菩薩白佛言世尊如佛先說梵行品中菩薩
知見得四无㝵者菩薩知見則无所得亦无

務本 057 號 大般涅槃經（北本異卷）卷一七（20–03）

菩薩白佛言世尊如佛先說梵行品中菩薩
知見得四无㝵者菩薩知見則无所得亦无
有心言无所得世尊是菩薩摩訶薩實无所
得若使菩薩心有得者則非菩薩名爲凡夫
云何如來說言菩薩而有所得佛言善男子
善哉善哉我將欲說而汝復問善男子菩薩
摩訶薩實无所得无所得者名四无㝵善男
子以何義故无所得者名爲无㝵若有得者
則名爲㝵有鄣㝵者名四顛倒善男子菩薩
摩訶薩无四倒故故得无㝵是故菩薩名无
所得復次善男子无所得者則名爲慧菩薩
摩訶薩得是慧故名无所得有所得者名爲
无明菩薩永斷无明闇故故无所得是故善
薩名无所得復次善男子无所得者名大涅
槃菩薩摩訶薩安住如是大涅槃中不見一切
諸法性相是故菩薩名无所得有所得者名
廿五有菩薩永斷廿五有得大涅槃是故菩
薩名无所得復次善男子无所得者名爲大
乘菩薩摩訶薩不住諸法故得大乘是故菩
薩名无所得有所得者名爲聲聞辟支佛道
菩薩永斷二乘道故得於佛道是故菩薩名
无所得復次善男子无所得者名方□□善
薩讀誦如是經故得大涅槃是故菩薩名无
所得有所得者名十一部經菩薩不脩純說方
等大乘經典是故菩薩名无所得復次善男

務本 057 號 大般涅槃經（北本異卷）卷一七（20–04）

所得有所得者名十一部經菩薩不修純說方
等大乘經典是故菩薩名无所得復次善男
子无所有者名爲虚空世間无物名爲虚空
菩薩得是虚空三昧无所見故是故菩薩名
无所得有所得者名生死輪一切凡夫輪迴
生死故有所見菩薩永斷一切生死是故菩
薩名无所得復次善男子菩薩摩訶薩无所
得者名常樂我淨菩薩摩訶薩見佛性故得
常樂我淨是故菩薩名无所得有所得者名
无常无樂无我无淨菩薩摩訶薩斷是无常
无樂无我无淨是故菩薩名无所得復次善
男子无所得者名第一義空菩薩摩訶薩觀
第一義空悉无所見是故菩薩名无所得有
所得者名爲五見菩薩永斷是五見故得第
一義空是故菩薩名无所得復次善男子无
所得者名爲阿耨多羅三藐三菩提菩薩摩
訶薩得阿耨多羅三藐三菩提時悉无所見
是故菩薩名无所得有所得者名爲聲聞緣
覺菩提菩薩永斷二乘菩提是故菩薩名无
所得善男子汝之所問亦无所得我之所說
亦无所得若說有得是魔眷屬非我弟子迦
葉菩薩白佛言世尊爲我說是菩薩无所得
時无量衆生斷有相心以是事故我敢諮啓
无所得義令如是等无量衆生離魔眷屬爲
佛弟子迦葉菩薩白佛言世尊如來先爲純

務本 057 號 大般涅槃經（北本異卷）卷一七（20–05）

无所得義令如是等无量衆生離魔眷屬爲
佛弟子迦葉菩薩白佛言世尊如來先爲純
陁說偈
本有今无　本无今有　三世有法　无有是處
世尊是義云何佛言善男子我爲化度諸衆
生故而作是說亦爲聲聞辟支佛故而作是
說亦爲文殊師利法王子故而作是說不但
正爲純陁一人說是偈也時文殊師利將欲
問我我知其心而爲說之我既說已文殊師
利即得解了迦葉菩薩言世尊如文殊等証
有幾人能了是義唯願如來更爲大衆廣分
別說善男子諦聽諦聽今當爲汝重敷演之
言本有者我昔本有无量煩惱以煩惱故現
在无有大般涅槃言本无者本无般若波羅
蜜以无般若波羅蜜故現在具有諸煩惱結
若有沙門若婆羅門若天若魔若梵若人說
言如來去來現在有煩惱者无有是處復次
善男子言本有者我本有父母和合之身是
故現在无有金剛微妙法身言本无者我身
本无卅二相八十種好以本无有卅二相八
十種好故現在具有四百四病若有沙門若
婆羅門若天若魔若梵若人說言如來去來
現在有病苦者无有是處復次善男子言本
有者我昔本有无常无我无樂无淨以有无
常无我无樂无淨故現在无有阿耨多羅三

務本 057 號 大般涅槃經（北本異卷）卷一七（20–06）

有者我昔本有无常无我无樂无淨以有无
常无我无樂无淨故現在无有阿耨多羅三
藐三菩提言本无者本不見佛性以不見故
无常樂我淨若有沙門若婆羅門若天若魔
若梵若人說言如來去來現在无常樂我淨
者无有是處復次善男子言本有者本有凡
夫循苦行心謂得阿耨多羅三藐三菩提以
是事故現在不能破壞四魔言本无者本无
六波羅蜜以无六波羅蜜故循行凡夫苦行
之心謂得阿耨多羅三藐三菩提若有沙門
若婆羅門若天若魔若梵若人說言如來去
來現在有苦行者无有是處復次善男子言
本有者我昔本有雜食之身以有食身故現
在无有无邊之身言本无者本无卅七助道
法以无卅七助道法故現在具有雜食之身
若有沙門若婆羅門若天若魔若梵若人說
言如來去來現在有食身者无有是處復次
善男子言本有者我昔本有一切法中取著
之心以是事故現在无有畢竟空定言本无
者我本无有中道實義以无中道真實義故
於一切法則有著心若有沙門若婆羅門若
天若魔若梵若人說言如來去來現在說一
切法是有相者无有是處復次善男子言本
有者我初得阿耨多羅三藐三菩提時有諸
鈍根聲聞弟子以有鈍根聲聞弟子故不得

務本 057 號 大般涅槃經（北本異卷）卷一七（20–07）

有者我初得阿耨多羅三藐三菩提時有諸
鈍根聲聞弟子以有鈍根聲聞弟子故不得
演說一乘之實言本无者本无利根人中象
王迦葉菩薩等以无利根迦葉等故隨宜方
便開示三乘若有沙門若婆羅門若天若魔
若梵若人說言如來去來現在畢竟演說三
乘法者无有是處復次善男子言本有者我
本說言却後三月於娑羅雙樹當般涅槃是
故現在不得演說大方等典大般涅槃言本
无者本昔无有文殊師利大菩薩等以无有
故現在說言如來无常若有沙門若婆羅門
若天若魔若梵若人說言如來去來現在是
无常者无有是處善男子如來普為諸衆生
故雖知諸法說言不知雖見諸法說言不見
有相之法說言无相无相之法說言有相實
有无常說言有常實有有常說言无常我樂
淨等亦復如是三乘之法說言一乘一乘之
法隨宜說三略相說廣廣相說略四重之法
說偷羅遮偷羅遮法說為四重犯說非犯非
犯說犯輕罪說重重罪說輕何以故如來明見
衆生根故善男子如來雖作是說終无虛妄
何以故虛妄之語即是罪過如來悉斷一切罪
過云何當有虛妄語耶善男子如來雖无虛
妄之言若知衆生因虛妄說得法利者隨宜
方便則為說之善男子一切世諦若於如來

務本 057 號 大般涅槃經（北本異卷）卷一七（20–08）

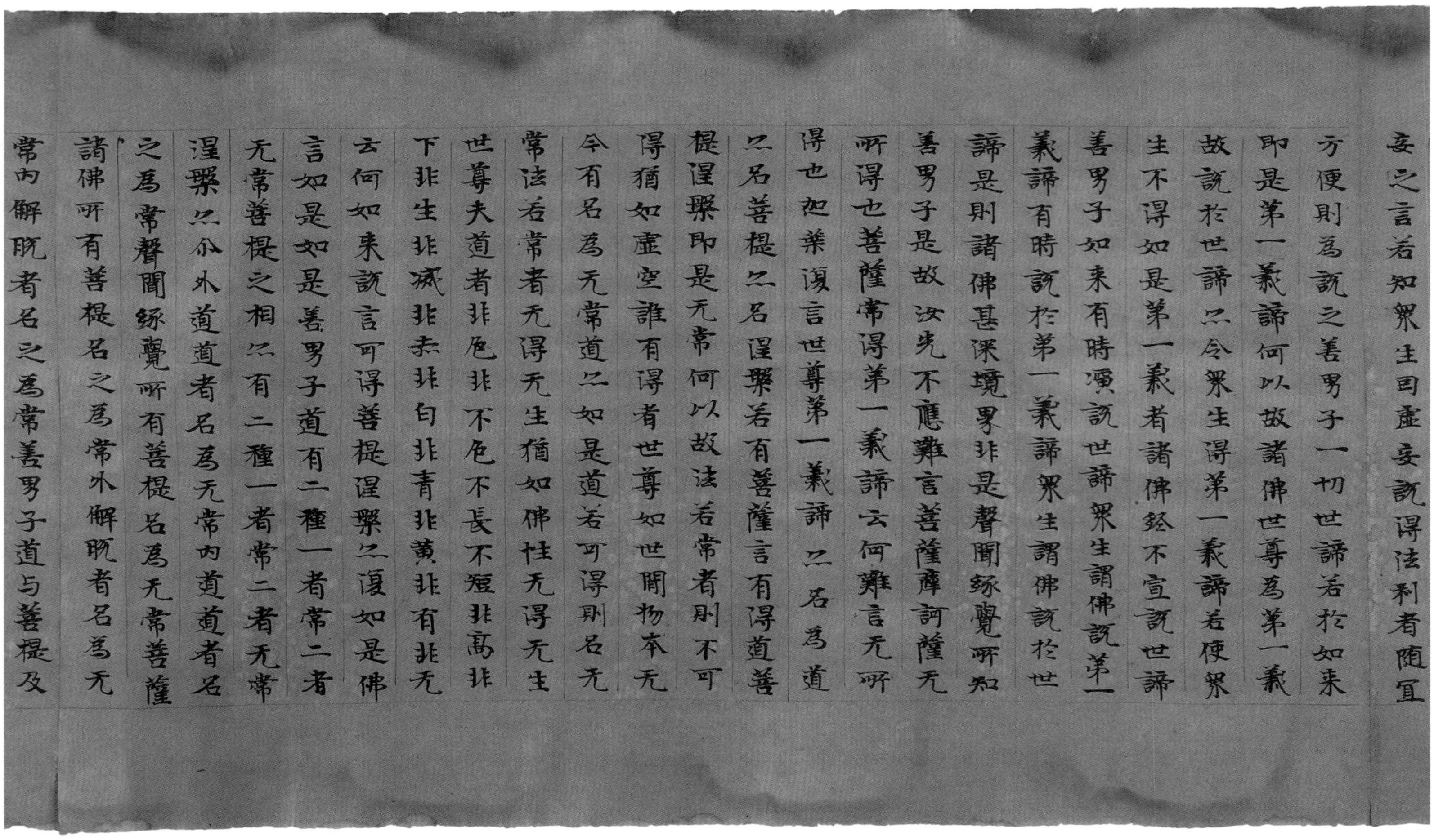

妄之言若知衆生回虛妄說得法利者隨宜
方便則爲說之善男子一切世諦若於如來
即是第一義諦何以故諸佛世尊爲第一義
故說於世諦亦令衆生得第一義諦若使衆
生不得如是第一義者諸佛終不宣說世諦
善男子如來有時演說世諦衆生謂佛說第一
義諦有時說於第一義諦衆生謂佛說於世
諦是則諸佛甚深境界非是聲聞緣覺所知
善男子是故汝先不應難言菩薩摩訶薩无
所得也菩薩常得第一義諦云何難言无所
得也迦葉復言世尊第一義諦亦名爲道
亦名菩提亦名涅槃若有菩薩言有得道菩
提涅槃即是无常何以故法若常者則不可
得猶如虛空誰有得者世尊如世間物本无
今有名爲无常道亦如是道若可得則名无
常法若常者无得无生猶如佛性无得无生
世尊夫道者非色非不色不長不短非高非
下非生非滅非赤非白非青非黃非有非无
云何如來說言可得菩提涅槃亦復如是佛
言如是如是善男子道有二種一者常二者
无常菩提之相亦有二種一者常二者无常
涅槃亦尔外道道者名爲无常內道道者名
之爲常聲聞緣覺所有菩提名爲无常菩薩
諸佛所有菩提名之爲常外解脫者名爲无
常內解脫者名之爲常善男子道与菩提及

務本 057 號 大般涅槃經（北本異卷）卷一七（20–09）

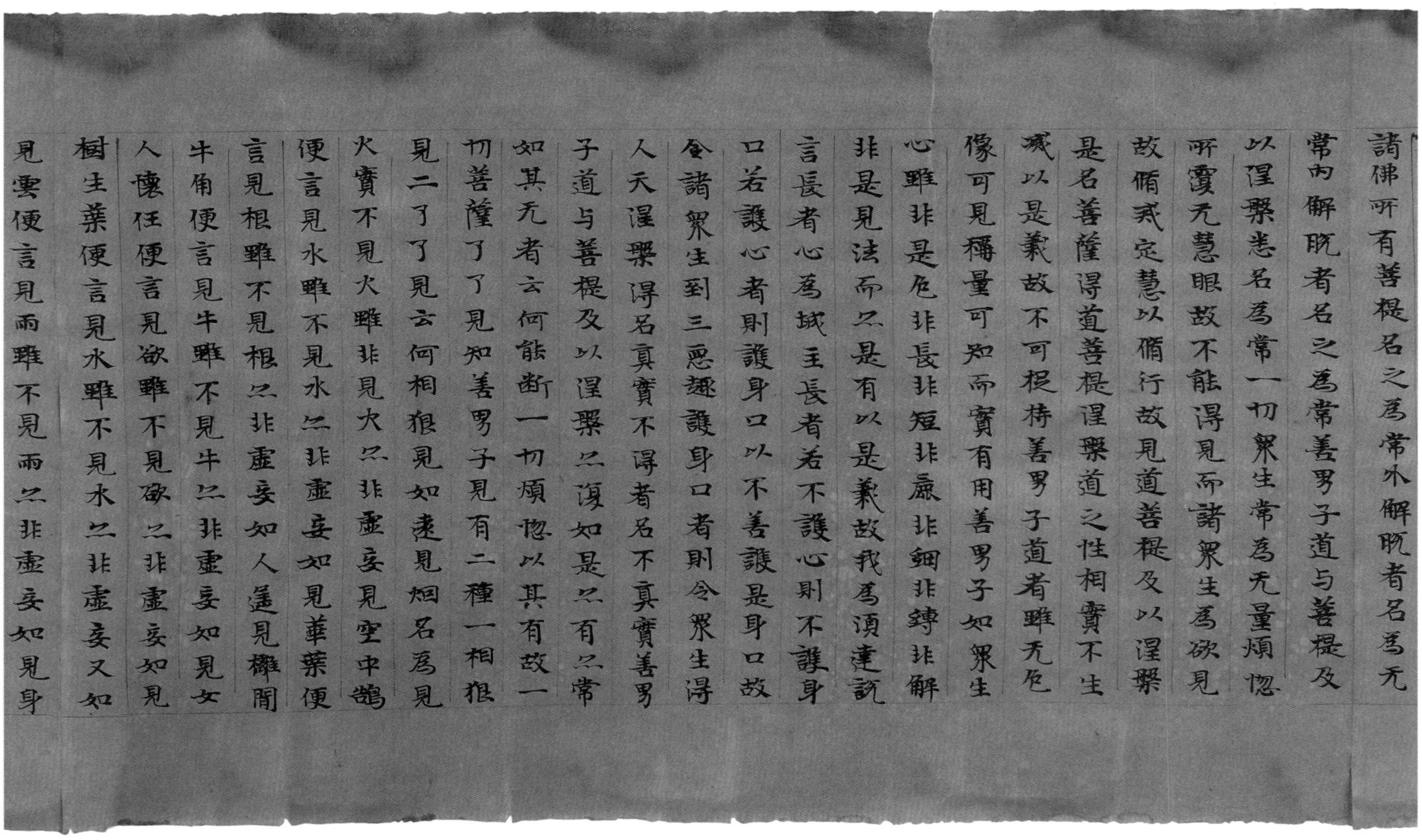

諸佛所有菩提名之爲常外解脫者名爲无
常內解脫者名之爲常善男子道与菩提及
以涅槃悉名爲常一切衆生常爲无量煩惱
所覆无慧眼故不能得見而諸衆生爲欲見
故脩戒定慧以脩行故見道菩提及以涅槃
是名菩薩得道菩提涅槃道之性相實不生
滅以是義故不可捉持善男子道者雖无色
像可見稱量可知而實有用善男子如衆生
心雖非是色非長非短非麁非細非縛非解
非是見法而亦是有以是義故我爲須達說
言長者心爲城主長者若不護心則不護身
口若護心者則護身口以不善護是身口故
令諸衆生到三惡趣護身口者則令衆生得
人天涅槃得名真實不得者名不真實善男
子道与菩提及以涅槃亦復如是亦有亦常
如其无者云何能斷一切煩惱以其有故一
切菩薩了了見知善男子見有二種一相貌
見二了了見云何相貌見如遠見烟名爲見
火實不見火雖非見火亦非虛妄見空中鶴
便言見水雖不見水亦非虛妄如見華葉便
言見根雖不見根亦非虛妄如人遙見籬間
牛角便言見牛雖不見牛亦非虛妄如見女
人懷任便言見欲雖不見欲亦非虛妄如見
樹生葉便言見水雖不見水亦非虛妄又如
見雲便言見雨雖不見雨亦非虛妄如見身

務本 057 號 大般涅槃經（北本異卷）卷一七（20–10）

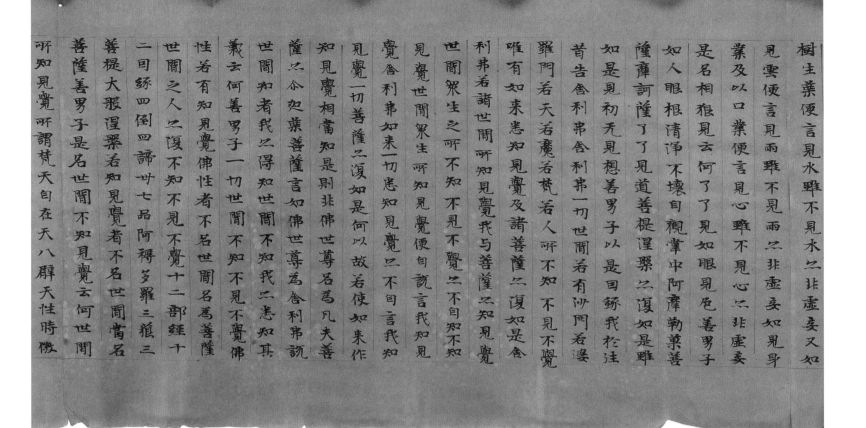

樹生藥便言見水雖不見水亦非虛妄又如
見雲便言見雨雖不見雨亦非虛妄如見身
業及以口業便言見心雖不見心亦非虛妄
是名相貌見云何了了見如眼見色善男子
如人眼根清淨不壞自覩掌中阿摩勒菓菩
薩摩訶薩了了見道菩提涅槃亦復如是雖
知是見初无見想善男子以是因緣我於往
昔告舍利弗舍利弗一切世間若有沙門若婆
羅門若天若魔若梵若人所不知不見不覺
唯有如來悉知見覺及諸菩薩亦復如是舍
利弗若諸世間所知見覺我与菩薩亦知見覺
世間眾生之所不知不見不覺亦不自知不知
見覺世間眾生所知見覺便自說言我知見
覺舍利弗如來一切悉知見覺亦不自言我知
見覺一切菩薩亦復如是何以故若使如來作
知見覺相當知是則非佛世尊名為凡夫菩
薩亦尒迦葉菩薩言如佛世尊為舍利弗說
世間知者我亦得知世間不知我亦悉知其
義云何善男子一切世間不知不見不覺佛
性若有知見覺佛性者不名世間名為菩薩
世間之人亦復不知不見不覺十二部經十
二因緣四倒四諦卅七品阿耨多羅三藐三
菩提大般涅槃若知見覺者不名世間當名
菩薩善男子是名世間不知見覺云何世間
所知見覺所謂梵天自在天八臂天性時微

務本 057 號 大般涅槃經（北本異卷）卷一七（20–11）

菩薩善男子是名世間不知見覺云何世間
所知見覺所謂梵天自在天八臂天性時微
塵法及非法是造化主世界終始斷常二見
說言初禪至非非想名為涅槃善男子是名
世間所知見覺菩薩摩訶薩於如是事亦知
見覺菩薩如是知見覺已若言不知不見不
覺是為虛妄虛妄之法則為是罪以是罪故
墮於地獄善男子若男若女若沙門若婆羅
門說言无道菩提涅槃當知是輩名一闡提
魔之眷屬名為謗法如是謗法名謗諸佛如
是之人不名世間不名非世間尒時迦葉聞
是事已即以偈頌而讚歎佛
大悲愍眾生　故令我歸依　善拔眾毒箭　故稱大醫王
世醫所療治　雖差還復生　如來所治者　畢竟不復發
世尊甘露藥　以施諸眾生　眾生既服已　不死亦不生
如來今為我　演說大涅槃　眾生聞秘藏　即得不生滅
迦葉菩薩說是偈已即白佛言世尊如佛所
說一切世間不知見覺菩薩悉能知見覺者
若使菩薩是世間者不得說言世間不知不
見不覺是菩薩能知見覺若非世間有何異
相佛言善男子言菩薩者亦是世間亦非世
間不知見覺者名為世間知見覺者不名世
間汝言有何異者我今當說善男子若男若
女若有初聞是涅槃經即生敬信發阿耨多
羅三藐三菩提心者是則名為世間菩薩一

務本 057 號 大般涅槃經（北本異卷）卷一七（20–12）

女若有初聞是涅槃經即生敬信發阿耨多
羅三藐三菩提心者是則名爲世間菩薩一
切世間不知見覺如是菩薩亦同世間不知
見覺菩薩聞是涅槃經已知有世間不知見
覺應是菩薩所知見覺知是事已即自思惟
我當云何方便脩集得知見覺復念言唯
當深心脩持淨戒善男子菩薩尒時以是因
緣於未來世在在生處戒常清淨善男子菩
薩摩訶薩以戒淨故在在生處常无憍慢耶
見疑网終不說言如來畢竟入於涅槃是名
菩薩脩持淨戒戒既清淨次脩禪定以脩定
故在在生處正念不忘所謂一切衆生悉有
佛性十二部經諸佛世尊常樂我淨一切菩
薩安住方等大涅槃經悉見佛性如是等事
憶而不忘因脩定故得十一空是名菩薩脩
清淨定戒定已備次脩淨慧以脩慧故初不
計著身中有我我中有身是身是我非身非
我是名菩薩脩集淨慧以脩慧故所受持戒
牢固不動善男子辟如須彌不爲四風之所
傾動菩薩摩訶薩亦復如是不爲四倒之所
傾動善男子菩薩尒時自知見覺所受持戒
无有傾動是名菩薩所知見覺非世間也善
男子菩薩見所持戒牢固不動心无悔恨无
悔恨故心得歡喜得歡喜故心得悅樂得悅
樂故心則安隱心安隱故得无動定得无動
故得實知見實知見故猒離生死猒離生死

務本 057 號 大般涅槃經（北本異卷）卷一七（20–13）

樂故心則安隱心安隱故得无動定得无動
故得實知見實知見故猒離生死猒離生死
故便得解脫得解脫故明見佛性是名菩薩
所知見覺非世間也善男子是名世間不知
見覺而是菩薩所知見覺迦葉復言云何菩
薩脩持淨戒心无悔恨乃至明了見於佛性
佛言善男子世間戒者不名清淨何以故世
間戒者爲於有故性不定故非畢竟故不能
廣爲一切衆生以是義故名爲不淨以不淨
故有悔恨心以悔恨故心无歡喜无歡喜故
則无悅樂无悅樂故則无安隱无安隱故无
不動定无不動定故无實知見无實知見故
則无猒離无猒離故則无解脫无解脫故不
見佛性不見佛性故終不能得大般涅槃是
名世間戒不清淨善男子菩薩摩訶薩清淨
戒者戒非戒故非有爲故定畢竟故爲衆生
故是名菩薩戒清淨也善男子菩薩摩訶薩
於淨戒中雖不欲生无悔恨心无悔恨心自
然而生善男子辟如有人執持明鏡不期見
面面像自現亦如農夫種之良田不期生牙
而牙自生亦如然燈不期滅闇而闇自滅善
男子菩薩摩訶薩堅持淨戒无悔恨心自然而
生亦復如是以淨戒故心得歡喜善男子如
端正人自見面相心生歡喜持淨戒者亦復
如是善男子破戒之人見戒不淨心不歡喜

務本 057 號 大般涅槃經（北本異卷）卷一七（20–14）

端正人自見面狠心生歡喜持淨戒者亦復
如是善男子破戒之人見戒不淨心不歡喜
如形殘者自見面狠不生喜悅破戒之人亦
復如是善男子譬如牧牛有二女人一持酪瓶
一持漿瓶俱共至城而欲賣之於路脚跌二
瓶俱破一則歡喜一則愁惱持戒破戒亦
復如是持淨戒者心則歡喜心歡喜故則便
思惟諸佛如來於涅槃中說有能持清淨戒
者則得涅槃我今脩集如是淨戒亦應得之
以是因緣心則悅樂如葉復言喜之与樂有
何差別善男子菩薩摩訶薩不作惡時名為
歡喜心淨持戒名之為樂善男子菩薩摩訶
薩觀於生死則名為喜見大涅槃名之為樂
下名為喜上名為樂離世共法名之為喜得
不共法名之為樂以戒淨故身體輕柔口无
麁過菩薩尒時若見若聞若嗅若甞若觸若
知悉无諸惡以无惡故心得安隱以安隱故
則得靜定得靜定故得實知見實知見故猒
離生死猒生死故則得解脫得解脫故得見
佛性見佛性故得大涅槃是名菩薩清淨持
戒非世間戒何以故善男子菩薩摩訶薩所
受淨戒五法佐助云何為五一信二慙三愧
四善知識五宗敬戒離五蓋故所見清淨離
五見故心无疑网離五疑故一者疑佛二者
疑法三者疑僧四者疑戒五者疑不放逸善

務本 057 號 大般涅槃經（北本異卷）卷一七（20–15）

五見故心无疑网離五疑故一者疑佛二者
疑法三者疑僧四者疑戒五者疑不放逸善
薩尒時即得五根所謂信念精進定慧得五
根故得五種涅槃謂色解脫乃至識解脫是
名菩薩清淨持戒非世間也善男子是名世
間之所不知不見不覺而是菩薩所知見覺
善男子若我弟子受持讀誦書寫演說大涅
槃經有破戒者有人呵責輕賤毀辱而作是
言若佛祕藏大涅槃經有威力者云何令汝
毀所受戒若人受持是涅槃經毀禁戒者當
知是經為无威力若无威力雖復讀誦為无
利益緣是輕毀涅槃經故復令无量无邊衆
生墮於地獄受持是經而毀戒者則是衆生
惡知識也非我弟子是魔眷屬如是之人我
亦不聽受持是典寧使不受不持不脩不以
毀戒受持脩集善男子若我弟子受持讀誦
書寫演說涅槃經者當正身心慎莫調戲輕
躁舉動身為調戲心為輕動求有之心名為
輕動身造諸業名為調戲若我弟子求有造
業不應受持是大乘典大涅槃經若有如是
受持經者人當輕呵而作是言若佛祕藏大
涅槃經有威力者云何令汝求有造業若持
經者求有造業當知是經為无威力若无威
力雖復受持為无利益緣是輕毀涅槃經故
復令无量无邊衆生墮於地獄受持是經求

務本 057 號 大般涅槃經（北本異卷）卷一七（20–16）

力雖復受持爲无利益殄是輕毀涅槃經故
復令无量无邊衆生墮於地獄受持是經求
有造業則是衆生惡知識也非我弟子是魔
眷屬復次善男子若我弟子受持讀誦書冩
演説是涅槃經莫非時説莫非國説莫不請
説莫輕心説莫處處説莫自歎説莫輕他説
莫滅佛法説莫熾燃世法説善男子若我弟
子受持是經非時而説乃至熾燃世法説者
人當輕呵而作是言若佛秘藏大涅槃經有
威力者云何令汝非時而説乃至熾燃世法
而説若持經者作如是説當知是經爲无威
力若无威力雖復受持爲无利益殄是輕毀
涅槃經故令无量衆生墮於地獄受持是經
非時而説乃至熾燃世法而説則是衆生惡
知識也非我弟子是魔眷屬善男子若欲受
持者説大涅槃者説佛性者説如來秘藏者
説大乘者説方等經者説聲聞乘者説辟支
佛乘者説解脱者見佛性者先當清淨其身
以身淨故則无呵責无呵嘖故令无量人於
大涅槃生清淨信信心生故恭敬是經若聞
一偈一句一字及説法者則得發於阿耨多
羅三藐三菩提心當知是人則是衆生真善
知識非惡知識是我弟子非魔眷屬是名善
薩非世間也善男子是名世間之所不知不
見不覺而是善薩所知見覺復次善男子云

務本 057 號 大般涅槃經（北本異卷）卷一七（20–17）

薩非世間也善男子是名世間之所不知不
見不覺而是善薩所知見覺復次善男子云
何復名一切世間所不知見覺而是善薩所
知見覺所謂六念處何等爲六念佛念法念
僧念戒念施念天善男子云何念佛如來應
正遍知明行足善逝世間解无上士調御丈
夫天人師佛世尊常不變易具足十力四无
所畏大師子吼名大沙門大婆羅門大淨畢
竟到於彼岸无能勝者无見頂者无有怖畏
不驚不動獨一无侶无師自悟疾智大智利
智深智解脱智不共智廣普智畢竟智智寶
成就人中象王人中牛王人中龍王人中丈
夫人中蓮華分陁利華調御人師爲大施主
大法之師以知法故名大法師以知義故名
大法師以知時故名大法師以知足故名大
法師以知我故名大法師知大衆故名大法
師以知衆生種種性故名大法師以知諸根
利鈍中故名大法師説中道故名大法師云
何名爲如來如過去諸佛所説不變云何不
變過去諸佛爲度衆生説十二部經如來亦
尒故名如來諸佛世尊從六波羅蜜卅七品
十一空來至大涅槃如來亦尒是故号佛爲
如來也諸佛世尊爲衆生故隨冝方便開示
三乘壽命无量不可稱計如來亦尒是故号
佛爲如來也云何爲應世間之法悉名怨家

務本 057 號 大般涅槃經（北本異卷）卷一七（20–18）

三乘壽命无量不可稱計如來亦尒是故号
佛為如來也云何為應世間之法悉名怨家
佛應害故故名為應夫四魔者是菩薩怨諸
佛如來為菩薩時能以智慧破壞四魔是故
名應復次應者名為遠離為菩薩時應當遠
離无量煩惱故名為應復次應者名樂過去
諸佛為菩薩時雖於无量阿僧祇劫為衆生
故受諸苦惱終无不樂而常樂之如來亦尒
是故名應又復應者一切人天應以種種香
華瓔珞幢幡伎樂而供養之是故名應云何
正遍知正者名不顛倒遍知者於四顛倒无
不通達又復正者名為苦行遍知者知因苦
行定有苦果又復正者名世間中遍知者畢
竟定知脩集中道得阿耨多羅三藐三菩提
又復正者名為可數可量可稱遍知者不可
數不可量不可稱是故号佛為正遍知善男
子聲聞緣覺亦有遍知亦不遍知何以故遍
者名五陰十二入十八界聲聞緣覺亦得遍
知是名遍知云何不遍知善男子假使二乘
於无量劫觀一色陰不能盡知以是義故聲
聞緣覺无有遍知云何明行足明者名得无
量善果行名脚足善果者名阿耨多羅三藐
三菩提脚足者名為戒慧乘戒慧足得阿耨
多羅三藐三菩提是故名為明行足也又復
明者名呪行者名吉足者名果善男子是名

務本 057 號 大般涅槃經（北本異卷）卷一七（20–19）

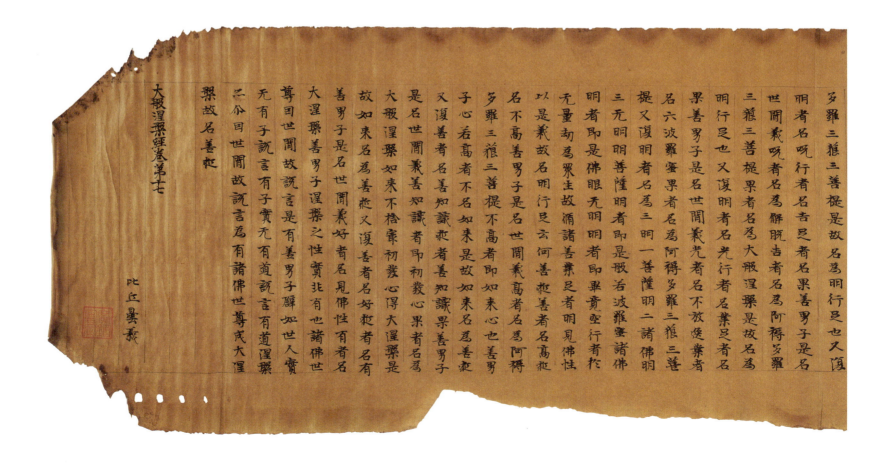

多羅三藐三菩提是故名為明行足也又復
明者名呪行者名吉足者名果善男子是名
世間義呪者名為解脫吉者名為阿耨多羅
三藐三菩提果者名為大般涅槃是故名為
明行足也又復明者名光行者名業足者名
果善男子是名世間義光者名不放逸業者
名六波羅蜜果者名為阿耨多羅三藐三菩
提又復明者名為三明一菩薩明二諸佛明
三无明明菩薩明者即是般若波羅蜜諸佛
明者即是佛眼无明明者即畢竟空行者於
无量劫為衆生故脩諸善業足者明見佛性
以是義故名明行足云何善逝善者名高逝
名不高善男子是名世間義高者名為阿耨
多羅三藐三菩提不高者即如來心也善男
子心若高者不名如來是故如來名為善逝
又復善者名善知識逝者善知識果善男子
是名世間義善知識者即初發心果者名為
大般涅槃如來不捨實初發心得大涅槃是
故如來名為善逝又復善者名好逝者名有
善男子是名世間義好者名見佛性有者名
大涅槃善男子涅槃之性實非有也諸佛世
尊因世間故說言是有善男子譬如世人實
无有子說言有子實无有道說言有道涅槃
亦尒因世間故說言為有諸佛世尊成大涅
槃故名善逝

大般涅槃經卷第十七

比丘曇義

務本 057 號 大般涅槃經（北本異卷）卷一七（20–20）

務本 058 號 大寶積經卷五四（印章）

印文：廬盦　務本堂藏

務本 058 號 大寶積經卷五四（外觀）

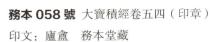

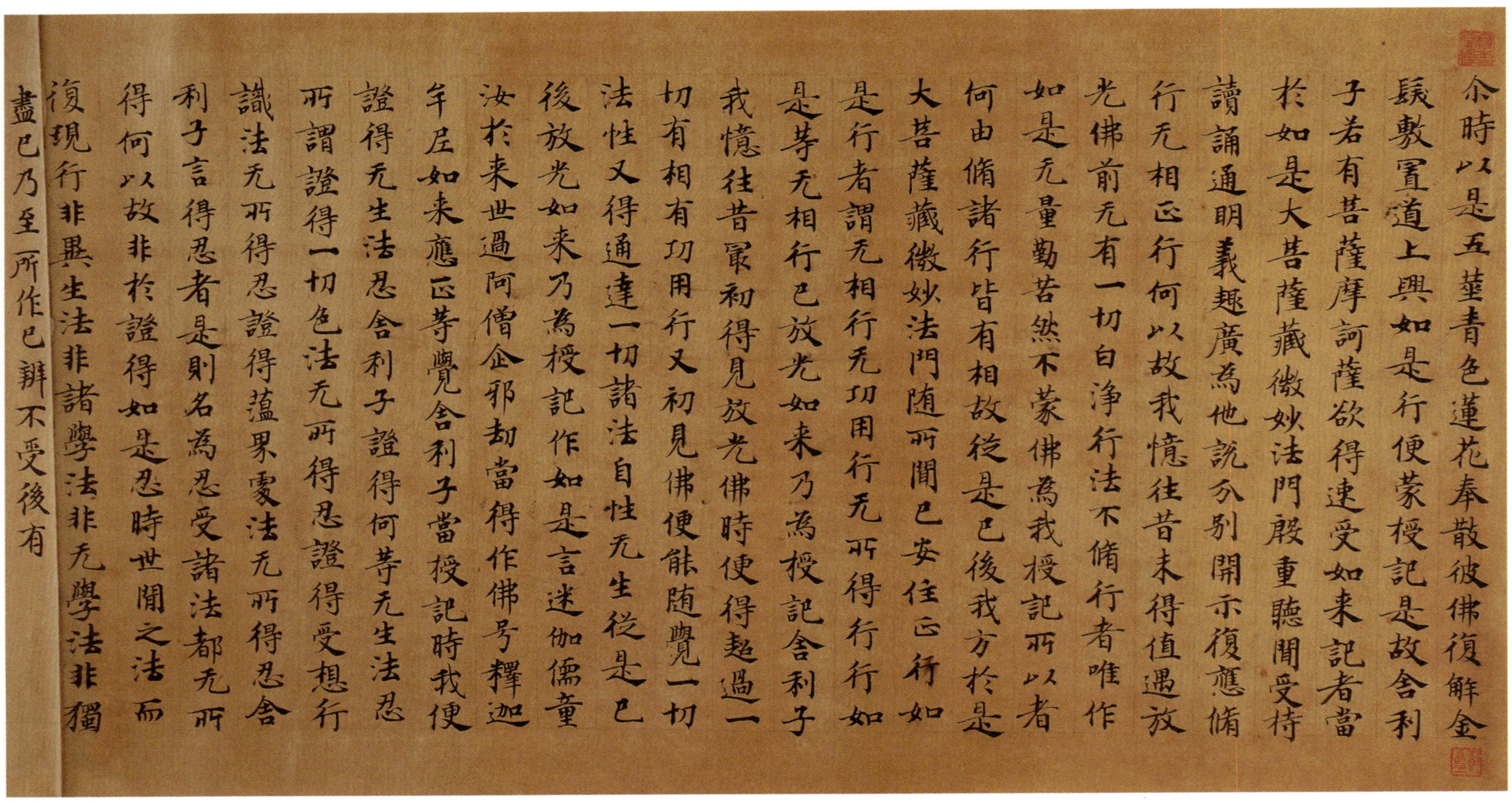

尒時以是五莖青色蓮花奉散彼佛復解金
鬘敷覆道上與如是行便蒙授記是故舍利
子若有菩薩摩訶薩欲得速受如来記者當
於如是大菩薩藏微妙法門殷重聽聞受持
讀誦通明義趣廣為他說分別開示復應脩
行无相正行何以故我憶往昔未得值遇放
光佛前无有一切白淨行法不脩行者唯作
如是无量勤苦然不蒙佛為我授記所以者
何由脩諸行皆有相故從是已後我方於是
大菩薩藏微妙法門隨所聞已安住正行如
是行者謂无相行无功用行无所得行行如
是等无相行已放光如来乃為授記舍利子
我憶往昔最初得見放光佛時便得超過一
切有相有功用行又初見佛便能隨覺一切
法性又得通達一切諸法自性无生從是已
後放光如来乃為授記作如是言迷伽儒童
汝於来世過阿僧企耶劫當得作佛号釋迦
牟尼如来應正等覺舍利子當授記時我便
證得无生法忍舍利子證得何等无生法忍
所謂證得一切色法无所得忍證得受想行
識法无所得忍證得蘊界處法无所得忍舍
利子言得忍者是則名為忍受諸法都无所
得何以故非於證得如是忍時世間之法而
復現行非異生法非諸學法非无學法非獨
盡已乃至所作已辦不受後有

務本 058 號 大寶積經卷五四（01–01）

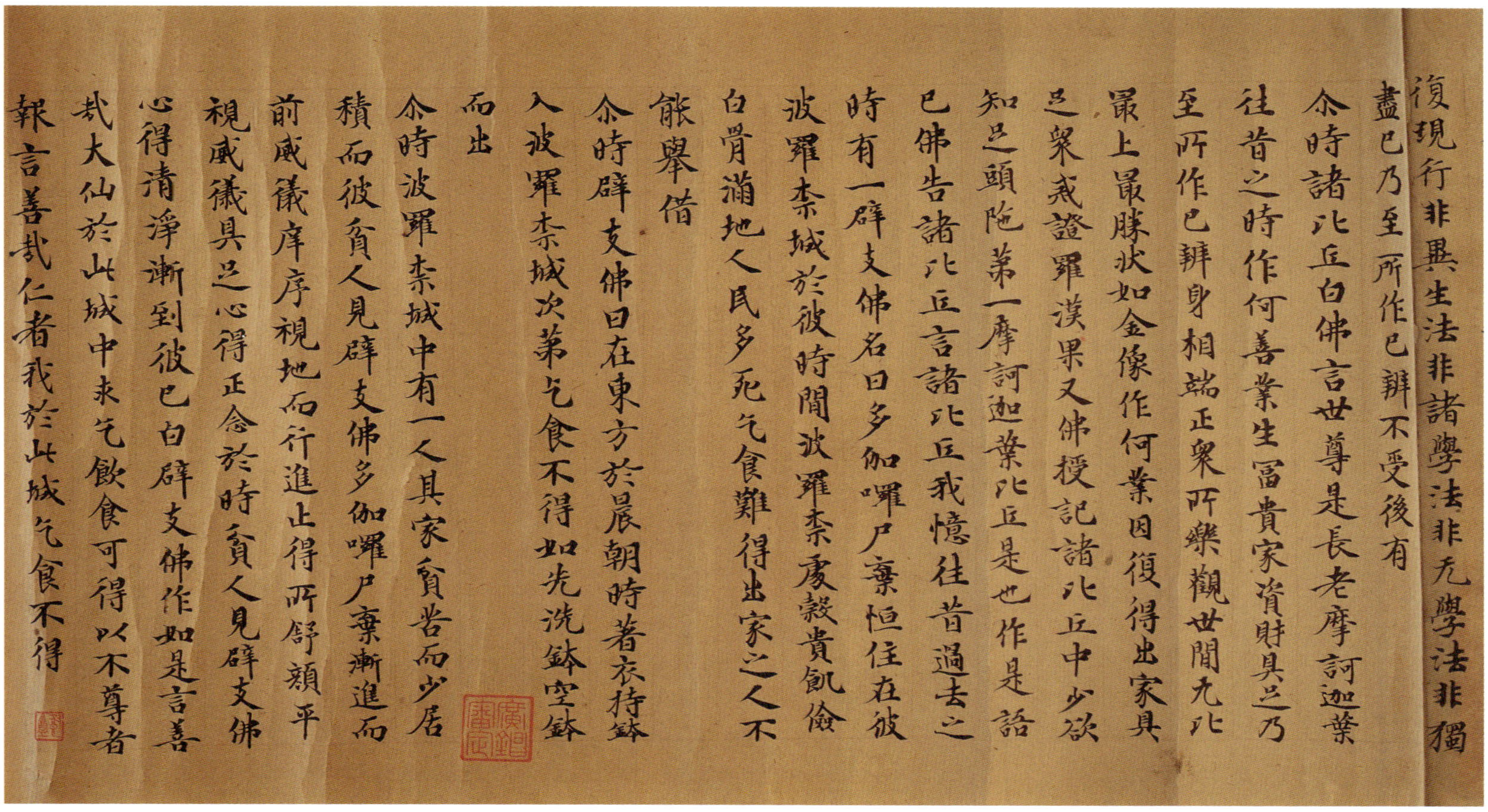
復現行非異生法非諸學法非无學法非獨
盡已乃至所作已辦不受後有
尒時諸比丘白佛言世尊是長老摩訶迦葉
往昔之時作何善業生富貴家資財具足乃
至所作已辦身相端正衆所樂觀世間无比
最上最勝狀如金像作何業因復得出家具
足衆戒證羅漢果又佛授記諸比丘中少欲
知足頭陁第一摩訶迦葉比丘是也作是語
已佛告諸比丘言諸比丘我憶往昔過去之
時有一辟支佛名曰多伽囉尸棄恒住在彼
波羅柰城於彼時間波羅柰處穀貴飢儉
白骨滿地人民多死乞食難得出家之人不
能舉借
尒時辟支佛日在東方於晨朝時著衣持鉢
入波羅柰城次第乞食不得如先洗鉢空鉢
而出
尒時波羅柰城中有一人其家貧苦而少居
積而彼貧人見辟支佛多伽囉尸棄漸進而
前威儀庠序視地而行進止得所舒顔平
視威儀具足心得正念於時貧人見辟支佛
心得清淨漸到彼已白辟支佛作如是言善
哉大仙於此城中求乞飲食可得以不尊者
報言善哉仁者我於此城乞食不得

務本 059 號 佛本行集經卷四六（01-01）

務本 059 號 佛本行集經卷四六（印章）

印文：朗庵　廬盦　林氏家藏
　　　廬盦　寶宋室

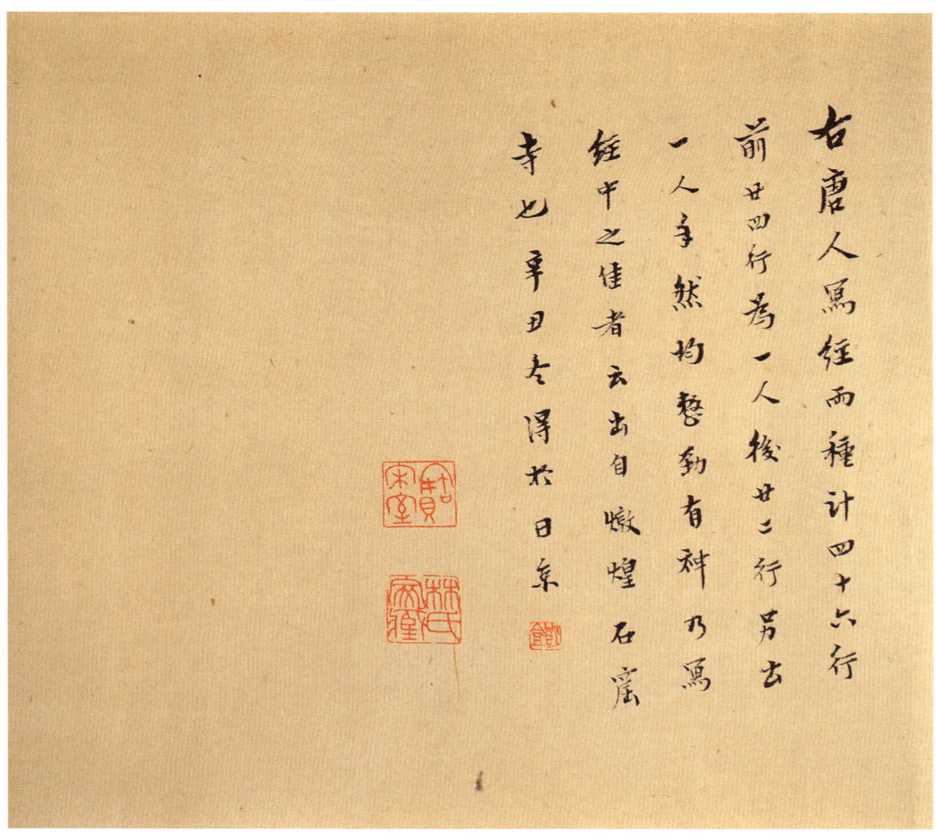
古唐人寫經兩種計四十六行
前廿四行爲一人後廿二行另出
一人手然均整勁有神乃寫
經中之佳者云出自敦煌石室
寺也　辛丑冬得於日本

務本 059 號 佛本行集經卷四六（題跋）

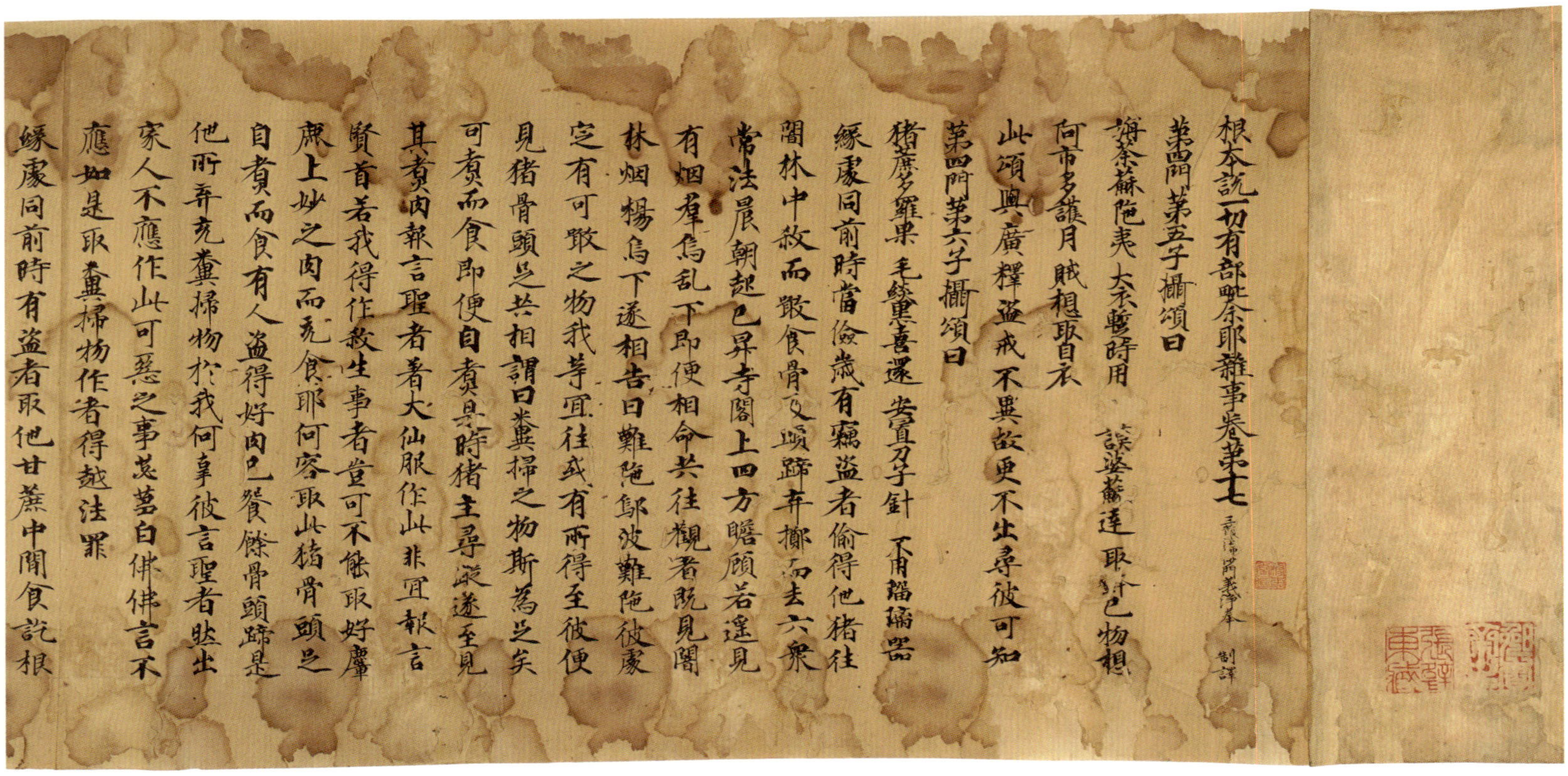
根本說一切有部毗奈耶雜事卷第十七　三藏法師義淨奉　制譯
第四門第五子攝頌曰
猪奈蘇陁夷　大衣蹔時用　誤婆蘇達　取自己物想
向市多護月　賊想取白衣
此頌與廣釋盜戒不異故更不出尋彼可知
第四門第六子攝頌曰
猪鹿多羅果　毛緂重喜還　安置刀子針　不用錙鍮器
緣處同前時當儉歲有竊盜者偷得他猪往
闇林中殺而噉食骨及頭蹄弃擲而去六衆
常法晨朝起已昇寺閣上四方瞻顧若逢見
有烟群鳥亂下即便相命共往觀看既見闇
林烟颺鳥下遂相告曰難陁鄔波難陁彼處
定有可噉之物我等宜往或有所得至彼便
見猪骨頭足共相謂曰糞掃之物斯為足矣
可煮而食即便自煮其時猪主尋踪遂至見
其煮肉報言聖者著大仙服作此非宜報言
賢首若我得作殺生事者豈可不能取好麤
廳上妙之肉而充食耶何容取此猪骨頭足
自煮而食有人盜得好肉已餐餘骨頭蹄是
他所弃充糞掃物於我何辜彼言聖者然出
家人不應作此可惡之事苾芻白佛佛言不
應如是取糞掃物作者得越法罪
緣處同前時有盜者取他甘蔗中間食訖根

務本 060 號　根本說一切有部毗奈耶雜事卷一七（18–01）

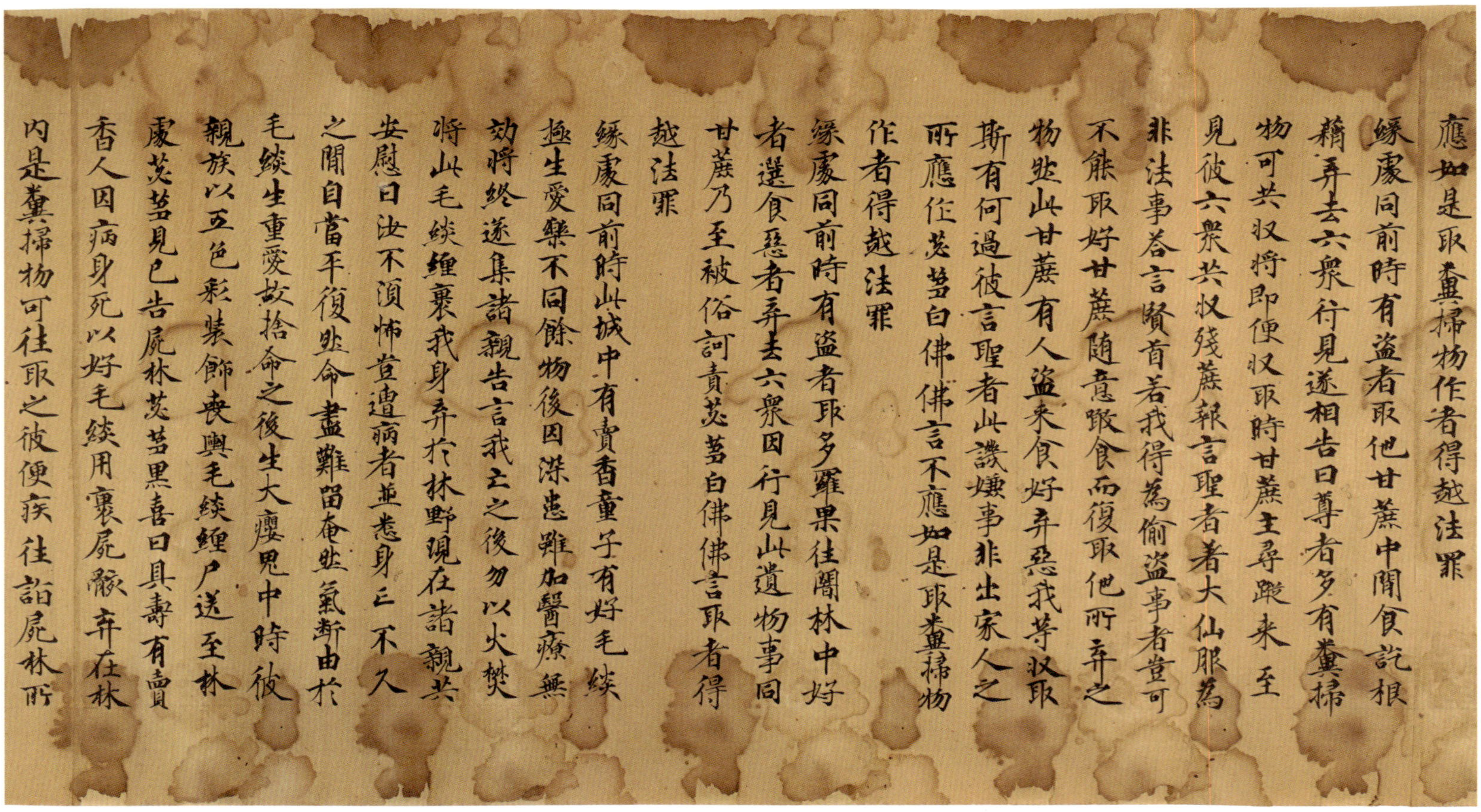
應如是取糞掃物作者得越法罪
緣處同前時有盜者取他甘蔗中間食訖根
稍弃去六衆行見遂相告曰尊者多有糞掃
物可共收將即便收取時甘蔗主尋蹤來至
見彼六衆共收殘蔗報言聖者著大仙服為
非法事答言賢首若我得為偷盜事者豈可
不能取好甘蔗隨意噉食而復取他所弃之
物然此甘蔗有人盜來食好弃惡我等收取
斯有何過彼言聖者此譏嫌事非出家人之
所應作苾芻白佛佛言不應如是取糞掃物
作者得越法罪
緣處同前時有盜者取多羅果往闇林中好
者選食惡者弃去六衆因行見此遺物事同
甘蔗乃至被俗訶責苾芻白佛佛言取者得
越法罪
緣處同前時此城中有賣香童子有好毛緂
極生愛樂不同餘物後因染患雖加醫療無
効將終遂集諸親告言我亡之後勿以火焚
將此毛緂纏裹我身弃於林野現在諸親共
安慰曰汝不須怖豈遭病者並悉身亡不久
之間自當平復然命盡難留奄然氣斷由於
毛緂生重愛故捨命之後生大瘦鬼中時彼
親族以五色綵裝飾喪輿毛緂纏尸送至林
處苾芻見已告屍林苾芻黑喜曰具壽有賣
香人因病身死以好毛緂用裹屍骸弃在林
內是糞掃物可往取之彼便疾往詣屍林所

務本 060 號　根本說一切有部毗奈耶雜事卷一七（18–02）

香人因病身死以好毛緂用裹屍骸弃在林
内是糞掃物可往取之彼便疾往詣屍林所
取其毛緂時彼非人即便起屍堅捉其緂作
如是語聖者黑喜勿取我緂凡屍林人多有
膂膳便報鬼曰癡人汝由愛緂生餓鬼中今
更欲往捺洛迦耶汝今宜放黑喜愛著共鬼
相爭以脚踏之强牽而去往逝多林時彼屍
鬼更增瞋恚隨迹不放報言聖者還我緂来
彼不採錄便入寺中然逝多林多有天龍藥
叉諸大神祇之所守護此鬼薄福不敢前行
於寺門前啼叫而住佛知故問阿難陁曰何
意門前非人啼泣即白佛言有黑喜苾芻取
彼毛緂佛作是念者此非人深生愛著若不
得緂次歐熱血因即命終告阿難陁曰汝即
宜去報彼黑喜還非人緂若不與者歐血而
死既與緂已令使前行到彼林中報言汝卧
後以緂蓋時阿難陁宣教語彼黑喜苾芻廣
如上說乃至彼以緂蓋黑喜聞已告阿難陁
曰如佛所教不敢違越即報鬼曰愛毛緂者
可在前行至林遣卧隨言即卧以緂蓋上時
彼非人便以脚踏黑喜苾芻喜有大力僅得
免死苾芻白佛佛言苾芻不應隨宜輙取屍
林處衣亦復不應作如是與若取衣時從足
向頭若與衣時從頭向足苾芻當知屍林處
衣有五過失云何為五一惡彩色二臭氣三
無力四多虱五藥叉所持若其死屍身無瘡

務本 060 號 帳本說一切有部毗奈耶雜事卷一七（18–03）

衣有五過失云何為五一惡彩色二臭氣三
無力四多虱五藥叉所持若其死屍身無瘡
處不應取衣聞佛制已六衆即便將狗而去
不信見譏問言聖者仁將犬去向彼空林豈
殺畜耶苾芻白佛佛言不應將狗隨去便以
刀傷損而取其衣佛言不應如是若有蟲蟻
損傷身者後當取衣彼得衣已隨便即披佛
言不得即披可七八日置叢林中待風日吹
曬已然後浣染方可披著即披入寺旋礼制
底苾芻白佛佛言屍林苾芻所有行法我今
應制屍林苾芻披死人衣不得入寺不礼制
底若樂礼者離一尋外不受用僧房及牀敷
等不入衆坐不為俗人宣說法義不往俗家
若有緣須至者應立門外主命入者荅曰我
住屍林若言我今獲大福利幸蒙聖者縢枉
多人来過我舍聞如是語即應入舍不坐牀
座若喚坐者荅曰我住屍林若說難遣即應
為坐勿致疑惑屍林苾芻不依教者得越法
罪
緣處同前時諸苾芻所有刀針隨處安置被
垢所損苾芻白佛佛言不應隨處安置應安
針氈苾芻不解如何當作佛言應用氈片或
於布帛灰黄臘拭方裹刀針即不生垢
緣處同前時吐羅難陁苾芻尼彼先停貯假
瑠璃器有尼渴逼欲求水飲詣彼尼所問言
聖者我為渴逼與瑠璃器欲將飲水報言此

務本 060 號 根本說一切有部毗奈耶雜事卷一七（18–04）

瑠璃器有尼渴逼欲求水飲詣彼尼所問言
聖者我為渴逼與瑠璃器欲將飲水報言此
即是器汝可持用用時隨地便破後於異時
吐羅難陁憶所借器即從彼索還我器來彼
言聖者手執不牢隨地打破別造當還荅言
與我舊物如是多時故相煩擾告諸苾芻
苾芻白佛佛作是念尼於瑠璃器飲水有如是
過故尼不應於此器中飲水繖食若受用者
得越法罪
第四門第七子攝頌曰
寺中應遍畫 然火并洗浴 鉢水不蹈葉 連雖食不應
緣處同前給孤長者施園之後作如是念若
不彩畫便不端嚴佛若許者我欲莊飾即往
白佛佛言隨意當畫聞佛聽已集諸彩色并
喚畫工報言此是彩色可畫寺中荅曰從何
處作欲畫何物報言我亦未知當往問佛佛
言長者於門兩頰應作執杖藥叉次傍一面
作大神通變又於一面畫作五趣生死之輪
簷下畫本生事佛殿門傍畫持鬘藥叉於講
堂處畫老宿苾芻宣揚法要於食堂處畫持
餅藥叉於庫門傍畫執寶藥叉安水堂處龍
持水瓶著妙瓔珞浴室火堂依天使經法式
畫之并畫少多地獄變於瞻病堂畫如來像
躬自看病大小行處畫作死屍形容可畏
若於房內應畫白骨髑髏是時長者從佛聞

務本 060 號 根本説一切有部毗奈耶雜事卷一七（18–05）

躬自看病大小行處畫作死屍形容可畏
若於房內應畫白骨髑髏是時長者從佛聞
已禮足而去依教畫飾既並畫已時有不作
意苾芻隨處然火烟熏損畫苾芻白佛佛言
我聽苾芻作然火堂若有須者於此然火非
於餘處住者得越法罪時有病人要須然火
於房簷下不敢輒然佛言可寺外或寺中庭
然待烟盡方持火入
緣處同前苾芻於簷下洗浴溼損壁畫佛言
不應尒可於寺內近一角頭面向佛像而為
澡浴或可別作洗浴之室室中有泥佛言安
甎應為水竇若有不淨時時洗決或近水渠
為澡浴事
緣處同前於此城中有婆羅門其子遇患至
醫人所問言我子有如是病幸為處方其人
信敬報言仁可向聖眾處乞取鉢水用洗身
形必當得差時婆羅門聞已便去往給園中
六眾在門鄔波難陁見婆羅門報言善來何
現遲遲猶如初月彼言畔睇聖者我實希來
今幸相見若數來者仁生賤心問曰仁何故
來荅言聖者我子病重往問醫人彼言可乞
聖眾鉢水洗得病除我故來乞幸願施與鄔
波難陁報言且住我為取水即便入寺食已
洗鉢取殘餅麨菜餅果雜葉以水和攪持出
寺外報婆羅門曰此是鉢水汝可取用彼言
聖者我兒寧死豈能將此不淨之物用洗身

務本 060 號 根本説一切有部毗奈耶雜事卷一七（18–06）

寺外報婆羅門曰此是鉢水汝可取用彼言
聖者我兒寧死豈能將此不淨之物用洗身
耶鄔波難陁曰如汝信心堅固成就其子亦
應得病療損時婆羅門深生輕賤苾芻白佛
佛作是念由將惡物置在鉢中有如是過是
故我今告諸苾芻不以惡物置於鉢內若有
作者得越法罪然諸苾芻授他鉢水所有行
法我今當制先可三遍淨洗其鉢盛水滿中
以佛經頌呪之數遍然後授與若不依者得
越法罪
緣處同前時諸苾芻每食噉時替鉢之菜便
以脚蹈俗旅見譏沙門釋子實不清淨安鉢
之菜脚蹈而食苾芻白佛佛言苾芻不應蹈
菜而食作者得越法罪
佛在廣嚴城時有苾芻著草屣食俗旅見譏云
沙門釋子食不清淨佛言不應如是著鞋履
食作者得越法罪時諸病人脫去革屣食便
增病佛言若病人可脫革屣踏上而食
第四門第八子攝頌曰
無鉢度大賊　安居無依止　五年同利養　負重不應為
緣在室羅伐城鄔波難陁度一弟子無鉢可
與衆人食時各自洗鉢置於淨處出行礼塔
新出家者見鉢便念此有閑鉢我今將去食
後當還即便欲取上坐阿若憍陳如鉢餘人
報言具壽此是尊者鉢汝不應將復更取餘
尊者馬勝賢善等鉢苾芻問曰汝無鉢耶答

務本 060 號 根本説一切有部毗奈耶雜事卷一七（18–07）

報言具壽此是尊者鉢汝不應將復更取餘
尊者馬勝賢善等鉢苾芻問曰汝無鉢耶答
言我無誰先無鉢度汝出家答曰鄔波馱耶
鄔波難陁與我出家苾芻譏恥除彼惡行誰
不與鉢令他出家苾芻白佛佛言不應無鉢
與他出家作者得越法罪凡欲與他為出家
者先當與辦所須六物三衣敷具鉢及水羅
具壽鄔波離請世尊曰知其無鉢與受近圓
成近圓不佛言成受衆得越法罪時有苾芻
以其小鉢或絕大鉢或以白鉢與受近圓成
近圓不佛言成受衆得越法罪
緣處同前時有大賊偷他物時王既覺已弃
物逃走往逝多林道行既困止一樹下掌頰
而住時鄔波難陁於日初分執持衣鉢入城
乞食於路見賊問汝何人答曰我是貧人問
言若尒何不出家答曰說我情事方論出家
我是大賊誰當攝受答曰世尊教法慈念為
先誰不悲憐共相引接汝須發意我與出家
善哉聖者我今出俗鄔波難陁即與出家并
受圓具報言賢首豈見於廡能養廡耶室羅
伐城處所寬廣即是祖父所行之處宜當乞
食以自供身聞是語已於日初分執持衣鉢
入城乞食巡歷之時彼諸俗人咸皆憶識遂
相告曰此是大賊今得出家復共譏曰善哉
沙門釋子知是大賊亦與出家白曰巡家諸
知處所衣便作賊竊取他財苾芻白佛佛作

務本 060 號 根本説一切有部毗奈耶雜事卷一七（18–08）

沙門釋了知是大賊亦與出家白曰巡家諸
知處所衣便作賊竊取他財苾芻白佛佛作
是念度賊出家有如是過告諸苾芻曰若是
大賊勿與出家度者得越法罪時有苾芻不
知是賊而不與出家遂作難緣乖出離道佛
言若知是賊不與出家若不知者隨意當與
若有人來求出家者應先問言汝非大賊不
不問出家得越法罪
緣處同前時有住處有一苾芻多有門人而
來依止此師命過無依止人共相謂曰我既
無依欲何所作苾芻白佛佛言彼諸門人應
更求覓有德之人供給好房放免知事侍人
臥具咸令無闕若得者善必其無者時諸苾
芻不應於此處經第二褒灑陁違者得越法
罪復有苾芻於一住處欲為依止其依止師
忽然命過諸人議曰我欲如何白佛佛言此
等亦可求依止師同前供給若得者善若其
無者苾芻於此不應為夏違者得越法罪復
有苾芻於一住處作前安居有一依止師遇
患身死諸人議曰我欲如何白佛佛言應可
求覓依止師同前供給若得者善若其無者
時諸苾芻應向餘處求依止師而為後夏違
者得越法罪
復有苾芻依止一師作後安居師遂身亡佛
言可於兩月共相檢察謹慎而住過兩月已
有依止人同前供給若其無者不得更過第

務本 060 號 根本説一切有部毗奈耶雜事卷一七（18–09）

言可於兩月共相檢察謹慎而住過兩月已
有依止人同前供給若其無者不得更過第
二長淨可向餘處求依止師違者得越法罪
復有苾芻於一住處出家圓具本師身死不
知如何佛言所有事業皆悉同前依止師作
如有違者得越法罪
緣處同前於一聚落有大長者造一住處衆
事具足捨與四方僧伽後於異時被官拘執
苾芻聞已弃寺他行有三寶物被賊偷去長
者得脫苾芻知已還來相問長者先知弃寺
而去失受用物長者白言何因聖者弃寺他
行答曰我聞長者為王所執心生惶懼遂即
逃奔答曰我雖被禁餘有宗親豈皆拘執彼
能供給何事忩遽彼聞默尒苾芻白佛佛言
不應逃走應問寺主所有宗親寺主被拘仁
等頗能相供濟不若能者善若不能者五歲
以來隨緣乞食守護而住寺主脫者善若不
脫者於隨近寺五年之中同一利養別為長
淨應作羯磨敷座席鳴揵稚言白告已大衆
皆集令一苾芻作白羯磨應如是作
大德僧伽聽今其住處造寺施主若為王若
為賊之所拘執若僧伽時至聽者僧伽應許
僧伽今此住處與某住處於五年中作同利
養別長淨白如是次作羯磨
大德僧伽聽今某住處造寺施主若為王若
為賊之所拘執僧伽今此住處與其住處於

務本 060 號 根本説一切有部毗奈耶雜事卷一七（18–10）

大德僧伽聽今某住處造寺施主若為王若
為賊之所拘執僧伽今此住處與其住處於
五年中作同利養別長淨若諸具壽聽此處
彼處於五年中作同利養別長淨者默然若
不許者說僧伽已於此處彼處於五年中作
同利養別長淨竟僧伽已聽許由其默然故
我今如是持
若滿五年主來者善若不來者乃至十年如
是應作同利養別長淨主來者善若不來者
所有外具及諸雜物寄隨近寺牢閉寺門隨
意當去若主來時所寄之物悉當還彼若還
者善不還者苾芻得越法罪
緣處同前六衆苾芻身擎重擔俗旅見時便
生譏笑我等俗人有父母妻子王官人事共
相養育自身負擔正是其宜仁今為誰作斯
勞苦彼聞默尒苾芻白佛佛言苾芻不應身
持重擔作者得越法罪是時六衆聞此制已
即於頭背署擬而擎重擔還招譏醜不應如
是擎持重擔作者得越法罪
第四門第九子攝頌曰
衆求六物　賊盜苾芻衣　委寄五種殊　須知深衣法
緣處同前時有婆羅門欲求出家往逝多林
既入寺已見諸苾芻執錫持鉢欲行乞食彼
見苾芻作如是念我今問彼何處行耶問言
聖者欲何處去答曰我行乞食問曰豈諸苾
芻皆乞食耶答曰諸有大德衆所知者多諸

務本 060 號 根本説一切有部毗奈耶雜事卷一七（18–11）

聖者欲何處去答曰我行乞食問曰豈諸苾
芻皆乞食耶答曰諸有大德衆所知者多諸
施主持食來施無知識者自行乞食彼作是
念我若出家還同乞食有何殊異來投釋子
不免劬勞復作是念我今更可問餘苾芻唯
依乞食而作出家為更有餘事即詣餘人所
彼既見已問言何故仁今得來答言聖者有
事須來今欲請問仁等何依而為出家答言
善問且當安坐吾為汝說其人心欲希求出
家禮已而坐苾芻報言於佛法中為出家者
有四依事出家近圓成苾芻性云何為四佛
告苾芻著糞掃衣清淨易得乞食活命在樹
下居用陳棄藥清淨易得依此出家成苾芻
性時婆羅門聞是語已報言聖者誰能依此
而為活命我之本意求覓出家見此難行我
今辭去遂與出家近圓為大部礙苾芻白佛
佛作是念未出家人先告四依有如是過由此
苾芻見未出家未近圓者不應為彼說四
依法若近圓後方可為說豫先說者得越法
罪
緣處同前有一長者娶妻未久便誕一男年
漸長大其父瞋責便作是念父難承事宜可
出家便往逝多林時鄔波難陀見而問曰何
故得來答曰我欲出家報言斯為善事如佛
所說夫出家者有五勝利廣說如前佛所讚
歎然出家者須得六物問言何者為六答曰

務本 060 號 根本説一切有部毗奈耶雜事卷一七（18–12）

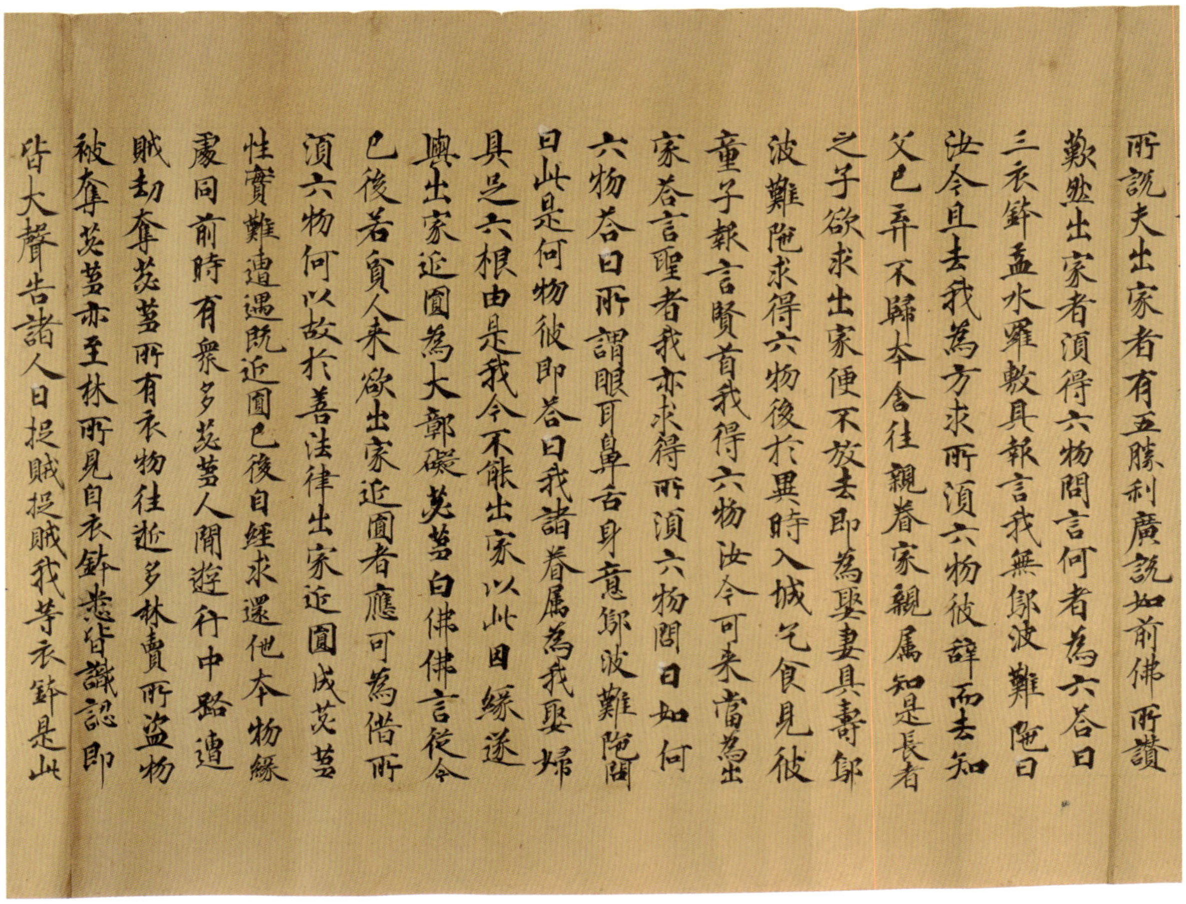
所說夫出家者有五勝利廣說如前佛所讚
歎然出家者須得六物問言何者為六答曰
三衣鉢盂水羅敷具報言我無鄔波難陀曰
汝今且去我為方求所須六物彼辭而去知
父已棄不歸本舍往親眷家親屬知是長者
之子欲求出家便不放去即為娶妻具壽鄔
波難陀求得六物後於異時入城乞食見彼
童子報言賢首我得六物汝今可來當為出
家答言聖者我亦求得所須六物問曰如何
六物答曰所謂眼耳鼻舌身意鄔波難陀問
曰此是何物彼即答曰我諸眷屬為我娶婦
具足六根由是我今不能出家以此因緣遂
興出家近圓為大鄣礙苾芻白佛佛言從今
已後若貧人來欲出家近圓者應可為借所
須六物何以故於善法律出家近圓成苾芻
性實難遭遇既近圓已後自經求還他本物緣
處同前時有眾多苾芻人間遊行中路遭
賊劫奪苾芻所有衣物往逝多林賣所盜物
被奪苾芻亦至林所見自衣鉢悉皆識認即
皆大聲告諸人曰捉賊捉賊我等衣鉢是此

務本 060 號 根本説一切有部毗奈耶雜事卷一七（18–13）

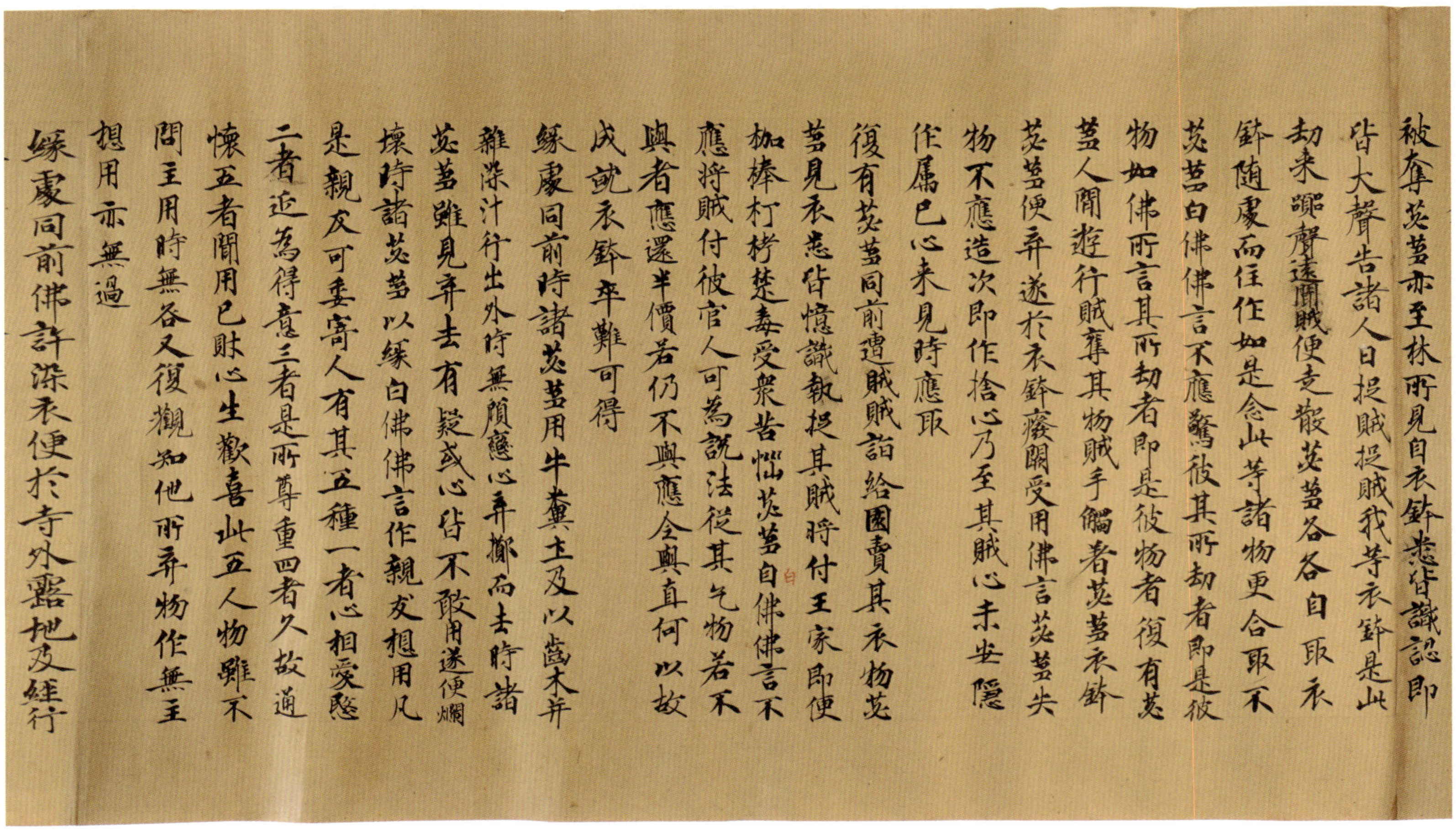
被奪苾芻亦至林所見自衣鉢悉皆識認即
皆大聲告諸人曰捉賊捉賊我等衣鉢是此
劫來踯聲遠聞賊便走散苾芻各自取衣
鉢隨處而住作如是念此等諸物更合取不
苾芻白佛佛言不應驚彼其所劫者即是彼
物如佛所言其所劫者即是彼物者復有苾
芻人間遊行賊奪其物賊手觸者苾芻衣鉢
苾芻便棄遂於衣鉢癡闇受用佛言苾芻失
物不應造次即作捨心乃至其賊心未安隱
作屬已心未見時應取
復有苾芻同前遭賊賊詣給園賣其衣物苾
芻見衣悉皆憶識執捉其賊將付王家即便
枷棒打拷楚毒受眾苦惱苾芻白佛佛言不
應將賊付彼官人可為說法從其乞物若不
與者應還半價若仍不與應全與直何以故
成就衣鉢卒難可得
緣處同前時諸苾芻用牛糞土及以齒木并
雜染汁行出外時無顧戀心棄擲而去時諸
苾芻雖見棄去有疑惑心皆不敢用遂便爛
壞時諸苾芻以緣白佛佛言作親友想用凡
是親友可委寄人有其五種一者心相愛慇
二者近為得意三者是所尊重四者久故通
懷五者聞用已財心生歡喜此五人物雖不
問主用時無咎又復觀知他所棄物作無主
想用亦無過
緣處同前佛許染衣便於寺外露地及經行

務本 060 號 根本説一切有部毗奈耶雜事卷一七（18–14）

想用亦無過
縁處同前佛許染衣便於寺外露地及經行
處而爲染作被塵土汙及風雨滲苾芻白佛
佛言可於寺内而爲染作寺内染時染汁墮
地猶如血色俗人見時作如是語聖者此處
致牛羊耶荅曰非致衆生是染汁墮地報言
聖者染汁墮地何不掃除佛言可於染處牛
糞及泥塗拭令淨彼遂重塗損石灰地佛言
石灰地處可以水洗餘處應塗若違者得越
法罪
第四門第十子攝頌曰
須絜樹法　賊綟作神通　若得上帔衣　不應割去縷
縁在王舍城竹林園中尒時世尊於勝身山
令天帝釋得見諦已其影勝王即於此處建
大法會盡摩揭陁所有人衆悉皆雲集山無
樹木人衆聚時爲熱所困報苾芻曰善哉仁
等可於此處栽植樹陰荅曰世尊未許報言
賢首有何違處苾芻默然佛言我聽種樹苾
芻種樹便弃而去其樹便死時諸人衆至第
二年還来集會同前熱逼問言聖者先栽樹
耶荅曰已種令何故無報言種了弃去不爲
防守致使摧殘復多枯死俗人曰仁等初生
父母若不將養必當損壞樹須將護待大方
行苾芻白佛佛言不應種樹即弃他行苾芻
不知云何養護冬月恐損應以草盖野火便
燒佛言當於四邊壘墼遮護復爲熱傷佛言

務本 060 號 根本説一切有部毗奈耶雜事卷一七（18-15）

不知云何養護冬月恐損應以草盖野火便
燒佛言當於四邊壘墼遮護復爲熱傷佛言
應通溉穴夏雨如篙傳水爛壞佛言夏時可
除圍壁應通水穴其樹未大弃去同前致損
苾芻白佛佛言種樹行法我今當制若是花
樹花發隨行若是果樹著子方去時有苾芻
有要縁務事必須行不知云何佛言應委守
園人及親友者隨意而去
縁處同前時北方健陁羅王附上毛綟與影勝
王王既得已將奉尊者畢隣陁婆蹉尊者
便披向阿蘭若賊聞此事王得上綟與尊者
披在阿蘭若共相議曰此是好物我等如何
一人報曰可行奪取餘更何云即便夜至阿
蘭若處杖扣其門尊者問曰汝是何人荅言
聖者我是賊徒問曰欲何所覓荅曰欲取上
綟若如是者窻中舒臂賊便展手是時尊者
作念加持勿令此綟被截被燒出莫令盡其
賊遂即抽出一邊拔之不已便成不聚不知
窮盡遂以刀割刀不能傷復以火燒火不能
著告言聖者畢隣陁婆蹉何因惱我荅言癡
人汝不惱我我何惱汝盡汝勇健努力拔取
我終不放賊相謂曰尊者有大神通我非彼
敵宜當逃竄勿被王收便棄毛綟減影而去
苾芻白佛佛作是念由彼上綟住蘭若中有
如是過告諸苾芻曰畢隣陁婆蹉所作非理
披此上綟住蘭若中是故苾芻不應披此上

務本 060 號 根本説一切有部毗奈耶雜事卷一七（18-16）

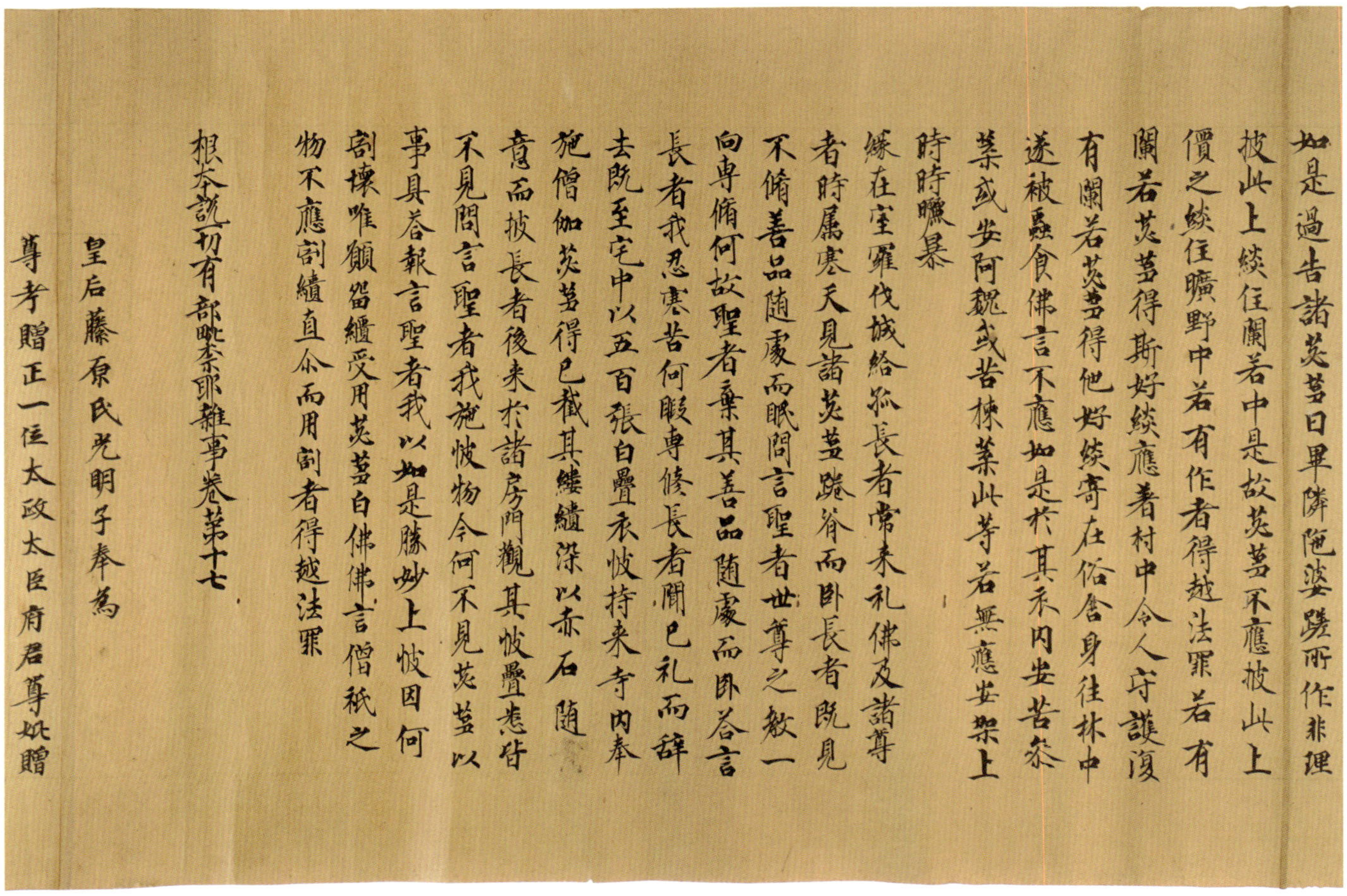

如是過告諸苾芻曰畢隣陀婆蹉所作非理
披此上綵住蘭若中是故苾芻不應披此上
價之綵住曠野中若有作者得越法罪若有
蘭若苾芻得斯好綵應著村中令人守護復
有蘭若苾芻得他好綵寄在俗舍身往林中
遂被蟲食佛言不應如是於其衣内安苦參
葉或安阿魏或苦楝葉此等若無應安架上
時時曬暴
緣在室羅伐城給孤長者常來礼佛及諸尊
者時屬寒天見諸苾芻蹲脊而卧長者既見
不脩善品隨處而眠問言聖者世尊之教一
向專脩何故聖者棄其善品隨處而卧答言
長者我忍寒苦何暇專脩長者聞已礼而辞
去既至宅中以五百張白疊衣帔持來寺内奉
施僧伽苾芻得已截其雜纈深以赤石隨
意而披長者後來於諸房門覩其帔疊悉皆
不見問言聖者我施帔物今何不見苾芻以
事具荅報言聖者我以如是勝妙上帔因何
割壞唯願留纈受用苾芻白佛佛言僧祇之
物不應割纈直尒而用割者得越法罪
根本說一切有部毗奈耶雜事卷第十七
皇后藤原氏光明子奉爲
尊考贈正一位太政太臣府君尊妣贈

務本 060 號 根本說一切有部毗奈耶雜事卷一七（18–17）

務本 060 號 根本說一切有部毗奈耶雜事卷一七（印章）

印文：晚香齋　張壁東藏

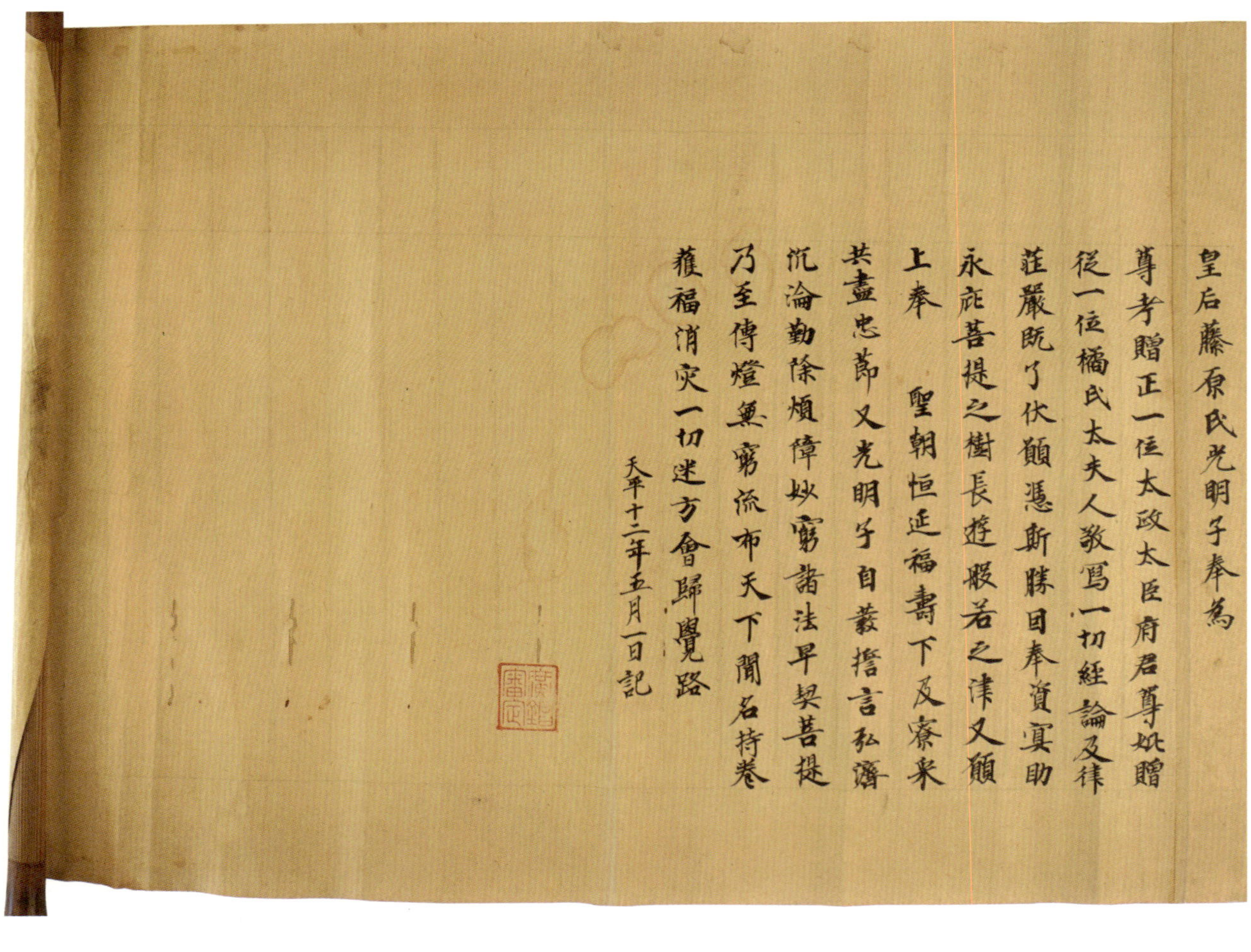

皇后藤原氏光明子奉爲
尊考贈正一位太政太臣府君尊妣贈
從一位橘氏太夫人敬寫一切經論及律
莊嚴既了伏願憑斯勝因奉資冥助
永庇菩提之樹長遊般若之津又願
上奉　聖朝恒延福壽下及寮采
共盡忠節又光明子自發誓言弘濟
沉淪勤除煩障妙窮諸法早契菩提
乃至傳燈無窮流布天下聞名持卷
獲福消災一切迷方會歸覺路
天平十二年五月一日記

務本 060 號 根本說一切有部毗奈耶雜事卷一七（18–18）

金光明經鬼神品第十三

佛告功德天若有善男子善女人欲以不
可思議妙供養具供養過去未來現在諸
佛世尊及欲得知三世諸佛甚深行處是人
應當畢定至心隨有是經流布之處若城
邑村落舍宅空處正念不亂至心聽是微妙
經典尒時世尊欲重宣此義而說偈言

若欲供養　一切諸佛　欲知三世　諸佛行處
應當往彼　城邑聚落　有是經處　至心聽受
是妙經典　不可思議　功德大海　無量無邊
欲令一切　眾生解脫　度無量苦　諸有大海
是經甚深　初中後善　不可得說　譬喻為比
假使恒沙　大地微塵　大海諸水　一切諸山
如是等物　不得為喻

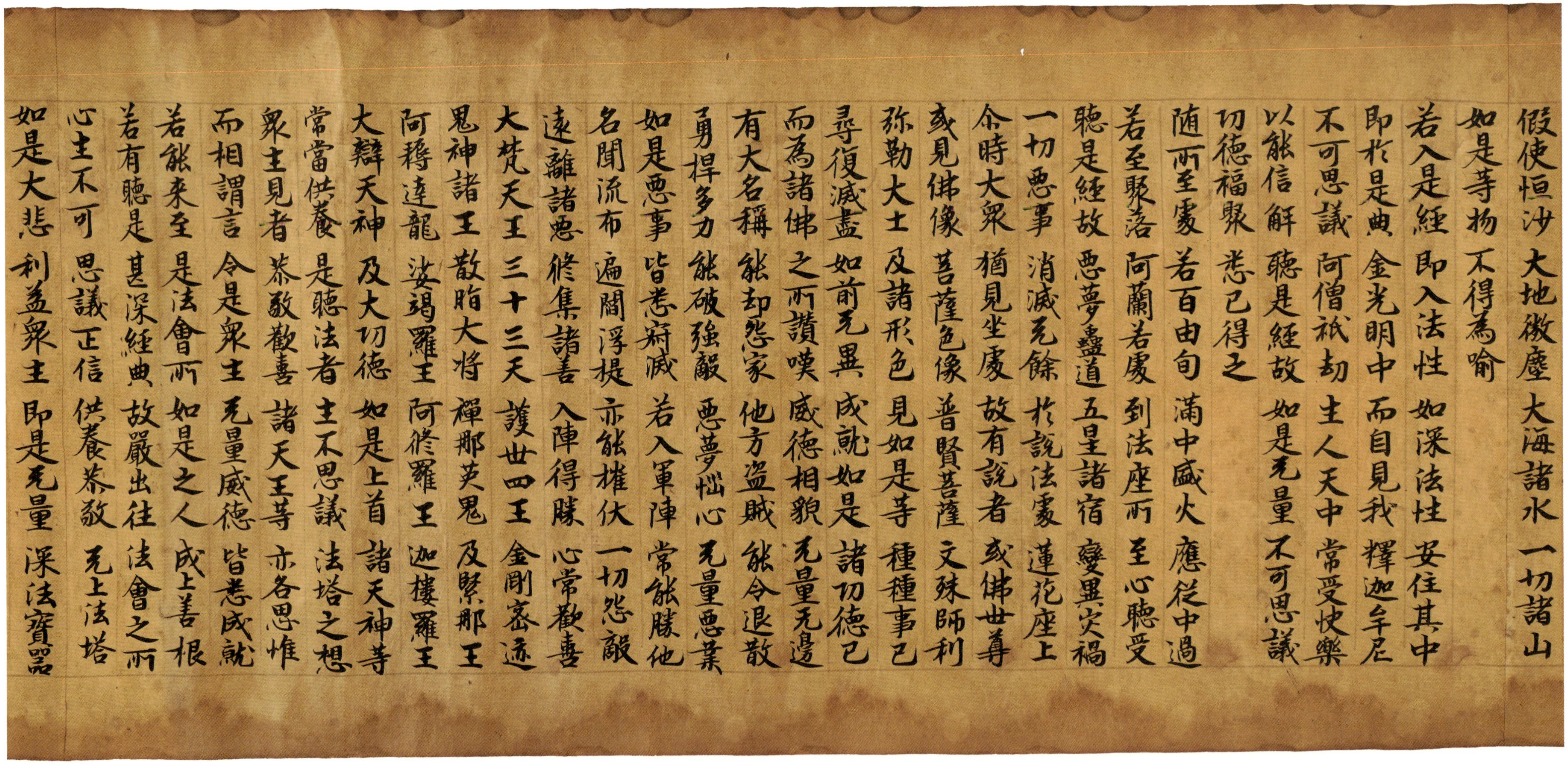
假使恒沙 大地微塵 大海諸水 一切諸山
如是等物 不得為喻
若入是經 即入法性 如深法性 安住其中
即於是典 金光明中 而自見我 釋迦牟尼
不可思議 阿僧祇劫 生人天中 常受快樂
以能信解 聽是經故 如是无量 不可思議
切德福聚 悉已得之
随所至處 若百由旬 滿中盛火 應從中過
若至聚落 阿蘭若處 到法座所 至心聽受
聽是經故 惡夢蠱道 五星諸宿 變異灾禍
一切惡事 消滅无餘 於說法處 蓮花座上
尒時大衆 猶見坐處 故有說者 或佛世尊
或見佛像 菩薩色像 普賢菩薩 文殊師利
弥勒大士 及諸形色 見如是等 種種事已
尋復滅盡 如前无異 成就如是 諸切德已
而為諸佛 之所讚嘆 威德相貌 无量无邊
有大名稱 能却怨家 他方盜賊 能令退散
勇捍多力 能破強敵 惡夢惱心 无量惡業
如是惡事 皆悉消滅 若入軍陣 常能勝他
名聞流布 遍閻浮提 亦能摧伏 一切怨敵
遠離諸惡 修集諸善 入陣得勝 心常歡喜
大梵天王 三十三天 護世四王 金剛密迹
鬼神諸王 散脂大將 禪那英鬼 及緊那王
阿耨達龍 娑竭羅王 阿修羅王 迦樓羅王
大辯天神 及大切德 如是上首 諸天神等
常當供養 是聽法者 生不思議 法塔之想
衆生見者 恭敬歡喜 諸天王等 亦各思惟
而相謂言 令是衆生 无量威德 皆悉成就
若能來至 是法會所 如是之人 成上善根
若有聽是 甚深經典 故嚴出往 法會之所
心生不可 思議正信 供養恭敬 无上法塔
如是大悲 利益衆生 即是无量 深法寶器

務本 061 號 金光明經卷三（09-02）

心生不可思議正信 供養恭敬 无上法塔
如是大悲 利益衆生 即是无量 深法寶器
能入甚深 无上法性 由以淨心 聽是經典
如是之人 悉以供養 過去无量 百千諸佛
以是善根 无量因緣 應當聽受 是金光明
如是衆生 當為无量 諸天神王 之所愛護
大辯功德 護世四王 无量鬼神 及諸力士
晝夜精勤 擁護四方
釋提桓因 及日月天 閻摩羅王 風水諸神
違馱天神 及毗紐天 大辯天神 及自在天
火神等神 大力勇猛 常護世間 晝夜不離
大力鬼神 那羅延等 摩醯首羅 二十八部
諸鬼神等 散脂為首 百千鬼神 神足大力
擁護是等 令不怖畏
金剛密迹 大鬼神王 及其眷屬 五百徒黨
一切皆是 大菩提等 亦悉擁護 聽是法者
摩尼跋陀 大鬼神王 富那跋陀 及金毗羅
阿羅婆帝 賓頭盧伽 黃頭大神 一一諸神
各有五百 眷屬鬼神 亦常擁護 聽是經者
質多斯那 阿修羅王 及乾闥婆 那羅羅闍
祁那婆婆 摩尼乾陀 及尼揵陀 主雨大神
大飲食神 摩訶迦吒 金色髮神 半祁鬼神
及半支羅 車鉢羅婆 有大威德 波那梨神
曇摩跋羅 摩竭婆羅 針髮鬼神 繡利蜜多
勤那翅奢 摩訶波那 及軍陀遮 劒摩舍帝
復有大神 奢羅蜜帝 醯摩跋陀 薩多琦梨
如是等神 皆有无量 神足大力 常勤擁護
聽受如是 微妙典者
阿耨達王 娑伽羅王 目真隣王 伊羅鉢王
難陀龍王 婆難陀王 有如是等 百千龍王
以大神力 常來擁護 聽是經典 晝夜不離
波利羅睺 阿脩羅王 毗摩質多 及以茂昕

務本 061 號 金光明經卷三（09-03）

以大神力 常来擁護 聽是經典 晝夜不離
波利羅睺 阿脩羅王 毗摩質多 及以茂脂
睒摩梨子 波呵梨子 佉羅騫陁 及以達陁
是等皆是 阿脩羅王 有大神力 常来擁護
聽是經者 晝夜不離
呵梨帝喃 鬼子母等 及五百神 常来擁護
聽是經者 若睡若悟
旃陁旃陁利 大鬼神女等 鳩羅鳩羅檀提 噉人精氣
如是等神 皆有大力 常勤擁護 十方世界
受持經者
大辯天等 无量天女 功德天等 各与眷属
地神堅牢 種植園林 菓實大神 如是諸神
心生歡喜 悉来擁護 愛樂親近 是經典是
於諸衆生 增命色力 功德威貌 莊嚴倍常
五星諸宿 變異灾恠 皆悉能滅 无有遺餘
夜卧惡夢 悟則憂悴 如是惡事 皆悉滅盡
地神大力 勢分甚深 是經力故 能變其味
如是大地 至金剛際 厚十六万 八千由旬
其中氣味 无不遍有 悉令勇出 潤益衆生
其經力故 能令地味 悉出地上 厚百由旬
亦令諸天 大得精氣 充益身力 歡喜快樂
閻浮提內 所有諸神 心生歡喜 受樂无量
是經力故 諸天歡喜 百穀果實 皆悉滋茂
園苑藂林 其華開敷 香氣芬馥 充溢弥滿
百草樹木 生長端直 其體柔軟 无有斜戾
閻浮提內 所有龍女 其數无量 不可思議
心生歡喜 踊躍无量 在在處處 莊嚴花池
於其池中 生種種花 優鉢羅花 波頭摩花
拘物頭花 分陁利華
於自宮殿 除諸雲霧 令虛空中 无有塵翳
諸方清徹 淨絜明了 日王赫弈 放千光明
歡喜踊躍 照諸闇蔽 閻浮檀金 以為宮殿

務本 061 號 金光明經卷三（09-04）

諸方清徹　淨潔明了　日王赫弈　放千光明
歡喜踊躍　照諸闇蔽　閻浮檀金　以為宮殿
上住其中　威德无量　日之天子　及以月天
聞是經故　精氣充實　是日天子　出閻浮提
心生歡喜　放於无量　光明明網　遍照諸方
即於出時　放大網明　開敷種種　諸池蓮花
閻浮提內　无量果實　隨時成熟　飽諸衆生
是時日月　所照殊勝　星宿正行　不失度數
風雨隨時　豐實熾盛　多饒財寶　无所乏少
是金光明　微妙經典　隨所流布　講誦之處
其國土境　即得增益　如上所說　无量功德

金光明經授記品第十四

尒時如来將欲為是信相菩薩及其二子銀
相銀光授阿耨多羅三藐三菩提記是時
即有十千天子威德熾王而為上首俱從忉
利来至佛所頂礼佛足却坐一面尒時佛告
信相菩薩汝於来世過无量无邊百千万
億不可稱計那由他劫金照世界當成阿
耨多羅三藐三菩提号金寶盖山王如来
應供正遍知明行足善逝世間解无上士調
御丈夫天人師佛世尊乃至是佛般涅槃後
正法像法皆滅盡已長子銀相當於是界次
補佛處世界尒時轉名淨幢佛名閻浮檀金
幢光照如来應供正遍知明行足善逝世間
解无上士調御丈夫天人師佛世尊乃至是
佛般涅槃後正法像法悉滅盡已次子銀
光復於是後次補佛處世界名字如本不異
其佛号曰金光照明如来應供正遍知明行足
善逝世間解无上士調御丈夫天人師佛世尊
是十千天子聞三大士得受記莂復聞如是
金光明經聞已歡喜生慇重心心无垢累如淨
琉璃清淨无㝵猶如虛空尒時如来知是十

金光明經聞已歡喜生慇重心心无垢累如淨
琉璃清淨无㝵猶如虛空尒時如來知是十
千天子善根成熟即便與授菩提道記汝等
天子於當來世過阿僧祇百千万億那由他劫
於是世界當成阿耨多羅三藐三菩提同共
一家一姓一号名曰青目優鉢羅花香山如
來應供正遍知明行足善逝世間解无上士調
御丈夫天人師佛世尊如是次第出現於世凡
一万佛尒時道場菩提樹神名等增益白佛
言世尊是十千天子於忉利宮為聽法故而
來集此云何如來便與授記世尊我未曾聞
是諸天子修行具足六波羅蜜亦未曾聞捨
於手足頭目髓腦所愛妻子財寶穀帛金銀
琉璃車璖馬瑙真珠珊瑚珂貝璧玉甘饌飲
食衣服床卧病瘦醫藥象馬車乘殿堂
屋宅園林泉池奴婢僕使如餘无量百千菩
薩以種種資生供養之具恭敬供養過去无
量百千万億那由他等諸佛世尊如是菩薩
於未來世亦捨无量所重之物頭目髓腦所
愛妻子財寶穀帛乃至僕使次第修行成
就具足六波羅蜜成就是已備修苦行動經
无量无邊劫數然後方得受菩提記世尊
是天子等何因何緣修行何等勝妙善根從
彼天來暫得聞法便得受記唯願世尊為
我解說斷我疑網
尒時佛告樹神善女天皆有因緣有妙善
根已隨相修何以故以是天子於所住處捨
五欲樂故來聽是金光明經即聞法已於是
經中淨心殷重如說修行復聞此三大菩薩
受於記莂亦以過去本昔發心誓願因緣是
故我今皆与授記於未來世當成阿耨多羅
三藐三菩提

故我今皆与授記於未来世當成阿耨多羅
三藐三菩提

金光明經除病品第十五

佛告道場菩提樹神善女天諦聽諦聽善
持憶念我當為汝演說往昔誓願因縁過
去无量不可思議阿僧祇劫尒時有佛出現
於世名曰寶勝如来應供正遍知明行足善
逝世間解无上士調御丈夫天人師佛世尊善
女天尒時是佛般涅槃後正法滅已於像法
中有王名曰天自在光脩行正法如法治世人
民和順孝養父母是王國中有一長者名曰
持水善知醫方救諸病苦方便巧知四大增
損善女天尒時持水大長者家中後生一子
名曰流水體貌殊勝端正第一形色微妙威
德具足受性聰敏善解諸論種種伎藝書
疏筭計无不通達是時國內天降疫病有
无量百千諸衆生等皆无免者為諸苦惱之
所逼切善女天尒時流水長者子見是无量
諸苦惱故為是衆生生大悲心作是思惟如
是无量百千衆生受諸苦惱我父長者雖
善醫方能救諸苦方便巧知四大增損年已
衰邁老耄枯悴皮緩面皺羸瘦戰掉行
来往返要因机杖困頓疲乏不能至彼城
邑聚落而是无量百千衆生復遇重病无
能救者我今當至大醫父所諮問治病醫
方秘法諮稟知已當至城邑聚落村舍治
諸衆生種種重病悉令得脫无量諸苦時
長者子思惟是已即至父所頭面著地為父
作礼叉手却住以四大增損而問於父即說偈言
云何當知　四大諸根　衰損代謝　而得諸病
云何當知　飲食時節　若食食已　身火不滅
云何當知　治風及熱　水過肺病　及以等分

云何當知　飲食時節　若食食已　身火不滅
云何當知　治風及熱　水過肺病　及以等分
何時動風　何時動熱　何時動水　以害衆生
時父長者　即以偈頌　解說醫方　而荅其子
三月是夏　三月是秋　三月是冬　三月是春
是十二月　三三而說　從如是數　一歲四時
若二二說　足滿六時　三三本攝　二二現時
隨是時節　消息飲食　是能益身　醫方所說
隨時歲中　諸根四大　代謝增損　令身得病
有善醫師　隨順四時　三月將養　調和四大
隨病飲食　及以湯藥　多風病者　夏則發動
其熱病者　秋則發動　等分病者　冬則發動
其肺病者　春則增劇　有風病者　夏則應服
肥膩醎醋　及以熱食　有熱病者　秋服冷甜
等分冬服　甜醋肥膩　肺病春服　肥膩辛熱
飽食然後　則發肺病　於食消時　則發熱病
食消已後　則發風病　如是四大　隨三時發
風病羸損　補以蘇膩　熱病下藥　服呵梨勒
等分應服　三種妙藥　所謂甜辛　及以蘇膩
肺病應服　隨能吐藥　若風熱病　肺病等分
違時而發　應當任師　籌量隨病　飲食湯藥
善女天尒時流水長者子問其父醫四大增
損因是得了一切醫方時長者子知醫方已
遍至國內城邑聚落在在處處隨有衆生
病苦者所軟言慰喻作如是言我是醫師
我是醫師善知方藥今當為汝療治救濟
悉令除愈善女天尒時衆生聞長者子軟
語慰喻許為治病心生歡喜踊躍无量時
有百千无量衆生遇極重病值聞是言心
歡喜故種種所患即得除差平復如本氣
力充溢善女天復有无量百千衆生病苦
深重難除差者即共來至長者子所時長

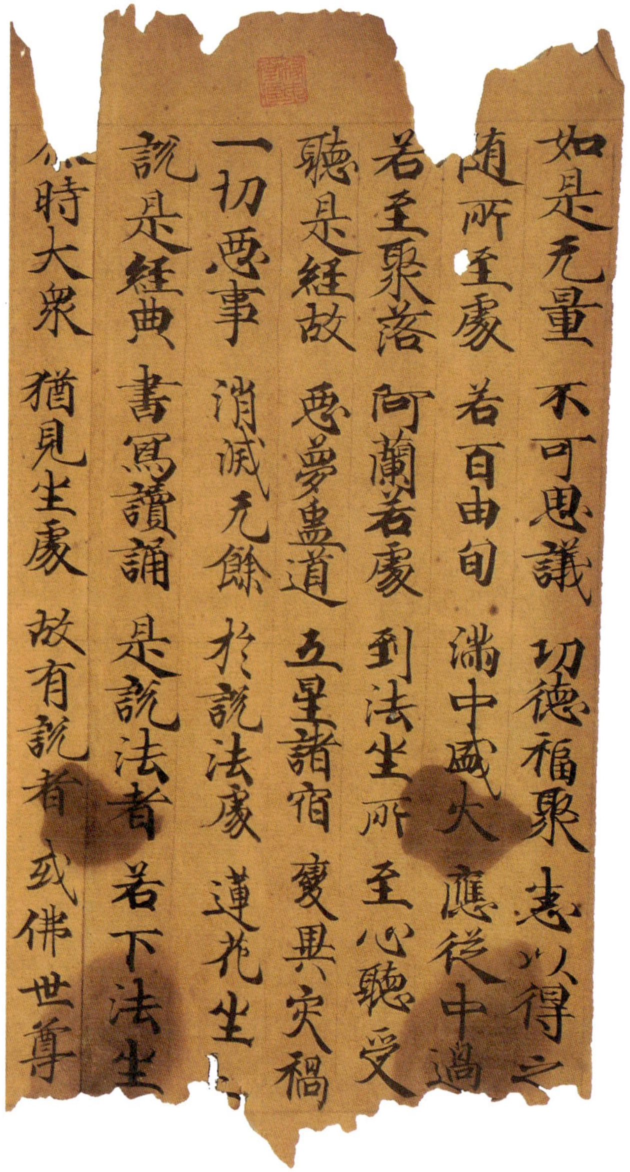

如是无量　不可思議　切德福聚　悉以得之
随所至處　若百由旬　滿中國大　應從中過
若至聚落　阿蘭若處　到法生所　至心聽受
聽是經故　惡夢盡道　五星諸宿　變異灾禍
一切惡事　消滅无餘　於說法處　蓮花生
說是經典　書寫讀誦　是說法者　若下法坐
爾時大衆　猶見生處　故有說者　或佛世尊

務本 062 號 金光明經卷三（08–01）

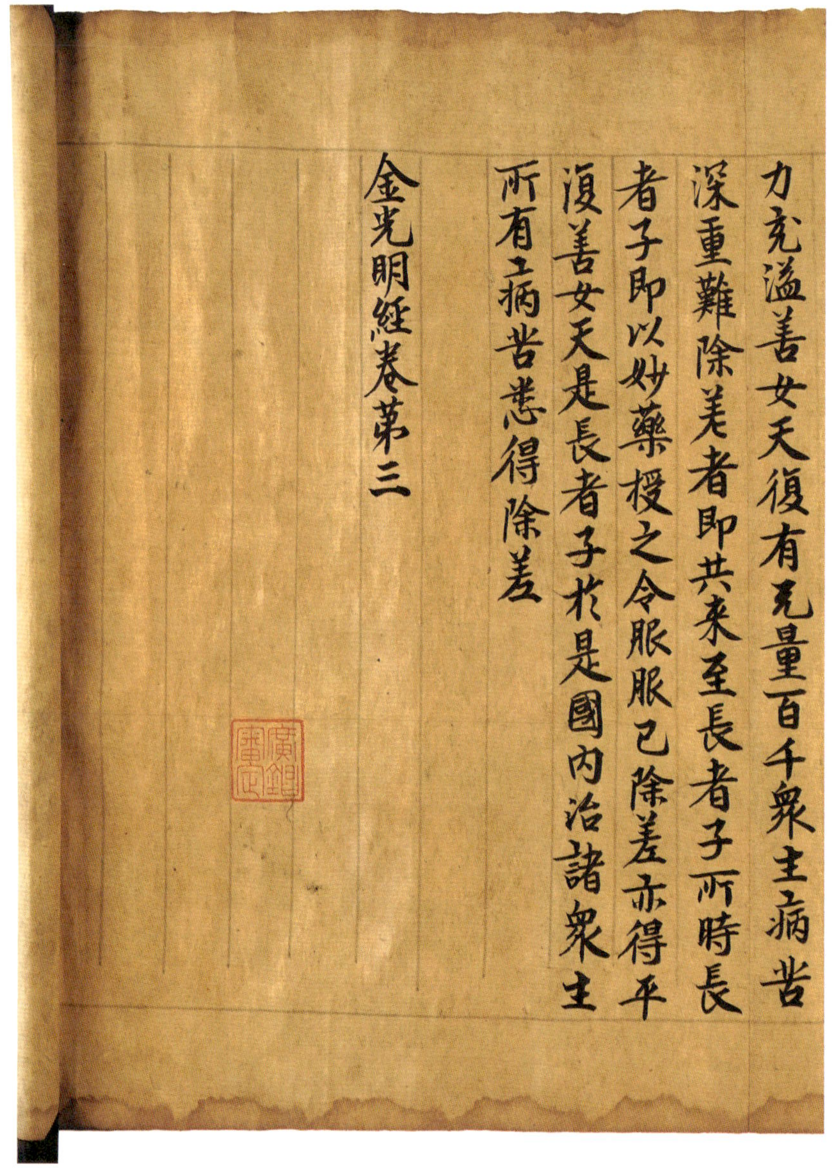

力充溢善女天復有无量百千衆生病苦
深重難除差者即共來至長者子所時長
者子即以妙藥授之令服服已除差亦得平
復善女天是長者子於是國内治諸衆生
所有病苦悉得除差

金光明經卷第三

務本 061 號 金光明經卷三（09–09）

說是經典 書寫讀誦 是說法者 若下法坐
尒時大眾 猶見坐處 故有說者 或佛世尊
或見佛像 菩薩色像 普賢菩薩 文殊師利
弥勒大士 及諸形色 見如是等 種種事已
尋復滅盡 如前不異 成就如是 諸功德已
而為諸佛 之所讚歎 威德相貌 无量无邊
有大名稱 能却怨家 他方賊盜 能令退散
勇捍多力 能破殭敵 惡夢惱心 无量惡業
如是惡事 皆悉殄滅 若入軍陣 常能勝他
名聞流布 遍閻浮提 亦能摧伏 一切怨敵
遠離諸惡 修集諸善 入陣得勝 心常歡喜
大梵天王 三十三天 護世四王 金剛密迹
鬼神諸王 散脂大將 禪那英鬼 及堅那王
阿耨達龍 娑竭羅王 阿修羅王 迦樓羅王
大辯天神 及大功德 如是上首 諸天神等
常當供養 是聽法者 生不思議 法塔之想
眾生見者 恭敬歡喜 諸天王等 亦各思惟
而相謂言 令是眾生 无量威德 皆悉成就
若能來至 是法會所 如是之人 成上善根
若有聽是 甚深經典 故嚴出往 法會之處
心生不可 思議正信 供養恭敬 无上法塔
如是大悲 利益眾生 即是无量 深法寶器
能入甚深 无上法性 由以淨心 聽是經典
如是之人 悉以供養 過去无量 百千諸佛
以是善根 无量因緣 應當聽受 是金光明
如是眾生 常為无量 諸天神王 之所愛護
大辯功德 護世四王 无量鬼神 及諸力士
晝夜精進 擁護四方 釋提桓因 及日月天
閻摩羅王 風水諸神 違馱天神 及毗紐天
大辯天神 及自在天 火神等神 大力勇猛
常護世間 晝夜不離 大力鬼王 那羅延等
摩醯首羅 二十八部 諸鬼神等 散脂為首
百千鬼神 神足大力 擁護是等 令不怖畏

摩醯首羅 二十八部 諸鬼神等 散脂為首
百千鬼神 神足大力 擁護是等 令不怖畏
金剛密跡 大鬼神王 及其眷屬 五百徒黨
一切皆是 大菩薩等 亦悉擁護 聽是法者
魔尼跋陀 大鬼神王 富那跋陀 及金毗羅
阿羅婆帝 賓頭盧伽 黃頭大神 一一諸神
各有五百 眷屬鬼神 亦常擁護 聽是經者
質多斯那 阿修羅王 及乾闥婆 那羅羅闍
祈那娑婆 摩尼乾陀 及尼乾陀 主雨大神
大飲食神 摩訶迦吒 金色髮神 半脚鬼神
及半支羅 車鉢羅婆 有大威德 娑那梨神
曇摩跋羅 摩竭婆羅 針髮鬼神 繡利蜜多
勒那翅舍 摩訶婆那 及單陀遮 劒摩舍帝
復有大神 耆羅蜜帝 醯摩跋陀 薩多琦梨
如是等神 皆有无量 神足大力 常勤擁護
聽受如是 微妙典者 阿耨達王 娑伽羅王
目真隣王 伊羅鉢王 難陀龍王 跋難陀王
有如是等 百千龍王 以大神力 常來擁護
聽是經典 晝夜不離 波利羅睺 阿修羅王
毗摩質多 及以茂脂 睒摩利子 波呵利子
佉羅騫陀 及以毒陀 是等皆是 阿修羅王
有大神力 常來擁護 聽是經者 晝夜不離
呵利帝南 鬼子母等 及五百神 常來擁護
聽是經者 若睡若悟
旃陀旃陀利大鬼神女等鳩羅檀提噉人精
氣如是等神皆有大力常勤擁護十方世
界受持經者
大辯天等 无量天女 功德天等 各與眷屬
地神堅牢 種殖園林 果實大神 如是神等
心生歡喜 悉來擁護 愛樂親近 是經典者
於諸眾生 增命色力 功德威狠 莊嚴倍常
五星諸宿 變異災怪 皆悉能滅 无有遺餘
夜卧惡夢 悟則憂悴 如是惡事 皆悉滅盡

五星諸宿　變異灾恠　皆悉能滅　无有遺餘
夜卧惡夢　悟則憂怖　如是惡事　皆悉滅盡
地神大力　勢分甚深　是經力故　能變其味
如是大地　至金剛際　厚十六万　八千由旬
其中氣味　无不遍有　悉令踴出　潤益衆生
是經力故　能令地味　悉出地上　厚百由旬
亦令諸天　大得精氣　充益身力　歡喜快樂
閻浮提內　所有諸神　心生歡喜　愛樂无量
是經力故　諸天歡喜　百穀果實　皆悉滋茂
園苑藂林　其花開敷　香氣郁馥　充溢弥滿
百草樹木　生長端直　其體柔濡　无有耶戾
閻浮提內　所有龍女　其數无量　不可思議
心生歡喜　踊躍无量　在在處處　莊嚴花池
於其池中　生種種花　優鉢羅花　波頭摩花
拘物頭花　分陁利花　於自宮殿　除諸雲霧
令虛空中　无有塵翳　諸方清徹　淨潔明了
日王嚇奕　放千光明　歡喜踊躍　照諸閻敷
閻浮種金　以為宮殿　上住其中　威德无量
日之天子　及以月天　聞是經故　精氣充實
是日天子　出閻浮提　心生歡喜　放於无量
光明明網　遍照諸方
即於出時　放大網明　開敷種種　諸池蓮花
閻浮提內　无量果實　隨時成就　飽諸衆生
是時日月　所照殊勝　星宿正行　不失度數
風雨隨時　豐實熾盛　多饒財寶　无所乏少
是金光明　微妙經典　隨所流布　講誦之處
其國土境　即得增益　如上所說　无量功德

金光明經授記品第十四

尒時如來將欲為是信相菩薩及其二子銀
相銀光授阿耨多羅三藐三菩提記是時即
有十千天子威德熾王而為上首俱從忉利
来至佛所頂礼佛足却坐一面
尒時佛告信相菩薩汝於来世過无量无邊

來至佛所頂礼佛足却坐一面
尒時佛告信相菩薩汝於未世過无量无邊
百千万億不可稱計那由他劫金照世界當
成阿耨多羅三藐三菩提号金寶蓋山王
如來應供正遍知明行足善逝世間解无上
士調御丈夫天人師佛世尊乃至是佛般涅
槃後正法像法皆滅盡已長子銀相當於是
界次補佛處世界尒時轉名淨幢佛名閻浮
檀金幢光照明如來應供正遍知明行足善
逝世間解无上士調御丈夫天人師佛世尊乃
至是佛般涅槃後正法像法悉滅盡已次子
銀光復於是後次補佛處世界名字如本
不異佛号曰金光照如來應供正遍知明行足
善逝世間解无上士調御丈夫天人師佛世尊
是十千天子聞三大士得受記莂復聞如是
金光明經聞已歡喜生殷重心心无累如淨琉
璃清淨无㝵猶如虛空尒時如來知是十千
天子善根成熟即便與授菩提道記汝等天
子於當來世過阿僧祇百千万億那由他劫
於是世界當成阿耨多羅三藐三菩提同
共一家一姓一号名曰青目優鉢羅花香山
如來應供正遍知明行足善逝世間解无上
士調御丈夫天人師佛世尊如是次弟出
現於世凡一万佛尒時道場菩提樹神名等
增益白佛言世尊是十千天子於忉利宮
為聽法故故來集此云何如來便與受記世
尊我未曾聞是諸天子修行具足六波羅蜜
亦未曾聞捨於手足頭目髓腦所愛妻子財
寶穀帛金銀琉璃車𤦲馬瑙真珠珊瑚珂貝
璧玉甘饌飲食衣服床卧病瘦醫藥象馬車
乘殿堂屋宅園林泉池奴婢僕使如餘无量
百千菩薩以種種資生供養之具恭敬供養
過去无量百千万億那由他等諸佛世尊如

百千菩薩以種種資生供養之具恭敬供養
過去无量百千万億那由他等諸佛世尊如
是菩薩於未來世亦捨无量所重之物頭目
髓腦所愛妻子財寶穀帛乃至僕使次弟修
行成就具足六波羅蜜成就是已備行苦行動
經无量无邊劫數然後方得受菩提記世尊
是天子等何因何緣修行何等勝妙善根從
彼天來暫得聞法便得受記唯願世尊爲我
解說斷我疑網尒時佛告樹神善女天皆有因
緣有妙善根已隨相修何以故是天子於所住
處捨五欲樂故來聽是金光明經既聞法已於
是經中淨心殷重如說修行復得聞此三大菩
薩受於記莂亦以過去本昔發心誓願因緣
是故我今皆與授記於未來世當成阿耨多
羅三藐三菩提

金光明經除病品第十五

佛告道場菩提樹神善女天諦聽諦聽善持
憶念我當爲汝演說往昔誓願因緣過去无
量不可思議阿僧祇尒時有佛出現於世名
曰寶勝如來應供正遍知明行足善逝世間解
无上士調御丈夫天人師佛世尊善女天尒
時是佛般涅槃後正法滅已於像法中有王名
曰天自在光修行正法如法治世人民和順孝
養父母是王國中有一長者名曰持水善知
醫方救諸病苦方便巧知四大增損善女天
尒時持水大長者家中後生一子名曰流水
體貌殊勝端政第一形色微妙威德具足受
性聰慜善解諸論種種伎藝書疏筭計无不
通達是時國內天降疫病有无量百千諸衆
生等皆无勉者爲諸苦惱之所逼切善女天
尒時流水長者子見无量百千衆生受苦惱
故爲是衆生生大悲心作是思惟如是无量
百千衆生受諸苦惱我父長者雖善醫方

故為是衆生生大悲心作是思惟如是无量
百千衆生受諸苦惱我父長者雖善醫方
能救諸苦方便巧知四大增損年已衰邁老
耄枯悴皮緩面皺羸瘦戰掉行來往反要因
机杖困頓疲乏不能至彼城邑聚落而是无
量百千衆生復遇重病无能救者我今當至
大醫父所諮問治病醫方能治諸藥知已當至
城邑聚落村舍治諸衆生種種重病患令
解脫无量諸苦時長者子思惟是已即至父
所頭面着地為父作禮叉手却立以四大損
增而問於父即說偈言

云何當知　四大諸根　衰損代謝　而得諸病
云何當知　飲食時節　若食食已　身火不滅
云何當知　治風及熱　水過肺病　及以等分
何時動風　何時動熱　何時動水　以害衆生
時父長者　即以偈頌　解說醫方　而荅其子
三月是夏　三月是秋　三月是冬　三月是春
是十二月　三三而說　從如是數　一歲四時
若二二說　足滿六時　三三本攝　二二現時
隨是時節　消息飲食　是能益身　醫方所說
隨時歲中　諸根四大　代謝增損　令身得病
有善醫師　隨順四時　三月將養　調和六大
隨病飲食　及以湯藥　多風病者　夏則發動
其熱病者　秋則發動　等分病者　冬則發動
其肺病者　春則增劇　有風病者　夏則應服
肥膩醎醋　及以熱食　有熱病者　秋服冷甜
等分冬服　甜醋肥膩　肺病春服　肥膩辛熱
飽食然後　則發肺病　於食消時　則發熱病
食消已後　則發風病　如是四大　隨三時發
風病羸損　補以蘇膩　熱病下藥　服訶梨勒
等分應服　三種妙藥　所謂甜辛　及以蘇膩
肺病應服　隨能吐藥　若風熱病　肺病等分
違時而動　應當任師　籌量隨病　飲食湯藥

務本062號 金光明經卷三（印章）

印文：廣錩審定　務本堂藏

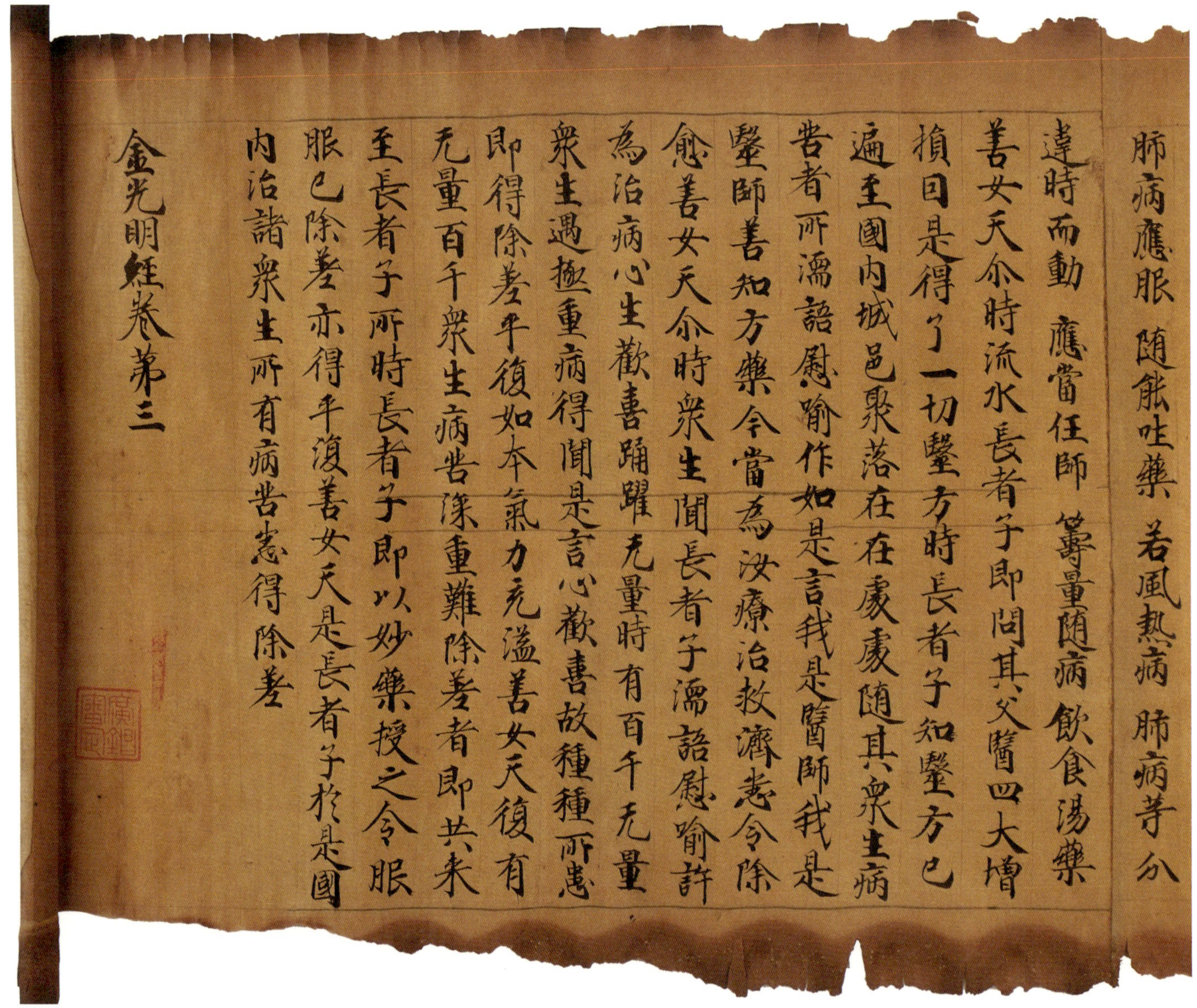

肺病應服　隨能吐藥　若風熱病　肺病等分
達時而動　應當任師　籌量隨病　飲食湯藥
善女天尒時流水長者子即問其父醫四大增
損因是得了一切鑿方時長者子知鑿方已
遍至國內城邑聚落在在處處隨其衆生病
苦者所濡語慰喻作如是言我是醫師我是
鑿師善知方藥今當為汝療治救濟悉令除
愈善女天尒時衆生聞長者子濡語慰喻許
為治病心生歡喜踊躍无量時有百千无量
衆生遇極重病得聞是言心歡喜故種種所患
即得除差平復如本氣力充溢善女天復有
无量百千衆生病苦深重難除差者即共來
至長者子所時長者子即以妙藥授之令服
服已除差亦得平復善女天是長者子於是國
內治諸衆生所有病苦悉得除差

金光明經卷第三

務本062號 金光明經卷三（08–08）

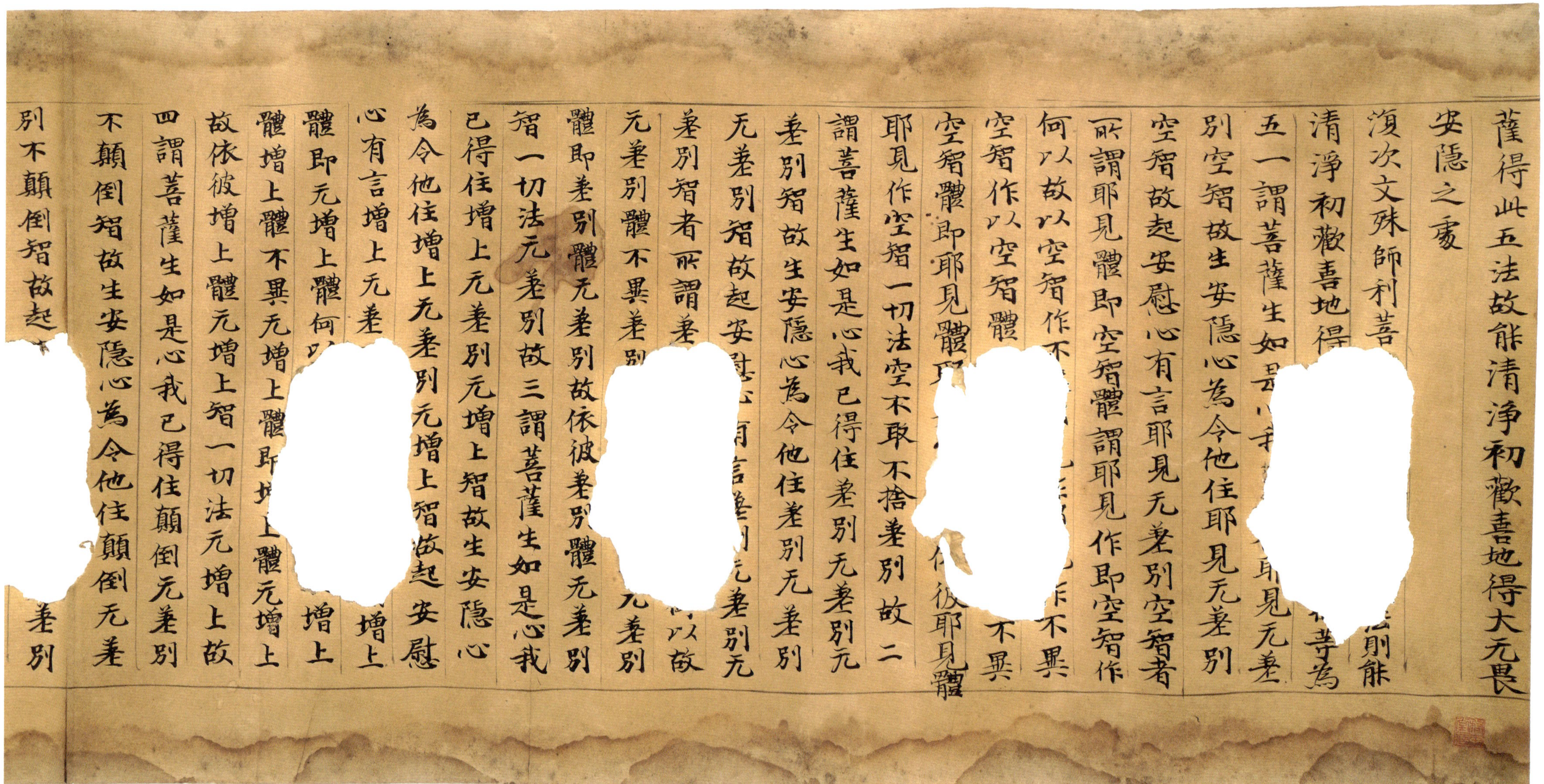

薩得此五法故能清淨初歡喜地得大无畏
安隱之處
復次文殊師利菩[illegible]則能
清淨初歡喜地得[illegible]菩為
五一謂菩薩生如是[illegible]耶見无差
別空智故生安隱心為令他住耶見无差別
空智故起安慰心有言耶見无差別空智者
所謂耶見體即空智體謂耶見作即空智作
何以故以空智作不[illegible]作不異
空智作以空智體[illegible]不異
空智體即耶見體[illegible]依彼耶見體
耶見作空智一切法空不取不捨差別故二
謂菩薩生如是心我已得住差別无差別无
差別智故生安隱心為令他住差別无差別
无差別智故起安慰心有言差別无差別无
差別智者所謂差[illegible]以故
无差別體不異差別[illegible]无差別
體即差別體无差別故依彼差別體无差別
智一切法无差別故三謂菩薩生如是心我
已得住增上无差別无增上智故生安隱心
為令他住增上无差別无增上智故起安慰
心有言增上无差[illegible]增上
體即无增上體何以[illegible]增上
體增上體不異无增上體即增上體无增上
故依彼增上體无增上智一切法无增上故
四謂菩薩生如是心我已得住顛倒无差別
不顛倒智故生安隱心為令他住顛倒无差
別不顛倒智故起[illegible]差別

務本063號 信力入印法門經卷一（16-01）

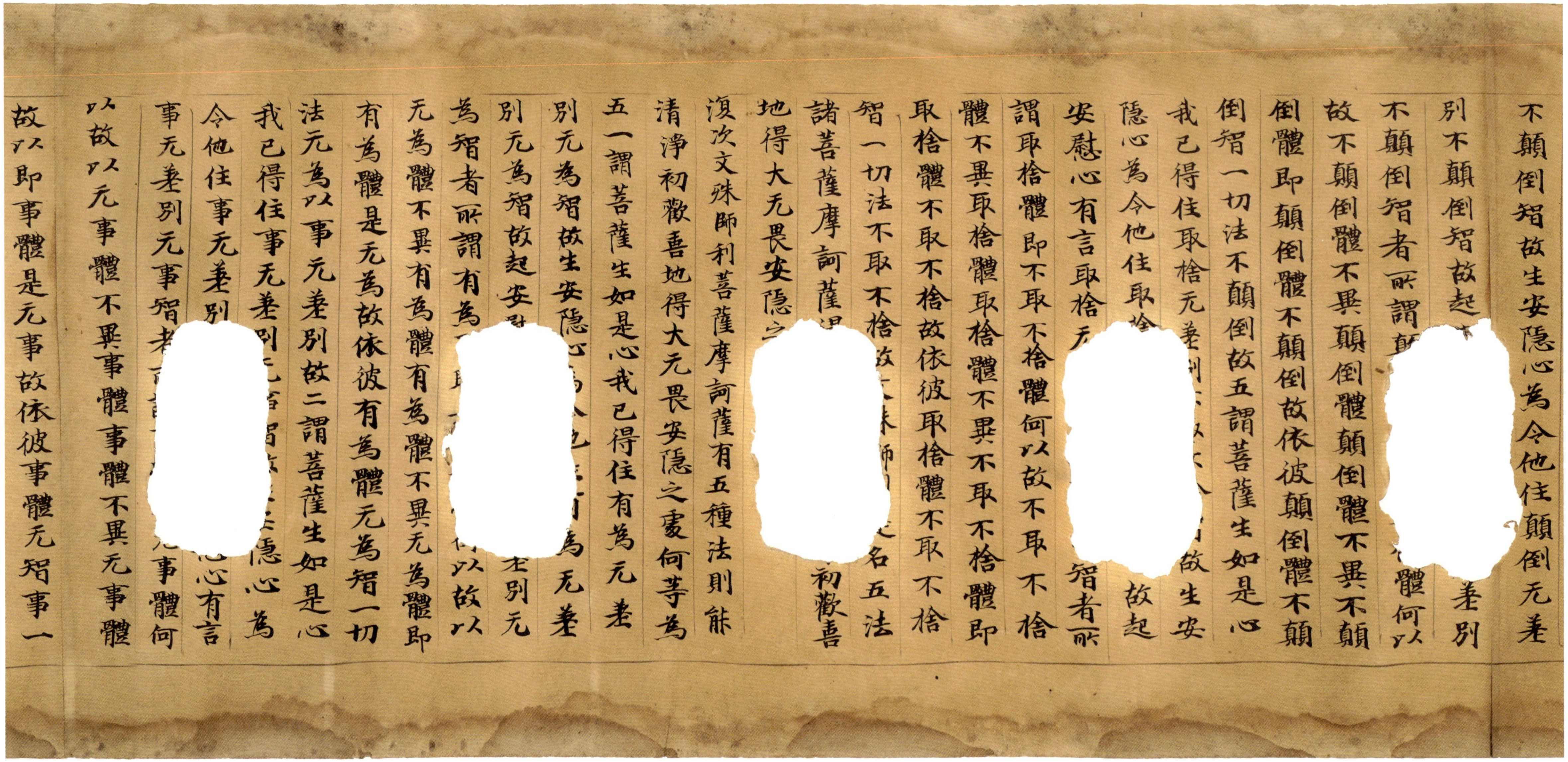
不顛倒智故生安隱心爲令他住顛倒无差
別不顛倒智故起[illegible]差別
不顛倒智者所謂顛[illegible]體何以
故不顛倒體不異顛倒體顛倒體不異不顛
倒體即顛倒體不顛倒故依彼顛倒體不顛
倒智一切法不顛倒故五謂菩薩生如是心
我已得住取捨无差別[illegible]故生安
隱心爲令他住取捨[illegible]故起
安慰心有言取捨无[illegible]智者所
謂取捨體即不取不捨體何以故不取不捨
體不異取捨體取捨體不異不取不捨體即
取捨體不取不捨故依彼取捨體不取不捨
智一切法不取不捨故[illegible]名五法
諸菩薩摩訶薩[illegible]初發喜
地得大无畏安隱之[illegible]
復次文殊師利菩薩摩訶薩有五種法則能
清淨初發喜地得大无畏安隱之處何等爲
五一謂菩薩生如是心我已得住有爲无差
別无爲智故生安隱心[illegible]爲无差
別无爲智故起安[illegible]差別无
爲智者所謂有爲[illegible]何以故以
无爲體不異有爲體有爲體不異无爲體即
有爲體是无爲故依彼有爲體无爲智一切
法无爲以事无差別故二謂菩薩生如是心
我已得住事无差別[illegible]隱心爲
令他住事无差別[illegible]心有言
事无差別无事智者[illegible]无事體何
以故以无事體不異事體事體不異无事體
故以即事體是无事故依彼事體无智事一

以故以无事體不異事體事體不異无事體
故以即事體是无事故依彼事體无智事一
切法无事故三謂菩薩生如是心我已得住
依止无差別无依[illegible]令他
住依止无差別无住[illegible]有言
依止无差別无依止智者所謂依止體即无
依止體何以故无依止體不異依止體依止
體不異无依止體即依止體无依止故依彼
依止體无依止智一切法无依止故四謂 善
薩生如是心我已[illegible]觀智故
生安隱心為令他住觀无差[illegible]觀智故起
安慰心有言觀无差別无觀智者所謂觀體
即无觀體何以故以无觀體不異觀體觀體
不異无觀體故以即觀體是无觀故依彼觀
體无觀智一切法无[illegible]菩薩生如是
心我已得住對治[illegible]故生安
隱心為令他住對治无差別无對治智故起
安慰心有言對治无差別无對治智者所謂
對治體即无對治體何以故以无對治體不
異對治體對治體不異无對治體即對治體
无對治故依彼對[illegible]切法无
對治故文殊師利[illegible]摩訶薩
得此五法故能清淨初歡喜地得大无畏安
隱之處
復次文殊師利菩薩摩訶薩有五種法則能
清淨初歡喜地得大无畏安隱之處何等為
五一謂菩薩生如[illegible]无差別
无相智故生安隱心為[illegible]无差別无
相智故起安慰心有言相无差別无相智者

无相智故生安隱心為令他住□无差別无
相智故起安慰心有言相无差別无相智者
所謂相體即无相體何以故以无相體不異
相體相體不異无相體故以即相體是无相
故依彼相體无相□□□故二謂菩
薩生如是心我已得□□□不實智故
生安隱心為令他住實无差別不實智故起
安慰心有言實无差別不實智者所謂實體
即不實體何以故以不實體不異實體實體
不異不實體故以即實體是不實體故依彼實
體不實智一切法□□□薩生如是
心我已得住二无差別不二智故生安隱心
為令他住二无差別不二智故起安慰心有
言二无差別不二智者所謂二體即不二體
何以故以不二體不異二體二體不異不二
體故以即二體是不□□□不二智
一切法不二故四謂□□□我已得
住色无差別无色智故生安隱心為令他住
色无差別无色智故起安慰心有言色无差
別无色智者所謂色體即无色體何以故以
无色體不異色體色體不異无色體故以即
色體是无色故依□□□切法无
色故五謂菩薩生如是心我已得住世間无
差別涅槃智故生安隱心為令他住世間无
差別涅槃智故起安慰心有言世間无差別
涅槃智者所謂世間體即涅槃體何以故以
涅槃體不異世間體世間體不異涅槃體即
世間體是涅槃故□□□槃智一切
法涅槃故文殊師利是名五法諸菩薩摩訶

世間體是涅槃故　槃智一切
法涅槃故文殊師利是名五法諸菩薩摩訶
薩得此五法故能清淨初歡喜地得大无畏
安隱之處
復次文殊師利善　五種法則能
清淨初歡喜地得　之處何等為
五一謂菩薩生如是心我已得住鄣㝵无差
別无鄣㝵智故生安隱心為令他住鄣㝵无
差別无鄣㝵智故起安慰心有言鄣㝵无差
別无鄣㝵智者所謂鄣㝵體即无鄣㝵體何
以故无鄣㝵體不　體不異无
鄣㝵體即鄣㝵體无鄣㝵故依彼鄣㝵體无
鄣㝵智一切法无鄣㝵故二謂菩薩生如是
心我已得住執着无差別无執着智故生安
隱心為令他住執着无差別无執着智故起
安慰心有言執着　智者所謂
執着體即无執着　着體不異
執着體執着體不異无執着體即執着體无
執着故依彼執着體无執着智一切法无執
着故三謂菩薩生如是心我已得住智无差
別无智智故生安隱心為令他住智无差別
无智智故起安慰　別无智智
者所謂智體即无智體何以故以无智體不
異智體智體不異无智體故以即智體是无
智故依彼智體无智智一切法无智故四謂
菩薩生如是心我已得住有无差別无智故
生安隱心為令他住　故起安
慰心有言有无差別　有體即是
无體何以故无體不異有體有體不異无體
即有體无故依彼有體无智一切法无故五

務本063號　信力入印法門經卷一（16-05）

无體何以故无體不異有體有體不異无體
即有體无故依彼有體无智一切法无故五
謂菩薩生如是心我已得住識无差別无識
智故生安隱心為令他住識无差別无識智
故起安慰心有言識　　智者所謂
識體即无識體何以故以无識體不異識體
識體不異无識體故以即識體是无識故
依彼識體无識智一切法无識故文殊師利
是名五法諸菩薩摩訶薩得此五法故能清
淨初歡喜地得大
復次文殊師利菩薩摩訶薩有五種法則能
清淨初歡喜地得大无畏安隱之處何等為
五一謂菩薩生如是心我已得住名无差別
无名智故生安隱心為令他住名无差別无
名智故起安慰心有　　无名智者
所謂名體即无名體何以故以　名體不異
名體名體不異无名體故以即名體是无名
故依彼名體无名智一切法无名故二謂菩
薩生如是心我已得住我无差別无我智故
生安隱心為令他住我无　別无我智故起
安慰心有言我无差　　所謂我體
即无我體何以故以无我體不異我體我體
不異无我體故以即我體是无我故依彼我
體无我智一切法无我故三謂菩薩生如是
心我已得住因緣和合作无差別无因緣和
合作智故生安隱　　和合作
无差別无因緣和合作智故起安慰心有言
因緣和合作无差別无因緣和合作智者所謂

无差別无因緣和合作智故起安慰心有言
因緣和合作无差別无因緣和合作智者所謂
因緣和合作體即无因緣和合作體何以
故无因緣和合作體不異因緣和合作體因
緣和合作體不異□體即因緣
和合作體无因緣和合作依彼因緣和合作
體无因緣和合作智一切法无因緣和合作
故四謂菩薩生如是心我已住別相无差別
无別相智故生安隱心為令他住別相无差
別无別相智故起□相无差別
无別相智者所謂別相體即无別相體何以
故无別相體不異別相體別相體不異无別
相體即別相體无別相故依彼別相體无別
相智一切法无別相故五謂菩薩生如是心
我已得住字无差別□隱心為
令他住字无差別无字□故起安慰心有言
字无差別无字智者所謂字體即无字體何
以故以无字體不異字體字體不異无字體
故以即字體是无字故依彼字體无字智一
切法无字故文殊師□菩薩摩
訶薩得此五法故能□善地得大无
畏安隱之處
復次文殊師利菩薩摩訶薩有五種法則能
清淨初歡喜地得大无畏安隱之處何等為
五一謂菩薩生如是心□憒閙无差別
无憒閙智故生安隱□憒閙无差
別无憒閙智故起安慰心有言憒閙无差別
无憒閙智者所謂憒閙體即无憒閙體何
以故无憒閙不異憒閙體憒閙體不異无
憒閙體即憒閙體无憒閙故依彼憒閙體无

以故无憍慢不異无
憍慢體即憍慢體无憍慢故依彼憍慢體无
憍慢智一切法无憍[illegible]菩薩生如是
心我已得住自讚无差別无自讚智故生安
隱心為令他住自讚无差別无自讚智故起
安慰心有言自讚无差別无自讚智者所謂
自讚體即无自讚體何以故无自讚體不異
自讚體自讚體不異[illegible]即自讚體无
自讚故依彼自讚體无自讚智一切法无自
讚故三謂菩薩生如是心我已得住不了義
无差別了義智故生安隱心為令他住不了
義无差別了義智[illegible]有言不了義
无差別了義智者所謂不了義體即了義體
何以故了義體不異不了義體不了義體不
異了義體即不了義體是了義故依彼不了
義體了義智一切法了義故四謂菩薩生如
是心我已得住人法无[illegible]智故生
安隱心為令他住人法无差別无人法智故
起安慰心有言人法无差別无人法智者所
謂人法體即无人法體何以故无人法體不
異人法體人法體不異无人法體即人法體
无人法故依彼人法[illegible]切法无
人法故五謂菩薩生如是心我已得住耶見
无差別正見智故生安隱心為令他住耶見
无差別正見智故起安慰心有言耶見无差
別正見智者所謂耶見體即正見體何以故
以正見體不異耶見[illegible]異正見體
即耶見體是正見故依彼耶見體正見智一
切法正見故文殊師利是名五法諸菩薩摩
訶薩得此五法故能清淨初歡喜地得大无

切法已見故文殊師利是名五法諸菩薩摩
訶薩得此五法故能清淨初歡喜地得大无
畏安隱之處
復次文殊師利菩薩[illegible]五種法則能
清淨初歡喜地得大无畏安隱之處何等為
五一謂菩薩生如是心我已得住无平等无
差別平等智故生安隱心為令他住无平等
无差別平等智故起安慰心有言无平等无
差別平等智者所謂[illegible]即平等體何
以故以平等體不異无平等體无平等體不
異平等體即无平等體是平等故依彼无平
等體平等智一切法平等故二謂菩薩生如
是心我已得住邊无[illegible]故生安隱
心為令他住邊无差別无邊智故起安慰心
有言邊无差別无邊智者所謂邊體即无邊
體何以故以无邊體不異邊體邊體不異无
邊體故以即邊體是无邊故依彼邊體无邊
智一切法无邊故三謂[illegible]是心我已
得住知可知无差別智智故生安隱心為令
他住知可知无差別智智故起安慰心有言
知可知无差別智智者所謂知可知體即是
智體何以故智體不異知可知體知可知體
不異智體即知可知體[illegible]故依彼知可
知體智智一切法智故四謂菩薩生如是心
我已得住取无差別无取智故生安隱心為
令他住取无差別无取智故起安慰心有言
取无差別无取智者所[illegible]即无取體何
以故以无取體不異取體取體不異无取體
故以即取體是无取故依彼取體无取智一

以故以无取體不異取體取體不異无取體
故以即取體是无取故依彼取體无取智一
切法无取故五謂菩薩生如是心我已得住
循行无差別无循行□□心為令他
住循行无差別无循行智故起安慰心有言
循行无差別无循行智者所謂循行體即无
循行體何以故无循行體不異循行體循行
體不異无循行體即循行體无循行故依彼
循行體无循行智一切□□□行故文殊師
利是名五法諸菩薩摩訶薩得此五法故能
清淨初歡喜地得大无畏安隱之處
復次文殊師利菩薩摩訶薩有五種法則能
清淨初歡喜地得大□□□□處何等為
五一謂菩薩生如是心我已住非中道无差
別中道智故生安隱心為令他住非中道无
差別中道智故起安慰心有言非中道无差
別中道智者所謂非中道體即中道體何以
故以中道體不異非中□□□□道體不異
中道體即非中道體是中道故依彼非中道
體中道智一切法中道故二謂菩薩生如是
心我已得住非虗空无差別虗空智故生安
隱心為令他住非虗空□□□空智故起
安慰心有言非虗空无差別虗空智者所謂
非虗空體即虗空體何以故以虗空體不異
非虗空體非虗空體不異虗空體即非虗空
體是虗空故依彼非虗空體虗空智一切法
虗空故三謂菩薩生如是心我已得住非石
女子平等无差別石女子平等智故生安隱
心為令他住非石女子平等无差別石女子
平等智起安慰心有言非石女子平等无差

心為令他住非石女子平等无差別石女子
平等智起安慰心有言非石女子平等无差
別石女子平等智者[illegible]子平等體
即石女子平等體何以故石女子平等體不
異非石女子平等體非石女子平等體不
異石女子平等體即非石女子平等體石女
子平等故依彼非石女子平等體石女子平
等智一切法石女子平等故四謂菩薩生如
是心我已得住非如陽炎无差別如陽炎智
故生安隱心為令他住非如陽炎无差別如
陽炎智故起安慰心有言非如陽炎无差別
如陽炎智者所謂非[illegible]體即如陽炎體
何以故如陽炎體即非如陽炎體非如陽炎
體即如陽炎體以非如陽炎體即如陽炎故
依彼非如陽炎體如陽炎智一切法如陽炎
故五謂菩薩生如是心[illegible]住耶見无差
別无耶見智故生安隱心為令他住耶見无
差別无耶見智故起安慰心有言耶見无差
別无耶見智者所謂耶見體即无耶見體何
以故无耶見體不異耶見體耶見體不異无
耶見體即耶見體无耶見故依彼耶見體无
耶見智一切法无耶見故文殊師利是名五
法諸菩薩摩訶薩得此五法故能清淨初歡
喜地得大无畏安隱之處
復次文殊師利菩薩摩訶薩有五種法則能
清淨初歡喜地得大无畏安隱之處何等為
五一謂菩薩生如是心我已得住无明无差
別明智故生安隱心為令他住无明无差別
明智故起安慰心有言无[illegible]差別明智者
所謂无明體即是明體何以故明體不異无

明智故起安慰心有言无[illegible]差別明智者
所謂无明體即是明體何以故明體不異无
明體无明體不異明體即无明體明故依彼
无明體明智一切法明故二謂菩薩生如是
心我已得住貪无差別无[illegible]故生安隱心
為令他住貪无差別无貪智故起安慰心有
言貪无差別无貪智者所謂貪體即无貪體
何以故以无貪體不異貪體貪體不異无貪
體故以即貪體是无貪故[illegible]貪體无貪智
一切法无貪故三謂菩薩生如是心我已得
住瞋无差別无瞋智故生安隱心為令他住
瞋无差別无瞋智故起安慰心有言瞋无差
別无瞋智者所謂瞋體即无[illegible]體何以故以
无瞋體不異瞋體瞋體不異无瞋體故以即
瞋體是无瞋故依彼瞋體无瞋智一切法无
瞋故四謂菩薩生如是心我已得住癡无差
別无癡智故生安隱心為令[illegible]住癡无差別
无癡智故起安慰心有言癡无差別无癡智
者所謂癡體即无癡體何以故以无癡體不
異癡體癡體不異无癡體故以即癡體是无
癡故依彼癡體无癡智一切[illegible]无癡故五謂
菩薩生如是心我已得住依記无差別无依
記智故生安隱心為令他住依記无差別无
依記智故起安慰心有言記无差別无依
記智者所謂依記體即无[illegible]記體何以故无
依記體不異依記體依記體不異无依記體
即依記體无依記故依彼依記體无依記智
一切法无依記故文殊師利是名五法諸菩
薩摩訶薩得此五法故能[illegible]淨初歡喜地得
大无畏安隱之處

薩摩訶薩得此五法故能清淨初歡喜地得
大无畏安隱之處
復次文殊師利菩薩摩訶薩有五種法則能
清淨初歡喜地得大无畏安隱之處何等為
五一謂菩薩生如是心我已得住布施行攝
受事智故生安隱心為令他住布施行攝受
事智故起安慰心有言布施行攝受事智者
所謂布施及以迴向故二謂菩薩生如是心
我已得住愛語行攝受事智故生安隱心為
令他愛語行攝受事智故起安慰心有言愛
語行攝受事智者所謂直心及以脩行故三
謂菩薩生如是心我已得住利益行攝受事
智故生安隱心為令他住利益行攝受事智
故起安慰心有言利益行攝受事智者所謂
大慈大悲故四謂菩薩生如是心我已得住
同事行攝受事智故生安隱心為令他住同
事行攝受事智故起安慰心有言同事行攝
受事行攝受事智者所謂方便及以智慧故
五謂菩薩生如是心我已得住莊心智故生安
隱心為令他住莊心智故起安慰心有言莊
心智者所謂直心及以脩行故文殊師利是
名五法謂菩薩摩訶薩得此五法故能清淨
初歡喜地得大无畏安隱之處
復次文殊師利菩薩摩訶薩有五種法則能
清淨初歡喜地得大无畏安隱之處何等為
五一謂菩薩生如是心我已得住離貪心故
生安隱心為令他住離貪心故起安慰心有
言離貪心者謂不執著一切法故二謂菩薩
生如是心我已得住離瞋心故生安隱心為
令他住離瞋心故起安慰心有言離瞋心者

生如是心我已得住離瞋心故生安隱心為
令他住離瞋心故起安慰心有言離瞋心者
謂不生他一切衆生嫉恨心故三謂菩薩生
如是心我已得住身業不作諸惡行故生安
隱心為令他住身業不作諸惡行故起安慰
心有言身業不作諸惡行者謂離三種身惡
行故四謂菩薩生如是心我已得住口業不
作諸惡行故生安隱心為令他住口業不作
諸惡行故起安慰心有言口業不作諸惡行
者謂離四種口業過故五謂菩薩生如是心
我已得住意業不作諸惡行故生安隱心為
令他住意業不作諸惡行故起安慰心有言
意業不作諸惡行者離貪瞋癡諸惡行故文
殊師利是名五法諸菩薩摩訶薩得此五法
故能清淨初歡喜地得大无畏安隱之處
復次文殊師利菩薩摩訶薩有五種法則能
清淨初歡喜地得大无畏安隱之處何等為五
一謂菩薩生如是心我已得住佛正念故
生安隱心為令他住佛正念故起安慰心有
言佛正念者所謂見佛清淨念故二謂菩薩
生如是心我已得住法正念故生安隱心為
令他住法正念故起安慰心有言法正念者
所謂能見清淨法故三謂菩薩生如是心我
已得住僧正念故生安隱心為念他住僧正
念故起安慰心有言僧正念者所謂得入菩
薩位故四謂菩薩生如是心我已得住捨正
念故生安隱心為念他住捨正念故起安慰
心有言捨正念者所謂捨彼一切取故五謂
菩薩生如是心我已得住戒正念故生安隱
心為令他住戒正念故起安慰心有言戒正

菩薩生如是心我已得住戒正念故生安隱
心為令他住戒正念故起安慰心有言戒正
念者所謂得入一切法故文殊師利是名五
法諸菩薩摩訶薩得此五法故能清淨初歡
喜地得大无畏安隱之處
復次文殊師利菩薩摩訶薩有五種法則能
清淨初歡喜地得大无畏安隱之處何等為
五一謂菩薩生如是心我已得住无常觀故
生安隱心為令他住无常觀故起安慰心有
言无常觀者所謂過彼欲貪色貪无色貪故
二謂菩薩生如是心我已得住无我觀故生
安隱心為令他住无我觀故起安慰心有言
无我觀者所謂不著一切觀故三謂菩薩生
如是心我已得住實諦法故生安隱心為令
他住實諦法故起安慰心有言實諦法者所
謂不誑諸天人故四謂菩薩生如是心我已
得住實法故生安隱心為令他住實法故起
安慰心有言實法者不誑諸天及自身故五
謂菩薩生如是心我已得住諸法行故生安
隱心為令他住諸法行故起安慰心有言諸
法行故者謂依一切諸法行故文殊師利是
名五法諸菩薩摩訶薩得此五法故能清淨
初歡喜地得大无畏安隱之處
復次文殊師利菩薩摩訶薩有五種法則能
清淨初歡喜地得大无畏安隱之處何等為
五一謂菩薩生如是心我已得住堅固戒故
生安隱心為令他住堅固戒故起安慰心有
言堅固戒者所謂乃至不犯小戒不作小罪
故二謂菩薩生如是心我已得住不缺戒故
生安隱心為令他住不缺戒故起安慰心有

故二謂菩薩生如是心我已得住不歎或故
生安隱心為令他住不歎或故起安慰心有
言不歎或者所謂不求諸餘乘故三謂菩薩
生如是心我已得住不黙或故生安隱心為
令他住不黙或故起安慰心有言不黙或者
謂離一切諸惡行故四謂菩薩生如是心我
已得住不濁或故生安隱心為令他住不濁
或故起安慰心有言不濁或者謂攝一切諸
菩薩故五謂菩薩生如是心我已得住善護
或故生安隱心為令他住善護或故起安慰
心有言善護或者謂於一切諸菩薩所生尊
心故文殊師利是名五法諸菩薩摩訶薩得
此五法故能清淨初歡喜地得大无畏安隱
之處
復次文殊師利菩薩摩訶薩有五種法則能
清淨初歡喜地得大无畏安隱之處何等為
五一謂菩薩生如是心我已得住善密或故
生安隱心為令他住善密或故起安慰心有
言善密或者所謂善護一切根故二謂菩薩
生如是心我已得住名稱或故生安隱心為
令他住名稱或故起安慰心有言名稱或者
謂入諸法无差別法界不二智无鄣㝵故三
謂菩薩生如是心我已得住知足或故生安
隱心為令他住知足或故起安慰心有言知
足或者離諸貪故四謂菩薩生如是心我已
得住差別或故生安隱心為令他住差別或
故起安慰心有言差別或者謂身寂靜故五
謂菩薩生如是心我已得住阿蘭若處或故
生安隱心為令他住阿蘭若處或故起安慰
心有言阿蘭若處或者謂入諸法无中无邊
故文殊師利是名五法諸菩薩摩訶薩得此
五法故能清淨初歡喜地得大无畏安隱
之處

信力入印經卷第一

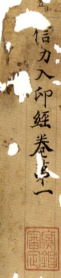

諾共期入屏覆處待男子來自身往就如
白衣女人此八事亦貪著相是非式叉摩尼
非沙門尼非釋女失式叉摩尼法若犯更受
是事盡壽不應犯汝能持不（答能）汝某甲聽僧已
與汝二歲學法式叉摩尼受持六法名式叉
摩尼汝得具滿和上阿闍梨具滿比丘尼僧得好
國土得好行處轉輪聖王所願而不能得今
已具滿當恭敬三寶佛寶法寶比丘僧寶當
供養和上阿闍梨恭敬上中下坐當勤三學
善戒學善心學善慧學當修三脫門空
無相無作當勤三業坐禪誦經勸作衆事
汝行是法當開甘露門得須陁洹果斯陁含
果阿那含果阿羅漢果如蓮花在水日夜增
長汝諸善根亦復如是於佛法中日夜增長
餘殘諸戒和上阿闍梨當數數為汝廣說
釋師子法中已難得戒無難時難得已得勿使空
頭面礼僧足　右繞歡喜
大比丘尼檀文第六（式叉摩尼初來入尼僧中頭面二礼僧足礼僧足已尼羯師應教受衣）
（鉢應問此比丘衣鉢是汝有不答言是應教我語）我某甲是衣僧伽梨若
干條受割截成我某甲不離宿受持（如是三說）我
某甲是衣欝多羅僧七條受兩長一短割截成
我某甲不離宿受持（如是三說）我某甲是衣安陁
會五條受一長一短割截成我某甲不離宿受持
（如是三說）若僧伽梨縵應言是縵衣僧伽梨受持餘
二衣亦尒　我某甲是覆肩衣受長四肘廣二
肘半是覆肩衣我某甲不離宿受持（如是三說）我

二衣亦尒我某甲是覆肩衣受長四肘廣二
肘半是覆肩衣我某甲不離宿受持如是三説我
某甲是衣厥修羅受長四肘廣二肘半是厥
修羅我某甲不離宿受持如是三説我某甲是餘
多羅應量受持常用故如是三説次教合求和上尼大德憶念
我式叉摩尼某甲求尊為和上尼願尊為我
某甲作和上尼我某甲因和上尼故僧當與
我某甲作比丘尼羯磨慈愍故如是三説戒師應問能
為某甲作和上尼不和上尼答言能應教著見處離聞處尼戒師應僧中作如是唱
誰能為某甲作教授師一比丘尼言我能佛言是比丘尼若成就五法應差
作教師何等五不隨愛教瞋教怖教癡教知教不教應知教師即時唱大德尼僧聽式叉摩
尼某甲從和上尼某甲求受具足戒某甲能
作教師為教某甲故若僧時到僧忍聽某
甲作教師為教某甲如是白大德尼僧聽式叉
摩尼某甲從和上尼某甲求受具足戒某甲
能作教師教某甲誰諸尼僧忍某甲為
教師為教某甲忍者是長老嘿然誰不忍
者便說僧已忍立某甲為教師教某甲竟僧忍
嘿然故是事如是持已被羯磨者應往式叉摩尼所教正衣服右膝著地合掌而問汝某
甲聽今是至誠時實語時我今問汝實當
言實不實當言不實汝是女不是人不非是
非人不非畜生不非是不能女不女根上有毛不
不枯壞不不帶下病不非偏不不二道合
不女根不小不非是不能產不非是無乳
不非是一乳不非是恒月水不非無月忌不
非婬不非客作不非買得不非破得不非
兵婦不非吏婦不非犯官事不不負他物不
女人有如是等病癩病癰疽病銷盡病癲狂

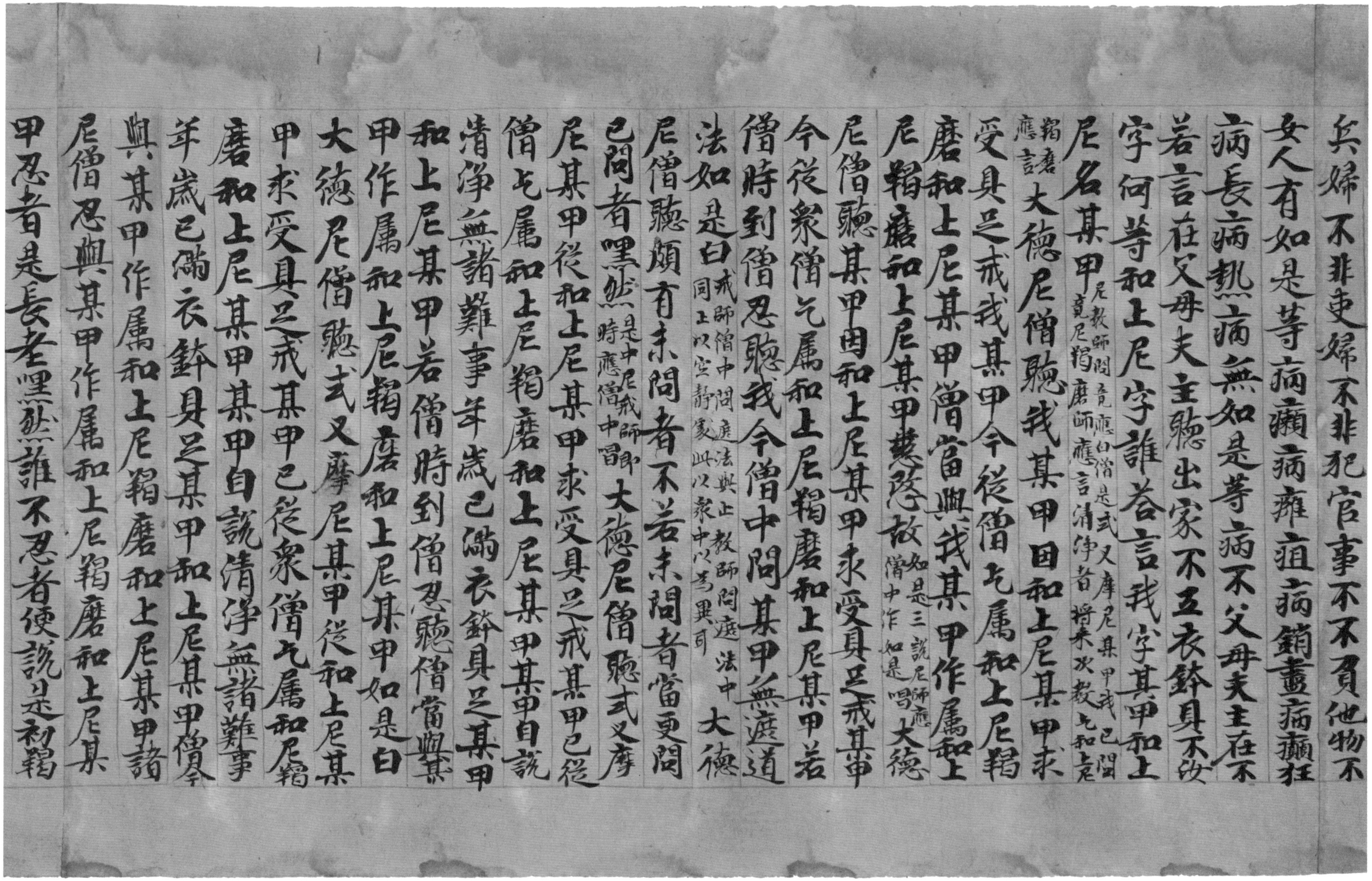
兵婦不非吏婦不非犯官事不負他物不
女人有如是等病癩病癰疽病消盡病癲狂
病長病熱病無如是等病不父母夫主在不
若言在父母夫主聽出家不五衣鉢具不汝
字何等和上尼字誰答言我字某甲和上
尼名某甲（尼教師問竟應白僧是式叉摩尼某甲我已問竟尼羯磨師應言清淨者將來次教乞和上尼）
（羯磨應言）大德尼僧聽我某甲因和上尼某甲求
受具足戒我某甲今從僧乞屬和上尼羯
磨和上尼某甲僧當與我某甲作屬和上
尼羯磨和上尼某甲慈愍故（如是三說尼師應僧中作如是唱）大德
尼僧聽某甲因和上尼某甲求受具足戒某甲
今從衆僧乞屬和上尼羯磨和上尼某甲若
僧時到僧忍聽我今僧中問某甲無遮道
法如是白（戒師僧中問遮法與上教師問遮法中同上以空靜處此以衆中以為異耳）大德
尼僧聽頗有未問者不若未問者當更問
已問者嘿然（是中尼戒師即時應僧中唱）大德尼僧聽式叉摩
尼某甲從和上尼某甲求受具足戒某甲已從
僧乞屬和上尼羯磨和上尼某甲某甲自説
清淨無諸難事年歲已滿衣鉢具足某甲
和上尼某甲若僧時到僧忍聽僧當與某
甲作屬和上尼羯磨和上尼某甲如是白
大德尼僧聽式叉摩尼某甲從和上尼某
甲求受具足戒某甲已從衆僧乞屬和尼羯
磨和上尼某甲某甲自説清淨無諸難事
年歲已滿衣鉢具足某甲和上尼某甲僧今
與某甲作屬和上尼羯磨和上尼某甲諸
尼僧忍與某甲作屬和上尼羯磨和上尼某
甲忍者是長老嘿然誰不忍者便説是初羯

務本 064 號 十誦羯磨比丘要用（18–03）

尼僧忍與某甲作屬和上尼羯磨和上尼某
甲忍者是長老嘿然誰不忍者便說是初羯
磨成就不（如是三說）僧已忍為某甲作屬和上尼羯磨
和上尼某甲竟僧忍嘿然故是事如是持（比丘尼衆應在）
（尼寺中作如是羯磨竟即日將至大僧中和合與受具足戒）
入大僧中受具足檀文第七（將至大僧中面面二礼僧足礼僧足已應教從和尼）
（乞受具足戒應言）大德憶念我某甲求尊為和上尼願
尊為我某甲作和上尼我某甲依和上尼故
僧當與我某甲受具足戒慈愍故（如是三說故次從僧乞受）
（具足戒應言）大德僧聽我某甲從和上尼某甲求受
具足戒我某甲今從衆僧乞受具足戒和上
尼某甲僧當濟度我與我某甲受具足戒
慈愍故（如是三乞一比丘僧中唱）大德僧聽某甲從和上尼
某甲求受具足戒某甲已從衆僧乞受具
足戒和上尼某甲若僧時到僧忍聽我當
僧中問某甲六法如是白（應語彼言）汝某甲聽今是
至誠時實語時我今僧中問汝實當言實
不實當言不實汝本來清淨不汝從出家來
順行出家法不二歲學六法不比丘尼僧半
事不尼僧已和合作乞屬和上尼羯磨未五
衣鉢具不汝字何等和上尼字誰答言我
名某甲和上尼名某甲 大德僧聽頗未問者不
若未問者當更問已問者嘿然 大德僧聽某
甲從和上尼某甲求受具足戒某甲已從衆
僧乞受具足戒和上尼某甲某甲自說清淨
無諸難事年歲已滿從出家來順行出家
法已二歲學六法比丘尼僧已作本事已作
屬和上尼羯磨五衣鉢具某甲和上尼某

法已二歲學六法比丘尼僧已作本事已作
屬和上尼羯磨五衣鉢具某甲和上尼某
甲若僧時到僧忍聽僧當與某甲受具足
戒和上尼某甲如是白 大德僧聽某甲從和上
尼某甲求受具足戒某甲已從衆僧乞受具
足戒和上尼某甲某甲自說清淨無諸難
事年歲已滿從出家來順行出家法已
二歲學六法比丘尼僧已作本事已作屬和
上尼羯磨五衣鉢具某甲和上尼某甲僧
今與某甲受具足戒和上尼某甲誰諸長
老忍與某甲受具足戒和上尼某甲忍者是
長老嘿然誰不忍者便說是初羯磨成就
不如是三說 僧已忍與某甲受具足戒和上尼某甲
竟僧忍嘿然故是事如是持 應教若人問汝幾歲應答言無歲何時耶
隨時答若春若夏若冬某月某日某時有閏无閏皆應隨實答是事汝盡壽應爲憶念持耶應爲說三依止法
汝某甲聽佛世尊多陁阿伽度阿羅呵三
藐三佛陁知者見者爲受大戒比丘尼說三
依止法比丘尼依是出家受戒行比丘尼法
何等三依糞掃衣比丘尼依是得出家受戒
行比丘尼法若長得赤麻衣白麻衣蒭麻
衣翅夷羅衣縿衣欽婆羅衣劫貝衣如是
等清淨衣皆是盈長得是中盡壽依糞
掃衣汝能持不 能答 依乞食比丘尼依是得出家受
戒行比丘尼法若長得相食故作食十五日食
月一日食十六日食衆僧食別房食請食若
僧若別請如是等清淨食皆是盈長得是
中盡壽依乞食汝能持不 能答 依陳棄藥比丘尼
依是得出家受戒行比丘尼法若長得四種含消

中盡壽依乞食汝能持不能若依陳棄藥比丘尼
依是得出家受戒行比丘尼法若長得四種含消
藥蘇油蜜石蜜四種淨脂驢脂猪脂熊脂䱇脂五種根藥舍利薑赤附子波提毗沙昌蒲根
五種果藥訶梨勒阿摩勒鞞醯勒胡椒畢鉢羅也五種鹽紫鹽白鹽黑鹽赤鹽樓鹽
五種湯花湯葉湯根湯莖湯果湯五種樹膠藥興渠薩闍羅諦夜諦夜婆提諦夜波
那如是餘清淨藥皆是盡長得是中盡壽依
陳棄藥汝能持不若能說次應八隨法汝某甲聽佛世尊
多陁阿伽度阿羅訶三藐三佛陁知者見者為
受具足戒比丘尼說八隨法若比丘尼於八隨
法中隨所犯一法是非比丘尼非沙門尼非
釋女失滅比丘尼法　佛種種因緣呵欲欲
想欲欲覺欲熱讚歎斷欲除欲想滅欲
熱若比丘尼共諸比丘尼入戒法中不捨戒
戒羸不出相隨心想受婬欲乃至共畜生是
非比丘尼非沙門尼非釋女失滅比丘尼法
是事盡壽不應犯汝能持不若能佛種種因
緣呵責偷奪法讚歎不偷奪法乃至一絛
綫一寸納一滯油公齋尚不應偷奪是中佛
制極少乃至五錢若五錢直若比丘尼隨所
偷事若王捉若殺若打若縛若擯出若輸
金罪作是言汝賊汝小兒汝癡汝隨官罪若
比丘尼如是偷奪者是非比丘尼非沙門尼非
釋女失滅比丘尼法是事盡壽不應犯汝能持不
若能佛種種因緣呵責殺生讚歎不殺生乃至
蟻子尚不應殺何況於人若比丘尼自手奪
人命若持刀與若教死讚死作是言咄人用
惡活為死勝生隨彼心樂死種種因緣教死讚
死若作憂多殺若頭多殺若作擬作網作擬

惡活為死勝生隨彼心樂死種種因緣歎死讚
死若作憂多殺若頭多殺若作擬作網作撥
若作毗陀羅殺若欲毗陀羅殺若斷氣殺若
墮胎殺若按腹殺若推著火中若水中若從高
推下若遣使道中死乃至母腹中初得二根身
根命根歌羅羅中生惡心方便令奪其命
從是因緣死者是非比丘尼非沙門尼非釋
女失滅比丘尼法是事盡壽不應犯汝能持
不能答佛種種因緣呵責妄語讚歎不妄語乃
至戲笑尚不應妄語何況故妄語若比丘尼不
知不見空無過人法自言我知如是知如是見我
得四果四向乃至我得初禪二禪三禪四禪我
我得慈悲喜捨無量空處識處無所有處
非想非非想處定我得不淨觀阿那般那
念諸天來至我所諸龍夜叉薜荔伽毗舍
闍鳩槃茶羅剎等來至我所彼問我答我
問彼答若比丘尼如是妄語者是非比丘尼非
沙門尼非釋女失滅比丘尼法是事盡壽不應
犯汝能持不能答佛種種因緣呵欲欲想欲欲
欲覺欲熱讚歎斷欲除欲想滅欲熱若比丘
尼有漏心聽漏心男子腋際至膝已上却衣順
摩逆摩抱捉牽推舉上舉下按搯者是非比
丘尼非沙門尼非釋女失滅比丘尼法是事盡
壽不應犯汝能持不能答佛種種因緣呵欲欲想
欲欲欲覺欲熱讚歎斷欲除欲想滅欲熱若
比丘尼有漏心聽漏心男子捉手捉衣共立共
語共期入屏處待男子來自身往就如
白衣女人此八事亦貪著相是非比丘尼非

務本064號 十誦羯磨比丘要用（18–07）

語共期入屏覆處待男子来自身往就如
白衣女人此八事亦貪著相是非比丘尼非
沙門尼非釋女失滅比丘尼法是事盡壽不
應犯汝能持不答能佛種種因緣呵責惡知識
惡伴黨讚歎善知識善伴黨若比丘尼知
他比丘尼犯重罪覆藏乃至一夜是比丘尼
知彼比丘尼若退若住若失若遠去往作
是言我先知是比丘尼有如是事不欲自向
人說不欲向僧說不欲令人作是言云何妹自
汙㛊是非比丘尼非沙門尼非釋女失滅比丘
尼法是事盡壽不應犯汝能持不答能佛種
種因緣呵責惡知識惡伴黨讚歎善知識
善伴黨若比丘尼知比丘僧一心和合作不見
擯是比丘獨一無二無伴无侶不休不息隨
順相助諸比丘尼應語是比丘尼言僧一心和
合作不見擯是比丘獨一無二無伴無侶不
休不息汝莫隨順若是比丘尼諫比丘尼
如是諫時堅持是事不捨者諸比丘尼
應第二第三諫令捨是事故第二第三諫
時捨者善若不捨者是非比丘尼非沙門尼
非釋女失滅比丘尼法是事盡壽不應犯汝
能持不答能汝某甲聽僧已與汝受具足戒竟善
受教化隨順師教汝已得好和上阿闍梨得
好衆僧得好行道處如轉輪聖王所願尚不
能得備汝今已具備當恭敬三寶佛寶法寶
比丘僧寶當勤三學善戒學善心學善慧
學勤修三脫門空无相無作當勤三業坐禪
誦經勸作衆事汝行是法當開甘露門得

學勤條三脫門　空无相無作當勤三業坐禪
誦經勸作衆事　汝行是法當開甘露門得
須陁洹果斯陁含果阿那含果阿羅漢果辟
支佛佛道　如蓮花在水日夜增長汝諸善
根亦復如是　於佛法中日夜增長餘殘諸
戒和上阿闍梨當漸漸為汝廣說　即為說偈
釋師子法中　一切妙善集　深大無崖際　功德之寶海
是頂轉輪王　天王善妙王　常求作沙門　不遂汝已得
精勤行三業　佛法无量種　汝當憶念法　達諸无礙智
如蓮花在水　漸漸日增長　汝亦如是信　戒聞定慧增
餘戒佛所說　和上師當教　衆中礼饒竟　盡足從座起
受大戒檀文第八　佛語諸比丘受具足法有三事現前得受具足何等三一有僧二有人欲受具足
三有羯磨是為三欲受具足人初來應教次第頭面礼僧足礼僧足已教受衣應問此衣是汝有不答言是應教汝說我語
我某甲此衣僧伽梨若干條受若割截若
未割截是衣受持不離宿　如是三說次問此衣是汝有不答言是
我某甲此衣亘夏多羅僧七條受若割截若
未割截是衣受持不離宿　如是三說次問此衣是汝有不答言是
我某甲此衣安陁會五條受割截若未割
截是衣受持不離宿　如是三說次問此衣鉢是汝有不答言是　我某甲此鉢
多羅應量受長用故　如是三說次問此鉢是汝有不答言是受衣鉢已應求和上應言　大
德憶念我某甲請大德為和上願大德為我某甲
作大戒和上我某甲依大德和上故得受具
足戒願大德與我某甲受具足戒慈愍故　如是三說
應問　誰能為某甲作和上　和上若言我某甲能即時搭閣處者見處戒師應唱衆僧和集
誰能為某甲作教授師　若僧中有比丘言我能若有五法不應作教師受教師瞋教怖教癡教
不教不知五法成就應作教師不愛教不瞋教不怖教不癡教教不教知　大德僧聽某甲從和上
某甲求受具足戒某甲能為某甲作教師若僧
時到僧忍聽僧某甲當作教師為教某甲如

其甲求受具足戒其甲能為其甲作教師若僧
時到僧忍聽僧其甲當作教師為教其甲如
是白大德僧聽其甲從和上其甲求受具足戒其甲能
為其甲作教師教其甲誰諸長老忍其甲作教
師教其甲者是長老默然誰不忍者便說僧已
忍其甲作教其甲竟僧忍默然故是事如是
持（時教師往弟子所教偏袒著衣胡跪合掌）汝其甲聽今是至誠時實
語時後僧中亦如是問汝實當言實不實當言不
實我今問汝汝丈夫不年滿二十不非奴不不與人客
作不不買得不不破得不非官人不不犯官事不
不陰謀王家不不負人債不丈夫有如是病若
癩癰漏白癩痟疾癲病汝有父母在不若
在父母聽汝出家不先不作比丘不若言作
清淨持戒不捨戒時一心如法還戒不三衣鉢
具不汝字何等和上字誰答我名其甲和
上名其甲教師問竟應白僧我問其甲竟
（戒師語若清淨者將來教礼僧足礼僧足已從僧乞受具足戒司）大德僧聽我其甲
從和上其甲求受具足戒我其甲今從衆
僧乞受具足戒和上其甲願僧濟度我與
我其甲受具足戒慈愍故（如是三說即時一比丘唱）大德僧聽
其甲從和上其甲求受具足戒其甲已從衆僧
乞受具足戒其甲和上其甲若僧時到僧忍聽
我今僧中問其甲無遮道法如是白（戒師問遮法文與上同）
（教師問遮法文同上只定靜此以衆中以為異耳）大德僧聽頗有未問者不若
未問者當更問已問者默然（戒師唱）大德僧聽其
甲從和上其甲求受具足戒其甲已從衆僧
乞受具足戒和上其甲其甲自說清淨無諸
難事年歲已滿衣鉢具足其甲和上其甲若

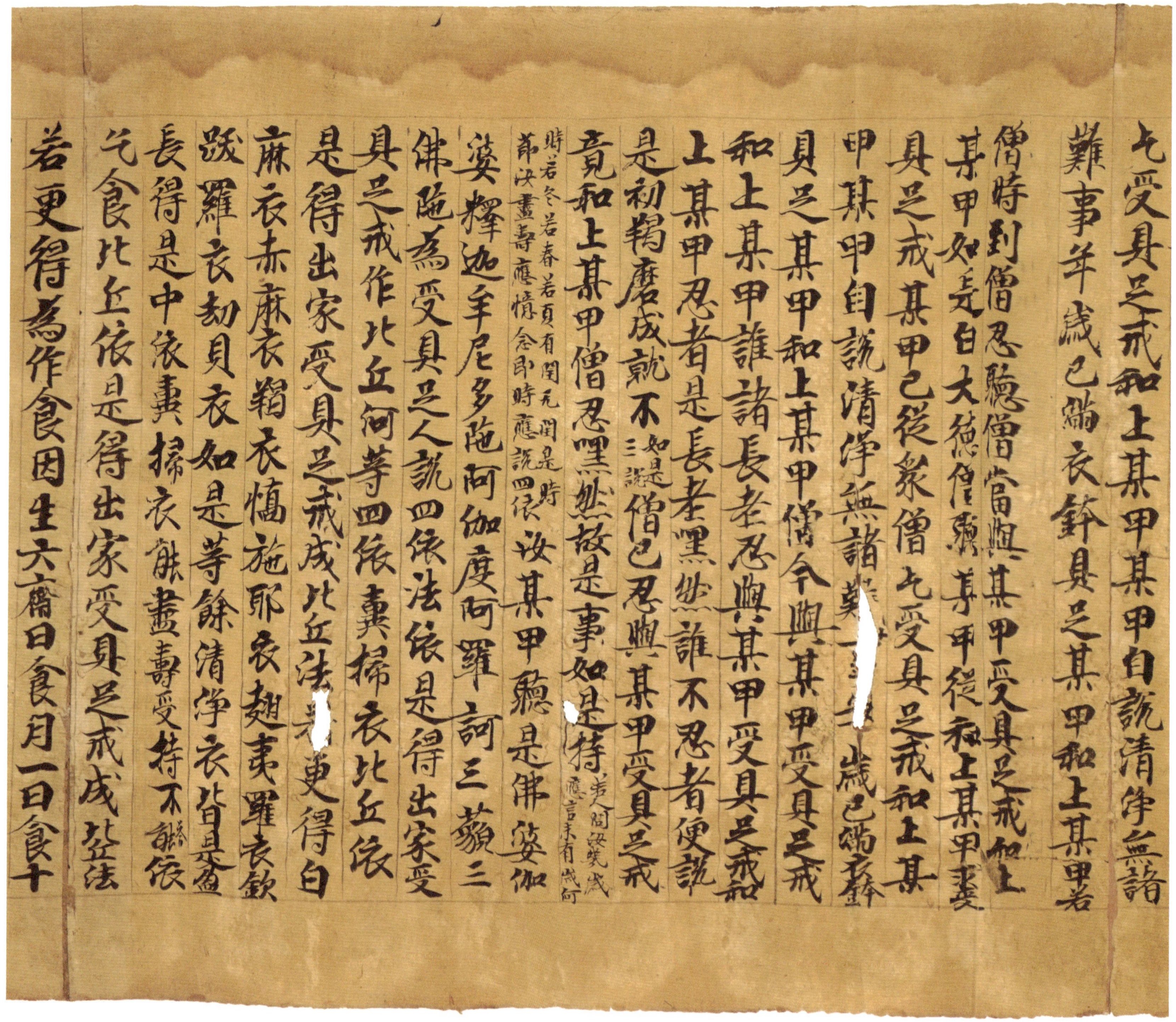
乞受具足戒和上某甲某甲自説清淨無諸
難事年歳已滿衣鉢具足某甲和上某甲若
僧時到僧忍聽僧當與某甲受具足戒和上
某甲如是白大德僧聽某甲從和上某甲乞受
具足戒某甲已從衆僧乞受具足戒和上某
甲某甲自説清淨無諸難[illegible]歳已滿衣鉢
具足某甲和上某甲僧今與某甲受具足戒
和上某甲誰諸長老忍與某甲受具足戒和
上某甲忍者是長老黙然誰不忍者便説
是初羯磨成就不如是三説僧已忍與某甲受具足戒
竟和上某甲僧忍黙然故是事如是持若人問汝幾歳應言未有歳何
時若冬若春若夏有閏无閏是時節汝盡壽應憶念即時應説四依汝某甲聽是佛婆伽
婆釋迦牟尼多陁阿伽度阿羅訶三藐三
佛陁爲受具足人説四依法依是得出家受
具足戒作比丘何等四依糞掃衣比丘依
是得出家受具足戒成比丘法若更得白
麻衣赤麻衣翎衣憍施耶衣翅夷羅衣欽
跋羅衣劫貝衣如是等餘清淨衣皆是盡
長得是中糞掃衣能盡壽受持不能依
乞食比丘依是得出家受具足戒成比丘法
若更得爲作食因生六齋日食月一日食十

務本 064 號 十誦羯磨比丘要用（18–11）

乞食比丘依是得出家受具足戒成比丘法
若更得為作食因生六齋日食月一日食十
六日食衆僧食別房食請食若僧若私
如是等餘清淨食皆是盈長得中依乞食
能盡壽受用不答能依樹下住比丘依是得出家
受具足戒成比丘法若得溫樹講堂殿樓一重
舍閣屋平覆屋地窟山窟漂頭勒迦臥具
曇頭勒迦臥具禪頭勒迦臥具下至草敷葉
如是等餘清淨房舍臥具皆是盈長得是
中依樹下住能盡壽受用不答能依陳棄比丘依
是得出家受具足戒成比丘法若更得四種含
消藥蘇油蜜石蜜 四種淨脂熊脂驢脂猪脂𩵋脂 五種根藥舍利薑赤附子波提
毘沙昌蒲根 五種果藥呵梨勒鞞醯勒呵摩勒㮈子鉢羅 五種淨塩黑塩白塩紫塩赤塩
鹵土塩 五種湯根湯莖湯葉湯花湯果湯 五種樹膠藥興渠薩闍羅諦樹提諦截提諦婆
那 如是等餘清淨藥皆是盈長得是中依陳棄
藥能盡壽受用不答能汝其甲聽是佛婆伽婆
釋迦牟尼多陀阿伽度阿羅呵三藐三佛陀
為受具足比丘說四墮法若比丘於是四法
若作一法是非比丘非沙門非釋子失比
丘法如截多羅樹斷更不生不青不長不
廣比丘亦如是於四墮法若犯一一法非比丘
非沙門非釋子失比丘法 佛種
種因緣呵責欲欲想欲覺欲熱讚
歎斷欲除欲想滅欲熱若比丘共諸比丘入
戒法中不捨戒戒羸不出相隨心想受婬欲乃
至共畜生是非比丘非沙門非釋子失比
丘法是事盡壽不應犯汝能持不答能佛種種因
緣呵責偷奪法讚歎不偷奪法乃至一縷線

丘法是事盡壽不應犯汝能持不答能 佛種種因
緣訶責偷奪法讚歎不偷奪法乃至一條線
一寸納一滯油亦齊尚不應偷奪是中佛制極
少乃至五錢若五錢直若比丘隨所偷奪事
若王捉若殺若縛若擯出若輸金罪
作是言汝賊汝小兒汝癡汝墮官罪若比丘如
是偷奪者是非比丘非沙門非釋子失滅比
丘法是事盡壽不應犯汝能持不答能 佛種種
因緣訶責殺生讚歎不殺生乃至蟻子尚不
應殺何況於人若比丘自手奪人命若持
刀與若教死讚死作是言咄人用惡活爲
死勝生隨彼心樂死種種因緣教死讚死若
作憂多殺若頭多殺若作擬作網作撥若
作毗陀羅殺若似毗陀羅殺若斷命殺若墮
胎殺若按腹殺若推著火中水中若從高推下
殺若遣使道中死乃至母腹中初得二根身根
命根歌羅羅中生惡心方便令奪其命從
是因緣死者是非比丘非沙門非釋子失滅
比丘法是事盡壽不應犯汝能持不答能 佛種
種因緣訶責妄語讚歎不妄語是中乃至戲
咲尚不應妄語何況故妄語若比丘不知不見
空無過人法自言我知是知如是見我得須
陁洹果乃至阿羅漢果我得初禪二禪三禪
四禪我得慈悲喜捨無量空處識處无所
有處非想非非想處定我得不淨觀阿那般
那念天來至我所諸天龍夜叉薜荔毗舍
闍鳩槃茶羅刹等來至我所彼問我答我
問彼答若比丘如是妄語者是非比丘非沙門

闍鳩槃荼羅刹等來至我所彼問我答我
問彼答若比丘如是妄語者是非比丘非沙門
非釋子失滅比丘法是事盡壽不應犯汝能
持不能答汝其甲聽初篇罪不可起第二篇罪
雖可起數時覆藏隨覆藏時應行婆利婆
沙行婆利婆婆已應行六夜摩那埵行摩那
埵已二十比丘衆中出罪是衆中可恥為人所輕
所輕是中汝不得故弄陰出不淨如是事能
不作不能答不得故觸女人身不得向女惡口語不
得女人前自讚供養身不得媒嫁女人不得自
起房佛聽應作不應作不得起大房
佛聽應作不應不應作無根罪不得謗
他人少許罪因緣不得謗言大不得勸破
僧不得佐破僧人不毀辱他家不得性戾難
教如是事能不作不能答汝其甲聽僧已與汝受
具足戒竟善受教化隨順師教汝已得好和
上阿闍梨得好衆僧得好國土好行道處
如轉輪聖王所願尚不能得滿汝今已具滿當
恭敬三寶佛寶法寶比丘僧寶當勤三學
善戒學善心學善慧學勤修三脫門空無相
無作當勤三業坐禪誦經勸作衆事汝行
是法當開甘露門得須陁洹果斯陁含果阿
那含果阿羅漢果辟支佛道如蓮花在水
日夜增長汝諸善根亦復如是於佛法中日
夜增長餘殘諸戒和上阿闍梨當漸漸為汝
廣說即為說偈

釋師子法中　一切妙善集　深大無崖際　功德之寶海
是願轉輪王　天王善法王　常求作沙門　不遂汝已得

釋師子法中 一切妙善集 深大無崖際 功德之寶海
是願轉輪王 天王善法王 常求作沙門 不遂汝已得
精勤行三業 佛法無量種 汝常憶念法 律諸無礙智
如蓮花在水 漸漸日增長 汝亦如是信 戒聞定慧增
餘戒佛所說 和上師當教 衆中礼繞竟 喜合從所樂
結小界文第九 先結空地界然後結界場先一比丘唱四方小界相作畔齋已作白二羯磨在衆中作如是白
大德僧聽比丘某甲唱四方小界相僧今結小
界作界場若僧時到僧忍聽僧於此四方相
內結小界作戒場如是白大德僧聽比丘某
甲唱四方小界相僧今於此四方相內結小界
作戒場誰諸長老忍僧於此四方相內結小界
作戒場者是長老黙然誰不忍者便說僧已
忍於此四方相內結小界作界場竟僧忍黙
然故是事如是持
結大界文第十 先令一比丘唱四方大界相作畔齋已作白二羯磨在衆中作如是白
大德僧聽比丘某甲唱四方大界相是諸相內
是界內若僧時到僧忍聽是中一布薩共住結
界如是白大德僧聽比丘某甲唱四方大界相
是諸相內是界內是中一布薩共住結界誰
諸長老忍是中一布薩共住結界者黙然誰
不忍者便說僧已忍一布薩住結界竟僧
忍黙然故是事如是持
結不離衣界文第十一
大德僧聽一布薩共住隨僧許結界內是中
除聚落及聚落界取空地及住處若僧時到
僧忍聽是中一布薩共住結界內作不離衣
宿羯磨如是白
大德僧聽一布薩共住隨衆許結界內是中除

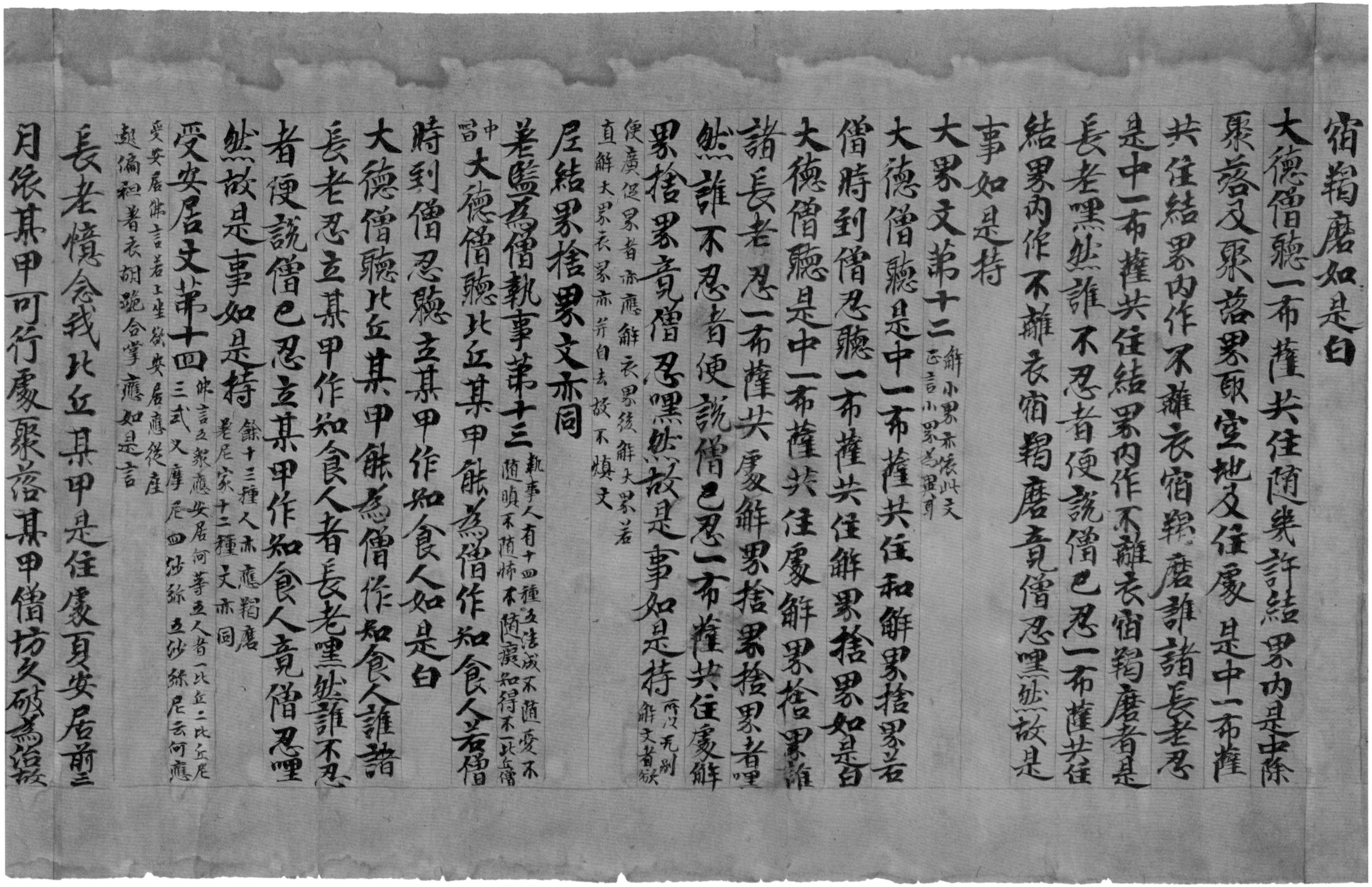
宿羯磨如是白
大德僧聽一布薩共住隨衆許結界內是中除
聚落及聚落界取空地及住處是中一布薩
共住結界內作不離衣宿羯磨誰諸長老忍
是中一布薩共住結界內作不離衣宿羯磨者是
長老嘿然誰不忍者便說僧已忍一布薩共住
結界內作不離衣宿羯磨竟僧忍嘿然故是
事如是持
大界文第十二　解小界亦依此文正言小界為異耳
大德僧聽是中一布薩共住和解界捨界若
僧時到僧忍聽一布薩共住解界捨界如是白
大德僧聽是中一布薩共住處解界捨界誰
諸長老忍一布薩共處解界捨界捨界者嘿
然誰不忍者便說僧已忍一布薩共住處解
界捨界竟僧忍嘿然故是事如是持　所以無別解文者欲
便廣從界者亦應解衣界後解大界若
直解大界衣界亦并自去故不煩文
尼結界捨界文亦同
差監為僧執事第十三　執事人有十四種五法成不隨愛不隨瞋不隨怖不隨癡知得不得
中冒　大德僧聽比丘某甲能為僧作知食人若僧
時到僧忍聽立某甲作知食人如是白
大德僧聽比丘某甲能為僧作知食人誰諸
長老忍立某甲作知食人者長老嘿然誰不忍
者便說僧已忍立某甲作知食人竟僧忍嘿
然故是事如是持　餘十三種人亦應羯磨差尼家十二種文亦同
受安居文第十四　佛言五衆應安居何等五人者一比丘二比丘尼三式叉摩尼四沙彌五沙彌尼云何應
受安居佛言若上坐欲安居應從座
起偏袒著衣胡跪合掌應如是言
長老憶念我比丘某甲是住處夏安居前三
月依某甲可行處聚落某甲僧坊久破為治故

長老憶念我比丘某甲是住處夏安居前三
月依某甲可行處聚落某甲僧坊久破為治故
（如是三說）下坐應言莫放逸上坐言受持（若下坐受安居如上坐法唯除兩足為異耳）
（後三月受持亦尒）受七日文第十五
長老憶念我比丘某甲是住處夏安居受七
日出界外緣事故（如是三說）
受三十九夜文第十六（乞三十九夜出界文若僧眾受遣不須乞若私營三寶事須乞乞法者）
大德僧聽我比丘某甲為僧事故今從眾僧
乞三十九夜出界外還是中安居是中自恣
（如是三說）大德僧聽比丘某甲是處夏安居受三
十九夜出界外為僧事故若僧時到僧忍聽
僧某甲是處夏安居為僧事故受三十九夜
出界外如是白　大德僧聽比丘某甲是處夏
安居為僧事故受三十九夜出界外誰諸長
老忍某甲是處夏安居為僧事故受三十
九夜出界外者是長老嘿然誰不忍者便說
僧已忍與某甲三十九夜出界外竟僧忍嘿
然故是事如是持
一人心念口言布薩文第十七
僉僧布薩若十四日若十五日我今日亦布薩（如是三說）
三人二人三語布薩文第十八（受法上下儀法如上故不煩文）
長老憶念今日僧布薩若十四日若十五日長
老知我清淨憶持無遮道法戒眾滿故（如是三說）
四人以上廣布薩與清淨文第十九
長老憶念今日若十四日若十五日僧作布
薩我比丘某甲有緣事故與僧清淨布薩
欲長老為我說并取籌（如是三說）
至僧中說清淨文第二十

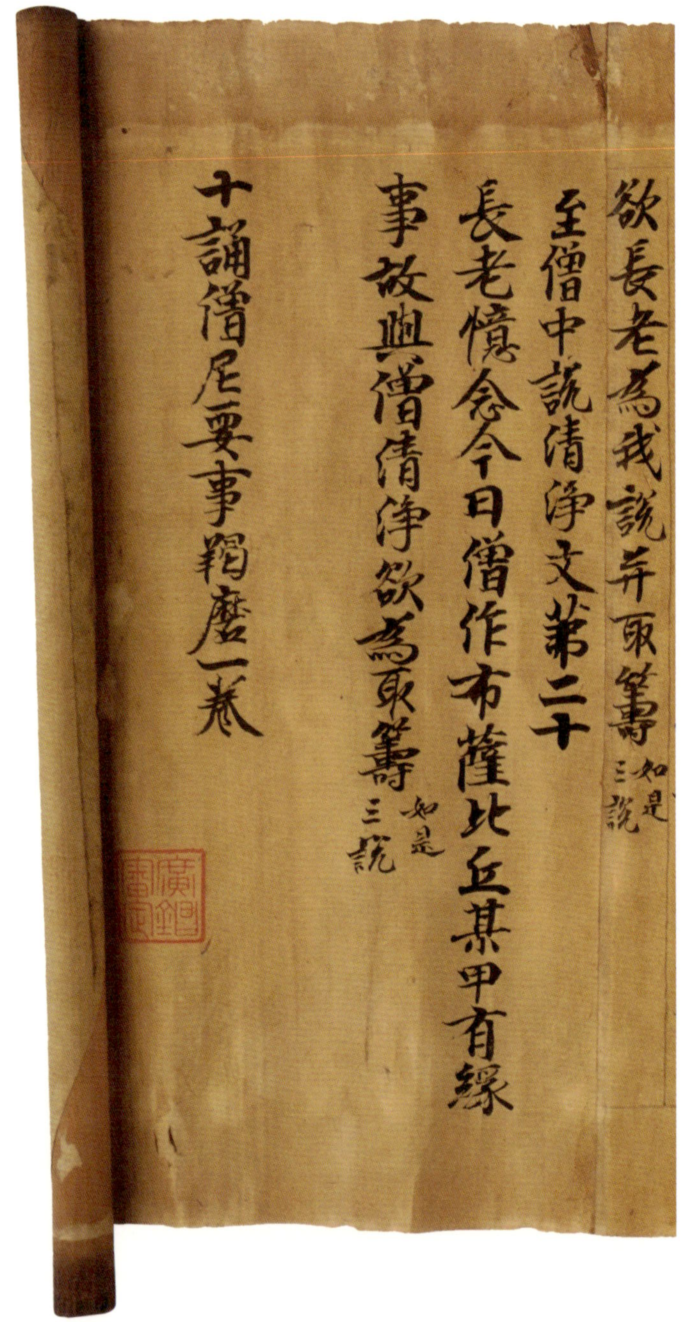

務本 064 號 十誦羯磨比丘要用（印章）

印文：廣錩審定　務本堂藏

務本 064 號 十誦羯磨比丘要用（18–18）

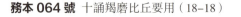

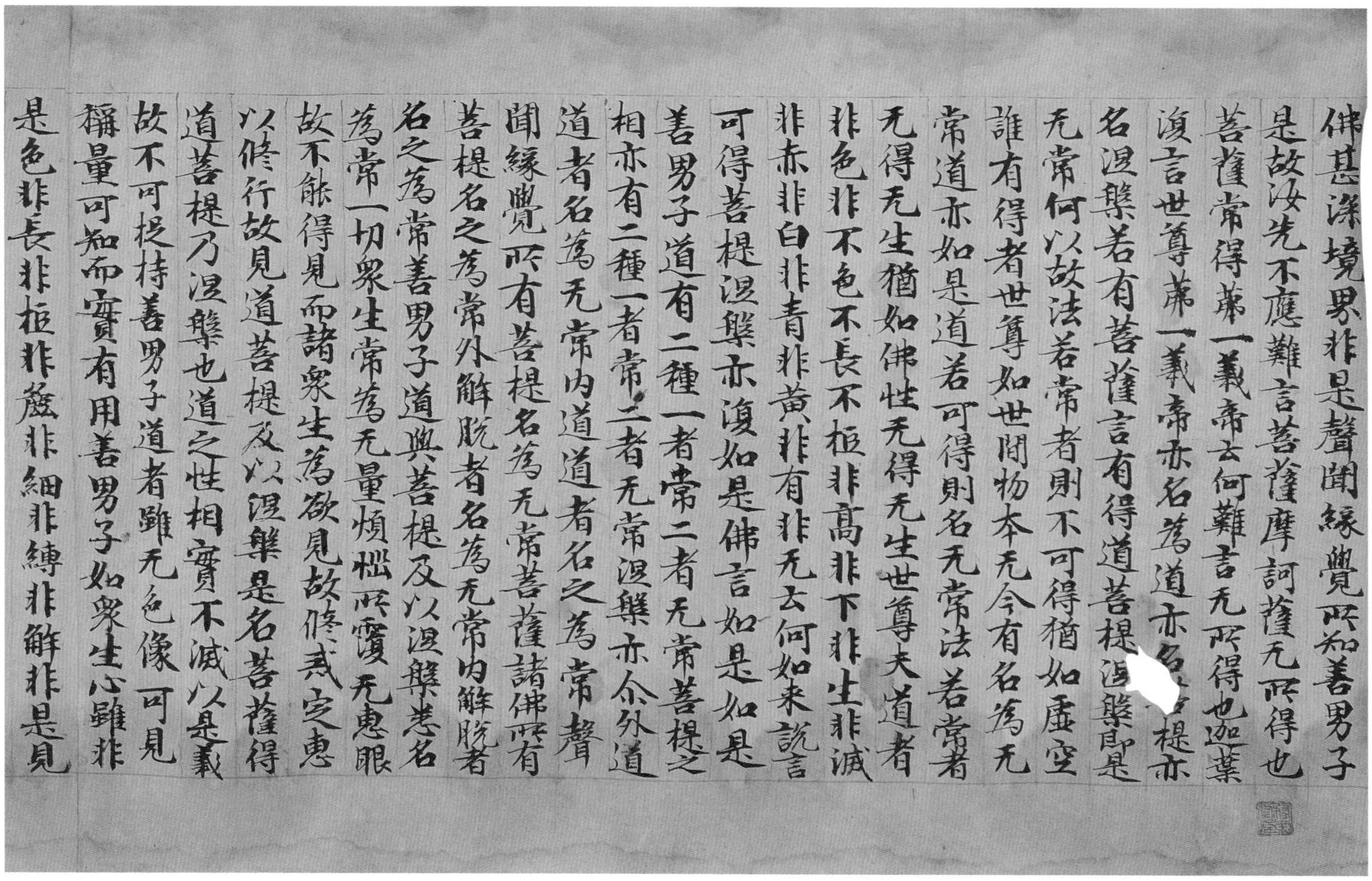

佛甚深境界非是聲聞緣覺所知善男子
是故汝先不應難言菩薩摩訶薩无所得也
菩薩常得第一義帝云何難言无所得也迦葉
復言世尊第一義帝亦名為道亦名菩提亦
名涅槃若有菩薩言有得道菩提涅槃即是
无常何以故法若常者則不可得猶如虛空
誰有得者世尊如世間物本无今有名為无
常道亦如是道若可得則名无常法若常者
无得无生猶如佛性无得无生世尊夫道者
非色非不色不長不短非高非下非生非滅
非赤非白非青非黃非有非无云何如來說言
可得菩提涅槃亦復如是佛言如是如是
善男子道有二種一者常二者无常菩提之
相亦有二種一者常二者无常涅槃亦尒外道
道者名為无常内道道者名之為常聲
聞緣覺所有菩提名為无常菩薩諸佛所有
菩提名之為常外解脫者名為无常内解脫者
名之為常善男子道與菩提及以涅槃悉名
為常一切衆生常為无量煩惱所覆无恵眼
故不能得見而諸衆生為欲見故修戒定恵
以修行故見道菩提及以涅槃是名菩薩得
道菩提乃涅槃也道之性相實不滅以是義
故不可捉持善男子道者雖无色像可見
稱量可知而實有用善男子如衆生心雖非
是色非長非短非麁非細非縛非解非是見

務本 065 號 大般涅槃經卷一七（09-01）

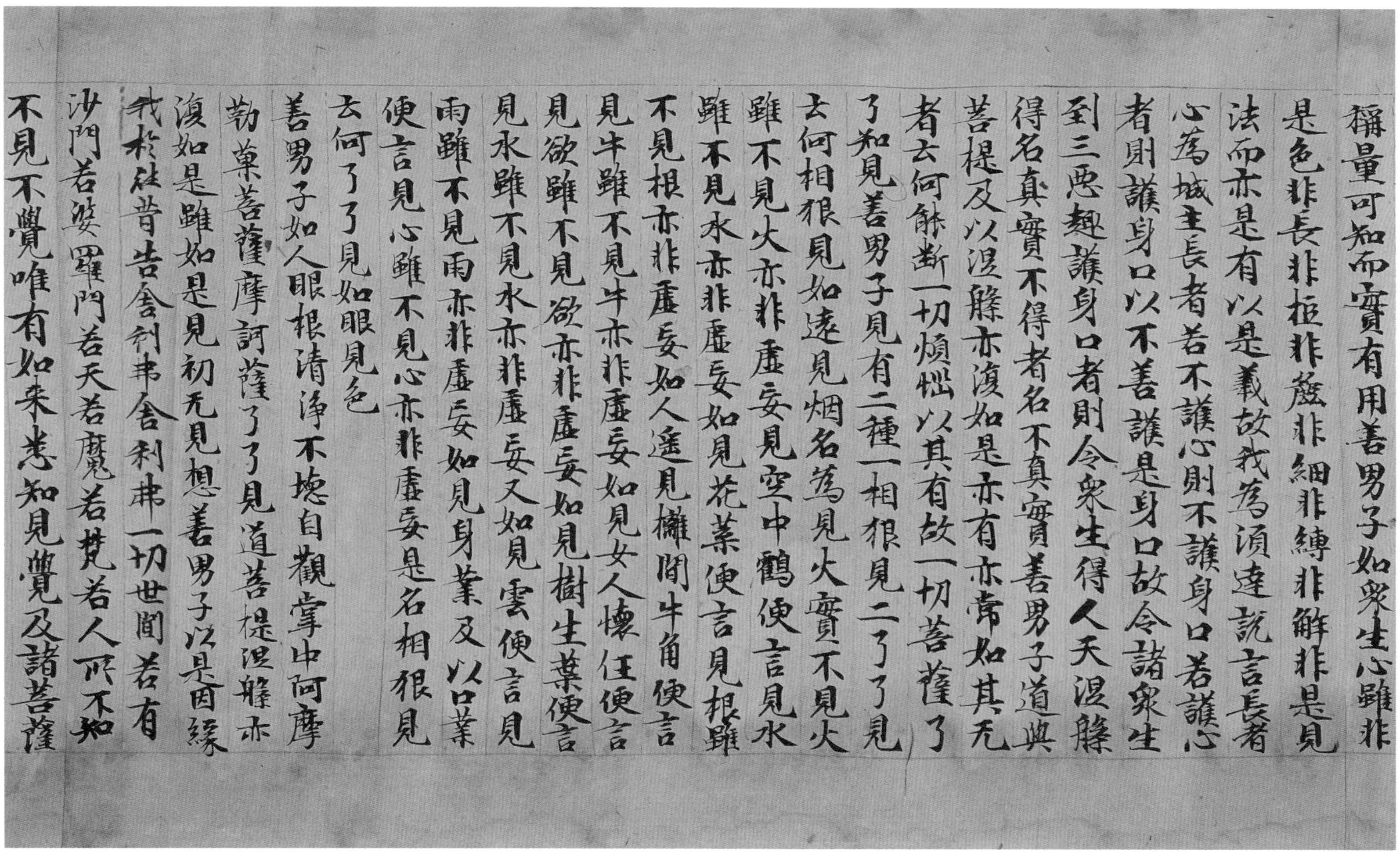

稱量可知而實有用善男子如衆生心雖非
是色非長非短非麁非細非縛非解非是見
法而亦是有以是義故我為須達說言長者
心為城主長者若不護心則不護身口若護心
者則護身口以不善護是身口故令諸衆生
到三惡趣護身口者則令衆生得人天涅槃
得名真實不得者名不真實善男子道與
菩提及以涅槃亦復如是亦有亦常如其无
者云何能斷一切煩惱以其有故一切菩薩了
了知見善男子見有二種一相貌見二了了見
云何相貌見如遠見烟名為見火實不見火
雖不見火亦非虛妄見空中鶴便言見水
雖不見水亦非虛妄如見花葉便言見根雖
不見根亦非虛妄如人遙見牆間牛角便言
見牛雖不見牛亦非虛妄如見女人懷任便言
見欲雖不見欲亦非虛妄如見樹生葉便言
見水雖不見水亦非虛妄又如見雲便言見
雨雖不見雨亦非虛妄如見身業及以口業
便言見心雖不見心亦非虛妄是名相貌見
云何了了見如眼見色
善男子如人眼根清淨不壞自觀掌中阿摩
勒菓菩薩摩訶薩了了見道菩提涅槃亦
復如是雖如是見初无見想善男子以是因緣
我於往昔告舍利弗舍利弗一切世間若有
沙門若婆羅門若天若魔若梵若人所不知
不見不覺唯有如來悉知見覺及諸菩薩

務本 065 號 大般涅槃經卷一七（09-02）

沙門若婆羅門若天若魔若梵若人所不知
不見不覺唯有如來悉知見覺及諸菩薩
亦復如是舍利弗若諸世間所知見覺我與
菩薩亦知見覺世間衆生之所不知不見不覺
亦不自知不知見覺世間衆生所知見覺便
自説言我知見覺舍利弗如來一切悉知見
覺亦不自言我知見覺一切菩薩亦復如
是何以故若使如來作知見覺相當知是則
非佛世尊名爲凡夫菩薩亦尒
迦葉菩薩言如佛世尊爲舍利弗説世間
知者我亦得知世間不知我亦悉知其義云何
善男子一切世間不知不見不覺佛性若有
知見覺佛性者不名世間名爲菩薩世間之
人亦復不知不見不覺十二部經十二因緣
四倒四諦三十七品阿耨多羅三藐三菩提
大般涅槃若知見覺者不名世間當名菩薩
善男子是名世間不知見覺云何世間所知
見覺所謂梵天自在天八臂天性時微塵法
及非法是造化主世界終始斷常二見説言
初禪至非非想名爲涅槃善男子是名世
間所知見覺菩薩摩訶薩於如是事亦覺
覺菩薩如是知見覺已若言不知不見不覺
是爲虛妄虛妄之法則爲是罪以是罪故墮
於地獄善男子若男若女若沙門若婆羅門
説言无道菩提涅槃當知是輩名一闡提魔
之眷屬名爲謗法如是謗法名謗諸佛如是

務本 065 號 大般涅槃經卷一七（09–03）

説言无道菩提涅槃當知是輩名一闡提魔
之眷屬名爲謗法如是謗法名謗諸佛如是
之人不名世間不名非世間尒時迦葉聞是事
已即以偈頌而讃歎佛
大慈愍衆生　故令我歸依　善拔諸毒箭　故稱大醫王
世醫所療治　雖差還復生　如來所治者　畢竟不復發
世尊甘露藥　以施諸衆生　衆生既服已　不死亦不生
如來今爲我　演説大涅槃　衆生聞秘藏　即得不生滅
迦葉菩薩説是偈已即白佛言世尊如佛所
説一切世間不知見覺菩薩悉能知見覺者
若使菩薩是世間者不得説言世間不知不
見不覺是菩薩能知見覺若非世間有何
異相佛言善男子言菩薩者亦是世間亦非
世間不知見覺者名爲世間知見覺者不名世
間汝言有何異者我今當説善男子若男
若女若有初聞是涅槃經即生敬信發阿耨
多羅三藐三菩提心是則名爲世間菩薩一切世
間不知見覺如是菩薩亦同世間不知見覺
菩薩聞是涅槃經已知有世間不知見覺應
是菩薩所知見覺知是事已即自思惟我
當云何方便修集得知見覺復念言唯當
深心修持淨戒善男子菩薩尒時以是因緣
於未來世在在生處戒常清淨善男子菩薩
摩訶薩以戒淨故在在生處常无憍慢邪見
疑網終不説言如來畢竟入於涅槃是名菩
薩修持淨戒戒既清淨次修禪定以修定故

務本 065 號 大般涅槃經卷一七（09–04）

髮綱終不說言如來畢竟入於涅槃是名菩
薩修持淨戒戒既清淨次修禪定以修定故
在在生處正念不忘所謂一切衆生悉有佛
性十二部經諸佛世尊常樂我淨一切菩薩
安住方等大涅槃經悉見佛性如是等事憶
而不忘因修定故得十一空是名菩薩修清
淨定戒定已備次修淨惠以修惠故初不計
著身中有我我中有身是身是我非身非
我是名菩薩修集淨惠以修惠故所受持戒
牢固不動善男子辟如須弥不為四風之所傾
動菩薩摩訶薩亦復如是不為四倒之所傾
動善男子菩薩尒時自知見覺所受持戒无
有傾動是名菩薩所知見覺非世間也善男
子菩薩見所持戒牢固不動心无悔恨无悔
恨故心得歡喜得歡喜故心得悅樂得悅樂
故心則安隱心安隱故得不動定得不動定
故得實知見得實知見故猒離生死猒離生
死故便得解脫得解脫故明見佛性是名菩
薩所知見覺非世間也善男子是名世間不
知見覺而是菩薩所知見覺
迦葉復言云何菩薩修持淨戒心无悔恨乃
至明了見於佛性佛言善男子世間戒者不
名清淨何以故世間戒者為於有故性不定
故非畢竟故不能廣為一切衆生以是義故
名為不淨以不淨故有悔恨心以悔恨故心
无歡喜无歡喜故則无悅樂无悅樂故則无

務本 065 號 大般涅槃經卷一七（09-05）

名為不淨以不淨故有悔恨心以悔恨故心
无歡喜无歡喜故則无悅樂无悅樂故則无
安隱无安隱故无不動定无不動定故无實
知見无實知見故則无猒離无猒離故則无
解脫无解脫故不見佛性不見佛性故終不
能得大般涅槃是名世間戒不清淨善男子
菩薩摩訶薩清淨戒者戒非戒故非為有故
定畢竟故為衆生故是名菩薩戒清淨也善
男子菩薩摩訶薩於淨戒中雖不欲生无悔
恨心无悔恨心自然而生善男子辟如有人
執持明鏡不期見面面像自現亦如農夫種
之良田不期生牙而牙自生亦如然燈不期滅
闇而闇自滅善男子菩薩摩訶薩堅持淨
戒无悔恨心自然而生亦復如是以淨戒故心
得歡喜善男子如端政人自見面根心生歡
喜持淨戒者亦復如是善男子破戒之人見
戒不淨心不歡喜如形殘者自見面狠不生
喜悅破戒之人亦復如是善男子辟如牧牛
有二女人一持酪瓶一持漿瓶俱共至城而欲
賣之於路脚趺二瓶俱破一則歡喜一則愁惱
持戒破戒亦復如是持淨戒者心則歡喜
心歡喜故則便思惟諸佛如來於涅槃中說
有能持清淨戒者則得涅槃我今修集如
是淨戒亦應得之以是因緣心則悅樂迦葉
復言喜之與樂有何差別善男子菩薩摩訶
薩不作惡時名為歡喜心淨持戒名之為樂

務本 065 號 大般涅槃經卷一七（09-06）

復言喜之與樂有何差別善男子菩薩摩訶
薩不作惡時名爲歡喜心淨持戒名之爲樂
善男子菩薩摩訶薩觀於生死則名爲喜
見大涅槃名之爲樂下名爲喜上名爲樂離
世共法名之爲喜得不共法名之爲樂以戒淨
故身體輕柔口无麁過菩薩尒時若見若聞
若嗅若嘗若觸若知悉无諸惡以无惡故心
得安隱以安隱故則得靜定得靜定故得實
知見實知見故厭離生死厭生死故則得解脫
得解脫故得見佛性見佛性故得大涅槃是
名菩薩清淨持戒非世間戒何以故善男子
菩薩摩訶薩所受淨戒五法佐助云何爲五
一信二慚三愧四善知識五宗敬戒離五蓋
故所見清淨離五見故心无疑網離五疑故
一者疑佛二者疑法三者疑僧四者疑戒五者
疑不放逸菩薩尒時即得五根所謂信念精
進定慧得五根故得五種涅槃謂色解脫
乃至識解脫是名菩薩清淨持戒非世間
也善男子是名世閒之所不知不見不覺而是
菩薩所知見覺
善男子若我弟子受持讀誦書寫演說大涅
槃經有破戒者有人呵責輕賤毀辱而作是
言若佛秘藏大涅槃經有威力者云何令汝
毀所受戒若人受持是涅槃經毀禁戒者當
知是經爲无威力若无威力雖復讀誦爲无
利益緣是輕毀涅槃經故復令无量无邊衆

務本 065 號 大般涅槃經卷一七（09-07）

知是經爲无威力若无威力雖復讀誦爲无
利益緣是輕毀涅槃經故復令无量无邊衆
生墮於地獄受持是經而毀戒者則是衆生
惡知識也非我弟子是魔眷屬如是之人我
亦不聽受持是典寧使不受不持不脩不以
毀戒受持脩集善男子若我弟子受持讀誦
書寫演說涅槃經者當正身心慎无掉戲輕
躁舉動身爲掉戲心爲輕動未有之心名爲
輕動身造諸業名爲掉戲若我弟子求有造
業不應受持是大乘典大涅槃經若有如是
受持經者人當輕呵而作是言若佛秘藏大
涅槃經有威力者云何令汝求有造業若持
經者求有造業當知是經爲无威力若无威
力雖復受持爲无利益緣是輕毀涅槃經故
復令无量无邊衆生隨於地獄受持是經求
有造業則是衆生惡知識也非我弟子是
魔眷屬
復次善男子若我弟子受持讀誦書寫演說
是涅槃經莫非時說莫非國說莫不請說莫
輕心說莫處處說莫自嘆說莫輕他說莫滅
佛法說莫熾然世法說善男子若我弟子受
持是經非時而說乃至熾然世法說者人當
輕呵而作是言若佛秘藏大涅槃經有威力
者云何令汝非時而說乃至熾然世法而說若
持經者作如是說當知是經爲无威力若无
威力雖復受持爲无利益緣是輕毀涅槃經

務本 065 號 大般涅槃經卷一七（09-08）

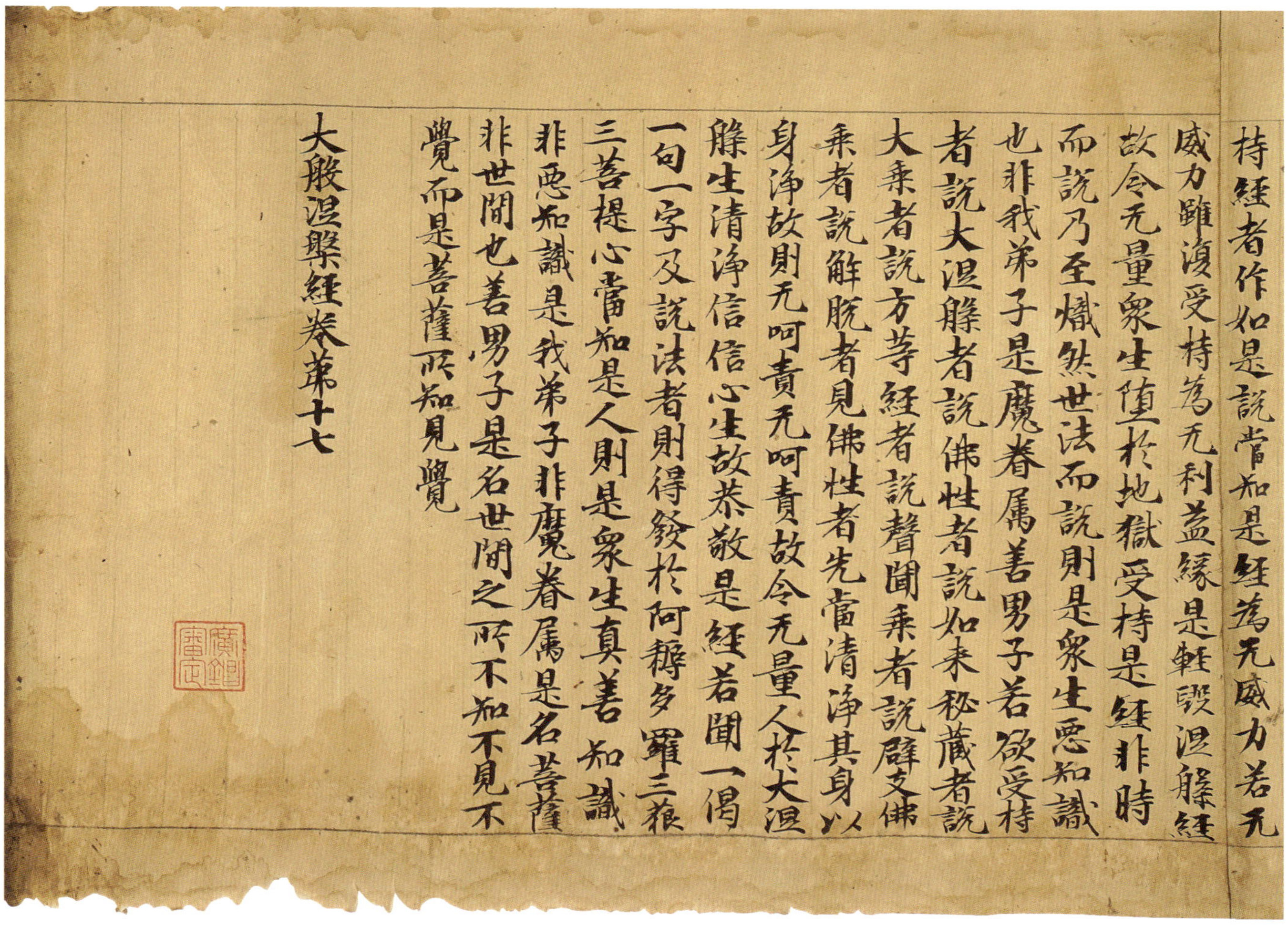
持經者作如是說當知是經爲无威力若无
威力雖復受持爲无利益緣是輕毀涅槃經
故令无量衆生墮於地獄受持是經非時
而說乃至熾然世法而說則是衆生惡知識
也非我弟子是魔眷屬善男子若欲受持
者說大涅槃者說佛性者說如來秘藏者說
大乘者說方等經者說聲聞乘者說辟支佛
乘者說解脫者見佛性者先當清淨其身以
身淨故則无呵責无呵責故令无量人於大涅
槃生清淨信信心生故恭敬是經若聞一偈
一句一字及說法者則得發於阿耨多羅三藐
三菩提心當知是人則是衆生真善知識
非惡知識是我弟子非魔眷屬是名菩薩
非世間也善男子是名世間之所不知不見不
覺而是菩薩所知見覺

大般涅槃經卷第十七

務本 065 號 大般涅槃經卷一七（09–09）

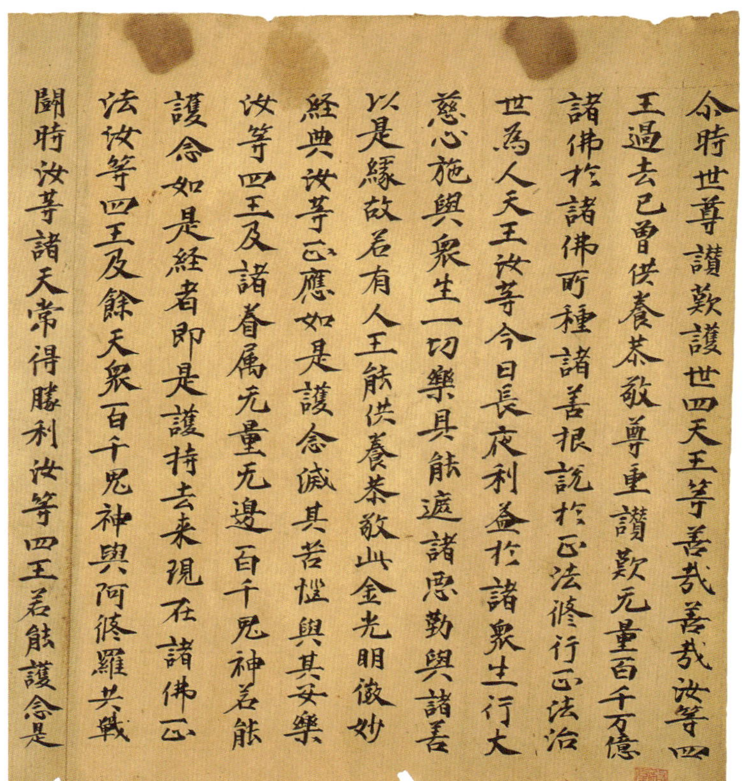
尒時世尊讚歎護世四天王等善哉善哉汝等四
王過去已曾供養恭敬尊重讚歎无量百千万億
諸佛於諸佛所種諸善根說於正法修行正法治
世爲人天王汝等今日長夜利益於諸衆生行大
慈心施與衆生一切樂具能遮諸惡勤與諸善
以是緣故若有人王能供養恭敬此金光明微妙
經典汝等正應如是護念滅其苦惱與其安樂
汝等四王及諸眷屬无量无邊百千鬼神若能
護念如是經者即是護持去來現在諸佛正
法汝等四王及餘天衆百千鬼神與阿脩羅共戰
鬪時汝等諸天常得勝利汝等四王若能護念是

務本 066 號 金光明經卷二（17–01）

法汝等四王及餘天衆百千鬼神與阿修羅共戰
鬪時汝等諸天常得勝利汝等四王若能護念是
經者能消伏一切諸苦所謂怨賊飢饉疾疫若四
部衆有能受持讀誦此經汝等亦應勤心守護
為除衰惱施與安樂尒時四王復白佛言世尊是
金光明微妙經典於未来世在所流布若國土城
邑郡縣村落隨所至處若諸國王以天律治世
復能恭敬至心聽受是妙經典并復尊重供養
供給持是經典四部之衆以是因緣我等時時得
聞如是微妙經典聞已即得增益身力心進勇
鋭具諸威德是故我等及无量鬼神常當隱形
隨是妙典所流布處而作擁護令无留難亦常
護念聽是經典諸國王等及其人民除其患難
悉令安隱他方怨賊亦使退散若有人王聽是經
時隣國怨敵興如是念當具四兵壞彼國土世尊
以是經典威得神力故尒時隣敵更有異怨為
作留難於其境界起諸衰惱災異疾病尒時怨
敵起如是等諸惡事已備具四兵發向是國規往
討罸我等尒時當與眷屬无量无邊百千鬼神
隱蔽其形為作護助令彼怨敵自然退散起諸怖
懅種種留難彼國兵衆尚不能到況復當能有
所破壞
尒時佛讚四天王等善哉善哉汝等四王乃能
擁護我百千億那由他劫所可修集阿耨多羅
三藐三菩提及諸人王受持是經恭敬供養者

務本 066 號 金光明經卷二（17–02）

擁護我百千億那由他劫所可修集阿耨多羅
三藐三菩提及諸人王受持是經恭敬供養者
為消衰患令其安樂復能擁護宮殿舍宅城邑
村落國土邊疆乃至怨賊悉令退散滅其衰
惱令得安隱亦令一切閻浮提內所有諸王
无諸凶衰鬪訟之事四王當知此閻浮提分
四千城邑聚落八万四千諸人王等各其國
娛樂快樂各各於國而得自在於自所有
錢財珎寶各各自足不相侵奪如其宿世
所修集業隨業受報不生惡心貪求他國
各各自生利益之心生於慈心安樂之心不諍訟
心不破壞心无繫縛心无楚撻心各於其土自生
愛樂上下和穆猶如水乳心相愛念增諸善根
以是因緣故此閻浮提安隱豐樂人民熾盛大地
沃壤陰陽和調時不越序日月星宿不失常度
風雨隨時无諸災橫人民豐溢自足於財心无
貪悋亦无嫉妬等行十善其人壽終多生天
上天宮充滿增益天衆若未来世有諸人王聽
是經典及供養恭敬受持是經四部之衆是王
則為安樂利益汝等四王及餘眷屬无量百千
諸鬼神等四王若得時時聞是經典則為已得
正法之水服甘露味增益身力心進勇鋭具諸
威德是諸人王若能至心聽受是典則為已能
供養於我若供養我則是供養過去未来現在
諸佛則得无量不可思議功德之聚以是因緣

務本 066 號 金光明經卷二（17–03）

供養於我若供養我則是供養過去未來現在
諸佛則得无量不可思議功德之聚以是因緣
是諸人王應得擁護及后妃婇女中宮眷屬諸
王子等亦應得護衰惱消滅快樂熾盛宮殿
堂宇安隱清淨无諸災變護宅之神增長威
德亦受无量歡悅快樂是諸國王所有人民悉
悉受種種五欲之樂一切惡事悉皆消滅
尒時四天王白佛言世尊未來之世若有人王欲
得護身及后妃婇女諸王子等宮殿屋宅得第
一護身所王領最為殊勝具不可思議王者功德
攝受无量福聚國土无有他方怨賊无諸憂惱
及諸苦事世尊如是人王不應放逸散亂其心
應生恭敬謙下之心應當莊嚴第一微妙最勝
宮殿種種香汁持用灑地散種種華敷大法坐
師子之座并以无量珍奇異物而為紋飾張施
種種无數微妙幢幡寶蓋當洗浴以香塗身著
好淨衣瓔珞自嚴坐小卑座亦不高大除去自在
離諸放逸謙下自卑除去憍慢正念聽受如是
妙典於說法者生世尊想復於宮內后妃王子婇
女眷屬生慈愍心和顏與語勸以種種供養之
具供養法師是王尒時既勸化已即生无量歡喜
快樂心懷悅豫倍復自勵不生疲惓多作利益
於說法者倍生恭敬
尒時佛告四天大王尒時人王應著白淨鮮潔之衣
種種瓔珞齊整莊嚴執持素白微妙上服蓋飾

務本 066 號 金光明經卷二（17–04）

尒時佛告四天大王尒時人王應著白淨鮮潔之衣
種種瓔珞齊整莊嚴執持素白微妙上服蓋飾
容儀不失常則躬出奉迎說法之人何以故是
王如是隨其舉足步步之中即是供養值遇百
千億那由他諸佛世尊復得超越如是等劫生
死之難復於來世尒時所劫中常得封受轉輪
王位隨其步步亦得如是現世功德不可思議自
在之力常得最勝微妙七寶人天宮殿在在生處增
益命言語辯了人所信用無所畏忌有大名稱
常為人天之所恭敬天上人中受上妙樂得大勢
力具足威得身色微妙端嚴第一常值諸佛遇
善知識成就具足无量福聚汝等四天王如是人
王見如是等種種无量功德利益是故此王應當
躬出奉迎法師若一由旬至百千由旬於說法師應
生佛想應作是念今日釋迦如來正知入於我宮受
我供養為我說法我聞是法即不退轉於阿耨
多羅三藐三菩提已為得值百千万億那由他佛為
已供養過去未來現在諸佛已得畢竟三惡道苦
我今已種百千无量轉輪聖王釋梵之因已種无
邊善根種子已令无量百千万億諸眾生等度於
生死已集无量无邊福聚後宮眷屬已得擁護宮
宅諸衰悉以消滅国土无有怨賊棘刺他方怨敵
不能侵淩汝等四王如是人王應作如是供養正
法清淨聽受是妙經典及恭敬供養尊重讚歎
持是經典四部之眾亦當迴此所得最勝功德之

務本 066 號 金光明經卷二（17–05）

法清淨聽受是妙經典及恭敬供養尊重讚歎
持是經典四部之衆亦當迴此所得冣勝功德之
分施與汝等及餘眷屬諸天鬼神聚如是諸
善功德現世常得无量无邊不可思議自在
之利威德勢力成就具足能以正法摧伏諸惡
尒時四王白佛言世尊若未來世有諸人王作汝
是等恭敬正法至心聽受是妙經典及恭敬供
養尊重讚歎持是經典四部之衆嚴治舍宅
香汁灑地專心正念聽說法特我等四王亦當在
中聽此法猶諸人王為自利故以已所得功德少
分施與我等世尊是諸人王於說法者所坐之
處為我等故燒種種香供養是經是妙香氣於
一念頃即至我等諸天宮殿其香即時變成香
蓋其香微妙金色晃曜照我宮釋宮梵宮大辯
神天功德神天堅牢地神散脂鬼神冣大將軍廿
八部鬼神大將摩醯首羅金剛密迹摩尼跋陀
鬼神大將鬼子母與五百鬼子周匝圍繞阿耨達
龍王娑竭羅龍王如是等衆自於宮殿各各得聞
是妙香氣及見香蓋光明普照是香蓋光明亦照
一切諸天宮殿佛告四王是香蓋光明非但至汝四王
宮殿何以故是諸人王手擎香鑪供養經特其
香遍布於一念頃遍至三千大千世界百億日月百
億大海百億須弥山百億大鐵圍山小鐵圍山及
諸山王百億四天下百億四天王百億三十三天乃至百
億非想非非想天於三千大千世界百億三十三天

務本 066 號 金光明經卷二（17–06）

諸山王百億四天下百億四天王百億三十三天乃至百
億非想非非想天於三千大千世界百億三十三天
一切龍鬼乾闥婆阿脩羅迦樓羅緊那羅摩睺
羅伽宮殿虛空悉滿種種香烟雲蓋其蓋金光
亦照宮殿如是三千大千世界所有種種香烟香蓋
皆是此經威神力故是諸人王手擎香鑪供養經
時種種香氣不但遍此三千大千世界於一念頃亦
十方无量无邊恒河沙等百千万億諸佛世界於
諸佛土虛空之中亦成香蓋金色普照亦復如是諸
佛世尊聞是妙香見是香蓋及金色光於十方界
恒河沙等諸佛世尊作如是等神力變化已異口
同音於說法者稱讚善哉善哉大士汝能廣宣流
布如是甚深微妙經典則為成就无量无邊不可思
議功德之聚若有聞是甚深經典所得功德則為
不失況持讀誦為他衆生開示分別演說其義
何以故善男子此金光明微妙經典无量无邊億
那由他諸菩薩等若得聞者即不退轉於阿耨多
羅三藐三菩提尒時十方无量无邊恒河沙等諸
佛世界現在諸佛異口同音作如是言善男子汝
於未來世早定當得坐於道場菩提樹下於三界中
冣尊冣勝出過一切衆生之上勤修力故受諸苦
行善能莊嚴菩提道場能壞三千大千世界外道
邪論摧伏諸魔怨賊異形覺了諸法第一寂清淨
无垢甚深无上菩提之道善男子汝已能坐金剛
座處轉於无上諸佛所讚十二種行甚深法輪能擊
无上冣大法鼓能吹无上極妙法蠡竪无上冣勝法

務本 066 號 金光明經卷二（17–07）

座處轉於无上諸佛所讚十二種行甚深法輪能擊
无上最大法鼓能吹无上微妙法螺竪无上最勝法
幢能然无上微明法炬能雨无上甘露法雨能斷无
量煩惱怨結能令无量百千万億那由他衆度於无
岸可畏大海能脫生死无際輪轉復遇无量百千
万億那由他佛
尒時四天王復白佛言世尊是金光明微妙經典
能得未來現在種種无量功德是故人王若得聞
是微妙經典則為已於百千万億无量佛所種諸善
根我以敬念是人王故復見无量福德利故我等四
王及餘眷屬无量百千万億鬼神於自宮殿見
是種種香烟雲蓋瑞應之時我當隱蔽不現其身
為聽法故當至是王所止宮殿講法之處大梵天王
釋提桓因大辯天神功德天神堅牢地神散脂鬼
神大將軍等廿八部鬼神大將摩醯首羅金剛密
迹摩尼跋陀鬼神大將鬼子母及五百鬼子周迊圍
繞阿耨達龍王娑竭羅龍王无量百千万億那由他
鬼神諸天如是等衆為聽法故悉在隱蔽不現其
身至是人王所止宮殿講法之處世尊我等四王及
餘眷屬无量鬼神悉當同心以是人王為善知識同
共一行善相應行為无上大法施主以甘露味充
足我等我等應當擁護是王除其衰患令得安
隱及其宮宅國土城邑諸惡灾患悉令消滅世尊
若有人王於此經典心生捨離不樂聽聞其心不欲
恭敬供養尊重讚歎若四部衆有受持讀誦讚

務本 066 號 金光明經卷二（17－08）

若有人王於此經典心生捨離不樂聽聞其心不欲
恭敬供養尊重讚歎若四部衆有受持讀誦讚
說之者亦復不能恭敬供養尊重讚歎我等四
王及餘眷屬无量鬼神即便不得聞此正法背甘
露味失大法利无有勢力及以威德減損天衆增
長惡趣世尊我等四王及无量鬼神捨其國土不
但我等亦有无量守護國土諸舊善神皆悉捨去
我等諸天及諸鬼神既捨離已其國當有種種灾
異一切人民其善心唯有繫縛瞋恚鬪諍互相破
壞多諸疾疫彗星現怪流星崩落五星諸宿違失
常度兩日並現日月博蝕白黑虹數數出現大地震
動發大音聲暴風惡雨无日不有穀米勇貴飢饉
凍餓多有他方怨賊侵掠其國人民多受苦惱其地
无有可愛樂處世尊我等四王及諸无量百千鬼神
并守國土諸舊善神遠離去時生如是等无量惡
事世尊若有人王欲得自護及王國土多受安樂欲
令國土一切衆生悉皆成就具足快樂欲得摧伏一切
外敵欲得擁護一切國土欲以正法正治國土欲得除滅
衆生怖畏世尊是人王等應當畢定聽是經典及恭
敬供養讚誦受持是經典者我等四王及无量鬼神以
是法食善根因緣得服甘露无上法味增長身力心進
勇銳增長諸天何以故以是人王至心聽是經典故如
是諸梵天說出欲論釋提桓因種種善論五通之
人神仙之論世尊梵天釋提桓因五神通人雖有百
千億那由他无量勝論是金光明於中最勝所以者何

務本 066 號 金光明經卷二（17－09）

人神仙之論世尊梵天釋提桓因五神通人雖有百
千億那由他无量勝論是金光明於中最勝所以者何
如來說是金光明經為衆生故為令一切閻浮提內諸
人王等以正法治為與一切衆生安樂為欲愛護一切
衆生欲令衆生无諸苦惱无有他方怨賊蕀刺所有
諸惡皆背而不向欲令國土无有憂惱以正法教无有諍
訟是故人王各於國土應然法炬熾然正法增益天衆
我等四王及无量鬼神閻浮提內諸天善神以是因緣
得甘露法味无乏得大威德進力具足閻浮提內安隱
樂人民熾盛安樂其處復於來世无量百千不可思
議那由他劫常受微妙第一快樂復值遇无量諸佛
種諸善根然後證成阿耨多羅三藐三菩提如是等
无量功德悉是如來正遍知說如來過於百千億那
由他諸梵天等以大悲力故亦過无量百千億那由他
釋提桓因以苦行力故是故如來為諸衆生演說如
是金光明經若閻浮提一切衆生及諸人王世間出世
間所作國事所造世論皆因此經欲令衆生得安隱故
釋迦如來示現是經廣宣流布世尊以是因緣故是
諸人王應當畢定聽受供養恭敬尊重讚歎是經
尒時佛告四天王汝等四王及餘眷屬无量百千那由他
鬼神是諸人王若能至心聽是經典供養恭敬尊重
讚歎汝等四王正應擁護滅其衰患而與安樂若有
人能廣宣流布如是妙典於人天中大作佛事能大利
益无量衆生如是之人汝等四王必當擁護莫令他
緣而得擾亂令心湛靜受於快樂復當得廣宣是經

務本 066 號 金光明經卷二（17–10）

益无量衆生如是之人汝等四王必當擁護莫令他
緣而得擾亂令心湛靜受於快樂復當得廣宣是經
尒時四天王即從座起偏袒右肩右膝著地長跪合
掌於世尊前以偈讚曰
佛月清淨　滿足莊嚴　佛日暉曜　放千光明
如來面目　最上明淨　齒白无垢　如蓮華根
功德无量　由如大海　智淵无邊　法水具足
百千三昧　无有缺減　足下平滿　千輻相現
足指網縵　猶如鵝王
光明晃曜　如寶山王　微妙清淨　如練真金
所有福德　不可思議　佛功德山　我今敬礼
佛身法身　猶如虛空　應物現形　如水中月
无有鄣㝵　如炎如化　是故我今　稽首佛月
尒時世尊　以偈答曰
此金光明　諸經之王　甚深最勝　為无有上
十力世尊　之所宣說　汝等四王　應當勤護
以是因緣　是深妙典　能與衆生　无量快樂
為諸衆生　安樂利益　故久流布　於閻浮提
能滅三千　大千世界　所有惡趣　无量諸苦
閻浮提內　諸人王等　心生慈心　正法治世
若能流布　此妙經典　則令其土　安隱豐樂
所有衆生　悉受快樂　若有人王　欲愛己身
及其國土　欲令豐盛　應當至心　淨潔洗浴
往法會所　聽受是典　是經能作　所有善事
摧伏一切　內外怨賊　復能除滅　无量怖畏

務本 066 號 金光明經卷二（17–11）

住法會所　聽受是典　是經能作　所有善事
摧伏一切　内外怨賊　復能除滅　无量怖畏
是諸經王　能與一切　无量衆生　安隱快樂
譬如寶樹　在人家中　悉能出生　一切珍寶
是妙經典　亦復如是　悉能出生　諸王功德
汝清冷水　能除渴乏　是妙經典　亦復如是
能除諸王　功德渴乏
譬如珍寶　異物篋器　悉在于手　隨意所用
是金光明　亦復如是　隨意能與　諸王法寶
是金光明　微妙經典　常為諸天　恭敬供養
亦為護世　四天大王　威神勢力　之所護持
十方諸佛　常念是經　若有演說　稱讚善哉
亦有百千　无量鬼神　從十方来　演說經典
若有得聞　是妙經典　心生歡喜　踊躍无量
閻浮提内　无量大衆　皆悉歡喜　集聽是法
聽是經故　具諸威德　增益天衆　精氣身力
尒時四天王聞是偈已白佛言世尊我從昔来未曾
得聞如是微妙寂滅之法我聞是已心生悲喜涕
淚橫流舉身戰動支體怡解復得无量不可思
議具足妙樂以天曼陀羅華摩訶曼陀羅華供
養奉散於如来上作是等供養佛已復白佛言
世尊我等四王各各自有五百鬼神常當隨逐是
說法者而為守護
金光明經大辯神品第七
尒時大辯神白佛言世尊是說法者我當益其

務本 066 號 金光明經卷二（17–12）

金光明經大辯神品第七
尒時大辯神白佛言世尊是說法者我當益其
樂說辯才令其所說莊嚴次第善得大智若
是經中有失文字句義違錯我能令是說法比丘
次第還得能與揔持令不忘失若有衆生於百千
佛所種諸善根是說法者為是等故於閻浮提廣
宣流布是妙經典令不斷絶復令无量无邊衆生
得聞是經當令是等悉得猛利不可思議大智恵
聚不可稱量福德之報善解无量種種方便善
能辯暢一切諸論善知世間種種伎術能出生
死得不退轉必定疾得阿耨多羅三藐三菩提
金光明經功德天品第八
尒時功德天白佛言世尊是說法者我當隨之所
須之物衣服飲食卧具醫藥及餘資生供給是
人无所乏少令心安住晝夜歡樂正念思惟章句
分別深義若有衆生於百千佛所種諸善根是
說法者為是等故於閻浮提廣宣流布是妙
經典令不斷絶是諸衆生聽是經已於未来世无
量百千那由他劫常在天上人中受樂值遇諸
佛速成阿耨多羅三藐三菩提三惡道苦悉畢
无餘世尊我已於過去寶華功德海琉璃金山照
明如来應供正遍知明行足善逝世間解无上士調
御丈夫天人師佛世尊所種善根是故我今隨所
念方隨所視方隨所至方令无量百千衆生受諸
快樂若衣服飲食資生之具金銀七寶真珠琉

務本 066 號 金光明經卷二（17–13）

念方隨所視方隨所至方令无量百千衆生受諸
快樂若衣服飲食資生之具金銀七寶真珠琉
璃珊瑚琥珀璧玉珂貝悉无所乏若有人能稱金光
明微妙經典為我供養諸佛世尊三稱我名燒香
供養供養佛已別以華香種種美味供施於我灑
散諸方當知是人即能聚集資物財寶以是因
緣增長地味地神諸天悉得歡喜所種穀米牙莖
枝葉菓實滋茂樹神歡喜出生无量種種諸物
我時慈念諸衆生故多與資生所須之物世尊於
北方毗沙門王有城名曰阿尼曼陀其城有園名功德
華光於是國中有最勝園名曰金幢七寶極妙此即是
我常止住處若有欲得財寶增長是人當於自所
住處應淨掃灑洗浴其身著鮮白衣妙香塗身為
我至心三稱彼佛寶華琉璃世尊名号礼拜供養
燒香散花亦當三稱金光明經至誠發願別以香花
種種美味供施於我散灑諸方尒時當說如是章句
波利富樓那遮利　三曼陀達舍尼羅佉
摩訶毗呵羅伽帝　三曼陀毗陀尼那伽帝
摩呵迦梨波帝　波婆祢薩婆吒
薩婆哆哈三曼陀　脩鉢梨富隸
阿夜那達摩帝　摩訶毗鼓畢帝
摩訶弥勒簸僧祇帝　醯帝簁三博祇悕帝
三曼陀阿陀　阿菟婆羅尼
是灌頂章句畢定吉祥真實不虛等行衆生
及中善根應當受持讀誦通利七日七夜受持八

務本066號　金光明經卷二（17-14）

是灌頂章句畢定吉祥真實不虛等行衆生
及中善根應當受持讀誦通利七日七夜受持八
戒朝暮淨心香花供養十方諸佛常為己身及
諸衆生迴向具足阿耨多羅三藐三菩提作是誓
願令我所求皆得吉祥自於所居房舍屋宅淨潔
掃除若自住處若阿蘭若處以香泥塗地燒微妙
香敷淨好座以種種華香布散其地以待於我
於尒時如一念頃入其室宅即坐其座從此日夜令此
居處若村邑若僧坊若露處无所乏少若錢若金
若銀若珎寶若牛羊若穀米一切所須即得其
具悉受快樂若能以己所作善根最勝之分迴與
我者我當終身不遠其人於住處至心護念隨其所
求令得成就應當至心礼如是等諸佛世尊其名
曰寶勝如来无垢熾寶光明王相如来金炎光明
如来金百光明照藏如来金山寶蓋如来金華炎光
相如来大炬如来寶相如来亦應敬礼信相菩薩
金光明菩薩金藏菩薩常悲菩薩法上菩薩亦應
敬礼東方阿閦如来南方寶相如来西方无量壽
佛北方微妙聲佛
金光明經堅牢地神品第九
尒時地神堅牢白佛言世尊是金光明經若現在世
若未來世在在處處若城邑聚落若山澤空處若王宮
宅世尊隨是經典所流布處是地分中敷師子之
座令說法者坐其座上廣演宣說是妙經典我當在
中常作宿衛隱蔽其身於法座下頂戴其足我聞

務本066號　金光明經卷二（17-15）

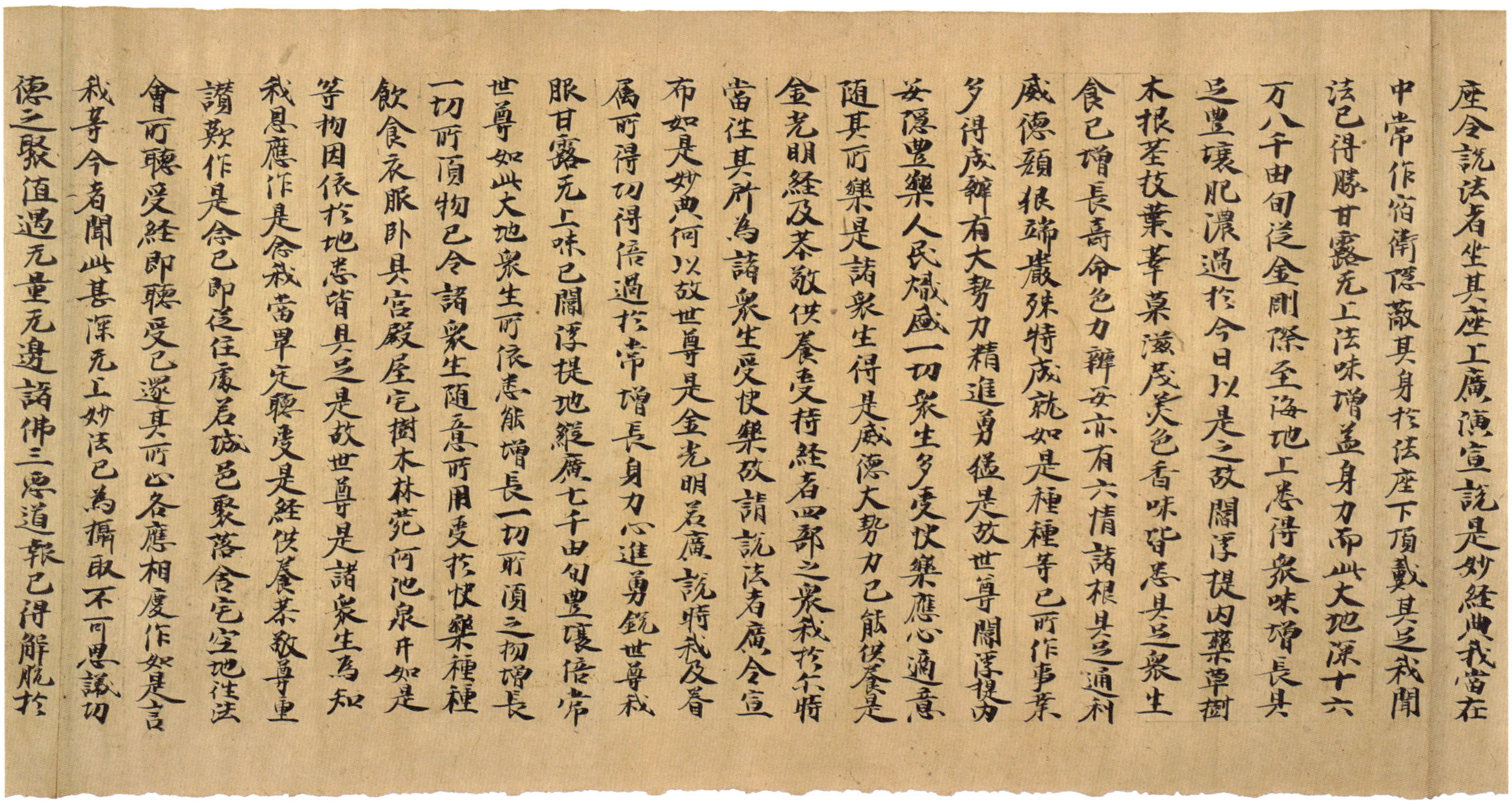

座令說法者坐其座上廣演宣說是妙經典我當在
中常作宿衛隱蔽其身於法座下頂戴其足我聞
法已得勝甘露无上法味增益身力而此大地深十六
万八千由旬從金剛際至海地上悉得衆味增長其
足豐壤肥濃過於今日以是之故閻浮提內藥草樹
木根莖枝葉華菓滋茂美色香味皆悉具足衆生
食已增長壽命色力辯安亦有六情諸根具足通利
威德顏貌端嚴殊特成就如是種種等已所作事業
多得成辦有大勢力精進勇猛是故世尊閻浮提內
安隱豐樂人民熾盛一切衆生多受快樂應心適意
隨其所樂是諸衆生得是威德大勢力已能供養是
金光明經及恭敬供養受持經者四部之衆我於尒時
當往其所為諸衆生受快樂故請說法者廣令宣
布如是妙典何以故世尊是金光明若廣說時我及眷
屬所得功德倍過於常增長身力心進勇銳世尊我
服甘露无上味已閻浮提地縱廣七千由旬豐壤倍常
世尊如此大地衆生所依悉能增長一切所須之物增長
一切所須物已令諸衆生隨意所用受於快樂種種
飲食衣服卧具宮殿屋宅樹木林苑河池泉井如是
等物因依於地悉皆具足是故世尊是諸衆生為知
我恩應作是念我當畢定聽受是經供養恭敬尊重
讚歎作是念已即從住處城邑聚落舍宅空地往法
會所聽受經即聽受已還其所止各應相慶作如是言
我等今者聞此甚深无上妙法已為攝取不可思議功
德之聚值遇无量无邊諸佛三惡道報已得解脫於

務本 066 號 金光明經卷二（17–16）

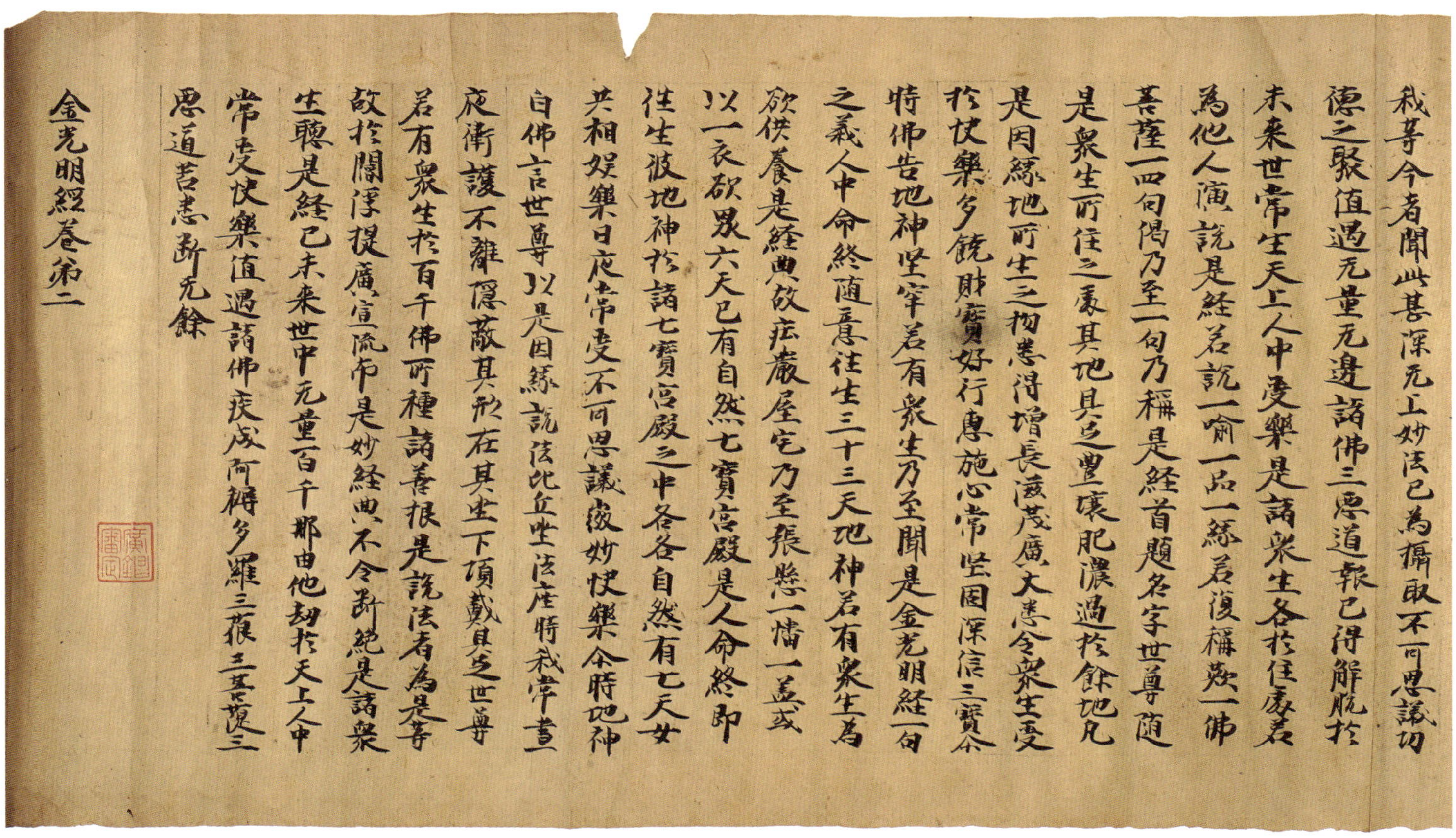

我等今者聞此甚深无上妙法已為攝取不可思議功
德之聚值遇无量无邊諸佛三惡道報已得解脫於
未來世常生天上人中受樂是諸衆生各於住處若
為他人演說是經若說一喻一品一緣若復稱歎一佛
菩薩一四句偈乃至一句乃稱是經首題名字世尊隨
是衆生所住之處其地具足豐壤肥濃過餘地凡
是因緣地所生之物悉得增長滋茂廣大悉令衆生受
於快樂多饒財寶好行惠施心常堅固深信三寶尒
時佛告地神堅牢若有衆生乃至聞是金光明經一句
之義人中命終隨意往生三十三天地神若有衆生為
欲供養是經典故莊嚴屋宅乃至張懸一幡一蓋或
以一衣欲界六天已有自然七寶宮殿是人命終即
往生彼地神於諸七寶宮殿之中各各自然有七天女
共相娛樂日夜常受不可思議微妙快樂尒時地神
白佛言世尊以是因緣說法比丘坐法座時我常晝
夜衛護不離隱蔽其形在其坐下頂戴其足世尊
若有衆生於百千佛所種諸善根是說法者為是等
故於閻浮提廣宣流布是妙經典不令斷絕是諸衆
生聽是經已未來世中无量百千那由他劫於天上人中
常受快樂值遇諸佛疾成阿耨多羅三藐三菩提三
惡道苦悉斷无餘

金光明經卷第二

務本 066 號 金光明經卷二（17–17）

務本067號 金光明經卷一（11-01）

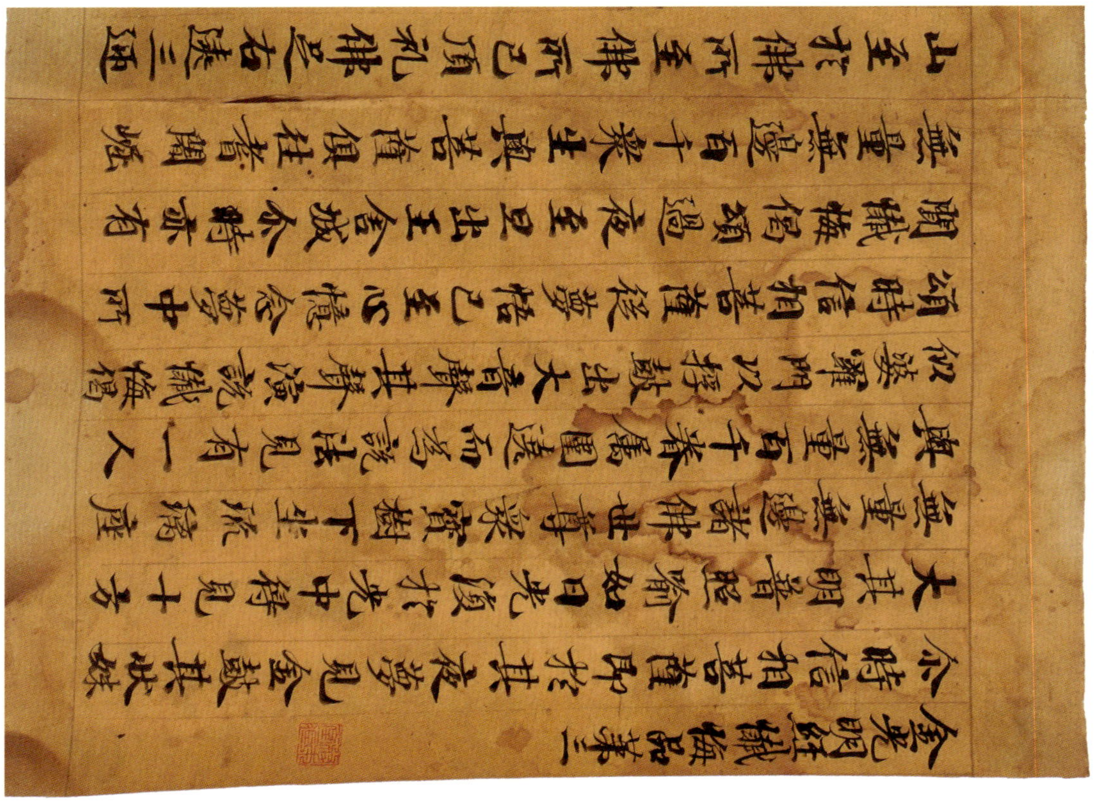
金光明經懺悔品第三
尒時信相菩薩即於其夜夢見金鼓其狀姝
大其明普照喻如日光復於光中得見十方
無量無邊諸佛世尊衆寶樹下坐琉璃座
與無量百千眷屬圍遶而爲說法見有一人
似婆羅門以桴擊鼓出大音聲其聲演說懺悔偈
頌時信相菩薩從夢悟已至心憶念夢中所
聞懺悔偈頌過夜至旦出王舍城尒時亦有
無量無邊百千衆生與其菩薩俱往耆闍崛
山至於佛所至佛所已頭面禮佛足右遶三匝

務本067號 金光明經卷一（外觀）

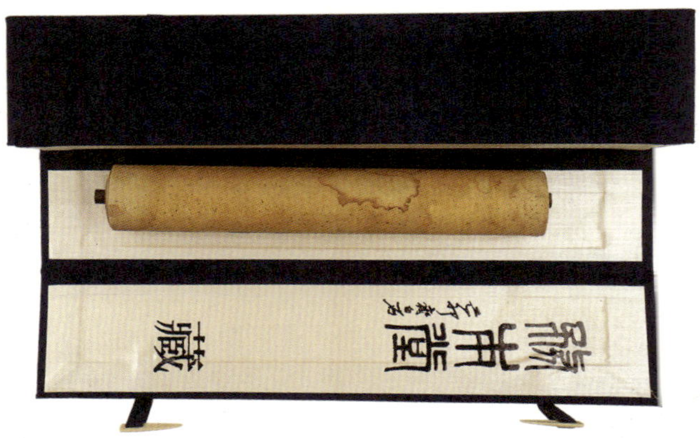

無量無邊百千衆生與菩薩俱往耆闍崛
山至於佛所至佛所已頂礼佛足右遶三匝
却坐一面敬心合掌瞻仰尊顏以其夢中
所見金鼓及懺悔偈向如來說
昇夜所夢 至心憶持 夢見金鼓 妙色晃曜
其光大盛 明喻於日 遍照十方 恒沙世界
又因此光 得見諸佛 衆寶樹下 坐琉璃座
無量大衆 圍繞說法
見婆羅門 擊是金鼓 其鼓音中 說如是偈
是大金鼓 所出妙音 悉能滅除 三世諸苦
地獄餓鬼 畜生等苦 貧窮困厄 及諸有苦
是鼓所出 微妙之音 能除衆生 諸惱所逼
斷衆怖畏 令得无懼 猶如諸佛 得无所畏
諸佛聖人 所成功德 離於生死 到大智岸
如是衆生 所得功德 定之及助道 猶如大海
是鼓所出 如是妙音 令衆生得 梵音深遠
證佛無上 菩提勝果 轉無上輪 微妙清淨
住壽無量 不可議劫 演說正法 利益衆生
能害煩惱 消除諸苦 貪瞋癡等 悉令斷滅
若有衆生 處在地獄 大火熾然 燒炙其身
若聞金鼓 微妙音聲 所出言教 即尋礼佛
亦令衆生 得知宿命 百生千生 千万億生
令心正念 諸佛世尊 亦聞无上 微妙之言
是金鼓中 所出妙音 復令衆生 值遇諸佛
遠離一切 諸惡業等 善脩無量 白淨之業
諸天世人 及餘衆生 隨其所思 諸所念求
如是金鼓 所出之音 皆悉能令 成就具足
若有衆生 墮大地獄 獄火炎熾 熱熾其身
若有救護 流轉諸難 當令是等 悉滅諸苦
若有衆生 諸苦所切 三惡道報 及以人中
如是金鼓 所出之音 悉能滅除 一切諸苦

務本067號 金光明經卷一（11-02）

若有眾生 諸苦所切 三惡道報 及以人中
如是金鼓 所出之音 悉能滅除 一切諸苦
無依無歸 無有救護 我為是等 依歸依處
是諸世尊 今當證知 久已於我 生大悲心
在在處處 十方諸佛 現在世雄 兩足之尊
我今所作 惡不善業 今者懺悔 諸十方前
不識諸佛 及父母恩 不解善法 造作眾惡
自恃種姓 及諸財寶 盛年放逸 作諸惡行
心業不善 口作惡業 隨心所作 不見其過
凡夫愚行 無知闇覆 親近惡友 煩惱亂心
五欲因緣 心生忿恚 不知猒足 故作眾惡
親近非聖 因生慳嫉 貧窮因緣 姧諂作惡
繫屬於他 常有怖畏 不得自在 而造諸惡
貪欲恚癡 擾動其心 渴愛所逼 造作眾惡
依因衣食 及以女色 諸結熱惱 造作眾惡
身口意惡 所集三業 如是眾罪 今悉懺悔
或不恭敬 佛法聖眾 如是諸罪 今悉懺悔
或不恭敬 緣覺菩薩 如是眾罪 今悉懺悔
以無知故 誹謗正法 不知恭敬 父母尊長
如是眾罪 今悉懺悔 愚惑所覆 憍慢放逸
因貪恚故 造作諸惡 如是眾罪 今悉懺悔
我今供養 無量無邊 三千大千 世界諸佛
我當拔濟 十方一切 無量眾生 所有諸苦
我當安止 不可思議 阿僧祇劫 令住十地
已得安止 住十地者 悉令具足 如來正覺
為一眾生 億劫脩行 使無量眾 令度苦海
我當為是 諸眾生等 演說微妙 甚深懺法
所為金光 滅除諸惡 千劫所作 極重惡業
若能至心 一懺悔者 如是眾罪 悉皆滅盡
我今已說 懺悔之法 是金光明 清淨微妙
速能滅除 一切苦鄣

我今已說　懺悔之法　是金光明　清淨微妙
速能滅除　一切苦鄣
我當安止　住於十地　十種珎寳　以為脚足
成佛無上　功德光明　令諸衆生　度三有海
諸佛所有　甚深法藏　不可思議　無量功德
一切種智　願悉具足　百千禪定　根力覺道
不可思議　諸陁羅尼　十力世尊　我當成就
諸佛世尊　有大慈悲　當證微誠　哀受我悔
若我百劫　所作衆惡　以是因緣　生大憂苦
貧窮困乏　愁怨驚懼
怖畏惡業　心常怯劣　在在處處　暫無歡喜
十方現在　大悲世尊　能除衆生　一切怖畏
願當受我　誠心懺悔　令我恐懼　悉得消除
我之所有　煩惱業垢　唯願現在　諸佛世尊
以大悲水　洗除令淨
過去諸惡　今悉悔現　現所作罪　誠心發露
所未作者　更不敢作　已作之業　不敢覆藏
身業三種　口業有四　意三業行　今悉懺悔
身口所作　及以意思　十種惡業　一切懺悔
遠離十惡　脩行十善　安止十住　逮十力尊
所造惡業　應受惡報　今於佛前　誠心懺悔
若此國土　及餘世界　所有善法　悉以迴向
我所脩行　身口意善　願於來世　證無上道
若在諸有　六趣嶮難　愚癡无智　造作諸惡
今於佛前　皆悉懺悔　世間所有　生無嶮道
種種婬欲　遇煩惱難　如是諸難　我今懺悔
心輕躁難　近惡友難　三有嶮難　及三毒難
遇无難難　值好時難　脩功德難　值佛亦難
如是諸難　今悉懺悔
諸佛世尊　我所依止　是故我今　敬礼佛海
金色晃耀　猶如須弥　是故我今　頂礼最勝

務本 067 號 金光明經卷一（11–04）

諸佛世尊 我所依止 是故我今 敬礼佛海
金色晃耀 猶如須弥 是故我今 頂礼最勝
其色无上 猶如真金 眼目清淨 如紺琉璃
功德威神 名稱顯著 佛日大悲 滅一切闇
善淨無垢 離諸塵翳 無上佛日 大光普照
煩惱火熾 令心燋熱 唯佛能除 如月清淨
三十二相 八十種好 莊嚴其身 視之無厭
功德巍巍 明網顯耀 安住三界 如日照世
猶如琉璃 淨无瑕穢 妙色廣大 種種各異
其色紅赤 如日初出 頗梨白銀 校餝光網
如是種種 亦嚴佛日
三有之中 生死大海 老水波蕩 惱乱我心
其味苦毒 最為麁澁 如來網明 能令枯涸
妙身莊嚴 相好殊特 金色光明 遍照一切
智慧大海 弥滿三界 是故我今 稽首敬礼
如大海水 其量難知 大地微塵 不可稱計
諸須弥山 難可度量 虛空邊際 亦不可得
諸佛亦尒 功德無量 一切有心 無能知者
於無量劫 熟心思惟 不能得知 佛功德邊
大地諸山 尚可知量 毛端渧水 亦可知數
諸佛功德 無能知者
相好莊嚴 名稱讚嘆 如是功德 令衆生得
我以善業 諸因緣故 未世不久 成於佛道
講宣妙法 利益衆生 度脫一切 無量諸苦
摧伏諸魔 及其眷屬 轉於无上 清淨法輪
伏壽無量 不思議劫 充足衆生 甘露法味
我當具足 六波羅蜜 猶如遇佛 之所成就
斷諸煩惱 除一切苦 悉滅貪欲 及恚癡等
我當憶念 宿命之事 百生千生 百千億生
常當至心 正念諸佛 聞說妙法 無上正法
我因善業 常值諸佛 遠離諸惡 脩諸善業

常當至心 正念諸佛 聞說妙法 無上正法
我因善業 常值諸佛 遠離諸惡 脩諸善業
一切世界 所有衆生 無量苦惱 我當悉滅
若有衆生 諸根毀壞 不具足者 悉令具足
十方世界 所有病苦 羸瘦頓乏 無救護者
悉令解脫 如是諸苦 還得勢力 平復如本
若犯王法 臨當刑戮 無量怖畏 愁憂苦惱
如是之人 悉令解脫
若受鞭撻 繫縛枷鎖 種種苦事 逼切其身
無量百千 愁憂驚畏 種種恐懼 擾乱其心
如是無邊 諸苦惱等 願使一切 皆得解脫
若有衆生 飢渴所惱 令得種種 甘美飲食
盲者得視 聾者能聽 瘂者得言 裸者得衣
貧窮之者 即得寶藏 倉庫盈溢 無所乏少
一切皆受 安隱快樂 乃至無有 一人受苦
衆生相視 和顏悅色 形貌端嚴 人所喜見
心常思念 他人善事 飲食飽滿 功德具足
隨諸衆生 之所思念 皆願令得 種種伎樂
箜篌箏笛 琴瑟鼓吹 如是種種 微妙音聲
江河池沼 流泉諸水 金花遍布 及優鉢羅
隨諸衆生 之所思念 即得種種 衣服飲食
錢財珎寶 金銀琉璃 真珠璧玉 雜廁瓔珞
願諸衆生 不聞惡聲 乃至無有 可惡見者
願諸衆生 色貌微妙 各各相於 共相愛念
世間所有 資生之具 隨其所念 悉令具足
願諸衆生 諸所求索 如其所須 應念即得
香華諸樹 常於三時 雨細末香 及塗身香
衆生受者 歡喜快樂
願諸衆生 常得供養 不可思議 十方諸佛
無上妙法 清淨無垢 及諸菩薩 聲聞大衆
願諸衆生 常得遠離 三惡八難 值無難處

無上妙法　清淨無垢　及諸菩薩　聲聞大衆
願諸衆生　常得遠離　三惡八難　值無難處
覲覲諸佛　無上之王
願諸衆生　常生尊貴　多財饒寶　安隱豐樂
上妙色像　莊嚴其身　功德成就　有大名稱
願諸女人　皆成男子　具足智慧　精進不懈
一切皆行　菩薩之道　懃心脩習　六波羅蜜
常見十方　無量諸佛　坐寶樹下　琉璃座上
安處禪定　自在快樂　演說正法　衆所樂聞
若我現在　及過去世　所作惡業　諸有嶮處
應得惡業　不適意者　願悉盡滅　令无有餘
若有衆生　三有繫縛　生死羅網　彌密牢固
願以智力　割斷破壞　除諸苦惱　早成菩提
若此閻浮　及餘他方　無量世界　所有衆生
所作種種　善妙功德　我念深心　隨其歡喜
我今以此　隨喜功德　及身口意　所作善業
願於未世　成無上道　得淨無垢　吉祥果報
若有敬禮　讚嘆十方　信心清淨　無諸疑惑
能作如是　所說懺悔　便得超越　六十劫罪
諸善男子　及善女人　諸王刹利　婆羅門等
若有恭敬　合掌向佛　稱嘆如來　并讚此偈
在在生處　常識宿命　諸根具足　清淨端嚴
種種功德　悉皆成就　在在處處　常為國王
輔相大臣　之所恭敬　非於一佛　五佛十佛
種諸功德　聞是懺悔　若於无量　百千万億
諸佛如來　種種善根　然後乃得　聞是懺悔

金光明經讚嘆品第四

尒時佛告地神堅牢　善女天過去有王名
金龍尊常以讚嘆去來現在諸佛
我今尊重　敬礼讚嘆　去來現在　十方諸佛
諸佛清淨　微妙寂滅　色中上色　金光照耀

我今尊重　敬礼讃嘆　去来現在　十方諸佛
諸佛清淨　微妙寂滅　色中上色　金光照耀
於諸聲中　佛聲最上　猶如大梵　深遠雷音
其髮紺黑　光彩炎起　蜂翠孔雀　色不得喻
其齒鮮白　猶如珂雪　顯發金顏　分齊分明
其目脩廣　清淨無垢　如青蓮花　瞑水開敷
舌相廣長　形色紅輝　光明照耀　如花初生
眉間豪相　白如珂月　右旋潤澤　如淨琉璃
眉細脩揚　形如月初　其色黑輝　過於蜂王
鼻高圓直　如鑄金鋌　微妙柔軟　當于面門
如来勝相　次第最上　得味真正　無學華者
一一毛孔　一毛旋生　軟細紺青　猶孔雀項
即於生時　身放大光　普照十方　無量國土
滅盡三界　一切諸苦　令諸衆生　悉受快樂
地獄畜生　及以餓鬼　諸人天等　安隱无患
悉除一切　无量惡趣
身色微妙　如融金聚　面貌清淨　如月盛滿
佛身光明　如日初出　進止威儀　猶如師子
脩臂下垂　立過于膝　猶如風動　娑羅樹枝
圓光一尋　能照无量　猶如聚集　百千日月
佛身淨妙　无諸垢穢　其明普照　一切佛剎
佛光巍巍　明实火盛　悉能隱蔽　无量日月
佛日燈炬　照无量界　皆令衆生　尋光見佛
本所脩集　百千行業　衆集功德　莊嚴佛身
臂肘纖圓　如象王鼻　手足淨軟　敬愛无猒
去来諸佛　數如微塵　現在諸佛　亦復如是
如是如来　我今悉礼　身口清淨　意亦如是
以好花香　供養奉獻　百千功德　讚詠歌嘆
設以百舌　於千劫中　嘆佛功德　不能得盡
如来所有　現世功德　種種深固　微妙第一
設復千舌　欲讚一佛　尚不能盡　功德少分

如来所有　現世功德　種種深固　微妙第一
設復千舌　欲讃一佛　尚不能盡　功德少分
况復嘆美　諸佛功德
大地及天　以為大海　乃至有頂　滿其中水
尚以一毛　知其渧數　乃有能知　佛一功德
我今以礼　讃嘆諸佛　身口意業　悉皆清淨
一切所脩　無量善業　與諸衆生　證無上道
如是人王　讃嘆佛已　復作如是　無量誓願
若未来世　無量無邊　阿僧祇劫　在在生處
常於夢中　見妙金鼓　得聞懺悔　深奥之聲
今所讃嘆　面貌清淨　願我来世　亦得如是
諸佛功德　不可思議　於百千劫　甚難得值
願於當来　无量之世　夜則夢見　晝如實説
我當具足　脩行六度　濟拔衆生　越於苦海
然後我身　成无上道　令我世界　无與等者
奉貢金鼓　讃佛因縁　以此果報　當来之世
值釋迦佛　得受記莂
并命二子　金龍金光　常生我家　共同受記
若有衆生　無救護者　衆苦逼切　无所依止
我於當来　為是等輩　作大救護　及依止處
能除衆苦　悉令滅盡　施与衆生　諸善安樂
我未来世　行菩提道　不計劫數　如盡无際
以此金光　懺悔因縁　使我惡海　及以業海
煩惱大海　悉竭无餘　智慧大海　清淨具足
无量功德　助菩提道　猶如大海　珎寶具足
以此金光　懺悔力故　菩提功德　光明无閡
慧光无垢　照徹清淨
我當来世　身光普照　功德威神　光明熾盛
於三界中　最勝殊特　諸功德力　无所減少
尚度衆生　越於苦海　并復安置　功德大海
来世多劫　行菩薩道　如昔諸佛　行菩提者

常度衆生 越於苦海 并復安置 功德大海
未來世劫 行菩薩道 如昔諸佛 行菩提者
三世諸佛 淨妙國土 諸佛至尊 无量功德
令我未世 得此殊異 功德淨土 如佛世尊
信相當知 尒時國王 金龍尊者 則汝身是
尒時二子 金龍金光 今汝二子 銀相等是

金光明經空品第五

無量餘經 已廣說空 是故此中 略而說之
衆生根鈍 尠於智慧 不能廣知 无量空義
故此尊經 略而說之
異妙方便 種種因緣 為鈍根故 起大悲心
今我演說 此妙經典 如我所解 知衆生意
是身虛偽 猶如空聚 六入村落 結賊所止
一切自住 各不相知
眼根受色 耳分別聲 鼻嗅諸香 舌嗜於味
所有身根 貪受諸觸 意根分別 一切諸佛
六情諸根 各各自緣 諸塵境界 不行他緣
心如幻化 馳騁六情 而常妄想 分別諸法
猶如世人 馳走空聚 六賊所害 愚不知避
心常依止 六根境界 各各自知 所伺之處
隨行色聲 香味觸法
心處六情 如鳥投網 其心在在 常處諸根
隨逐諸塵 无有暫捨 身空虛偽 不可長養
无有諍訟 亦无正住 從諸因緣 和合而有
无有堅實 妄想故起 業力機關 假為空聚
地水火風 合集成立 隨時增長 共相殘害
猶如四蛇 同處一篋 四大蚖蛇 其性各異
二上二下 諸方亦二 如是地大 悉滅无餘
地水二蛇 其性沉下 風火二蛇 性輕上昇
心識二性 躁動不停 隨業受報 天人諸趣
隨所作業 而墮諸有

心識二性 躁動不停 隨業受報 天人諸趣
隨所作業 而墮諸有
水火風種 散滅壞時 大小不淨 盈流於外
體生諸虫 无可愛樂 捐弃塚間 如朽敗木
善女當觀 諸法如是 何處有人 及以衆生
本性空寂 无明故有
如是諸大 一一不實 本自不生 性無和合
以是因緣 我說諸大 從本不實 和合而有
無明體性 本自不有 妄想因緣 和合而去
无所有故 假名无明 是故我說 名曰无明
行識名色 六入觸受 愛取有生 老死憂惱
衆苦行業 不可思議 生死無際 輪轉不息
本无有生 亦無和合 不善思惟 心行所造
我斷一切 諸見纏等 以智慧力 裂煩惱網
五陰舍宅 觀悉空寂 證无上道 微妙功德
開甘露門 示甘露器 入甘露城 處甘露室
令諸衆生 食甘露味
吹大法蠡 擊大法鼓 然大法炬 雨勝法雨
我今降伏 一切怨結 竪立第一 微妙勝幢
度諸衆生 於生死海 永斷三惡 无有苦惱
煩惱熾然 燒諸衆生 无有救護 无所依止
我以甘露 清涼美味 充足是輩 令離燋熱
於无量劫 尊脩諸行 供養恭敬 諸佛世尊
堅牢脩集 菩提之道 求於如來 真實法身
捨諸所重 支節手足 頭目髓腦 所愛妻子
錢財珎寶 真珠瓔珞 金銀琉璃 種種異物

金光明經卷第一

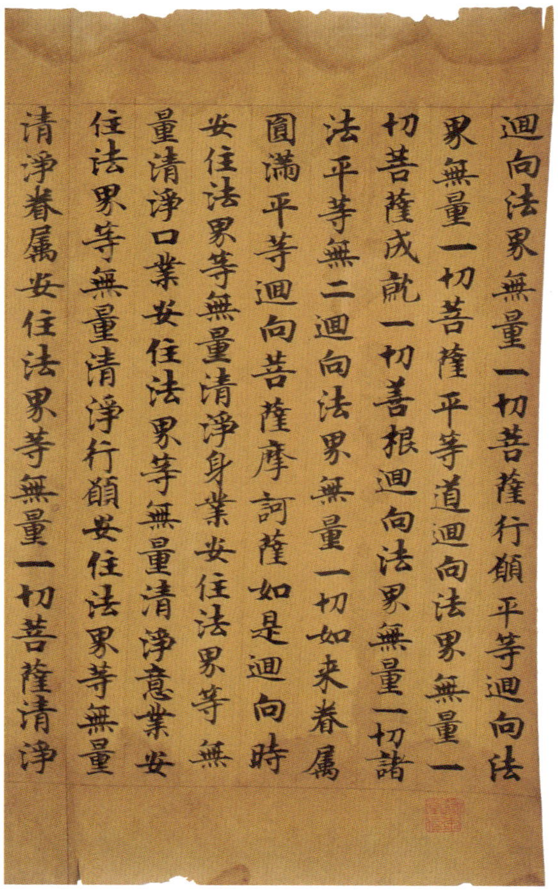
迴向法界無量一切菩薩行願平等迴向法
界無量一切菩薩平等道迴向法界無量一
切菩薩成就一切善根迴向法界無量一切諸
法平等無二迴向法界無量一切如來眷屬
圓滿平等迴向菩薩摩訶薩如是迴向時
安住法界等無量清淨身業安住法界等無
量清淨口業安住法界等無量清淨意業安
住法界等無量清淨行願安住法界等無量
清淨眷屬安住法界等無量一切菩薩清淨

務本 068 號 大方廣佛華嚴經（晋譯六十卷本）卷二二（07–01）

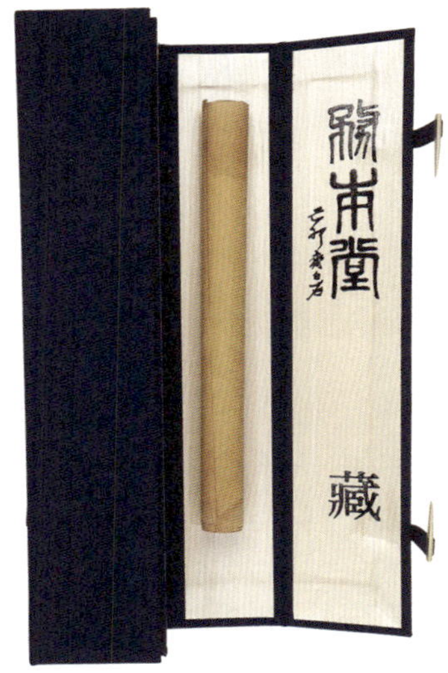

務本 068 號 大方廣佛華嚴經（晋譯六十卷本）卷二二（外觀）

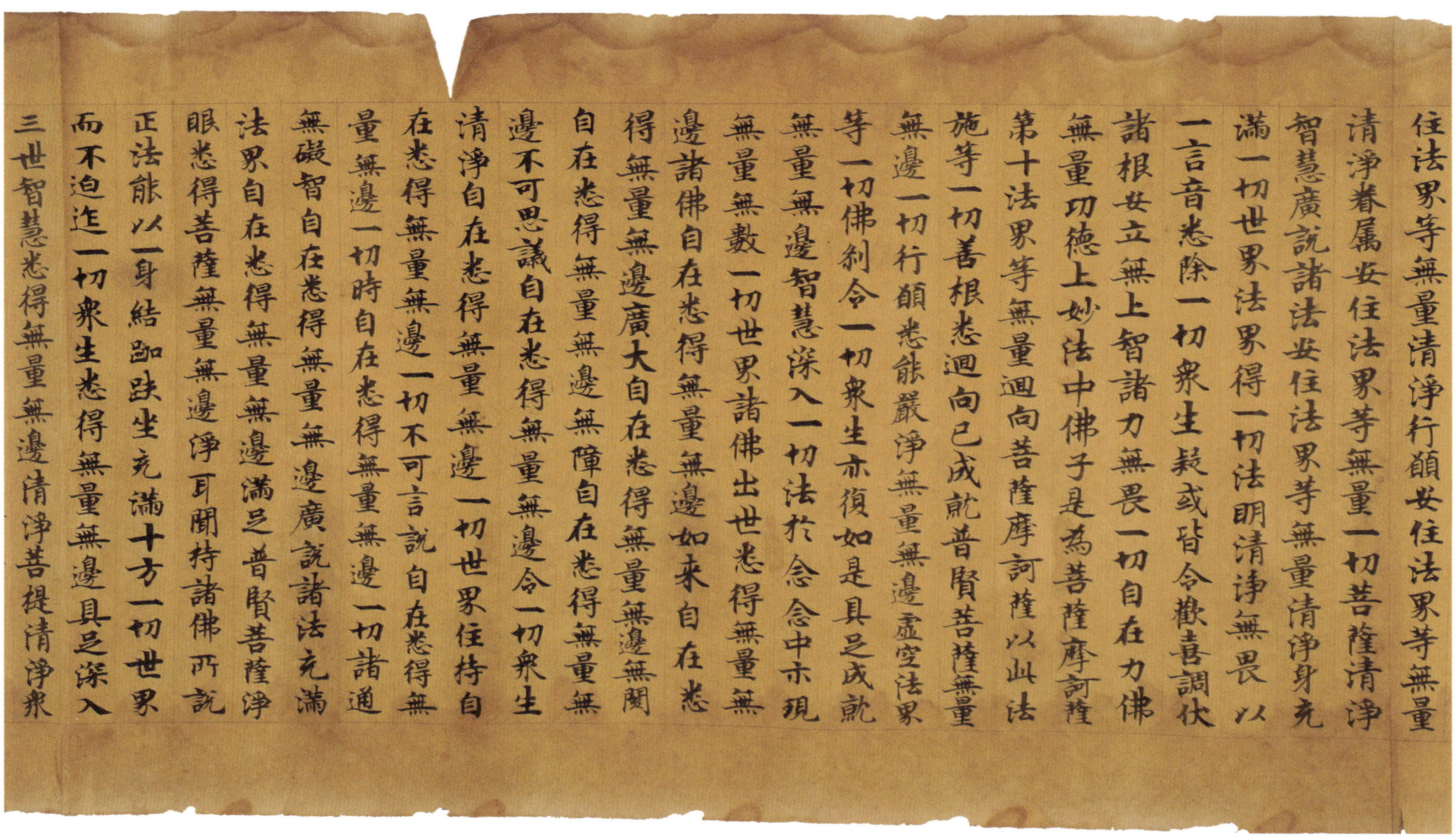
任法界等無量清淨行願安住法界等無量
清淨眷屬安住法界等無量一切菩薩清淨
智慧廣說諸法安住法界等無量清淨身充
滿一切世界法界得一切法明清淨無畏以
一言音悉除一切衆生疑惑皆令歡喜調伏
諸根安立無上智諸力無畏一切自在力佛
無量功德上妙法中佛子是為菩薩摩訶薩
第十法界等無量迴向菩薩摩訶薩以此法
施等一切善根悉迴向已成就普賢菩薩無量
無邊一切行願悉能嚴淨無量無邊虛空法界
等一切佛刹令一切衆生亦復如是具足成就
無量無邊智慧深入一切法於念念中示現
無量無數一切世界諸佛出世悉得無量無
邊諸佛自在悉得無量無邊如來自在悉
得無量無邊廣大自在悉得無量無邊無閡
自在悉得無量無邊無障自在悉得無量無
邊不可思議自在悉得無量無邊令一切衆生
清淨自在悉得無量無邊一切世界住持自
在悉得無量無邊一切不可言說自在悉得無
量無邊一切時自在悉得無量無邊一切諸通
無礙智自在悉得無量無邊廣說諸法充滿
法界自在悉得無量無邊滿足普賢菩薩淨
眼悉得菩薩無量無邊淨耳聞持諸佛所說
正法能以一身結跏趺坐充滿十方一切世界
而不迫迮一切衆生悉得無量無邊具足深入
三世智慧悉得無量無邊清淨菩提清淨衆

務本 068 號 大方廣佛華嚴經（晋譯六十卷本）卷二二（07–02）

而不迫迮一切衆生悉得無量無邊具足深入
三世智慧悉得無量無邊清淨菩提清淨衆
生清淨佛刹清淨諸法清淨諸入悉得無量
無邊虛空法界等清淨智慧悉得無量無邊
衆生諸言音聲清淨智慧放大光明普照十
方一切世界出生三世諸菩薩行清淨智慧
於一念中皆悉究竟三世如來清淨智慧令
一切衆生皆悉清淨具足成就平等正觀決
定智慧究竟到彼岸尒時佛神力故十方各
百万佛刹微塵等世界六種震動佛神力故
法如是故雨天花雲雨天鬘天末香天寶衣
天莊嚴天香天摩尼寶天沉水香天阿伽樓
香天堅固香天婆羅揵馱香天栴檀香天雜
色幡蓋無量阿僧祇天身不可思議妙法音不
可思議諸天妙音讚歎如來無量阿僧祇諸天
讚歎善哉雲雨無量阿僧祇那由他諸天恭敬
礼拜無量阿僧祇那由他諸天歡喜念佛修習
不可思議諸佛功德無量阿僧祇諸天出娛
樂音供養如來放無量阿僧祇廣大光明出過
諸天普照虛空法界等一切佛刹示現无量
阿僧祇如來化身自在威力出過諸天如此世
界一切四天下兜率陁天刹兜率陁天王宮
說如是法一切十方世界刹兜率陁天王宮
亦復如是尒時佛神力故十方各過百万佛
刹微塵等世界各有百万佛刹微塵等菩薩
悉來雲集咸作是言善哉善哉佛子乃能

務本 068 號 大方廣佛華嚴經（晋譯六十卷本）卷二二（07–03）

剎微塵等世界各有百万佛刹微塵等菩薩
悉來雲集咸作是言善哉善哉佛子乃能
說此諸大迴向我等悉同一号名金剛幢於
金剛光世界金剛幢佛所來詣此土彼諸世
界佛神力故亦說是法大會眷屬說法句味
皆悉同等我等承佛神力從彼土來為汝作
證如我來此世界為汝作證一切十方一切四天
下刹兜率陁天王宮摩尼寶殿上說如是法往為
作證亦復如是尒時金剛幢菩薩承佛神力
觀察十方及諸眷屬一切法界諸義句味
修習無量廣大之心無上大悲普覆一切其
心安住三世一切諸佛種姓悉究竟度諸佛
功德成就諸佛自在寶身悉能分別一切衆生
悕望心行隨彼所種善根皆悉知時隨順法身
示現色身如是觀已以偈頌言
菩薩受此　無量法寶　自然正覺　大法師記
為調御師　普照諸法　善悟無礙　最正覺道
菩薩為法　調御大師　能廣演說　難得深法
十方一切　無量大衆　皆悉安住　諸正法門
菩薩悉飲　無量法海　興大法雲　普雨法雨
耀明法日　普照世間　說微妙法　饒益衆生
此法施主　甚難值遇　具足成就　諸法方便
以智慧明　普照其心　為世無畏　廣說深法
善能修習　變化之心　廣能開發　諸正法門
成就諸門　最勝法海　普為世間　擊甘露鼓
能具足說　難得妙法　以法長養　一切功德

務本 068 號 大方廣佛華嚴經（晋譯六十卷本）卷二二（07–04）

成就諸門 最勝法海 普為世間 擊甘露鼓
能具足說 難得妙法 以法長養 一切功德
清淨正覺 真直之心 示現衆生 甚深法藏
最勝受彼 灌頂法王 具足成就 智慧藏身
無相妙智 觀法真相 菩薩善法 而得安住
菩薩法施 最為殊勝 一切諸佛 咸共讚歎
隨順一切 天中之天 彼能出生 一切諸佛
菩薩清淨 微妙法身 悉從諸佛 真法化生
明淨法燈 饒益衆生 說無量法 除滅憂惱
菩薩布施 清淨妙法 隨順思惟 一切善根
無量世界 所作功德 清淨智慧 皆悉迴向
一切諸佛 所得功德 悉令衆生 具足成就
分別一切 清淨功德 究竟諸佛 莊嚴彼岸
十方一切 無量無數 諸如來等 嚴淨佛剎
如是一切 無餘佛土 衆生莊嚴 不可思議
一切如來 所有智慧 悉令衆生 清淨具足
猶如普賢 菩薩莊嚴 悉令衆生 亦復如是
具足成就 無量自在 充滿無餘 一切世界
一切十方 無餘衆生 皆悉安住 彼清淨行
十方無量 一切佛剎 彼諸如來 行菩薩行
悉令十方 一切衆生 究竟成就 無上勝行
一切佛子 行佛功德 無量無邊 不可稱數
諸佛如來 悉分別智 皆令衆生 具足成就
菩薩具足 諸神通力 悉能善學 一切所學
遊行十方 一切世界 示現無量 自在神力
菩薩能於 一念之中 悉見諸佛 與衆生等

務本 068 號 大方廣佛華嚴經（晋譯六十卷本）卷二二（07–05）

遊行十方 一切世界 示現無量 自在神力
菩薩能於 一念之中 悉見諸佛 與衆生等
菩薩能於 一毛道中 悉見一切 諸佛正法
一切衆生 無量諸行 一切最勝 悉分別知
常平等心 恭敬供養 一切十方 無量諸佛
種種衆香 諸雜寶華 無量寶衣 及諸幡蓋
皆悉充滿 無量法界 以用供養 一切諸佛
菩薩能於 一毛道中 悉見諸佛 數不可議
普能供養 世間明燈 其所聞法 悉能受持
恭敬礼拜 五體投地 舉身自歸 一切最勝
盡未來際 無量諸劫 讚歎十方 一切最勝
於一佛所 諸供養具 數與一切 衆生類等
如一佛所 諸供養具 一切佛所 亦復如是
無量無邊 一切諸劫 菩薩恭敬 一切導師
窮盡無量 一切諸劫 恭敬供養 而無厭足
一切衆生 無量諸劫 於此劫中 修菩薩行
恭敬供養 一一如來 盡一切劫 而無厭足
一切最勝 所說大劫 悉無有能 稱量數者
尒所一切 諸大劫中 修菩薩行 而無厭足
悉能覺悟 一切法界 廣大無邊 無有分際
衆妙寶華 充滿其中 以用供養 衆生等佛
諸妙寶華 色香具足 清淨鮮潔 無量莊嚴
一切世間 無可為辟 而以供養 一切最勝
衆生數等 無量佛剎 諸妙寶蓋 弥滿其中
悉以此蓋 奉一如來 供一切佛 亦復如是
微妙最勝 奇特塗香 一切世間 無有倫匹

務本 068 號 大方廣佛華嚴經（晋譯六十卷本）卷二二（07–06）

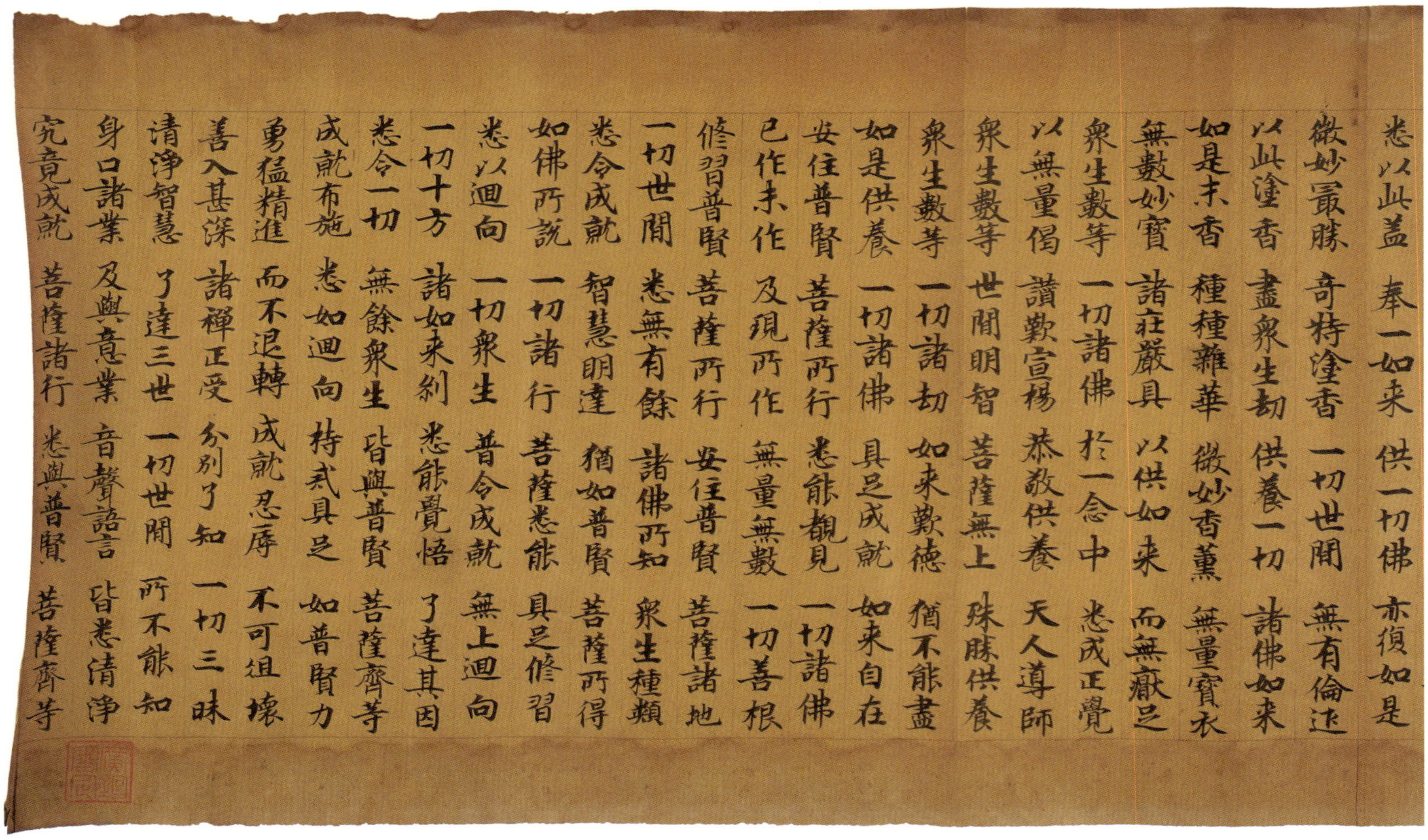
悉以此蓋 奉一如来 供一切佛 亦復如是
微妙冣勝 奇特塗香 一切世間 無有倫匹
以此塗香 盡衆生劫 供養一切 諸佛如来
如是末香 種種雜華 微妙香薫 無量寶衣
無數妙寶 諸莊嚴具 以供如来 而無猒足
衆生數等 一切諸佛 於一念中 悉成正覺
以無量偈 讃歎宣揚 恭敬供養 天人導師
衆生數等 世間明智 菩薩無上 殊勝供養
衆生數等 一切諸劫 如来歎德 猶不能盡
如是供養 一切諸佛 具足成就 如来自在
安住普賢 菩薩所行 悉能覩見 一切諸佛
已作未作 及現所作 無量無數 一切善根
修習普賢 菩薩所行 安住普賢 菩薩諸地
一切世間 悉無有餘 諸佛所知 衆生種類
悉令成就 智慧明達 猶如普賢 菩薩所得
如佛所說 一切諸行 菩薩悉能 具足修習
悉以迴向 一切衆生 普令成就 無上迴向
一切十方 諸如来刹 悉能覺悟 了達其因
悉令一切 無餘衆生 皆與普賢 菩薩齊等
成就布施 悉如迴向 持戒具足 如普賢力
勇猛精進 而不退轉 成就忍辱 不可沮壞
善入甚深 諸禪正受 分別了知 一切三昧
清淨智慧 了達三世 一切世間 所不能知
身口諸業 及與意業 音聲語言 皆悉清淨
究竟成就 菩薩諸行 悉與普賢 菩薩齊等

務本 068 號 大方廣佛華嚴經（晋譯六十卷本）卷二二（07–07）

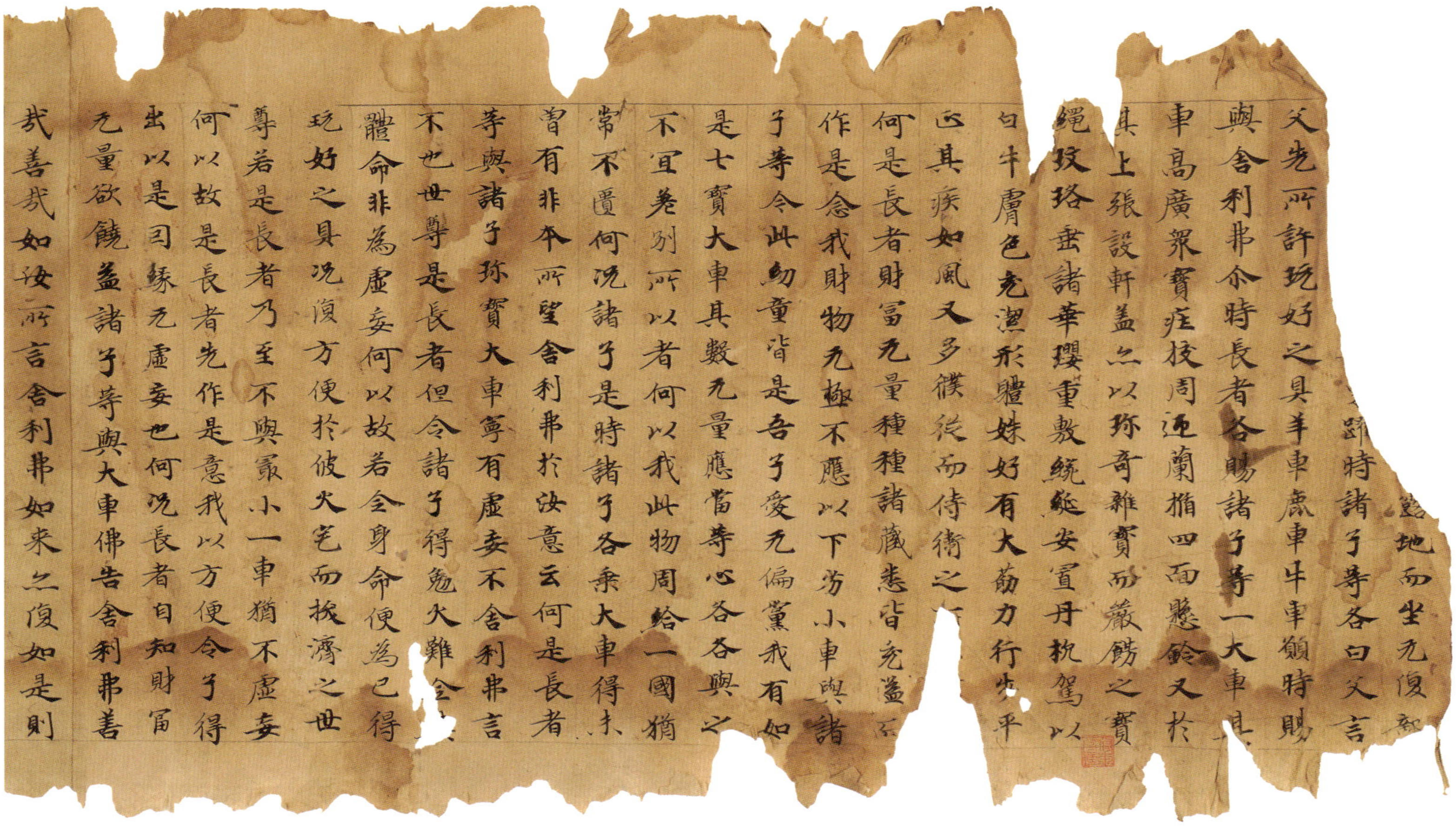
露地而坐无復鄣
躍時諸子等各白父言
父先所許玩好之具羊車鹿車牛車願時賜
與舍利弗尒時長者各賜諸子等一大車其
車高廣眾寶莊校周迊欄楯四面懸鈴又於
其上張設幰蓋亦以珍奇雜寶而嚴飾之寶
繩絞絡垂諸華瓔重敷綩綖安置丹枕駕以
白牛膚色充潔形體姝好有大筋力行步平
正其疾如風又多僕從而侍衛之
何是長者財冨无量種種諸藏悉皆充溢
作是念我財物无極不應以下劣小車與諸
子等今此幼童皆是吾子愛无偏黨我有如
是七寶大車其數无量應當等心各各與之
不宜差別所以者何以我此物周給一國猶
當不匱何况諸子是時諸子各乘大車得未
曾有非本所望舍利弗於汝意云何是長者
等與諸子珎寶大車寧有虛妄不舍利弗言
不也世尊是長者但令諸子得免火難全
體命非為虛妄何以故若全身命便為已得
玩好之具况復方便於彼火宅而拔濟之世
尊若是長者乃至不與冣小一車猶不虛妄
何以故是長者先作是意我以方便令子得
出以是因緣无虛妄也何况長者自知財冨
无量欲饒益諸子等與大車佛告舍利弗善
哉善哉如汝所言舍利弗如來亦復如是則

務本 069 號 妙法蓮華經卷二（04-01）

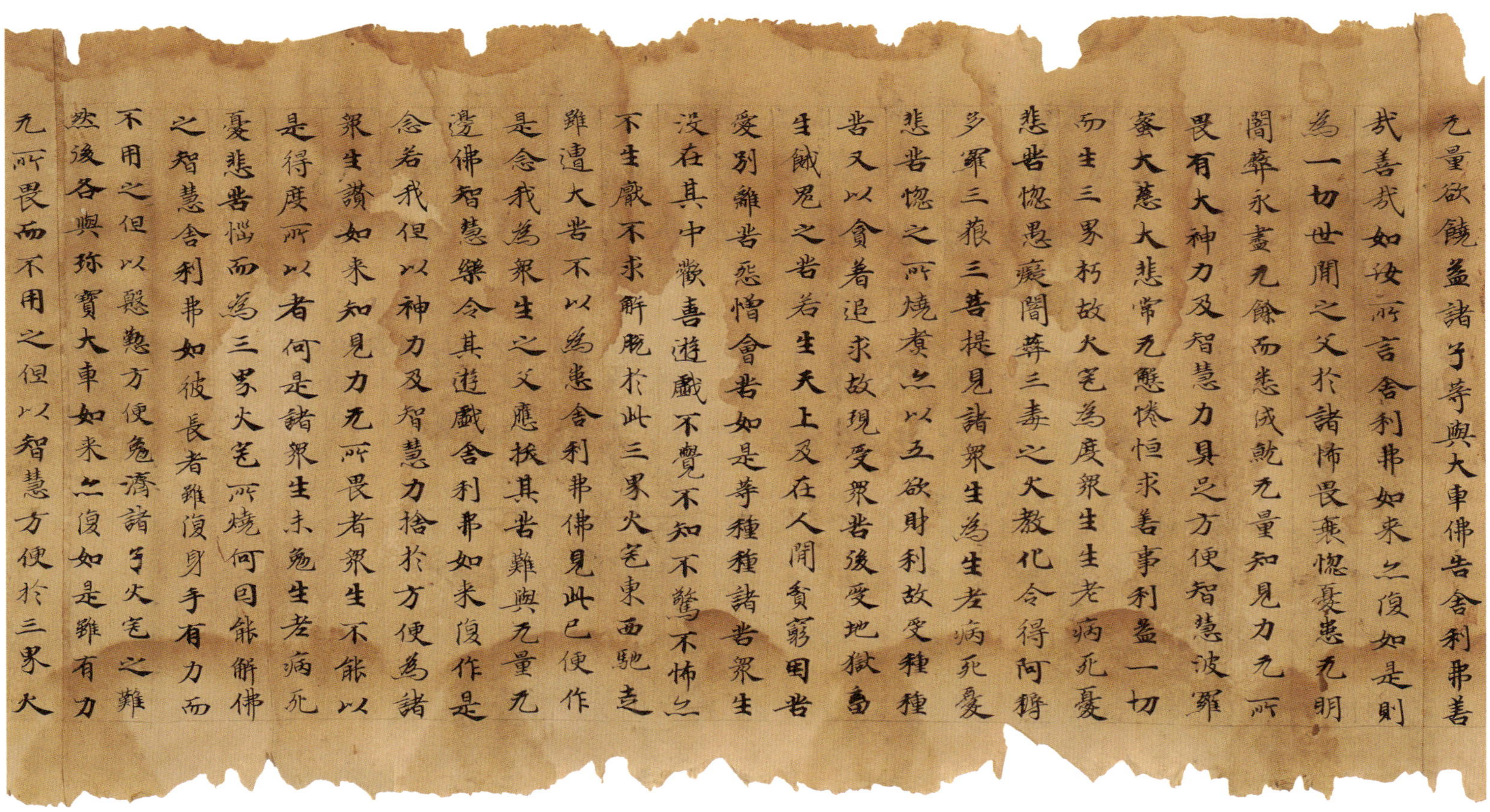
无量欲饒益諸子等與大車佛告舍利弗善
哉善哉如汝所言舍利弗如來亦復如是則
為一切世間之父於諸怖畏衰惱憂患无明
闇蔽永盡无餘而悉成就无量知見力无所
畏有大神力及智慧力具足方便智慧波羅
蜜大慈大悲常无懈惓恒求善事利益一切
而生三界朽故火宅為度眾生生老病死憂
悲苦惱愚癡闇蔽三毒之火教化令得阿耨
多羅三藐三菩提見諸眾生為生老病死憂
悲苦惱之所燒煮亦以五欲財利故受種種
苦又以貪著追求故現受眾苦後受地獄畜
生餓鬼之苦若生天上及在人間貧窮困苦
愛別離苦怨憎會苦如是等種種諸苦眾生
沒在其中歡喜遊戲不覺不知不驚不怖亦
不生厭不求解脫於此三界火宅東西馳走
雖遭大苦不以為患舍利弗佛見此已便作
是念我為眾生之父應拔其苦難與无量无
邊佛智慧樂令其遊戲舍利弗如來復作是
念若我但以神力及智慧力捨於方便為諸
眾生讚如來知見力无所畏者眾生不能以
是得度所以者何是諸眾生未免生老病死
憂悲苦惱而為三界火宅所燒何由能解佛
之智慧舍利弗如彼長者雖復身手有力而
不用之但以慇懃方便勉濟諸子火宅之難
然後各與珎寶大車如來亦復如是雖有力
无所畏而不用之但以智慧方便於三界火

務本 069 號 妙法蓮華經卷二（04-02）

然後各與珎寶大車如来亦復如是雖有力
无所畏而不用之但以智慧方便於三界火
宅抜濟眾生為說三乘聲聞辟支佛佛乘而
作是言汝等莫得樂住三界火宅勿貪麁弊色
聲香味觸也若貪着生愛則為所燒汝速出三
界當得三乘聲聞辟支佛佛乘我今為汝保
任此事終不虛也汝等但當懃脩精進如来
以是方便誘進眾生復作是言汝等當知此
三乘法皆是聖所稱嘆自在无繫无所依求
乘是三乘以无漏根力覺道禪定解脫三昧
等而自娛樂便得无量安隱快樂舍利弗若
有眾生內有智性從佛世尊聞法信受慇懃
精進欲速出三界自求涅槃是名聲聞乘如
彼諸子為求羊車出於火宅若有眾生從佛
世尊聞法信受慇懃精進求自然慧樂獨善
寂深知諸法因緣是名辟支佛乘如彼諸子
為求鹿車出於火宅若有眾生從佛世尊聞
法信受懃脩精進求一切智佛智自然智无
師智如来知見力无所畏愍念安樂无量眾
生利益天人度脫一切是名大乘菩薩求此
乘故名為摩訶薩如彼諸子為求牛車出於
火宅舍利弗如彼長者見諸子等安隱得出
火宅到无畏處自惟財富无量等以大車而
賜諸子如来亦復如是為一切眾生之父若
見无量億千眾生以佛教門出於三界怖畏
險道得涅槃樂如来尒時便作是念我有无

務本 069 號 妙法蓮華經卷二（04–03）

見无量億千眾生以佛教門出於三界怖畏
險道得涅槃樂如来尒時便作是念我有无
量无邊智慧力无畏等諸佛法藏是諸眾生
皆是我子等與大乘不令有人獨得滅度皆
已如来而滅度之是諸眾生脫三界者悉與
諸佛禪定解脫等娛樂之具皆是一相一種
聖所稱嘆能生淨妙第一之樂舍利弗如彼
長者以三車誘引諸子然後但與大車寶物
庄嚴安隱第一然彼長者无虛妄之咎如来
亦復如是无有虛妄初說三乘引導眾生然
後但以大乘而度脫之何以故如来有无量
智慧力无所畏諸法之藏能與一切眾生大
乘之法但不盡能受舍利弗以是因緣當知
諸佛方便力故於一佛乘分別說三佛欲重
宣此義而說偈言
譬如長者　有一大宅　其宅久故　而復頓弊
堂舍高危　柱根摧朽　梁棟傾斜　基陛頹毀
墻壁圮坼　泥塗褫落　覆苫亂墜　椽梠差脫
周鄣屈曲　雜穢充遍　有五百人　止住其中
鵄梟鵰鷲　烏鵲鳩鴿　蚖蛇蝮蠍　蜈蚣蚰蜒
守宮百足　狖狸鼷鼠　諸惡虫輩　交橫馳走
屎尿臭處　不淨流溢　蜣蜋諸虫　而集其上
狐狼野干　咀嚼踐蹋　嚌齧死屍　骨肉狼藉
由是群狗　競來搏撮　飢羸慞惶　處處求食
鬪諍齟掣　嘊喍嘷吠　其舍恐怖　變狀如是
處處皆有　魑魅魍魎　夜叉惡鬼　食噉人肉
毒虫之屬　[illegible]　各自藏護

務本 069 號 妙法蓮華經卷二（04–04）

今日何故　大地大水　一切皆動　物不安所
日无精光　如有覆蔽　我心憂苦　目瞬瞤動
如我今者　所見瑞相　必有災異　不祥苦惱
於是王妃　說是偈已　時有青衣　在外已聞
王子消息　心驚惶怖　尋即入宮　啓白王妃
作如是言　向者在外　聞諸侍從　推覓王子
不知所在　王妃聞已　生大憂惱　涕泣滿目
至大王所　我於向者　傳聞外人　失我最小
所愛之子　大王聞已　而復悶絕　悲咽苦惱
收淚而言　如何今日　失我心中　所愛重者
尒時世尊欲重宣此義而說偈言
我於往昔　无量劫中　捨所重身　以求菩提
若為國王　及作王子　常捨難捨　以求菩提
我念宿命　有大國王　其王名曰　摩訶羅陁
是王有子　能大布施　其子名曰　摩訶薩埵
復有二兄　長者名曰　大波那羅　次名大天
三人同遊　至一空山　見新產虎　飢窮无食
時勝大士　生大悲心　我今當捨　所重之身
此虎或為　飢餓所逼　儻能還食　自所生子
即上高山　自投虎前　為令虎子　得全性命
是時大地　及諸大山　皆悉震動　驚諸虫獸
虎狼師子　四散馳走　世間皆闇　无有光明
是時二兄　故在竹林　心懷憂惱　愁苦涕泣

虎狼師子　四散馳走　世間皆闇　无有光明
是時二兄　故在竹林　心懷憂惱　愁苦涕泣
漸漸推求　遂至虎所　見虎虎子　血汙其口
又見骸骨　髮毛爪齒　處處迸血　狼藉在地
是二王子　見是事已　心更悶絶　自躃於地
以灰塵土　自塗坌身　忘失正念　生狂癡心
所將侍從　覩見是事　亦生悲慟　失聲號哭
手以冷水　共相噴灑　然後蘇息　而復得起
是時王子　當捨身時　正值後宮　妃后綵女
眷屬五百　共相娛樂　王妃是時　兩乳汁出
一切支節　痛如針刺　心生愁惱　如喪愛子
於是王妃　疾至王所　其聲微細　悲泣而言
大王今當　諦聽諦聽　憂愁盛火　今來燒我
我今二乳　俱時汁出　身體苦切　如被針刺
我見如是　不祥瑞相　恐更不復　見所愛子
今以身命　奉上大王　願速遣人　求覓我子
夢三鴿鶵　在我懷抱　其最小者　可適我意
有鷹飛來　奪我而去　夢是事已　即生憂惱
我今愁怖　恐命不濟　願速遣人　推求我子
是時王妃　說是語已　即時悶絶　而復躃地
王聞是語　復生憂惱　以不得見　所愛子故
其王大臣　及諸眷屬　悉皆聚集　在王左右
哀哭悲號　聲動天地　尒時城內　所有人民
聞是聲已　驚愕而出　各相謂言　今是王子
為活來耶　為已死亡　如是大士　常出軟語
為衆所愛　今難可見　已有諸人　入林推求
不久自當　得定消息　諸人尒時　慞惶如是
而復悲號　哀動神祇
尒時大王　即從坐起　以水灑妃　良久乃蘇
還得正念　微聲問王　我子今者　為死活耶
尒時王妃　念其子故　倍復懊惱　心无暫捨
可惜我子　形色端政　如何一旦　捨我終亡
云何我身　不先𣦸没　而見如是　使令分離

可惜我子 形色端政 如何一旦 捨我終亡
云何我身 不先堯沒 而見如是 使令分離
將非是我 昔日惡讎 使本業緣 而煞汝耶
我子面目 淨如滿月 不圖一旦 遇斯禍命
寧使我身 破碎如塵 不令我子 喪失身命
我所見夢 已為得報 值我无情 能堪是苦
如我所見 已為得報 二乳一時 汁自流出
必定是我 失所愛子 夢三鴿鶵 鷹奪一去
三子之中 必定失一 尒時大王 即告其妃
我今當遣 大臣使者
周遍東西 推求覓子 汝今且可 莫大憂愁
大王如是 慰喻妃已 即便嚴駕 出其宮殿
心生愁惱 憂苦所切 雖在大衆 顏貌憔悴
即出其城 覓所愛子 尒時亦有 无量諸人
哀號動城 尋從王後
是時大王 既出城已 四向顧望 求覓其子
煩冤心亂 靡知所在 最後還見 有一信來
頭蒙塵土 血汙其衣 灰土塗身 悲號而至
尒時大王 摩訶羅陀 見是使已 倍生懊惱
舉手號叫 仰天而哭 先所遣臣 尋復來至
既至王所 作如是言 願王莫愁 諸子猶在
不久當至 令王得見 須臾之頃 復有臣來
見王愁苦 顏貌憔悴 身所著衣 垢膩塵汙
大王當知 一子已終 二子雖存 哀悴无賴
第三王子 見虎新產 飢窮七日 恐還食子
見是虎已 深生悲心 發大擔願 當度衆生
於未來世 證成菩提 即上高山 投身餓虎
虎飢所逼 便起噉食 一切血肉 已為都盡
唯有骸骨 狼藉在地 是時大王 聞臣語已
轉復悶絶 失念躃地 憂愁盛火 熾然其身
諸臣眷屬 亦復如是 以水灑王 良久乃蘇
復起舉手 號天而哭 復有臣來 而白王言
向於林中 見王二子 愁憂苦毒 悲號涕泣

復起舉手　號天而哭　復有臣來　而白王言
向於林中　見王二子　愁憂苦毒　悲號涕泣
迷悶失忘　自投於地　臣即求水　灑其身上
良久之頃　乃還蘇息　望見四方　大火熾然
扶持暫起　尋復躄地　舉手悲哀　號天而哭
乍復讚歎　其弟功德　是時大王　以離愛子
其心迷沒　氣力惙然　憂惱涕泣　並復思惟
是最小子　我所愛重　无常大鬼　奄便吞食
其餘二子　今雖存在　而為憂火　之所焚燒
或能為是　喪失命根　我宜速往　至彼林中
與諸侍從　欲至彼林　即於中路　見其二子
可使終保　餘年壽命　尒時大王　駕乘名象
心肝分裂　或能失命　若見二子　慰喻其心
迎載諸子　急還宮殿　其母在後　憂苦逼切
號天扣地　稱弟名字　時至即前　抱持二子
悲號涕泣　隨路還宮　速令二子　覲見其母
佛告樹神　汝今當知　尒時王子　摩訶薩埵
捨身飴虎　今我身是　尒時大王　摩訶羅陁
於今父王　輸頭檀是　尒時王妃　今摩耶是
第一王子　今彌勒是　第二王子　今調達是
尒時虎者　今瞿夷是　時虎七子　今五比丘
及舍利弗　目揵連是
尒時大王摩訶羅陁及其妃后悲號涕泣悉
皆脫身御服瓔珞與諸大衆往竹林中收其
舍利即於此處起七寶塔是時王子摩訶薩
埵臨捨命時作是誓願願我舍利於未來
世過筭數劫常為衆生而作佛事說是經
時无量阿僧祇天及人發阿耨多羅三藐三
菩提心樹神是名礼塔往昔因緣尒時佛神
力故是七寶塔即沒不現

金光明經讚佛品第十八

尒時无量百千万億諸菩薩衆從此世界至
金寶蓋山王如來國土到彼土已五體投地

尒時无量百千万億諸菩薩衆從此世界生
金寶蓋山王如来國土到彼土已五體投地
為佛作礼却住一面立向佛合掌異口同音
而讚歎曰
如来之身 金色微妙 其明照曜 如金山王
身淨柔軟 如金蓮花 无量妙相 以自莊嚴
隨形之好 光餝其體 淨潔无比 如紫金山
圓足无垢 如淨滿月 其音清徹 妙如梵聲
師子孔聲 大雷震聲 六種清淨 微妙音聲
迦陵頻伽 孔雀之聲 清淨无垢 威德具足
百福相好 莊嚴其身 光明遠照 无有齊限
智慧寂滅 无諸愛習 世尊成就 无量功德
譬如大海 須弥寶山 為諸衆生 生憐愍心
於未来世 能與快樂 如来所說 苐一深義
能令衆生 寂滅安隱 能與衆生 无量快樂
能演无上 甘露妙法 能開无上 甘露法門
能入一切 無畏窟宅 能令衆生 悉得解脫
度於三有 无量苦海 安住正道 无諸憂苦
如来世尊 功德智慧 大慈悲力 精進方便
如是无量 不可稱計 我等今者 不能說喻
諸天世人 於无量劫 盡思度量 不能得知
如来所有 功德智慧 无量大海 一渧少分
我今略讚 如来功德 百千億分 不能宣一
若我功德 得聚集者 迴与衆生 證无上道
尒時信相菩薩即於此會從座而起偏袒
右肩右膝着地合掌向佛而說偈言
世尊百福 功德千數 相好微妙 莊嚴其身
色淨遠照 視之无猒 如日千光 弥滿虛空
光明熾盛 无量无邊 猶如无數 珎寶大聚
其明五色 青紅赤白 瑠璃頗梨 如融真金
光明赫奕 通徹諸山 悉能遠照 无量佛土
能滅衆生 无量苦惱 又與衆生 上妙快樂
諸根清淨 微妙苐一 衆生見者 无有猒足

能滅衆生 无量苦惱 又與衆生 上妙快樂
諸根清淨 微妙第一 衆生見者 无有猒足
髮紺柔軟 猶孔雀項 如諸蜂王 集在蓮花
清淨大悲 功德莊嚴 无量三昧 及以大慈
如是功德 悲已聚集 相好妙色 嚴飾其身
種種功德 助成菩提
如來悉能 調伏衆生 令心柔軟 受諸快樂
種種深妙 功德莊嚴 亦爲十方 諸佛所讚
其光遠照 遍於諸方 猶如日月 充滿虛空
功德成就 如須弥山 在在亦現 於諸世界
齒白齊密 猶如珂雪 其德如日 處空明顯
眉間毫相 右旋婉轉 光明流出 如琉璃珠
其色微妙 如日處空
尒時道場菩提樹神復讚曰
南无清淨 无上正覺 甚深妙法 隨順覺了
遠離一切 非法非道 獨拔而出 成佛正覺
知有非有 本性清淨
希有希有 如來功德 希有希有 如來大海
希有希有 如須弥山 希有希有 佛无邊行
希有希有 佛出於世 如優曇花 時一現耳
希有希有 无量大悲 釋迦牟尼 爲人中日
爲欲利益 諸衆生故 宣說如是 妙寶經典
善哉如來 諸根寂滅 而復遊入 善寂大城
无垢清淨 甚深三昧 入於諸佛 所行之處
一切聲聞 身皆空寂 兩足世尊 行處亦空
如是一切 无量諸法 推本性相 亦皆空寂
一切衆生 性相亦空 狂愚心故 不能覺知
我常念佛 樂見世尊 常作誓願 不離佛日
我常於地 長跪合掌 其心戀慕 欲見於佛
我常脩行 最上大悲 哀泣而淚 欲見於佛
我常渴仰 欲見於佛 爲是事故 憂火熾然
唯願世尊 賜我慈悲 清冷法水 以滅是火
世尊慈愍 悲心无量 願使我身 常得見佛

唯願世尊　賜我慈悲　清冷法水　以滅是火
世尊慈愍　悲心无量　願使我身　常得見佛
世尊常護　一切人天　是故我今　渇仰欲見
聲聞之身　猶如虛空　炎幻嚮化　如水中月
衆生之性　如夢所見　如來行處　淨如瑠璃
入於无上　甘露法處　能與衆生　无量快樂
如來行處　微妙甚深　一切衆生　无能知者
五通神仙　及諸聲聞　一切緣覺　亦不能知
我今不疑　佛所行處　唯願慈悲　爲我現身
尒時世尊　從三昧起　以微妙音　而讚嘆言
善哉善哉　樹神善女　汝於今日　快說是言

金光明經囑累品第十九

尒時釋迦牟尼佛從三昧起現大神力以右
手摩諸大菩薩摩訶薩頂與諸天王及龍
王廿八部散脂鬼神大將軍等而作是言我
於無量百千万億恒河沙劫脩集是金光明
微妙經典汝等當受持讀誦廣宣此法復於
閻浮提內無令斷絕若有善男子善女人於
未來世中有受持讀誦此經典者汝等諸天
常當擁護當知是人於未來世無量百千人
天之中常受快樂於未來世值遇諸佛疾得
證成阿耨多羅三藐三菩提
尒時諸大菩薩及天龍王二十八部散脂大
將等即從座起到於佛前五體投地俱發
聲言如世尊勑當具奉行如是三白如世尊勑
當具奉行於是散脂大將軍而白佛言如世
尊勑若後未來世中有受持是經若自書若
使人書我當與此二十八部諸鬼神等常當
隨侍擁護隱蔽其身是說法者皆悉消滅諸
惡令得安隱願不有慮
尒時釋迦牟尼佛現大神力十方無量世界
皆六種震動是時諸佛皆大歡喜囑累是
經故讚歎持法者現无量神力於是无量无

務本070號　金光明經卷四（08-07）

務本 070 號 金光明經卷四（印章）

印文：廣鋗審定　務本堂藏

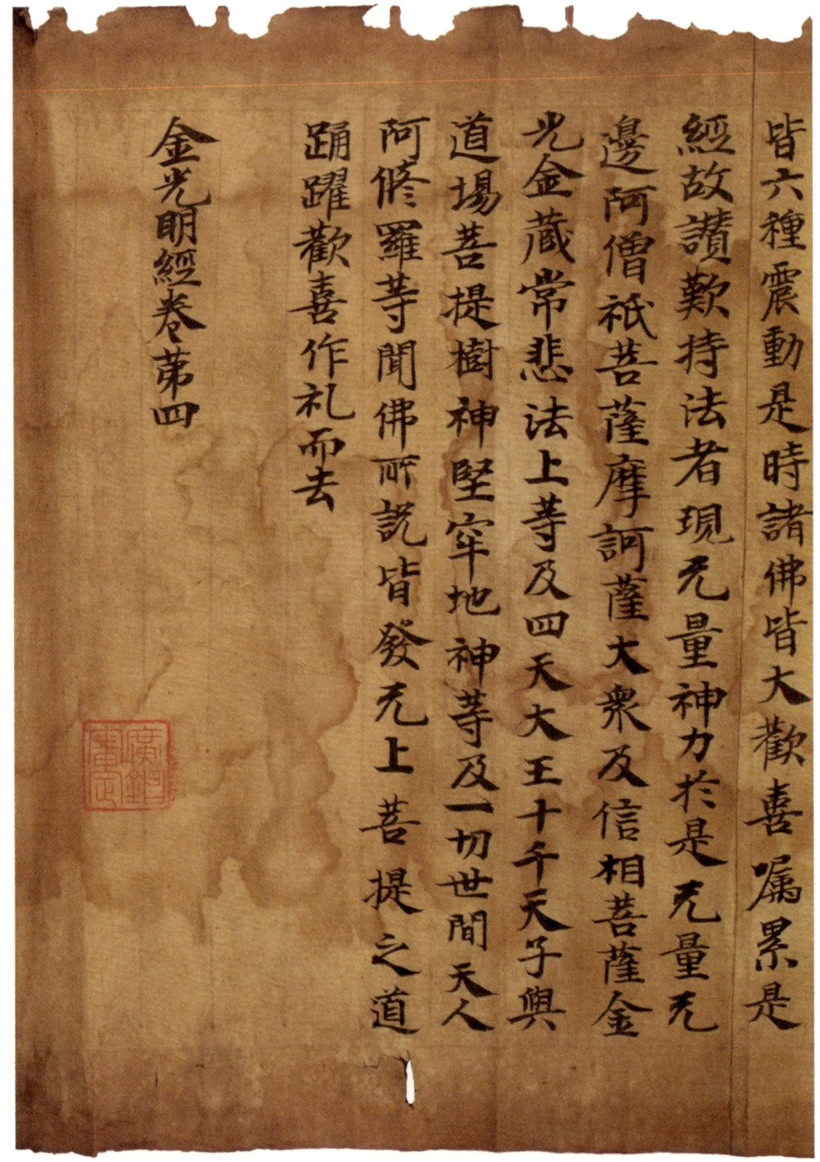

皆六種震動是時諸佛皆大歡喜攝累是
經故讚歎持法者現无量神力於是无量无
邊阿僧祇菩薩摩訶薩大衆及信相菩薩金
光金藏常悲法上等及四天大王十千天子與
道場菩提樹神堅牢地神等及一切世間天人
阿修羅等聞佛所說皆發无上菩提之道
踊躍歡喜作礼而去

金光明經卷第四

務本 070 號 金光明經卷四（08-08）

若人病重命將欲盡當爲作方壇於上畫作
種種形狀所謂輪形金剛杵形蠡形戟形亦
字形蓮華形四角畫蓮華華上安瓶瓶滿香
水置於四角布列香爐燒衆名香以五色鉢
盛種種食及三白食謂乳酪粳米飯復以五
鉢各盛香華水及粳米壇上供養種種飲食
盛滿一器及水一瓶置壇中心於壇近邊畫
作毗那夜迦像頂上安燈將彼病人在於壇
西面向此壇盛一器食對病人前置於壇上
呪師要須清淨如法呪此病人七十七遍令
將死之人惛寘七日命續識還如從夢覺
若有護淨日別一遍誦念此呪滿之百年是
人命終生極樂界若一切時常念誦者乃至
菩提恒憶宿命永離夭壽及諸惡趣
若復有人爲於亡者稱其名字至心誦呪滿
七十七遍若彼亡人墮惡趣者應時即得離
惡道昔生天受樂或稱彼名依法書寫此陁
羅尼置佛塔中如法供養亦令亡者得離惡
趣生於天上或復得生兜率天宮乃至菩提
不墮惡道若有善男子善女人於此佛塔或
右繞或礼拜或供養者當得授記於阿耨多
羅三藐三菩提而不退轉一切宿鄣一切罪
業悉皆銷滅下至飛鳥畜生之類至此塔影
當得永離畜生惡趣若有五無間罪或在塔
影或觸彼塔皆得除滅置塔之處無諸邪魅
夜叉羅剎富單那毗舍闍等惡獸惡龍毒虫
毒草亦無魍魎諸惡鬼神奪精氣者亦無刀

夜叉羅刹富單那毗舍闍等惡獸惡龍毒虫
毒草亦無魍魎諸惡鬼神奪精氣者亦無刀
兵水火霜雹飢饉橫死惡夢不祥苦惱之事
於彼國土若有諸惡先相現時其塔即便現
於神變出大光焰令彼諸惡不祥之事無不
殄滅若復於彼有惡心衆生或是怨讎及怨
伴侶并諸劫盜寇賊等類欲壞此國其塔亦
便出大火光即於其處現諸兵仗惡賊見已
自然退散常有一切諸天善神守護其國於
國四周各百由旬結成大界其中男女乃至
畜生無諸疫癘疾苦鬪諍不住一切非法之
事其餘呪術所不能壞是名根本陁羅尼法
善男子今為汝說相輪橖中陁羅尼法即說
呪曰
唵（一引）薩婆怛他揭多毗補羅𢃇（移熱反 下同）瑟㩙
（竹几反 下同 二）末尼羯諾迦（舉佉反）曷剌析哆（三）毗菩瑟
哆𢃇瑟㩙（四）杜嚕杜嚕（五）三曼哆毗嚕吉
帝（六）薩囉薩囉播跛輸達尼（七）菩達尼三
菩達尼（八）鉢囉上𢃇瑟㩙伐𡅏（九）末尼脫
檐（十）鶻嚕止囉上末羅毗戍第（一十）吽（引）吽
（半鳴音 合口）莎（引）訶
善男子應當如法書寫此呪九十九本於
相輪橖四周安置又寫此呪及功能法於橖中
心密覆安處如是作已則為建立九万九千
相輪橖已亦為安置九万九千佛舍利已亦
為已造九万九千佛舍利塔亦為已造九万
九千八大寶塔亦為已造九万九千菩提場
塔若造一小泥塔於中安置此陁羅尼者則
為已造九万九千諸小寶塔若有衆生右繞
此塔或礼一拜或一合掌或以一華或以一

為已造九万九千諸小寶塔若有衆生右繞
此塔或礼一拜或一合掌或以一華或以一
香燒香塗香鈴鐸幡蓋而供養者則為供養
九万九千諸佛塔已是則成就廣大善根福
德之聚若有飛鳥蚊虻蠅等至塔影中當得
授記於阿耨多羅三藐三菩提而不退轉若
遥見此塔或聞鈴聲或聞其名彼人所有五
無間業一切罪鄣皆得銷滅常為一切諸佛
護念得於如來清淨之道是名相輪陁羅尼
法善男子今為汝說修造佛塔陁羅尼法即
說呪曰
唵一引 薩婆怛他揭多二 末羅毗輸達尼三上
健陁鞞黎鉢娜伐嚫四 鉢喇底僧塞迦囉
五怛他揭多馱都達嚫六 達囉達囉七 珊
達囉珊達囉八 薩婆怛他揭多阿地瑟耻
帝莎引訶
若有比丘比丘尼優婆塞優婆夷若自造塔
若教人造若修故塔若作小塔或以泥作或
用甎石應先呪滿一千八遍然後造作其塔
分量或如爪甲或長一肘乃至由旬以其呪
力及至心故於泥等塔中出妙香氣所謂牛
頭旃檀赤白旃檀龍腦麝香欝金香等及天
香氣自在教人皆得成就廣大善根福德之
聚命若短促便得延壽後臨終時得見九十
九億百千那由他佛常為一切諸佛憶念而
與授記生極樂界壽命九十九億百千那由
他歲常得宿命天眼天身天耳天鼻天旃檀
香從其身出口中常出優鉢羅華香得五神
通於阿耨多羅三藐三菩提得不退轉若呪
香泥下至極少如芥子許塗此塔上彼人亦

務本 071 號 無垢淨光大陀羅尼經（10-03）

通於阿耨多羅三藐三菩提得不退轉若呪
香泥下至極少如芥子許塗此塔上彼人亦
得如上所說大福德聚若比丘比丘尼優婆
塞優婆夷如法書寫陀羅尼法以清淨心尊
重供養如佛無異於書寫人亦增上供養如前
所說書呪印已置於塔中及所修塔內并相
輪橖中如法成就是人當得廣大善根福德
之聚
佛說此陀羅尼印法時十方一切諸佛如來同
聲讚言善哉善哉釋迦牟尼如來應正等覺
乃能善說此大陀羅尼印法令一切衆生皆
無空過獲大利益攝大福聚乃至於阿耨多
羅三藐三菩提得不退轉
尒時衆中天龍八部及諸菩薩執金剛主四
王帝釋梵天王那羅延摩醯首羅摩尼跋陀
羅補那跋陀及跋陀羅神夜摩神婆樓摩神
俱薜羅神婆毗婆神諸仙衆等聞此法已起
猒離心調伏柔軟生大歡喜以大喜聲互相
謂言希有希有希有諸佛如來希有真正妙
法希有希有此陀羅尼印法如來所說甚難
值遇是時劫比羅戰荼大婆羅門聞此大功
遇殊勝利益大陀羅尼法印即得明達法性
遠塵離垢斷諸煩惱滅諸罪鄣壽命延長生
大歡喜踊躍無量令一切衆生亦皆當得心
意清淨
尒時除蓋障菩薩摩訶薩持一寶臺種種衆
寶間錯莊嚴以佛莊嚴而莊嚴之愛樂法故
供養如來右繞三帀頂礼佛足而白佛言世
尊此大陀羅尼壇場法印甚難值遇世尊說
此一切衆生妙法庫藏鎮閻浮提令諸衆生

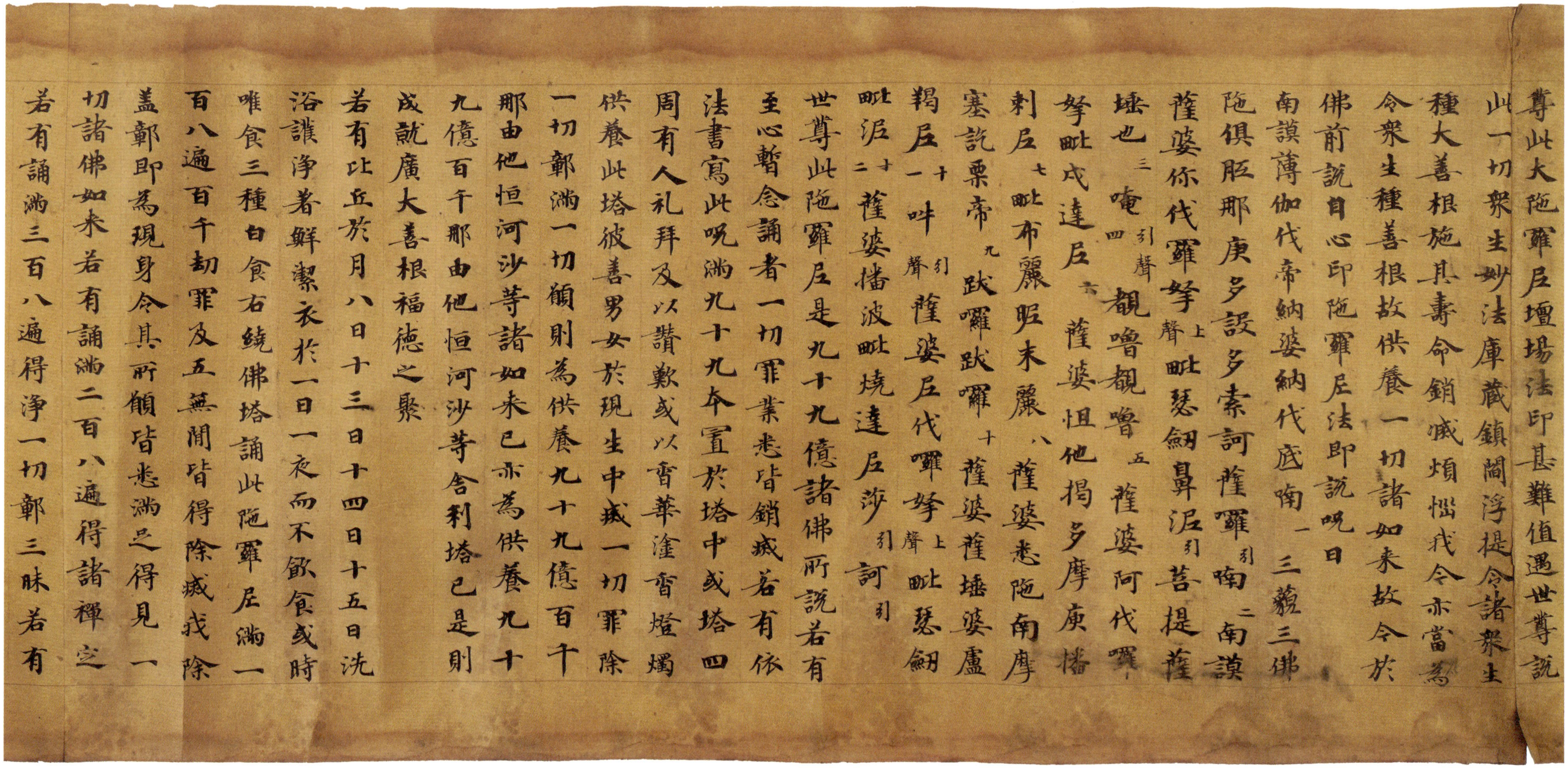

尊此大陁羅尼壇場法印甚難値遇世尊説
此一切衆生妙法庫藏鎮閻浮提令諸衆生
種大善根施其壽命銷滅煩惱我今亦當爲
令衆生種善根故供養一切諸如來故今於
佛前説自心印陁羅尼法即説呪曰
南謨薄伽伐帝納婆納伐底喃一 三藐三佛
陁俱胝那庚多設多索訶薩羅引喃二 南謨
薩婆你伐羅拏上聲 毗瑟舸鼻泥引 菩提薩
埵也三 唵引聲四 覩嚕覩嚕五 薩婆阿伐囉
拏毗戌達尼六 薩婆怛他揭多摩庾播
剌尼七 毗布羅貶末麗八 薩婆悉陁南摩
塞訖栗帝九 䟦囉䟦囉十 薩婆薩埵婆盧
羯尼一十 吽引聲 薩婆尼伐囉拏上聲 毗瑟舸
毗泥二十 薩婆播波毗燒達尼莎引訶引
世尊此陁羅尼是九十九億諸佛所説若有
至心暫念誦者一切罪業悉皆銷滅若有依
法書寫此呪滿九十九本置於塔中或塔四
周有人礼拜及以讚歎或以香華塗香燈燭
供養此塔彼善男女於現生中滅一切罪除
一切鄣滿一切願則爲供養九十九億百千
那由他恒河沙等諸如來已亦爲供養九十
九億百千那由他恒河沙等舍利塔已是則
成就廣大善根福德之聚
若有比丘於月八日十三日十四日十五日洗
浴護淨著鮮潔衣於一日一夜而不飲食或時
唯食三種白食右繞佛塔誦此陁羅尼滿一
百八遍百千劫罪及五無間皆得除滅我除
蓋鄣即爲現身令其所願皆悉滿足得見一
切諸佛如來若有誦滿二百八遍得諸禪定
若有誦滿三百八遍得淨一切鄣三昧若有

務本 071 號 無垢淨光大陀羅尼經（10–05）

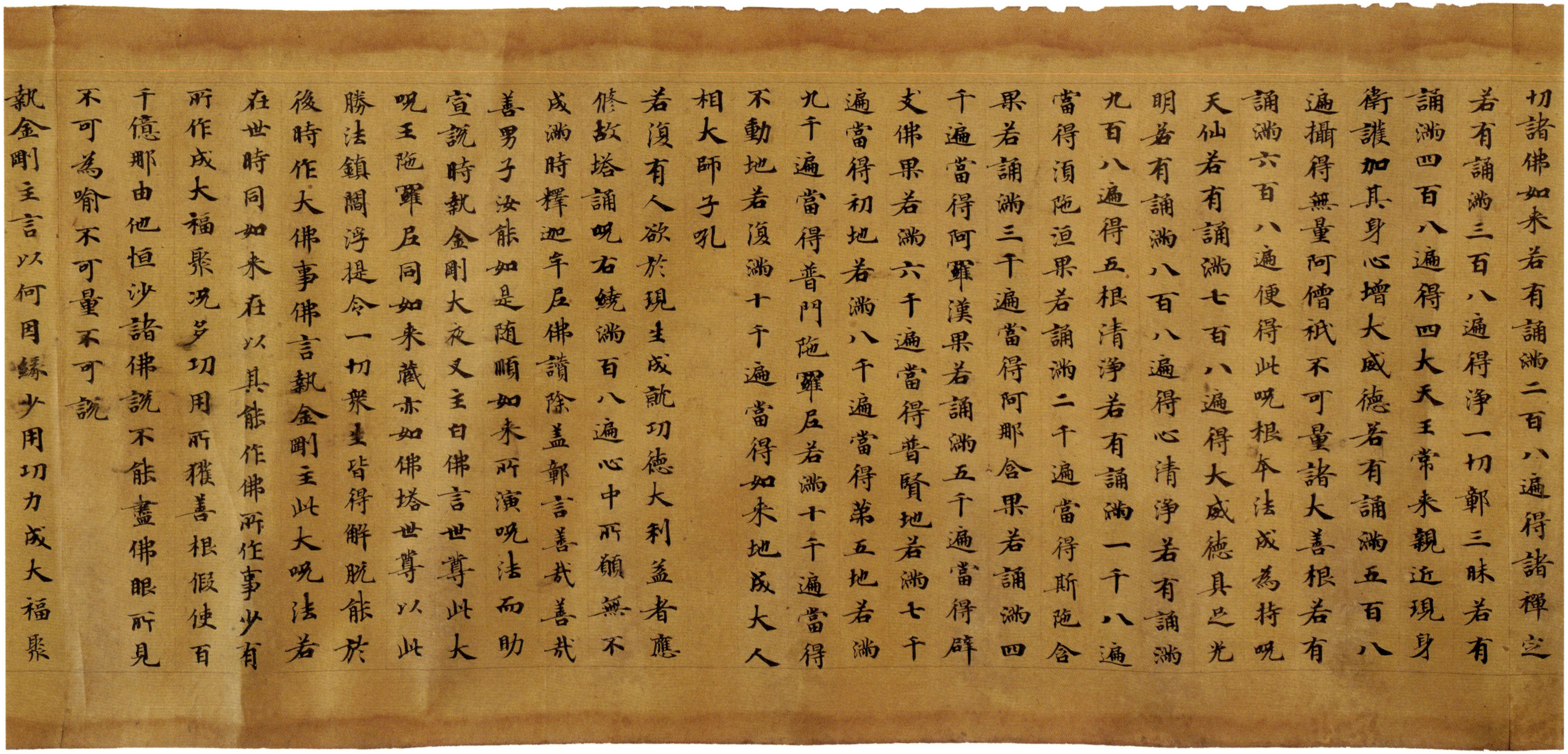

切諸佛如來若有誦滿二百八遍得諸禪定
若有誦滿三百八遍得淨一切鄣三昧若有
誦滿四百八遍得四大天王常來親近現身
衛護加其身心增大威德若有誦滿五百八
遍攝得無量阿僧祇不可量諸大善根若有
誦滿六百八遍便得此呪根本法成為持呪
天仙若有誦滿七百八遍得大威德具足光
明若有誦滿八百八遍得心清淨若有誦滿
九百八遍得五根清淨若有誦滿一千八遍
當得須陁洹果若誦滿二千遍當得斯陁含
果若誦滿三千遍當得阿那含果若誦滿四
千遍當得阿羅漢果若誦滿五千遍當得辟
支佛果若滿六千遍當得普賢地若滿七千
遍當得初地若滿八千遍當得第五地若滿
九千遍當得普門陁羅尼若滿十千遍當得
不動地若復滿十千遍當得如來地成大人
相大師子吼
若復有人欲於現生成就功德大利益者應
修故塔誦呪右繞滿百八遍心中所願無不
成滿時釋迦牟尼佛讚除蓋鄣言善哉善哉
善男子汝能如是隨順如來所演呪法而助
宣說時執金剛大夜叉主白佛言世尊此大
呪王陁羅尼同如來藏亦如佛塔世尊以此
勝法鎮閻浮提令一切衆生皆得解脫能於
後時作大佛事佛言執金剛主此大呪法若
在世時同如來在以具能作佛所作事少有
所作成大福聚況多功用所獲善根假使百
千億那由他恒沙諸佛說不能盡佛眼所見
不可為喻不可量不可說
執金剛主言以何因緣少用功力成大福聚

不可爲喻不可量不可説
執金剛主言以何因緣少用功力成大福聚
佛言諦聽當爲汝説若比丘比丘尼優婆塞優
婆夷欲得滿足大功德聚當依前法書寫此
四大陁羅尼呪法之王各九十九本然後於佛
塔前造一方壇牛糞塗地於壇四角置香水
滿瓶香爐布列以供養鉢盛香華水粳米置
於壇上及三味食烏麻緑豆粳米和煑并三
白食各置瓶中布於壇上種種果子數滿九
十九并四種食一切所須及諸香華皆置其
上以陁羅尼呪置相輪橖中及塔四周以呪
王法置於塔内想十方佛至心誦念此陁羅
尼即説呪曰
南謨納婆納伐底喃怛他揭多倶胝喃一 殑伽
㮈地婆盧迦三摩喃二 唵三引 毗補麗毗末麗四
鉢囉伐麗五 市那上 伐麗六 薩囉薩囉七 薩
婆怛他揭多馱都揭鞞八 薩底丁耶反 地瑟耻帝
莎引 訶九 阿引 耶下同 夷我反 咄都飯尼莎引 訶十
薩婆提婆耶婆訶引 耶狷十一 勃陁阿地瑟侘
那上 三摩也莎引 訶
應燒香相續誦此陁羅尼呪二十八遍即時
八大菩薩八大夜叉王執金剛夜叉主四王
帝釋梵天王那羅延摩醯首羅各以自手共
持彼塔及相輪橖亦有九十九億百千那由
他恒河沙諸佛皆至其處加持彼塔安佛舍
利由加持故令塔猶如大摩尼寶是人由此
則爲已造九十九億百千那由他諸大寶塔
由此當得廣大善根壽命延長身淨無垢衆
病悉除灾鄣殄滅若見此塔者滅五逆罪聞
塔鈴聲銷諸惡業捨身當生極樂世界若有

務本 071 號　無垢淨光大陀羅尼經（10–07）

病悲除災鄣殄滅若見此塔者滅五逆罪聞
塔鈴聲銷諸惡業捨身當生極樂世界若有
傳聞此塔名者當得阿鞞跋致下至鳥獸得
聞其聲離畜生趣永不復受當得廣大福德
之聚
若復有人欲得滿足六波羅蜜者當作方壇
先牛糞塗後以淨土而覆其上灑以香湯滑
淨塗拭五供養鉢置於壇上寫前四種陀羅
尼呪各九十九本手作小塔滿九十九於此
塔中各置一本其相輪呪還置小塔相輪橖
中行列壇上以諸香華供養旋繞七遍誦此
陀羅尼曰
南謨納婆納伐底喃怛他揭多一獉伽㮏地婆
盧迦二俱胝那庾多設多索訶薩囉喃三唵
引四普悌哩五折里尼六折哩慕上哩忽哩七社
囉跋上哩涉引訶
若依此作已六波羅蜜俱時成滿是則同造
九十九億百千那由他恒河沙等七寶塔已
是則供養九十九億百千那由他如來應正
等覺皆以諸天大供養雲種種莊嚴諸天宮
殿諸天供具而為供養彼諸如來皆悲憶念
此善男女令其當得廣大善根福德之聚
若有於此呪王如法書寫受持讀誦供養恭
敬佩於身上以呪威力擁護是人令諸怨家
及怨朋黨一切夜叉羅刹富單那等皆於此
人不能為惡各懷恐怖逃散諸方若有得共
彼人語者亦得除滅五無間業若有得聞此
人語聲或在其影或觸其身令彼一切宿障
重罪皆得銷除而於彼人毒不能害火不能
燒水不能漂厭禱邪魅不得其便雷電霹礰

重罪皆得銷除而於彼人毒不能害大不能
燒水不能漂厭禱邪魅不得其便雷電礔礰
無能驚嬈常為諸佛而共加持一切如來安
慰護念諸天善神增其勢力非餘呪術之所
能制是故應當於一切處求此呪法寫已置
於當路塔中令往來衆下至鳥獸蚊蝱蟻子
皆得永離一切地獄及諸惡趣生諸天宮常
憶宿命至不退轉
尒時佛告除盖鄣菩薩摩訶薩執金剛主四
王帝釋梵天王等及其眷屬那羅延天摩醯
首羅等言善男子我以此呪法之王付囑汝
等應當守護住持擁衛以肩荷擔寶篋盛之
於後時中莫令斷絕應善執持應善覆護授
與後世一切衆生令得見聞離五無間
是時除盖鄣菩薩執金剛主四王帝釋梵天
王那羅延摩醯首羅及天龍八部等咸礼佛
足同聲白言我等已蒙世尊加護授此呪法
及造塔法咸皆守衛住持讀誦書寫供養為
護一切諸衆生故於後時分令彼衆生悉得
聞知不隨地獄及諸惡趣我等為報如來大
恩咸共守護令廣流布尊重恭敬如佛無異
不令此法而有壞滅佛言善哉善哉汝等乃
能堅固守護住持如是陁羅尼法時諸大衆
聞佛說已歡喜奉行

無垢淨光大陁羅尼經一卷

佛弟子陪戎校尉孔嘉言妻菑氏久纏痾
瘵痛苦在身妙藥仙方不能痊愈聞此
法教知闡大猷救護衆生一切危厄

務本 071 號 無垢淨光大陀羅尼經（印章）

印文：廣錩審定　務本堂藏

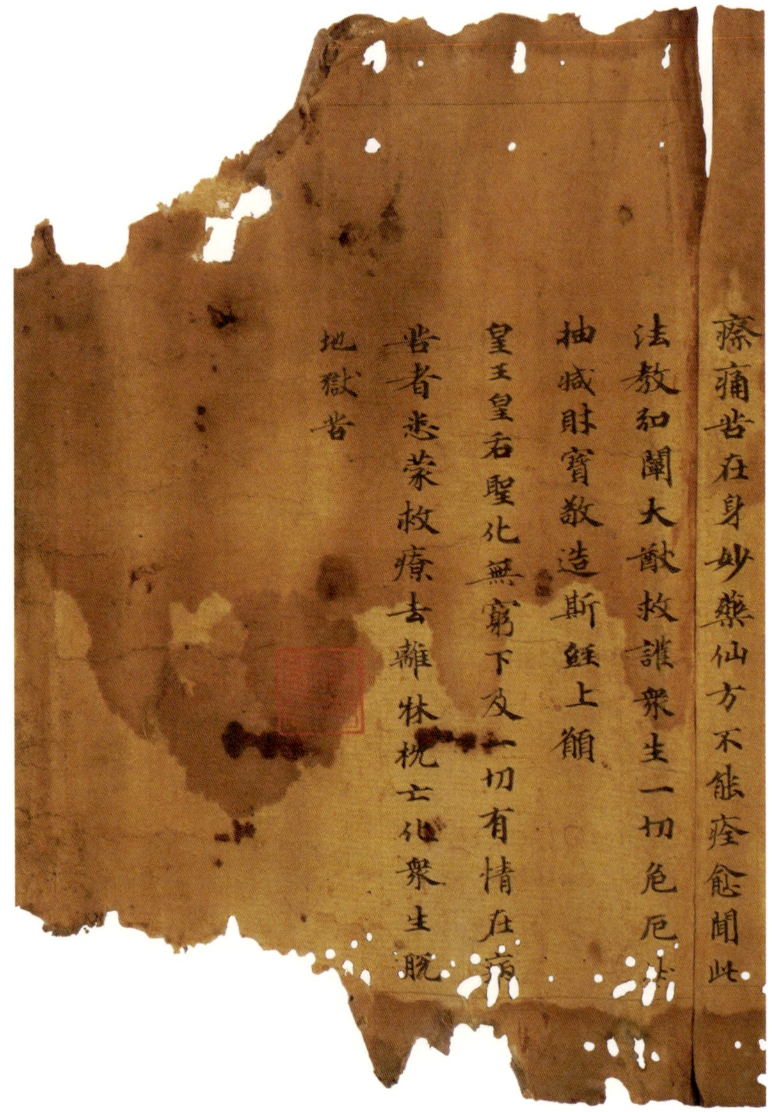

蘇痛苦在身妙藥仙方不能痊愈聞此
法教知聞大歡救護衆生一切危厄者
抽賦財寶敬造斯經上願
皇王皇后聖化無窮下及一切有情在
苦者悉蒙救療去離桎梏亡化衆生脫
地獄苦

務本 071 號 無垢淨光大陀羅尼經（10-10）

勝天王般若波羅蜜經述德品第十　六
尒時文殊師利菩薩摩訶薩即從坐起偏袒
右肩右膝著地合掌向佛頭面作礼而白佛
言世尊菩薩摩訶薩於幾劫數行般若波羅
蜜供養幾佛而能如是對揚如來說[illegible]此般
若波羅蜜如勝天王尒時佛告文殊師利菩
薩摩訶薩善男子如此之事不可思量若非
无數百千億劫脩習衆行種善根者則不能
是般若波羅蜜名善男子十方恒河沙世界
中諸恒河沙數尚可知是菩薩摩訶薩幾
劫行般若波羅蜜供養幾佛數不可知文殊
師利過去无量无邊阿僧祇不可思議劫尒
時有佛名日多聞如來應供正遍知明行足
善逝世間解无上士調御丈夫天人師佛世
尊國名日光劫名增上時多聞佛為諸菩薩
摩訶薩說清淨法門諸善男子勤脩精進莫
顧身命時彼會中有一菩薩摩訶薩名日進
力即從坐起偏袒右肩右膝著地合掌向佛
頭面作礼而白佛言世尊所說勤脩精進莫
顧身命如我解佛所說義者菩薩摩訶薩應
當懈怠尒乃速成阿耨多羅三藐三菩提何以
故菩薩摩訶薩若勤精進是則不能久住生
死菩薩摩訶薩行般若波羅蜜斷伏煩惱久
住生死終无自度速證涅槃不化衆生世尊
菩薩摩訶薩處生死中用之為樂不以涅槃
而為樂也何以故世尊菩薩摩訶薩利衆生
事以之為樂隨彼所樂即用方便說種種法
令得安樂若證漏盡不能利益一切衆生世
尊是故菩薩觀察生死起大悲心不捨衆生

務本 072 號 勝天王般若波羅蜜經卷六（10–01）

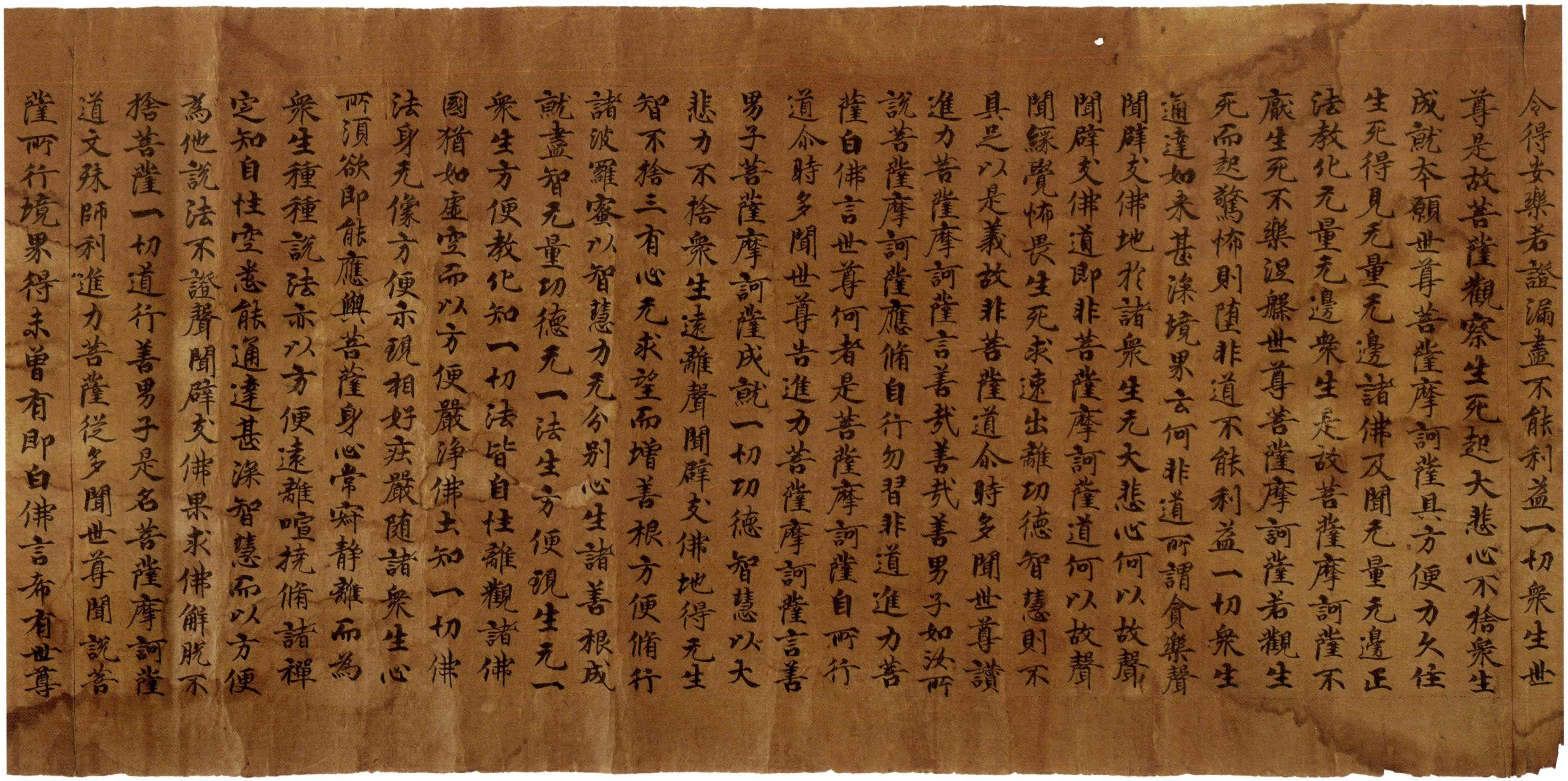

令得安樂若諸漏盡不能利益一切衆生世
尊是故菩薩觀察生死起大悲心不捨衆生
成就本願世尊菩薩摩訶薩具方便力久住
生死得見无量无邊諸佛及聞无量无邊正
法教化无量无邊衆生是故菩薩摩訶薩不
厭生死不樂涅槃世尊菩薩摩訶薩若觀生
死而起驚怖則墮非道不能利益一切衆生
通達如來甚深境界云何非道所謂貪樂聲
聞辟支佛地於諸衆生无大悲心何以故聲
聞辟支佛道即非菩薩摩訶薩道何以故聲
聞緣覺怖畏生死求速出離功德智慧則不
具足以是義故非菩薩道尒時多聞世尊讚
進力菩薩摩訶薩言善哉善哉善男子如汝所
說菩薩摩訶薩應脩自行勿習非道進力菩
薩白佛言世尊何者是菩薩摩訶薩自所行
道尒時多聞世尊告進力菩薩摩訶薩言善
男子菩薩摩訶薩成就一切功德智慧以大
悲力不捨衆生遠離聲聞辟支佛地得无生
智不捨三有心无求望而增善根方便脩行
諸波羅蜜以智慧力无分別心生諸善根成
就盡智无量功德无一法生方便現生无一
衆生方便教化知一切法皆自性離觀諸佛
國猶如虛空而以方便嚴淨佛土知一切佛
法身无像方便亦現相好莊嚴隨諸衆生心
所須欲即能應與菩薩身心常寂靜離而為
衆生種種說法亦以方便遠離喧撓脩諸禪
定知自性空悉能通達甚深智慧而以方便
為他說法不證聲聞辟支佛果求佛解脫不
捨菩薩一切道行善男子是名菩薩摩訶薩
道文殊師利進力菩薩從多聞世尊聞說菩
薩所行境界得未曾有即白佛言希有世尊

務本 072 號 勝天王般若波羅蜜經卷六（10-02）

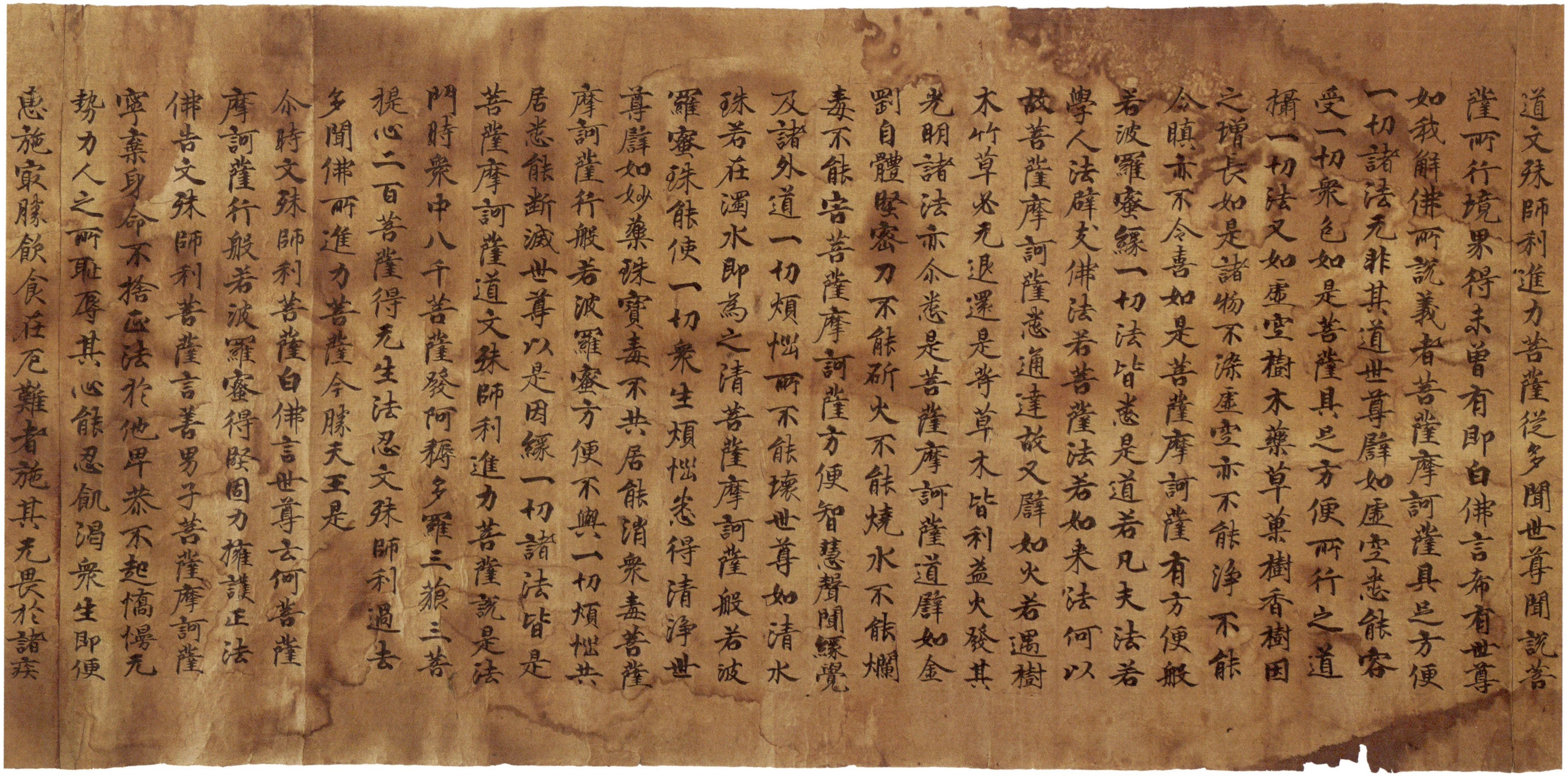
道文殊師利進力菩薩從多聞世尊聞說菩
薩所行境界得未曾有即白佛言希有世尊
如我解佛所說義者菩薩摩訶薩具足方便
一切諸法无非其道世尊譬如虛空悉能容
受一切衆色如是菩薩具足方便所行之道
攝一切法又如虛空樹木藥草菓樹香樹因
之增長如是諸物不染虛空亦不能淨不能
令瞋亦不令喜如是菩薩摩訶薩有方便般
若波羅蜜緣一切法皆悉是道若凡夫法若
學人法辟支佛法若菩薩法若如來法何以
故菩薩摩訶薩悉通達故又譬如火若遇樹
木竹草必无退還是等草木皆利益火發其
光明諸法亦尒悉是菩薩摩訶薩道譬如金
剛自體堅密刀不能斫火不能燒水不能爛
毒不能害菩薩摩訶薩方便智慧聲聞緣覺
及諸外道一切煩惱所不能壞世尊如清水
珠若在濁水即爲之清菩薩摩訶薩般若波
羅蜜珠能使一切衆生煩惱悉得清淨世
尊譬如妙藥珠寶毒不共居能消衆毒菩薩
摩訶薩行般若波羅蜜方便不與一切煩惱共
居悉能斷滅世尊以是因緣一切諸法皆是
菩薩摩訶薩道文殊師利進力菩薩說是法
門時衆中八千菩薩發阿耨多羅三藐三菩
提心二百菩薩得无生法忍文殊師利過去
多聞佛所進力菩薩今勝天王是
尒時文殊師利菩薩白佛言世尊云何菩薩
摩訶薩行般若波羅蜜得堅固力擁護正法
佛告文殊師利菩薩言善男子菩薩摩訶薩
寧棄身命不捨正法於他卑恭不起憍慢无
勢力人之所恥辱其心能忍飢渴衆生即便
惠施窮賤飲食在厄難者施其无畏於諸疾

務本 072 號 勝天王般若波羅蜜經卷六（10–03）

勢力人之所恥辱其心能忍飢渴衆生即便
惠施寂勝飲食在厄難者施其无畏於諸疾
病如法療治貧窮衆生令豊財寶諸佛塔廟
白灰泥塗惡事則掩先揚善事苦惱衆生則
施安樂
文殊師利菩薩摩訶薩行般若波羅蜜脩如
是行得堅固力擁護正法文殊師利菩薩白
佛言世尊菩薩摩訶薩行般若波羅蜜云何
能調伏心佛告文殊師利菩薩言菩薩摩訶
薩行般若波羅蜜不濫他事先思後行心性
調直離諂曲行不自矜高意常柔軟文殊師利
菩薩摩訶薩如是行者能調伏心文殊師利菩
薩白佛言世尊菩薩摩訶薩行般若波羅
蜜脩是學行當生何道佛告文殊師利
言菩薩摩訶薩如是行般若波羅蜜者或生
天中或生人中若生天中則為帝釋值佛出
世或大梵王娑婆國主值佛出世若生人中作
轉輪聖王長者居士值佛出世文殊師利菩
薩摩訶薩調伏心行得如是生
文殊師利菩薩白佛言世尊正信流出何法
佛告文殊師利菩薩正信流出得善知識世
尊布施流出何法佛言流出大冨世尊多聞
流出何法佛言流出般若世尊持戒流出何
法佛言流出一切善道世尊忍辱流出何法
佛言流出容受衆生世尊精進流出何法佛
言能成就一切佛法世尊思惟流出何法佛
言流出寂靜世尊般若流出何法佛言般若
流出離一切煩惱世尊聽法流出何法佛言
流出遠離疑網世尊如法問流出何法佛言
流出決定智世尊住寂靜流出何法佛言流
出禪定及諸神通世尊正脩流出何法佛言

流出決定智世尊住寂靜流出何法佛言流
出禪定及諸神通世尊正脩流出何法佛言
流出厭離道世尊无常聲流出何法佛言流
出无所攝護世尊苦聲流出何法佛言流出
无生世尊无我聲流出何法佛言流出滅我
我所世尊空聲流出何法佛言流出寂靜世
尊正念流出何法佛言流出聖正見世尊身
心離流出何法佛言流出三昧神通世尊聖道
流出何法佛言流出聖果世尊信樂流出何法
佛言流出成就諸解脫世尊佛生流出何法佛
言流出一切助菩提法
尒時勝天王白佛言世尊云何佛生佛告勝
天王言如發菩提心世尊云何發菩提心佛
言天王如生大悲世尊云何生大悲佛言不
捨一切衆生世尊云何不捨一切衆生佛言
如不捨三寶世尊誰不捨三寶佛言无煩惱
者尒時勝天王白佛言希有世尊希有脩伽
陁諸佛世尊如是秘密甚深微妙常說一切
法空无生无滅寂靜不破所脩善惡果報遠
離斷常世尊於世界中頗有衆生聞如是法
不起正信敬重之心生毀謗不世尊是等衆
生過去之世因由善業得受人身親近惡知
識故不信如是甚深之法則為孤負過去善
業諸佛世尊恩德深重假使自割身肉出血
供養如來亦不能報以佛恩故我等今日增
長善根得大法樂住大自在世尊菩薩摩訶
薩行般若波羅蜜應知佛恩近善知識當學
佛行令得佛果說是法時衆中二万五千菩
薩得无生法忍四万五千人天發阿耨多羅
三藐三菩提心一万二千天子得遠塵離垢
法眼淨

務本 072 號 勝天王般若波羅蜜經卷六（10–05）

三藐三菩提心一万二千天子得遠塵離垢
法眼淨
勝天王般若波羅蜜經現化品第十一
尒時善思惟菩薩摩訶薩白勝天王言如來
所造化佛更能化不尒時勝天王荅善思惟
菩薩言今對世尊以為明證佛所化佛更能
化作恒河沙數无量化佛種種色相神通說
法利益衆生善男子諸佛宿世願力清淨故
能如是善思惟菩薩白勝天王言大王善說
甚深之法諸佛宿世願力清淨唯願大王請
佛神力令此般若波羅蜜久住世間无有隱
沒勝天王荅善思惟菩薩言善男子般若波
羅蜜一切諸佛之所護持何以故文字所說
般若波羅蜜如是文字不生不盡无有隱沒
字所顯義亦不生不盡无有隱沒善男子諸
佛如來甚深般若波羅蜜亦不隱沒何以故
法不生故若法无生此則无滅即是如來秘
密之教若佛出世若佛不出性相常住是名
法界亦曰如如名不異際隨順因緣而不違
逆是為正法其性常住无有隱沒善思惟菩
薩白勝天王言大王能護正法是何等人勝
天王荅善思惟菩薩言善男子若不違逆一
切法者名護正法何以故无有諍論不違道
理名護正法又問云何不違道理荅曰若順
文字不違道理无所諍論名護正法何以故
世間凡夫皆著諸見順道理者則常說空是
故世間而起諍論如是凡夫愛重有法順道
理者於此則輕世間說有常樂我淨順道理
者說无常苦不淨无我是故世間而生諍論
善男子一切凡夫順世間流順道理者逆世
間流是故世間則生諍論一切凡夫著陰界

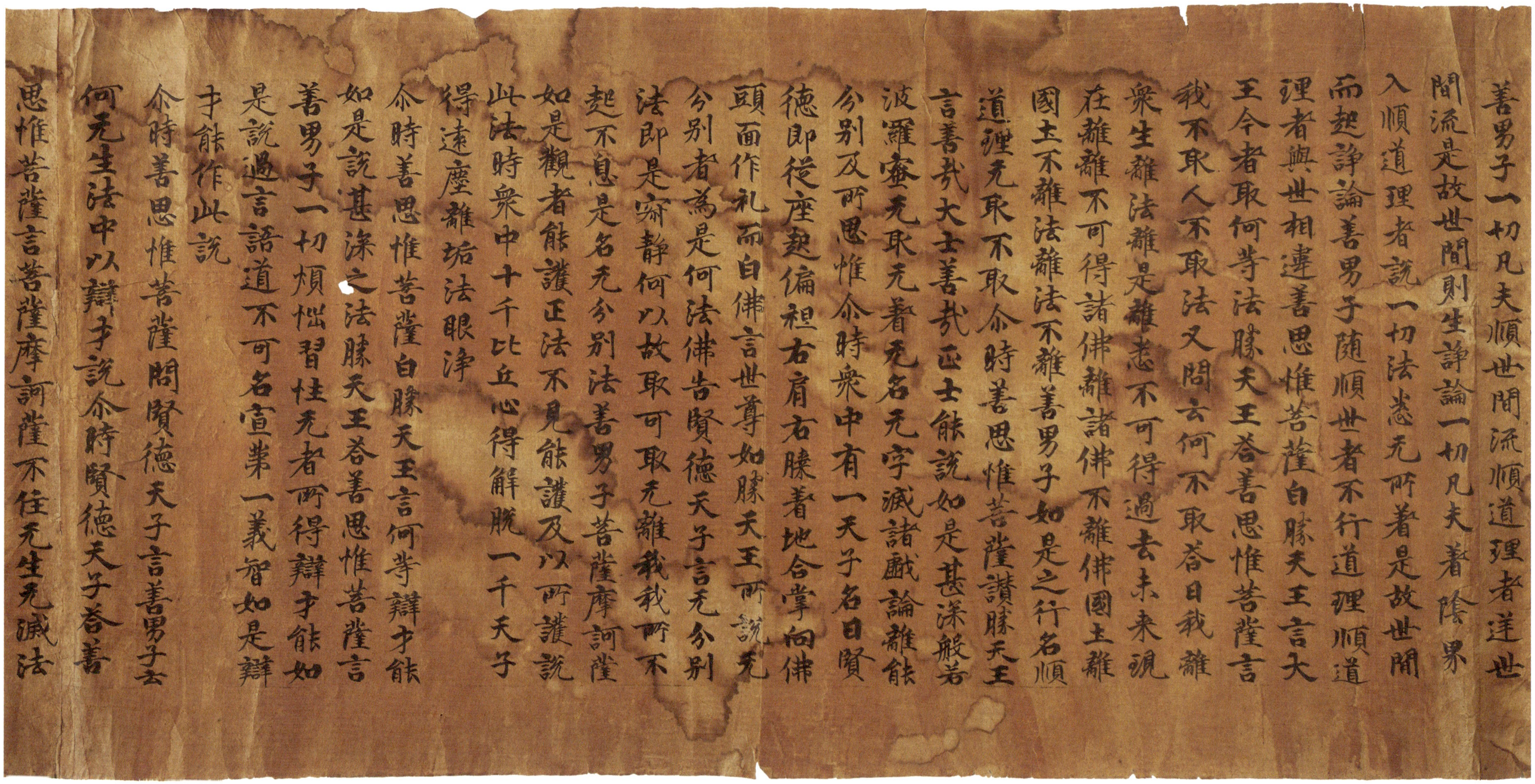
善男子一切凡夫順世間流順道理者違世
間流是故世間則生諍論一切凡夫著陰界
入順道理者說一切法悉无所著是故世間
而起諍論善男子隨順世者不行道理順道
理者與世相違善思惟菩薩白勝天王言大
王今者取何等法勝天王答善思惟菩薩言
我不取人不取法又問云何不取答曰我離
衆生離法離是離悉不可得過去未來現
在離離不可得諸佛離諸佛不離佛國土離
國土不離法離法不離善男子如是之行名順
道理无取不取尒時善思惟菩薩讚勝天王
言善哉大士善哉正士能說如是甚深般若
波羅蜜无取无著无名无字滅諸戲論離能
分別及所思惟尒時衆中有一天子名曰賢
德即從座起偏袒右肩右膝著地合掌向佛
頭面作礼而白佛言世尊如勝天王所說无
分別者為是何法佛告賢德天子言无分別
法即是寂靜何以故取可取无離我我所不
起不息是名无分別法善男子菩薩摩訶薩
如是觀者能護正法不見能護及以所護說
此法時衆中十千比丘心得解脫一千天子
得遠塵離垢法眼淨
尒時善思惟菩薩白勝天王言何等辯才能
如是說甚深之法勝天王答善思惟菩薩言
善男子一切煩惱習性无者所得辯才能如
是說過言語道不可名宣第一義智如是辯
才能作此說
尒時善思惟菩薩問賢德天子言善男子云
何无生法中以辯才說尒時賢德天子答善
思惟菩薩言菩薩摩訶薩不住无生无滅法

務本072號 勝天王般若波羅蜜經卷六（10–07）

何无生法中以辯才說尒時賢德天子咨善
思惟菩薩言菩薩摩訶薩不住无生无滅法
中則无辯才說甚深法何以故遠離戲論不
見所緣不見能緣心无所住是故能說不住
人法不住此彼唯住清淨苐一義諦是故能
說尒時善思惟菩薩即白佛言世尊賢德天
子甚爲希有乃能通達甚深之法辯才无
盡佛告善思惟菩薩言善男子此賢德天子從
妙喜世界不動佛所而來至此娑婆世界聽受
甚深般若波羅蜜佛復告善思惟菩薩言
賢德天子已於過去无量百千億劫脩習陁
羅尼門窮劫說法亦无終盡善思惟菩薩白
佛言世尊何等陁羅尼佛言善男子名衆法
不入陁羅尼善男子此陁羅尼過諸文字言
不能入心不能量内外衆法皆不可得善男
子无有少法能入此者故名衆法不入陁羅尼
何以故此法平等无有高下亦无出入无一文
字從外來入亦无一字從此法出又无一字住此
法中亦无文字共相見者亦不分別法與非法
是諸文字說亦不減不說无增從本以来无
起造者无壞滅者善男子如文字心亦如是
如心一切法亦如是何以故法離言語亦離
思量本无生滅故无出入是名衆法不入陁
羅尼若能通達此法門者辯才无盡何以
故通達不斷无盡法故善男子能入虛空者
則能入此陁羅尼門善男子菩薩摩訶薩能
通達此陁羅尼門心得清淨身口亦尒所行
附理般若堅固一切魔无有能乱一切外
道不敢視瞻一切煩惱莫之能壞身力成
就心離怯弱所說无盡能宣甚深一切聖諦
智慧多聞猶如大海安住三昧喻須弥山處

就心離怯弱所說无盡能宣甚深一切聖諦
智慧多聞猶如大海安住三昧喻須弥山處
衆无畏如師子王世法不染猶彼蓮華利益
衆生譬之大地洗諸垢穢喻如大水成熟世
間以方大火清涼平等能悅衆心類之如月
能破諸暗譬其以日摧伏怨敵名為勇健心
性調伏猶如大龍能震法雷大雲為喻普雨
衆法譬之大雨為諸衆生除煩惱病猶彼良
醫以法治世譬如國王能護衆生及護正法
等四天王於人天中財富自在猶如帝釋心
得自在譬大梵王自在王領娑婆世界身得
无畏如伽樓羅鳥教示衆生如世間父能出
法寶類毗沙門王能出衆寶功德智慧之
所莊嚴衆生見者无不利益諸佛世尊之所
稱讚一切天衆咸擁護之善男子菩薩摩訶
薩得是衆法不入陀羅尼門種種自在利益
衆生方便說法而不窮盡心无疲勸不求名
利法施平等无有嫉妬持戒清淨於身口意
永无愆失忍辱清淨離諸瞋惱精進清淨所
作辦立禪定清淨善調伏心般若清淨悲无
疑滯具四无量猶如梵王行諸三昧三摩䟦提
世間寂勝備无上道具諸功德一切智慧受灌
頂位說是陀羅尼法門時衆中六万四千菩
薩得不退轉三万菩薩得无生法忍二万人
天得遠塵離垢法眼淨无量无邊人天發阿
耨多羅三藐三菩提心

勝天王般若波羅蜜經陀羅尼品第十二

尒時文殊師利菩薩摩訶薩即從座起偏袒
右肩右膝著地合掌向佛頭面作礼而白佛
言希有世尊如來所說菩薩摩訶薩得是衆
法不入陀羅尼所成功德无量无邊尒時佛

務本 072 號 勝天王般若波羅蜜經卷六（10–09）

言希有世尊如來所說菩薩摩訶薩得是衆
法不入陁羅尼所成功德无量无邊尒時佛
告文殊師利菩薩言善男子如是功德假使
如來百千年說亦復不盡尒時衆中有一菩
薩摩訶薩名寂靜意白文殊師利菩薩言
菩薩摩訶薩得是陁羅尼為佛世尊之所讃
歎如此之人善得大利自行化彼皆悉不空尒
時文殊師利菩薩荅寂靜意菩薩摩訶薩言
善男子第一義中无法可讃无名无相无色
相者有何可讃无可讃故於何歎善寂靜意
菩薩白文殊師利菩薩言如我聞佛脩多羅
中說一切法无我我所无能入善无能令瞋
此法平等菩薩應學譬如大地住在水上若
鑿井池即得用水其不鑿者无由致之如
聖智境界遍一切法若有勤脩般若方便即
便得之其不脩者云何能得是故菩薩欲求
菩提不得懈怠若勤精進如是之法則在現
前善男子如生盲人不能見色如是煩惱盲
諸衆生不能見法如人有眼无外光明不能
見色行人如是雖有智慧无善知識不能見
法如有天眼不假外明自能見色菩薩摩訶
薩入法流者自然勝進如在胎者日日增長
而不自見菩薩摩訶薩勤行精進亦不自見
衆行增長而能成就一切佛法譬如雪山有
藥樹王不枯不折菩薩摩訶薩勤脩精進一
切衆行不退不失譬如轉輪聖王出現於世
則具七寶菩薩摩訶薩發菩提心具七法寶
所謂布施持戒忍辱精進禪定智慧及方便
力
又如轉輪聖王遊四天下於諸衆生其心平

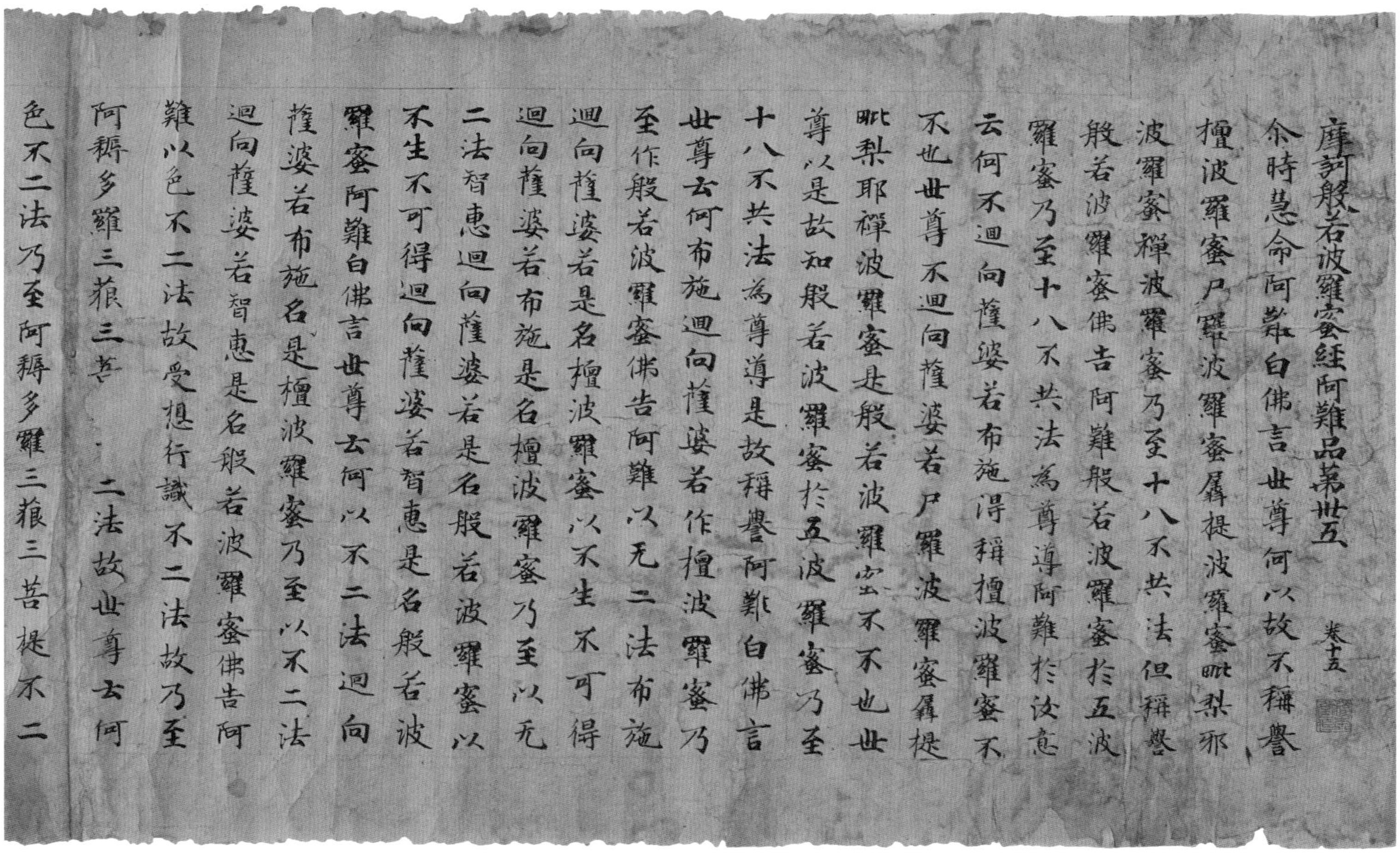
摩訶般若波羅蜜經阿難品第卌五　卷十五
尒時慧命阿難白佛言世尊何以故不稱譽
檀波羅蜜尸羅波羅蜜羼提波羅蜜毗梨耶
波羅蜜禪波羅蜜乃至十八不共法但稱譽
般若波羅蜜佛告阿難般若波羅蜜於五波
羅蜜乃至十八不共法為尊導阿難於汝意
云何不迴向薩婆若布施得稱檀波羅蜜不
不也世尊不迴向薩婆若尸羅波羅蜜羼提
毗梨耶禪波羅蜜是般若波羅蜜不不也世
尊以是故知般若波羅蜜於五波羅蜜乃至
十八不共法為尊導是故稱譽阿難白佛言
世尊云何布施迴向薩婆若作檀波羅蜜乃
至作般若波羅蜜佛告阿難以无二法布施
迴向薩婆若是名檀波羅蜜以不生不可得
迴向薩婆若布施是名檀波羅蜜乃至以无
二法智惠迴向薩婆若是名般若波羅蜜以
不生不可得迴向薩婆若智惠是名般若波
羅蜜阿難白佛言世尊云何以不二法迴向
薩婆若布施名是檀波羅蜜乃至以不二法
迴向薩婆若智惠是名般若波羅蜜佛告阿
難以色不二法故受想行識不二法故乃至
阿耨多羅三藐三菩提　二法故世尊云何
色不二法乃至阿耨多羅三藐三菩提不二

務本 073 號 摩訶般若波羅蜜經（異卷）卷一五（08–01）

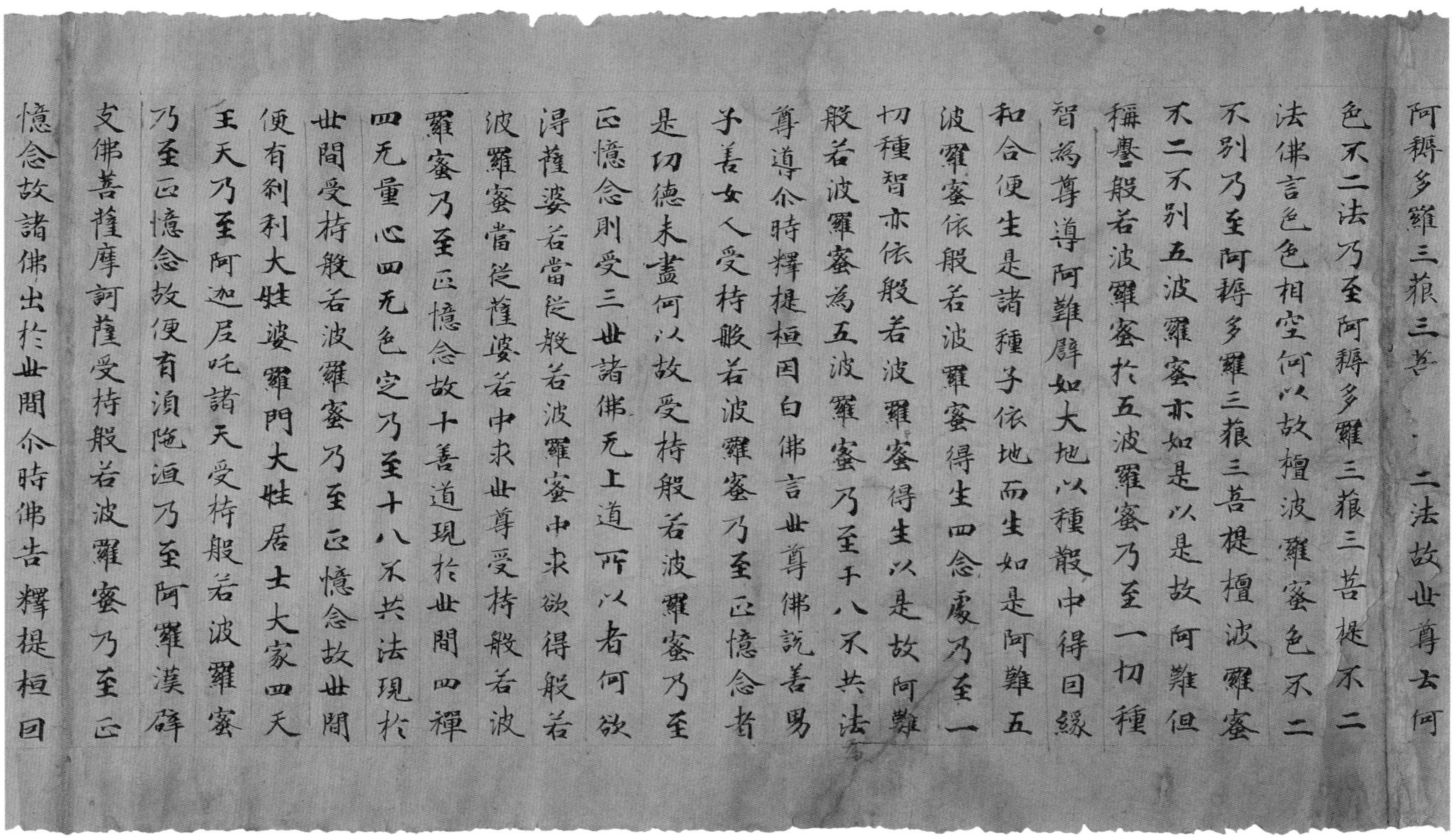
阿耨多羅三藐三菩提　二法故世尊云何
色不二法乃至阿耨多羅三藐三菩提不二
法佛言色色相空何以故檀波羅蜜色不二
不別乃至阿耨多羅三藐三菩提檀波羅蜜
不二不別五波羅蜜亦如是以是故阿難但
稱譽般若波羅蜜於五波羅蜜乃至一切種
智為尊導阿難譬如大地以種散中得因緣
和合便生是諸種子依地而生如是阿難五
波羅蜜依般若波羅蜜得生四念處乃至一
切種智亦依般若波羅蜜得生以是故阿難
般若波羅蜜為五波羅蜜乃至十八不共法
尊導尒時釋提桓因白佛言世尊佛說善男
子善女人受持般若波羅蜜乃至正憶念者
是功德未盡何以故受持般若波羅蜜乃至
正憶念則受三世諸佛无上道所以者何欲
得薩婆若當從般若波羅蜜中求欲得般若
波羅蜜當從薩婆若中求世尊受持般若波
羅蜜乃至正憶念故十善道現於世間四禪
四无量心四无色定乃至十八不共法現於
世間受持般若波羅蜜乃至正憶念故世間
便有剎利大姓婆羅門大姓居士大家四天
王天乃至阿迦尼吒諸天受持般若波羅蜜
乃至正憶念故便有須陁洹乃至阿羅漢辟
支佛菩薩摩訶薩受持般若波羅蜜乃至正
憶念故諸佛出於世間尒時佛告釋提桓因

務本 073 號 摩訶般若波羅蜜經（異卷）卷一五（08–02）

支佛菩薩摩訶薩受持般若波羅蜜乃至正
憶念故諸佛出於世間尒時佛告釋提桓因
憍尸迦善男子善女人受持般若波羅蜜乃
至正憶念我不說但有尒所功德何以故憍
尸迦是善男子善女人受持般若波羅蜜乃
至正憶念不離薩婆若心无量弍衆成就无
量定衆成就无量慧衆解脫衆解脫知見衆
成就復次憍尸迦是善男子善女人能受持
般若波羅蜜乃至正憶念不離薩婆若心當
知是人為如佛復次憍尸迦一切聲聞辟支
佛所有弍衆定衆智衆解脫衆解脫知見衆
不及是善男子善女人弍衆乃至解脫知見
衆百分千分千億万分乃至筭數譬喻所不
能及何以故是善男子善女人於聲聞辟支
佛地中心得解脫更不求大乘法故復次憍
尸迦若有善男子善女人書持般若波羅蜜
經卷供養恭敬尊重華香瓔珞乃至伎樂供
養亦得今世後世功德尒時釋提桓因白佛
言世尊是善男子善女人受持般若波羅蜜
乃至正憶念不離薩婆若心供養般若波羅
蜜恭敬尊重華香乃至伎樂我常當守護是
人佛告釋提桓因憍尸迦是善男子善女人
欲讀誦說般若波羅蜜時无量百千諸天皆
来聽法是善男子善女人說般若波羅蜜法
諸天子益其膽力是諸法師若疲極不欲說

務本 073 號 摩訶般若波羅蜜經（異卷）卷一五（08–03）

来聽法是善男子善女人說般若波羅蜜法
諸天子益其膽力是諸法師若疲極不欲說
法諸天子益其膽力故便能更說善男子善女
人受是般若波羅蜜乃至正憶念供養華香
乃至伎樂故亦得是今世功德復次憍尸迦
是善男子善女人於四部衆中說般若波羅
蜜時心无怯弱若有論難亦无畏想何以故
是善男子善女人為般若波羅蜜所護持故
般若波羅蜜中亦分別一切法若世間若出
世間若有漏若无漏若善若不善若有為若
无為若聲聞法若辟支佛法若菩薩法若佛
法善男子善女人住內空乃至住无法有法
空故不見有能難般若波羅蜜者亦不見受
難者亦不見般若波羅蜜如是善男子善女
人為般若波羅蜜所護持故无有能難壞者
復次善男子善女人受持般若波羅蜜乃至
正憶念時不沒不畏不怖何以故是善男子
善女人不見是法沒者恐怖者憍尸迦善男
子善女人受持般若波羅蜜乃至正憶念華
香供養乃至幡蓋亦得是今世功德復次憍
尸迦善男子善女人受持般若波羅蜜乃至
正憶念書持經卷華香供養乃至幡蓋是人
為父母所愛宗親知識所念諸沙門婆羅門
所敬十方諸佛及菩薩摩訶薩辟支佛阿羅
漢乃至須陁洹所愛敬一切世間若天若魔

務本 073 號 摩訶般若波羅蜜經（異卷）卷一五（08–04）

所敬十方諸佛及菩薩摩訶薩辟支佛阿羅
漢乃至須陁洹所愛敬一切世間若天若魔
若梵及阿脩羅等皆亦愛敬是人行檀波羅蜜
檀波羅蜜无有斷絶時尸羅波羅蜜羼提
波羅蜜毗梨耶波羅蜜禪波羅蜜般若波羅
蜜亦无有斷絶時脩内空不斷乃至脩无法
有法空不斷脩四念處不斷乃至脩十八不
共法不斷脩諸三昧門不斷脩諸陁羅尼門
不斷脩諸菩薩神通不斷成就衆生淨佛國
土不斷乃至脩一切種智不斷是人亦能降
伏難論毁謗善男子善女人受持般若波羅
蜜乃至正憶念不離薩婆若心書持經卷華
香供養乃至幡蓋亦得是今世後世功德復
次憍尸迦善男子善女人書持經卷在所處
三千大千國土中所有諸四天王天發阿耨
多羅三藐三菩提心者皆来到是處見般若
波羅蜜受讀誦說供養礼拜還去三十天夜
摩天兜率天陁化樂天他化自在天梵衆天
梵輔天梵會天大梵天光天少光天无量光
天光音天淨天少淨天无量淨天遍淨天无
陰行天福德天廣果天發阿耨多羅三藐三
菩提心者皆来到是處見般若波羅蜜受讀
誦說供養礼拜還去淨居諸天所謂无誑天
无熱天妙見天憙見天色究竟天皆来到是
處見是般若波羅蜜受讀誦說供養礼拜還

務本 073 號 摩訶般若波羅蜜經（異卷）卷一五（08–05）

无熱天妙見天憙見天色究竟天皆来到是
處見是般若波羅蜜受讀誦說供養礼拜還
去復次憍尸迦十方國土中諸四天王天乃
至廣果天發阿耨多羅三藐三菩提心及淨
居天并餘諸天龍鬼神揵闥婆阿脩羅迦樓
羅緊陁羅摩睺羅伽亦来見般若波羅蜜受
讀誦說供養礼拜還去是善男子善女人應
作是念十方國土中諸四天王天乃至廣果
天發阿耨多羅三藐三菩提心及淨居天并
餘諸天龍鬼神揵闥婆阿脩羅迦樓羅緊陁
羅摩睺羅伽来見般若波羅蜜受讀誦說供
養礼拜我則法施已憍尸迦三千大千國土
中所有諸四天王天乃至阿迦尼吒天及十
方國土中諸四天王天乃至阿迦尼吒天發
阿耨多羅三藐三菩提心者護持是善男子
善女人諸惡不能得便除其宿命重罪憍尸
迦是善男子善女人亦得是今世功德所謂
諸天子發阿耨多羅三藐三菩提心皆来到
是處何以故憍尸迦諸天子發阿耨多羅三
藐三菩提心者欲救護一切衆生不捨一切
衆生安樂一切衆生故尒時釋提桓因白佛
言世尊善男子善女人云何當知諸四天王
天乃至阿迦尼吒天来及十方國土中諸四
天王天乃至阿迦尼吒天来見般若波羅蜜
受讀誦說供養礼拜時佛告釋提桓因憍尸

務本 073 號 摩訶般若波羅蜜經（異卷）卷一五（08–06）

天王天乃至阿迦尼吒天来見般若波羅蜜
受讀誦說供養礼拜時佛告釋提桓因憍尸
迦若善男子善女人見大淨光明必知有大
德諸天来見般若波羅蜜受讀誦說供養礼
拜時復次憍尸迦若善男子善女人若聞異妙
香必知有大德諸天来見般若波羅蜜受讀
誦說供養礼拜時復次憍尸迦善男子善女
人行清潔故諸天来到其處見般若波羅蜜
受讀誦說供養歡喜礼拜是中有小鬼輩即
時出去不能堪任是大德諸天威德故以是
大德諸天来故是善男子善女人生大心以
是故般若波羅蜜所住處四面不應有諸不
淨應燒衆名香散衆名華衆香塗地衆蓋幢
幡種種嚴飾復次憍尸迦善男子善女人說
法時終无疲極自覺身輕心樂隨法偃息卧
覺安隱无諸惡夢中見諸佛三十二相八十
隨形好比丘僧恭敬圍遶而為說法在佛諸
邊聽受法教所謂六波羅蜜四念處乃至十
八不共法分别六波羅蜜義分别四念處乃
至十八不共法義亦見菩提樹莊嚴見諸菩
薩趣菩提樹得阿耨多羅三藐三菩提見諸
佛成已轉法輪見百千万菩薩共集法論義
應如是求薩婆若應如是成就衆生應如是
淨佛國土亦見十方无數百千万億諸佛亦
聞其名号某方某國某佛若干百千万菩薩若

務本 073 號 摩訶般若波羅蜜經（異卷）卷一五（08–07）

淨佛國土亦見十方无數百千万億諸佛亦
聞其名号某方某國某佛若干百千万菩薩若
干百千万聲聞恭敬圍繞說法復見十方无
數百千万億諸佛般涅槃復見无數百千万
億諸佛七寶塔見供養諸塔恭敬尊重讚歎
華香乃至幡蓋憍尸迦是善男子善女人
見如是善夢卧安覺安諸天益其氣力自
覺身體輕便不大貪著飲食衣服卧具湯藥
於此四供養其心輕微譬如比丘坐禪從禪
定起心與定合不貪著食其心輕微何以故
憍尸迦諸天法應以諸味之精益其氣力故
十方諸佛及天龍鬼神阿脩羅揵闥婆迦樓
羅緊陁羅摩睺羅伽亦益其氣力如是憍尸
迦善男子善女人欲得今世如是功德應當
受持般若波羅蜜親近讀誦說正憶念亦不
離薩婆若心憍尸迦善男子善女人雖不能
受持乃至正憶念應當書持經卷恭敬供養
尊重讚歎花香瓔珞乃至幡蓋憍尸迦若善
男子善女人聞是般若波羅蜜受持讀誦說
正憶念書持經卷恭敬供養尊重讚歎花香
乃至幡蓋是善男子善女人功德甚多勝於
供養十方諸佛及弟子衆恭敬尊重讚歎衣
服飲食卧具湯藥諸佛及弟子般涅槃後起
七寶塔恭敬供養尊重讚歎花香乃至幡蓋

務本 073 號 摩訶般若波羅蜜經（異卷）卷一五（08–08）

尒時釋迦文尼佛即申右手摩行者頂一切
化佛亦申右手摩行者頂得此觀者名佛現
前三昧亦名念佛三昧亦名觀佛色身三昧
尒時諸佛異口同音各各皆為行者說法雖
未得道見佛聞法摠持不失此名凡夫念佛
三昧者得此三昧者剎那剎那須恒見諸佛
於念念須聞佛說法所謂大乘方等經典一
日一夜即得通利父母生身捨濁惡世以念
佛故得聞摠持捨身他世必得見佛於諸佛
所得千万億旋陀羅尼得陀羅尼已八十億
佛各申右手摩行者頂一一諸佛皆說汝言
汝念佛故過星宿劫得成為佛身相光明与
我无異說是語已八十億佛一時放光光中
復有无量化佛一一化佛皆說是語佛告阿

我无異說是語已八十億佛一時放光光中
復有无量化佛一一化佛皆說是語佛告阿
難如是衆法名觀像法若觀像時自當更有
无量百千諸勝境界如是觀者名爲正觀若
異觀者名爲耶觀

念七佛品第十

佛告阿難若有衆生觀像心成次當復觀過
去七佛佛像觀七佛者當懃精進晝夜六時
懃行六法端坐正受當樂少語除讀誦經廣
演法教終不宣說无義之語常念諸佛心心
相續乃至无有一念之間不見佛時心專精
故不離佛白過去久遠有佛世尊名毗婆
尸佛身高顯長六十由旬其佛圓光百廿由
旬身紫金色八万四千相一一相中八万四千
好一一好中无數金光一一光中恒沙化佛
一一化佛有恒沙色光一一光中无數諸天
聲聞比丘菩薩天衆以爲侍者人人各持一
寶花花上皆有百千億寶摩尼綱艷艷相次
高百千丈以爲佛光是時佛身益更明顯如
百千日照紫金山光明艷起化佛无數一一
化佛猶如百億日月俱出令行者見毗婆尸
佛褊袒右肩出金色臂摩行者頂告言法
子汝行觀佛三昧得金佛心故我來證汝汝
今可觀我真色身從一一相次第觀之汝當
至心立金剛誓我等先昔行佛道時与汝无
異尒時毗婆尸佛慰行人已即時化作大寶
蓮花如須弥山佛在花上結跏趺坐爲於行
者說念佛法及說百億旋陁羅尼行者見已
倍加歡喜敬禮彼佛告言若有衆生聞我名
者禮拜我者除五百億劫生死之罪汝今

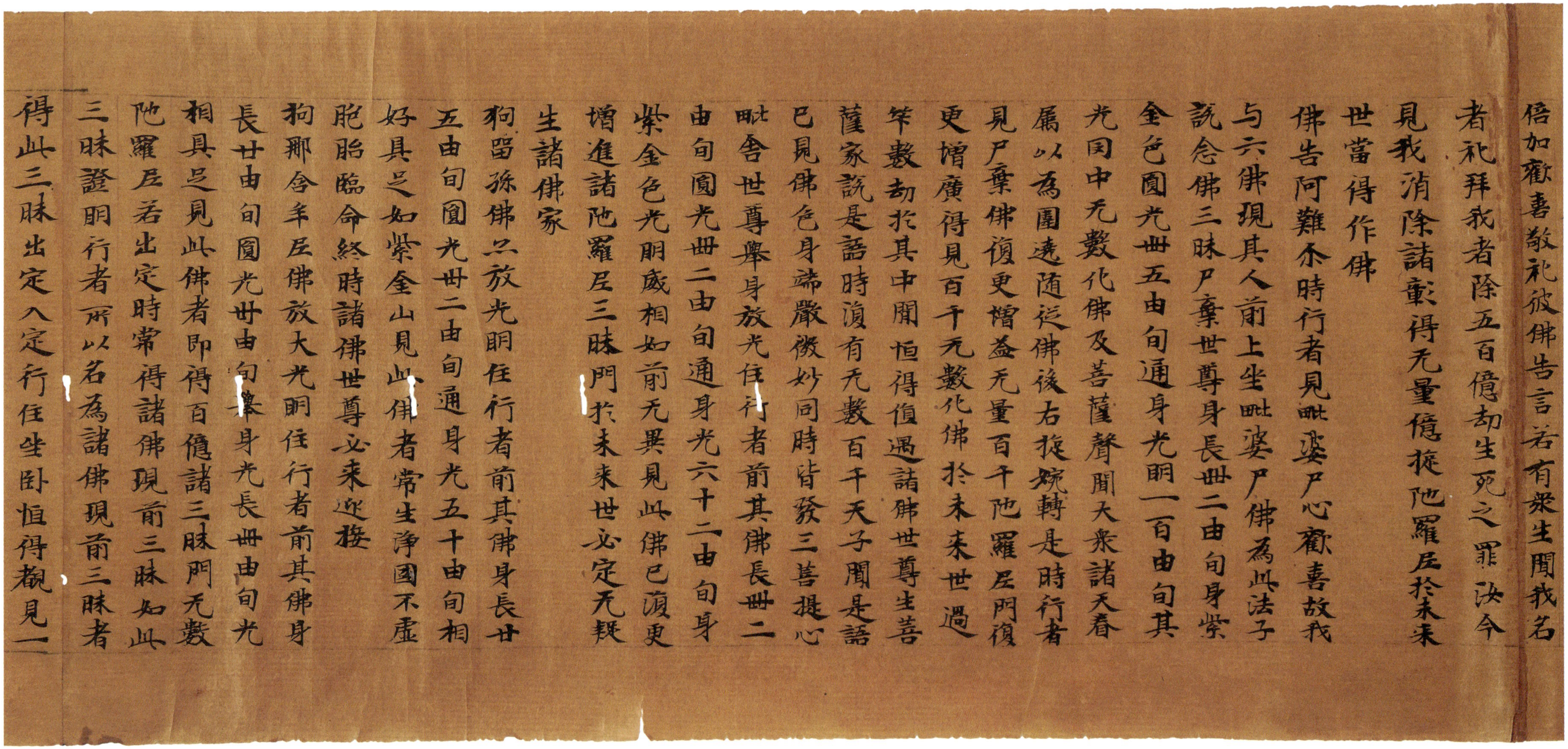
倍加歡喜敬禮彼佛告言若有衆生聞我名
者禮拜我者除五百億劫生死之罪汝今
見我消除諸鄣得无量億旋陁羅尼於未來
世當得作佛
佛告阿難尒時行者見毗婆尸心歡喜故我
与六佛現其人前上坐毗婆尸佛爲此法子
說念佛三昧尸棄世尊身長卅二由旬身紫
金色圓光卅五由旬通身光明一百由旬其
光因中无數化佛及菩薩聲聞大衆諸天眷
屬以爲圍遶隨從佛後右旋婉轉是時行者
見尸棄佛復更增益无量百千陁羅尼門復
更增廣得見百千无數化佛於未來世過
筭數劫於其中間恒得值遇諸佛世尊生菩
薩家說是語時須有无數百千天子聞是語
已見佛色身端嚴微妙同時皆發三菩提心
毗舍世尊舉身放光住行者前其佛長卅二
由旬圓光卅二由旬通身光六十二由旬身
紫金色光明威相如前无異見此佛已須更
增進諸陁羅尼三昧門於未來世必定无疑
生諸佛家
狗留孫佛亦放光明住行者前其佛身長廿
五由旬圓光卅二由旬通身光五十由旬相
好具足如紫金山見此佛者常生淨國不虛
胞胎臨命終時諸佛世尊必來迎接
狗那含牟尼佛放大光明住行者前其佛身
長廿由旬圓光卅由旬舉身光長卅由旬光
相具足見此佛者即得百億諸三昧門无數
陁羅尼若出定時常得諸佛現前三昧如此
三昧證明行者所以名爲諸佛現前三昧者
得此三昧出定入定行住坐卧恒得覩見一

務本 074 號 觀佛三昧海經（異卷）卷八（09–03）

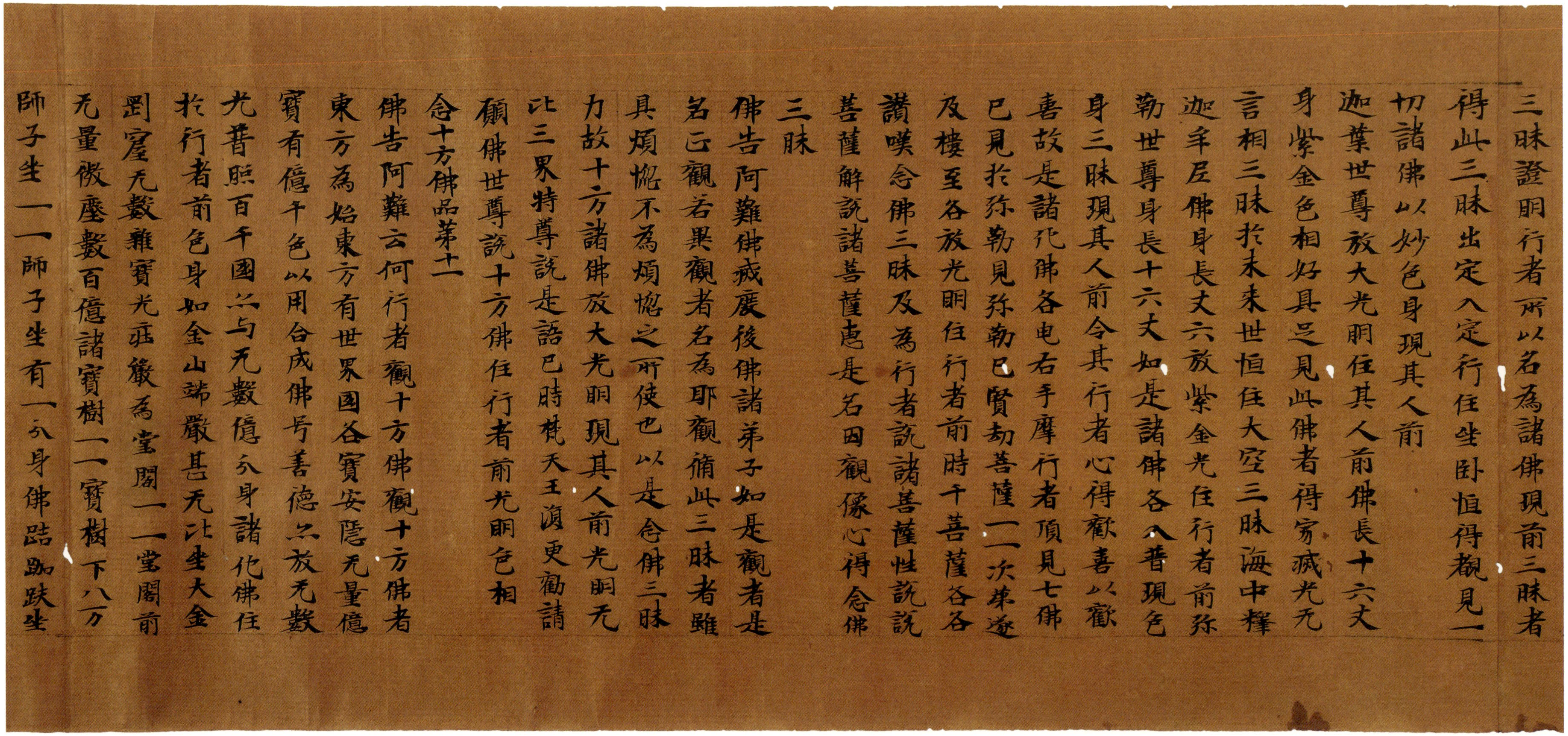
三昧證明行者所以名為諸佛現前三昧者
得此三昧出定入定行住坐臥恒得覩見一
切諸佛以妙色身現其人前
迦葉世尊放大光明住其人前佛長十六丈
身紫金色相好具足見此佛者得寂滅光无
言相三昧於未來世恒住大空三昧海中釋
迦牟尼佛身長丈六放紫金光住行者前彌
勒世尊身長十六丈如是諸佛各入普現色
身三昧現其人前令其行者心得歡喜以歡
喜故是諸化佛各申右手摩行者頂見七佛
已見於彌勒見彌勒已賢劫菩薩一一次第逆
及樓至各放光明住行者前時千菩薩各各
讚嘆念佛三昧及為行者說諸菩薩性說
菩薩解說諸菩薩慧是名因觀像心得念佛
三昧
佛告阿難佛滅度後佛諸弟子如是觀者是
名正觀若異觀者名為邪觀脩此三昧者雖
具煩惱不為煩惱之所使也以是念佛三昧
力故十方諸佛放大光明現其人前光明无
比三界特尊說是語已時梵天王須更勸請
願佛世尊說十方佛住行者前光明色相
念十方佛品第十一
佛告阿難云何行者觀十方佛觀十方佛者
東方為始東方有世界國名寶安隱无量億
寶有億千色以用合成佛号善德亦放无數
光普照百千國亦与无數億分身諸化佛住
於行者前色身如金山端嚴甚无比坐大金
剛窟无數雜寶光莊嚴為室閣一一室閣前
无量微塵數百億諸寶樹一一寶樹下八万
師子坐一一師子坐有一分身佛結跏趺坐

務本074號　觀佛三昧海經（異卷）卷八（09-04）

无量微塵數百億諸寶樹一一寶樹下八万
師子坐一一師子坐有一分身佛跏趺坐
三昧坐於寶樹下善德佛世尊身長二百五
十億那由他由旬一一身毛孔无數億微塵
一切勝相好一一相好中有无數化佛一一
化佛高顯巍巍如須弥山放大光明坐寶蓮
花住虛空中分身諸佛各各開現微妙光明
顯出无數百千化佛一一化佛坐寶蓮花一
一蓮花有千幢幡一一幢幡演出百億微妙
音聲是諸聲中教觀十方无數佛身此相現
時見十方界猶如金剛百億寶色不滅不壞
見此相已於諸佛前受法王子位如是境界
名性菩薩
南方栴檀德佛身相高顯其佛國土瑠璃為
地恒沙寶色於佛光中亦有无數百千堂閣
寶樹行列舖師子坐坐上諸佛結跏趺坐寶
幢幡蓋說法音聲如海三昧說
西方无量明佛國土清淨黃金為地五百億
寶色佛身光明重閣講堂寶樹行列寶師子
坐分身諸佛結跏趺坐坐寶樹下寶幢幡中
亦說念佛海
北方相德佛其地頗梨色有五百億寶光寶
樹行列寶師子坐重閣講堂幢幡光明与日
无異
東南方无優德佛其地七寶色一一色上有
七億雜色寶樹行列重閣光明百億万種一
一光明說佛功德如佛海說
西南方寶施佛其地五寶色一一寶上五百
億光明一一光明化為五百億蓮花雲一一
蓮花雲上有百億重閣一一重閣如百千万

務本074號 觀佛三昧海經（異卷）卷八（09-05）

億光明一一光明化為五百億蓮花雲一一
蓮花雲上有百億重閣一一重閣如百千万
億梵王宮一一梵王宮中无數床坐光明蓮
花所共合成是諸坐上有諸分身佛結跏趺
坐演說諸佛大慈大悲法光明憧然說佛海
西北方花德佛其佛國土瑠璃頗梨色一一
色上有无數百千光一一光化為五百億寶
窟一一窟中无數寶蓋一一蓋中百億光明
一一光中无數分身佛結跏趺坐放大光明
其光明中說念佛三昧因尒佛三昧中須更
得見无數諸佛
東北方三乘行佛其佛國土純白銀色百億
万光光有千色莊嚴國界極令清淨分身化
佛寶樹憧幡行列莊嚴數可不知
上方廣衆德佛其地五百億寶色一一寶色
无數光明一一光明化為无數百億化佛一
一佛光中无量寶樹行列莊嚴一一樹下百
億寶師子坐諸佛在上結跏趺坐无數菩薩
以為侍者一切大衆皆悉住佛光明雲中
下方明德佛其地金色金光金雲於光雲中
无數金臺七寶樓閣百寶行樹羅列莊嚴寶
憧幡蓋數億千万一一樹下百億寶樹生諸
堂樓閣无數坐具狀如寶花无數分身一切諸
佛坐寶樹下瑠璃坐上衆花色閒无數佛會
是諸世尊皆悉讚說菩薩行法如是十方无
數化佛一一化佛顯現光明時十方佛各各
恙坐金剛窟中身量光明如善德佛及諸化
佛威神國土令行者見如於明鏡自見面像
了了分明見十方佛心歡喜故不滌諸法住
於初心時十方佛廣為行者各說相似六

了了分明見十方佛心歡喜故不滌諸法住
於初心時十方佛靡為行者各說相似六
波羅蜜聞是法已於初地下十心境界无有
疑慮見此事者必聞諸佛說般若波羅蜜聞
第一義空心不驚疑於諸法中得入空三昧
是名相似空相三昧

佛告阿難佛滅度後佛諸弟子欲觀十方佛
者於念佛三昧中但知處相當自然知无量
妙相如是觀者是名正觀若異觀者名為邪
觀得此觀者見佛无數不可限量入此定者
名見一切諸佛色身亦得漸漸入三空門遊
此空者諸佛力故心不著空於未來世當成
阿耨多羅三藐三菩提得不退轉是名不忘
菩提之心正煩佛道說觀十方佛時十方佛
坐金剛山百寶窟中各申右手摩阿難頂告
言法子汝持佛語為未來世諸衆生等當廣
宣說慎勿忘傳當為堅發三菩提心行念佛
定受者說

佛告阿難此念佛三昧若成就者有五因緣
何等為五一者持戒不犯二者不起耶見三
者不生憍慢四者不恚不嫉五者踊猛精進
如救頭然奉此五事正念諸佛微妙色身令
心不退當讀誦大乘經典以此功德念佛力
故疾疾得見无量諸佛見諸佛者獨一心淨
不与他共應當供養十方諸佛云何供養是
人出定入塔見像誦持經時礼一佛當作是
正遍知諸佛心知无有限身我礼一佛即礼
一切佛若思惟一佛即見一切佛見一一佛
前有行者接足為礼皆是已身若以一花
供養佛時當作是念諸佛法身功德无量不

務本 074 號 觀佛三昧海經（異卷）卷八（09-07）

前有行者接足為礼皆是已身若以一花
供養佛時當作是念諸佛法身功德无量不
住不壞湛然常安我今以花奉獻諸佛願佛
受之作是念已復當起相我所執花從草水
生持此供養可用擬想即當作想身諸毛孔
令一一毛孔出无數花雲以此花雲運想擬意
供一切佛一一佛上化成花臺諸佛受之於
十方界施作佛事供養香時亦復如是是香
烟雲於十方界施作佛事作佛事已還成金
臺住行者前若凡夫人欲供養者手擎香爐
執花供養亦當起意作花香想當發是願願
此花香滿十方界供養一切佛化佛并菩
薩无數聲聞衆受此香花雲以為光明臺廣
於无邊界无邊作佛事礼佛若坐禪起是供
養心常當發是願繒蓋幢幡音樂偈頌當作
是願我今設此少分供具願此供具遍滿十
方一切諸佛諸佛受之於幢幡中化光明雲
於伎樂中偈頌之中演好法音作是已坐時
應想令身毛孔一一孔中作出无量幢幡想
一一幢幡中作无量偈頌雲想作是想心如
香爐流出金色香烟香雲身毛孔中如好花
樹踊出阿僧祇无量雜花雲是諸花雲於十方
界諸佛之上化為一切諸供養具尒時當於
身心分中起一切供養具想若得食飲若拖
人一錢當起空无我想檀波羅蜜如是等无
量供養皆當起心從心想出供養十方一切
諸佛是名坐時无量功德從心想海生如是
坐時入深禪定无量境界諸三昧海但於心
中出息入息念想念想相續不絕於一心中
運其心意作无數俱供具雲上供諸佛下施

務本 074 號 觀佛三昧海經（異卷）卷八（印章）

印文：潁上常任俠讀　常任俠　廣鋁審定　務本堂藏

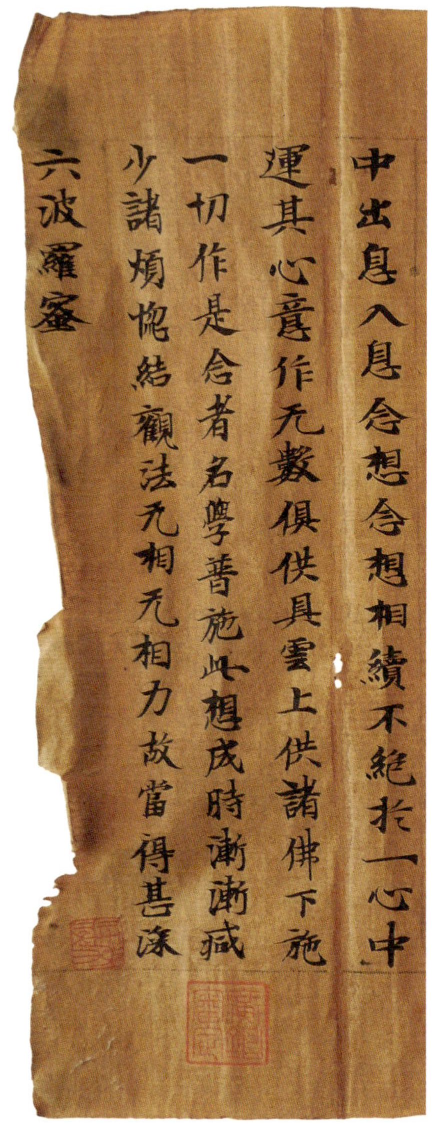

中出息入息念想念想相續不絶於一心中
運其心意作无數俱供具雲上供諸佛下施
一切作是念者名學普施此想成時漸漸藏
少諸煩惱結觀法无相无相力故當得甚深
六波羅蜜

務本 074 號 觀佛三昧海經（異卷）卷八（09-09）

不足有少欲者則有涅槃是名少欲
汝等比丘若欲脫諸苦惱當觀知足知足之
法即是富樂安隱之處知足之人雖臥地上
猶為安樂不知足者雖處天堂亦不稱意不
知足者雖富而貧知足之人雖貧而富不知
足者常為五欲所牽為知足者之所憐愍是
名知足
汝等比丘欲求寂靜无為安樂當離憒閙獨
處閑居靜處之人帝釋諸天所共敬重是故
當捨己眾他眾空閑獨處思滅苦本若樂眾
者則受眾惱譬如大樹眾鳥集之則有枯折
之患世間縛著沒於眾苦譬如老象溺泥不
能自出是名遠離
汝等比丘若勤精進則事无難者是故汝等
當勤精進譬如小水常流則能穿石若行者
之心數數懈廢譬如鑽火未熱而息雖欲得
火火難可得是名精進
汝等比丘求善知識求善護助无如不忘念
若有不忘念者諸煩惱賊則不得入是故比
丘常當攝念在心若失念者則失諸功德若
念力堅強雖入五欲賊中不為所害譬如著
鎧入陣則无所畏是名不忘念也
汝等比丘若攝心者心則在定心在定故能
知世間生滅法相是故汝等常當精勤脩習
諸定若得定者心則不散譬如惜水之家善
治堤塘行者亦爾為智慧水故善脩禪定令不漏
失是名為定
汝等比丘若有智慧則无貪著常自省察不
令有失是則於我法中能得解脫若不爾者

汝等比丘若有智慧則无貪著常自省察不
令有失是則於我法中能得解脫若不尒者
既非道人又非白衣无所名也實智慧者則
是度老病死海堅牢船也亦是无明黒闇大
明燈也一切病者之良藥也伐煩惱樹之利
斧也是故汝等當以聞思脩慧而自增益若
人有智慧之照雖无慧眼而是明見人也是
名智慧
汝等比丘若種種戲論其心則亂雖復出家
猶未得脫是故比丘當急捨離亂心戲論若
汝欲得寂滅樂者唯當善滅戲論之患是名
不戲論也
汝等比丘於諸功德常當一心捨諸放逸如
離怨賊大悲世尊所說利益皆以究竟汝等
但當勤而行之若於山間若空澤中若在樹
下閑處靜室念所受法勿令忘失常當自勉
精進脩之莫為空死後致有悔我如良醫知
病說藥服與不服非醫咎也又如善導導人
善道聞之不行非導過也汝等若於苦等四
諦有所疑者可疾問之无得懷疑不求決也
尒時世尊如是三唱人无問者所以者何衆
无疑故時阿㝹樓䭾觀察衆心而白佛言世
尊月可令熱日可令冷佛說四諦不可令異
佛說苦諦實苦不可令樂集真是因更无異
因苦若滅者即是因滅因滅故果滅滅苦之
道實是真道更无餘道世尊是諸比丘於四
諦中決定无疑於此衆中所作未辦者見佛
滅度當有悲感若有初入法者聞佛所說即
皆得度譬如夜見電光即得見道若所作已
辦已度苦海者但作是念世尊滅度一何疾

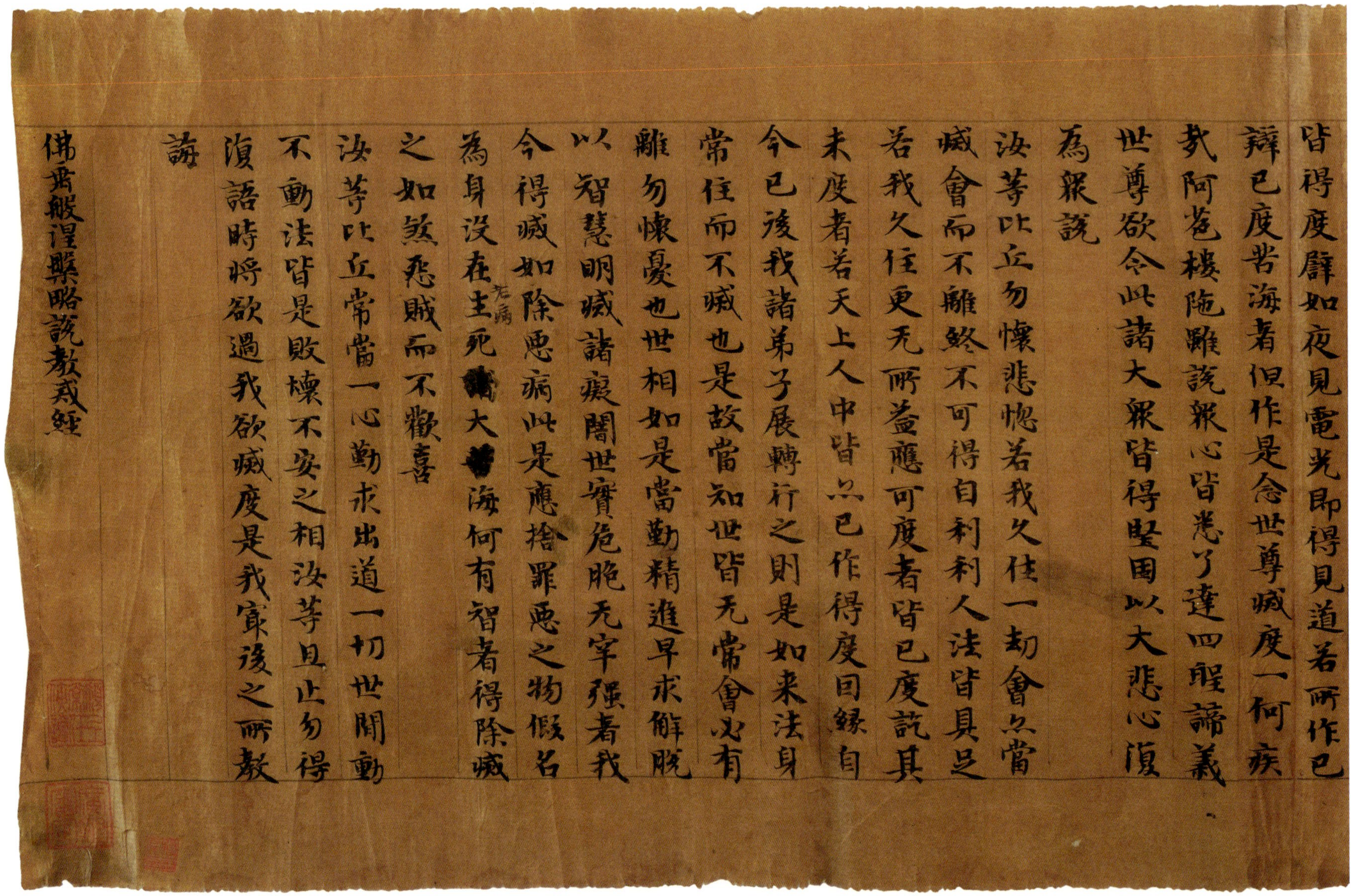
皆得度辟如夜見電光即得見道若所作已
辯已度苦海者但作是念世尊滅度一何疾
哉阿㝹樓陁雖説衆心皆悉了達四聖諦義
世尊欲令此諸大衆皆得堅固以大悲心復
為衆説
汝等比丘勿懷悲惱若我久住一劫會亦當
滅會而不離終不可得自利利人法皆具足
若我久住更无所益應可度者皆已度訖其
未度者若天上人中皆亦已作得度因緣自
今已後我諸弟子展轉行之則是如来法身
常住而不滅也是故當知世皆无常會必有
離勿懷憂也世相如是當勤精進早求解脱
以智慧明滅諸癡闇世實危脆无牢强者我
今得滅如除惡病此是應捨罪惡之物假名
為身沒在老病生死大海何有智者得除滅
之如殺怨賊而不歡喜
汝等比丘常當一心勤求出道一切世間動
不動法皆是敗壞不安之相汝等且止勿得
復語時將欲過我欲滅度是我最後之所教
誨
佛垂般涅槃略説教戒經

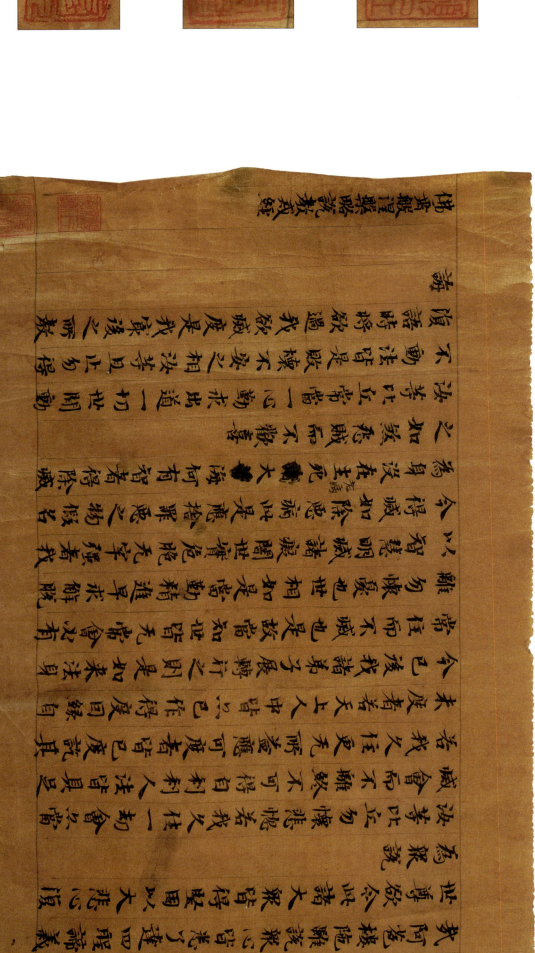

務本 075 號　佛垂般涅槃略説教誡經（印章）
印文：潁上常任俠讀　廣鋁審定　務本堂藏

務本 075 號　佛垂般涅槃略説教誡經（03-03）

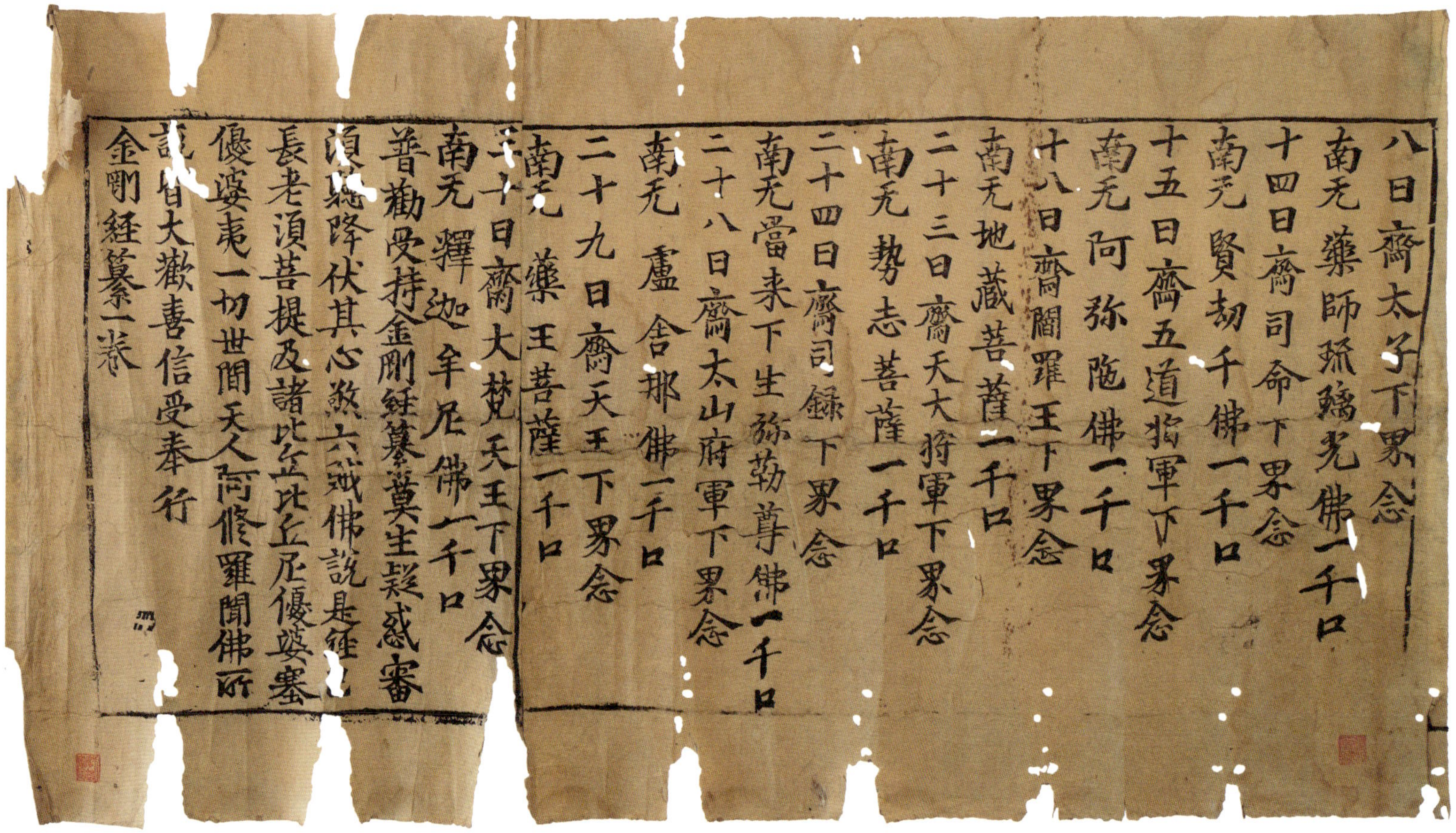

八日齋太子下界念
南无藥師琉璃光佛一千口
十四日齋司命下界念
南无賢劫千佛一千口
十五日齋五道將軍下界念
南无阿弥陁佛一千口
十八日齋閻羅王下界念
南无地藏菩薩一千口
二十三日齋天大將軍下界念
南无勢志菩薩一千口
二十四日齋司録下界念
南无當来下生弥勒尊佛一千口
二十八日齋太山府軍下界念
南无盧舍那佛一千口
二十九日齋天王下界念
南无藥王菩薩一千口
三十日齋大梵天王下界念
南无釋迦牟尼佛一千口
普勸受持金剛經纂莫生疑惑審
須聽降伏其心然六識佛說是經已
長老須菩提及諸比丘比丘尼優婆塞
優婆夷一切世間天人阿修羅聞佛所
說皆大歡喜信受奉行
金剛經纂一卷

務本 076 號 1 金剛經纂（刻本）（02–01）

務本 076 號 2 玄奘法師逐月十齋日（印章）

印文：方廣錩審定　務本堂藏

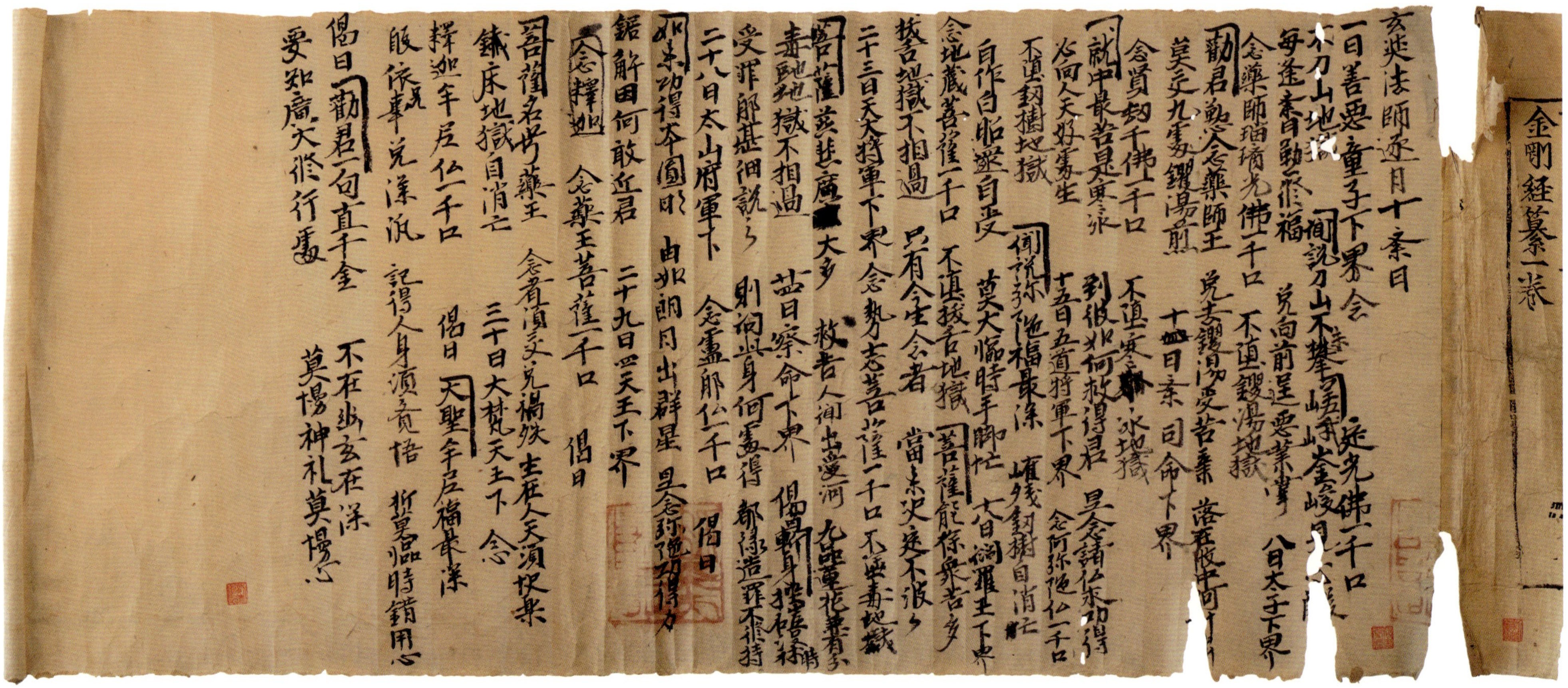

務本 076 號 2 玄奘法師逐月十齋日（02-02）

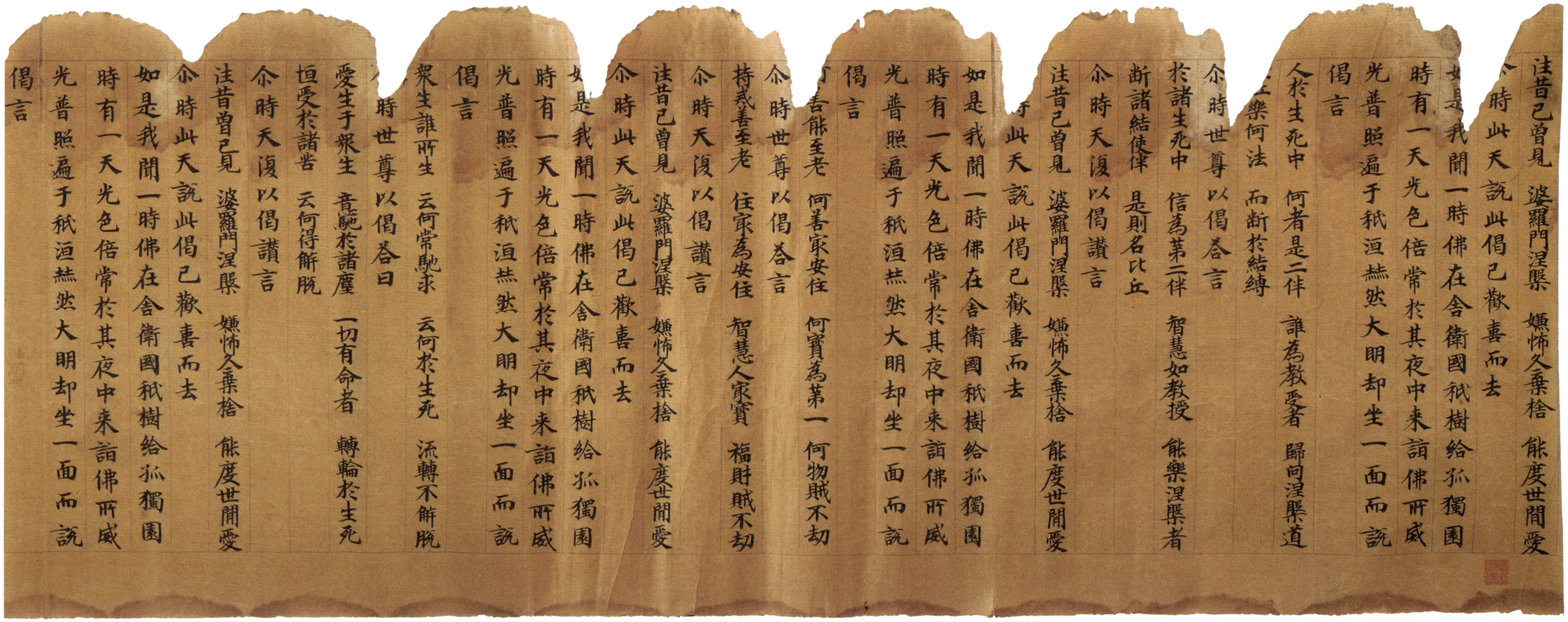
汝昔已曾見 婆羅門涅槃 嬈怖久棄捨 能度世間愛
尒時此天說此偈已歡喜而去
如是我聞一時佛在舍衛國祇樹給孤獨園
時有一天光色倍常於其夜中來詣佛所威
光普照遍于祇洹赫然大明却坐一面而說
偈言
人於生死中 何者是二伴 誰為教受者 歸向涅槃道
□樂何法 而斷於結縛
尒時世尊以偈答言
於諸生死中 信為第二伴 智慧如教授 能樂涅槃者
斷諸結使伴 是則名比丘
尒時天復以偈讚言
汝昔已曾見 婆羅門涅槃 嬈怖久棄捨 能度世間愛
□此天說此偈已歡喜而去
如是我聞一時佛在舍衛國祇樹給孤獨園
時有一天光色倍常於其夜中來詣佛所威
光普照遍于祇洹赫然大明却坐一面而說
偈言
□善能至老 何善家安住 何寶為第一 何物賊不劫
尒時世尊以偈答言
持戒善至老 住家為安住 智慧人家寶 福財賊不劫
尒時天復以偈讚言
汝昔已曾見 婆羅門涅槃 嬈怖久棄捨 能度世間愛
尒時此天說此偈已歡喜而去
如是我聞一時佛在舍衛國祇樹給孤獨園
時有一天光色倍常於其夜中來詣佛所威
光普照遍于祇洹赫然大明却坐一面而說
偈言
衆生誰所生 云何常馳求 云何於生死 流轉不解脫
□時世尊以偈答曰
愛生于衆生 意馳於諸塵 一切有命者 轉輪於生死
恒受於諸苦 云何得解脫
尒時天復以偈讚言
汝昔曾已見 婆羅門涅槃 嬈怖久棄捨 能度世間愛
尒時此天說此偈已歡喜而去
如是我聞一時佛在舍衛國祇樹給孤獨園
時有一天光色倍常於其夜中來詣佛所威
光普照遍于祇洹赫然大明却坐一面而說
偈言

務本077號 別譯雜阿含經・雜寶藏經抄（擬）（02-01）

光普照遍于祇洹赫然大明却坐一面而說
偈言
衆生誰所生　云何常馳求　於生死轉輪　何者爲怖畏
尒時世尊以偈荅曰
衆生從愛生　心意馳不停　衆生處生死　苦爲大怖畏
尒時天復以偈讚言
往昔已曾見　婆羅門涅槃　嫌怖久棄捨　能度世間愛
尒時此天說此偈已歡喜而去
如是我聞一時佛在舍衛國祇樹給孤獨園
時有一天光色倍常於其中夜來詣佛所感
光普照遍于祇洹赫然大明却坐一面而說
偈言
衆生誰所生　云何常馳求　生死常轉輪　何者大怖畏
尒時世尊以偈荅曰
愛能生衆生　意識馳諸塵　衆生處生死　業爲大怖畏
尒時天復以偈讚言
往昔已曾見　婆羅門涅槃　嫌怖久棄捨　能度世間愛
尒時此天說此偈已歡喜而去
如是我聞一時佛在舍衛國祇樹給孤獨園
時有一天光色倍常於其中夜來詣佛所感
光普照遍于祇洹赫然大明却坐一面而說
偈言
云何名非道　何物日夜逝　梵行誰爲垢　誰惱害世間
云何名滌浴　而能不用水　唯願佛世尊　爲我分別說
甚奇功德田　芸除諸穢惡　如是少種子　得天果勝報
誰當不供養　供養真金聚　誰不供養佛　上妙功德田
其目甚脩廣　猶如青蓮花　汝能興供養　无上第一尊
少作功德業　而獲如此容
尒時天女即從天下執持華蓋來至佛所佛
爲說法得須陀洹而還天上諸比丘等怪其
所以即問佛言世尊今此天女作何功德獲
此天身端正殊特佛言往古之時以種種花
鬘供養迦葉佛塔以是因緣今獲此果
天女本以蓮華供養迦葉佛塔緣

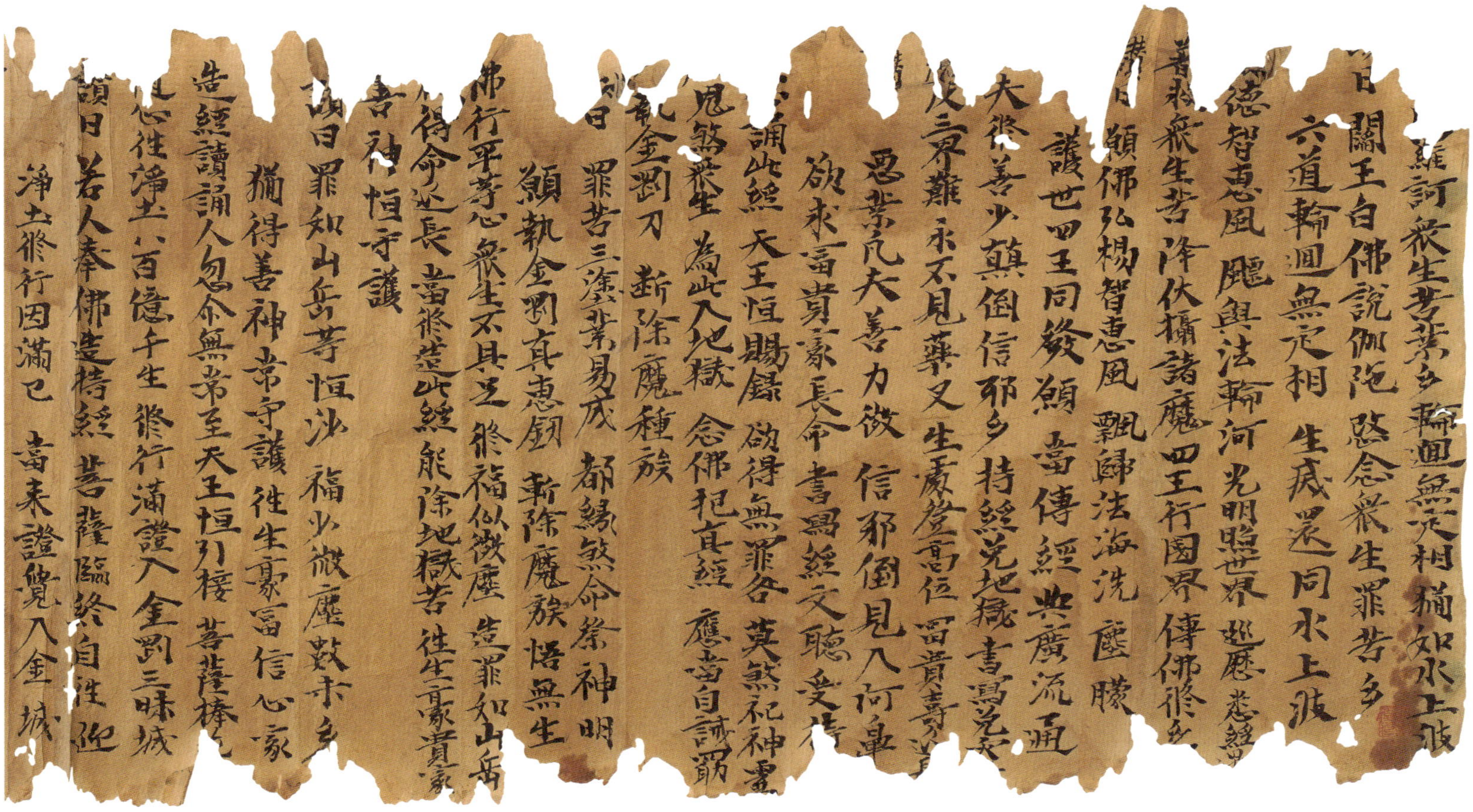
訶衆生苦業多　輪迴無定相　猶如水上波
曰　閻王白佛說伽陀　愍念衆生罪苦多
六道輪迴無定相　生滅還同水上波
德智惠風　飃與法輪河　光明照世界　巡歷悉經
普救衆生苦　降伏攝諸魔　四王行國界　傳佛修多
曰　願佛弘揚智惠風　飄歸法海洗塵朦
護世四王同發願　當傳經典廣流通
夫修善少　顛倒信邪多　持經免地獄　書寫免災
三界難　永不見藥叉　生處登高位　富貴壽
惡業凡夫善力微　信邪倒見入阿鼻
欲求富貴家長命　書寫經文聽受持
誦此經　天王恒記錄　欲得無罪咎　莫煞祀神靈
鬼煞衆生　為此入地獄　念佛把真經　應當自誡勗
金剛刀　斷除魔種族
曰　罪苦三塗業易成　都緣煞命祭神明
願執金剛真惠劍　斬除魔族悟無生
佛行平等心　衆生不具足　修福似微塵　造罪如山岳
得命延長　當修造此經　能除地獄苦　往生豪貴家
善神恒守護
曰　罪如山岳等恒沙　福少微塵數未多
猶得善神常守護　往生豪富信心家
造經讀誦人　忽爾無常至　天王恒引接　菩薩捧
心往淨土　八百億千生　修行滿證入　金剛三昧城
讚曰　若人奉佛造持經　菩薩臨終自往迎
淨土修行因滿已　當來證覺入金城

務本 078 號　預修十王生七經（04–01）

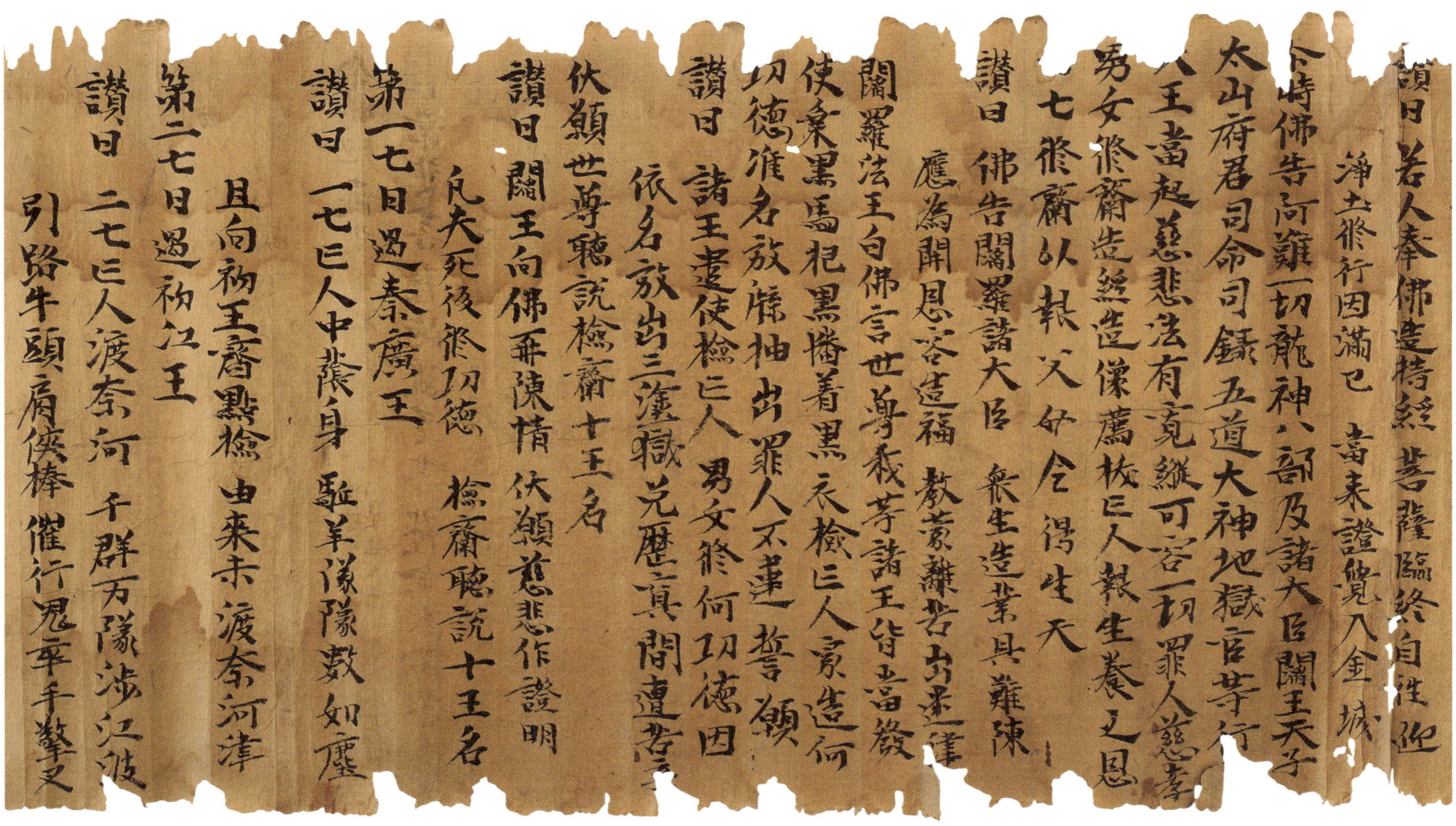
讚曰　若人奉佛造持經　菩薩臨終自往迎
淨土修行因滿已　當來證覺入金城
爾時佛告阿難　一切龍神八部及諸大臣閻王天子
太山府君司命司錄五道大神地獄官等行
王當起慈悲　法有寬縱　可容一切罪人慈孝
男女修齋造經造像　薦拔亡人　報生養之恩
七修齋以報父母　令得生天
讚曰　佛告閻羅諸大臣　衆生造業具難陳
應為開恩容造福　教蒙離苦出迷津
閻羅法王白佛言　世尊　我等諸王皆當發
使乘黑馬　把黑幡　著黑衣　檢亡人家造何
功德　准名放牒　抽出罪人　不違誓願
讚曰　諸王遣使檢亡人　男女修何功德因
依名放出三塗獄　免歷冥間遭苦辛
伏願世尊聽說檢齋十王名
讚曰　閻王向佛再陳情　伏願慈悲作證明
凡夫死後修功德　檢齋聽說十王名
第一七日過秦廣王
讚曰　一七亡人中陰身　驅羊隊隊數如塵
且向初王齋點檢　由來未渡奈河津
第二七日過初江王
讚曰　二七亡人渡奈河　千群万隊涉江波
引路牛頭肩挾棒　催行鬼卒手擎叉

務本 078 號　預修十王生七經（04–02）

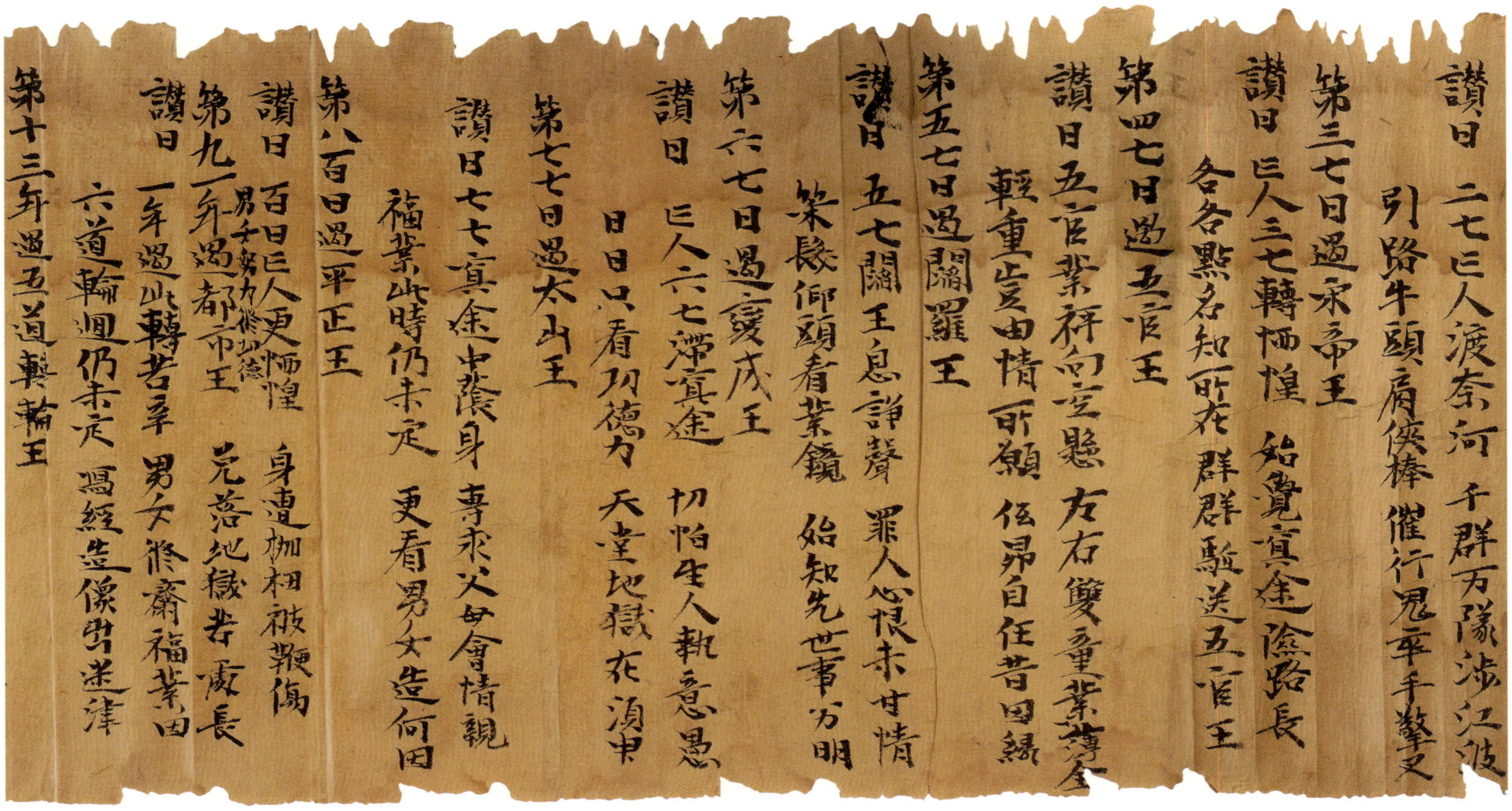

讚曰 二七亡人渡奈河 千群万隊涉江波
引路牛頭肩挾棒 催行鬼卒手擎叉
第三七日過宋帝王
讚曰 亡人三七轉恓惶 始覺冥途險路長
各各點名知所在 群群駈送五官王
第四七日過五官王
讚曰 五官業秤向空懸 左右雙童業簿全
輕重豈由情所願 低昂自任昔因緣
第五七日過閻羅王
讚曰 五七閻王息諍聲 罪人心恨未甘情
策髮仰頭看業鏡 始知先世事分明
第六七日過變成王
讚曰 亡人六七滯冥途 切怕生人執意愚
日日只看功德力 天堂地獄在須臾
第七七日過太山王
讚曰 七七冥途中陰身 專求父母會情親
福業此時仍未定 更看男女造何因
第八百日過平正王
讚曰 百日亡人更恓惶 身遭枷杻被鞭傷
男子努力修功德 免落地獄苦處長
第九一年過都市王
讚曰 一年過此轉苦辛 男女修齋福業因
六道輪迴仍未定 寫經造像出迷津
第十三年過五道轉輪王

務本 078 號 預修十王生七經（04–03）

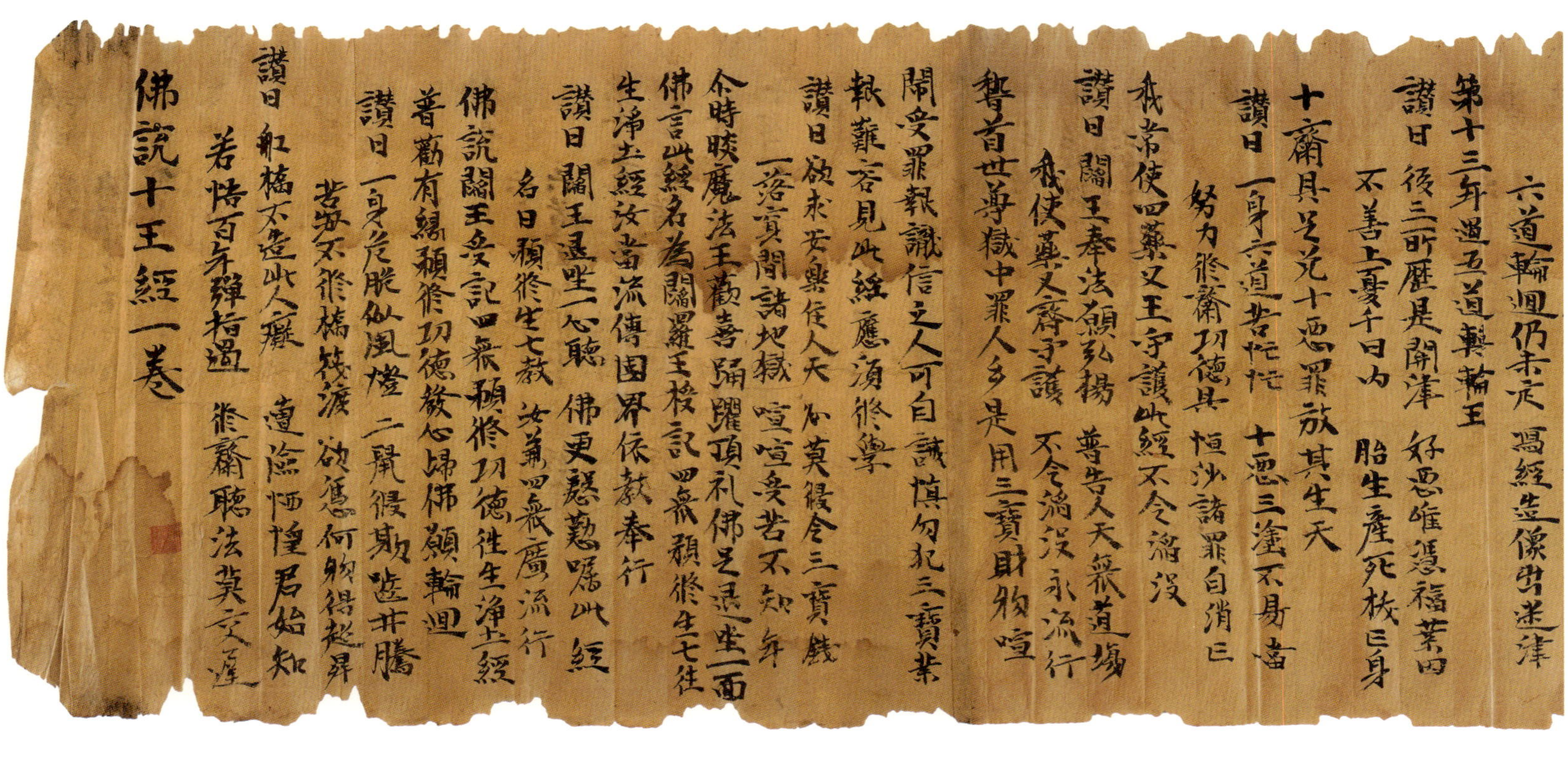

六道輪迴仍未定 寫經造像出迷津
第十三年過五道轉輪王
讚曰 後三所歷是關津 好惡唯憑福業因
不善尚憂千日內 胎生產死夭亡身
十齋具足免十惡罪 放其生天
讚曰 一身六道苦忙忙 十惡三塗不易當
努力修齋功德具 恒沙諸罪自消亡
我常使四藥叉王守護此經 不令陷沒
讚曰 閻王奉法願弘揚 普告人天衆道場
我使藥叉齊守護 不令陷沒永流行
稽首世尊獄中罪人多是用三寶財物喧
鬧受罪報識信之人可自誡慎勿犯三寶業
報難容見此經者應須修學
讚曰 欲求安樂住人天 必莫侵凌三寶錢
一落冥間諸地獄 喧喧受苦不知年
爾時琰魔法王歡喜踊躍頂禮佛足退坐一面
佛言此經名為閻羅王授記四衆預修生七往
生淨土經汝當流傳國界依教奉行
讚曰 閻王退坐一心聽 佛更慇懃囑此經
名曰預修生七教 汝兼四衆廣流行
佛說閻王受記四衆預修功德往生淨土經
普勸有緣預修功德發心歸佛願輪迴
讚曰 一身危脆似風燈 二鼠侵欺嚙井藤
苦海不修橋筏渡 欲憑何物得超昇
讚曰 船橋不造此人癡 遭險恓惶君始知
若悟百年彈指過 修齋聽法莫交遲
佛說十王經一卷

務本 078 號 預修十王生七經（04–04）

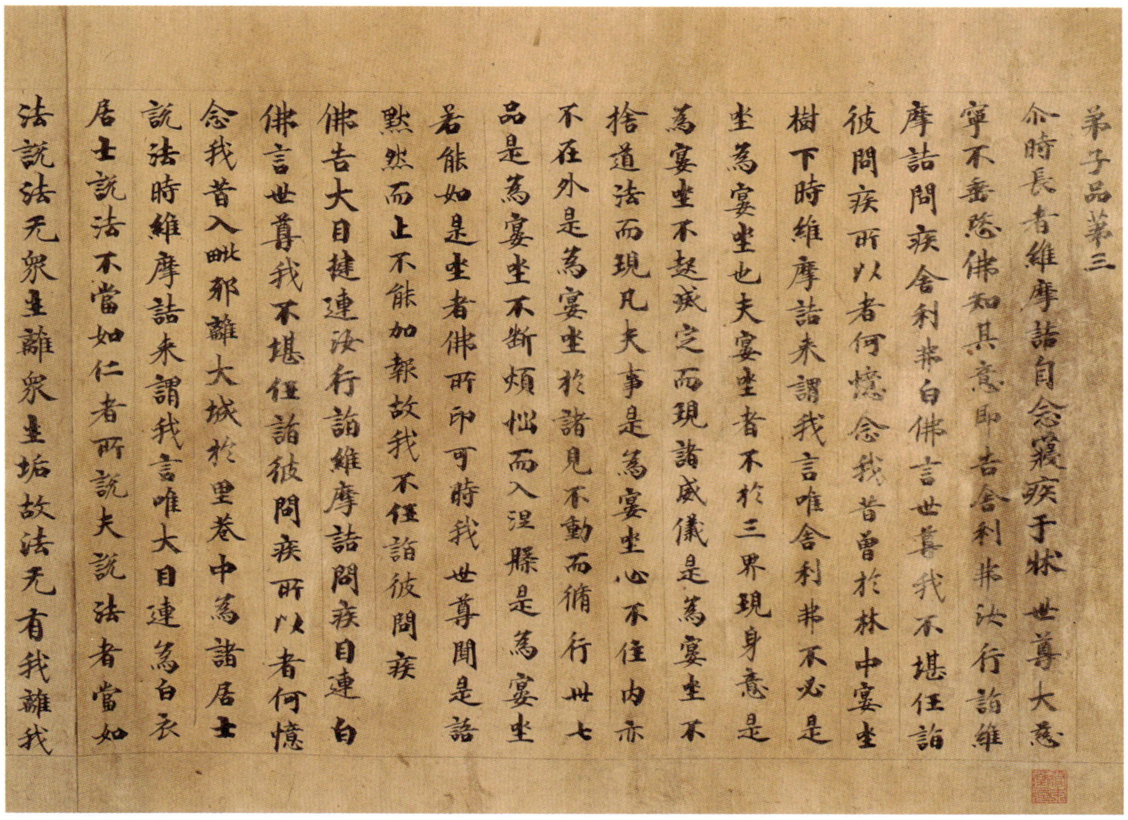
弟子品第三
尒時長者維摩詰自念寢疾于牀世尊大慈
寧不垂愍佛知其意即告舍利弗汝行詣維
摩詰問疾舍利弗白佛言世尊我不堪任詣
彼問疾所以者何憶念我昔曾於林中宴坐
樹下時維摩詰來謂我言唯舍利弗不必是
坐為宴坐也夫宴坐者不於三界現身意是
為宴坐不起滅定而現諸威儀是為宴坐不
捨道法而現凡夫事是為宴坐心不住內亦
不在外是為宴坐於諸見不動而脩行卅七
品是為宴坐不斷煩惱而入涅槃是為宴坐
若能如是坐者佛所印可時我世尊聞是語
默然而止不能加報故我不任詣彼問疾
佛告大目揵連汝行詣維摩詰問疾目連白
佛言世尊我不堪任詣彼問疾所以者何憶
念我昔入毗耶離大城於里巷中為諸居士
說法時維摩詰來謂我言唯大目連為白衣
居士說法不當如仁者所說夫說法者當如
法說法无衆生離衆生垢故法无有我離我

務本 079 號 維摩詰所說經卷上（08-01）

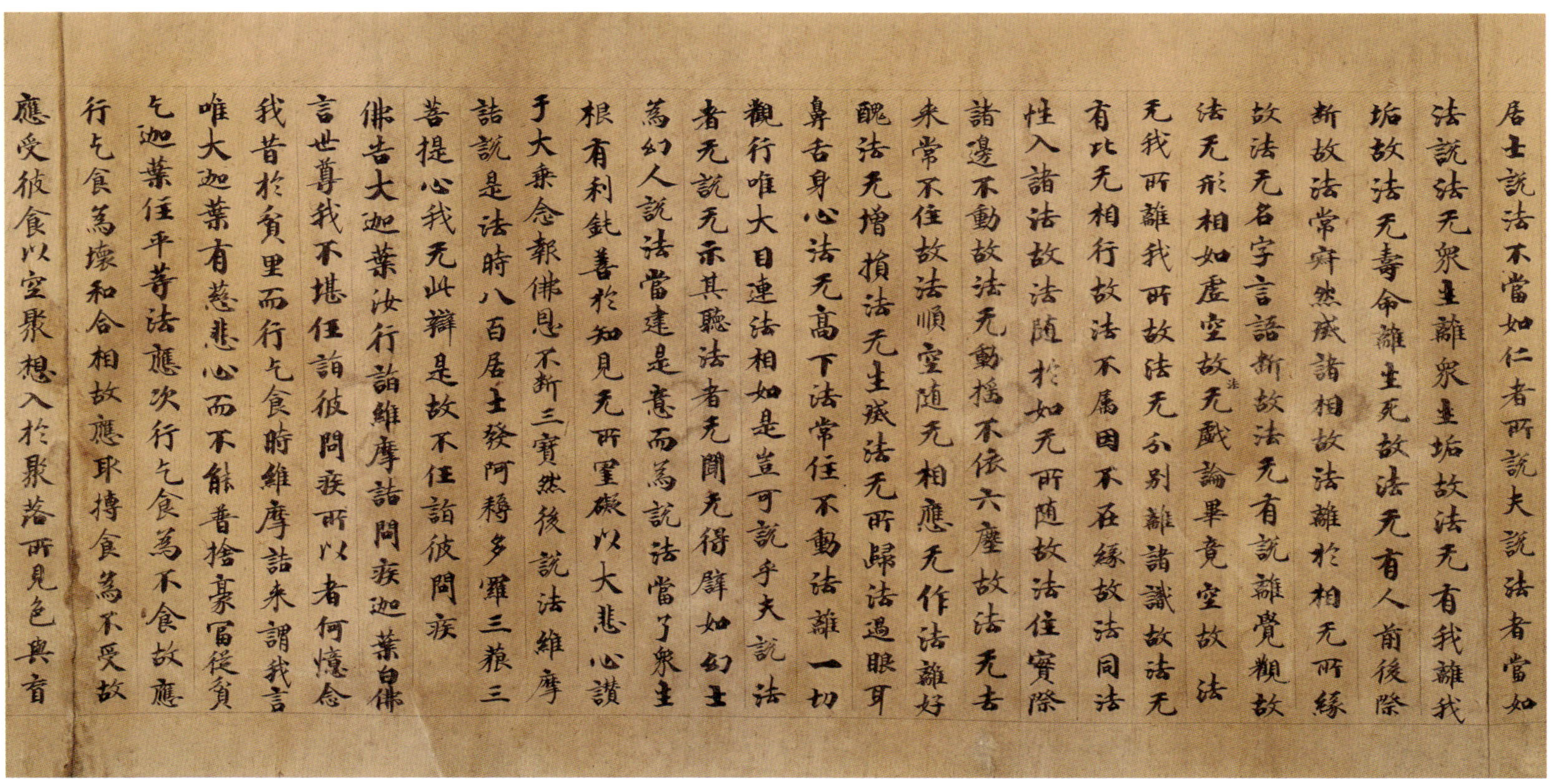
居士說法不當如仁者所說夫說法者當如
法說法无衆生離衆生垢故法无有我離我
垢故法无壽命離生死故法无有人前後際
斷故法常寂然滅諸相故法離於相无所緣
故法无名字言語斷故法无有說離覺觀故
法无形相如虛空故法无戲論畢竟空故法
无我所離我所故法无分別離諸識故法无
有比无相待故法不屬因不在緣故法同法
性入諸法故法隨於如无所隨故法住實際
諸邊不動故法无動搖不依六塵故法无去
來常不住故法順空隨无相應无作法離好
醜法无增損法无生滅法无所歸法過眼耳
鼻舌身心法无高下法常住不動法離一切
觀行唯大目連法相如是豈可說乎夫說法
者无說无示其聽法者无聞无得譬如幻士
為幻人說法當建是意而為說法當了衆生
根有利鈍善於知見无所罣礙以大悲心讚
于大乘念報佛恩不斷三寶然後說法維摩
詰說是法時八百居士發阿耨多羅三藐三
菩提心我无此辯是故不任詣彼問疾
佛告大迦葉汝行詣維摩詰問疾迦葉白佛
言世尊我不堪任詣彼問疾所以者何憶念
我昔於貧里而行乞食時維摩詰來謂我言
唯大迦葉有慈悲心而不能普捨豪富從貧
乞迦葉住平等法應次行乞食為不食故應
行乞食為壞和合相故應取揣食為不受故
應受彼食以空聚想入於聚落所見色與盲

務本 079 號 維摩詰所說經卷上（08-02）

行乞食為壞和合相故應取揣食為不受故
應受彼食以空聚想入於聚落所見色與盲
等所聞聲與響等所齅香與風等所食味不
分別受諸觸如智證知諸法如幻相无自性无
他性本自不然今則无滅迦葉若能不捨八
邪入八解脫以邪相入正法以一食施一切供
供養諸佛及衆賢聖然後可食如是食者非
有煩惱非離煩惱非入定意非起定意非住
世間非住涅槃其有施者无大福无小福不
為益不為損是為正入佛道不依聲聞迦葉
若如是食為不空食人之施也時我 世尊聞
說是語得未曾有即於一切菩薩深起敬
心復作是念斯有家名辯才智慧乃能如是
其誰不發阿耨多羅三藐三菩提心我從是
來不復勸人以聲聞辟支佛行是故不任詣
彼問疾
佛告須菩提汝行詣維摩詰問疾須菩提白
佛言世尊我不堪任詣彼問疾所以者何憶
念我昔入其舍從乞食時維摩詰取我鉢盛
滿飯謂我言唯須菩提若能於食等者諸法
亦等諸法等者於食亦等如是行乞乃可取食
若須菩提不斷婬怒癡亦不與俱不壞於
身而隨一相不滅癡愛起於明脫以五逆相
而得解脫亦不解不縛不見四諦非不見諦
非得果非凡夫非離凡夫法非聖人非不聖
人雖成就一切法而離諸法相乃可取食若
須菩提不見佛不聞法彼外道六師富蘭那

務本 079 號 維摩詰所説經卷上（08–03）

人雖成就一切法而離諸法相乃可取食若
須菩提不見佛不聞法彼外道六師富蘭那
迦葉末伽梨拘賒梨子刪闍夜毗羅胝子阿
耆多翅舍欽婆羅迦羅鳩馱迦旃延尼揵陀
若提子等是汝之師因其出家彼師所墮汝
亦隨墮乃可取食若須菩提入諸邪見不到
彼岸住於八難不得无難同於煩惱離清淨
法汝得无諍三昧一切衆生亦得是定其施
汝者不名福田供養汝者墮三惡道為與衆
魔共一手作諸勞侶汝與衆魔及諸塵勞等
无有異於一切衆生而有怨心謗諸佛毀於
法不入衆數終不得滅度汝若如是乃可取食
時我世尊聞說此語茫然不識是何言不知
以何荅便置鉢欲出其舍維摩詰言唯須
菩提取鉢勿懼於意云何如來所作化人若
以是事詰寧有懼不我言不也維摩詰言一
切諸法如幻化相汝今不應有所懼也所以
者何一切言說不離是相至於智者不著文
字故无所懼何以故文字性離无有文字是
則解脫解脫相者則諸法也維摩詰說是法
時二百天子得法眼淨故我不任詣彼問疾
佛告富樓那彌多羅尼子汝行詣維摩詰問
疾富樓那白佛言世尊我不堪任詣彼問疾
所以者何憶念我昔於大林中在一樹下為
諸新學比丘說法時維摩詰來謂我言唯富
樓那先當入定觀此人心然後說法无以穢食
置於寶器當知是比丘心之所念无以 瑠璃

務本 079 號 維摩詰所説經卷上（08–04）

樓那先當入定觀此人心然後說法无以穢食
置於寶器當知是比丘心之所念无以瑠璃
同彼水精汝不能知衆生根源无得發起以
小乘法彼自无瘡勿傷之也欲行大道莫
示小徑无以大海内於牛跡无以日光等彼
螢火富樓那此比丘久發大乘心中忘此意
如何以小乘法而教導之我觀小乘智慧微
淺猶如盲人不能分別一切衆生根之利鈍時
維摩詰即入三昧令此比丘自識宿命曾於
五百佛所殖衆德本迴向阿耨多羅三藐三
菩提即時豁然還得本心於是諸比丘稽首
礼維摩詰足時維摩詰因爲說法於阿耨多
羅三藐三菩提不復退轉我念聲聞不觀人
根不應說法是故不任詣彼問疾
佛告摩訶迦旃延汝行詣維摩詰問疾迦旃
延白佛言世尊我不堪任詣彼問疾所以者
何憶念昔者佛爲諸比丘略說法要我即於
後敷演其義謂无常義苦義空義无我義寂滅
義時維摩詰來謂我言唯迦旃延无以生滅
心行說實相法迦旃延諸法畢竟不生不滅
是无常義五受陰洞達空无所起是苦義
諸法究竟无所有是空義於我无我而不二
是无我義法本不然今則无滅是寂滅義說
是法時彼諸比丘心得解脫故我不任詣彼
問疾
佛告阿那律汝行詣維摩詰問疾阿那律白
佛言世尊我不堪任詣彼問疾所以者何憶

務本 079 號 維摩詰所説經卷上（08-05）

佛告阿那律汝行詣維摩詰問疾阿那律白
佛言世尊我不堪任詣彼問疾所以者何憶
念我昔於一處經行時有梵王名曰嚴淨與
万梵俱放淨光明來詣我所稽首作礼問我
言幾何阿那律天眼所見我即答言仁者吾
見此釋迦牟尼佛土三千大千世界如觀掌
中阿摩勒菓時維摩詰來謂我言唯阿那律
天眼所見爲作相耶无作相耶假使作相則
與外道五通等若无作相即是无爲不應有
見世尊我時默然彼諸梵聞其言得未曾有
即爲作礼而問曰世孰有真天眼者維摩詰
言有佛世尊得真天眼常在三昧悉見諸佛
國不以二相於是嚴淨梵王及其眷属五百
梵天皆發阿耨多羅三藐三菩提心礼維摩
詰足已忽然不現故我不任詣彼問疾
佛告優波離汝行詣維摩詰問疾優波離白
佛言世尊我不堪任詣彼問疾所以者何憶
念昔者有二比丘犯律行以爲耻不敢問佛
來問我言唯優波離我等犯律誠以爲耻
不敢問佛願解疑悔得免斯咎我即爲其如
法解說時維摩詰來謂我言唯優波離无重
增此二比丘罪當直除滅勿擾其心所以者何彼
罪性不在内不在外不在中間如佛所說心垢
故衆生垢心淨故衆生淨心亦不在内不在
外不在中間如其心然罪垢亦然諸法亦
然不出於如如優波離以心相得解脫時
寧有垢不我言不也維摩詰言一切衆生心

務本 079 號 維摩詰所説經卷上（08-06）

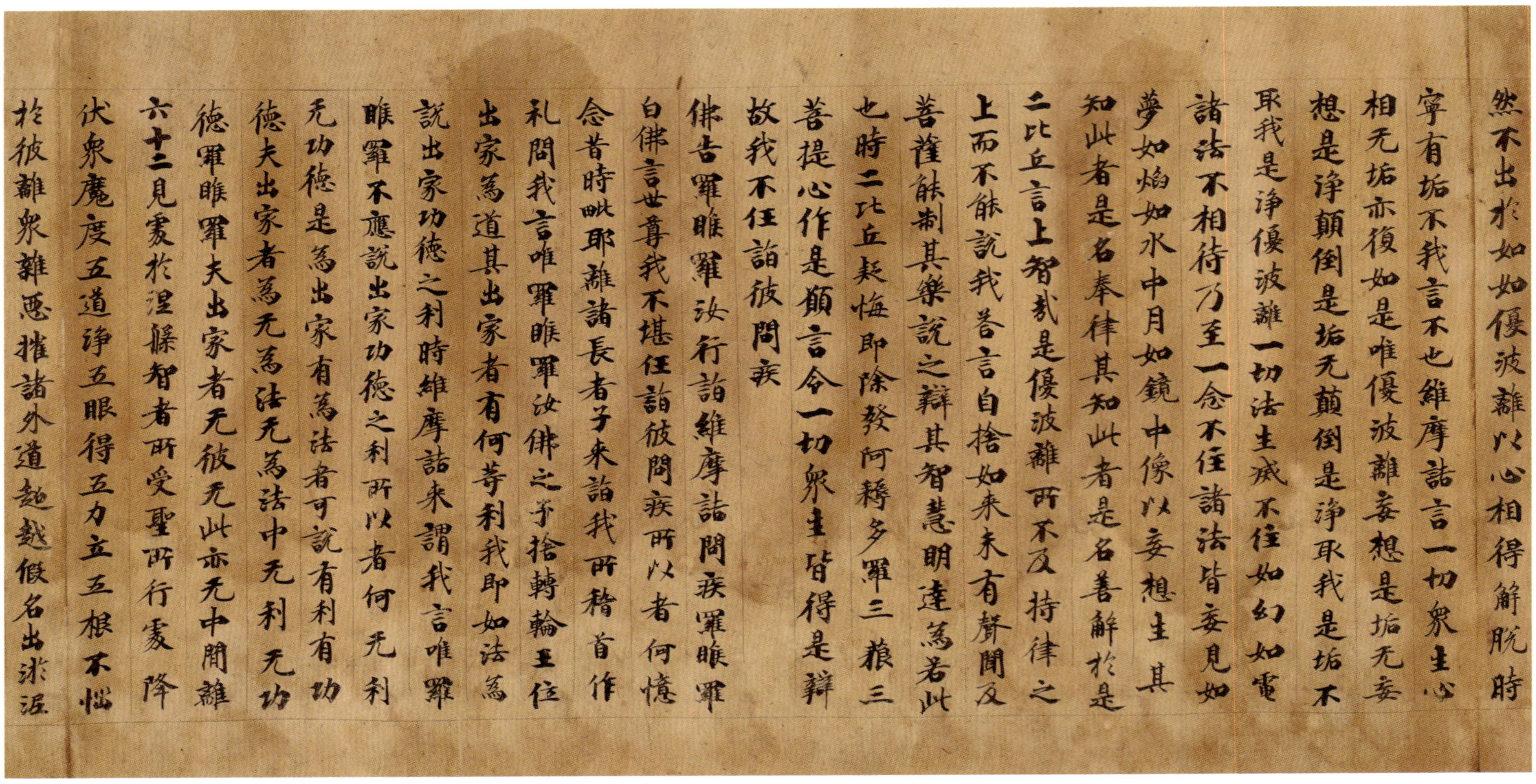
然不出於如如優波離以心相得解脫時
寧有垢不我言不也維摩詰言一切衆生心
相无垢亦復如是唯優波離妄想是垢无妄
想是淨顛倒是垢无顛倒是淨取我是垢不
取我是淨優波離一切法生滅不住如幻如電
諸法不相待乃至一念不住諸法皆妄見如
夢如焰如水中月如鏡中像以妄想生其
知此者是名奉律其知此者是名善解於是
二比丘言上智哉是優波離所不及持律之
上而不能說我荅言自捨如來未有聲聞及
菩薩能制其樂說之辯其智慧明達爲若此
也時二比丘疑悔即除發阿耨多羅三藐三
菩提心作是願言令一切衆生皆得是辯
故我不任詣彼問疾
佛告羅睺羅汝行詣維摩詰問疾羅睺羅
白佛言世尊我不堪任詣彼問疾所以者何憶
念昔時毗耶離諸長者子來詣我所稽首作
礼問我言唯羅睺羅汝佛之子捨轉輪王位
出家爲道其出家者有何等利我即如法爲
說出家功德之利時維摩詰來謂我言唯羅
睺羅不應說出家功德之利所以者何无利
无功德是爲出家有爲法者可說有利有功
德夫出家者爲无爲法无爲法中无利无功
德羅睺羅夫出家者无彼无此亦无中間離
六十二見處於涅槃智者所受聖所行處降
伏衆魔度五道淨五眼得五力立五根不惱
於彼離衆雜惡摧諸外道超越假名出淤泥

務本 079 號 維摩詰所説經卷上（08-07）

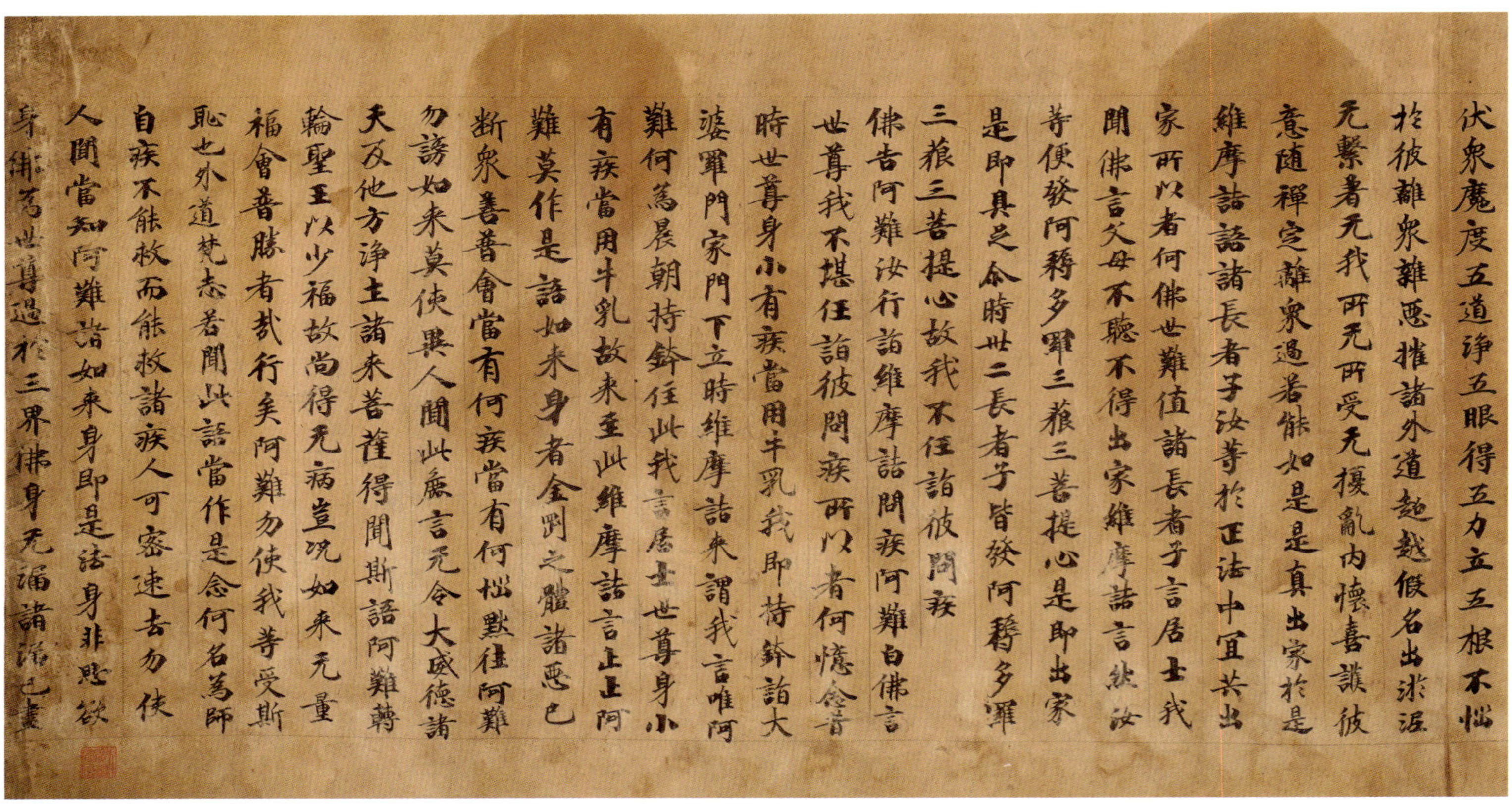
伏衆魔度五道淨五眼得五力立五根不惱
於彼離衆雜惡摧諸外道超越假名出淤泥
无繫著无我所无所受无擾亂内懷喜護彼
意隨禪定離衆過若能如是是真出家於是
維摩詰語諸長者子汝等於正法中宜共出
家所以者何佛世難值諸長者子言居士我
聞佛言父母不聽不得出家維摩詰言然汝
等便發阿耨多羅三藐三菩提心是即出家
是即具足尒時卅二長者子皆發阿耨多羅
三藐三菩提心故我不任詣彼問疾
佛告阿難汝行詣維摩詰問疾阿難白佛言
世尊我不堪任詣彼問疾所以者何憶念昔
時世尊身小有疾當用牛乳我即持鉢詣大
婆羅門家門下立時維摩詰來謂我言唯阿
難何爲晨朝持鉢住此我言居士世尊身小
有疾當用牛乳故來至此維摩詰言止止阿
難莫作是語如來身者金剛之體諸惡已
斷衆善普會當有何疾當有何惱默往阿難
勿謗如來莫使異人聞此麁言无令大威德諸
天及他方淨土諸來菩薩得聞斯語阿難轉
輪聖王以少福故尚得无病豈況如來无量
福會普勝者哉行矣阿難勿使我等受斯
恥也外道梵志若聞此語當作是念何名爲師
自疾不能救而能救諸疾人可密速去勿使
人聞當知阿難諸如來身即是法身非思欲
身佛爲世尊過於三界佛身无漏諸漏已盡

務本 079 號 維摩詰所説經卷上（08-08）

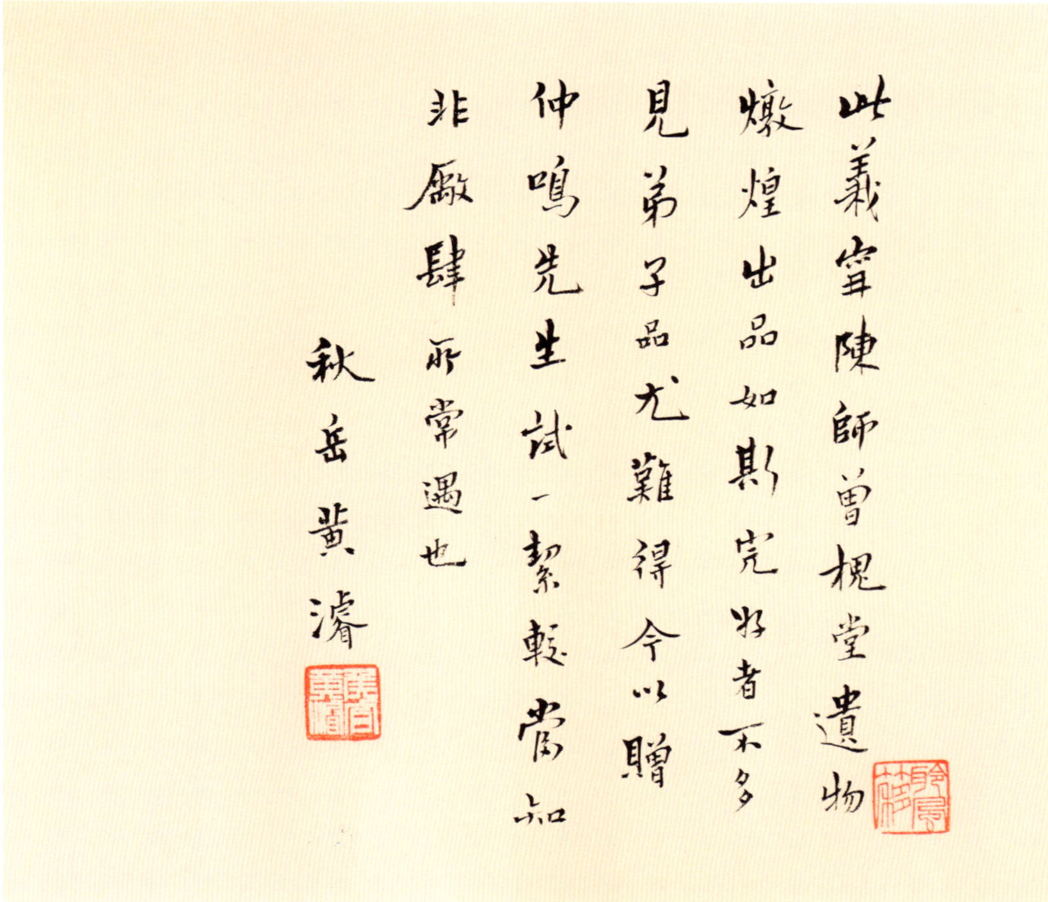

此義寧陳師曾槐堂遺物
燉煌出品如斯完好者不多
見弟子品尤難得今以贈
仲鳴先生試一絜較當知
非厰肆所常遇也
秋岳黄濬

務本 079 號 維摩詰所説經卷上（題跋）

務本 079 號 維摩詰所説經卷上（印章）
印文：方廣錩審定　務本堂藏　頡頏樓藏　聆風簃　侯官黄浚

大般若波羅蜜多經卷第四百卅九
第二分東北方品第卌三之二　三藏法師玄奘奉　詔譯
爾時具壽善現白佛言世尊如是般若波羅蜜
多義趣甚深誰能信解佛告善現若菩薩
摩訶薩久已修行布施淨戒安忍精進靜慮
般若波羅蜜多久植善根多供養佛事多善
友是菩薩摩訶薩能信解此甚深般若波羅
蜜多具壽善現復白佛言世尊齊何應知是
菩薩摩訶薩久已修行布施淨戒安忍精進
靜慮般若波羅蜜多久植善根多供養佛事
多善友佛告善現若菩薩摩訶薩修行般若
波羅蜜多時於色不起分別无異分別於受
想行識不起分別无異分別於色相不起分
別无異分別於受想行識相不起分別无異
分別於色自性不起分別无異分別於受想
行識自性不起分別无異分別於眼處不起
分別无異分別於耳鼻舌身意處不起分別无
異分別於眼處相不起分別无異分別於耳
鼻舌身意處相不起分別无異分別於眼處
自性不起分別无異分別於耳鼻舌身意處
自性不起分別无異分別於色處不起分別
无異分別於聲香味觸法處不起分別无異
分別於色處相不起分別无異分別於聲香
味觸法處相不起分別无異分別於色處自
性不起分別无異分別於聲香味觸法處自
性不起分別无異分別於眼界不起分別无
異分別於耳鼻舌身意界不起分別无異分
別於眼界相不起分別无異分別於耳鼻舌

務本080號　大般若波羅蜜多經卷四三九（17-01）

異分別於耳鼻舌身意處不起分別无異分
別於眼處相不起分別无異分別於耳鼻舌
身意處相不起分別无異分別於眼處自性
不起分別无異分別於耳鼻舌身意處自性
不起分別无異分別於色處不起分別无異
分別於聲香味觸法處不起分別无異分別
於色處相不起分別无異分別於聲香味觸
法處相不起分別无異分別於色處自性不
起分別无異分別於聲香味觸法處自性不
起分別无異分別於眼識界不起分別无異
分別於耳鼻舌身意識界不起分別无異分
別於眼識界相不起分別无異分別於耳鼻
舌身意識界相不起分別无異分別於眼識
界自性不起分別无異分別於耳鼻舌身意
識界自性不起分別无異分別於眼觸不起
分別无異分別於耳鼻舌身意觸不起分別
无異分別於眼觸相不起分別无異分別於耳
鼻舌身意觸相不起分別无異分別於眼觸
自性不起分別无異分別於耳鼻舌身意六
觸自性不起分別无異分別於眼觸為緣所
生諸受不起分別无異分別於耳鼻舌身意
觸為緣所生諸受不起分別无異分別於眼
耳鼻舌身意觸為緣所生諸受相不起分別
无異分別於眼觸為緣所生諸受自性不起
分別无異分別於耳鼻舌身意觸為緣所生
諸受自性不起分別无異分別於欲界不起
分別无異分別於色无色界不起分別无異
分別於欲界相不起分別无異分別於色无
色界相不起分別无異分別於欲界自性不
起分別无異分別於色无色界自性不起分八

務本080號 大般若波羅蜜多經卷四三九（17-02）

色處相不起分別无異分別於欲界自性不
起分別无異分別於色无色界自性不起分
別无異分別於布施波羅蜜多不起分別无
異分別乃至於般若波羅蜜多不起分別无
異分別於布施波羅蜜多相不起分別无異
分別乃至於般若波羅蜜多相不起分別无異
分別於布施波羅蜜多自性不起分別无異
分別乃至於般若波羅蜜多自性不起分別
於无性自性空不起分別无異分別於內空
无異分別於內空不起分別无異分別乃至
相不起分別无異分別乃至於无性自性空
相不起分別无異分別於內空自性不起分
別无異分別乃至於无性自性空自性不起
分別无異分別於四念住不起分別无異分
別乃至於八聖道支不起分別无異分別於
四念住相不起分別无異分別乃至於八聖
道支相不起分別无異分別於四念住自性
不起分別无異分別乃至於八聖道支自性
不起分別无異分別如是乃至於佛十力不
起分別无異分別乃至於十八佛不共法不
起分別无異分別於佛十力相不起分別无
異分別乃至於十八佛不共法相不起分別
无異分別於佛十力自性不起分別无異分
別乃至於十八佛不共法自性不起分別无
異分別於一切智不起分別无異分別於道
相智一切相智不起分別无異分別於一切
智相不起分別无異分別於道相智一切相
智相不起分別无異分別於一切智自性
不起分別无異分別於道相智一切相智自
性不起分別无異分別何以故善現色不

不起分別无異分別於道相智一切相智自
性不起分別无異分別何以故善現以色不
可思議受想行識不可思議如是乃至一切
智不可思議道相智一切相智不可思議故以
善現應此應知是菩薩摩訶薩久已脩行布
施淨戒安忍精進靜慮般若波羅蜜多久植
善根多供養佛事多善友
尒時具壽善現復白佛言世尊如是般若波
羅蜜多極為甚深佛言如是善現色甚深故
般若波羅蜜多極為甚深受想行識甚深故
般若波羅蜜多極為甚深眼處甚深故般若
波羅蜜多極為甚深耳鼻舌身意處甚深故
般若波羅蜜多極為甚深色處甚深故般若
波羅蜜多極為甚深聲香味觸法處甚深故
般若波羅蜜多極為甚深眼界甚深故般若
波羅蜜多極為甚深耳鼻舌身意界甚深
故般若波羅蜜多極為甚深色界甚深故般
若波羅蜜多極為甚深聲香味觸法界甚深
故般若波羅蜜多極為甚深眼識界甚深故
般若波羅蜜多極為甚深耳鼻舌身意識
界甚深故般若波羅蜜多極為甚深眼觸甚
深故般若波羅蜜多極為甚深耳鼻舌身意
觸甚深故般若波羅蜜多極為甚深眼觸為緣
所生諸受甚深故般若波羅蜜多極為甚深
耳鼻舌身意觸為緣所生諸受甚深故般若
波羅蜜多極為甚深布施波羅蜜多甚深故
般若波羅蜜多極為甚深淨戒安忍精進靜
慮波羅蜜多甚深故般若波羅蜜多極為甚
深內空甚深故般若波羅蜜多極為甚深乃
至无性自性空甚深故般若波羅蜜多極為

務本 080 號 大般若波羅蜜多經卷四三九（17-04）

深内空甚深故般若波羅蜜多極爲甚深乃
至无性自性空甚深故般若波羅蜜多極爲
甚深四念住甚深故般若波羅蜜多極爲甚
深乃至八聖道支甚深故般若波羅蜜多極
爲甚深如是乃至佛十力甚深故般若波羅
蜜多極爲甚深乃至十八佛不共法甚深故
般若波羅蜜多極爲甚深一切智甚深故般
若波羅蜜多極爲甚深道相智一切相智
甚深故般若波羅蜜多極爲甚深
介時尊者善現復白佛言世尊如是般若波
羅蜜多是大寶聚佛言如是能與有情功德
寶故善現如是般若波羅蜜多大珍寶聚能
與有情十善業道四靜慮四无量四无色定
五神通大珍寶故能與有情布施淨戒安忍
精進靜慮般若波羅蜜多大珍寶故能與有
情内空外空内外空空空大空勝義空有爲
空无爲空畢竟空无際空散无散空本性空自
共相空一切法空不可得空无性空自性空无
性自性空大珍寶故能與有情四念住四
正斷四神足五根五力七等覺支八聖道支
大珍寶故能與有情空无相无願解脫門大
珍寶故能與有情八解脫八勝處九次第定
十遍處大珍寶故能與有情真如法界法性
實際不思議界大珍寶故能與有情苦集滅
道四種聖諦大珍寶故能與有情菩薩十地
陁羅尼門三摩地門大珍寶故能與有情五
眼六神通大珍寶故能與有情如來十力四
无所畏四无礙解大慈大悲大喜大捨十八
佛不共法大珍寶故能與有情无忘失法恒
住捨性大珍寶故能與有情一切智道相智

佛不共法大珎寶故能與有情无忘失法恒
住捨性大珎寶故能與有情一切智道相智
一切相智大珎寶故能與有情預流果一來
果不還果阿羅漢果獨覺菩提大珎寶能故
與有情一切菩薩摩訶薩行諸佛无上正等
菩提轉正法輪大珎寶故。
介時具壽善現復白佛言世尊如是般若波
羅蜜多是清淨聚。佛言如是善現色清淨故
般若波羅蜜多是清淨聚受想行識清淨故
般若波羅蜜多是清淨聚眼處清淨故般若
波羅蜜多是清淨聚耳鼻舌身意處清淨故
般若波羅蜜多是清淨聚色處清淨故般若
波羅蜜多是清淨聚聲香味觸法處清淨故
般若波羅蜜多是清淨聚色界清淨故般若
波羅蜜多是清淨聚聲香味觸法界清淨故
般若波羅蜜多是清淨聚眼識界清淨故般
若波羅蜜多是清淨聚耳鼻舌身意識界清
淨故般若波羅蜜多是清淨聚眼觸清淨故
般若波羅蜜多是清淨聚耳鼻舌身意觸清
淨故般若波羅蜜多是清淨聚眼觸為緣所
生諸受清淨故般若波羅蜜多是清淨聚耳
鼻舌身意觸為緣所生諸受清淨故般若波
羅蜜多是清淨聚布施波羅蜜多清淨故般
若波羅蜜多是清淨聚淨戒安忍精進靜慮
波羅蜜多清淨故般若波羅蜜多是清淨聚
內空清淨故般若波羅蜜多是清淨聚乃至
无性自性空清淨故般若波羅蜜多是清淨
聚四念住清淨故般若波羅蜜多是清淨聚
乃至八聖道支清淨故般若波羅蜜多是清
淨聚如是乃至如來十力清淨故般若波羅

乃至八聖道支清淨故般若波羅蜜多是清
淨聚如是乃至如來十力清淨故般若波羅
蜜多亦清淨聚乃至十八佛不共法清淨故
般若波羅蜜多是清淨聚一切智清淨故般
若波羅蜜多是清淨聚道相智一切相智清
淨故般若波羅蜜多是清淨聚
介時善現復白佛言甚奇世尊希有善逝如
是般若波羅蜜多以極甚深多諸留難而今
廣說留難不生佛言善現如是如是如汝所
說甚深般若波羅蜜多諸留難佛神力故
令雖廣說留難不生是故大乘諸善男子善
女人等愛樂法故於此般若波羅蜜多甚深
經典若欲書寫應疾書寫若欲讀誦應疾
讀誦若欲受持應疾受持若欲修習應疾修
習若欲思惟應疾思惟若欲宣說應疾宣說何
以故善現甚深般若波羅蜜多多諸留難勿
令書寫讀誦受持修習思惟為他說者留難
事起不究竟故善現是善男子善女人等若
欲一月或二或三或四或五或六或七乃至
一年書寫如是甚深般若波羅蜜多能究竟
者應勤精進繫念書寫經於爾許時令得究竟
善現是善男子善女人等若欲一月或二或
三或四或五或六或七乃至一年受持讀誦
修習思惟為他宣說如是般若波羅蜜多甚
深經典能究竟者應勤精進繫念受持乃至
宣說經於爾許時令得究竟何以故善現甚深
般若波羅蜜多無價珍寶多留難故具壽善
現復白佛言甚奇世尊希有善逝甚深般若
波羅蜜多無價珍寶多諸留難而有書寫讀
誦受持思惟修習為他說者惡魔於彼不作
留難令不書寫乃至演說佛告善現惡魔於

誦受持思惟脩習爲他説者惡魔於彼不作
留難令不書寫乃至演説佛告善現惡魔於
此甚深般若波羅蜜多雖欲留難令不書寫
讀誦受持思惟脩習爲他演説而彼无力可
然留難是菩薩摩訶薩書寫讀誦受持等事
令不究竟
尒時舍利子白佛言世尊是誰神力令彼惡
魔不能留難諸菩薩摩訶薩書寫受持讀誦
脩習思惟廣説如是般若波羅蜜多甚深經
典佛告舍利子是佛神力令彼惡魔不能留
難諸菩薩摩訶薩書寫受持讀誦脩習思惟
廣説如是般若波羅蜜多甚深經典又舍利
子亦是十方一切世界諸佛神力令彼惡魔
不能留難諸菩薩摩訶薩書寫受持讀誦脩
習思惟廣説如是般若波羅蜜多甚深經典
又舍利子一切如來應正等覺皆共護念脩
行般若波羅蜜多諸菩薩故令彼惡魔不能
留難住菩薩乘諸善男子善女人等令不書
寫受持讀誦脩習思惟廣爲他説如是般若
波羅蜜多甚深經典何以故舍利子一切如來
應正等覺皆共護念脩行般若波羅蜜多諸
菩薩衆所作善業令彼惡魔不能留難舍利
子若菩薩摩訶薩能於般若波羅蜜多甚深
經典書寫受持讀誦脩習思惟廣説法尒
時爲十方世界无量无數无邊如來應正
等覺安隱住持現説法者之所護念若蒙諸
佛所護念者法尒惡魔不能留難舍利子若
善男子善女人等能於般若波羅蜜多甚深

佛所護念著法爾惡魔不能留難舍利子若
善男子善女人等能於般若波羅蜜多甚深
經典書寫受持讀誦修習思惟廣說應作是
念我今書寫受持讀誦修習思惟廣爲他說
如是般若波羅蜜多甚深經典皆是十方無
量無數無邊如來應正等覺安隱住持現說
法者神力護念令我所作如是善業不爲惡
魔之所留難時舍利子復白佛言若善男子
善女人等能於般若波羅蜜多甚深經典書寫
受持讀誦修習思惟演說一切皆是十方世
界諸佛世尊神力護念令彼所作殊勝善業
一切惡魔不能留難爾時佛告舍利子言如
是如是如汝所說若善男子善女人等能於
般若波羅蜜多甚深經典書寫受持讀誦修
習思惟演說當知皆是一切如來應正等覺神
力護念時舍利子復白佛言若善男子善女
人等能於般若波羅蜜多甚深經典書寫受
持讀誦修習思惟演說十方世界無量無數
無邊如來應正等覺安隱住持現說法者皆
共識知是善男子善女人等書寫受持讀
誦修習思惟演說甚深般若波羅蜜多由是
因緣歡喜護念世尊若善男子善女人等能
於般若波羅蜜多甚深經典書寫受持讀誦
修習思惟演說是善男子善女人等恒爲十方
無量無數無邊世界一切如來應正等覺安
隱住持現說法者佛眼觀見由此因緣慈悲
護念所作善事無不皆成爾時佛告舍利子
言如是如是如汝所說若善男子善女人等

護念所作善事无不皆成尒時佛告舍利子
言如是如是如汝所說若善男子善女人等
書寫受持讀誦脩習思惟演說如是般若波
羅蜜多甚深經典是善男子善女人等恒為
十方无量无數无邊世界一切如來應正等
覺安隱住持現說法者佛眼觀見識知護念
令諸惡魔不能嬈惱所作善業速得成辦舍
利子住菩薩乘諸善男子善女人等若能於
此甚深般若波羅蜜多書寫受持讀誦脩習
思惟演說當知是輩已近无上正等菩提諸
惡魔軍不能留難又舍利子住菩薩乘諸善
男子善女人等若能書寫如是般若波羅蜜
多甚深經典種種莊嚴受持讀誦當知是輩
於此般若波羅蜜多深生信解能以種種上
妙花鬘塗散等香衣服瓔珞寶幢幡蓋伎樂
燈明供養恭敬尊重讚歎如是般若波羅蜜
多甚深經典是善男子善女人等定為如來
應正等覺佛眼觀見識知護念由是因緣定
當獲得大財大勝利大果大異熟又舍利子
是善男子善女人等以能書寫受持讀誦供
養恭敬尊重讚歎甚深般若波羅蜜多善根
故乃至獲得不退轉地於其中間常不離
佛恒聞正法不墮惡趣舍利子是善男子善
女人等由此善根乃至无上正等菩提常不
遠離布施淨戒安忍精進靜慮般若波羅蜜
多常不遠離内空乃至无性自性空常不遠
離四念住乃至八聖道支如是乃至常不遠
離如來十力乃至十八佛不共法常不遠離

務本 080 號 大般若波羅蜜多經卷四三九（17–10）

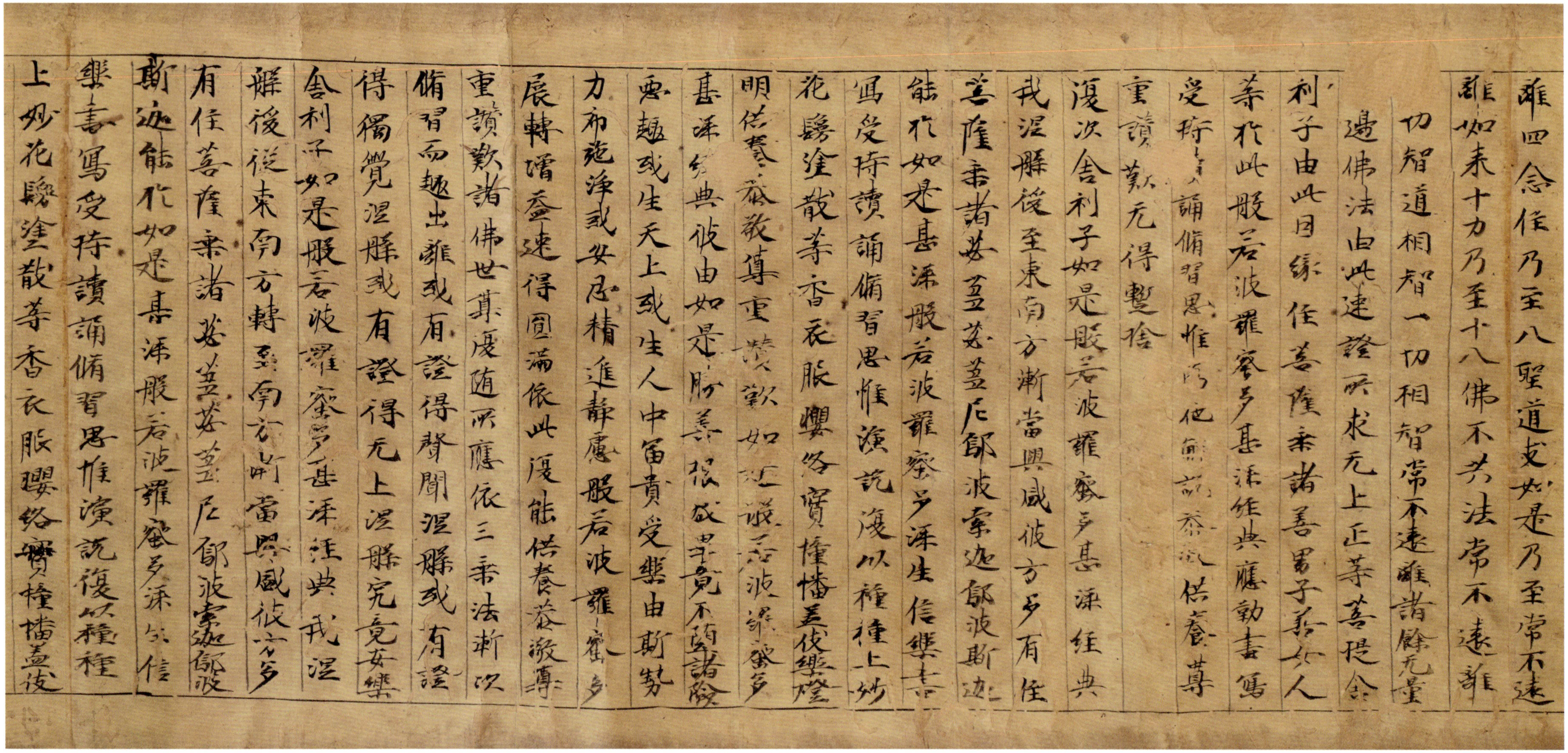
離四念住乃至八聖道支如是乃至常不遠
離如來十力乃至十八佛不共法常不遠離
一切智道相智一切相智常不遠離諸餘无量
邊佛法由此速證所求无上正等菩提舍
利子由此因緣住菩薩乘諸善男子善女人
等於此般若波羅蜜多甚深經典應勤書寫
受持讀誦脩習思惟爲他演說恭敬供養尊
重讚歎无得暫捨
復次舍利子如是般若波羅蜜多甚深經典
我涅槃後至東南方漸當興盛彼方多有住
菩薩乘諸苾芻苾芻尼鄔波索迦鄔波斯迦
能於如是甚深般若波羅蜜多深生信樂書
寫受持讀誦脩習思惟演說復以種種上妙
花鬘塗散等香衣服瓔珞寶幢幡蓋伎樂燈
明供養恭敬尊重讚歎如是般若波羅蜜多
甚深經典彼由如是勝善根故畢竟不墮諸險
惡趣或生天上或生人中富貴受樂由斯勢
力布施淨戒安忍精進靜慮般若波羅蜜多
展轉增益速得圓滿依此復能供養恭敬尊
重讚歎諸佛世尊復隨所應依三乘法漸次
脩習而趣出離或有證得聲聞涅槃或有證
得獨覺涅槃或有證得无上涅槃究竟安樂
舍利子如是般若波羅蜜多甚深經典我涅
槃後從東南方轉至南方漸當興盛彼方多
有住菩薩乘諸苾芻苾芻尼鄔波索迦鄔波
斯迦能於如是甚深般若波羅蜜多深生信
樂書寫受持讀誦脩習思惟演說復以種種
上妙花鬘塗散等香衣服瓔珞寶幢幡蓋伎

務本 080 號　大般若波羅蜜多經卷四三九（17–11）

樂書寫受持讀誦脩習思惟演說復以種種
上妙花鬘塗散等香衣服瓔珞寶幢幡蓋伎
樂燈明供養恭敬尊重讚歎如是般若波羅
蜜多甚深經典彼由如是勝善根故畢竟不
墮諸險惡趣或生天上或生人中富貴受樂
由斯勢力布施淨戒安忍精進靜慮般若波
羅蜜多展轉增益速得圓滿依此復能供養
恭敬尊重讚歎諸佛世尊後隨所應依三乘
法漸次脩習而趣出離或有證得聲聞涅槃
或有證得獨覺涅槃或有證得无上涅槃
究竟安樂舍利子如是般若波羅蜜多甚深
經典我涅槃後從南方至西南方漸當
興盛彼方多有住菩薩乘諸苾芻苾芻尼鄔波
索迦鄔波斯迦能於如是甚深般若波羅蜜
多深生信樂書寫受持讀誦脩習思惟演說復
以種種上妙花鬘塗散等香衣服瓔珞寶幢
幡蓋伎樂燈明供養恭敬尊重讚歎如是
般若波羅蜜多甚深經典彼由如是勝善根故
畢竟不墮諸險惡趣或生天上或生人中
富貴受樂由斯勢力布施淨戒安忍精進靜
慮般若波羅蜜多展轉增益速得圓滿依此
復能供養恭敬尊重讚歎諸佛世尊後隨所
應依三乘法漸次脩習而趣出離或有證得
聲聞涅槃或有證得獨覺涅槃或有證得无
上涅槃究竟安樂舍利子如是般若波羅蜜多
甚深經典我涅槃後從西南方至西北方
漸當興盛彼方多有住菩薩乘諸苾芻苾芻
尼鄔波索迦鄔波斯迦能於如是甚深般若波

務本 080 號 大般若波羅蜜多經卷四三九（17–12）

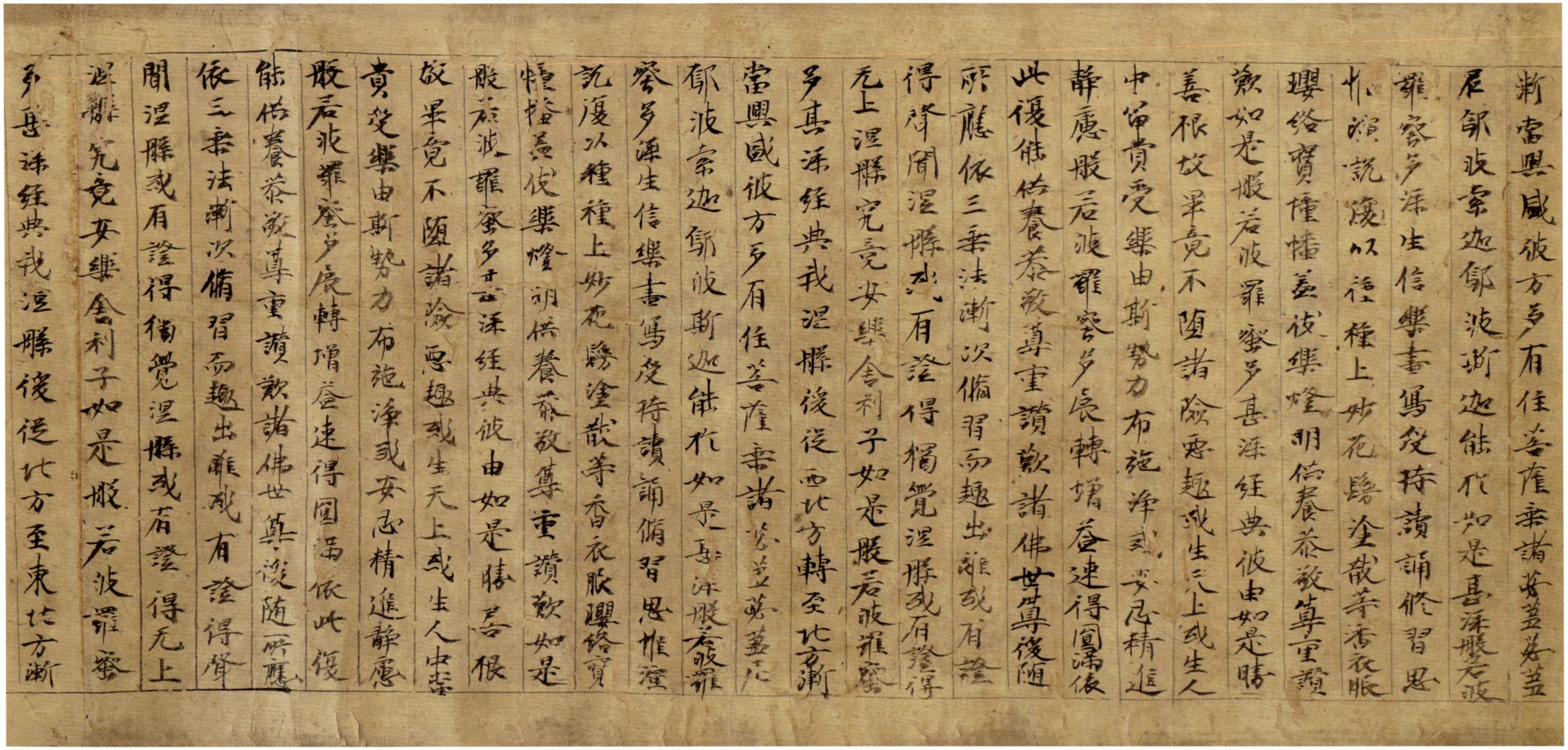

漸當興盛彼方多有住菩薩乘諸苾芻苾芻
尼鄔波索迦鄔波斯迦能於如是甚深般若波
羅蜜多深生信樂書寫受持讀誦修習思
惟演說復以種種上妙花鬘塗散等香衣服
瓔珞寶幢幡蓋伎樂燈明供養恭敬尊重讃
歎如是般若波羅蜜多甚深經典彼由如是勝
善根故畢竟不墮諸險惡趣或生天上或生人
中尊貴受樂由斯勢力布施淨戒安忍精進
靜慮般若波羅蜜多展轉增益速得圓滿依
此復能供養恭敬尊重讃歎諸佛世尊復隨
所應依三乘法漸次修習而趣出離或有證
得聲聞涅槃或有證得獨覺涅槃或有證得
無上涅槃究竟安樂舍利子如是般若波羅蜜
多甚深經典我涅槃後從西北方轉至北方漸
當興盛彼方多有住菩薩乘諸苾芻苾芻尼
鄔波索迦鄔波斯迦能於如是甚深般若波羅
蜜多深生信樂書寫受持讀誦修習思惟演
說復以種種上妙花鬘塗散等香衣服瓔珞寶
幢幡蓋伎樂燈明供養恭敬尊重讃歎如是
般若波羅蜜多甚深經典彼由如是勝善根
故畢竟不墮諸險惡趣或生天上或生人中尊
貴受樂由斯勢力布施淨戒安忍精進靜慮
般若波羅蜜多展轉增益速得圓滿依此復
能供養恭敬尊重讃歎諸佛世尊復隨所應
依三乘法漸次修習而趣出離或有證得聲
聞涅槃或有證得獨覺涅槃或有證得無上
涅槃究竟安樂舍利子如是般若波羅蜜
多甚深經典我涅槃後從北方至東北方漸

務本 080 號 大般若波羅蜜多經卷四三九（17–13）

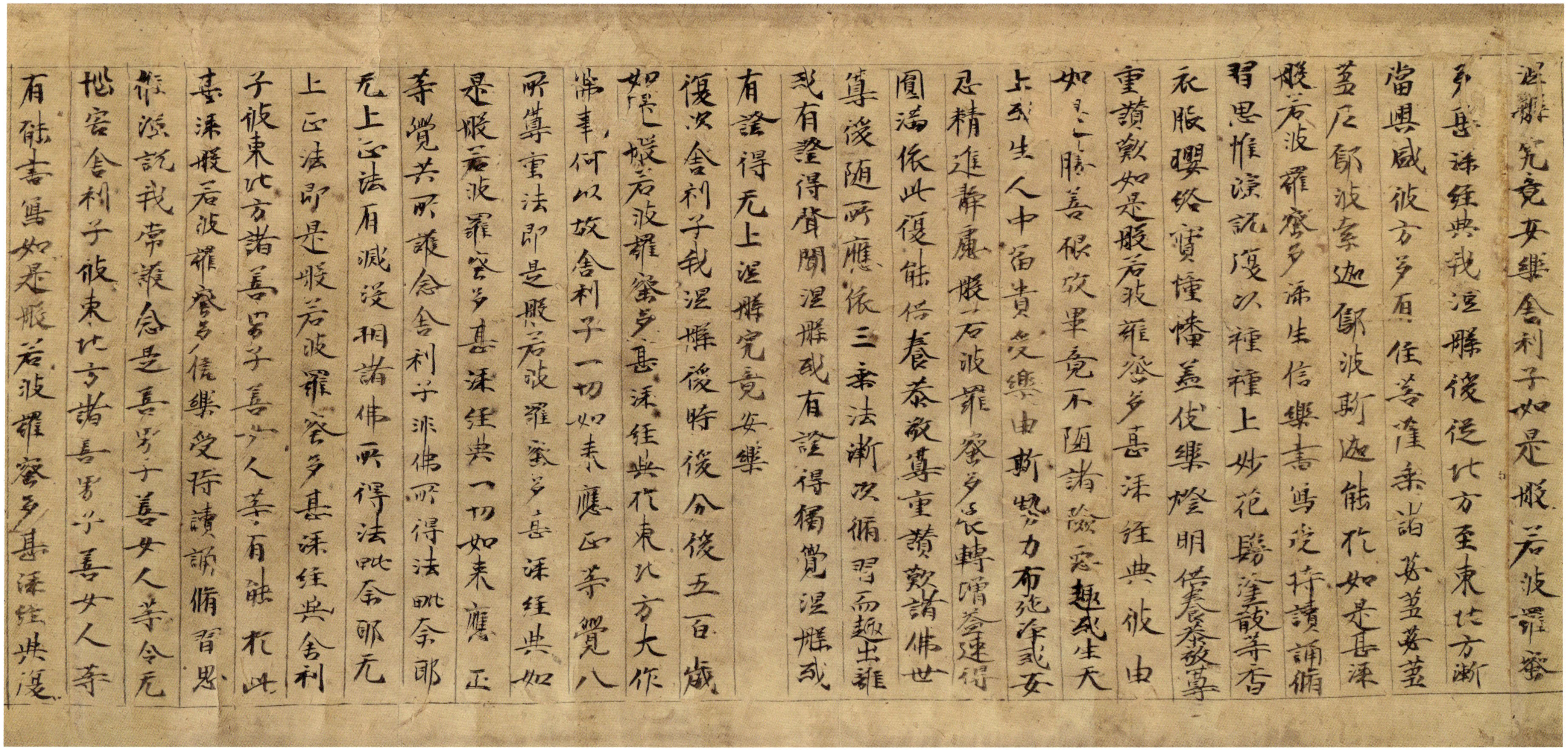

務本 080 號 大般若波羅蜜多經卷四三九（17–14）

攝受舍利子彼東北方諸善男子善女人等
有能書寫如是般若波羅蜜多甚深經典復
以種種上妙花鬘塗散等香衣服瓔珞寶幢
幡蓋伎樂燈明供養恭敬尊重讚歎如是般
若波羅蜜多甚深經典我定說彼諸善男子
善女人等由此善根畢竟不墮諸險惡趣生
天人中常受妙樂由斯勢力增益六種波羅
蜜多依此復能供養恭敬尊重讚歎諸佛世
尊後隨所應依三乘法漸次脩學得般涅槃何
以故舍利子我以佛眼觀見證知稱揚讚歎
是善男子善女人等所獲功德東西南北四維
上下無量無數無邊世界一切如來應正等覺
安隱住持現說法者亦以佛眼觀見證知
稱揚讚歎是善男子善女人等所獲功德時
舍利子白佛言世尊如是般若波羅蜜多甚
深經典佛涅槃後後時後分後五百歲於東
北方廣流布耶佛言舍利子如是如是如是
般若波羅蜜多甚深經典我涅槃後後時後
分後五百歲於東北方當廣流布舍利子我
涅槃後後時後分後五百歲彼東北方諸善
男子善女人等若得聞此甚深般若波羅蜜
多深生信樂書寫受持讀誦脩習如理思惟
為他演說當知彼善男子善女人等久發無
上正等覺心久〻菩薩摩訶薩行供養多佛
事多善友久已脩習身戒心慧所種善根皆
已成熟由斯福力得聞如是甚深般若波羅
蜜多深生信樂復能書寫受持讀誦脩習思
惟為他演說時舍利子復白佛言佛涅槃後

甚多深生信樂復能書寫受持讀誦脩習思
惟為他演說時舍利子復白佛言佛涅槃後
後時後分後五百歲法欲滅時於東北方當
有幾許住菩薩乘諸善男子善女人等得聞
如是甚深般若波羅蜜多深生信樂其心不
驚不恐不怖亦无憂悔復能書寫受持讀誦
脩習思惟為他演說佛言舍利子我涅槃後
後時後分後五百歲法欲滅時於東北方雖
有无量住菩薩乘諸善男子善女人等而少
得聞甚深般若波羅蜜多深生信樂其心不
驚不恐不怖亦无憂悔復能書寫受持讀誦
脩習思惟為他演說舍利子彼善男子善女
人等聞此般若波羅蜜多甚深經典其心不
驚不恐不怖亦无憂悔深生信樂書寫受持
讀誦脩習思惟演說甚為希有何以故舍利
子是善男子善女人等已曾親近供養恭敬
尊重讚歎无量如來應正等覺及諸菩薩摩
訶薩衆請問如是甚深般若波羅蜜多相應
義趣舍利子是善男子善女人等不久定當
圓滿布施波羅蜜多乃至般若波羅蜜多不
久定當圓滿內空乃至无性自性空不久定
當圓滿四念住乃至八聖道支不久定當圓
滿佛十力乃至十八佛不共法不久定當圓
滿一切智道相智一切相智舍利子彼善男
子善女人等一切如來應正等覺所護念故
无量善友所攝受故殊勝善根所任持故為
欲利樂多衆生故求趣无上正等菩提何以
故舍利子我常為彼諸善男子善女人等說

務本080號 大般若波羅蜜多經卷四三九（17-16）

務本080號 大般若波羅蜜多經卷四三九（印章）
印文：◇　毗陵吳觀幀（？）曼公審藏　方廣錩審定　務本堂藏

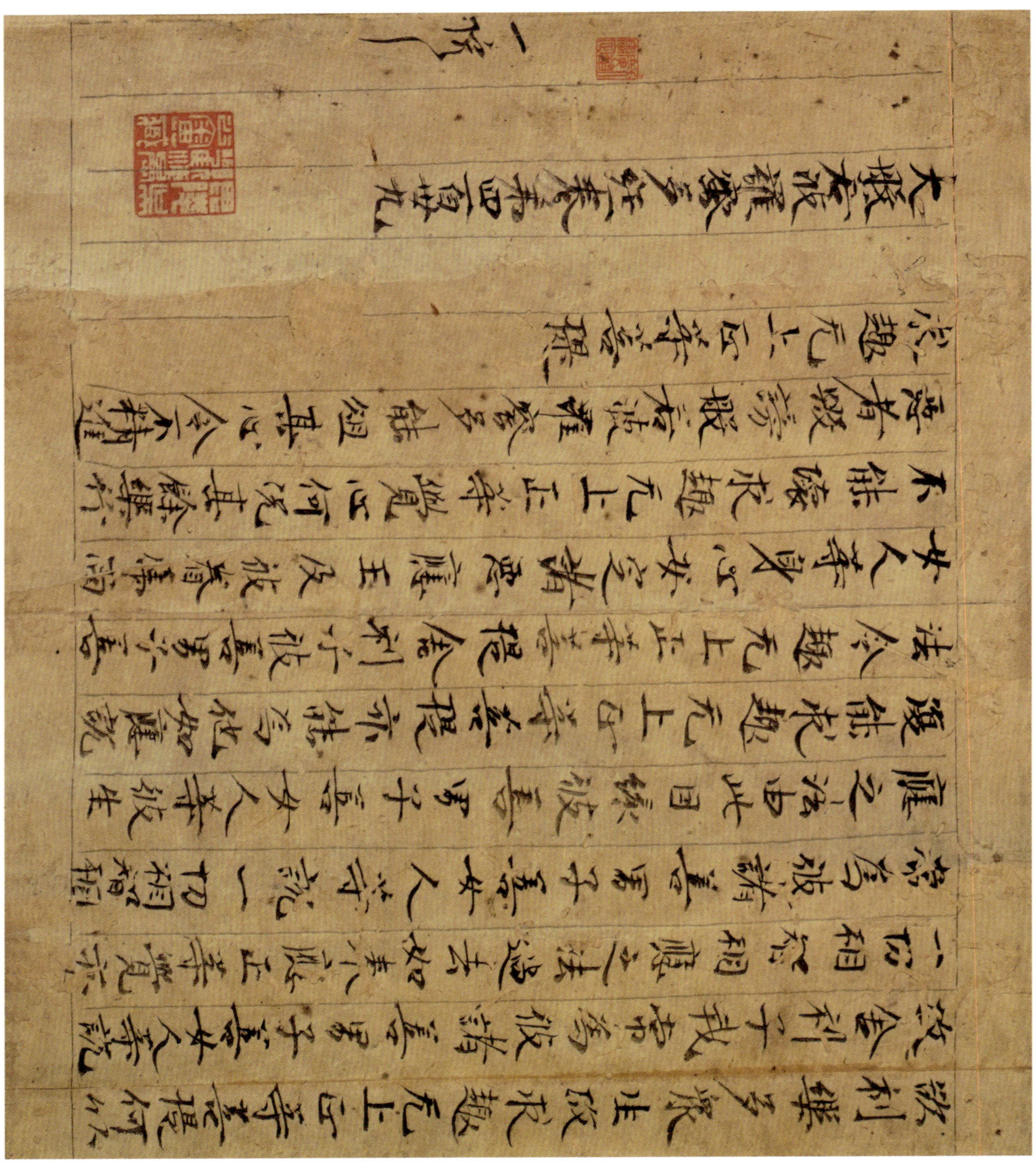
欲利樂多眾生故求趣無上正等菩提何以
故舍利子我常為彼諸善男子善女人等說
一切智相應之法過去如來應正等覺亦
常為彼諸善男子善女人等說一切相智相
應之法由此因緣彼善男子善女人等救生
復能求趣無上正等菩提亦能為他如應說
法令趣無上正等菩提舍利子彼善男子善
女人等身心安定諸惡魔王及彼眷屬尚
不能壞求趣無上正等覺心何況其餘樂行
惡者毀謗般若波羅蜜多能留難其心令不精進
求趣無上正等菩提

大般若波羅蜜多經卷第四百卅九

務本080號 大般若波羅蜜多經卷四三九（17-17）

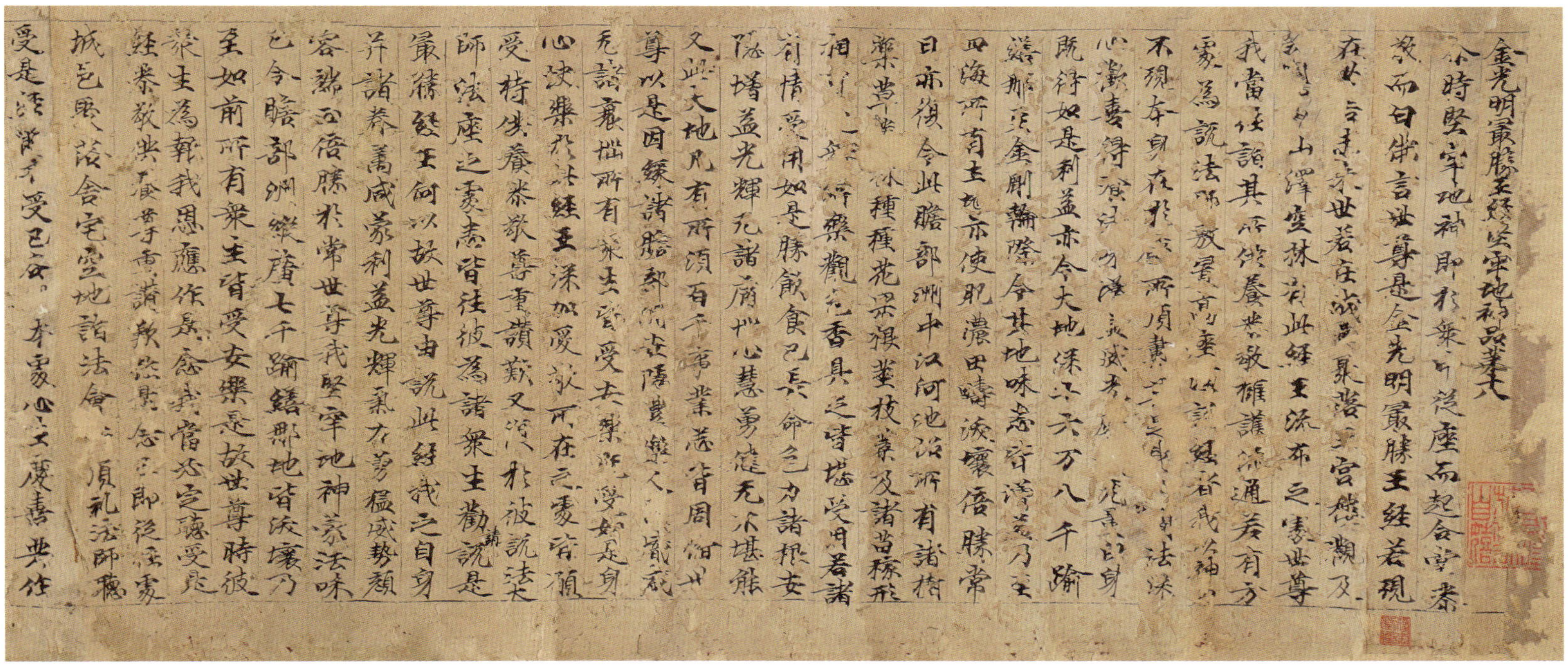

金光明最勝王經堅牢地神品第十八
爾時堅牢地神即於衆中從座而起合掌恭
敬而白佛言世尊是金光明最勝王經若現
在世若未來世在在處處若城邑聚落王宮樓觀及
阿蘭若山澤空林有此經王流布之處世尊
我當往詣其所供養恭敬擁護流通若有方
處為說法師敷置高座演說經者我以神力
不現本身在於座所頂戴其足我得聞法深
心歡喜得霑法味增益威光慶悅無量自身
既得如是利益亦令大地深十六万八千踰
繕那至金剛輪際令其地味悉皆增益乃至
四海所有土地亦使肥濃田疇沃壤倍勝常
日亦復令此贍部洲中江河池沼所有諸樹
藥草叢林種種花果根莖枝葉及諸苗稼形
相可愛衆所樂觀色香具足皆堪受用若諸
有情受用如是勝飲食已長命色力諸根安
隱增益光輝無諸痛惱心慧勇健無不堪能
又此大地凡有所須百千事業悉皆周備世
尊以是因緣諸贍部洲安隱豐樂人民熾盛
無諸衰惱所有衆生皆受安樂是諸人等
心決樂於此經王深加愛敬所在之處皆願
受持供養恭敬尊重讚歎又復於彼說法之
師法座之處悉皆往彼為諸衆生勸說是
最勝經王何以故世尊由說此經我之自身
并諸眷屬咸蒙利益光輝氣力勇猛威勢顏
容端正倍勝於常世尊我堅牢地神蒙法味
已令贍部洲縱廣七千踰繕那地皆沃壤乃
至如前所有衆生皆受安樂是故世尊時彼
衆生為報我恩應作是念我當必定聽受此
經恭敬供養尊重讚歎作是念已即從住處
城邑聚落舍宅空地詣法會所頂禮法師聽
受是經既聽受已各還本處心生慶喜共作

務本 081 號　金光明最勝王經卷八（03-01）

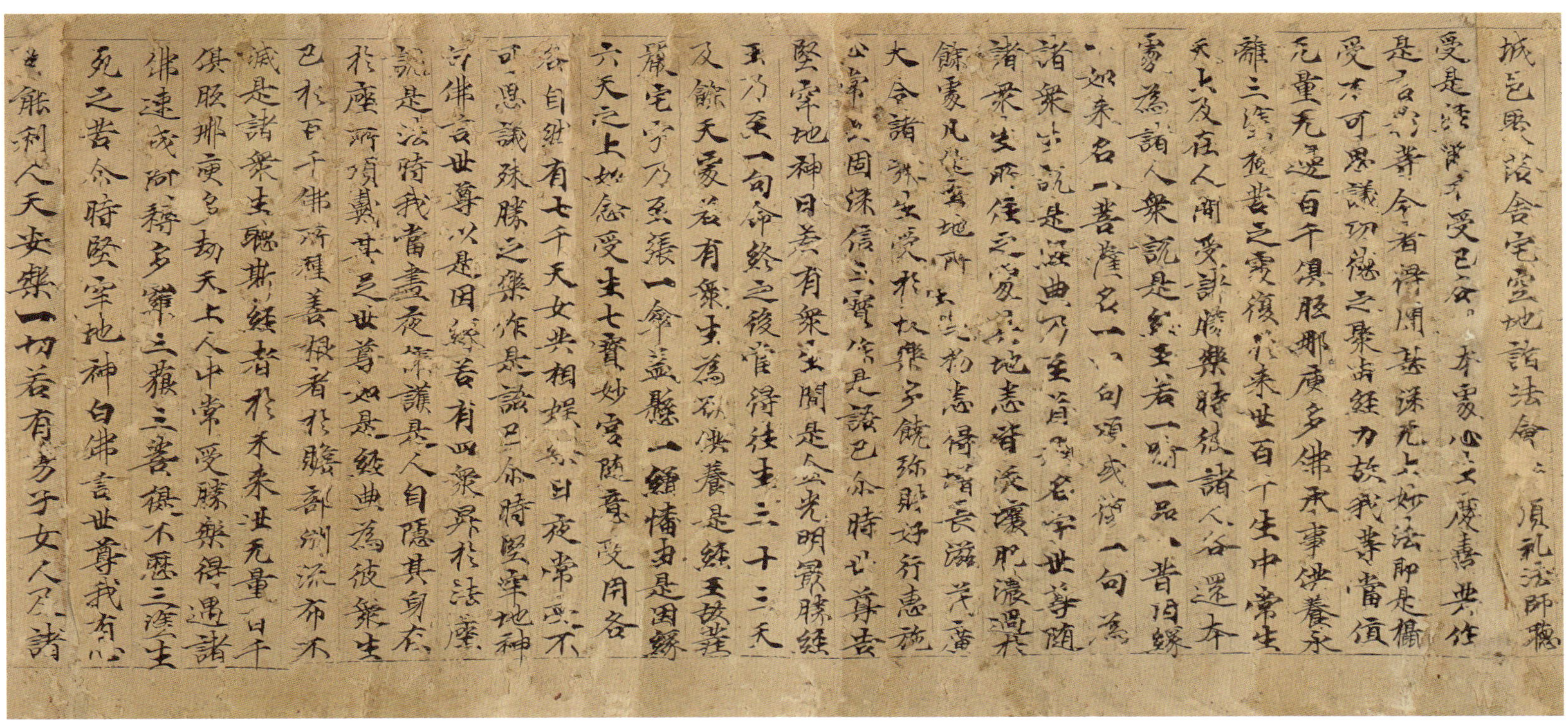

城邑聚落舍宅空地詣法會所頂禮法師聽
受是經既聽受已各還本處心生慶喜共作
是言我等今者得聞甚深無上妙法即是攝
受不可思議功德之聚由經力故我等當值
無量無邊百千俱胝那庾多佛承事供養永
離三塗極苦之處復於未來百千生中常生
天上及在人間受諸勝樂時彼諸人各還本
處為諸人衆說是經王若一喻一品昔日因緣
一如來名一菩薩名一四句頌或復一句為
諸衆生說是經典乃至首題名字世尊隨
衆生所住之處其地悉皆沃壤肥濃過於
餘處凡是土地所生之物悉得增長滋茂廣
大令諸衆生受於快樂多饒財寶好行惠施
心常堅固深信三寶作是語已爾時世尊告
堅牢地神曰若有衆生聞是金光明最勝經
典乃至一句命終之後當得往生三十三天
及餘天處若有衆生為欲供養是經王故莊
嚴宅宇乃至張一傘蓋懸一繒幡由是因緣
六天之上如念受生七寶妙宮隨意受用各
各自然有七千天女共相娛樂日夜常受不
可思議殊勝之樂作是語已爾時堅牢地神
白佛言世尊以是因緣若有四衆昇於法座
說是法時我當晝夜擁護是人自隱其身在
於座所頂戴其足世尊如是經典為彼衆生
已於百千佛所種善根者於贍部洲流布不
滅是諸衆生聽斯經者於未來世無量百千
俱胝那庾多劫天上人中常受勝樂得遇諸
佛速成阿耨多羅三藐三菩提不歷三塗生
死之苦爾時堅牢地神白佛言世尊我有心
咒能利人天安樂一切若有男子女人及諸

務本 081 號　金光明最勝王經卷八（03-02）

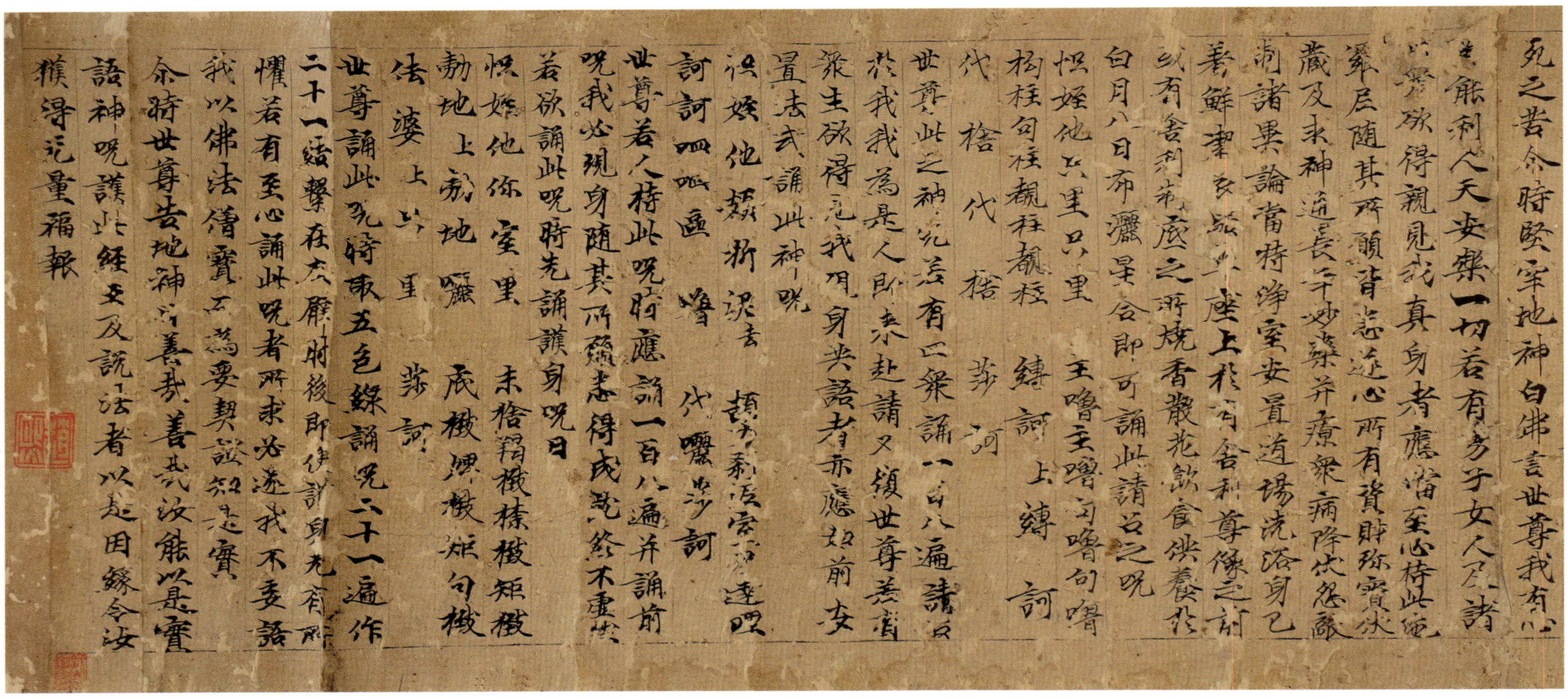

死之苦尒時堅牢地神白佛言世尊我有心
呪能利人天安樂一切若有男子女人及諸
四衆欲得親見我真身者應當至心持此陀
羅尼隨其所願皆悉遂心所有資財珍寶伏
藏及求神通長年妙藥并療衆病降伏怨敵
制諸異論當於淨室安置道場洗浴身已
著鮮潔衣踞草座上於有舍利尊像之前
或有舍利制底之所燒香散花飲食供養於
白月八日布灑星合即可誦此請召之呪
怛姪他 只里只里 主嚕主嚕 句嚕句嚕
拘柱拘柱 覩柱覩柱 縛訶縛訶
伐捨 伐捨 莎訶
世尊此之神呪若有四衆誦一百八遍請召
於我我為是人即來赴請又復世尊若有
衆生欲得見我現身共語者亦應如前安
置法式誦此神呪
怛姪他 頞折 折泥去 頞折泥 [illegible] 達毗
訶訶 呬呬 區 嚕 伐嚕 莎訶
世尊若人持此呪時應誦一百八遍并誦前
呪我必現身隨其所願悉得成就終不虛然
若欲誦此呪時先誦護身呪曰
怛姪他 你 室 里 末捨羯襪棣襪矩襪
勃地 上 勃地 囉 底襪煙襪矩句襪
法婆 上 只 里 莎訶
世尊誦此呪時取五色線誦呪二十一遍作
二十一結繫在左臂肘後即得護身無有所
懼若有至心誦此呪者所求必遂我不妄語
我以佛法僧寶而為要契證知是實
尒時世尊告地神曰善哉善哉汝能以是實
語神呪護此經王及說法者以是因緣令汝
獲得無量福報

務本 081 號 金光明最勝王經卷八（03–03）

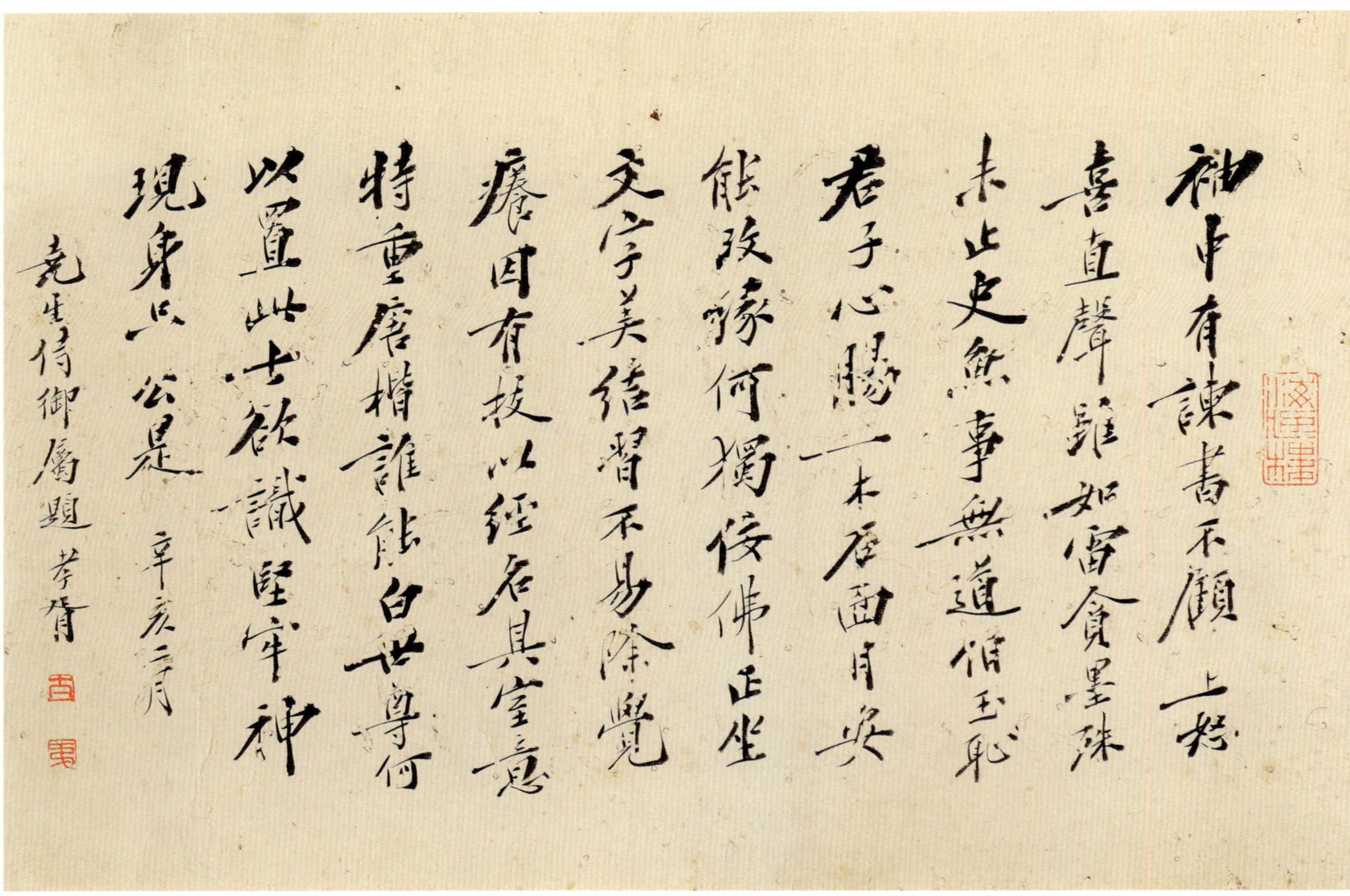

神中有諫書不顧 上怒
喜直聲雖如雷貫墨珠
未止史無事無道俗玉恥
君子心勝一木居面目安
能攻緣何獨佞佛正坐
文字美結習不易除覺
癢因有技以經名具宣意
特重唐楷誰能白世尊何
以置此士欲識堅牢神
現身以 公是
堯生侍御屬題 孝胥
辛亥二月

務本 081 號 金光明最勝王經卷八（題跋）

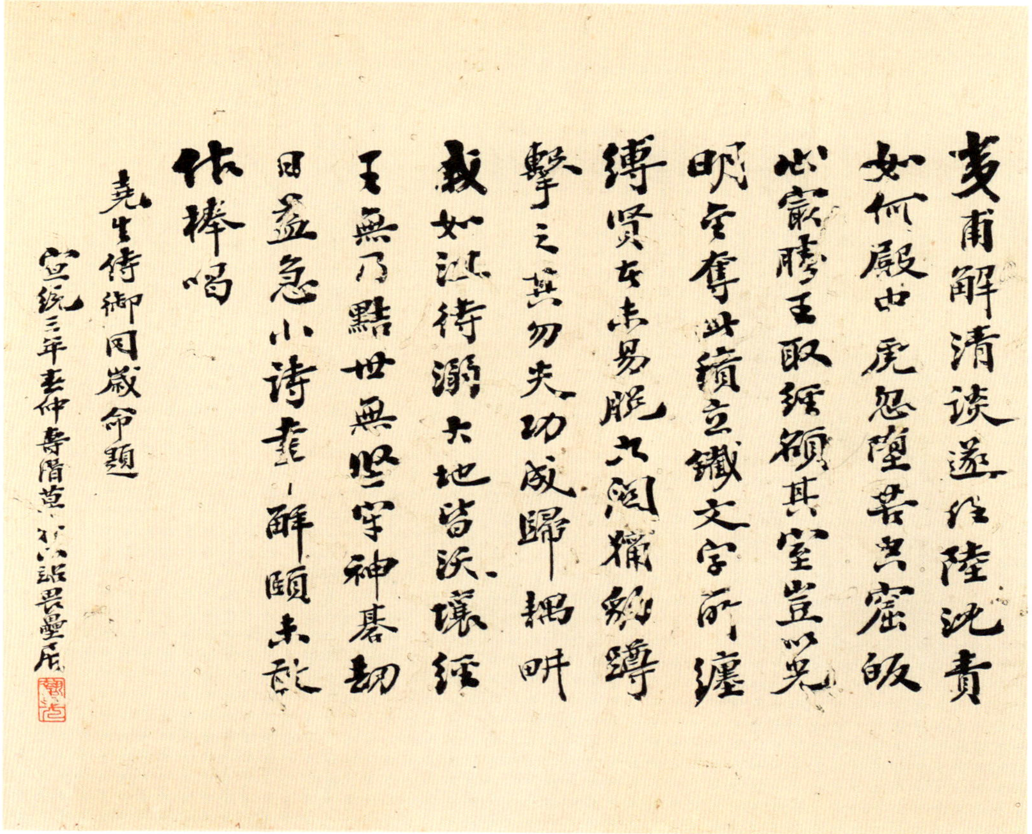

夷甫解清談遂往陸沈責
如何殿中虎忽墮吾[illegible]窟飯
[illegible]嚴勝王取經頌其室豈只
明金奪此積立識文字所纏
縛賢者未易脫六[illegible]穢[illegible]縛
擊之其切夫功成歸[illegible][illegible]
最如斯待溺大地皆沃壤經
王無乃黠世無堅牢神基劫
日益急小詩聊一醉顧未能
作棒喝
堯生侍御同歲命題
宣統三年[illegible]仲壽[illegible]草[illegible][illegible][illegible]居

務本 081 號　金光明最勝王經卷八（題跋）

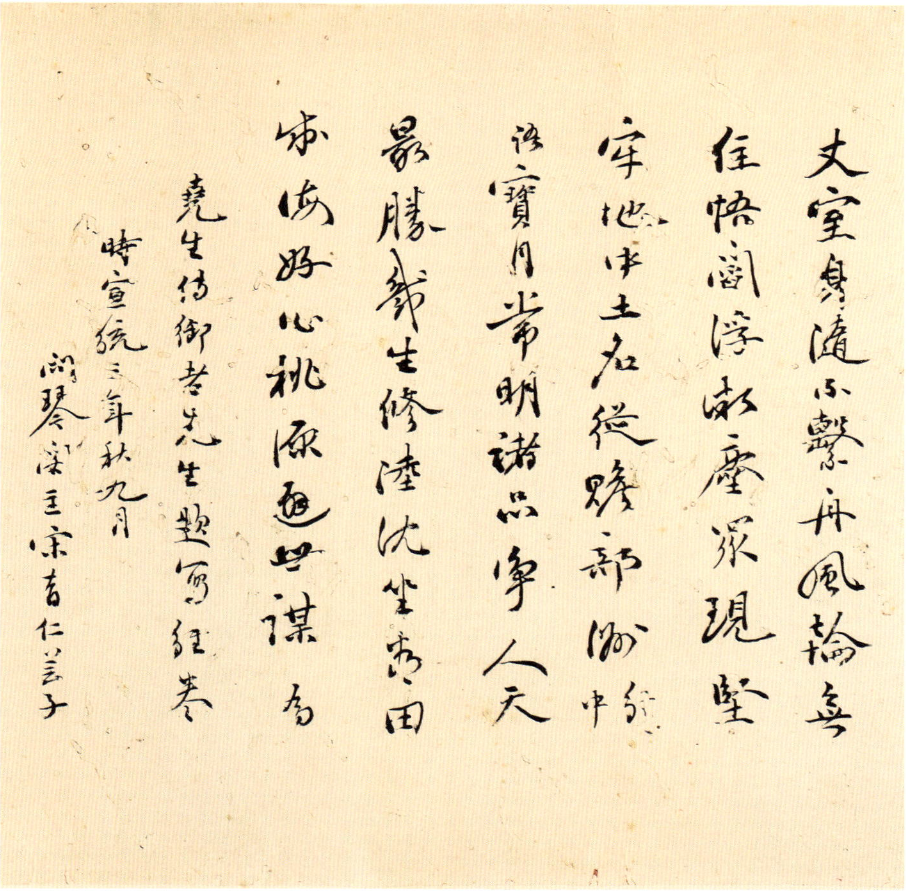

丈室身隨不繫舟風輪無
住性閻浮敵塵衆現堅
牢地中土石從勝部洲經中
後寶月常明諸品淨人天
最勝我生修澄沈坐費田
求陳好心桃源通世謀為
堯生侍御老先生題寫經卷
時宣統三年秋九月
[illegible]琴[illegible]王宗[illegible]仁[illegible]子

務本 081 號　金光明最勝王經卷八（題跋）

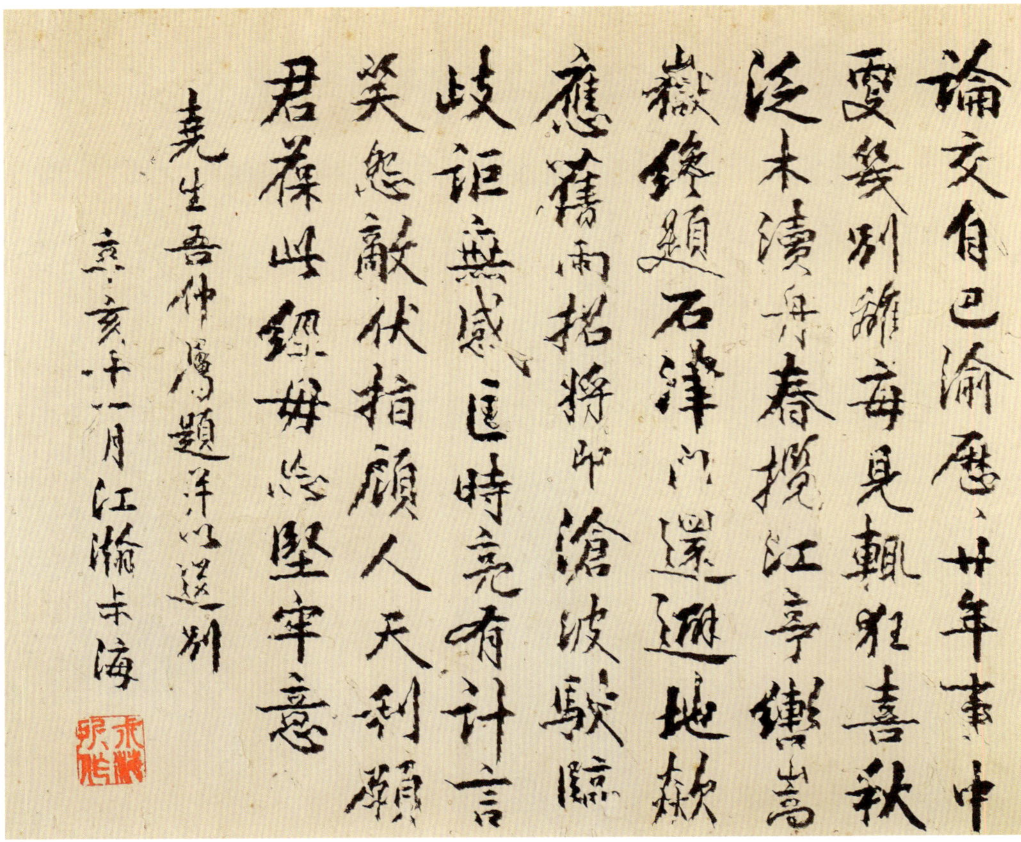
論交自已逾歷歷廿年事中
雯髮別離每見輒狂喜秋
泛木瀆舟春攬江亭鬱嵩
嶽條題石澤門還游地欵
應舊雨招將印滄波駛臨
歧詎無感匡時亮有計言
笑怨敵伏指顧人天利願
君葆此經毋忘堅牢意
堯生吾仲屬題并以送別
辛亥十一月江瀚朱海

務本 081 號　金光明最勝王經卷八（題跋）

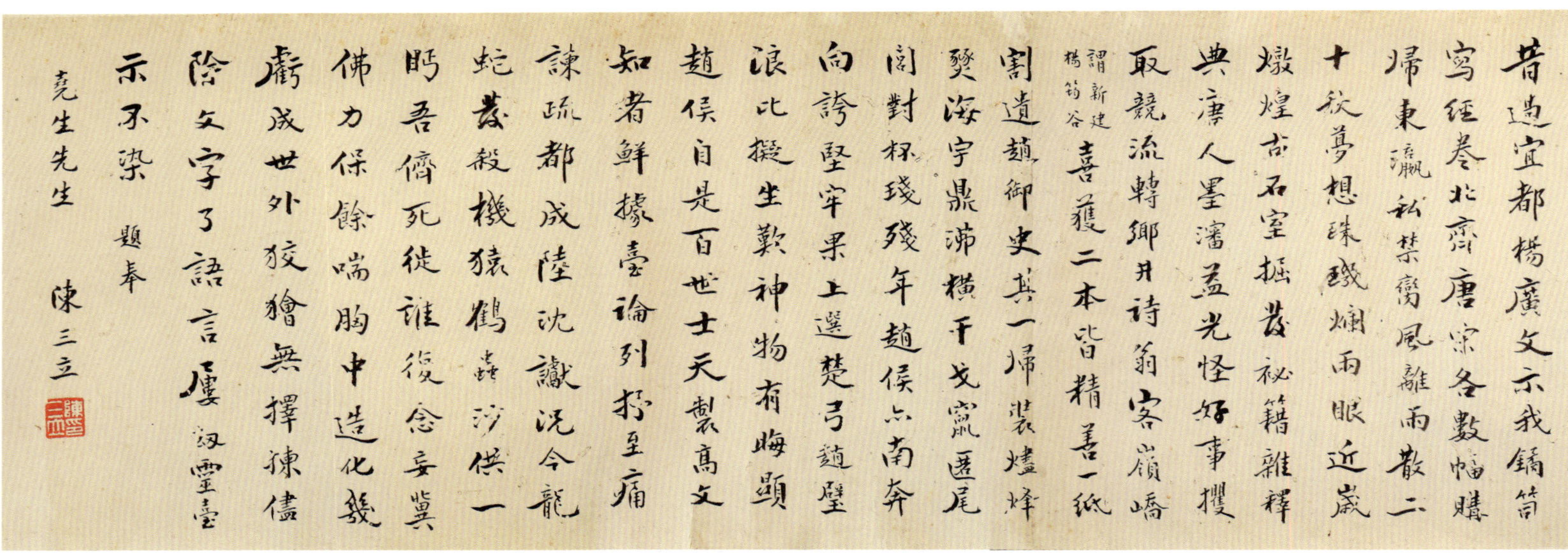
昔過宜都楊廣文示我鎬笥
寫經卷北齊唐宋各數幅購
歸東瀛秘禁衛風離雨散二
十秋夢想珠璣煙雨眠近歲
燉煌古石室掘發秘籍雜釋
典唐人墨瀋益光怪好事攫
取競流轉鄉井詩翁客嶺嶠
謂新建楊笏谷 喜獲二本皆精善一紙
割遺趙御史其一歸裴煃烽
燹海宇鼎沸橫干戈竄匿尾
閭對杯殘年趙侯亦南奔
向詩堅牢果上選楚弓趙璧
浪比擬生歎神物有晦顯
趙侯自是百世士天製高文
知者鮮據臺論列抒至痛
諫疏都成陸沈識況今龍
蛇發殺機猿鶴蟲沙供一
晌吾儕死徒誰復念妄冀
佛力保餘喘胸中造化發
虧成世外狡獪無擇揀儘
陰文字了語言虛紉靈臺
示不染　題奉
堯生先生　陳三立

務本 081 號　金光明最勝王經卷八（題跋）

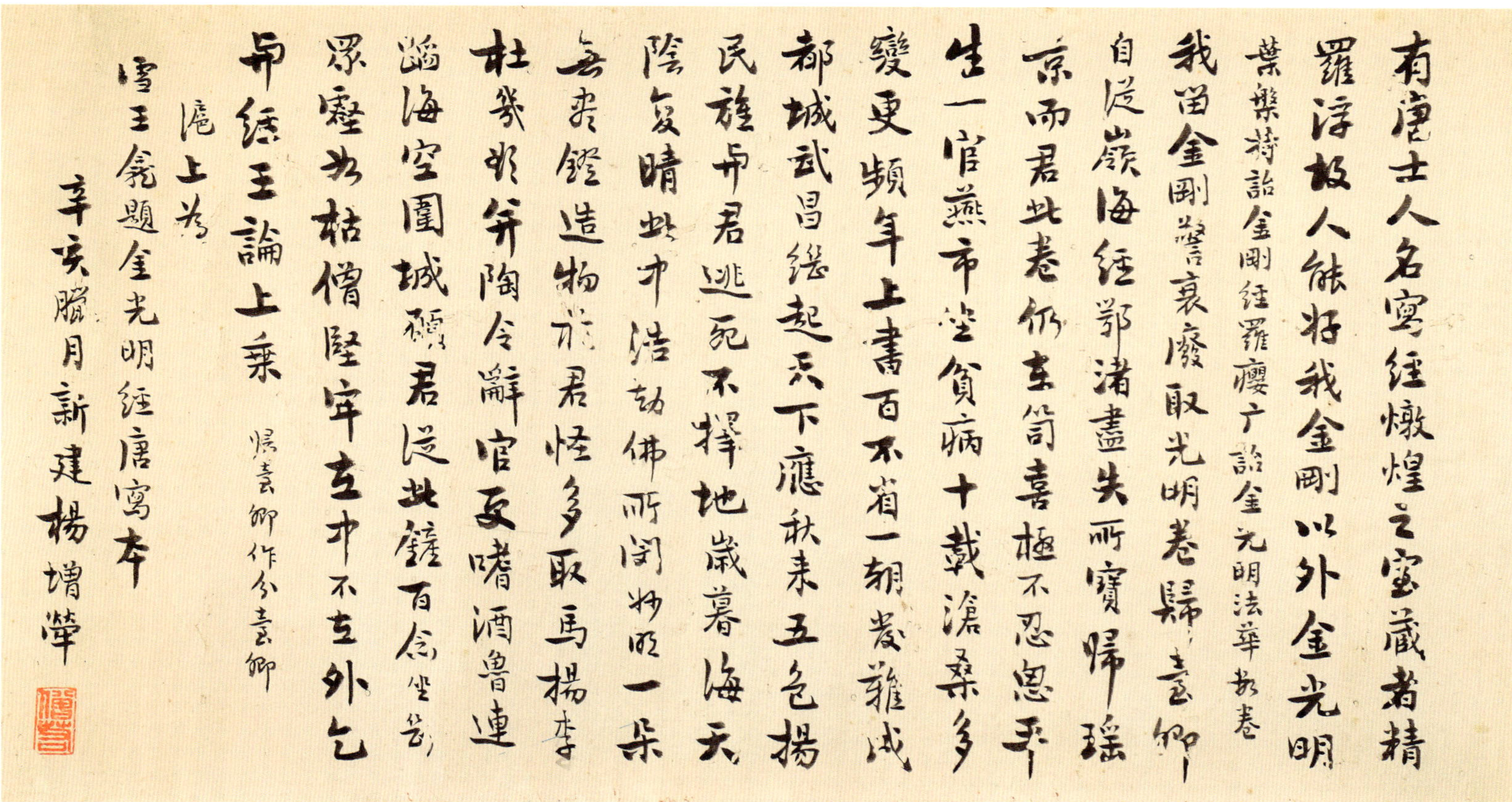
有唐士人名寫經燉煌之室藏者精
羅浮故人能將我金剛以外金光明
葉葉將詒金剛經羅癭公詒金光明法華數卷
我留金剛譬衰廢取光明卷歸彥卿
自從嶺海經鄂渚盡失所寶歸瑤
京而君此卷仍在笥喜極不忍思乎
生一官燕市坐貧病十載滄桑多
變更頻年上書百不省一朝發難成
都城武昌繼起天下應秋來五色揚
民旗吊君逃死不擇地歲暮海天
陰復晴此中浩劫佛所閱物外一朵
無盡鐙造物於君怪多取焉楊李
杜韓非并陶令辭官反嗜酒魯連
蹈海空圍城顧君從此鐘百念坐銷
眾壑如枯僧堅守在中不在外乞
吊經王論上乘　彥卿作今彥卿
庵上為
雪王翁題金光明經唐寫本
辛亥臘月新建楊增犖

務本 081 號　金光明最勝王經卷八（題跋）

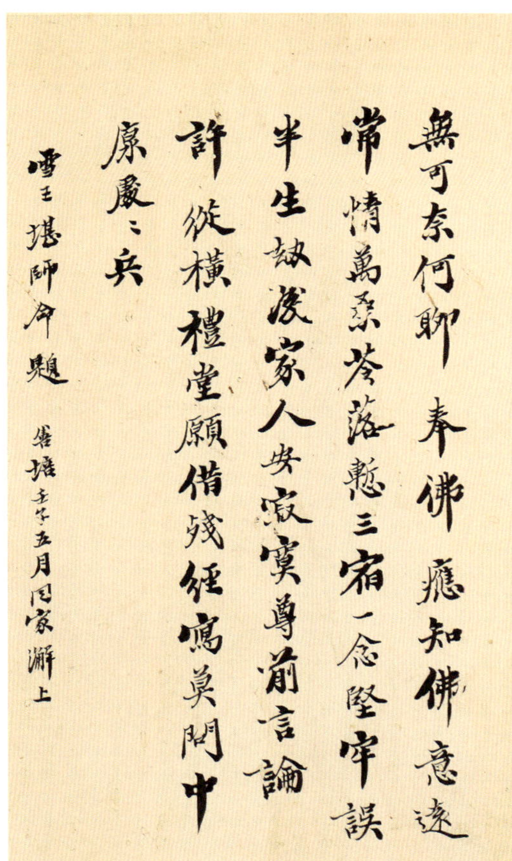
無可奈何耶　奉佛　應知佛意遠
常情萬緣參落懸三宿一念堅牢誤
半生缺潑家人安寂寞尊前言論
許縱橫禮堂願借殘經寫莫閒中
康嚴嚴兵
雪王湛師命題
崔據壬子五月同客滬上

務本 081 號　金光明最勝王經卷八（題跋）

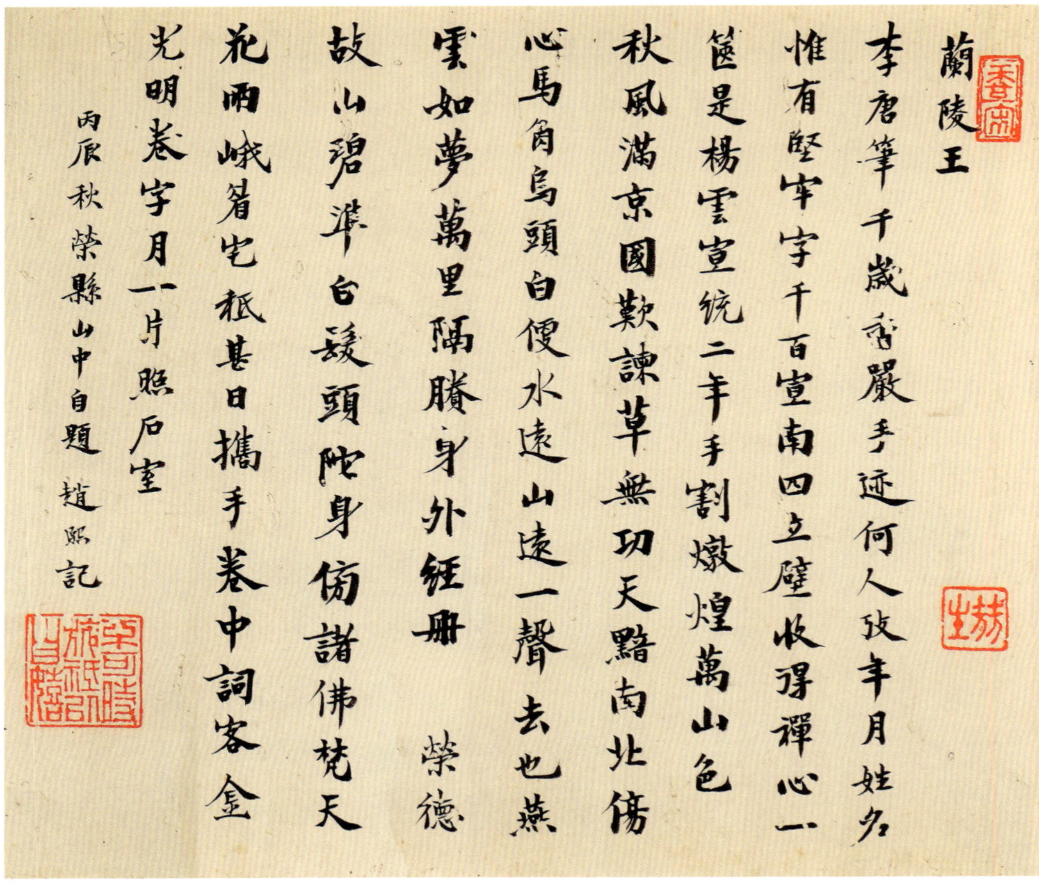

蘭陵王

李唐筆千歲香嚴手迹何人役年月姓名

惟有堅牢字千百宣南四立壁收得禪心一

篋是楊雲宣統二年手劃燉煌萬山色

秋風滿京國歎諫草無功天黯南北傷

心馬角烏頭白便水遠山遠一聲去也燕

雲如夢萬里隔騰身外經冊 榮德

故山鴉準台疑頭陀身傍諸佛梵天

花雨峨眉宅祗甚日攜手卷中詞客金

光明卷字月一片照石室

丙辰秋榮縣山中自題 趙熙記

務本 081 號　金光明最勝王經卷八（題跋）

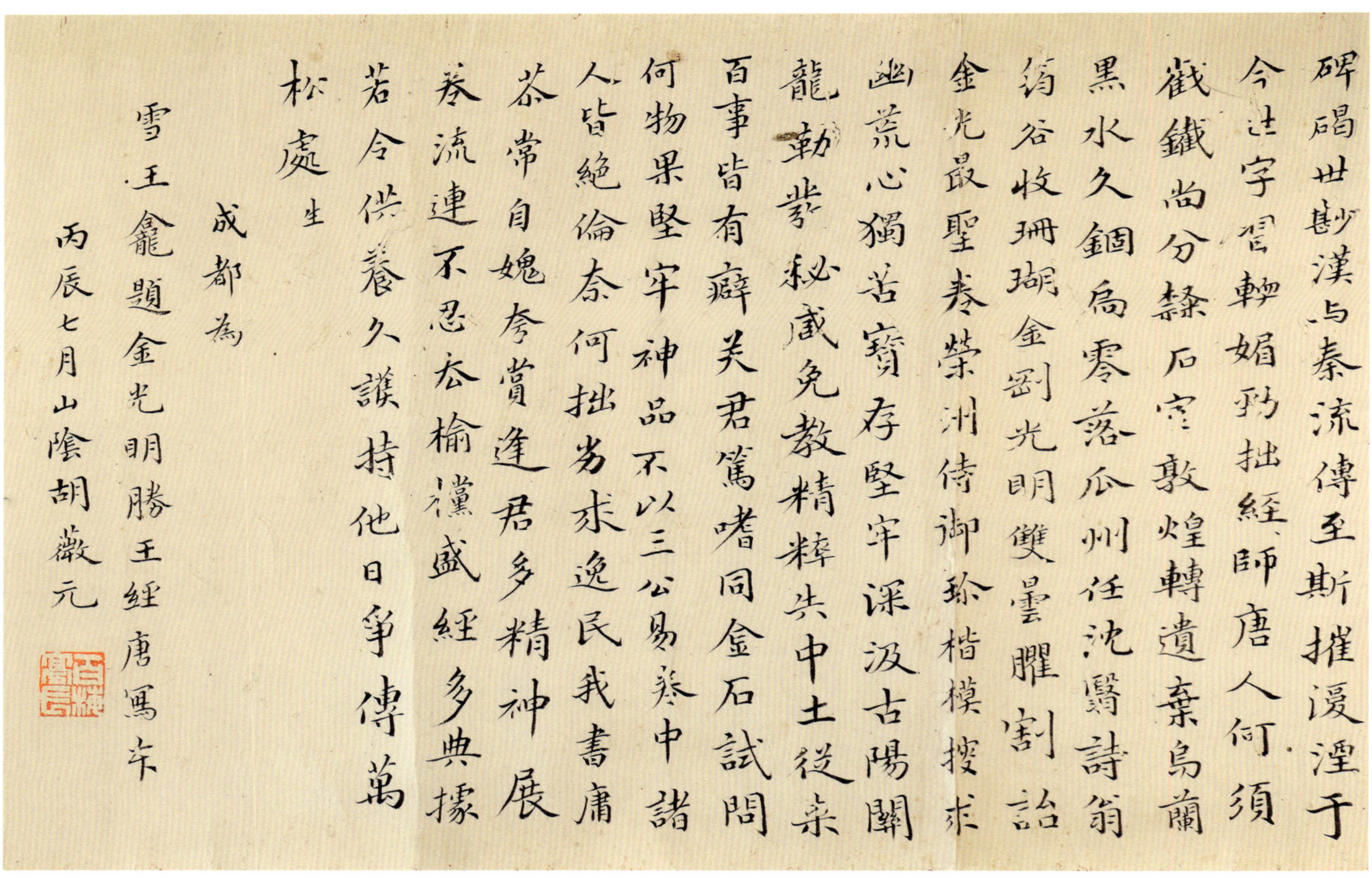

碑碣世趨漢與秦流傳至斯推漫湮于

今注字習軟媚勁拙經師唐人何須

戳鐵尚分隸石室敦煌轉遺棄烏蘭

黑水久錮扃零落瓜州任沈翳詩翁

訪谷收珊瑚金剛光明雙曇曜割詒

金光最聖卷榮州侍御珍楷模搜求

幽荒心獨苦寶存堅牢深汲古陽闢

龍勒叢秘㦸免教精粹失中土從來

百事皆有癖吳君篤嗜同金石試問

何物果堅牢神品不以三公易茲中諸

人皆絕倫奈何拙劣求逸民我書庸

茶常自愧奇賞逢君多精神展

茲流連不忍去榆灘盛經多典據

若今供養久護持他日爭傳萬

松處生

成都為

雪王龕題金光明勝王經唐寫本

丙辰七月山陰胡薇元

務本 081 號　金光明最勝王經卷八（題跋）

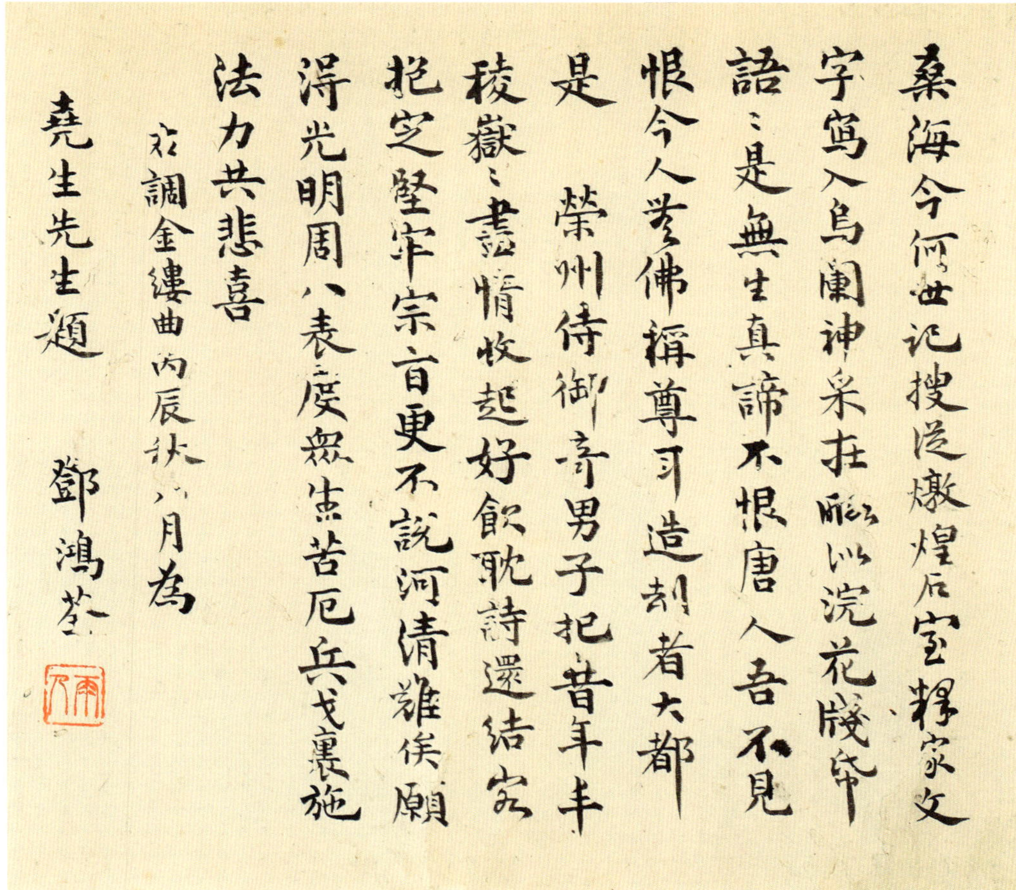
桑海今何世記搜從燉煌石室釋家文
字寫入烏闌神采在腕以浣花牋帋
語語是無生真諦不恨唐人吾不見
恨今人岑佛稱尊可造劫者大都
是　滎州侍御奇男子把昔年手
稜嶽嶽盡情收起好飲耽詩還結客
把定堅牢宗旨更不說河清難俟願
得光明周八表處處衆生苦厄兵戈裏施
法力共悲喜
右調金縷曲丙辰秋八月為
堯生先生題　鄧鴻荃

務本 081 號　金光明最勝王經卷八（題跋）

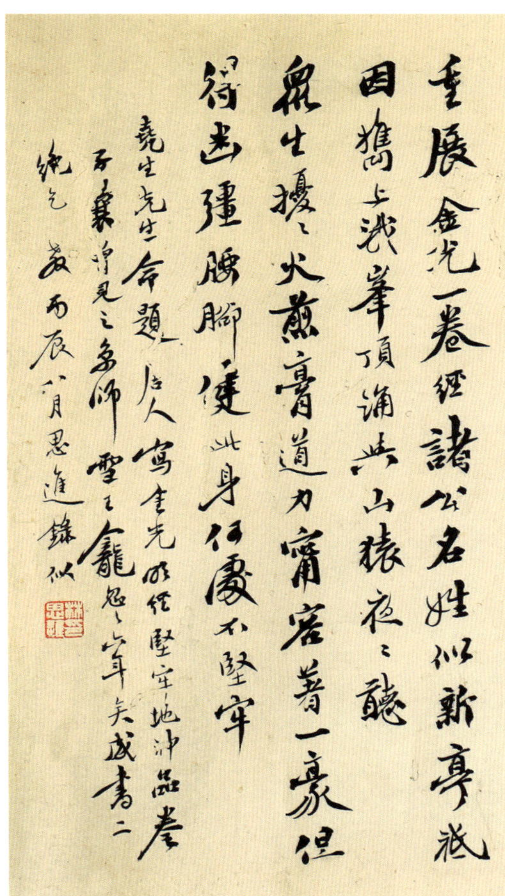
重展金光一卷經諸公名姓似新亭泣
因攜上峨峯頂誦共山猿夜夜聽
衆生擾擾火煎膏道力寧容著一毫但
得此彊腰腳健此身何處不堅牢
堯生先生命題唐人寫金光明經堅牢地神品卷
石窟曾見之多師雪王龕忽忽六年矣戲書二
絕句乞教　丙辰八月思進錄似

務本 081 號　金光明最勝王經卷八（題跋）

務本 081 號　金光明最勝王經卷八（印章）
印文：方廣錩審定　務本堂藏　趙熙　◇◇◇　海藏樓
　　　太　夷　蜇先　尗（叔）海所作　陳三立印　僧筲
　　　香宋　堯生　不可時旅衹以自嬉　百梅亭長　雨人　林思進印

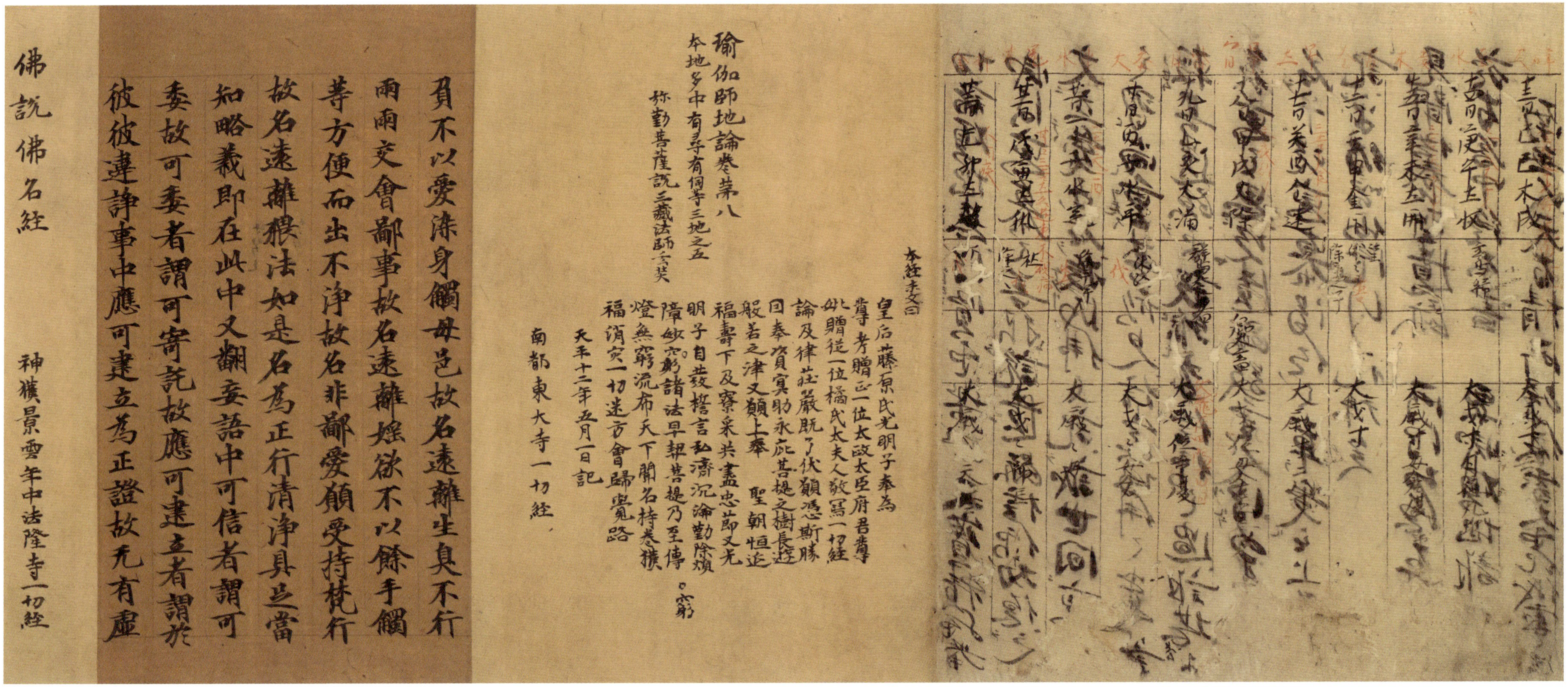

佛說佛名經

神護景雲年中法隆寺一切經

負不以愛染身觸母邑故名遠離生臭不行
兩兩交會鄙事故名遠離婬欲不以餘手觸
善方便而出不淨故名非鄙愛願受持梵行
故名遠離猥法如是名為正行清淨具足當
知略義即在此中又翻妄語中可信者謂可
委故可委者謂可寄託故應可建立者謂於
彼彼違諍事中應可建立為正證故无有虛

瑜伽師地論卷第八
本地分中有尋有伺等三地之五
弥勒菩薩說　三藏法師玄奘

本經奉文曰
皇后藤原氏光明子奉為
尊考贈正一位太政太臣府君尊
妣贈從一位橘氏太夫人敬寫一切經
論及律莊嚴既了伏願憑斯勝
因奉資冥助永庇菩提之樹長遊
般若之津又願上奉　聖朝恒延
福壽下及寮采共盡忠節又光
明子自發誓言弘濟沉淪勤除煩
障妙窮諸法早契菩提乃至傳
燈無窮流布天下聞名持卷獲
福消災一切迷方會歸覺路
天平十二年五月一日記

南都東大寺一切經

務本 082 號　日本寫經殘片集錦（擬）（15–01）

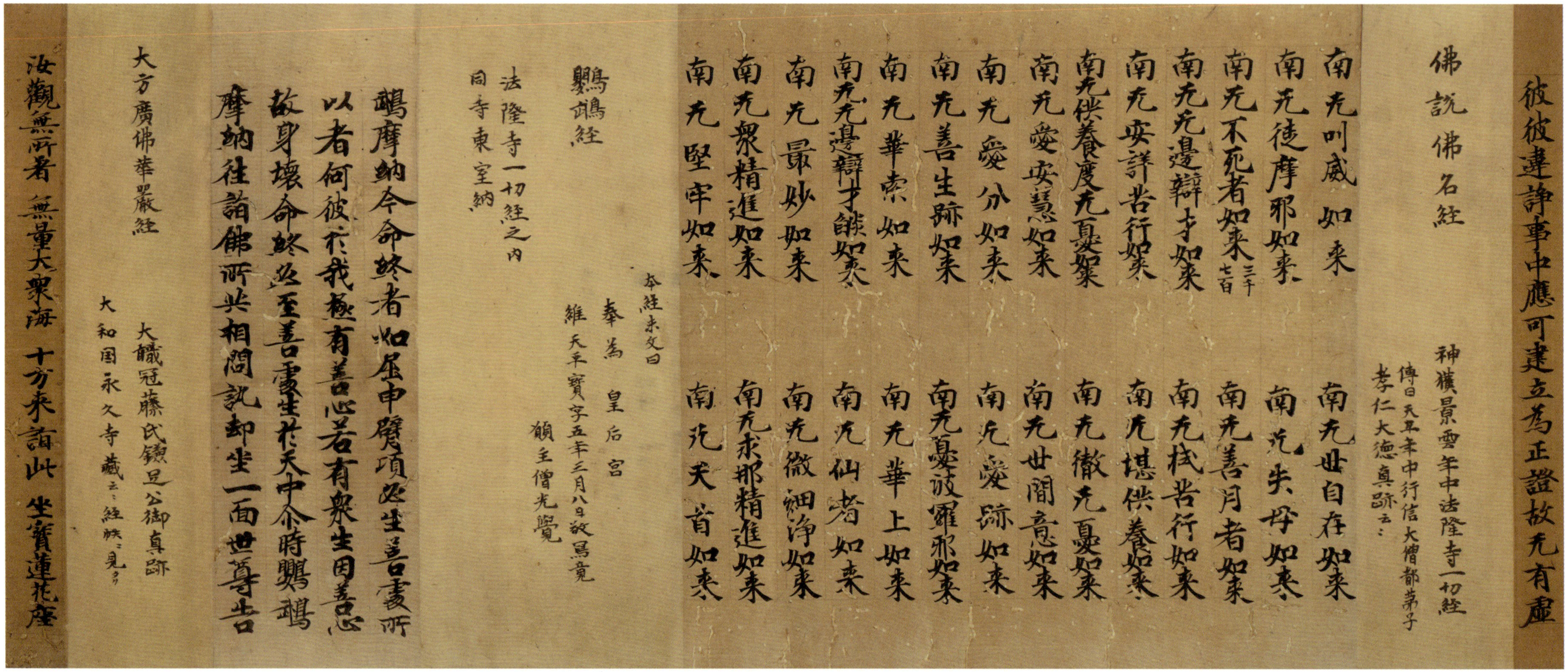

務本 082 號　日本寫經殘片集錦（擬）（15–02）

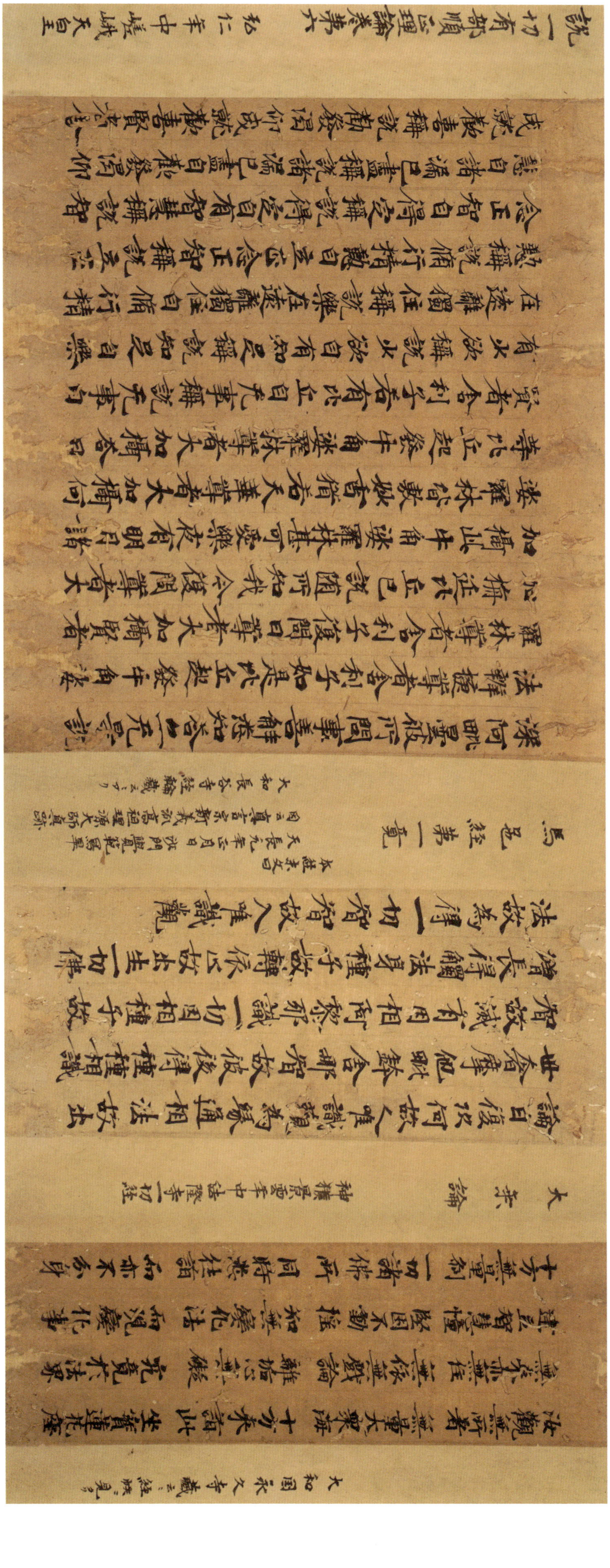

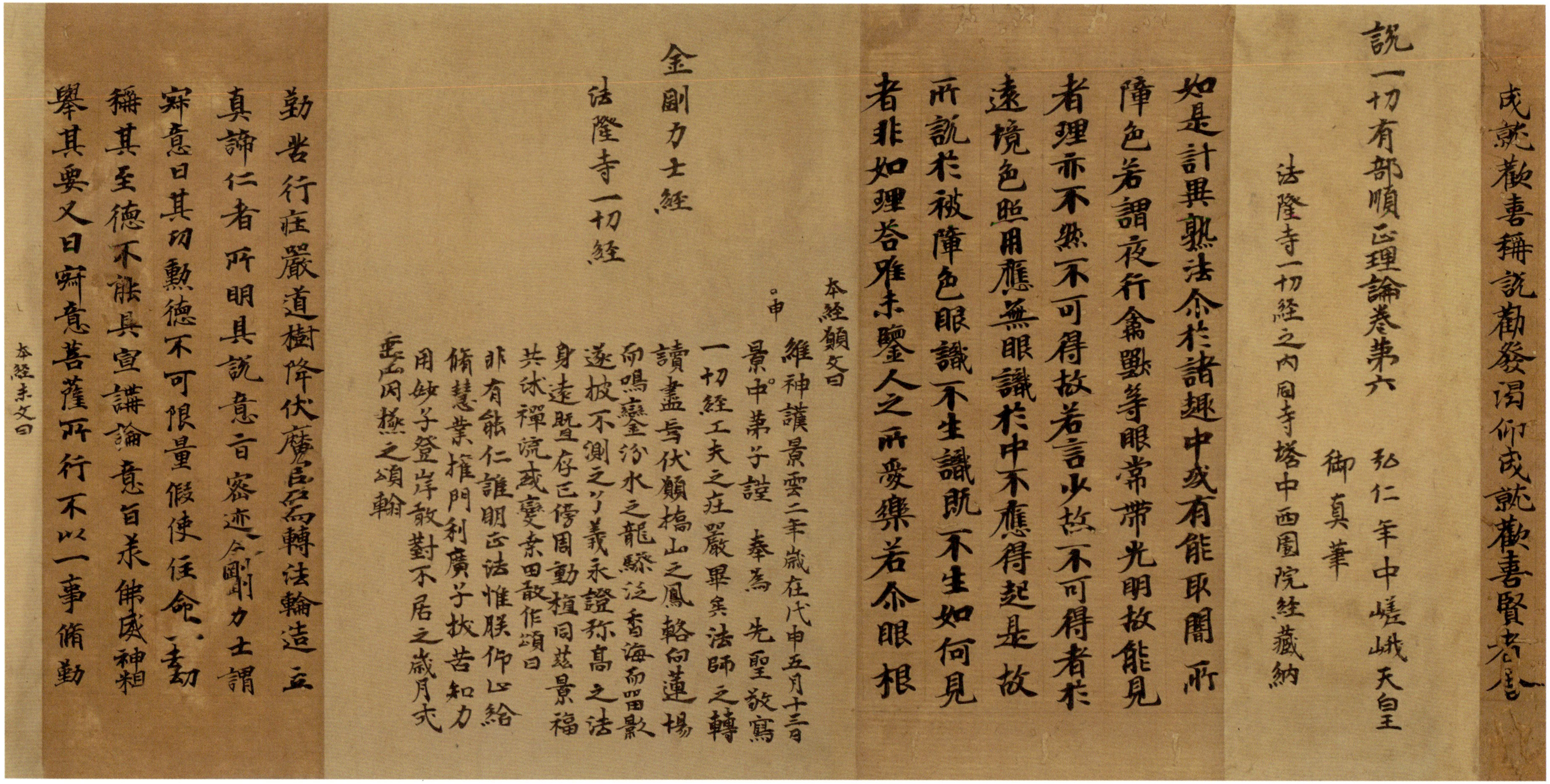
成就歡喜稱說勸發渴仰成就歡喜賢者信

說一切有部順正理論卷第六　弘仁年中嵯峨天皇
御真筆
法隆寺一切經之內同寺塔中西園院經藏納

如是計異熟法尒於諸趣中或有能取闇所
障色若謂夜行禽獸等眼常帶光明故能見
者理亦不然不可得故若言少故不可得者於
遠境色照用應無眼識於中不應得起是故
所說於被障色眼識不生識既不生如何見
者非如理答雖未鑒人之所愛樂若尒眼根

本經願文曰
申
維神護景雲二年歲在戊申五月十三日
景申弟子謹　奉為　先聖敬寫
一切經工夫之莊嚴畢矣法師之轉
讀盡焉伏願橋山之鳳輅向蓮場
而鳴鑾汾水之龍驂泛香海而留影
遂披不測之了義永證弥高之法
身遠暨存亡傍周動植同茲景福
共沐禪流或變桑田敢作頌曰
非有能仁誰明正法惟朕仰止給
脩慧業權門利廣子拔苦知力
用妙子登岸敬對不居之歲月式
垂心因撚之頌翰

金剛力士經
法隆寺一切經

勤苦行莊嚴道樹降伏魔臣石轉法輪造立
真諦仁者所明具說意言密迹金剛力士謂
寂意曰其功勲德不可限量假使任命一劫
稱其至德不能具宣講論意旨求佛威神
舉其要又曰寂意菩薩所行不以一事脩勤

本經末文曰

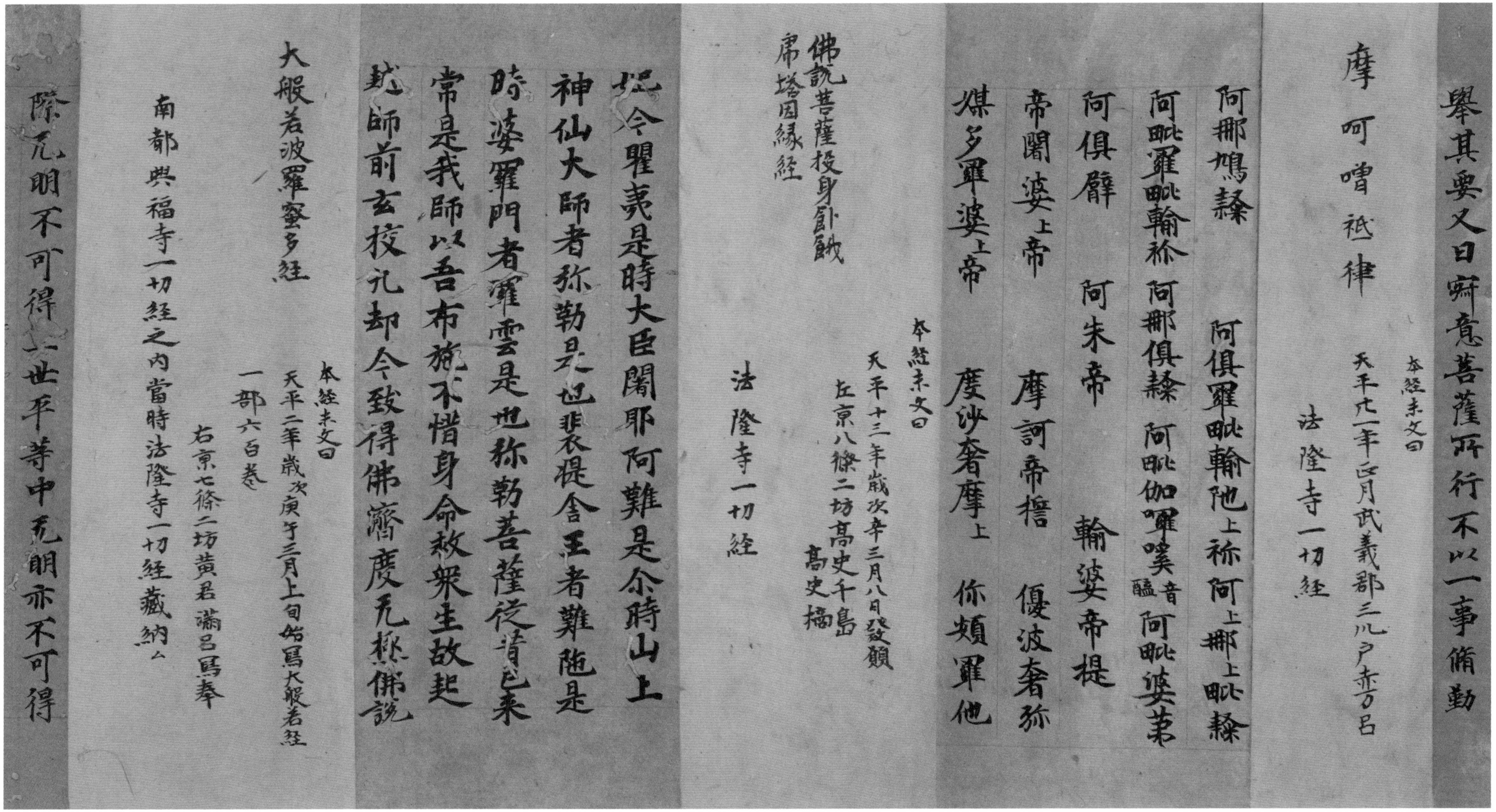

務本 082 號 日本寫經殘片集錦（擬）（15-05）

南都興福寺一切經之內當時法隆寺一切經藏納之

際无明不可得三世平等中无明亦不可得
所以者何善現平等中過去未來現在无明
皆不可得何以故平等中平等性尚不可得
何況平等中有過去未來現在无明可得善
現前際行識名色六處觸受愛取有生老死
愁歎苦憂惱不可得後際行乃至老死愁歎
苦憂惱不可得中際行乃至老死愁歎苦憂
惱不可得三世平等中行乃至老死愁歎苦
憂惱亦不可得所以者何善現平等中過去
未來現在行乃至老死愁歎苦憂惱皆不可
得何以故平等中平等性尚不可得何況平
等中有過去未來現在行乃至老死愁歎
苦憂惱可得
善現前際布施波羅蜜多不可得後際布施
波羅蜜多不可得中際布施波羅蜜多不可
得三世平等中布施波羅蜜多亦不可得所
以者何善現平等中過去未來現在布施波
羅蜜多皆不可得何以故平等中平等性尚
不可得何況平等中有過去未來現在布施
波羅蜜多可得善現前際淨戒安忍精進靜
慮般若波羅蜜多不可得後際淨戒安忍精
進靜慮般若波羅蜜多不可得中際淨戒安
忍精進靜慮般若波羅蜜多不可得三世平
等中淨戒安忍精進靜慮般若波羅蜜多亦
不可得所以者何善現平等中過去未來現
在淨戒安忍精進靜慮般若波羅蜜多皆不

別譯雜阿含經

初誦第一

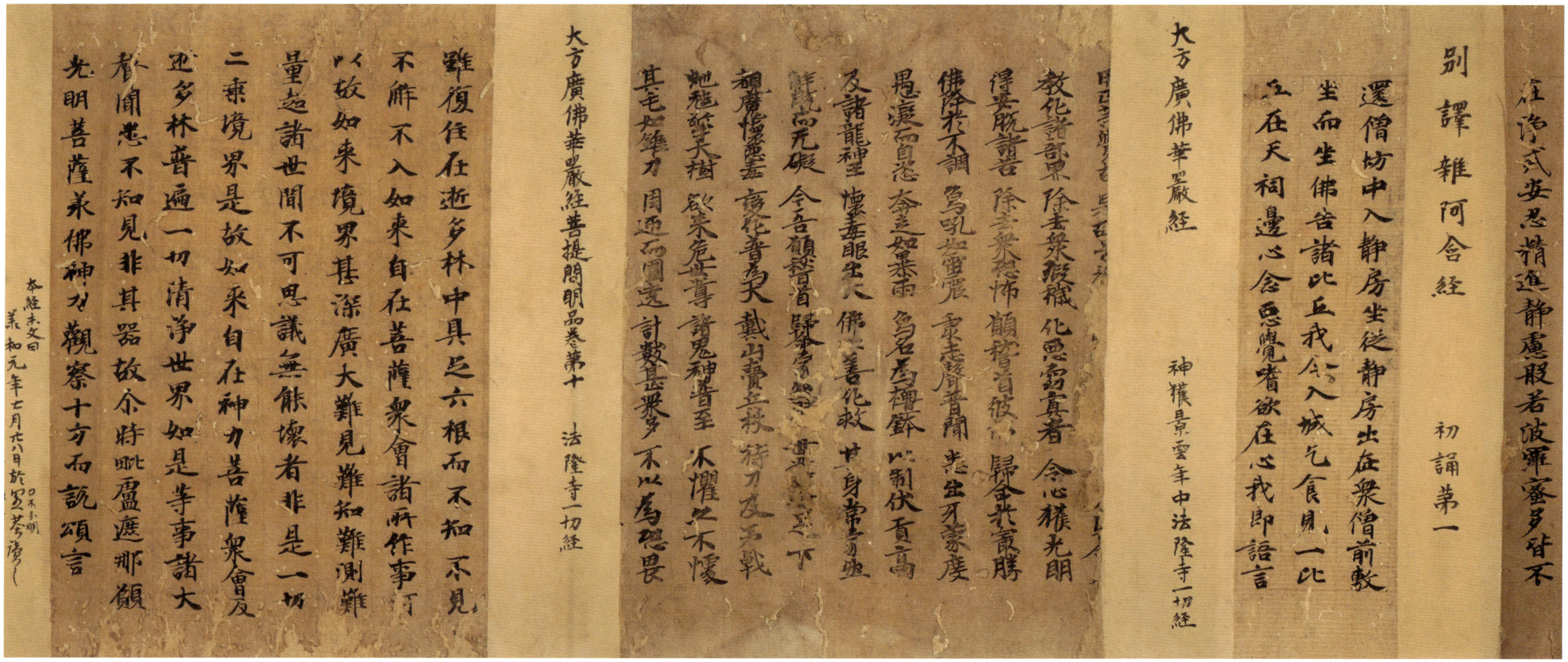

務本 082 號 日本寫經殘片集錦（擬）（15-07）

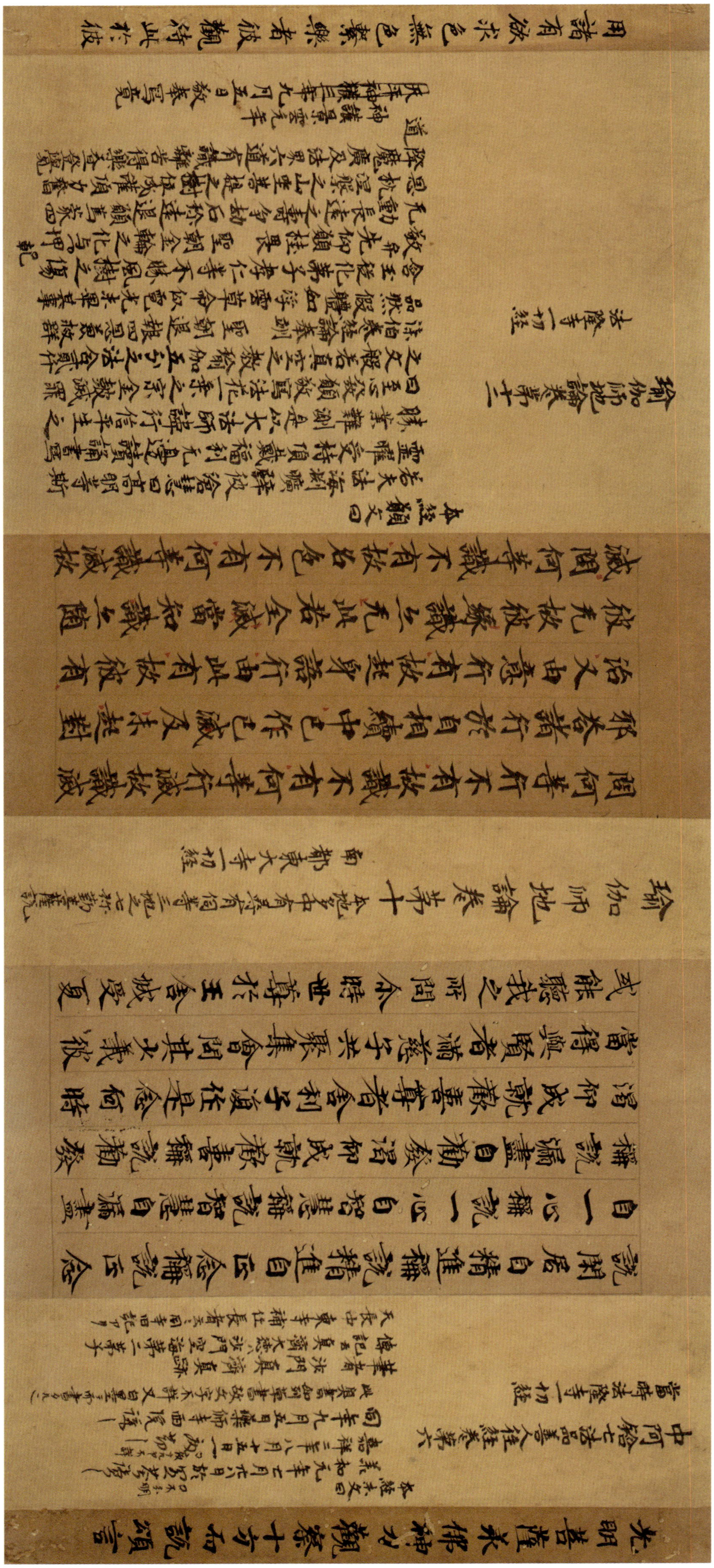

務本082號 日本寫經殘片集錦（擬）（15-08）

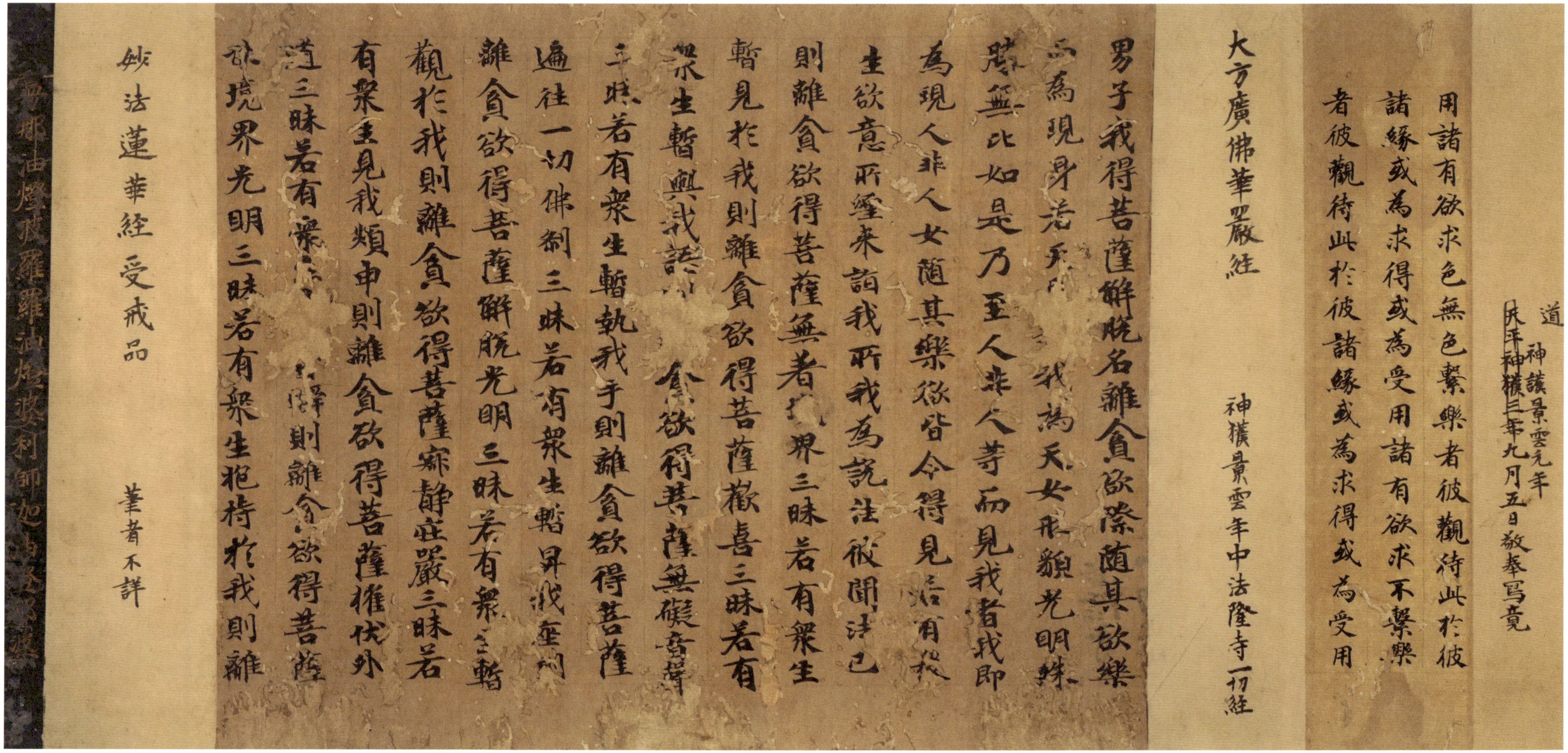

務本 082 號 日本寫經殘片集錦（擬）（15–09）

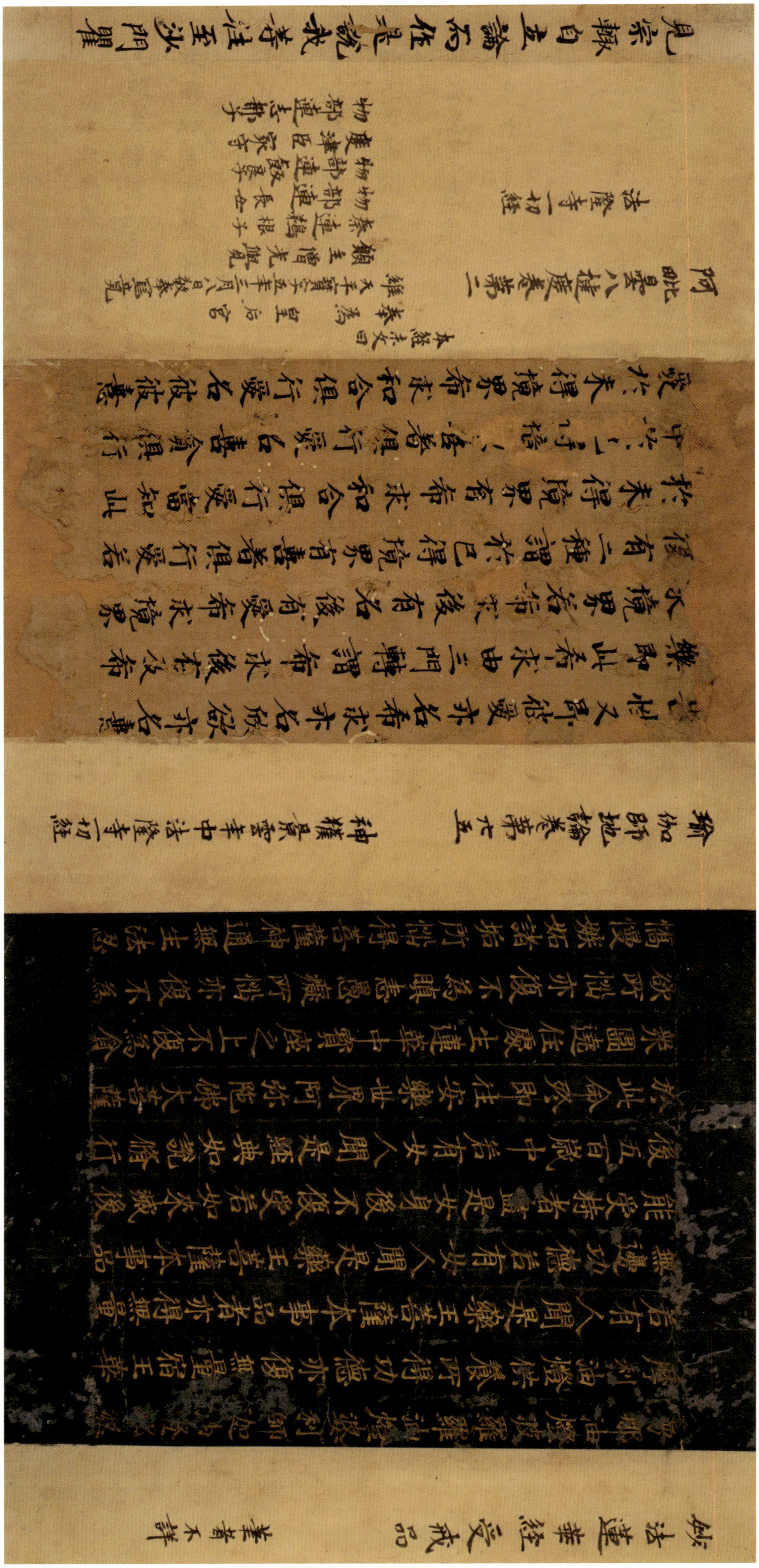

務本082號 日本寫經殘片集錦（擬）（15-10）

物部連志都子

見宗輒自立論而作是說我等往至沙門瞿
曇所問如是如是事若能荅者當難詰彼若
不能荅久難詰已捨之而去彼聞世尊遊某

大般若波羅蜜多經
延曆年中大安寺一切經

二中說是故但說三種俱相又无量者顯奢
摩他道住正念者顯毗鉢舍那道常委者顯
此二種速趣證道又无量者顯趣福德行住

僧伽吒經卷第三
法隆寺一切經
本經願主　宇壽喜都麻呂
傳記云筆者朝野魚養云在

億告諸臣言汝等各說諸臣白言我等不知
說何等語王問諸臣汝等頗見即日種樹即
生牙葉及以華菓熟者中半尒時諸臣從坐
而起白大王言大王我等不能決定信受如

大般若波羅蜜多經
南都春日經之內

薩脩行般若波羅蜜多時住一切法自性空
中引發神通波羅蜜多諸菩薩摩訶薩住
是神通波羅蜜多能往十方无量殑伽沙等世
界供養恭敬諸佛聽受正法於諸佛所種諸善根
佛土善現若菩薩摩訶薩脩行般若波羅蜜
多時遍觀十方无量殑伽沙等世界及諸

唯識論
延曆年中法隆寺一切經

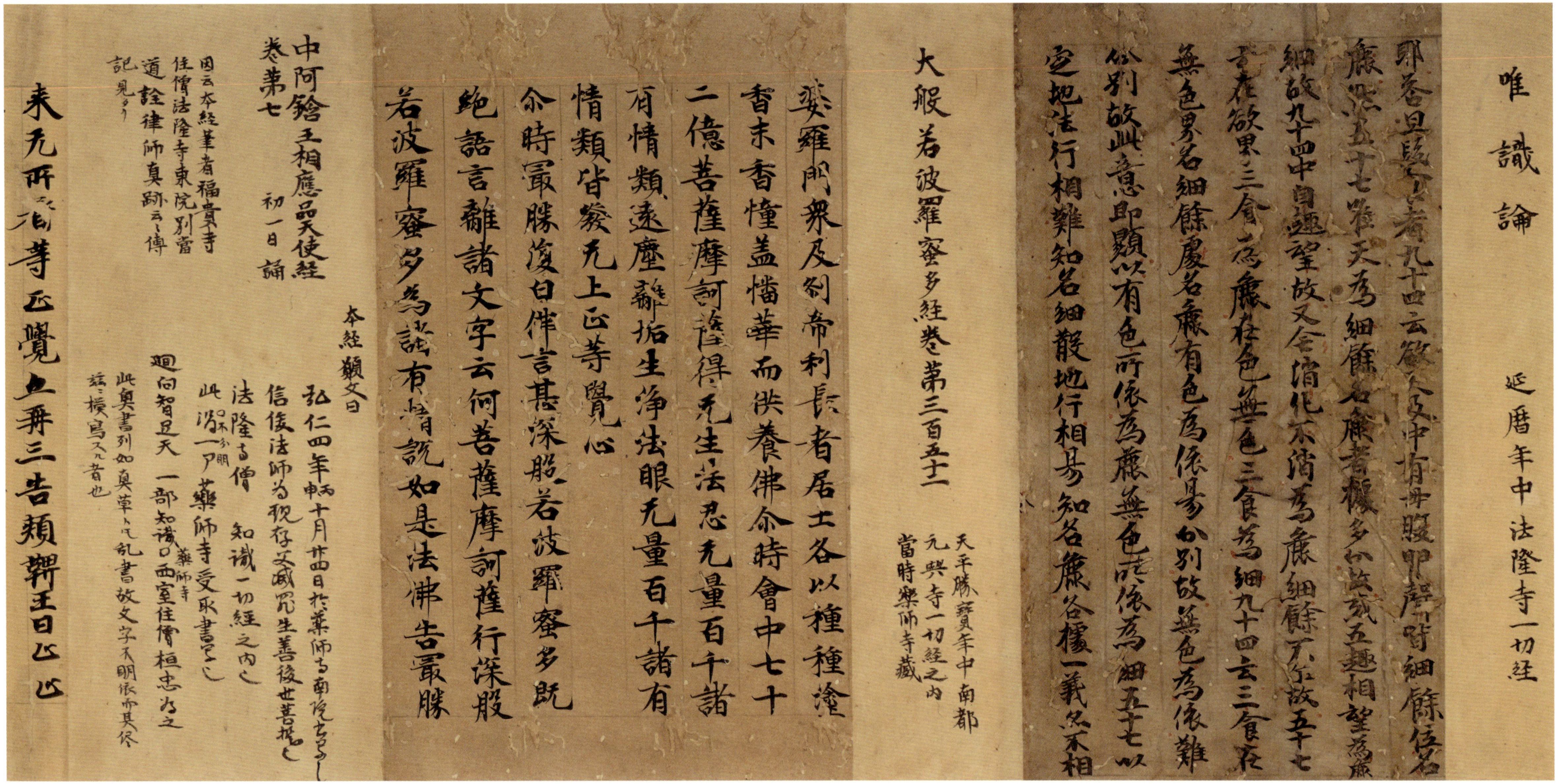

唯識論
延暦年中法隆寺一切經

那含且說上者九十四云欲天及中有母腹卽摩耶時細餘住名
麁然五十七唯天爲細餘名麁者據多分故就五趣相望爲麁
細故九十四中自趣望故又令消化不消爲麁細餘不尔故五十七
言在欲界三食爲麁在色無色三食爲細九十四云三食在
無色界名細餘處名麁有色爲依易分別故無色爲依難
分別故此意卽顯以有色所依爲麁無色所依爲細五十七以
定地法行相難知名細散地行相易知名麁各據一義各不相

大般若波羅蜜多經卷第三百五十一
天平勝寶年中南都
元興寺一切經之內
當時藥師寺藏

婆羅門衆及刹帝利長者居士各以種種塗
香末香幢蓋幡華而供養佛尒時會中七十
二億菩薩摩訶薩得无生法忍无量百千諸
有情類遠塵離垢生淨法眼无量百千諸有
情類皆發无上正等覺心
尒時最勝復白佛言甚深般若波羅蜜多既
絶語言離諸文字云何菩薩摩訶薩行深般
若波羅蜜多為諸有情說如是法佛告最勝

中阿鋡王相應品天使經 初一日誦
卷第七
因云本經筆者福貴寺住僧法隆寺東院別當道詮律師眞跡云々傳記見タリ

本經願文曰
弘仁四年癸巳十月廿四日於藥師寺南院書寫了
信俊法師爲現存父母并亡生善後世菩提也
法隆寺僧 知識一切經之內也
此一部（日本分明）藥師寺受取書寫也
迴向智足天 一部知識口（藥師寺）西室住僧桓忠書之
此奧書別如奧草々乱書故文字不明依而其侭
茲々模寫スル者也

来无所著等正覺出舞三告頻鞞王曰止止

務本 082 號 日本寫經殘片集錦（擬）（15-12）

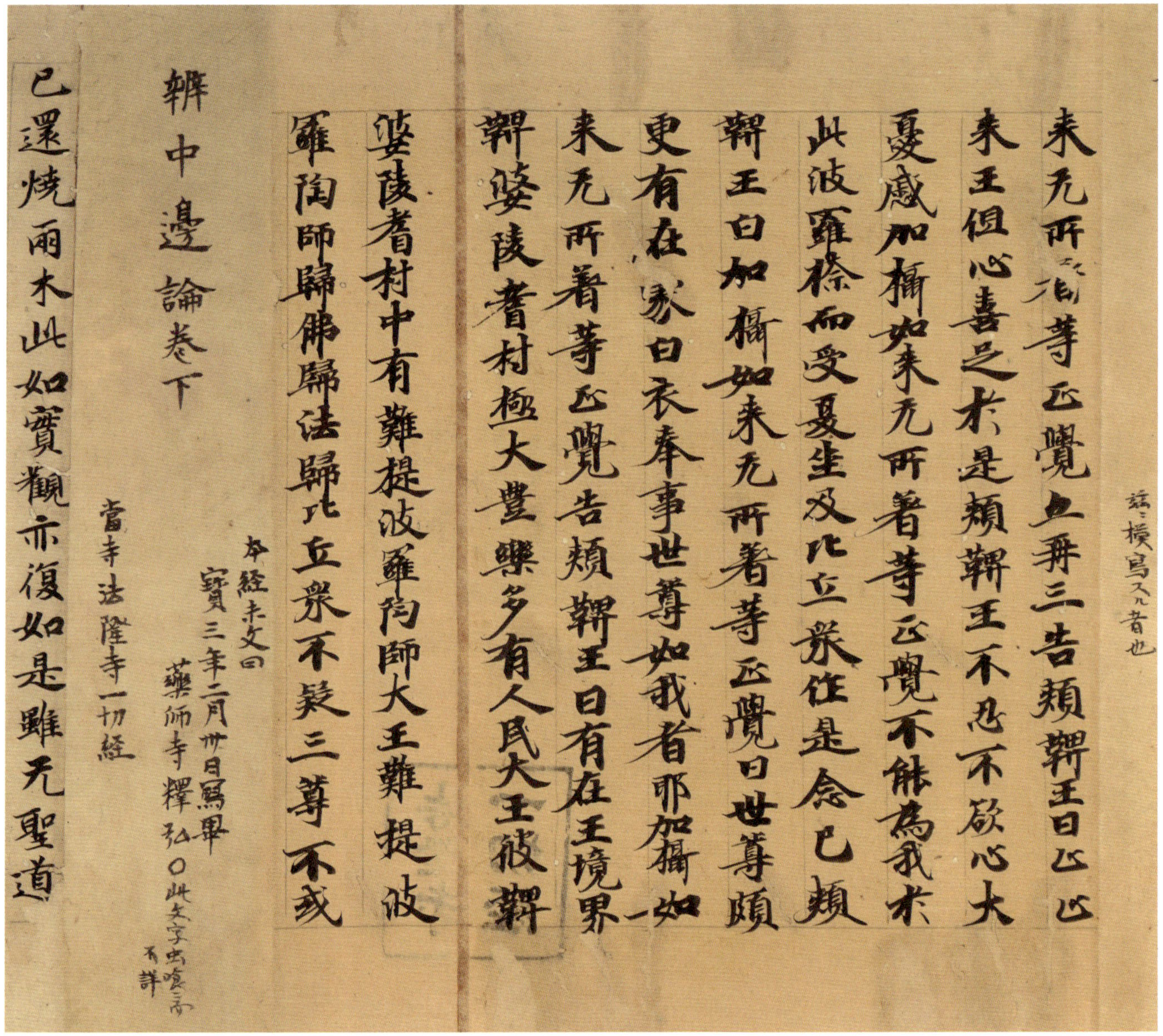

来无所著等正覺乃再三告頻鞞王曰止止
来王但心喜之於是頻鞞王不忍不欲心大
憂慼加稱如来无所著等正覺不能為我於
此波羅㮈而受夏坐及比丘衆作是念已頻
鞞王曰加稱如来无所著等正覺曰世尊願
更有在家白衣奉事世尊如我者耶加稱如
来无所著等正覺告頻鞞王曰有在王境界
鞞婆陵耆村極大豐樂多有人民大王彼鞞
婆陵耆村中有難提波羅陶師大王難提波
羅陶師歸佛歸法歸比丘衆不疑三尊不惑

辯中邊論卷下

本經末文曰
寶三年二月卅日寫畢
藥師寺釋弘〇 此文字出嘆而不詳

當寺法隆寺一切經

已還燒雨木此如實觀亦復如是雖无聖道

務本 082 號 日本寫經殘片集錦（擬）（15–13）

當寺法隆寺一切經

已還燒雨木此如寶觀亦復如是雖无聖道
正性之相而能發生正性聖慧如是正性聖
慧生已復能除遣此如寶觀由斯所喻與喻
同法然如寶觀雖无正性相順正性相故亦无
取性相分別有用分別无用各為一邊彼執
聖智要先分別方能除滅或全无用為離如
是二邊分別說初燈喻分別不起分別時等
各為一邊彼執能治畢竟不起或執與滅應
等時長為離如是二邊分別說後燈喻如是
已說離二邊正行差別无差別正行云何頌
曰
差別无差別　應知於十地　十波羅蜜多　增上等脩集
論曰於十地中十到彼岸隨一增上而脩集
者應知說為差別正行於一切地皆等脩集
布施等十波羅蜜多如是正行名无差別
六正行總義者謂即如是品類最勝由此思
惟如所施設大乘法等由如是品无亂轉變
脩奢摩他及无倒轉變脩毗鉢舍那為如是
義脩中道行而求出離於十地中脩習差別
无差別行如是已說正行无上其
相云何頌曰
所緣謂安界　所能立任持　印内持通達　增證運最勝
論曰如是所緣有十二種一安立法施設所
緣二法界所緣三所立所緣四能立所緣五
任持所緣六印持所緣七内持所緣八通達
所緣九增廣所緣十分證所緣十一等運所
緣十二最勝所緣此中最初謂所安立到彼
岸等差別法門第二謂真如第三第四如次
應知即前二種到彼岸等差別法門所由通
達法界成故第五謂聞所成慧境任持文故
第六謂思所成慧境即持義故第七謂脩所

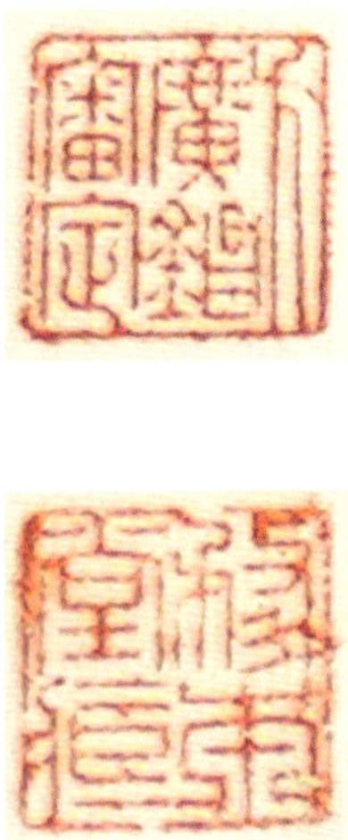

務本 082 號 日本寫經殘片集錦（擬）（印章）
印文：方廣錩審定　務本堂藏

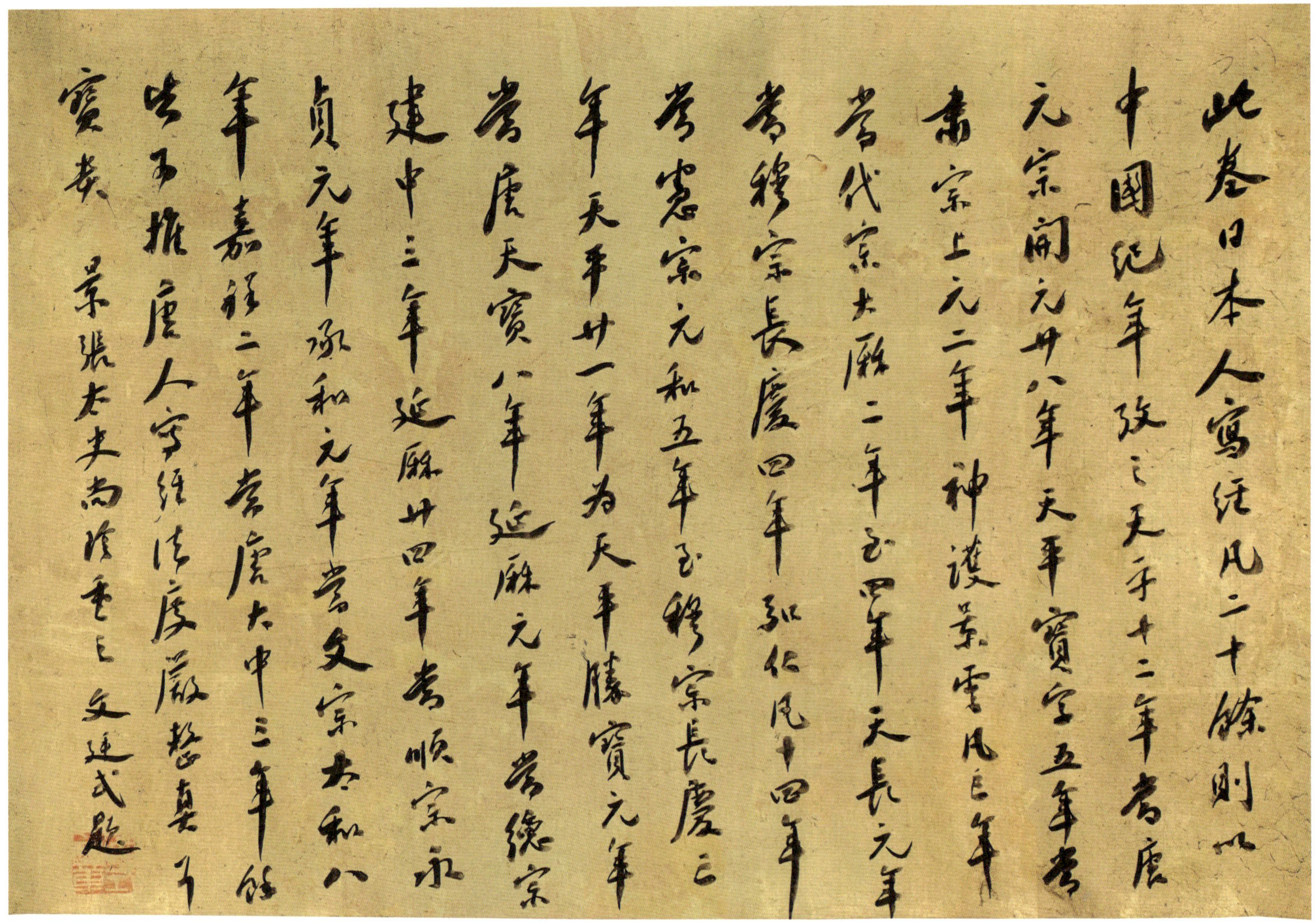

務本 082 號 日本寫經殘片集錦（擬）（15–15）

不弥勒白佛言世尊是人功德甚多无量无
邊若是施主但施衆生一切樂具功德无量
何況令得阿羅漢果佛告弥勒我今分明語
汝是人以一切樂具施於四百万億阿僧祇
世界六趣衆生又令得阿羅漢果所得功德
不如是第五十人聞法華經一偈隨喜功德
百分千分百千万億分不及其一乃至筭數
譬喻所不能知阿逸多如是第五十人展轉
聞法華經隨喜功德尚无量无邊阿僧祇何
況冣初於會中聞而隨喜者其福復勝无量
无邊阿僧祇不可得比又阿逸多若人為是
經故往詣僧坊若坐若立須臾聽受緣是功
德轉身所生得好上妙象馬車乗珎寶輦轝
及乗天宫若復有人於講法處坐更有人来
勸令坐聽若分座令坐是人功德轉身得帝
釋坐處若梵王坐處若轉輪聖王所坐之處
阿逸多若復有人語餘人言有經名法華可
共往聽即受其教乃至須臾間聞是人功德
轉身得與陁羅尼菩薩共生一處利根智慧
百千万世終不瘖瘂口氣不臭舌常无病口
亦无病齒不垢黒不黄不疎亦无缺落不差
不曲脣不下垂亦不褰縮不麁澁不瘡胗亦
不缺壞亦不喎邪不厚不大亦不黧黒无諸
可惡鼻不匾㔸亦不曲戾面色不黒亦不狹
長亦不窊曲无有一切不可喜相脣舌牙齒
悉皆嚴好鼻脩高直面貌圓滿眉高而長額
廣平正人相具足世世所生見佛聞法信受
教誨阿逸多汝且觀是勸於一人令往聽法

務本083號 妙法蓮華經卷六（21-01）

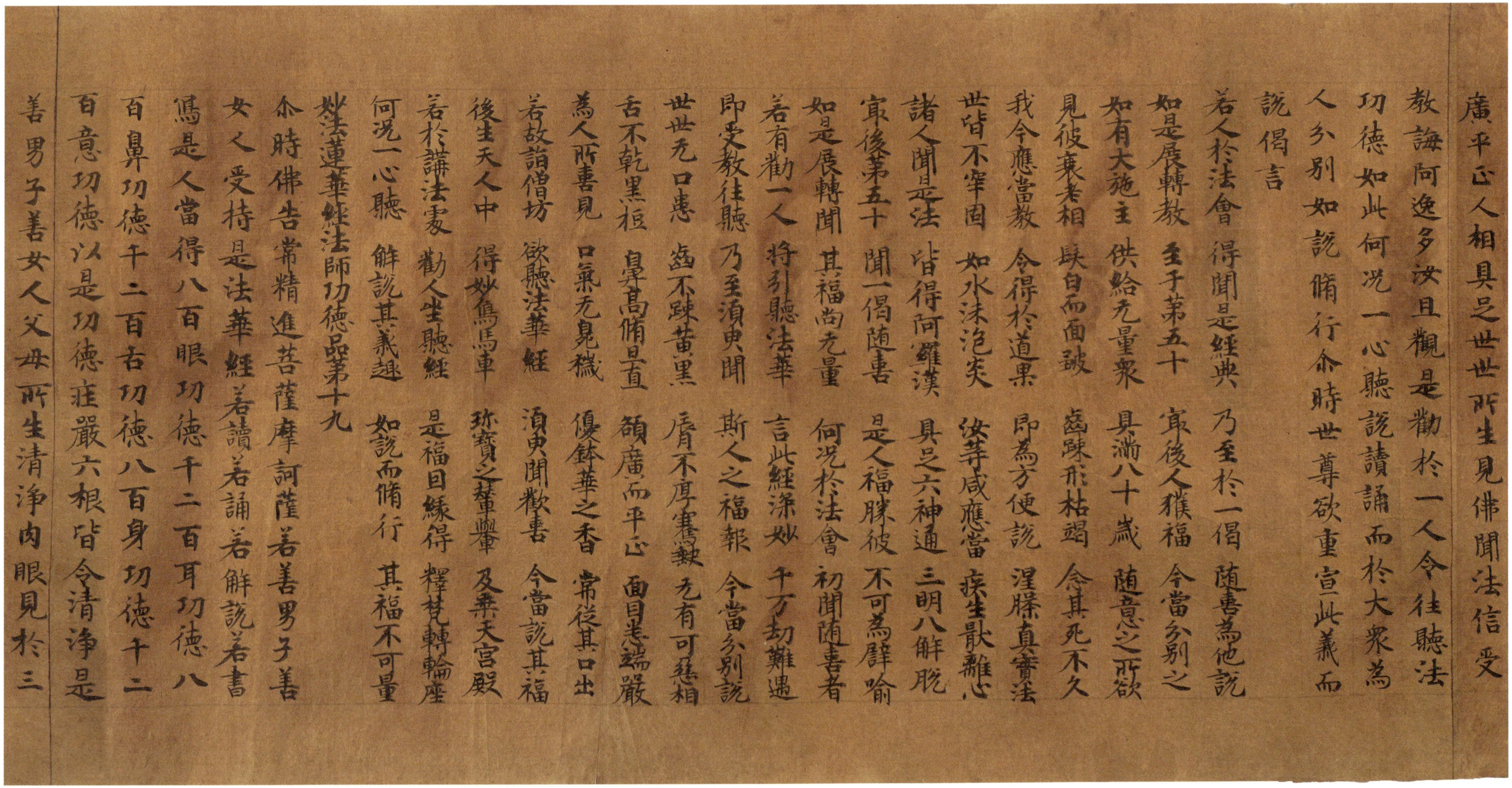

廣平正人相具足世世所生見佛聞法信受
教誨阿逸多汝且觀是勸於一人令往聽法
功德如此何況一心聽說讀誦而於大衆為
人分別如說修行尒時世尊欲重宣此義而
說偈言
若人於法會　得聞是經典　乃至於一偈　隨喜為他說
如是展轉教　至于第五十　最後人獲福　今當分別之
如有大施主　供給无量衆　具滿八十歲　隨意之所欲
見彼衰老相　髮白而面皺　齒踈形枯竭　念其死不久
我今應當教　令得於道果　即為方便說　涅槃真實法
世皆不牢固　如水沫泡炎　汝等咸應當　疾生猒離心
諸人聞是法　皆得阿羅漢　具足六神通　三明八解脫
最後第五十　聞一偈隨喜　是人福勝彼　不可為譬喻
如是展轉聞　其福尚无量　何況於法會　初聞隨喜者
若有勸一人　將引聽法華　言此經深妙　千万劫難遇
即受教往聽　乃至須臾聞　斯人之福報　今當分別說
世世无口患　齒不踈黃黑　脣不厚褰缺　无有可惡相
舌不乾黑短　鼻高脩且直　額廣而平正　面目悉端嚴
為人所喜見　口氣无臭穢　優鉢華之香　常從其口出
若故詣僧坊　欲聽法華經　須臾聞歡喜　今當說其福
後生天人中　得妙象馬車　珎寶之輦轝　及乘天宮殿
若於講法處　勸人坐聽經　是福因緣得　釋梵轉輪座
何況一心聽　解說其義趣　如說而修行　其福不可量
妙法蓮華經法師功德品第十九
尒時佛告常精進菩薩摩訶薩若善男子善
女人受持是法華經若讀若誦若解說若書
寫是人當得八百眼功德千二百耳功德八
百鼻功德千二百舌功德八百身功德千二
百意功德以是功德莊嚴六根皆令清淨是
善男子善女人父母所生清淨肉眼見於三

務本 083 號　妙法蓮華經卷六（21-02）

百意功德以是功德莊嚴六根皆令清淨是
善男子善女人父母所生清淨肉眼見於三
千大千世界內外所有山林河海下至阿鼻
地獄上至有頂亦見其中一切衆生及業因
緣果報生處悉見悉知尒時世尊欲重宣此
義而說偈言
若於大衆中　以无所畏心　說是法華經　汝聽其功德
是人得八百　功德殊勝眼　以是莊嚴故　其目甚清淨
父母所生眼　悉見三千界　內外弥樓山　須弥及鐵圍
并諸餘山林　大海江河水　下至阿鼻獄　上至有頂天
其中諸衆生　一切皆悉見　雖未得天眼　肉眼力如是
復次常精進若善男子善女人受持此經若
讀若誦若解說若書寫得千二百耳功德以
是清淨耳聞三千大千世界下至阿鼻地獄
上至有頂其中內外種種語言音聲象聲馬
聲牛聲車聲啼哭聲愁歎聲螺聲鼓聲鍾聲
鈴聲咲聲語聲男聲女聲童子聲童女聲法
聲非法聲苦聲樂聲凡夫聲聖人聲喜聲不
喜聲天聲龍聲夜叉聲乾闥婆聲阿脩羅聲
迦樓羅聲緊那羅聲摩睺羅伽聲火聲水聲
風聲地獄聲畜生聲餓鬼聲比丘聲比丘尼
聲聲聞聲辟支佛聲菩薩聲佛聲以要言之
三千大千世界中一切內外所有諸聲雖未
得天耳以父母所生清淨常耳皆悉聞知如
是分別種種音聲而不壞耳根尒時世尊欲
重宣此義而說偈言
父母所生耳　清淨无穢濁　以此常耳聞　三千世界聲
象馬車牛聲　鍾鈴螺鼓聲　琴瑟箜篌聲　簫笛之音聲
清淨好歌聲　聽之而不著　无數種人聲　聞悉能解了
又聞諸天聲　微妙之歌音　及聞男女聲　童子童女聲

清淨好歌聲　聽之而不著　无數種人聲　聞悉能解了
又聞諸天聲　微妙之歌音　及聞男女聲　童子童女聲
山川險谷中　迦陵頻伽聲　命命等諸鳥　悉聞其音聲
地獄衆苦痛　種種楚毒聲　餓鬼飢渴逼　求索飲食聲
諸阿脩羅等　居在大海邊　自共語言時　出于大音聲
如是說法者　安住於此間　遙聞是衆聲　而不壞耳根
十方世界中　禽獸鳴相呼　其說法之人　於此悉聞之
其諸梵天上　光音及遍淨　乃至有頂天　言語之音聲
法師住於此　悉皆得聞之
一切比丘衆　及諸比丘尼　若讀誦經典　若為他人說
法師住於此　悉皆得聞之　復有諸菩薩　讀誦於經法
若為他人說　撰集解其義　如是諸音聲　悉皆得聞之
諸佛大聖尊　教化衆生者　於諸大會中　演說微妙法
持此法華者　悉皆得聞之
三千大千界　內外諸音聲　下至阿鼻獄　上至有頂天
皆聞其音聲　而不壞耳根　其耳聰利故　悉能分別知
持是法華者　雖未得天耳　但用所生耳　功德力如是
復次常精進若善男子善女人受持是經若
讀若誦若解說若書寫成就八百鼻功德以
是清淨鼻根聞於三千大千世界上下內外
種種諸香須曼那華香闍提華香末利華香
瞻蔔華香波羅羅華香赤蓮華香青蓮華香
白蓮華香華樹香菓樹香栴檀香沉水香多
摩羅跋香多伽羅香及千万種和香若末若
丸若塗香持是經者於此間住悉能分別又
復別知衆生之香象香馬香牛羊等香男香
女香童子香童女香及草木叢林香若近若
遠所有諸香悉皆得聞分別不錯持是經者
雖住於此亦聞天上諸天之香波利質多羅
拘鞞陁羅樹香及曼陁羅華香摩訶曼陁羅

務本083號　妙法蓮華經卷六（21-04）

雖住於此亦聞天上諸天之香波利質多羅
拘鞞陁羅樹香及曼陁羅華香摩訶曼陁羅
華香曼殊沙華香摩訶曼殊沙華香栴檀沈
水種種末香諸雜華香如是等天香和合所
出之香无不聞知又聞諸天身香釋提桓因在
勝殿上五欲娛樂嬉戲時香若在妙法堂上
為忉利諸天說法時香若於諸園遊戲時香
及餘天等男女身香皆悉遙聞如是展轉乃
至梵天上至有頂諸天身香亦皆聞之并聞
諸天所燒之香及聲聞香辟支佛香菩薩香
諸佛身香亦皆遙聞知其所在雖聞此香然
於鼻根不壞不錯若欲分別為他人說憶念
不謬尒時世尊欲重宣此義而說偈言

是人鼻清淨　於此世界中　若香若臭物　種種悉聞知
須曼那闍提　多摩羅栴檀　沈水及桂香　種種華菓香
及知眾生香　男子女人香　說法者遠住　聞香知所在
大勢轉輪王　小轉輪及子　群臣諸宮人　聞香知所在
身所著珎寶　及地中寶藏　轉輪王寶女　聞香知所在
諸人嚴身具　衣服及瓔珞　種種所塗香　聞則知其身
諸天若行坐　遊戲及神變　持是法華者　聞香悉能知
諸樹華菓實　及蘇油香氣　持經者住此　悉知其所在
諸山深險處　栴檀樹華敷　眾生在中者　聞香皆能知
鐵圍山大海　地中諸眾生　持經者聞香　悉知其所在
阿脩羅男女　及其諸眷屬　鬪諍遊戲時　聞香皆能知
曠野險隘處　師子象虎狼　野牛水牛等　聞香知所在
若有懷妊者　未辯其男女　无根及非人　聞香悉能知
以聞香力故　知其初懷妊　成就不成就　安樂產福子
以聞香力故　知男女所念　染欲癡恚心　亦知脩善者
地中眾伏藏　金銀諸珎寶　銅器之所盛　聞香悉能知
種種諸瓔珞　无能識其價　聞香知貴賤　出處及所在

地中衆伏藏 金銀諸珎寶 銅器之所盛 聞香悉能知
種種諸瓔珞 无能識其價 聞香知貴賤 出處及所在
天上諸華等 曼陁曼殊沙 波利質多樹 聞香悉能知
天上諸宮殿 上中下差別 衆寶華莊嚴 聞香悉能知
天園林勝殿 諸觀妙法堂 在中而娛樂 聞香悉能知
諸天若聽法 或受五欲時 来往行坐卧 聞香悉能知
天女所著衣 好華香莊嚴 周旋遊戲時 聞香悉能知
如是展轉上 乃至於梵世 入禪出禪者 聞香悉能知
光音遍淨天 乃至于有頂 初生及退沒 聞香悉能知
諸比丘衆等 於法常精進 若坐若經行 及讀誦經法
或在林樹下 專精而坐禪 持經者聞香 悉知其所在
菩薩志堅固 坐禪若讀經 或為人說法 聞香悉能知
在在方世尊 一切所恭敬 愍衆而說法 聞香悉能知
衆生在佛前 聞經皆歡喜 如法而脩行 聞香悉能知
雖未得菩薩 无漏法生鼻 而是持經者 先得此鼻相
復次常精進若善男子善女人受持是經若
讀若誦若解說若書寫得千二百舌功德若
好若醜若美不美及諸苦澁物在其舌根皆
變成上味如天甘露无不美者若以舌根於
大衆中有所演說出深妙聲能入其心皆令
歡喜快樂又諸天子天女釋梵諸天聞是深
妙音聲有所演說言論次苐皆悉来聽及諸
龍龍女夜叉夜叉女乾闥婆乾闥婆女阿脩
羅阿脩羅女迦樓羅迦樓羅女緊那羅緊那
羅女摩睺羅伽摩睺羅伽女為聽法故皆来
親近恭敬供養及比丘比丘尼優婆塞優婆
夷國王王子群臣眷屬小轉輪王大轉輪王
七寶千子內外眷屬乘其宮殿俱来聽法以
是菩薩善說法故婆羅門居士國內人民盡
其形壽隨侍供養又諸聲聞辟支佛菩薩諸

是菩薩善說法故婆羅門居士國內人民盡
其形壽隨侍供養又諸聲聞辟支佛菩薩諸
佛常樂見之是人所在方面諸佛皆向其處
說法悉能受持一切佛法又能出於深妙法
音尒時世尊欲重宣此義而說偈言
是人舌根淨　終不受惡味　其有所食噉　悉皆成甘露
以深淨妙聲　於大衆說法　以諸因緣喻　引導衆生心
聞者皆歡喜　設諸上供養
諸天龍夜叉　及阿脩羅等　皆以恭敬心　而共來聽法
是說法之人　若欲以妙音　遍滿三千界　隨意即能至
大小轉輪王　及千子眷屬　合掌恭敬心　常來聽受法
諸天龍夜叉　羅刹毗舍闍　亦以歡喜心　常樂來供養
梵天王魔王　自在大自在　如是諸天衆　常來至其所
諸佛及弟子　聞其說法音　常念而守護　或時為現身
復次常精進若善男子善女人受持是經若
讀若誦若解說若書寫得八百身功德得清
淨身如淨瑠璃衆生憙見其身淨故三千大
千世界衆生生時死時上下好醜生善處惡
處悉於中現及鐵圍大鐵圍弥樓山摩訶弥
樓山等諸山及其中衆生悉於中現下至阿
鼻地獄上至有頂所有及衆生悉於中現若
聲聞辟支佛菩薩諸佛說法皆於身中現其
色像尒時世尊欲重宣此義而說偈言
若持法華者　其身甚清淨　如彼淨瑠璃　衆生皆憙見
又如淨明鏡　悉見諸色像　菩薩於淨身　皆見世所有
唯獨自明了　餘人所不見
三千世界中　一切諸群萌　天人阿脩羅　地獄鬼畜生
如是諸色像　皆於身中現
諸天等宮殿　乃至於有頂　鐵圍及弥樓　摩訶弥樓山
諸大海水等　皆於身中現

諸天等宮殿　乃至於有頂　鐵圍及弥樓　摩訶弥樓山
諸大海水等　皆於身中現
諸佛及聲聞　佛子菩薩等　若獨若在衆　說法悉皆現
雖未得无漏　法性之妙身　以清淨常體　一切於中現
復次常精進　若善男子善女人　如来滅後受
持是經　若讀若誦若解說若書寫　得千二百
意功德　以是清淨意根　乃至聞一偈一句　通
達无量无邊之義　解是義已　能演說一句一
偈至於一月四月乃至一歲　諸所說法隨其
義趣　皆與實相不相違背　若說俗間經書治
世語言資生業等　皆順正法　三千大千世界
六趣衆生心之所行　心所動作　心所戲論　皆
悉知之　雖未得无漏智慧　而其意根清淨如
此　是人有所思惟籌量言說　皆是佛法　无不
真實　亦是先佛經中所說　尒時世尊欲重宣
此義而說偈言
是人意清淨　明利无穢濁　以此妙意根　知上中下法
乃至聞一偈　通達无量義　次第如法說　月四月至歲
是世界內外　一切諸衆生　若天龍及人　夜叉鬼神等
其在六趣中　所念若干種　持法華之報　一時皆悉知
十方无數佛　百福莊嚴相　為衆生說法　悉聞能受持
思惟无量義　說法亦无量　終始不忘錯　以持法華故
悉知諸法相　隨義識次第　達名字語言　如所知演說
此人有所說　皆是先佛法　以演此法故　於衆无所畏
持法華經者　意根淨若斯　雖未得无漏　先有如是相
是人持此經　安住希有地　為一切衆生　歡喜而愛敬
能以千万種　善巧之語言　分別而說法　持法華經故
妙法蓮華經常不軽菩薩品第廿
尒時佛告得大勢菩薩摩訶薩　汝今當知　若
比丘比丘尼優婆塞優婆夷持法華經者　若

務本 083 號　妙法蓮華經卷六（21–08）

尒時佛告得大勢菩薩摩訶薩汝今當知若
比丘比丘尼優婆塞優婆夷持法華經者若
有惡口罵詈誹謗獲大罪報如前所說其所
得功德如向所說眼耳鼻舌身意清淨得大
勢乃往古昔過无量无邊不可思議阿僧祇
劫有佛名威音王如来應供正遍知明行足
善逝世間解无上士調御丈夫天人師佛世
尊劫名離衰國名大成其威音王佛於彼世
中為天人阿脩羅說法為求聲聞者說應四
諦法度生老病死究竟涅槃為求辟支佛者
說應十二因緣法為諸菩薩因阿耨多羅三
藐三菩提說應六波羅蜜法究竟佛慧得大
勢是威音王佛壽卌万億那由他恒河沙劫
正法住世劫數如一閻浮提微塵像法住世
劫數如四天下微塵其佛饒益衆生已然後
滅度正法像法滅盡之後於此國土復有佛
出亦号威音王如来應供正遍知明行足善
逝世間解无上士調御丈夫天人師佛世尊
如是次第有二万億佛皆同一号最初威音
王如来既已滅度正法滅後於像法中增上
慢比丘有大勢力尒時有一菩薩比丘名常
不輕得大勢以何因緣名常不輕是比丘凡
有所見若比丘比丘尼優婆塞優婆夷皆悉
礼拜讚嘆而作是言我深敬汝等不敢輕慢
所以者何汝等皆行菩薩道當得作佛而是
比丘不專讀誦經典但行礼拜乃至遠見四
衆亦復故往礼拜讚嘆而作是言我不敢輕
於汝等汝等皆當作佛四衆之中有生瞋恚
心不淨者惡口罵詈言是无智比丘從何所
来自言我不輕汝而與我等受記當得作佛

務本 083 號　妙法蓮華經卷六（21-09）

心不淨者惡口罵詈言是无智比丘從何所
来自言我不輕汝而與我等受記當得作佛
我等不用如是虛妄受記如此經歷多年常
被罵詈不生瞋恚常作是言汝當作佛說是
語時衆人或以杖木瓦石而打擲之避走遠
住猶高聲唱言我不敢輕汝汝等皆當作佛
以其常作是語故增上慢比丘比丘尼優婆
塞優婆夷号之為常不輕是比丘臨欲終時
於虛空中具聞威音王佛先所說法華經廿
千万億偈悉能受持即得如上眼根清淨耳
鼻舌身意根清淨得是六根清淨已更增壽
命二百万億那由他歲廣為人說是法華經
於時增上慢四衆比丘比丘尼優婆塞優婆
夷輕賤是人為作不輕名者見其得大神通
力樂說辯力大善寂力聞其所說皆信伏隨
從是菩薩復化千万億衆令住阿耨多羅三
藐三菩提命終之後得值二千億佛皆号日
月燈明於其法中說是法華經以是因緣復
值二千億佛同号雲自在燈王於此諸佛法
中受持讀誦為諸四衆說此經典故得是常眼
清淨耳鼻舌身意諸根清淨於四衆中說法
心无所畏得大勢是常不輕菩薩摩訶薩供
養如是若干諸佛恭敬尊重讚嘆種諸善根
於後復值千万億佛亦於諸佛法中說是經
典功德成就當得作佛得大勢於意云何尒
時常不輕菩薩豈異人乎則我身是若我於
宿世不受持讀誦此經為他人說者不能疾
得阿耨多羅三藐三菩提我於先佛所受持
讀誦此經為人說故疾得阿耨多羅三藐三
菩提得大勢彼時四衆比丘比丘尼優婆塞

讀誦此經為人說故疾得阿耨多羅三藐三
菩提得大勢彼時四衆比丘比丘尼優婆塞
優婆夷以瞋恚意輕賤我故二百億劫常不
值佛不聞法不見僧千劫於阿鼻地獄受大
苦惱畢是罪已復遇常不輕菩薩教化阿耨
多羅三藐三菩提得大勢於汝意云何尒時
四衆常輕是菩薩者豈異人乎今此會中颰
陁婆羅等五百菩薩師子月等五百比丘尼
思佛等五百優婆塞皆於阿耨多羅三藐三
菩提不退轉者是得大勢當知是法華經大
饒益諸菩薩摩訶薩能令至於阿耨多羅三
藐三菩提是故諸菩薩摩訶薩於如來滅後
常應受持讀誦解說書寫是經尒時世尊欲
重宣此義而說偈言

過去有佛　号威音王　神智无量　將導一切
天人龍神　所共供養　是佛滅後　法欲盡時
有一菩薩　名常不輕　時諸四衆　計著於法
不輕菩薩　往到其所　而語之言　我不輕汝
汝等行道　皆當作佛　諸人聞已　輕毀罵詈
不輕菩薩　能忍受之　其罪畢已　臨命終時
得聞此經　六根清淨　神通力故　增益壽命
復為諸人　廣說是經　諸著法衆　皆蒙菩薩
教化成就　令住佛道　不輕命終　值无數佛
說是經故　得无量福　漸具功德　疾成佛道
彼時不輕　則我身是　時四部衆　著法之者
聞不輕言　汝當作佛　以是因緣　值无數佛
此會菩薩　五百之衆　并及四部　清信士女
今於我前　聽法者是　我於前世　勸是諸人
聽受斯經　第一之法　開示教人　令住涅槃
世世受持　如是經典　億億万劫　至不可議

聽受斯經　第一之法　開示教人　令住涅槃
世世受持　如是經典　億億万劫　至不可議
時乃得聞　是法華經　億億万劫　至不可議
諸佛世尊　時說是經　是故行者　於佛滅後
聞如是經　勿生疑惑　應當一心　廣說此經
世世值佛　疾成佛道

妙法蓮華經如來神力品第廿一

尒時千世界微塵等菩薩摩訶薩從地踊出
者皆於佛前一心合掌瞻仰尊顏而白佛言
世尊我等於佛滅後世尊分身所在國土滅
度之處當廣說此經所以者何我等亦自欲
得是真淨大法受持讀誦解說書寫而供養
之尒時世尊於文殊師利等无量百千万億
舊住娑婆世界菩薩摩訶薩及諸比丘比丘
尼優婆塞優婆夷天龍夜叉乾闥婆阿脩羅
迦樓羅緊那羅摩睺羅伽人非人等一切衆
前現大神力出廣長舌上至梵天一切毛孔
放於无量无數色光皆悉遍照十方世界衆
寶樹下師子座上諸佛亦復如是出廣長舌
放无量光釋迦牟尼佛及寶樹下諸佛現神
力時滿百千歲然後還攝舌相一時謦欬俱
共彈指是二音聲遍至十方諸佛世界地皆
六種震動其中衆生天龍夜叉乾闥婆阿脩
羅迦樓羅緊那羅摩睺羅伽人非人等以佛
神力故皆見此娑婆世界无量无邊百千万
億衆寶樹下師子坐上諸佛及見釋迦牟尼
佛共多寶如來在寶塔中坐師子座又見无
量无邊百千万億菩薩摩訶薩及諸四衆恭
敬圍遶釋迦牟尼佛既見是已皆大歡喜得
未曾有即時諸天於虛空中高聲唱言過此

敬園遶釋迦牟尼佛既見是已皆大歡喜得
未曾有即時諸天於虛空中高聲唱言過此
无量无邊百千万億阿僧祇世界有國名娑
婆是中有佛名釋迦牟尼今為諸菩薩摩訶
薩說大乘經名妙法蓮華教菩薩法佛所護
念汝等當深心隨喜亦當礼拜供養釋迦牟
尼佛彼諸衆生聞虛空中聲已合掌向娑婆
世界作如是言南无釋迦牟尼佛南无釋迦
牟尼佛以種種華香瓔珞幡蓋及諸嚴身之
具珎寶妙物皆共遥散娑婆世界所散諸物
從十方来譬如雲集變成寶帳遍覆此間諸
佛之上于時十方世界通達无㝵如一佛土
尒時佛告上行等菩薩大衆諸佛神力如是
无量无邊不可思議若我以是神力於无量
无邊百千万億阿僧祇劫為嘱累故說此經
功德猶不能盡以要言之如来一切所有之
法如来一切自在神力如来一切秘要之藏
如来一切甚深之事皆於此經宣示顯說是
故汝等於如来滅後應一心受持讀誦解說
書寫如說脩行所在國土若有受持讀誦解
說書寫如說脩行若經卷所住之處若於園
中若於林中若於樹下若於僧坊若白衣舍
若在殿堂若山谷曠野是中皆應起塔供養
所以者何當知是處即是道場諸佛於此得
阿耨多羅三藐三菩提諸佛於此轉于法輪
諸佛於此而般涅槃尒時世尊欲重宣此義
而說偈言
諸佛救世者　住於大神通　為悅衆生故　現无量神力
舌相至梵天　身放无數光　為求佛道者　現此希有事
諸佛謦欬聲　及彈指之聲　周聞十方國　地皆六種動

舌相至梵天 身放无數光 為求佛道者 現此希有事
諸佛謦欬聲 及彈指之聲 周聞十方國 地皆六種動
以佛滅度後 能持是經故 諸佛皆歡喜 現无量神力
囑累是經故 讚美受持者 於无量劫中 猶故不能盡
是人之功德 无邊无有窮 如十方虛空 不可得邊際
能持是經者 則為已見我 亦見多寶佛 及諸分身者
又見我今日 教化諸菩薩
能持是經者 令我及分身 滅度多寶佛 一切皆歡喜
十方現在佛 并過去未來 亦見亦供養 亦令得歡喜
諸佛坐道場 所得秘要法 能持是經者 不久亦當得
能持是經者 於諸法之義 名字及言辭 樂說无窮盡
如風於空中 一切无鄣㝵
於如來滅後 知佛所說經 因緣及次第 隨義如實說
如日月光明 能除諸幽冥 斯人行世間 能滅衆生闇
教无量菩薩 畢竟住一乘
是故有智者 聞此功德利 於我滅度後 應受持斯經
是人於佛道 決定无有疑

妙法蓮華經囑累品第廿二

尒時釋迦牟尼佛從法座起現大神力以右
手摩无量菩薩摩訶薩頂而作是言我於无
量百千万億阿僧秖劫脩集是難得阿耨多
羅三藐三菩提法今以付囑汝等汝等應當
一心流布此經廣令增益如是三摩諸菩薩
摩訶薩頂而作是言我於无量百千万億阿
僧秖劫脩集是難得阿耨多羅三藐三菩提
法今以付囑汝等汝等當受持讀誦廣宣此
法令一切衆生普得聞知所以者何如來有
大慈悲无諸慳悋亦无所畏能與衆生佛之
智慧如來智慧自然智慧如來是一切衆生
之大施主汝等亦應隨學如來之法勿生慳

智慧如来智慧自然智慧如来是一切衆生
之大施主汝等亦應隨學如来之法勿生慳
恡於未来世若有善男子善女人信如来智
慧者當為演說此法華經使得聞知為令其
人得佛慧故若有衆生不信受者當於如来
餘深法中示教利喜汝等若能如是則為已
報諸佛之恩時諸菩薩摩訶薩聞佛作是說
已皆大歡喜遍滿其身益加恭敬曲躬低頭
合掌向佛俱發聲言如世尊勅當具奉行唯
然世尊願不有慮諸菩薩摩訶薩衆如是三
反俱發聲言如世尊勅當具奉行唯然世尊
願不有慮尒時釋迦牟尼佛令十方来諸分
身佛各還本土而作是言諸佛各隨所安多
寶佛塔還可如故說是語時十方无量分身
諸佛坐寶樹下師子坐上者及多寶佛并上
行等无邊阿僧祇菩薩大衆舍利弗等聲聞
四衆及一切世間天人阿脩羅等聞佛所說
皆大歡喜

妙法蓮華經藥王菩薩本事品第廿三

尒時宿王華菩薩白佛言世尊藥王菩薩云
何遊於娑婆世界世尊是藥王菩薩有若干
百千万億那由他難行苦行善哉世尊願少
解說諸天龍神夜叉乾闥婆阿脩羅迦樓羅
緊那羅摩睺羅伽人非人等又他國土諸来
菩薩及此聲聞衆聞皆歡喜尒時佛告宿王
華菩薩乃往過去无量恒河沙劫有佛号日
月淨明德如来應供正遍知明行足善逝世
間解无上士調御丈夫天人師佛世尊其佛
有八十億大菩薩摩訶薩七十二恒河沙大
聲聞衆佛壽四万二千劫菩薩壽命亦等彼

有八十億大菩薩摩訶薩七十二恒河沙大
聲聞衆佛壽四万二千劫菩薩壽命亦等彼
國无有女人地獄餓鬼畜生阿脩羅等及以
諸難地平如掌瑠璃所成寶樹莊嚴寶帳覆
上垂寶華幡寶瓶香鑪周遍國界七寶為
臺一樹一臺其樹去臺盡一箭道此諸寶樹
皆有菩薩聲聞而坐其下諸寶臺上各有百
億諸天作天伎樂歌嘆於佛以為供養尒時
彼佛為一切衆生憙見菩薩及衆菩薩諸聲
聞衆說法華經是一切衆生憙見菩薩樂集
苦行於日月淨明德佛法中精進經行一心
求佛滿万二千歲已得現一切色身三昧得
此三昧已心大歡喜即作念言我得現一切
色身三昧皆是得聞法華經力我今當供養日
月淨明德佛及法華經即時入是三昧於虛
空中而雨曼陁羅華摩訶曼陁羅華細末堅黑
栴檀滿虛空中如雨而下又雨海此岸栴檀
之香此香六銖價直娑婆世界以供養佛作
是供養已從三昧起而自念言我雖以神力
供養於佛不如以身供養即服諸香栴檀薰
陸兜樓婆畢力迦沉水膠香又服瞻蔔諸華
香油滿千二百歲已香油塗身於日月淨明
德佛前以天寶衣而自纏身灌諸香油以神
通力願而自然身光明遍照八十億恒河沙
世界其中諸佛同時讚言善哉善哉善男子
是真精進是名真法供養如來若以華香瓔
珞燒香末香天繒幡蓋及海此岸栴檀之香
如是等種種諸物供養所不能及假使國城
妻子布施亦所不及善男子是名第一之施
於諸施中最尊最上以法供養諸如來故作

妻子布施亦所不及善男子是名第一之施
於諸施中最尊最上以法供養諸如来故作
是語已而各默然其身火燃千二百歲過是
已後其身乃盡一切衆生憙見菩薩作如是
法供養已命終之後復生日月淨明德佛國
中於淨德王家結跏趺坐忽然化生即為其
父而說偈言
大王今當知 我經行彼處 即時得一切 現諸身三昧
懃行大精進 捨所愛之身
說是偈已而白父言日月淨明德佛今故現
在我先供養佛已得解一切衆生語言陁羅
尼復聞是法華經八百千万億那由他甄迦
羅頻婆羅阿閦婆等偈大王我今當還供養
此佛白已即坐七寶之臺上昇虛空高七多
羅樹往到佛所頭面礼足合十指爪以偈讚
佛
容顏甚奇妙 光明照十方 我適曾供養 今復還親覲
尒時一切衆生憙見菩薩說是偈已而白佛
言世尊世尊猶故在世尒時日月淨明德佛
告一切衆生憙見菩薩善男子我涅槃時到
滅盡時至汝可安施牀座我於今夜當般涅
槃又勑一切衆生憙見菩薩善男子我以佛
法囑累於汝及諸菩薩大弟子并阿耨多羅
三藐三菩提法亦以三千大千七寶世界諸
寶樹寶臺及給侍諸天悉付於汝我滅度後
所有舍利亦付囑汝當令流布廣設供養應
起若干千塔如是日月淨明德佛勑一切衆
生憙見菩薩已於夜後分入於涅槃尒時一切
衆生憙見菩薩見佛滅度悲感懊惱戀慕於
佛即以海此岸栴檀為積供養佛身而以燒

衆生憙見菩薩見佛滅度悲感懊惱戀慕於
佛即以海此岸栴檀為積供養佛身而以燒
之火滅已後收取舍利作八万四千寶瓶以
起八万四千塔高三世界表刹莊嚴垂諸幡
蓋懸衆寶鈴尒時一切衆生憙見菩薩復自
念言我雖作是供養心猶未足我今當更供
養舍利便語諸菩薩大弟子及天龍夜叉等
一切大衆汝等當一心念我今供養日月淨
明德佛舍利作是語已即於八万四千塔前
燃百福莊嚴辟七万二千歲而以供養令无
數求聲聞衆无量阿僧祇人發阿耨多羅三
藐三菩提心皆使得住現一切色身三昧尒
時諸菩薩天人阿脩羅等見其无辟憂惱悲
哀而作是言此一切衆生憙見菩薩是我等
師教化我者而今燒辟身不具足于時一切衆
生憙見菩薩於大衆中立此誓言我捨兩辟
必當得佛金色之身若實不虛令我兩辟還
復如故作是誓已自然還復由斯菩薩福德
智慧淳厚所致當尒之時三千大千世界六
種震動天雨寶華一切天人得未曾有佛告
宿王華菩薩於汝意云何一切衆生憙見菩
薩豈異人乎今藥王菩薩是也其所捨身布
施如是无量百千万億那由他數宿王華若
有發心欲得阿耨多羅三藐三菩提者能燃
手指乃至足一指供養佛塔勝以國城妻子
及三千大千國土山林河池諸珍寶物而供
養者若復有人以七寶滿三千大千世界供
養於佛及大菩薩辟支佛阿羅漢是人所得
功德不如受持此法華經乃至一四句偈其福
最多宿王華譬如一切川流江河諸水之中

功德不如受持此法華經乃至一四句偈其福
最多宿王華譬如一切川流江河諸水之中
海為第一此法華經亦復如是於諸如來所
說經中最為深大又如土山黑山小鐵圍山
大鐵圍山及十寶山衆山之中須弥山為第
一此法華經亦復如是於諸經中最為其上
又如衆星之中月天子最為第一此法華經
亦復如是於千万億種諸經法中最為照明
又如日天子能除諸闇此經亦復如是能破
一切不善之闇又如諸小王中轉輪聖王最
為第一此經亦復如是於衆經中最為其尊
又如帝釋於卅三天中王此經亦復如是諸
經中王又如大梵天王一切衆生之父此
經亦復如是一切賢聖學无學及發菩薩心
者之父又如一切凡夫人中須陁洹斯陁含
阿那含阿羅漢辟支佛為第一此經亦復如
是一切如來所說若菩薩所說若聲聞所說
諸經法中最為第一有能受持是經典者亦
復如是於一切衆生中亦為第一一切聲聞
辟支佛中菩薩為第一此經亦復如是於一
切諸經法中最為第一如佛為諸法王此經
亦復如是諸經中王宿王華此經能救一切
衆生者此經能令一切衆生離諸苦惱此經
能大饒益一切衆生充滿其願如清涼池
能滿一切諸渇乏者如寒者得火如裸者得
衣如商人得主如子得母如渡得船如病得
醫如闇得燈如貧得寶如民得王如賈客得
海如炬除闇此法華經亦復如是能令衆生
離一切苦一切病痛能解一切生死之縛若
人得聞此法華經若自書若使人書所得功

離一切苦一切病痛能解一切生死之縛若
人得聞此法華經若自書若使人書所得功
德以佛智慧籌量多少不得其邊若書是經
卷華香瓔珞燒香末香塗香幡蓋衣服種種
之燈蘇燈油燈諸香油燈瞻蔔油燈須曼油
燈波羅羅油燈波利師迦油燈那婆摩利油
燈供養所得功德亦復无量宿王華若有人
聞是藥王菩薩本事品者亦得无量无邊功
德若有女人聞是藥王菩薩本事品能受持
者盡是女身後不復受若如來滅後後五百
歲中若有女人聞是經典如說脩行於此命終
即往安樂世界阿弥陁佛大菩薩衆圍遶住處
生蓮華中寶座之上不復為貪欲所惱亦復
不為瞋恚愚癡所惱亦復不為憍慢嫉妬諸
垢所惱得菩薩神通无生法忍得是忍已眼
根清淨以是清淨眼根見七百万二千億那
由他恒河沙等諸佛如来是時諸佛遥共讚
言善哉善哉善男子汝能於釋迦牟尼佛法
中受持讀誦思惟是經為他人說所得福德
无量无邊火不能燒水不能漂汝之功德千
佛共說不能令盡汝今已能破諸魔賊壞生
死軍諸餘怨敵皆悉摧滅善男子百千諸佛
以神通力共守護汝於一切世間天人之中
无如汝者唯除如来其諸聲聞辟支佛乃至
菩薩智慧禪定无有與汝等者宿王華此菩
薩成就如是功德智慧之力若有人聞是藥
王菩薩本事品能隨喜讚善者是人現世口
中常出青蓮華香身毛孔中常出牛頭栴檀
香所得功德如上所說是故宿王華以此藥
王菩薩本事品囑累於汝我滅度後後五百

務本083號 妙法蓮華經卷六（印章）

印文：倓（倓？）峰

務本083號 妙法蓮華經卷六（21–21）

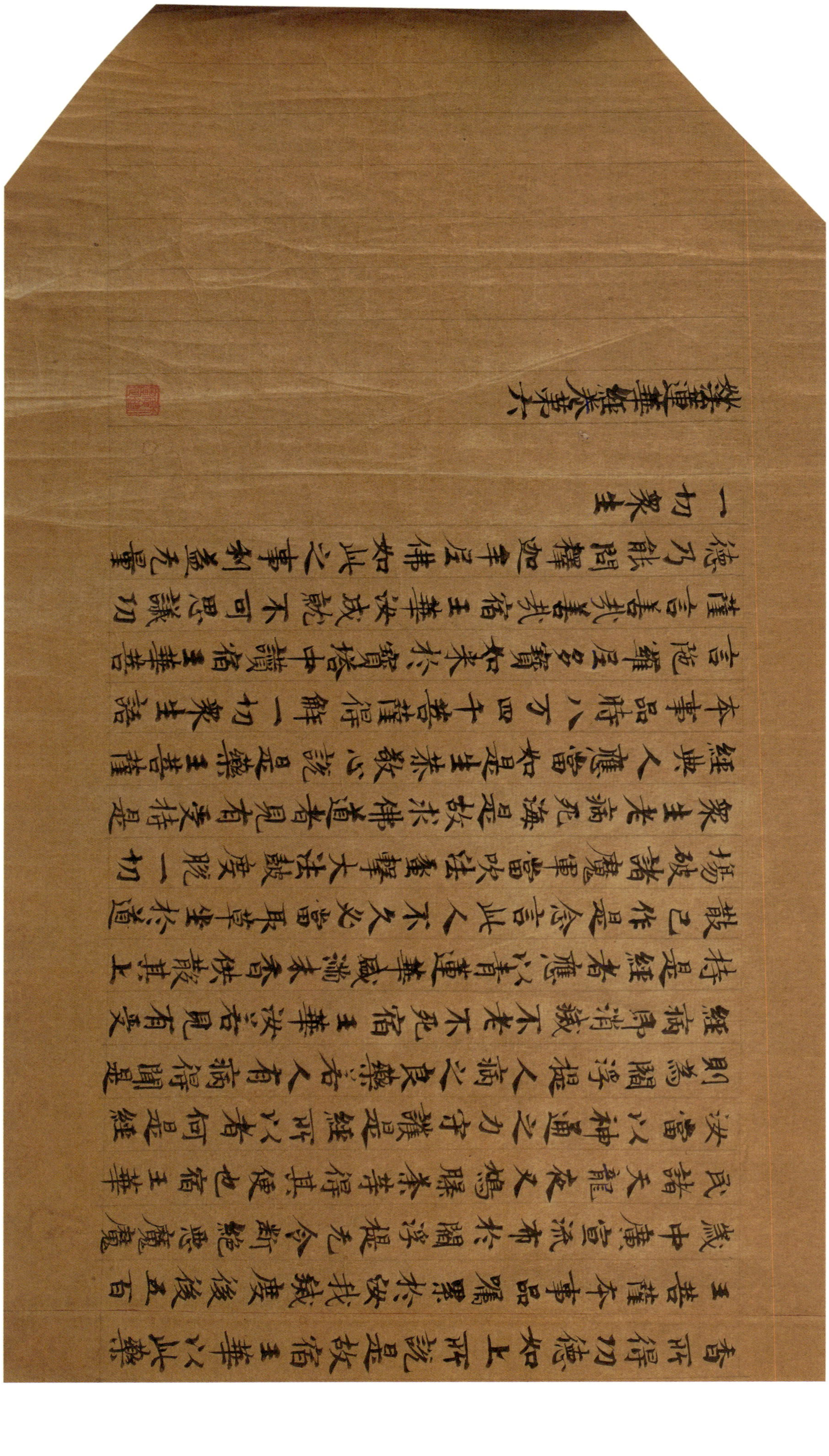

香所得功德如上所說是故宿王華以此藥
王菩薩本事品囑累於汝我滅度後後五百
歲中廣宣流布於閻浮提無令斷絕惡魔魔
民諸天龍夜叉鳩槃荼等得其便也宿王華
汝當以神通之力守護是經所以者何是經
則為閻浮提人病之良藥若人有病得聞是
經病即消滅不老不死宿王華汝若見有受
持是經者應以青蓮華盛滿末香供散其上
散已作是念言此人不久必當取草坐於道
場破諸魔軍當吹法螺擊大法鼓度脫一切
眾生老病死海是故求佛道者見有受持是
經典人應當如是生恭敬心說是藥王菩薩
本事品時八万四千菩薩得解一切眾生語
言陁羅尼多寶如來於寶塔中讚宿王華菩
薩言善哉善哉宿王華汝成就不可思議功
德乃能問釋迦牟尼佛如此之事利益無量
一切眾生

妙法蓮華經卷第六

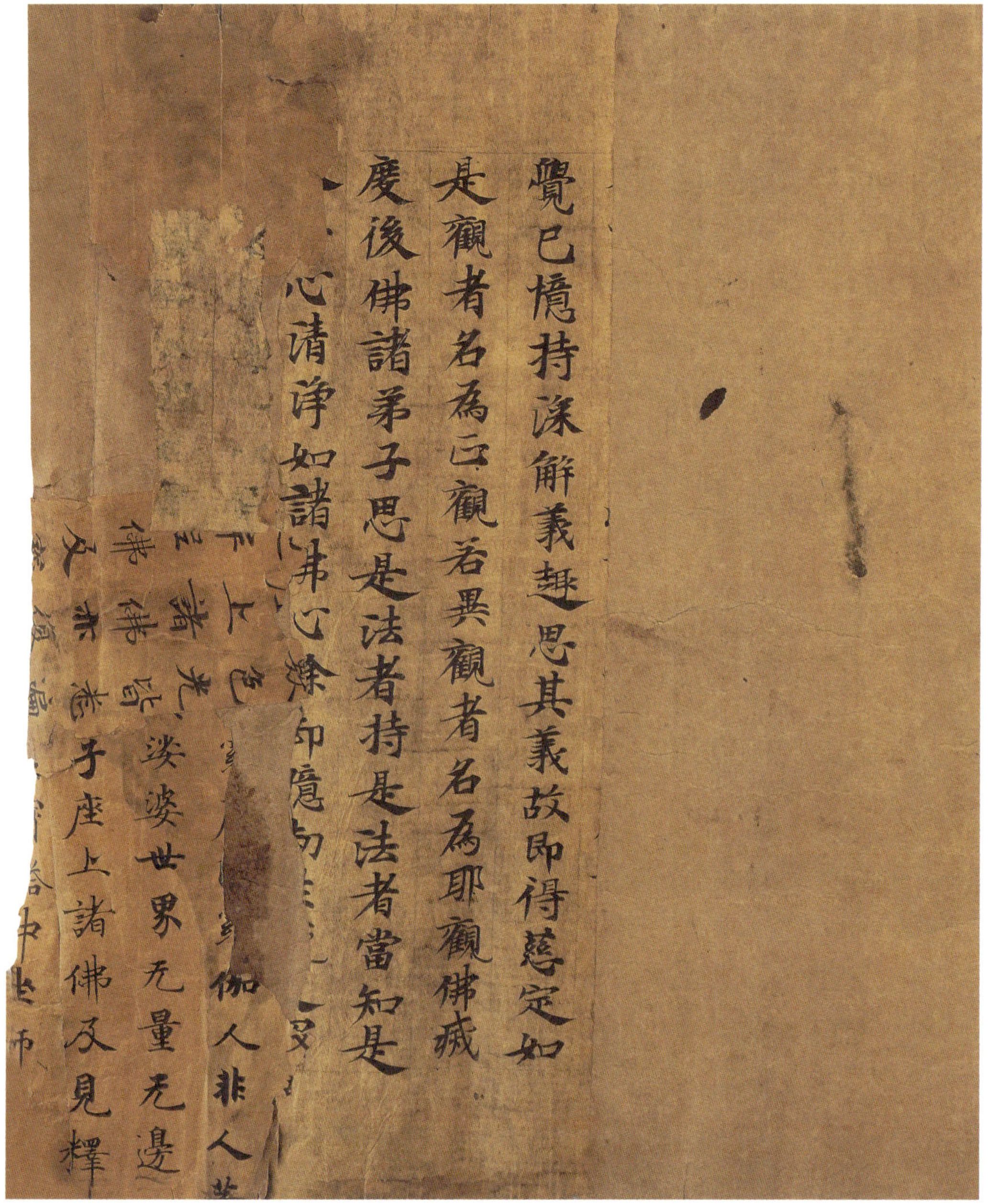
覺已憶持深解義趣思其義故即得慈定如
是觀者名為正觀若異觀者名為耶觀佛藏
度後佛諸弟子思是法者持是法者當知是
心清淨如諸佛心

務本 084 號 1 妙法蓮華經卷七（背面）

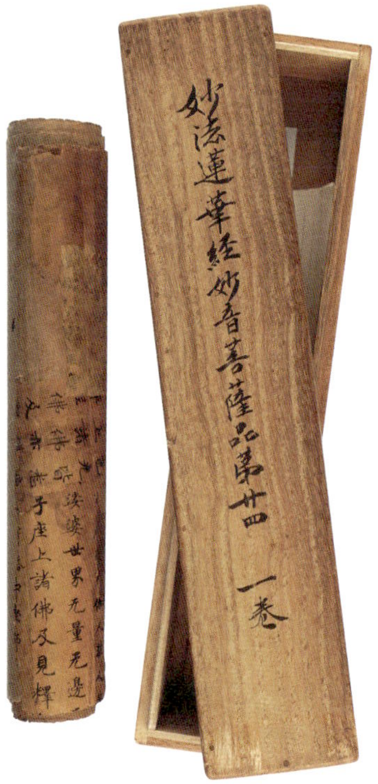

務本 084 號 1 妙法蓮華經卷七（外觀）

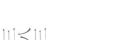

妙法蓮華經妙音菩薩品第廿四
尒時釋迦牟尼佛放大人相肉髻
眉間白豪相光遍照東方百八万億那由他
恒河沙等諸佛世界過是數已有世界名淨
光莊嚴其國有佛号淨華宿王智如來應供
正遍知明行足善逝世間解無上士調御丈
夫天人師佛世尊為無量無邊菩薩大衆恭
敬圍繞而為說法釋迦牟尼佛白豪光明遍
照其國尒時一切淨光莊嚴國中有一菩薩
名曰妙音久已殖衆德本供養親近無量百
千万億諸佛而悉成就甚深智慧得妙幢相
三昧法華三昧淨德三昧宿王戲三昧無緣
三昧智印三昧解一切衆生語言三昧集一
切功德三昧清淨三昧神通遊戲三昧慧炬
三昧莊嚴王三昧淨光明三昧淨藏三昧不
共三昧日旋三昧得如是百千万億恒河沙
等諸大三昧釋迦牟尼佛光照其身即白淨
華宿王智佛言世尊我當往詣娑婆世界礼
拜親近供養釋迦牟尼佛及見文殊師利法
王子菩薩藥王菩薩勇施菩薩宿王華菩薩
上行意菩薩莊嚴王菩薩藥上菩薩尒時淨
華宿王智佛告妙音菩薩汝莫輕彼國生下
劣想善男子彼娑婆世界高下不平土石諸
山穢悪充滿佛身卑小諸菩薩衆其形亦小
而汝身四万二千由旬我身六百八十万由旬
汝身第一端正百千万福光明殊妙是故汝
往莫輕彼國若佛菩薩及國土生下劣想妙
音菩薩白其佛言世尊我今詣娑婆世界

往莫輕彼國若佛菩薩及國土生下劣想妙
音菩薩白其佛言世尊我今詣娑婆世界
皆是如來之力如來神通遊戲如來功德智
慧莊嚴於是妙音菩薩不起于座身不動搖
而入三昧以三昧力於耆闍崛山去法座不
遠化作八万四千衆寶蓮華閻浮檀金爲莖
白銀爲葉金剛爲鬚甄叔迦寶以爲其臺尒
時文殊師利法王子見是蓮華而白佛言世
尊是何因緣先現此瑞有若干千万蓮華
閻浮檀金爲莖白銀爲葉金剛爲鬚甄叔迦
寶以爲其臺尒時釋迦牟尼佛告文殊師利
是妙音菩薩摩訶薩欲從淨華宿王智佛國
與八万四千菩薩圍繞而來至此娑婆世界
供養親近礼拜於我亦欲供養聽法華經文
殊師利白佛言世尊是菩薩種何善本脩何
功德而能有是大神通力行何三昧願爲我等
說是三昧名字我等亦欲勤脩行之行此三
昧乃能見是菩薩色相大小威儀進止唯願
世尊以神通力彼菩薩來令我得見尒時釋
迦牟尼佛告文殊師利此久滅度多寶如來
當爲汝等而現其相時多寶佛告彼菩薩
善男子來文殊師利法王子欲見汝身于時
妙音菩薩於彼國沒與八万四千菩薩俱共發
來所經諸國六種震動皆悉雨於七寶蓮華
百千天樂不鼓自鳴是菩薩目如廣大青蓮
華葉正使和合百千万月其面貌端正復過
於此身真金色無量百千功德莊嚴威德熾
盛光明照曜諸相具足如那羅延堅固之身
入七寶臺上昇虛空去地七多羅樹諸菩薩
衆恭敬圍繞而來詣此娑婆世界耆闍崛山

八七寶臺上昇虛空去地七多羅樹諸菩薩
眾恭敬圍繞而來詣此娑婆世界耆闍崛山
到已下七寶臺以價直百千瓔珞持至釋迦
牟尼佛所頭面禮足奉上瓔珞而白佛言世
尊淨華宿王智佛問訊世尊少病少惱起居
輕利安樂行不四大調和不世事可忍不眾生
易度不無多貪欲瞋恚愚癡嫉妬慳慢不無
不孝父母不敬沙門邪見不善心不攝五情
不世尊眾生能降伏諸魔怨不久滅度多
寶如來在七寶塔中來聽法不又問訊多寶
如來安隱少惱堪忍久住不世尊我今欲見
多寶佛身唯願世尊示我令見爾時釋迦牟
尼佛語多寶佛是妙音菩薩欲得相見時多
寶佛告妙音言善哉善哉汝能為供養釋迦
牟尼佛及聽法華經并見文殊師利等故來
至此爾時華德菩薩白佛言世尊是妙音菩
薩種何善根修何功德有是神力佛告華德
菩薩過去有佛名雲雷音王多陀阿伽度阿
羅訶三藐三佛陀國名現一切世間劫名喜
見妙音菩薩於萬二千歲以十萬種伎樂供
養雲雷音王佛并奉上八萬四千七寶鉢以
是因緣果報今生淨華宿王智佛國有是神
力華德於汝意云何爾時雲雷音王佛所妙音
菩薩伎樂供養奉上寶器者豈異人乎今此
妙音菩薩摩訶薩是華德是妙音菩薩已曾
供養親近無量諸佛久殖德本又值恒河沙
等百千萬億那由他佛華德汝但見妙音菩
薩其身在此而是菩薩現種種身處處為
諸眾生說是經典或現梵王身或現帝釋身
或現自在天身或現大自在天身或現天大

諸衆生說是經典或現梵王身或現帝釋身
或現自在天身或現大自在天身或現天大
将軍身或現毗沙門天王身或現轉輪聖王
身或現諸小王身或現長者身或現居士身
或現宰官身或現婆羅門身或現比丘比丘
尼優婆塞優婆夷身或現長者居士婦女身
或現宰官婦女身或現婆羅門婦女身或現
童男童女身或現天龍夜叉乾闥婆阿脩羅
迦樓羅緊那羅摩睺羅伽人非人等身而說
是經諸有地獄餓鬼畜生及衆難處皆能救
濟乃至於王後宮變為女身而說是經華德
是妙音菩薩能救護娑婆世界諸衆生者是
妙音菩薩如是種種變化現身在此娑婆國
土為諸衆生說是經典於神通變化智慧无
所損減是菩薩以若干智慧明照娑婆世界
令一切衆生各得所知於十方恒河沙世界中
亦復如是若應以聲聞形得度者現聲聞
形而為說法應以辟支佛形得度者現辟支
佛形而為說法應以菩薩形得度者現菩薩
形而為說法應以佛形得度者即現佛形而
為說法如是種種隨所應度而為現形乃至
應以滅度而得度者示現滅度華德妙音菩
薩摩訶薩成就大神通智慧之力其事如是
尒時華德菩薩白佛言世尊是妙音菩薩深
種善根世尊是菩薩住何三昧而能如是在
所變現度脫衆生佛告華德菩薩善男子其
三昧名現一切色身妙音菩薩住是三昧中
能如是饒益无量衆生說是妙音菩薩品時與
妙音菩薩俱来者八万四千人皆得現一切色

務本 084 號 2 妙法蓮華經卷十八及題記（擬）（印章）
印文：德化李氏凡將閣珍藏

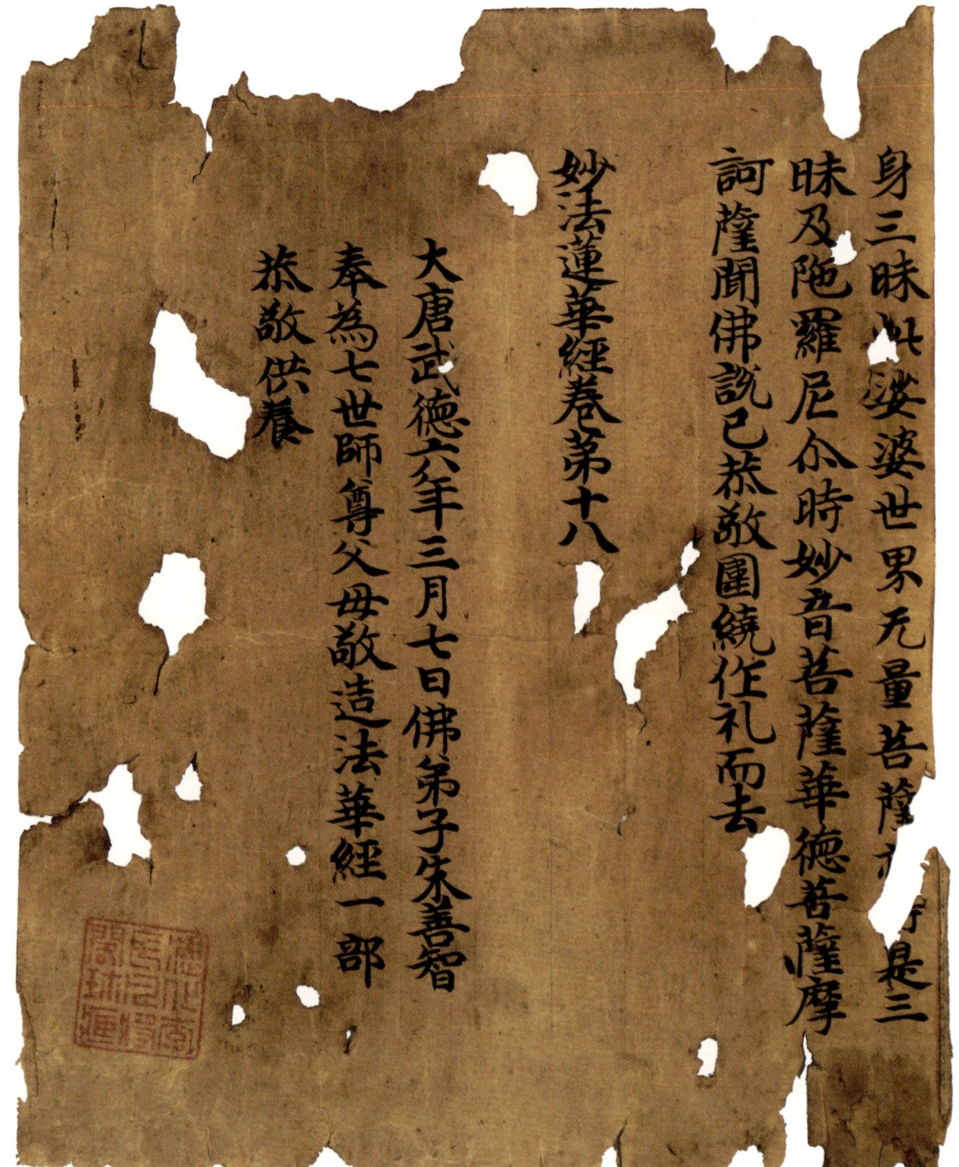

務本 084 號 2 妙法蓮華經卷十八及題記（擬）（05-05）

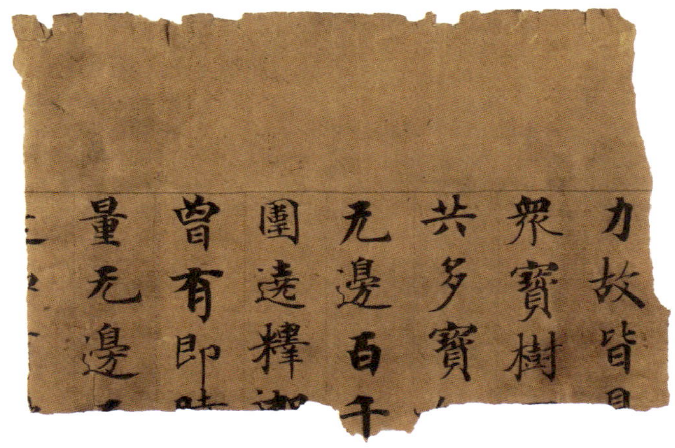

務本 084 號背 裱補紙殘片（擬）（14–01）

務本 084 號背 裱補紙殘片（擬）（14–02）

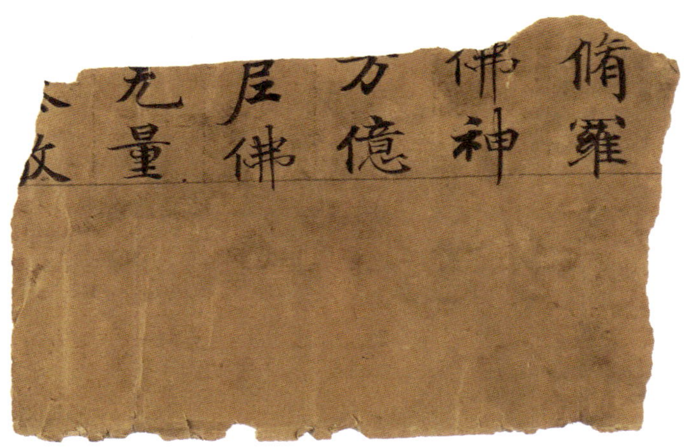

務本 084 號背 裱補紙殘片（擬）（14–03）

務本 084 號背 裱補紙殘片（擬）（14–04）

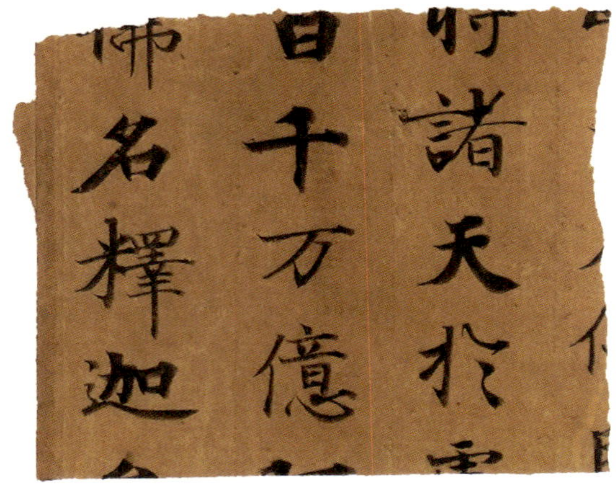

務本 084 號背 裱補紙殘片（擬）（14-05）

務本 084 號背 裱補紙殘片（擬）（14-06）

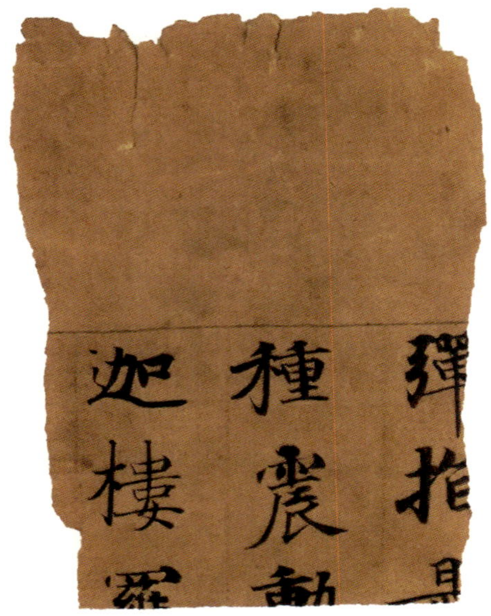

務本 084 號背 裱補紙殘片（擬）（14-07）

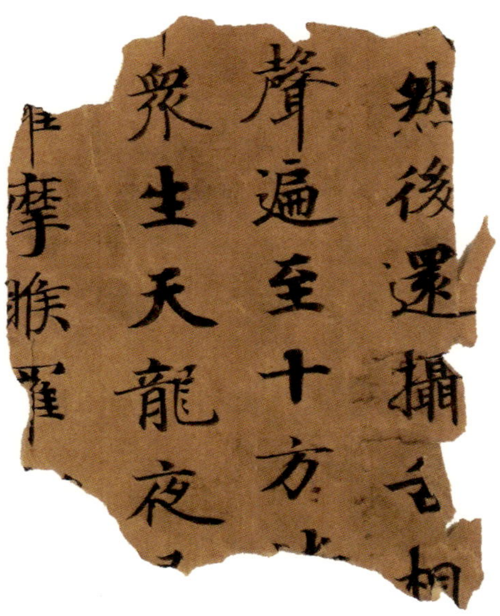

務本 084 號背 裱補紙殘片（擬）（14-08）

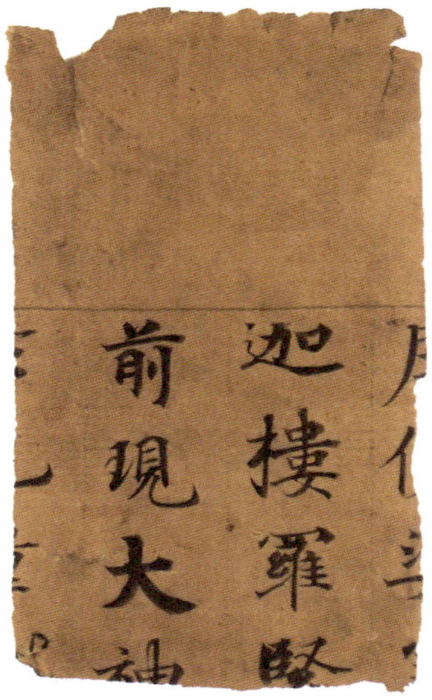
迦樓羅
前現大

務本 084 號背 裱補紙殘片（擬）（14–09）

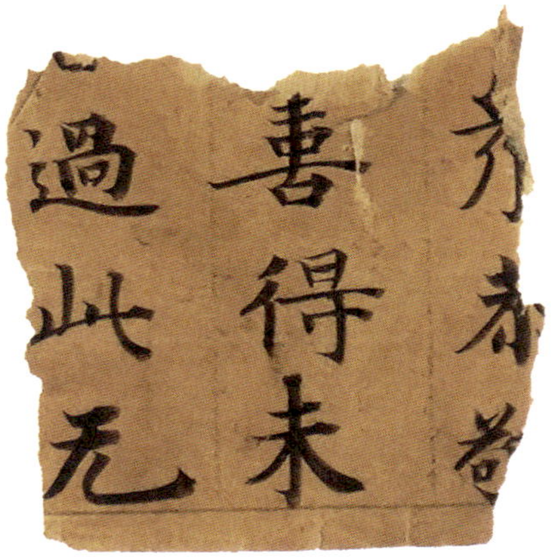
書得未
過此无

務本 084 號背 裱補紙殘片（擬）（14–10）

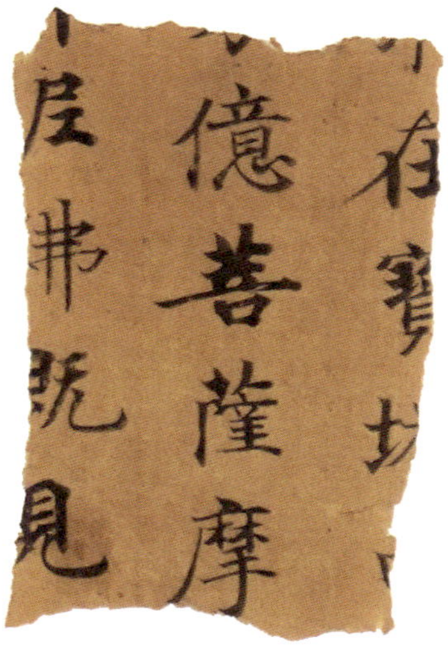
億菩薩摩
佛既見

務本 084 號背 裱補紙殘片（擬）（14–11）

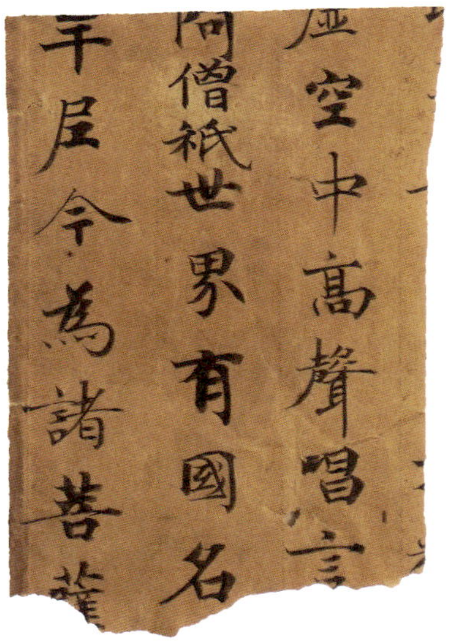
虛空中高聲唱言
阿僧祇世界有國名
尼今為諸菩

務本 084 號背 裱補紙殘片（擬）（14–12）

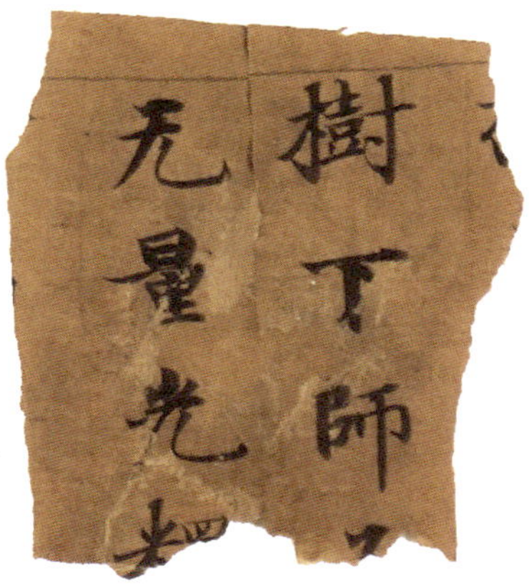
樹下師
无量光

務本 084 號背 裱補紙殘片（擬）（14–13）

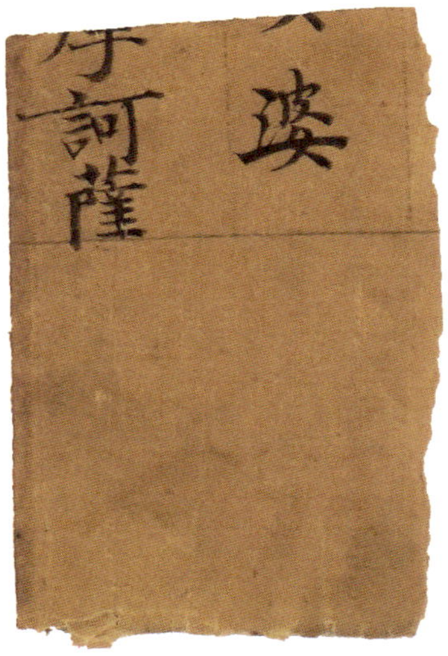
娑
訶薩

務本 084 號背 裱補紙殘片（擬）（14–14）

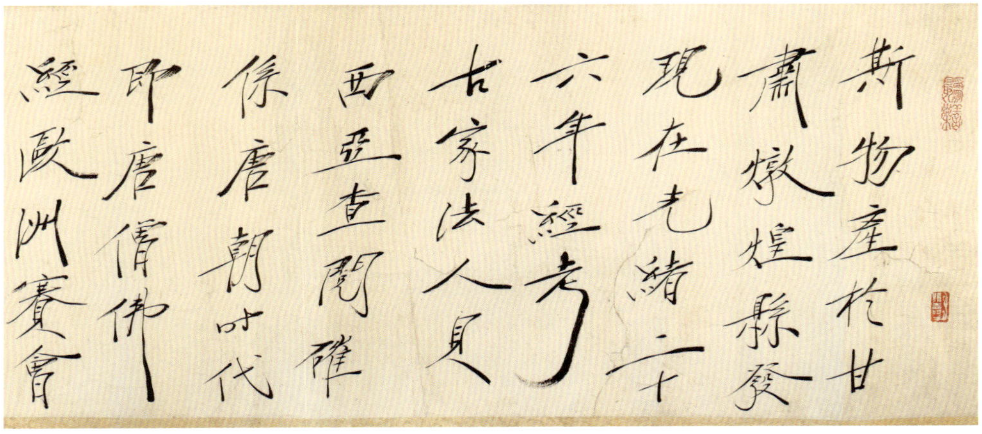

斯物産於甘
肅燉煌縣發
現在光緒二十
六年經考
古家法人貝
西亞查閱確
係唐朝时代
即唐僧佛
經歐洲賽會

務本 085 號 釋摩男經玉池（題跋）

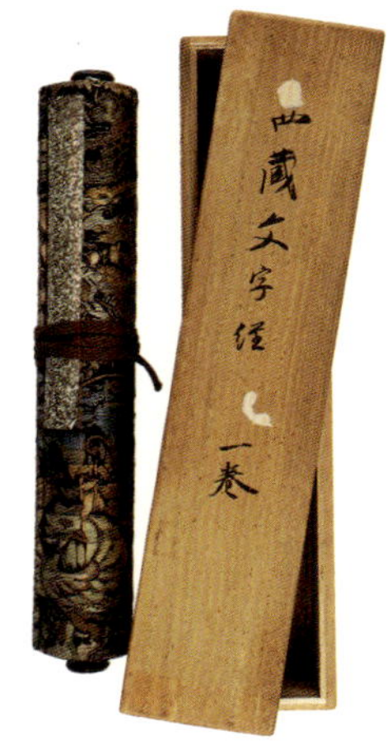

務本 085 號 釋摩男經（外觀）

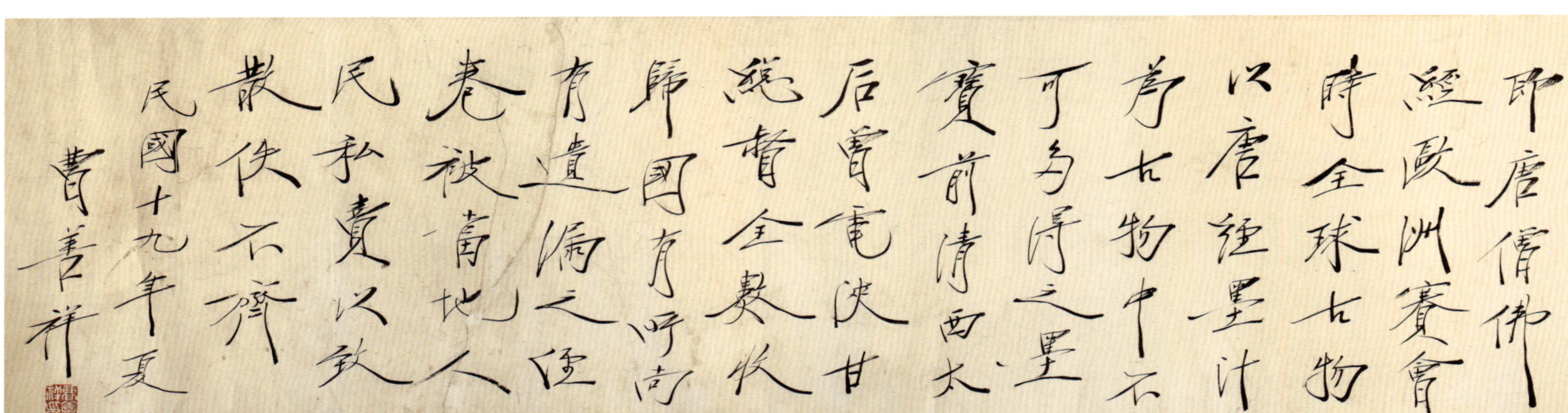

即唐僧佛
經歐洲賽會
時全球古物
以唐經墨汁
為古物中不
可多得之墨
寶前清西太
后曾電決甘
總督全數收
歸國有时尚
有遺漏之經
卷被甯地人
民私賣以致
散佚不齊
民國十九年夏
曹善祥

務本 085 號 釋摩男經玉池（題跋）

唐人寫佛說釋摩男經

著意我自念无有婬態心自為正无有怒態
心自為正无有癡態心自為正我自念常持
是三者意不動何因緣殊不解佛言若婬心怒
心癡心解者何因緣復與妻子共居若有貪
心故其有賢者自思惟雖有經小苦耳久後
大樂與妻子共居須臾樂耳久後大苦其有
賢者知世間樂少苦多佛言諸比丘得阿羅
漢道知世間樂少苦多我故求佛道者但念
世間樂少苦多我為菩薩時常念樂少苦多
摩男言獨佛阿羅漢有是念耳佛告摩男聽
我言以著心中人於世間何等為樂凡有五
樂人所貪意眼貪好色即著心中晝夜念之
以好色貪著耳聞好聲鼻聞好香舌意美味
身得細軟即著心中以好色貪著如是五者
天下人所貪天下樂著皆出是五事知當出
幾何憂世間人或作田家從得生活或作工
師用得生活或作賈市用得生活或作長吏

務本 085 號 釋摩男經（05–01）

幾何憂世間人或作田家從得生活或作工
師用得生活或作賈市用得生活或作長吏
用得生活或作畜牧用得生活或作畫師用
得生活是人寒者忍寒熱者忍熱苦者忍苦
飢者忍飢渴者忍渴俱坐貪意俱忍是寒溫
飢渴自怨言我治生若千歲苦欲死殊不得
錢財與寒苦共居或得病瘦佛告摩男是為
一苦二事者貪婬之意中有人或作田家或
作工師或作市賈或作長吏或作畜牧或作
畫師行治生忍寒熱飢渴致貪錢財以得富
饒復懷憂恐畏縣官亡其錢財或恐火起燒
其錢財或恐乘船沒亡其錢財或恐賊劫
取其錢財或恐貿賣亡其錢財或恐負家親
屬持毒藥毒之或親子散亡錢財是人常與
重憂共居晝夜懷憂无有解已時中復有人
持錢財行或逢縣官或逢水火或貿賣財物
不還或埋置地中不知其處或有來誣謗之
或有親子用父錢財其人自念言我從少小
治生忍寒熱飢渴忍勤苦致錢財今復亡失
從是憂念或病或死皆坐財故是皆貪意
五樂所致是為二苦三事者世間人坐錢父與
子諍兄與弟諍夫與婦諍或知識朋友共諍或
諸家內外共諍背後相說惡露是皆貪樂所
致世間人坐錢財故王者與王者鬬道人與
道人鬬田家與田家鬬工師與工師鬬皆坐
錢財故口相罵杖相搥刀相斫或相傷殺皆

務本 085 號 釋摩男經（05–02）

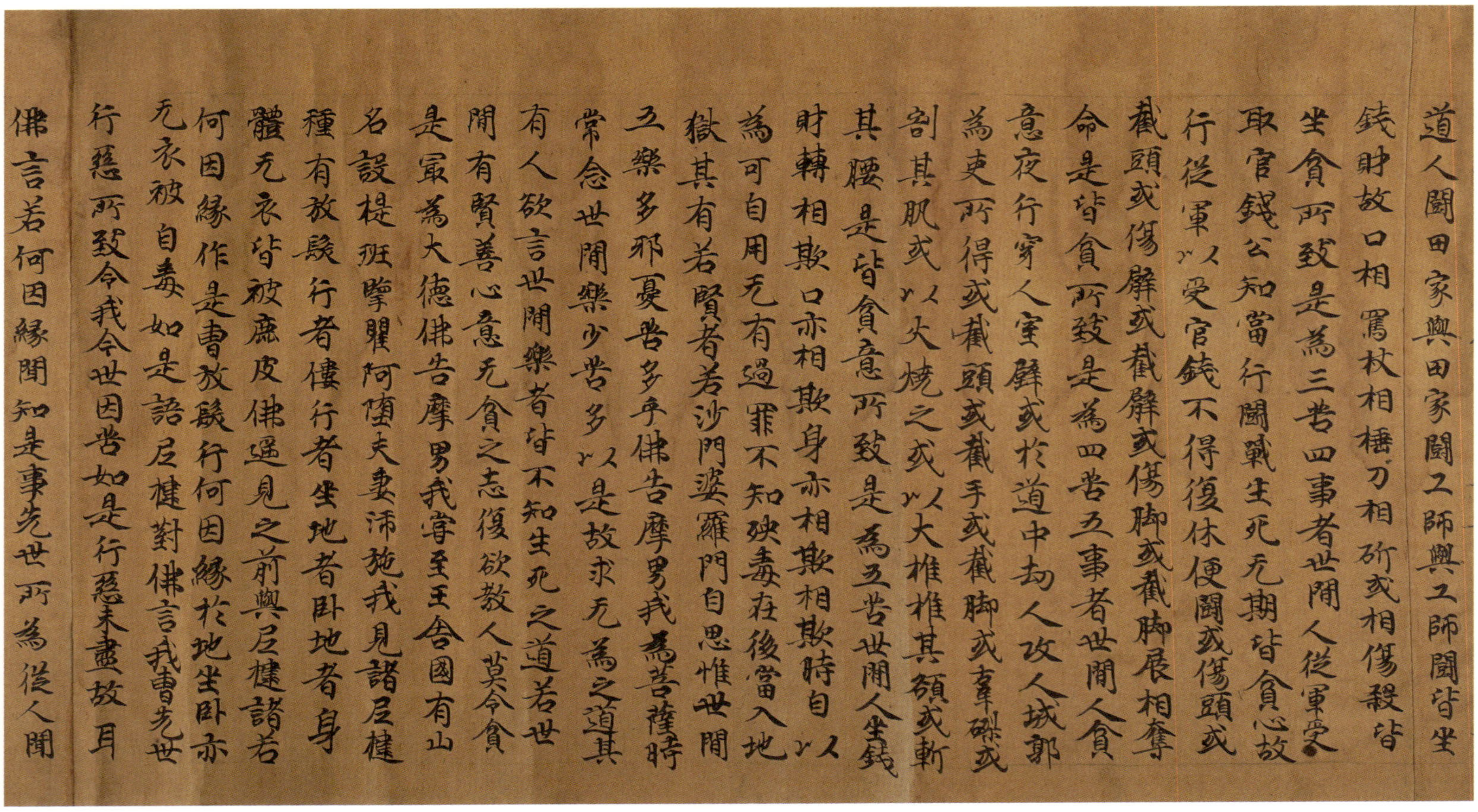
道人鬪田家與田家鬪工師與工師鬪皆坐
錢財故口相罵杖相棰刀相斫或相傷殺皆
坐貪所致是為三苦四事者世間人從軍受
取官錢公知當行鬪戰生死无期皆貪心故
行從軍以受官錢不得復休便鬪或傷頭或
截頭或傷髀或截髀或傷脚或截脚展相奪
命是皆貪所致是為四苦五事者世間人貪
意夜行穿人室壁或於道中劫人攻人城郭
為吏所得或截頭或截手或截脚或車轢或
剖其肌或以火燒之或以大椎椎其頸或斬
其腰是皆貪意所致是為五苦世間人坐錢
財轉相欺口亦相欺身亦相欺相欺時自以
為可自用无有過罪不知殃毒在後當入地
獄其有若賢者若沙門婆羅門自思惟世間
五樂多邪憂苦多乎佛告摩男我為菩薩時
常念世間樂少苦多以是故求无為之道其
有人欲言世間樂者皆不知生死之道若世
間有賢善心意无貪之志復欲教人莫令貪
是最為大德佛告摩男我嘗至王舍國有山
名設提班擘瞿阿墮夫妻沛施我見諸尼揵
種有放髮行者僂行者坐地者卧地者身
體无衣皆被鹿皮佛遥見之前與尼揵諸若
何因緣作是曹放髮行何因緣於地坐卧亦
无衣被自毒如是語尼揵對佛言我曹先世
行惡所致令我今世困苦如是行惡未盡故耳
佛言若何因緣聞知是事先世所為從人聞

務本 085 號 釋摩男經（05-03）

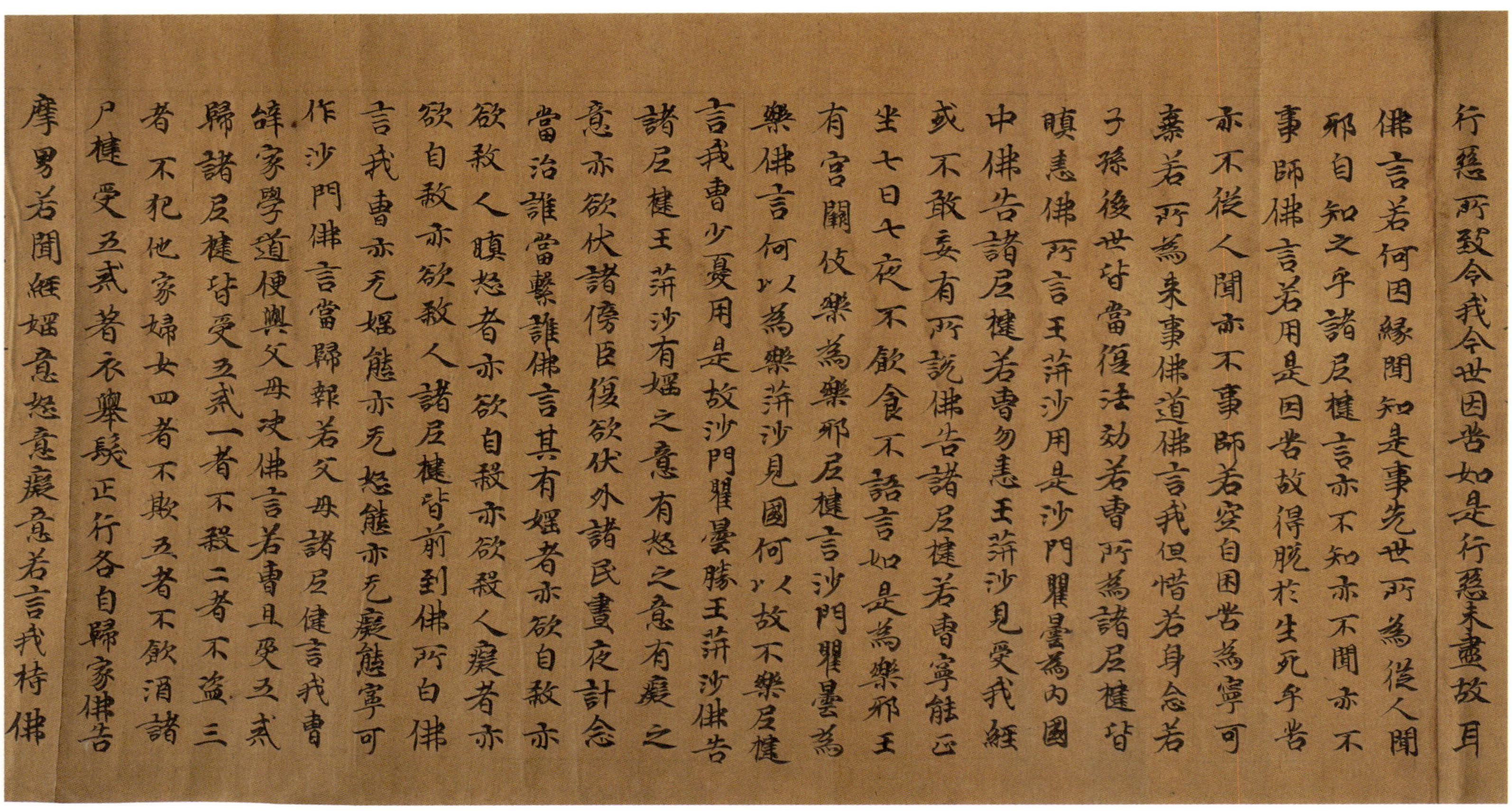
行惡所致令我今世困苦如是行惡未盡故耳
佛言若何因緣聞知是事先世所為從人聞
邪自知之乎諸尼揵言亦不知亦不聞亦不
事師佛言若用是因苦故得脱於生死乎苦
亦不從人聞亦不事師若空自困苦為寧可
棄若所為來事佛道佛言我但惜若身念若
子孫後世皆當復注劫若曹所為諸尼揵皆
瞋恚佛所言王蓱沙用是沙門瞿曇為內國
中佛告諸尼揵若曹勿恚王蓱沙見受我經
或不敢妄有所說佛告諸尼揵若曹寧能正
坐七日七夜不飲食不語言如是為樂邪王
有宮闕伎樂為樂邪尼揵言沙門瞿曇為
樂佛言何以為樂蓱沙見國何以故不樂尼揵
言我曹少憂用是故沙門瞿曇勝王蓱沙佛告
諸尼揵王蓱沙有婬之意有怒之意有癡之
意亦欲伏諸傍臣復欲伏外諸民晝夜計念
當治誰當繫誰佛言其有婬者亦欲自殺亦
欲殺人瞋怒者亦欲自殺亦欲殺人癡者亦
欲自殺亦欲殺人諸尼揵皆前到佛所白佛
言我曹亦无婬態亦无怒態亦无癡態寧可
作沙門佛言當歸報若父母諸尼健言我曹
辭家學道便與父母决佛言若曹且受五戒
歸諸尼揵皆受五戒一者不殺二者不盗三
者不犯他家婦女四者不欺五者不飲酒諸
尸揵受五戒著衣舉髮正行各自歸家佛告
摩男若聞經婬意怒意癡意若言我持佛

務本 085 號 釋摩男經（05-04）

務本 085 號 釋摩男經（印章）
印文：爲善最樂　賜壽　曹善祥印

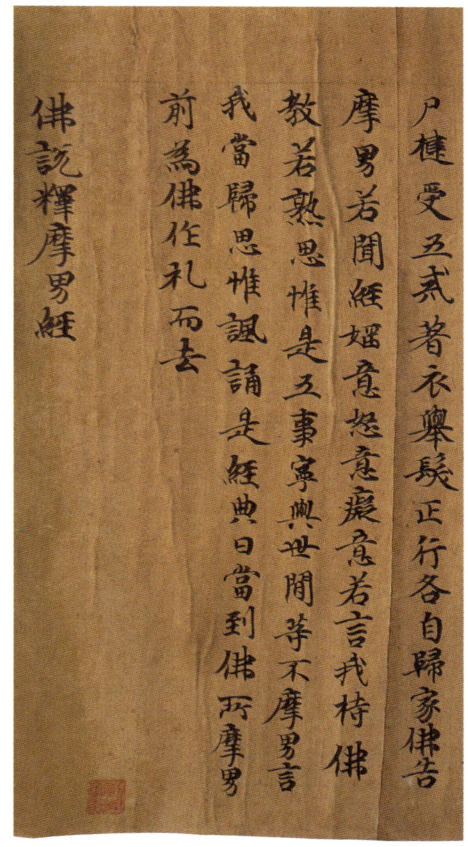

尸揵受五戒著衣舉髮正行各自歸家佛告
摩男若聞經媱意怒意癡意若言我持佛
教若熟思惟是五事寧與世間等不摩男言
我當歸思惟諷誦是經典日當到佛所摩男
前爲佛作礼而去
佛説釋摩男經

務本 085 號 釋摩男經（05–05）

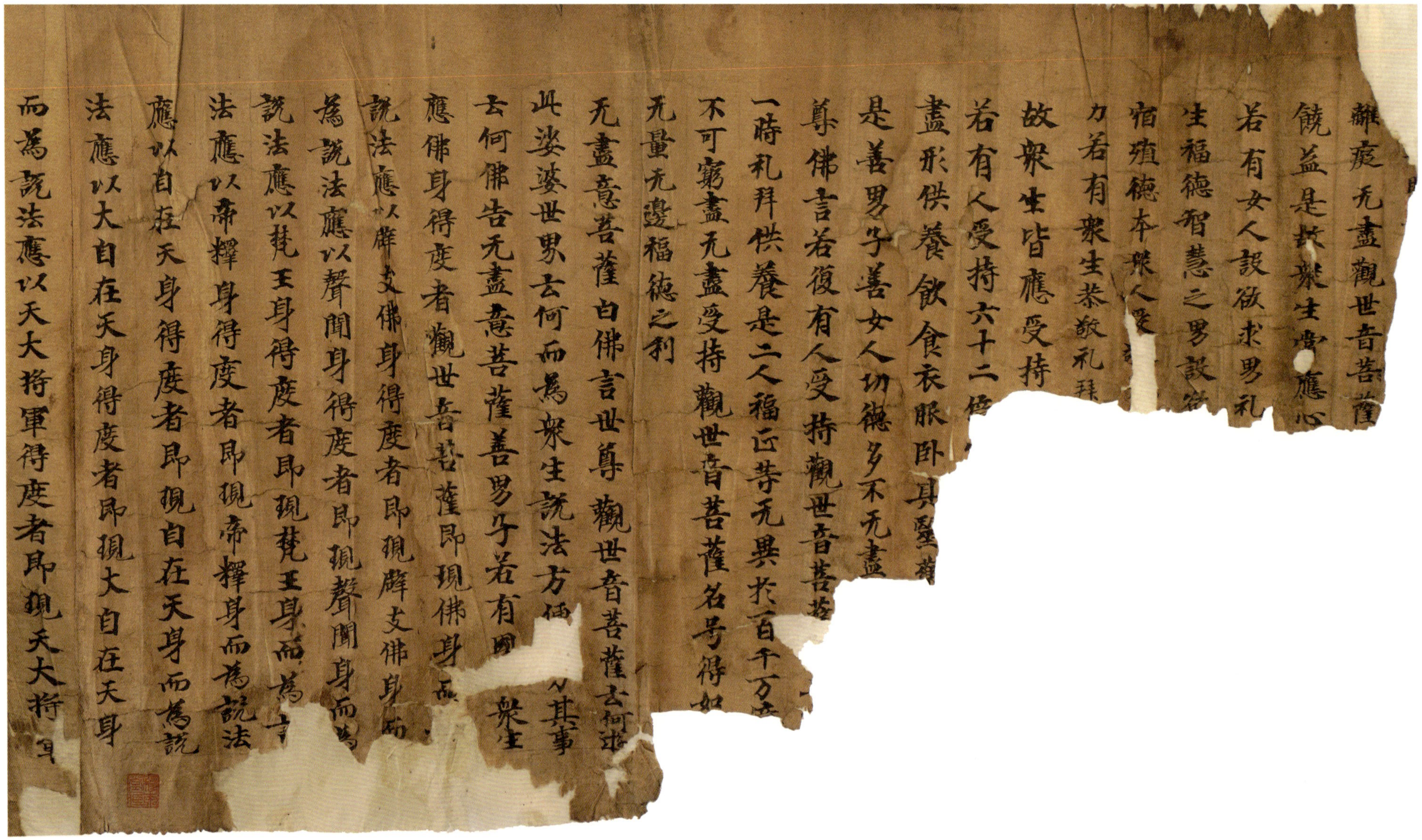
難癡无盡觀世音菩薩
饒益是故衆生常應心
若有女人設欲求男礼
生福德智慧之男設欲
宿殖德本衆人愛敬
力若有衆生恭敬礼拜
故衆生皆應受持
若有人受持六十二億
盡形供養飲食衣服卧具醫藥
是善男子善女人功德多不无盡
尊佛言若復有人受持觀世音菩薩
一時礼拜供養是二人福正等无異於百千万劫
不可窮盡无盡受持觀世音菩薩名号得如
无量无邊福德之利
无盡意菩薩白佛言世尊觀世音菩薩云何遊
此娑婆世界云何而為衆生說法方便之力其事
云何佛告无盡意菩薩善男子若有國土衆生
應佛身得度者觀世音菩薩即現佛身而
說法應以辟支佛身得度者即現辟支佛身而
為說法應以聲聞身得度者即現聲聞身而為
說法應以梵王身得度者即現梵王身而為說
法應以帝釋身得度者即現帝釋身而為說法
應以自在天身得度者即現自在天身而為說
法應以大自在天身得度者即現大自在天身
而為說法應以天大將軍得度者即現天大將軍

法應以大自在天身得度者即現大自在天身
而爲說法應以天大將軍得度者即現天大將軍
身而爲說法應以毗沙門身得度者即現毗沙門
身而爲說法應以小王身得度者即現小王身而
爲說法應以長者身得度者即現長者身而爲
說法應以居士身得度者即現居士身而爲說
法應以宰官身得度者即現宰官身而爲說
法應以婆羅門身得度者即現婆羅門身而爲說
法應以比丘比丘尼優婆塞優婆夷身得度者
即現比丘比丘尼優婆塞優婆夷身而爲說法應
以長者居士宰官婆羅門婦女身得度者即現
婦女身而爲說法應以童男童女身得度者
即現童男童女身而爲說法應以天龍夜叉乾
闥婆阿脩羅迦樓羅緊那羅摩睺羅伽人非人等
身得度者即皆現之而爲說法應以執金剛神
得度者即現執金剛神而爲說法无盡意是觀
世音菩薩成就如是功德以種種形遊諸國土度
脫衆生是故汝等應當一心供養觀世音菩薩
是觀世音菩薩摩訶薩於怖畏急難之中能施
无畏是故此娑婆世界皆号之爲施无畏者无盡
意菩薩白佛言世尊我今當供養觀世音菩薩
即解頸衆寶珠瓔珞價直百千兩金而以與之作
是言仁者受此法施珎寶瓔珞時觀世音菩薩不
肯受之无盡意復白觀世音菩薩言仁者愍我
等故受此瓔珞尒時佛告觀世音菩薩當愍此无
盡意菩薩及四衆天龍夜叉乾闥婆阿脩羅迦樓
羅緊那羅摩睺羅伽人非人等故受是瓔珞即
時觀世音菩薩愍諸四衆及於天龍人非人等受
其瓔珞分作二分一分奉釋迦牟尼佛一分奉多寶佛
塔无盡意觀世音菩薩觀世菩薩有如是自在

其瓔珞分作二分一分奉釋迦牟尼佛一分奉多寶佛
塔无盡意觀世音菩薩有如是自在
神力遊於娑婆世界尒時无盡意以偈問曰
世尊妙相具 我今重問彼 佛子何因緣 名為觀世音
具足妙相尊 偈荅无盡意 汝聽觀音行 善應諸方所
弘誓深如海 歷劫不思議 侍多千億佛 發大清淨願
我為汝略說 聞名及見身 心念不空過 能滅諸有苦
假使興害意 推落大火坑 念彼觀音力 火坑變成池
或漂流巨海 龍魚諸鬼難 念彼觀音力 波浪不能沒
或在須弥峯 為人所推墮 念彼觀音力 如日虛空住
或被惡人逐 墮落金剛山 念彼觀音力 不能損一毛
或值怨賊遶 各執刀加害 念彼觀音力 咸即起慈心
或遭王難苦 臨刑欲壽終 念彼觀音力 刀尋段段壞
或囚禁枷鎖 手足被杻械 念彼觀音力 釋然得解脫
呪咀諸毒藥 所欲害身者 念彼觀音力 還著於本人
或遇惡羅刹 毒龍諸鬼等 念彼觀音力 時悉不敢害
或惡獸圍遶 利牙爪可怖 念彼觀音力 疾走無邊方
蚖蛇及蝮蝎 氣毒烟火然 念彼觀音力 尋聲自
雲雷鼓掣電 降雹澍大雨 念彼觀音力 應時
衆生被困厄 无量苦逼身 念彼觀音力 能
具足神通力 廣脩智方便 十方諸國土 无
種種諸惡趣 地獄鬼畜生 生老病死苦 以漸悉令滅
真觀清淨觀 廣大智慧觀 悲觀及慈觀 常願常瞻仰
无垢清淨光 慧日破諸闇 能伏災風火 普明照世間
悲體戒雷震 慈意妙大雲 澍甘露法雨 滅除煩惱焰
諍訟經官處 怖畏軍陣中 念彼觀音力 衆怨悉退散
妙音觀世音 梵音海潮音 勝彼世間音 是故須常念
念念勿生疑 觀世音淨聖 於苦惱死厄 能為作依怙
具一切功德 慈眼視衆生 福聚海无量 是故應頂礼
尒時持地菩薩即從座起前白佛言世尊若有

務本 086 號 觀世音經（印章）
印文：方廣錩審定　務本堂藏

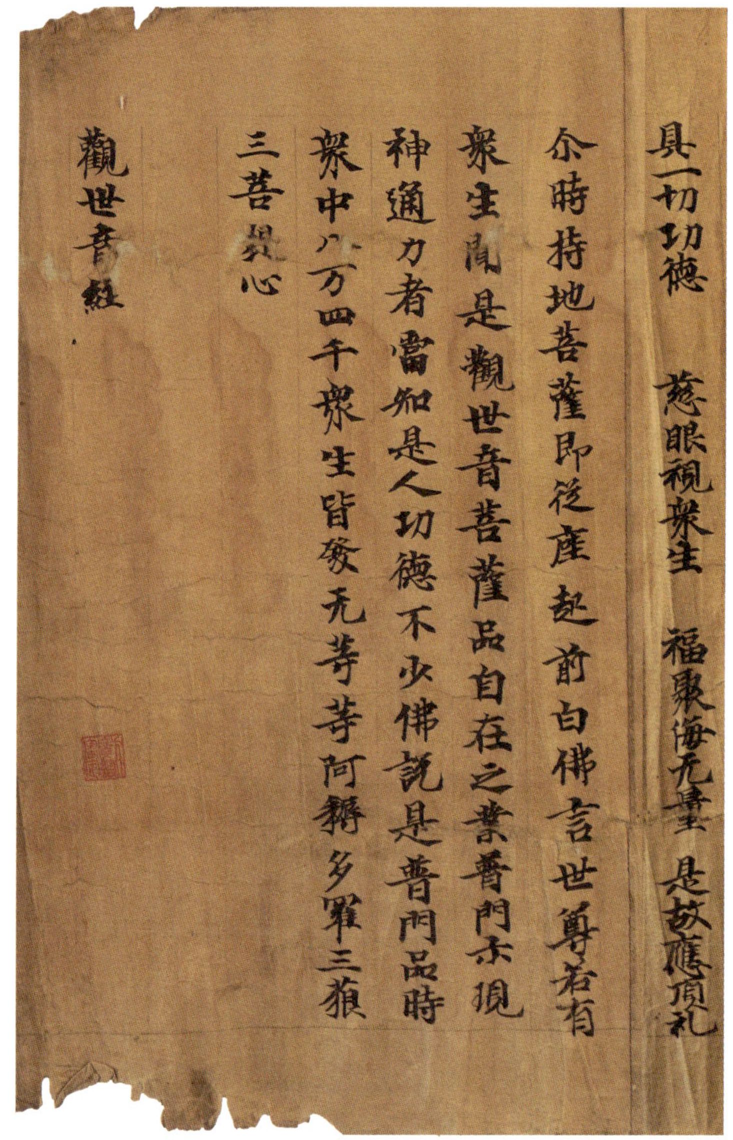

具一切功德　慈眼視衆生　福聚海无量　是故應頂礼
尒時持地菩薩即從座起前白佛言世尊若有
衆生聞是觀世音菩薩品自在之業普門示現
神通力者當知是人功德不少佛說是普門品時
衆中八万四千衆生皆發无等等阿耨多羅三藐
三菩提心
觀世音經

務本 086 號 觀世音經（04-04）

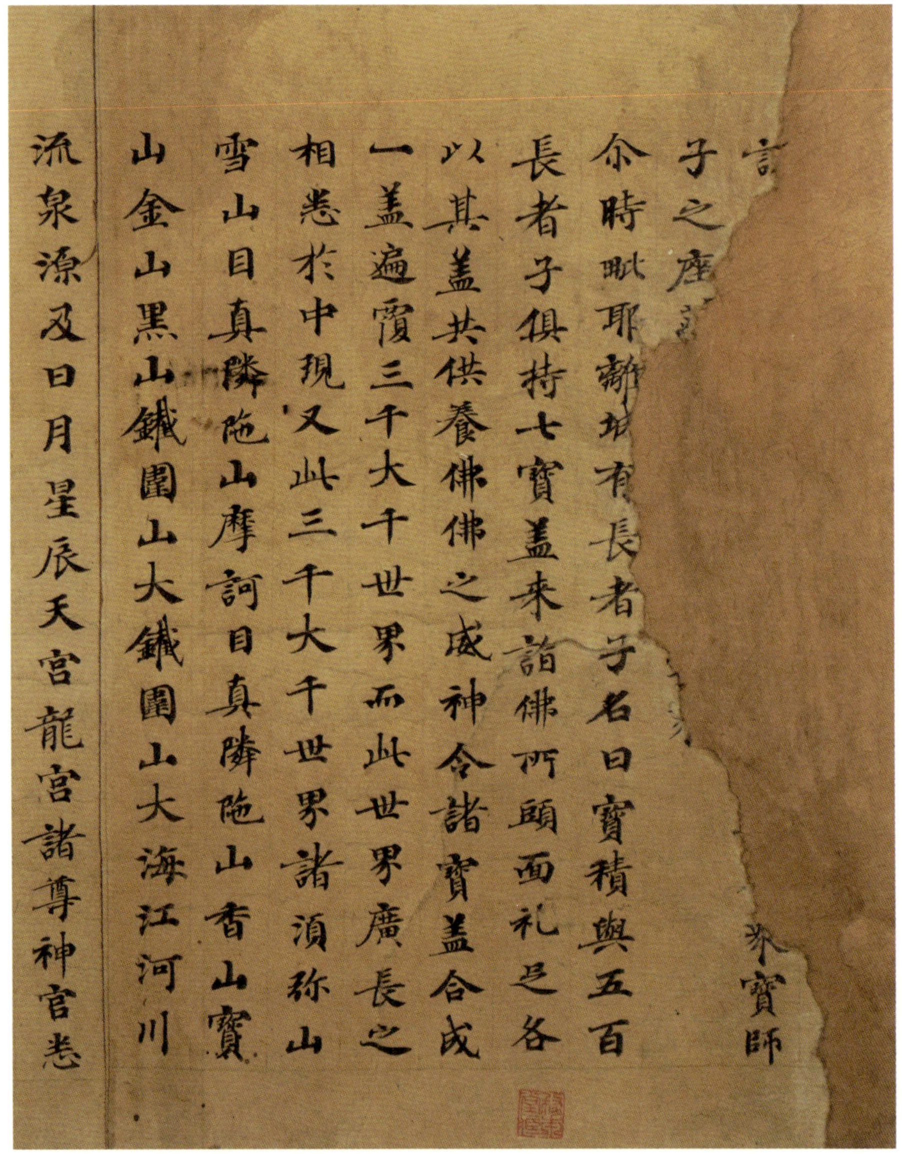
言[illegible]寶師
子之座[illegible]
尒時毗耶離城有長者子名曰寶積與五百
長者子俱持七寶蓋來詣佛所頭面礼足各
以其蓋共供養佛佛之威神令諸寶蓋合成
一蓋遍覆三千大千世界而此世界廣長之
相悉於中現又此三千大千世界諸須弥山
雪山目真隣陁山摩訶目真隣陁山香山寶
山金山黑山鐵圍山大鐵圍山大海江河川
流泉源及日月星辰天宮龍宮諸尊神宮悉

山金山黑山鐵圍山大鐵圍山大海江河川
流泉源及日月星辰天宮龍宮諸尊神宮悉
現於寶蓋中又十方諸佛諸佛說法亦現於
寶蓋中尒時一切大衆覩佛神力嘆未曾有
合掌礼佛瞻仰尊顏目不暫捨長者子寶積
即於佛前以偈頌曰
目淨脩廣如青蓮　心淨已度諸禪定
久積淨業稱无量　導衆以寂故稽首
既見大聖以神變　普現十方无量土
其中諸佛演說法　於是一切悉見聞
法王法力超群生　常以法財施一切
能善分別諸法相　於第一義而不動
已於諸法得自在　是故稽首此法王
說法不有亦不无　以因緣故諸法生
无我无造无受者　善惡之業亦不亡
始在佛樹力降魔　得甘露滅覺道成
已无心意无受行　而悉摧伏諸外道
三轉法輪於大千　其輪本來常清淨
天人得道此爲證　三寶於是現世間
以斯妙法濟群生　一受不退常寂然
度老病死大醫王　當礼法海德无邊
毀譽不動如須弥　於善不善等以慈
心行平等如虛空　孰聞人寶不敬承
今奉世尊此微蓋　於中現我三千界
諸天龍神所居宮　乾闥婆等及夜叉
悉見世間諸所有　十力哀現是化變
衆覩希有皆嘆佛　今我稽首三界尊
大聖法王衆所歸　淨心觀佛靡不欣
各見世尊在其前　斯則神力不共法
佛以一音演說法　衆生隨類各得解

各見世尊在其前　斯則神力不共法
佛以一音演說法　衆生隨類各得解
皆謂世尊同其語　斯則神力不共法
佛以一音演說法　衆生各各隨所解
普得受行獲其利　斯則神力不共法
佛以一音演說法　或有恐畏或歡喜
或生厭離或斷疑　斯則神力不共法
稽首十力大精進　稽首已得无所畏
稽首住於不共法　稽首一切大導師
稽首能斷衆結縛　稽首已到於彼岸
稽首能度諸世間　稽首永離生死道
悉知衆生來去相　善於諸法得解脫
不著世間如蓮華　常善入於空寂行
達諸法相无罣礙　稽首如空无所依
尒時長者子寶積說此偈已白佛言世尊是
五百長者子皆已發阿耨多羅三藐三菩提
心願聞得佛國土清淨唯願世尊說諸菩薩
淨土之行佛言善哉寶積乃能為諸菩薩問
於如來淨土之行諦聽諦聽善思念之當為
汝說於是寶積及五百長者子受教而聽佛
言寶積衆生之類是菩薩佛土所以者何菩
薩隨所化衆生而取佛土隨所調伏衆生而
取佛土隨諸衆生應以何國入佛智慧而取
佛土隨諸衆生應以何國起菩薩根而取佛
土所以者何菩薩取於淨國皆為饒益諸衆
生故譬如有人欲於空地造立宮室隨意无
礙若於虛空終不能成菩薩如是為成就衆
生故願取佛國願取佛國者非於空也
寶積當知直心是菩薩淨土菩薩成佛時不
諂衆生來生其國深心是菩薩淨土菩薩成

寶積當知直心是菩薩淨土菩薩成佛時不
諂衆生來生其國深心是菩薩淨土菩薩成
佛時具足功德衆生來生其國菩提心是菩
薩淨土菩薩成佛時大乘衆生來生其國布
施是菩薩淨土菩薩成佛時一切能捨衆生
來生其國持戒是菩薩淨土菩薩成佛時行
十善道滿願衆生來生其國忍辱是菩薩淨
土菩薩成佛時卅二相莊嚴衆生來生其國
精進是菩薩淨土菩薩成佛時勤脩一切功
德衆生來生其國禪定是菩薩淨土菩薩成
佛時攝心不亂衆生來生其國智慧是菩薩
淨土菩薩成佛時正定衆生來生其國四无
量心是菩薩淨土菩薩成佛時成就慈悲喜
捨衆生來生其國四攝法是菩薩淨土菩薩
成佛時解脫所攝衆生來生其國方便是菩
薩淨土菩薩成佛時於一切法方便无礙衆
生來生其國卅七道品是菩薩淨土菩薩成
佛時念處正勤神足根力覺道衆生來生其
國迴向心是菩薩淨土菩薩成佛時得一切
具足功德國土說除八難是菩薩淨土菩薩
成佛時國土无有三惡八難自守戒行不譏
彼闕是菩薩淨土菩薩成佛時國土无有犯
禁之名十善是菩薩淨土菩薩成佛時命不
中夭大富梵行所言誠諦常以耎語眷屬不
離善和諍訟言必饒益不嫉不恚正見衆生
來生其國如是寶積菩薩隨其直心則能發
行隨其發行則得深心隨其深心則意調伏
隨意調伏則如說行隨如說行則能迴向隨
其迴向則有方便隨其方便則成就衆生隨
成就衆生則佛土淨隨佛土淨則說法淨隨

務本087號 維摩詰所說經卷一（13-04）

其迴向則有方便隨其方便則成就衆生隨
成就衆生則佛土淨隨佛土淨則說法淨隨
說法淨則智慧淨隨智慧淨則其心淨隨其
心淨則一切功德淨是故寶積若菩薩欲得
淨土當淨其心隨其心淨則佛土淨
尒時舍利弗承佛威神作是念若菩薩心淨
則佛土淨者我世尊本為菩薩時意豈不淨
而是佛土不淨若此佛知其念即告之言於
意云何日月豈不淨耶而盲者不見對曰不
也世尊是盲者過非日月咎舍利弗衆生罪
故不見如來佛國嚴淨非如來咎舍利弗我
此土淨而汝不見尒時螺髻梵王語舍利弗
勿作是意謂此佛土以為不淨所以者何我
見釋迦牟尼佛土清淨譬如自在天宮舍利
弗言我見此土丘陵坑坎荊蕀砂礫土石諸
山穢惡充滿螺髻梵言仁者心有高下不依
佛慧故見此土為不淨耳舍利弗菩薩於一
切衆生悉皆平等深心清淨依佛智慧則能
見此佛土清淨於是佛以足指按地即時三
千大千世界若干百千珍寶嚴飾譬如寶莊
嚴佛无量功德寶莊嚴土一切大衆歎未曾
有而皆自見坐寶蓮華佛告舍利弗汝且觀
是佛土嚴淨舍利弗言唯然世尊本所不見
本所不聞今佛國土嚴淨悉見佛語舍利弗
我佛國土常淨若此為欲度斯下劣人故示
是衆惡不淨土耳譬如諸天共寶器食隨其
福德飯色有異如是舍利弗若人心淨便見
此土功德莊嚴當佛現此國土嚴淨之時寶
積所將五百長者子皆得无生法忍八万四
千人發阿耨多羅三藐三菩提心佛攝神足

積所將五百長者子皆得无生法忍八万四
千人發阿耨多羅三藐三菩提心佛攝神足
於是世界還復如故求聲聞乘三万二千天
及人知有為法皆悉无常遠塵離垢得法眼
淨八千比丘不受諸法漏盡意解

方便品第二

尒時毗耶離大城中有長者名維摩詰已曾
供養无量諸佛深殖善本得无生忍辯才无
礙遊戲神通逮諸捴持獲无所畏降魔勞怨
入深法門善於智度通達方便大願成就明
了衆生心之所趣又能分別諸根利鈍久於
佛道心已純淑決定大乘諸有所作能善思
量住佛威儀心大如海諸佛咨嗟弟子釋梵
世主所敬欲度人故以善方便居毗耶離資
財无量攝諸貧民奉戒清淨攝諸毀禁以忍
調行攝諸恚怒以大精進攝諸懈怠一心禪
寂攝諸亂意以決定慧攝諸无智雖為白衣
奉持沙門清淨律行雖處居家不著三界示
有妻子常脩梵行現有眷屬常樂遠離雖服
寶飾而以相好嚴身雖復飲食而以禪悅為
味若至博弈戲處輙以度人受諸異道不毀
正信雖明世典常樂佛法一切見敬為供養
中最執持正法攝諸長幼一切治生諧偶雖
獲俗利不以喜悅遊諸四衢饒益衆生入治
正法救護一切入講論處導以大乘入諸學
堂誘開童蒙入諸婬舍示欲之過入諸酒肆
能立其志若在長者長者中尊為說勝法若
在居士居士中尊斷其貪著若在剎利剎利
中尊教以忍辱若在婆羅門婆羅門中尊除
其我慢若在大臣大臣中尊教以正法若在

中尊教以忍辱若在婆羅門婆羅門中尊除
其我慢若在大臣大臣中尊教以正法若在
王子王子中尊示以忠孝若在內官內官中
尊化政宮女若在庶民庶民中尊令興福力
若在梵天梵天中尊誨以勝慧若在帝釋帝
釋中尊示現无常若在護世護世中尊護諸
衆生長者維摩詰以如是等无量方便饒益
衆生其以方便現身有疾以其疾故國王大
臣長者居士婆羅門等及諸王子并餘官屬
无數千人皆往問疾其往者維摩詰因以身
疾廣為說法諸仁者是身无常无強无力无
堅速朽之法不可信也為苦為惱衆病所集
諸仁者如此身明智者所不怙是身如聚沫
不可撮摩是身如泡不得久立是身如焰從
渴愛生是身如芭蕉中无有堅是身如幻從
顛倒起是身如夢為虛妄見是身如影從業
緣現是身如響屬諸因緣是身如浮雲須臾
變滅是身如電念念不住是身无主為如地
是身无我為如火是身无壽為如風是身无
人為如水是身不實四大為家是身為空離
我我所是身无知如草木瓦礫是身无作風
力所轉是身不淨穢惡充滿是身為虛偽雖
假以澡浴衣食必歸磨滅是身為災百一病
惱是身如丘井為老所逼是身无定為要當
死是身如毒蛇如怨賊如空聚陰界諸入所
共合成諸人者此可患猒當樂佛身所以者
何佛身者即法身也從无量功德智慧生從
戒定慧解脫解脫知見生從慈悲喜捨生從
布施持戒忍辱柔和勤行精進禪定解脫三
眛多聞智慧諸波羅蜜生從方便生從六通

布施持戒忍辱柔和勤行精進禪定解脱三
昧多聞智慧諸波羅蜜生從方便生從六通
生從三明生從卅七道品生從止觀生從十
力四无所畏十八不共法生從斷一切不善
法集一切善法生從真實生從不放逸生從
如是无量清淨法生如來身諸仁者欲得佛
身斷一切衆生病者當發阿耨多羅三藐三
菩提心如是長者維摩詰為諸問疾者如應
説法令无數千人皆發阿耨多羅三藐三菩
提心

弟子品第三

尒時長者維摩詰自念寢疾于牀世尊大慈
寧不垂愍佛知其意即告舍利弗汝行詣維
摩詰問疾舍利弗白佛言世尊我不堪任詣
彼問疾所以者何憶念我昔曾於林中宴坐
樹下時維摩詰來謂我言唯舍利弗不必是
坐為宴坐也夫宴坐者不於三界現身意是
為宴坐不起滅定而現諸威儀是為宴坐不
捨道法而現凡夫事是為宴坐心不住内亦
不在外是為宴坐於諸見不動而脩行卅七
品是為宴坐不斷煩惱而入涅槃是為宴坐
若能如是坐者佛所印可時我世尊聞是語
默然而止不能加報故我不任詣彼問疾
佛告大目揵連汝行詣維摩詰問疾目連白
佛言世尊我不堪任詣彼問疾所以者何憶
念我昔入毗耶離大城於里巷中為諸居士
説法時維摩詰來謂我言唯大目連為白衣
居士説法不當如仁者所説夫説法者當如
法説法无衆生離衆生垢故法无有我離我
垢故法无壽命離生死故法无有人前後際

法說法无衆生離衆生垢故法无有我離我
垢故法无壽命離生死故法无有人前後際
斷故法常寂然滅諸相故法離於相无所緣
故法无名字言語斷故法无有說離覺觀故
法无形相如虚空故法无戲論畢竟空故法
无我所離我所故法无分別離諸識故法无
有比无相待故法不屬因不在緣故法同法
性入諸法故法隨於如无所隨故法住實際
諸邊不動故法无動搖不依六塵故法无去
来常不住故法順空隨无相應无作法離好
醜法无增損法无生滅法无所歸法過眼耳
鼻舌身心法无高下法常住不動法離一切
觀行唯大目連法相如是豈可說乎夫說法
者无說无示其聽法者无聞无得譬如幻士
為幻人說法當建是意而為說法當了衆生
根有利鈍善於知見无所罣礙以大悲心讚
于大乘念報佛恩不斷三寶然後說法維摩
詰說是法時八百居士發阿耨多羅三藐三
菩提心我无此辯是故不任詣彼問疾
佛告大迦葉汝行詣維摩詰問疾迦葉白佛
言世尊我不堪任詣彼問疾所以者何憶念
我昔於貧里而行乞食時維摩詰来謂我言
唯大迦葉有慈悲心而不能普捨豪富從貧
乞迦葉住平等法應次行乞食為不食故應
行乞食為壞和合相故應取摶食為不受故
應受彼食以空聚想入於聚落所見色與盲
等所聞聲與響等所齅香與風等所食味不
分別受諸觸如智證知諸法如幻相无自性
无他性本自不然今則无滅迦葉若能不捨
八邪入八解脫以邪相入正法以一食施一

无他性本自不然今則无滅迦葉若能不捨
八邪入八解脱以邪相入正法以一食施一
切供養諸佛及衆賢聖然後可食如是食者
非有煩惱非離煩惱非入定意非起定意非
住世間非住涅槃其有施者无大福无小福
不為益不為損是為正入佛道不依聲聞迦
葉若如是食為不空食人之施也時我世尊
聞説是語得未曾有即於一切菩薩深起敬
心復作是念斯有家名辯才智慧乃能如是
其誰不發阿耨多羅三藐三菩提心我從是
來不復勸人以聲聞辟支佛行是故不任詣
彼問疾
佛告須菩提汝行詣維摩詰問疾須菩提白
佛言世尊我不堪任詣彼問疾所以者何憶
念我昔入其舍從乞食時維摩詰取我鉢盛
滿飯謂我言唯須菩提若能於食等者諸法
亦等諸法等者於食亦等如是行乞乃可取
食若須菩提不斷婬怒癡亦不與俱不壞於
身而隨一相不滅癡愛起於明脱以五逆相
而得解脱亦不解不縛不見四諦非不見諦
非得果非非凡夫非離凡夫法非聖人非不聖
人雖成就一切法而離諸法相乃可取食若
須菩提不見佛不聞法彼外道六師富蘭那
迦葉末伽梨拘賖梨子刪闍夜毗羅胝子阿
耆多翅舍欽婆羅迦羅鳩䭾迦旃延尼揵陁
若提子等是汝之師因其出家彼師所墮汝
亦隨墮乃可取食若須菩提入諸邪見不到
彼岸住於八難不得无難同於煩惱離清淨
法汝得无諍三昧一切衆生亦得是定其施
汝者不名福田供養汝者墮三惡道為與衆

法汝得无諍三昧一切衆生亦得是定其施
汝者不名福田供養汝者墮三惡道為與衆
魔共一手作諸勞侶汝與衆魔及諸塵勞等
无有異於一切衆生而有怨心謗諸佛毀於
法不入衆數終不得滅度汝若如是乃可取
食時我世尊聞說此語茫然不識是何言不
知以何荅便置鉢欲出其舍維摩詰言唯須
菩提取鉢勿懼於意云何如來所作化人若以
是事詰寧有懼不我言不也維摩詰言一切
諸法如幻化相汝今不應有所懼也所以者
何一切言說不離是相至於智者不著文字
故无所懼何以故文字性離无有文字是則
解脫解脫相者則諸法也維摩詰說是法時
二百天子得法眼淨故我不任詣彼問疾
佛告富樓那彌多羅尼子汝行詣維摩詰問
疾富樓那白佛言世尊我不堪任詣彼問疾
所以者何憶念我昔於大林中在一樹下為
諸新學比丘說法時維摩詰來謂我言唯富
樓那先當入定觀此人心然後說法无以穢
食置於寶器當知是比丘心之所念无以瑠
璃同彼水精汝不能知衆生根源无得發起
以小乘法彼自无瘡勿傷之也欲行大道莫
示小徑无以大海內於牛跡无以日光等彼
螢火富樓那此比丘久發大乘心中忘此意
如何以小乘法而教導之我觀小乘智慧微
淺猶如盲人不能分別一切衆生根之利鈍
時維摩詰即入三昧令此比丘自識宿命曾
於五百佛所殖衆德本迴向阿耨多羅三藐
三菩提即時豁然還得本心於是諸比丘稽
首礼維摩詰足時維摩詰因為說法於阿耨

三菩提即時豁然還得本心於是諸比丘稽
首礼維摩詰足時維摩詰因為説法於阿耨
多羅三藐三菩提不復退轉我念聲聞不觀
人根不應説法是故不任詣彼問疾
佛告摩訶迦旃延汝行詣維摩詰問疾迦旃
延白佛言世尊我不堪任詣彼問疾所以者
何憶念昔者佛為諸比丘略説法要我即於
後敷演其義謂无常義苦義空義无我義寂
滅義時維摩詰来謂我言唯迦旃延无以生
滅心行説實相法迦旃延諸法畢竟不生不
滅是无常義五受陰洞達空无所起是苦義
諸法究竟无所有是空義於我无我而不二
是无我義法本不然今則无滅是寂滅義説
是法時彼諸比丘心得解脫故我不任詣彼
問疾
佛告阿那律汝行詣維摩詰問疾阿那律白
佛言世尊我不堪任詣彼問疾所以者何憶
念我昔於一處經行時有梵王名曰嚴淨與
万梵俱放淨光明来詣我所稽首作礼問我
言幾何阿那律天眼所見我即荅言仁者吾
見此釋迦牟尼佛土三千大千世界如觀掌
中阿摩勒菓時維摩詰来謂我言唯阿那律
天眼所見為作相耶无作相耶假使作相則
與外道五通等若无作相即是无為不應有
見世尊我時默然彼諸梵聞其言得未曾有
即為作礼而問曰世孰有真天眼者維摩詰
言有佛世尊得真天眼常在三昧悉見諸佛
國不以二相於是嚴淨梵王及其眷屬五百
梵天皆發阿耨多羅三藐三菩提心礼維摩
詰足已忽然不現故我不任詣彼問疾

梵天皆發阿耨多羅三藐三菩提心礼維摩
詰足已忽然不現故我不任詣彼問疾
佛告優波離汝行詣維摩詰問疾優波離白
佛言世尊我不堪任詣彼問疾所以者何憶
念昔者有二比丘犯律行以為恥不敢問佛
來問我言唯優波離我等犯律誠以為恥不
敢問佛願解疑悔得免斯咎我即為其如法
解說時維摩詰來謂我言唯優波離无重增
此二比丘罪當直除滅勿擾其心所以者何
彼罪性不在內不在外不在中間如佛所說
心垢故衆生垢心淨故衆生淨心亦不在內
不在外不在中間如其心然罪垢亦然諸法
亦然不出於如如優波離以心相得解脫時
寧有垢不我言不也維摩詰言一切衆生心
相无垢亦復如是唯優波離妄想是垢无妄
想是淨顛倒是垢无顛倒是淨取我是垢不
取我是淨優波離一切法生滅不住如幻如
電諸法不相待乃至一念不住諸法皆妄見
如夢如焰如水中月如鏡中像以妄想生其
知此者是名奉律其知此者是名善解於是
二比丘言上智哉是優波離所不及持律之
上而不能說我荅言自捨如來未有聲聞及
菩薩能制其樂說之辯其智慧明達為若此
也時二比丘疑悔即除發阿耨多羅三藐三
菩提心作是願言令一切衆生皆得是辯故
我不任詣彼問疾

證明經
安陸郭下寳定坊人黃仕強歷年久患去
永徽三年十月內午時忽見四个箇鬼來取一
人捉文書一人捉頭㨾二人捉兩臂即牽將去初
入一土城即入一銅城又入一銀城復入一金城將至
廳階下即見閻羅王王口處分遣入賭胎仕強
踈不伏云仕生小以來不食雜賭肉今遣仕入
賭胎仕實不伏王即語捉文書人云我遣汝
取煞賭仕何因將不煞賭人來此名同姓別何
因浪追他來王又處分遣付曹司即令勘當
文案有黃仕名字以不捉文書人引出金城
外東迴向曹司見數十間舍皆赤柱白壁
又文案遍滿復有數榻牀皆有案案悉有
褥官人並下唯見一人守文案即問仕是何物
人捉文書人報云王遣將仕來勘當文案有[illegible]
名以不守文案人即語汝等自檢取死等即
共捉文書人報云王遣將來勘當遍尋文
案无名字守文案人即云向錄事頭檢
抄目有无某等至錄事曹司檢无名字
守文案人即令出去官人尋上某即出行
數步乃問守文案人某死來廿許日可得
見不荅云汝毋別有曹不可得見某即
出行十數步許守文案人即喚某任汝

見不荅去汝毋別有曹不可得見某即
出行十數步許守文案人即喚某任汝
有錢不乞我多少我亦汝長生法某報云无
多錢唯有卌文許恐畏矩少守文案人云我亦
不籍多少此亦足即語某汝還家可寫取證明經
三卷即得壽一百廿歲某即去家貧憔煎不
能得且寫一卷得不荅去不得要須三卷始
得成證即放某還出門見懸崖百丈即推某
落遂至某門到屍處被鬼推入屍邊遂得活
平復乃訪此經處處皆无唯得明證經恐非
實本人語某於惠通家有經目錄可檢取无
明證經於雜目錄內檢有此經注云長安雨
寺有此經江淮南有一本某於惠通家子細
尋檢得證明經寫訖此人即目見存操理无
徒百病並除錄此將活

佛為普賢菩薩說此證明經

聞如是一時佛在靈鷲𣘘水邊說此法時分
四千人俱皆是阿羅漢諸漏已盡无復煩惱盡
諸有結所作已辦尒時會中比丘比丘尼優婆
塞優婆夷四部衆等皆來集會一時聽法
歡喜合掌一心奉行作礼而去
尒時普賢菩薩即從坐起整衣服長跪叉手
前白佛言世尊釋迦涅槃後弥勒未興世衆
生有所疑云何為說之願佛分別說汝當至心
聽為汝分別說我說本根原或是先佛身或
是拘樓秦佛身或是无光王佛身或是寶

聽為汝分別說我說本根原或是先佛身或
是拘樓秦佛身或是无光王佛身或是寶
勝佛身或是登明王佛身或是須弥尊王佛
身或是釋迦身我本菩薩特名為阿逸多釋
迦涅槃後先作法王治劫後三十年弥勒正身
下若有所疑如是略說普賢菩薩白佛言世
尊夫一切衆生去何作功德可見弥勒佛弥
勒佛言善男子善女人剃除鬚髮出家學道
而披法服隱居山林坐禪學道頭陁苦行如
是之人等亦得見弥勒若有善男子遠離
恩愛捨家棄俗剃除鬚髮而披法服一心苦行
善行教化為說十善勸人受戒廣為演說慈
悲憐愍度脫生死長發无上菩提之心攏拔危
厄如是菩薩行如是之人等亦得見弥勒善
男子善女人若有造浮啚塔廟講堂精舍
經書形像莫問大小金銀素度隨像大小速
得成就發无上願者如是之人等亦得見弥勒
若有善男子善女人山嶮隘平治道路廣作
義井河汶造浮橋拯濟窮乏如是微妙願亦
得見弥勒若有善男子善女人修持五戒奉行
十善一月六齋為人演說度他自度人我兼度
如是生毛髮善心者菩提无上願如是之人等
亦得見弥勒若有比丘僧剃除鬚髮而披法
服雖受二百五十戒不持且相不如受持十戒
奉持十善捨弥妙衣一心苦行莫生染心遠離恩
愛修持十善一心苦行縄牀錫杖香爐瓶鉢九
十日一移初夜後夜明寅礼拜六時行道連中

廳修持十善一心苦行繩牀錫杖香爐瓶鉢九
十日一移杴夜後夜明冥礼拜六時行道運中
一食精進不動處處落(廾)為人演説朝品暮誦
拯濟群生教子愚癡令出淤泥引道衆生火
宅自燒不能自知我遣良師引導化之方便説
法得出火宅遠離生死遭遇明師譬如病人值
好良藥病即得愈无有苦患持戒懺悔一心
苦行除罪如是之皆發信心不作諸惡長發橀
持守護斷諸煩惱如是之人得道不久皆見
願得入阿耨多羅三藐三菩提无上道意受
弥勒普賢菩薩白佛言世尊執取正法善持
守護拯濟病困若有死受持此經典者病
得除愈若有横官共相牽挽枷鏁繫閉心
中憶念普賢菩薩誦此經一百九遍使令其
官即發慈心廣蕩大赦解脱枷鏁得離横
官无有諸苦若有衆生遠行不歸消息不
通愁憂苦毒煩惱自纏心中憶念普賢菩
薩謂此經典者心中所願无不獲得若有女
人渴乏男女少患兒息亦當讀誦此經典者所願
決得若有女人產生難者心中憶念普賢菩
薩朝暮礼拜受持誦讀此經典者兒則易生
身體平正長命之子辯才勇猛高遷富貴世
世尊榮皆是普賢菩薩威神之力若有衆生
衰亡之後水火災漂鳥鳴百怪野獸入宅如是
諸惟不問邪師一心精進受持此經者衆惡消
除万善普播藥不加身針炙不近皆是普賢
菩薩威神之力若有善男子善女人出家在

除万善普備藥不加身針灸不近皆是普賢
菩薩威神之力若有善男子善女人出家在
家若白衣若道俗多有患難夜夢顛倒出
入恐怖迫窄叫喚忘前失後心中憶念普賢
菩薩讀誦此經典者无有諸患令身安穩
不見諸苦皆是普賢菩薩威神之力若有
善男子若心有願者心中憶念普賢菩薩
受持讀誦行来出入无有諸苦世世值遇善
知識不遭横苦皆是普賢菩薩威神之力何
以意故此普賢菩薩閻浮履地病之良藥此
經閻浮履地厄難橋梁何以意故此經病之良
師如是受持皆是普賢菩薩威神之力尒時
普賢菩薩白佛言世尊欲為衆生說法三稱
南无佛復稱九佛東方王明諸佛南方離垢紫
金沙佛西方无量華佛北方日轉光明王佛上
方香積如来佛下方師子億像佛普光功德山
王佛善住寶王佛若有善男子善女人受持
讀誦此九佛名字不墮横死不遭八難憐愍一
切衆生故即稱七佛名字弟一維衛佛弟二
式佛弟三隨葉佛弟四拘樓秦佛弟五拘那
舍牟尼佛弟六迦葉佛弟七釋迦牟尼佛
一切衆生若在病困中若在厄難中若在大
火中若在耶行惡鬼中若在盡道中山谷
虎狼中若在險路賊盜中若在河津厄難中
常當誦七佛名字患皆消滅何以意故此經
多饒神力往昔過去七十七億諸佛所說陁羅
尼神呪南无佛陁南无達摩南无僧伽南无阿弥

多饒神力往昔過去七十七億諸佛所說陁羅
尼神呪南无佛陁南无達摩南无僧伽南无阿弥
陁佛陁薩婆薩婆菩提薩婆摩訶薩婆阿
利耶耶利耶婆樓薩婆波羅提木叉佛婆豆
久常利河呵迦膩而說呪曰
憐愍一切衆生病困故復稱四天王名字南无
東方提頭賴吒天王南方毗樓勒叉天王西方
毗樓愽叉天王北方毗沙門天王南无達迦摩
拄羅王上方釋梵天王下方轉輪聖王海龍
王須弥山頭阿脩輪王此諸鬼神王等收縛諸
鬼枷鏁諸鬼收録鬼神不得妄近善男子善
女人欲誦此呪時善持五戒不食酒肉不食
葷辛一月六齋年三長齋年三長齋六時行道
心共行可得誦此呪若不行作諸不善行杂
得誦此呪不修十善行此呪還自傷脩持十
善行來四出諸天善神四大天王天龍八部
常來營護受持此呪者皆得阿耨多羅三
藐三菩提道為諸衆生故說鬼神名字若
有優樓頻羅鬼若有毗加鬼若有鳩槃荼鬼
若有毗沙迦鬼若有闍諸鬼我為衆生解說
鬼神名字拄地神者狐狸是山神者蟒蛇是
宅神者老鼠蝙蝠是天神者摩耶是若有東
來鬼若有西來鬼若有南來鬼若有北來鬼
若有東南來鬼若有西南來鬼若有西
北來鬼若有東北來鬼若有上方蜚尸鬼若
有下方遁注鬼若有天神地神鬼若有山林
樹神鬼若有五道之鬼神若有南升北辰鬼

有下方追注鬼若有天神地神鬼若有山林
樹神鬼若有五道之鬼神若有南斗北辰鬼
若有奪人精氣鬼若有奪人魂神鬼若有魄
人魄神鬼若有破家鬼若有遭亶失火鬼
若有青色鬼若有白色鬼若有黃色鬼若
有赤色鬼若有惡眼毒精鬼若有下嗔下
喜鬼若有索酒索肉鬼若有嗜肉鬼若有
入人耳中鬼若有入人鼻中鬼若有入人口中
鬼若有入人十指中鬼若有入人手腳中鬼
若有入人心肝五藏中鬼若有入人百節中鬼若
有千詐鬼若有詐稱鬼若有假名字鬼有七日追
注鬼若有二七日追注鬼若有三七日飛邪鬼若
有四部百怯鬼若有百日伏尸鬼若有病痛
誦此鬼神名字若有小弱難養誦此鬼神名
字若有兒啼驚魍鬼亦誦此鬼神名字此諸
鬼神若不順此呪頭破作七分如阿梨樹枝劑
煞父母重罪使諸鬼神如押油殃頭破作七分
分碎如微塵善男子善女人受持三歸五戒者
善持十善行者誦此鬼神不能中害何以意
故此大陁羅尼神呪威神之力不可思議此
諸惡氣不得遠近衆邪惡鬼亦不得中害
普賢菩薩言若有善男子善女人若能善
持守護此呪者我亦時乘六牙白象雨寶蓮
華從空而下并餘諸天善神四大天王龍神八
部皆來集會蹲跪合掌整衣服說此大陁羅
尼呪時三千世界六種震動外道天魔盡來
歸伏呪山能崩呪河能竭日月崩落三千大

尼呪時三千世界六種震動外道天魔盡来
歸伏呪山能崩呪河能竭日月崩落三千大
千世界六種震動衆魔摧碎猶如微塵衆
魔驚怖无不歸伏善男子善女人受持此陁
羅尼呪者我尒時遣諸天童子常来營護
不墮橫死自欲命終之時普賢菩薩迎其
精神不墮八難得生東方阿閦佛國
尒時普賢菩薩白佛言世尊有何罪人不得
見弥勒佛言善哉善哉聽我為汝略說一者
出家沙門剃除鬚髮假染法服不持具相不
離恩愛背法隨如是之人不得見弥勒二
者出家沙門剃除鬚髮避官役使假披法
服飲酒食肉青黄白赤喜好莊嚴乗騎
馬架鞍絞腰治生販賣江升枕升捻秤前
後大升重稱謂之劫輕秤小升謂之盜如是沙
門等亦不見弥勒三者出家沙門剃除鬚髮
假披法服飲酒食肉偷盜三寶破滅三寶不
持具相作諸不說如是惡行如是之人等亦
不見弥勒四者善根衆生受持五戒不肯習
誦損毀正法信邪倒見作諸不說毀損五戒六
根顛倒如是之人等不得見弥勒五者持戒
假佛威神方便教化毀破形像破大作小破
作大毀破成像斲壞形像破滅三寶如是之
亦不見弥勒六者受持淨戒毀損十善犯此
諸戒飲酒食肉作諸不善毀滅三寶如是之
人等六不見弥勒七者若有愚癡衆生不信
三寶者謗毀正法謗毀比丘僧謗毀優婆

人等六不見彌勒七者若有愚癡衆生不信
三寶者謗毀正法謗毀比丘僧謗毀優婆
塞謗毀優婆夷謗毀三賢四聖掌如正道
斷絕三寶如是之人等亦不見彌勒八者若
有衆生斷官王路破家劫奪焚燒山澤宮
衆生无慈愍心如是之人等不得見彌勒九
者若有衆生高遷富貴輔國大臣假官力
勢斷事不平以直為曲破小作大枉煞良善
侵食万民如是之人等不得見彌勒十者如
是今為汝說若有白衣道俗作是諸惡无
慙无愧牛馬畜生猶如禽獸如是之人高鼻
地獄從閻至閻輪迴六道无有出期

佛說香火本因緣經第二

香火之本七佛所說尒時七佛在白淨天中
佛之頭領空王如來上首空王佛弟二雲雷音
宿王華智佛弟二白淨王如來佛弟五寶柱
蓮華佛弟六无根王佛弟七受記彌勒尊
佛七佛運會初首結願在白淨天中又會結
願靈鷲山中又會結願紫微山中又會結願
者閻水尒時宮王發柔軟制令名諸方菩薩
北方有十恒河沙菩薩各乘六牙白象手賷
珎寶金華來詣佛所尒時東方亦有十恒河
沙菩薩亦乘六牙白象雨寶蓮華來詣佛
所尒時南方復有十恒河沙菩薩亦乘六牙
白象賷寶冠瓔珞來詣佛所尒時西方復有
十恒河沙菩薩亦乘六牙白象各賷菩提雜
華來詣佛所尒時上方有十恒河沙菩薩乘

十恒河沙菩薩亦乘六牙白象各賫菩提雜
華來詣佛所尒時上方有十恒河沙菩薩乘
空空國師子慇重之心來詣佛所尒時從地
踊出頭戴珎寶各作是言聞佛結願歡喜
集會當六方菩薩集會之時山河大地六種
震動尒時衆魔心情不寧以佛神力善哉正
法尒時白淨王如來歡喜受教白空王如來各
作是言无有閻浮履地衆生无緣有緣為
八方菩薩上首皆行西方无量壽佛弟子大
慈觀世音此大菩薩與閻浮履地拯濟有緣
尒時東方王明諸佛弟子摩訶波闍波提普
賢菩薩香火證明功德利益有緣此二菩薩
希有拯濟拔衆生皆希有利益善說如來
淵疾往詣白淨天中結願之時寶柱幢善八
万四千人俱如兄弟天中有盖絶大无極縱廣無
由旬東西上下亦復如是結願神幡縱長卌由
旬尒時觀世音菩薩託生凡夫中尒時普賢
菩薩優婆塞身是此二菩薩分身百億難
解難了亦不可思議尒時如菩薩　月光
童子是尒時魔訶迦葉者是尒優波離
堂是公杓果羅漢離諸生死泰山僧朗是清
淨羅漢杯度是解空羅漢号為公三賢四
聖皆同一字欲說此本衆惡人中慎勿為說
若與此法善因若人无善根不得聞此法亦
不得此法未吏未聞所聞未見所見未解所
解未知所知如是之人皆從一願如來所說莫
不歡喜一心奉行必獲果願莫望進退成實

解未知所知如是之人皆從一願如来所説莫
不歡喜一心奉行必獲果類莫望進退成實
結果解脱三昧
尒時觀世音并共普賢菩薩来詣佛所蹹
跪受勅唯願如来為我演説為我解説 諦
聽諦受執取受持不敢違犯不敢歎落不敢
毁損尒時佛言閻浮履地震旦國中神州東西
刧有一佛境界須弥山百億日月 百億
海水三千大世界有一大國名為震旦不識
王法不識如来不解正法不識好人此等衆生
喻如盲人不見日月與法无緣亦復如是假使
比丘僧比丘尼優婆塞優婆夷善男子善女
人若受持若讀誦若書寫若受持若誦讀
慎香火擁護明珠善男子善女人諸法子諸
好人四方衆生一越流轉集會一處皆如子
假使有人善持守護香火正法行坐憶念處三
月六六特行道轉讀尒時空王如来并共普賢
菩薩將八万億童子四時上下護念法子若
在空野田若五濁惡世若在病困中若在
困厄中若在耶行惡鬼盡道中長當讀是
經典者不見八難不隨横死不遭横官我
尒時將諸天童子守護此人不見衆惡夫欲
説此法講此法若有魔人不使可説皆同一心
乃可為説夫欲平章福德之特淨澡
遍燒香各礼佛之慇重之心願須至地却坐
説法之特慎莫當户普賢菩薩言善男子
善女人善持守護我法者不見八難若有退落

說法之時慎莫當广普賢菩薩言善男子
善女人善持守讓我法者不見八難若有退落
毀法終无利益復有發露懺悔之者遥投
此法我乘六牙白象乘空而下手摩其頭
現其人前愚癡肉眼不能覩見謂呼輕言說
法之時我遣諸天童子棻行此人逋慢此法
毀壞此法輕慢此法手把金杖形害此人法
有毀損獲罪如是莫不奉行一心諦聽尊
者白弥勒香火何從來此法何從起根由在
何處弥勒荅尊者此法從空王來度脫何種
人空佛言度脫八種人尊者問空王何為
八種人閻浮八種人一者諸長老二者老母三
者善女人四者善男子五者諸貧煎六者下
賤人七者小弱八者諸比丘四千諸胡漢合為
八万四千人尊者白弥勒五胡治化時必有
不信正法破壞此法寶難可挽拔此法非常
行偷竊似奴婢尊者白弥勒出世尊出世時療
除諸穢惡分別五種人有緣在水東无緣在水
西水東值聖主得見明法王尊者問弥勒願
願為演說之弥勒尊者汝欲求何等尊者願
弥勒為我造化城尊者問如來化城在何處佛
言化城在釋迦得道處尊者問空王釋
迦得道在何處空王語尊者汝當善聽尒
時尊者整理威儀𨅪跪合掌一心善聽尒
乃為說釋迦趣從苦行无由俱咸左脅底
生時舉手攀背多脚蹋雙蓮華左脅下生
釋迦老子作相師白氎承釋迦老子重占相

生時擧手攀背脚蹋雙蓮華左脅下生
釋迦老子作相師白氎孕釋迦老子重占相
此人非常聖難思議号為釋迦文九龍與吐
水治化弥勒前无初苦行時居在加黃山乃
久不得道来在崑崙山乃久不得道来至白
鹿山乃久不得道更詣擅特山乃久不得
道来至蒲城山轉至五馬道從海中入即為
造化城化城何物作瑠璃作外郭擧高七百
尺白銀作中郭擧高七百尺紫金作中城尊
者問空王縱廣幾由旬空王語尊者縱
廣四百里東西南北各四百里四角白銀臺
擧高七百尺東箱有九門南箱有九門西
箱有九門北箱有九門門南白銀樓上有
金柱擧高九百尺下有鳳凰印柱上懸金
鈴天人侍雨邊一震八種聲門北銀樓擧
高七百尺上有白銀柱下有万姓銘天女着
天衣挂上懸金鈴一震六種聲召我諸法子
一時入化城如来威神之力實事不虛言善
哉諸法子善持見大明如是今古實事不
虛言如是好受持欲重宣此義而說偈言
尒時尊者問空王何人為聖主何人作明王
空王佛言釋迦涅槃後末劫七百年天地
大震動天呼地呼一月三恠若困百姓療除
穢惡外蘭五種專行度病平治罪人有法得
生无盡法滅劫後九十年七百年已過三千大
千世界六種震動七日闇劫後數日天出明王
地出聖主二聖並治并在神善哉治化廣

千世界六種震動七日闇劫後數日天出明王
地出聖主二聖並治并在神善哉治化廣
興佛法慈愍一切救度生死得出火宅得見
大乘引導生死來詣化城明王聖主俱在化城
樓上金打鼓遍告諸法子此法有緣尋解万
里通此法无緣打鼓隔壁聾振公白尊者
遠名有緣人振公白尊者分別五種人尊者
問振公如何可分別振公白尊者隨我分別
之隨我造弱水我遣力士羅刹王頭戴崑崙
山從地踊出來至化城展轉娑婆中往詣黃
山水上七寸搞有緣在搞東无緣在搞西
台我諸法子一時入化城尒時娑婆中无諸
五種人療除諸我惡皆是菩薩名尊者菩
薩王廣宗羅漢王菩薩羅漢治閻浮无
罪人國作佛國州作佛州郡作佛郡縣作
佛縣黨作佛黨里作佛里隣作佛隣四海
知識一如親兄弟集會化城中東宮西宮
南宮北宮東階西階南階北階東有搏山
殿西有盤龍臺巷巷相當門門相次欲得
見此明一心好受持若有狐疑者不得見此
法若有退落者不得見此樂若有頹毀者
若有連惕者不得見此樂飲酒食肉人貪
財五欲人虛諂邪見人如是不善行終不見
此樂若有退落者復能好懺悔寫却此諸惡
寫却煩惚心寫却連惕心寫却衆邪心復
能一心懺悔還得入此法逕過好明師一心好
受持若有不毀損自責過各罪瞋罵六根賊

能一心懺悔還得入此法運過好明師一心好
受持若有不毀槙自責過咎罪瞋罵六根賊
一心好守護亦得見此樂如是為汝說終不
有虛言一心好受持與汝无上道尒時 普賢
菩薩前白佛言世尊出世時我遣力士羅刹
王平除羅人尒時遣迦羅菩薩頭戴地軸
三千大千世界六種震動天地震裂南北霹
靂七日闇三名有緣衆生有法生天无法入
地若有日闇復欲平除羅人遣羅刹王外
别羅人將領鬼軍
尒時羅刹王一佛境界百億日月百億海水
百億須弥山百億鐵圍城地獄一鐵圍地獄百
億鬼軍百億鐵圍地獄此諸鬼神恒河沙數
黑眼赤捧療除羅人劫後數日我遣何須
輪王手把七日劫燒終盡日出之時閻浮履
地草木燋然山石剥裂山谷提坊地平壄
盡我尒時天上遣金翅鳥下谷取有緣此鳥
身長卅里縱廣卅里口銜七千人背負八万人
得上兜率天弥俱時下餘有受罪人飲酒
食肉人不信有佛出世不信有弥勒下如是之
人等九孔同流耳中血出鼻中血出眼中血
出口中血出如是之人未劫終盡入地獄无
有出期復還迦羅菩薩手捉地軸天地平正
西方起逆風梅檀香七日七夜吹却穢惡劫
後數日我遣龍樹菩薩平治天地上與銅地
銅地上與水銀地水銀地上與水精地地上與
瑠璃地瑠璃地上與白銀地白銀地與黃金

銅地上與水銀地水銀地上與水精地地上與
瑠璃地瑠璃地上與白銀地白銀地與鍮金
地鍮金地與昔金地山作金山樹作銀樹
閻浮履地宮殿接閣摟曽却敵神珠明月
掛著地傍无晝无夜不須火光若見衆生
修持十善出家在家白衣道俗一心皆行修
持万善得見微妙上願作礼奉行
尒時普賢菩薩前白佛言世尊世尊出世
時四天王来奉鉢北方毗沙門天王獻佛瑠璃
鉢受万斛南方毗樓勒叉天王獻佛白銀鉢
受盛万斛西方毗樓愽叉天王獻佛紫金
鉢受盛万斛
佛言汝等鬼神王我正一人下汝等鬼神王
獻我四種鉢尒時世尊捉鉢拍四合成一尒
時釋梵天王獻佛微妙上供粳米長七寸爪
長七尺梨如五升瓠蘆棗如二升穠瑠璃盤
白銀椀瑠璃匙白銀筯慇重之心奉獻上供
尒時下方轉輪聖王獻佛千枝燈一枝有十燈
十枝有百燈上有轉輪座上有諸天伎樂長
鳴鼓吹簫笛箜篌琵琶鐃銅鈸師子及白
爲鳳凰及騏驎如是諸衆等各来詣佛所
海龍王獻十二部尊經
尒時海龍王經青卷黃字並檻一部来奉
佛一部十二駱駝負不賜況復十二部尊經
尒時色界天王獻佛寶冠瓔珞蓮華上衣
尒時无色界天王獻佛菩提妙華珎寶
雜香尒時閻浮提天王獻佛八功德浴池

尒時无色界天王歡佛菩提妙華珎寶
雜香尒時閻浮提天王歡佛八功德浴池
尒時忉利天王歡佛蓮華寶冠瓔珞如是等
天王慇重供養皆得无上道果
尒時兜率天王歡佛七十二瑞應尒時復有
訶陁菩薩歡佛八十九色六牙白象各備槃
陁鞦韀金鞍王勒脚踏蓮華背負宮殿雨華
動地來詣佛所
尒時藥王菩薩歡佛八万七千空國師子佛言
善男子善女人修持十善一心奉行作礼而
去无不獲得即發无上果願皆於阿耨多羅
三藐三菩提心
尒時弥勒告普菩薩言吾下之時或兜率
天上崔梨浮啚或從空而下或閻浮履地從
地踊出或北方來或南方來或西方來四維
上下不可思議十方恒河沙菩薩六趣衆生
无能測佛智慧佛言唯有普賢菩薩乃能
測佛智慧尒時崔梨浮啚從空而下安置
閻浮履地尒時寶勝菩薩問普賢菩薩崔
梨浮啚何物作普賢菩薩言瑠璃作塔基水
精榰作地瑠璃作八壁水精作楪柱瑠璃作
屋搆白玉作櫨供黃金作四角紫金以結𤋮
青瑠璃作上級青水精珠作中級白玉珠作
上級頗梨珠作上級白銀作中級黃金作上級
紫金作中級上有瑠璃七寶臺舉四十里四角
有瑠璃七寶殿下有瑠璃絲龍道中有白珠摩
尼寶崔梨浮啚舉高九十九級上有白銀樓

有瑠璃七寶殿下有瑠璃龖龍道中有白珠摩
尼寶雀梨浮啚舉高九十九級上有白銀樓
上有神珠寶尒時雀梨浮啚同迊有角縱八
由旬尒時彌勒菩薩從空而下諸方菩薩盡来
集會之時三千大千世界六種震動衆魔外道
来歸伏時有魔王覓起尒時摩醯首羅王
多將兵衆嚴器鎧仗刀劔在前共佛爭力
尒時魔王波旬揮刀橛劔共佛爭力尒時復
有索大天魔三面六手頭戴山谷共佛爭力
尒時復有愽又天魔頭戴地軸 共佛爭力
尒時復有婆脩大魔身上出水身下出火現
大現小現小復大側滿虛空共佛爭力
尒時復水身天魔水大并起雷風疾雨共佛
爭力尒時復有惡叉加天魔夜叉加天魔
山谷槌坊共佛爭力
尒時復有牛頭天魔復有虎頭天魔復有
鳥頭天魔復有地身天魔此諸魔神各將
万力士踏梲弩箭橛叫喚大興兵馬矛戟
在前火車霹靂共佛戰鬪彌勒遣大力菩
薩并无量力菩薩手捻地軸頭戴地柱尒時
大地八種音聲衆魔怯怖心情不寧尒時
彌勒左手指地右手指天召諸方菩薩
尒時東方有十恒河沙无邊身菩薩各乘
六牙白象雨寶蓮華来詣佛所
尒時南方復有十恒河沙菩薩各乘國定師
子手把金剛楯從空而下
尒時下方復有十恒河沙力士菩薩亦乘空

子手把金剛楯從空而下
尒時下方復有十恒河沙力士菩薩亦乘空
國師子手把金杖從地踊出
尒時普賢菩薩手把金剛三昧杵一空三昧
尒時如童菩薩手把金剛播
尒時復有金剛力士手把金剛踏地叫喚曰
月崩落尒時諸方菩薩來集會三千大千
世界六種震動衆魔悉捨刀杖各發慈心
五體投地无不歸伏
尒時普賢菩薩白佛言世尊大聖丈夫八十
種好七十妙姿善哉善哉有如是等大威神
力莊嚴具相威神之力巍巍如是
尒時普賢菩薩白佛言世尊世尊出世時
一放光明三名有緣衆生諸尊普賢菩薩
摩訶薩復有天龍夜叉乾闥婆阿修羅迦
樓羅緊那羅摩睺羅伽人非人等復有比丘
比丘尼優婆塞優婆夷八部大衆皆來聽法
尒時普賢菩薩世尊出世時菩薩受記作
佛人等受記捨却鬼神形盡得伏人身復有
比丘比丘尼優婆塞優婆夷捨形更壽命普
賢菩薩言七佛在世時人壽四万歲空光佛
在世時人壽七万歲毗婆尸佛在世時人壽
三万歲空光佛在世時人壽九万歲迦葉佛
在世時人壽五万歲拘樓秦佛在世時人壽六万
歲釋迦文佛在世時人民恒昔厄三人共壽百
歲人民到惡三刃山巖阜阜縱服竪不敬師長不

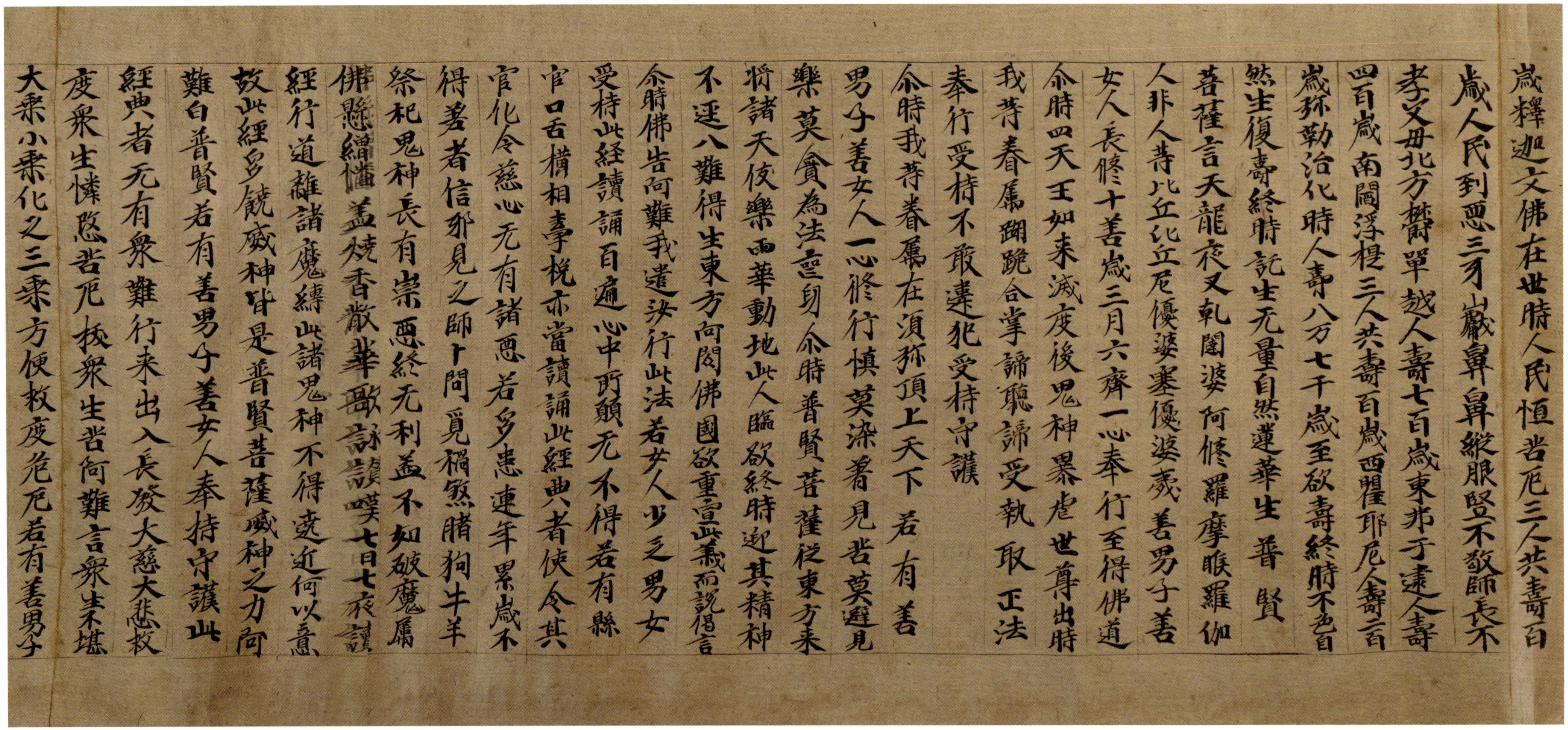
歲釋迦文佛在世時人民恒苦厄三人共壽百
歲人民到惡三才山巖卑卑縱眼竪不敬師長不
孝父母北方欝單越人壽七百歲東弗于逮人壽
四百歲南閻浮提三人共壽百歲西瞿耶尼人壽百
歲彌勒治化時人壽八万七千歲至欲壽終時不色百
然生復壽終時託生无量自然蓮華生　普　賢
菩薩言天龍夜叉乾闥婆阿脩羅摩睺羅伽
人非人等比丘比丘尼優婆塞優婆夷　善男子善
女人長脩十善歲三月六齋一心奉行至得佛道
尒時四天王如來滅度後鬼神暴虐世尊出時
我等眷屬䠒跪合掌諦聽諦受執　取　正法
奉行受持不敢違犯受持守護
尒時我等眷屬在須彌頂上天下　若　有　善
男子善女人一心修行慎莫染著見苦莫避見
樂莫貪為法亡身尒時普賢菩薩從東方來
將諸天伎樂雨華動地此人臨欲終時迎其精神
不逕八難得生東方向閦佛國欲重宣此義而說偈言
尒時佛告阿難我遣汝行此法若女人少乏男女
受持此經讀誦百遍心中所願无不得若有縣
官口舌橫相尋悅亦當讀誦此經典者使令其
官化令慈心无有諸惡若多患連年累歲不
得差者信邪見之師卜問覓禍煞豬狗牛羊
祭祀鬼神長有祟惡終无利益不如破魔屬
佛懸繒幡蓋燒香散華歌詠讚嘆七日七夜讀
經行道離諸魔縛此諸鬼神不得遠近何以意
故此經多饒威神皆是普賢菩薩威神之力阿
難白普賢若有善男子善女人奉持守護此
經典者无有衆難行來出入長發大慈大悲救
度衆生憐愍苦厄救衆生苦阿難言衆生不堪
大乘小乘化之三乘方便救度危厄若有善男子

務本088號3　證香火本因經第二（21-20）

務本 088 號（印章）

印文：方廣錩審定　務本堂藏　南海藏經

度衆生憐愍苦厄拔衆生苦何難言衆生不堪
大乘小乘化之三乘方便救度危厄若有善男子
善女人發无上善心長生值善處長發无上願
善神營護之皆是普賢菩薩威神之力魏魏
如是

佛說證明經

品時衆中八万四千衆生皆發無等等阿耨
多羅三藐三菩提心

觀音品經一卷

務本 088 號 3 證香火本因經第二（21–21）

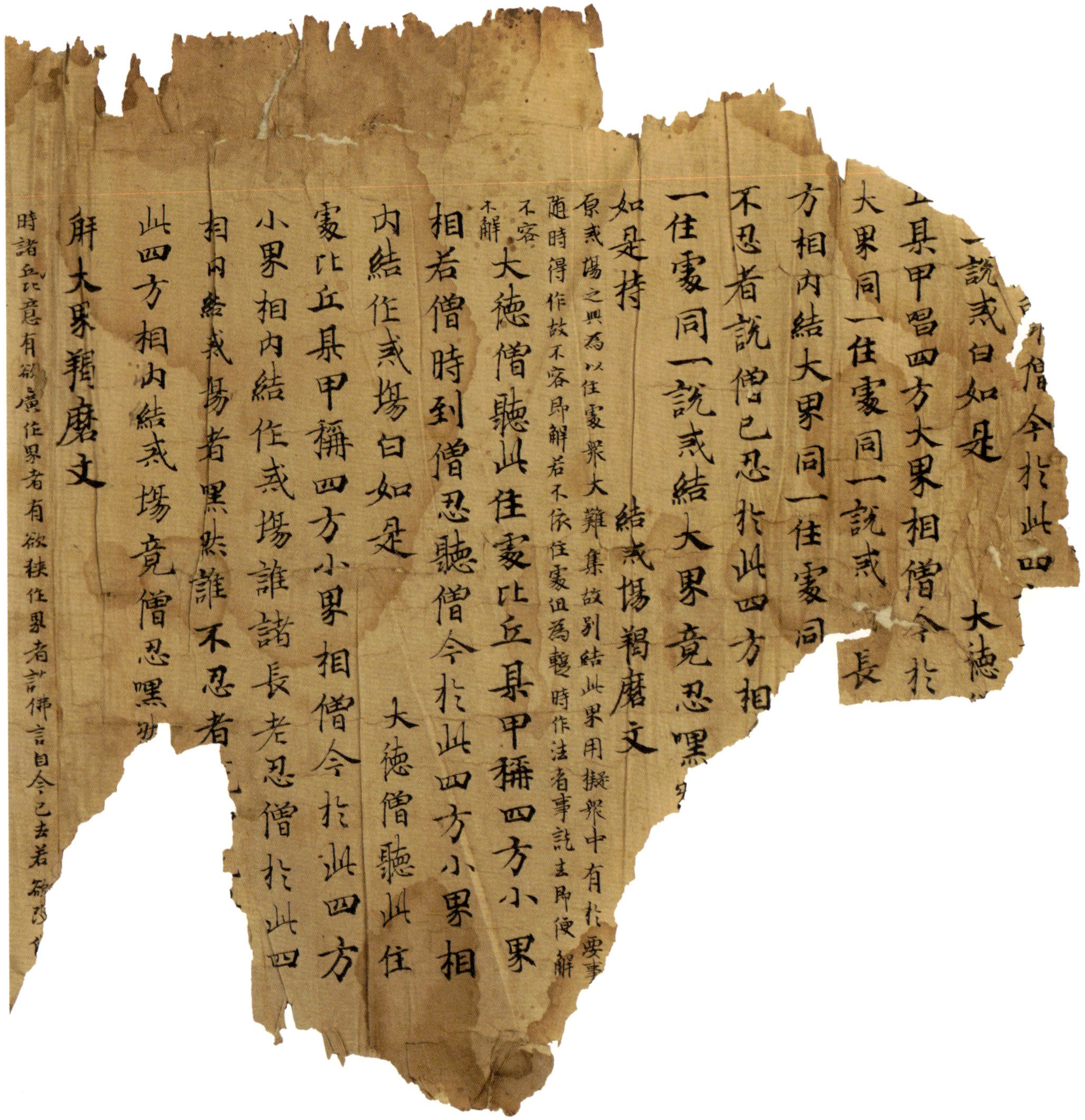

……僧今於此四
一說戒白如是　大德
丘某甲唱四方大界相僧今於
大界同一住處同一說戒　長
方相內結大界同一住處同
不忍者說僧已忍於此四方相
一住處同一說戒結大界竟忍黙
如是持　結戒場羯磨文
原戒場之興爲以住處衆大難集故別結此界用擬衆中有於要事隨時得作故不容即解若不依住處但爲聽時作法者事訖立即便解
不容不解　大德僧聽此住處比丘某甲稱四方小界
相若僧時到僧忍聽僧今於此四方小界相
內結作戒場白如是　大德僧聽此住
處比丘某甲稱四方小界相僧今於此四方
小界相內結作戒場誰諸長老忍僧於此四
相內結戒場者黙然誰不忍者
此四方相內結戒場竟僧忍黙
解大界羯磨文
時諸比丘意有欲廣作界者有欲狹作界者白佛佛言自今已去若欲改

務本 089 號 羯磨（16–01）

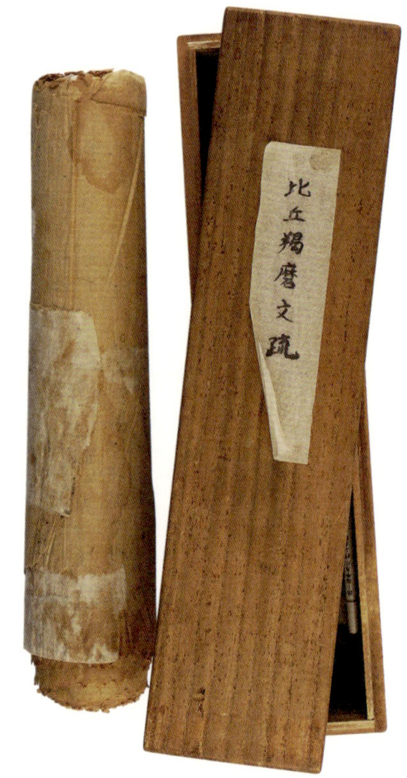

務本 089 號 羯磨（外觀）

解大界羯磨文

時諸比丘意有欲廣作界者有欲狹作界者詣佛言白今已去若欲改作
先解前界然後欲廣狹從意當白二羯磨解

大德僧聽今此住處比丘同一住處同一說戒
若僧時到僧忍聽解界白如是
大德僧聽此住處比丘同一住處同一說戒今解
界誰諸長老忍僧同一住處同一說戒解界者
嘿然誰不忍者說僧已忍同一住處同一說戒
解界竟僧忍嘿然故是事如是持

結不失衣界羯磨（不失界即依大界相結无別異相故文言還稱此住處）大德僧聽
此住處同一住處同一說戒若僧時到僧忍聽僧
今結不失衣界除村村外界白如是大德僧
聽此住處同一住處同一說戒僧今結不失衣界
除村村外界誰諸長老忍僧於此住處同一
住處同一說戒結不失衣界除村村外界者
嘿然誰不忍者說僧已忍同一住處同一說戒
結不失衣界除村村外界竟僧忍嘿然故
是事如是持

解不失衣界羯磨（大界不失衣界既是一處重結故前後解結牙易不同若欲解者應先解不失衣界却解大界）
大德僧聽此住處比丘同一住處同一說
戒若僧時到僧忍聽僧今解不失衣界白
如是　大德僧聽此住處比丘同一住處同一
說戒僧今解不衣失界誰諸長老忍僧同一
住處同一說戒解不失衣界者嘿然誰不忍
者說僧已忍同一住處同一說戒解不失衣界
竟僧忍嘿然故是事如是持

結小界羯磨（若布薩日諸比丘於村野路中行欲說戒衆多難集不得和合聽隨同師善友知識下道別集一處結小界說戒）大德僧聽今有爾許比丘集若僧時
到僧忍聽結小界白如是
大德僧聽今有爾許比丘集結小界誰諸

到僧忍聽結小界白如是
大德僧聽今有尒許比丘集結小界誰諸
長老忍今有尒許比丘集結小界者嘿然誰
不忍者說僧已忍尒許比丘集結小界竟僧
忍嘿然故是事如是持
解小界羯磨　大德僧聽今有尒許比
丘集若僧時到僧忍聽解此處小界白如是
大德僧聽今有尒許比丘集解此處小界誰諸長老
忍僧解此處小界者嘿然誰不忍者說僧已忍解此處
小界竟僧忍嘿然故是事如是持
結同一說弍同一利養羯磨（若二住處彼此各別今欲共合同一說弍同一利養者先彼此各解本界然後兩住處通竪標相合為一僧盡集一處羯磨結）　大德僧聽如所說界相若僧忍聽於
此處彼處結同一說弍同一利養白如是
大德僧聽如所說界相今僧於此處彼處結同
一說弍同一利養誰諸長老忍僧於此處彼處同一
利養結界者嘿然誰不忍者說僧已忍於此處彼
處同一說弍同一利養結界竟僧忍嘿然故是事如
是持
結同一說弍別利養羯磨文（亦先彼此各解本界然後兩處住通竪標相合為一界僧盡集一處作羯磨也）
大德僧聽如所說界方相若僧時到僧忍聽僧今於
此處結同一說弍別利養白如是　大德僧聽如所說
界方相僧今於此處結同一說弍別利養誰諸長老忍僧
於此四方相內結同一說弍別利養者嘿然誰不忍者說僧
已忍於此四方相內結同一說弍別利養竟僧忍嘿然故是
事如是持（若二住處先共同說弍同利養或同說弍別利養後還欲別者應先解界後各自唱界相依舊別結）
結別說弍同一利養羯磨文
大德僧聽若僧時到僧忍聽僧今於此彼住處結別說
弍同一利養為守護住處故白如是　大德僧聽僧今

大德僧聽若僧時到僧忍聽僧今於此彼住處結別說
戒同一利養為守護住處故白如是　大德僧聽僧今
於此彼住處結別說戒同一利養為守護住處故誰諸
長老忍僧於此彼住處結別說戒同一利養為守護住處
故僧忍者嘿然誰不忍者說僧已忍於此彼住處結別說
戒同一利養為守護住處竟僧忍嘿然故是事如是持
受戒法第二　度沙弥法（若欲在僧伽藍中剃髮當白一切僧若不和合房房語令知已與剃髮）
（若和合當作白白已然後剃髮當如是白）　大德僧聽此某甲欲求某甲
剃髮若僧時到僧忍聽與某甲剃髮白如是（若欲僧伽
藍中度令出家者當白一切僧僧已然聽与出家當如是白）　大德僧聽此某甲[illegible]
僧時到僧忍聽與某甲[illegible]白如是（作如是白已出家教使着袈裟偏露右
肩脫革屣右膝着地合掌教作如是語）　我某甲歸依佛歸依法歸依僧
隨佛出家某甲為和上如來至真等正覺
是我世尊（第二第三亦如是說）　我某甲歸依佛竟歸依法竟
歸依僧竟隨佛出家竟某甲為和上如來至真
等正覺是我世尊（第二第三亦是如說）
盡形壽不得煞生是沙弥戒能持不　荅言能
盡形壽不得盜是沙弥戒能持不　荅言能
盡形壽不得婬是沙弥戒能持不　荅言能
盡形壽不得妄語是沙弥戒能持不　荅言能
盡形壽不得飲酒是沙弥戒能持不　荅言能
盡形壽不得着華鬘香塗身沙弥戒能持不　荅言能
盡形壽不得歌儛倡伎及往觀聽是沙弥戒能持不　荅言能
盡形壽不得高廣床上坐是沙弥戒能持不　荅言能
盡形壽不得非時食是沙弥戒能持不　荅言能
盡形壽不得捉持生像金銀寶物是沙弥戒能持不　荅言能
此是沙弥十戒盡形壽不得犯能持不　荅言能
汝已受戒竟當供養三寶佛寶法寶僧寶勤修
三業坐禪誦經勸作衆事　請和上文

汝已受戒竟當供養三寶佛寶法寶僧寶懃脩
三業坐禪誦經勸作衆事　請和上文
大德一心念我某甲請大德爲和上願大德爲我作
和上我依大德故得受具足戒慈愍故 第二第三亦如是說 和上應語言好若
言可今〻時衆僧應安欲受具足者離聞處着見處已戒師應問之 衆中誰能爲某甲作教
授師 若有能者若言我能戒師即應作白 大德僧聽是某甲從和上某甲
求受具足戒若僧時到僧忍聽某甲作教授師
白如是 教授師應往受戒人所問言 此安陁會欝多羅僧〻伽梨是
衣鉢是汝有不 若言是應語言 善男子聽今是真誠時實
語時實當言實不[illegible]不實汝不犯邊罪不汝
不犯淨行尼不汝不賊心受戒不破內外道不汝
非黃門不汝不煞父不汝不煞母不汝不煞阿羅
漢不汝不破僧不汝不惡心出佛身血不汝非非
人不汝非畜生不汝非二根不汝字何等和上字誰
年滿廿未三衣鉢具不父母聽汝不負人責不汝
非奴不汝非官人不汝是丈夫不丈夫有如是病癩
癰疽白癩乾痟顛狂病汝无如是諸病不 若言无應語言
如我今問汝僧中亦當如是問汝向者答我僧中
亦如是答 教授師如是問已還至僧中如常威儀至舒手叉處立應如是白也
大德僧聽是某甲從和上某甲求受具足戒若僧
時到僧忍聽我問已聽將来白如是 教授師喚受戒人言汝来〻已爲捉衣鉢礼僧
足已在戒師前長跪合掌教授師應教乞戒如是白也 　大德僧聽我某甲從和上甲
某甲求受具足戒我某甲今從僧乞受具足戒和上
某甲願僧濟度我慈愍故 第二第三亦如是說戒師應作白 大德僧
聽是某甲從和上某甲求受具足戒此某甲今
從衆僧乞受具足戒和上某甲若僧時到僧忍
聽我問內法白如是 作是白已應問言 善男子聽今是真誠
時實語時我今問汝〻當隨實答汝不犯罪
邊不汝不犯淨戒尼不汝不賊心受戒不汝不
受戒不汝不破內外道不汝非黃門不汝不煞

邊不汝不犯淨戒尼不汝不賊心受戒不汝不
受戒不汝不破內外道不汝非黃門不汝不煞
父不汝不煞母不汝不煞阿羅漢不汝不破僧
不汝不惡心出佛身血不汝非非人不汝非畜
生不汝非二根不汝字何等和上字誰年滿廿
未三衣鉢具不父母聽汝不汝不負責不汝非
奴不汝非官人不汝是丈夫不丈夫有如是病癩
癰疽白癩痟痁顛狂汝无如是諸病不（若言无應作白四羯磨）
某甲今從衆僧乞受具足戒和上某甲某甲自說
清淨无諸難事年滿廿三衣鉢具若僧時到僧忍
聽僧今授某甲具足戒和上某甲白如是
大德僧聽是某甲從和上某甲求受具足戒此某
甲今從衆僧乞受具足戒和上某甲某甲自說清
淨无諸難事年滿廿三衣鉢具僧今授某甲具
足戒和上某甲誰諸長老忍僧與某甲受具足戒
和上某甲者嘿然誰不忍者說是初羯磨（第二第三亦如是說）
僧已忍與某甲受具足戒竟和上某甲僧忍嘿然故
是事如是持　　善男子聽如來无所著等正
覺說四波羅夷法若比丘犯一一法非沙門非釋種
子汝一切不得犯婬作不淨行若比丘犯不淨行受
婬欲法乃至共畜生非沙門非釋種子汝是中盡
形壽不得犯能持不（若言能）一切不得盜乃至草葉若
比丘盜人五錢若過五錢若自取若教人取若自斫
教人斫若自破教人破若自燒教人燒若埋若壞色
非沙門非釋種子汝是中盡形壽不得犯能持
不（若言能）一切不得故斷衆生命乃至蟻子若比丘故
自手斷人命持刀授與人教死讚死勸死與人非
藥若墮胎若厭禱煞自作方便若教人作非
沙門非釋種子汝是盡形壽不得犯能持不（若言能）

藥若墮胎若厭禱殺自作方便若教人作非
沙門非釋種子汝是盡形壽不得犯能持不(若言能)
一切不得妄語乃至戲咲若比丘不真實非已有自
稱言得上人法得禪得解脫得定得四空定得須
陁洹果斯陁含果阿那含果阿羅漢果言天來龍
来鬼神来供養我非沙門非釋種子汝是中盡形
壽不得犯能持不(若言能) 善男子聽如来无所著等
正覺說四依法比丘出家依是出家是出家人法
依糞掃衣是比丘出家人法是中盡形壽能持不
(若言能) 若得長利檀越施衣割壞衣得受依乞
食是比丘出家人法是中盡形壽能持不(若言能)
若得長利若僧差食若檀越送食月八日食十
五日食月初日食衆僧常食檀越請食得受
依樹下坐是比丘出家人法是中盡形壽能持不
若得長利別房尖頭屋小房石室兩房一户得
受 依腐爛藥是比丘出家人法是中盡形壽能
持不(若言能) 若得長利蘇油蜜石蜜得受汝已受戒竟
白四羯磨如法成就得好處所和上如法阿闍梨
如法衆僧具足當善受教法應勸化作福治塔
供養衆僧和上阿闍梨一切如法教不得違應學
問誦經勤求方便於佛法中得須陁洹果斯陁
含果阿那含果阿羅漢果汝始發心出家功不唐
捐果報不絕餘所未知當問和上阿闍梨(應令受戒人食前而去也)
受衣文 (時比丘不知持三衣佛言應受持若疑捨已更受若有三衣不受持突吉羅)
長老一心念我某甲是衣僧伽梨若干條受若干長
短割截衣持(三說) 長老一心念我某甲是衣
欝多羅僧七條受兩長一短割截衣持(三說)
長老一心念我某甲是衣安陁會五條受一長一短
割截衣持(三說) 捨衣法
長老一心念此僧伽梨先受持今捨(捨餘二衣亦如是)

割截衣持（三說）　捨衣法
長老一心念此僧伽梨先受持今捨（捨餘二衣亦如是）
受鉢文（鉢者六種鐵鉢蘇摩國鉢烏伽羅國鉢憂伽奢國鉢黑鉢赤鉢大要有二鐵鉢泥鉢大者三斗小者一斗半此是鉢量如是應持應淨袍）
長老一心念我某甲此鉢多羅應量受長用故（三說）
請依止文　大德一心念我某甲請大德為依
止阿闍梨大德為我作依止阿闍梨我依大
德故得如法住慈愍故（如是三說師應語言莫放逸若言好若言去故若言爾）
懺僧殘罪法　除罪法第三
（此第二篇其罪既重故須逐衆悔行調伏法以肅不肖然調伏法要有於二一者治罪故初覆藏羯磨法治過非治罪故与覆藏羯磨時先懺覆藏突吉羅罪後方与覆藏羯磨治法六夜出罪此二是治罪法正懺僧殘故有覆藏有餘三種羯磨無覆藏者唯与六夜出罪　七）
乞覆藏羯磨文
大德僧聽我比丘某甲犯僧殘覆藏我
比丘某甲犯僧殘罪覆藏日今從僧乞
羯磨願僧與我隨覆藏日羯磨慈愍故（第二第三亦如是說）
與覆藏羯磨文
大德僧聽比丘某甲犯僧殘罪覆藏此
比丘某甲犯僧殘罪覆藏日已從僧乞
覆藏羯磨若僧時到僧忍聽僧今與比丘
某甲隨覆藏日羯磨白如是
大德僧聽比丘某甲犯殘罪覆藏此比丘
某甲犯僧殘罪隨覆藏日已從僧乞覆
藏羯磨僧今與比丘某甲隨覆藏日羯磨
誰諸長老忍僧與比丘某甲隨覆藏日羯
磨者嘿然誰不忍者說是初羯磨（第二第三亦如是說）僧
已忍與比丘某甲隨覆藏日羯磨竟僧忍
嘿然故是事如是持（行覆藏者應當備循四法羯磨是其教法兌宜遵之在心集三十五事）

已忍與比丘某甲隨覆藏日羯磨竟僧忍
嘿然故是事如是持 行覆藏者應當備脩四法羯磨 是其教法宛宜遵之在心集三十五事
是折伏法勿得有違不執衆若事敬奉清淨比丘是調伏法當一一順
而行之白等八事是發露悔法宜加愧有深白既慎憶念依法而白勿
容闕失若闕失宿二事皆得突吉羅罪何等八法餘寺不白有客比丘來不
白有餘事出界外不白寺內除行者不白病不遣信白二三人共室宿在無比丘
處住不半月說戒時白是為八事失夜佛聽半月半月說戒時日應如是白
彼行覆藏者應至僧中偏露右肩脫革屣右膝著地合掌白如是言
大德僧聽我比丘某甲犯僧殘罪覆藏我比丘
某甲犯僧殘罪隨覆藏日從僧乞覆藏羯
磨僧已與我隨覆藏日羯磨我比丘某甲已
若干日未行若干日白大德令知我行覆藏
乞摩那埵羯磨文　大德僧聽我比丘某甲
犯僧殘罪覆藏我比丘某甲犯僧殘罪隨覆
藏日已從僧乞覆藏羯磨僧已與我隨覆
藏日羯磨我比丘某甲行覆藏竟今從僧
乞六夜摩那埵願僧與我六夜摩埵那慈
愍故 如是三說　與摩那埵羯磨文
大德僧聽比丘某甲犯僧殘罪覆藏此比
丘某甲犯僧殘罪隨覆藏日已從僧乞
覆藏羯磨僧已與比丘某甲隨覆藏日
羯磨此比丘某甲行覆藏竟今從僧乞
六夜摩那埵若僧時到僧忍聽僧今與比丘
某甲六夜摩那埵白如是
大德僧聽比丘某甲犯僧殘罪覆藏此比丘
某甲行覆藏竟犯僧殘罪隨覆藏日已從
僧乞覆藏羯磨僧已與比丘某甲隨覆藏

某甲行覆藏竟犯僧殘罪隨覆藏日已從
僧乞覆藏羯磨僧已與比丘某甲隨覆藏
日羯磨此比丘某甲行覆藏竟從僧乞六
夜摩那埵僧今與比丘某甲夜摩那埵訖
諸長老忍僧與比丘某甲夜摩那埵者嘿然
誰不忍者說是初羯磨第二第三亦如是說僧已忍與比
丘某甲六夜摩那埵竟僧忍嘿然故是事如
持
佛言聽行摩那埵比丘亦行如上行摩那埵者應常在僧中宿日
々白應如是白偏露右肩脫革屣右膝著地合掌白如是言也
大德僧聽我比丘某甲犯僧殘罪覆藏我比丘某甲
犯僧殘罪隨覆藏日已從僧乞覆藏羯磨僧已與
我隨覆藏日羯磨我比丘某甲行覆藏竟從僧乞
六夜摩那埵僧已與我六夜摩那埵我比丘某甲已
行若干日未行若干日大德令知我行摩那埵第二第三亦如是說
乞出罪羯磨文
大德僧聽我比丘某甲犯僧殘罪覆藏我比丘某甲
犯僧殘罪隨覆藏日已從僧乞覆藏羯磨僧已
與我隨覆藏日羯磨我比丘某甲行覆藏竟從
僧乞六夜摩那埵僧已與我六夜摩那埵我比丘
某甲行六夜摩那埵竟今從僧乞出罪羯摩踊
僧與我出罪羯磨慈愍故第二第三亦如是說
與出罪羯磨文
大德僧聽比丘某甲犯僧殘罪覆藏此比丘某甲
犯僧殘罪隨覆藏日已從僧乞覆藏日羯磨僧
已與比丘某甲隨覆藏日羯磨此比丘某甲已行
覆藏竟從僧乞六夜摩那埵僧已與比丘某甲六

已與比丘某甲隨覆藏日羯磨此比丘某甲已行
覆藏竟從僧乞六夜摩那埵僧已與比丘某甲六
夜摩那埵此比丘某甲行六夜摩那埵竟從僧乞
出罪羯磨若僧時到僧忍聽僧今與比丘某甲出
罪羯磨白如是
大德僧聽比丘某甲犯僧殘罪覆藏此比丘某甲
犯僧殘罪隨覆藏日從僧乞覆藏羯磨僧
已與比丘某甲隨覆藏日羯磨此比丘某甲行覆藏
竟從僧乞六夜摩那埵羯磨僧已與比丘某甲六
夜摩那埵羯磨此比丘某甲行六夜摩那埵竟從
僧乞出罪羯磨僧今與比丘某甲出罪羯磨誰諸
長老忍僧与比丘某甲出罪羯磨者嘿然誰不忍
者説是初羯磨第二第三亦如是説僧已忍与比丘某甲出罪羯
磨竟僧忍嘿然故是事如是持
呵嘖言自嘖汝心生猒離某甲聽凡出家人有二法不得解脱一故犯二犯已
不時悔是為二法不得解脱有二法疾得解脱一不故犯二犯已即懺是為二法
疾得解脱時懺悔者難得解脱當思惟三事一者身命難保二者好心難得三
者衆僧難集以是義故慎護此戒莫復更犯也
捨墮懺悔法此第三篇尼薩耆波逸提過犯兩重故加以折伏法要須僧中捨若住處无僧亦得三人二人一人前捨但不得別衆捨也
持捨墮衣於僧中捨文
大德僧聽我比丘某甲故畜尒許長衣過十日犯捨
墮今捨與僧第二第三亦如是説捨已即應僧中懺悔從僧乞懺悔文
大德僧聽我比丘某甲故畜尒許長衣過十日犯捨墮
此衣已捨与僧犯某甲罪今從衆僧乞懺悔願僧
聽我比丘某甲懺悔慈愍故第二第三亦如是説僧中別請一人對懺悔至清淨比丘所作如是言我比
丘某甲請大德懺悔受懺者應白僧已然後受懺也受懺者僧中白文
大德僧聽比丘某甲故畜尒所長衣過十日犯捨墮此
衣已捨与僧有某甲罪今從衆僧懺悔若僧時到
僧忍聽我受比丘某甲懺悔白如是

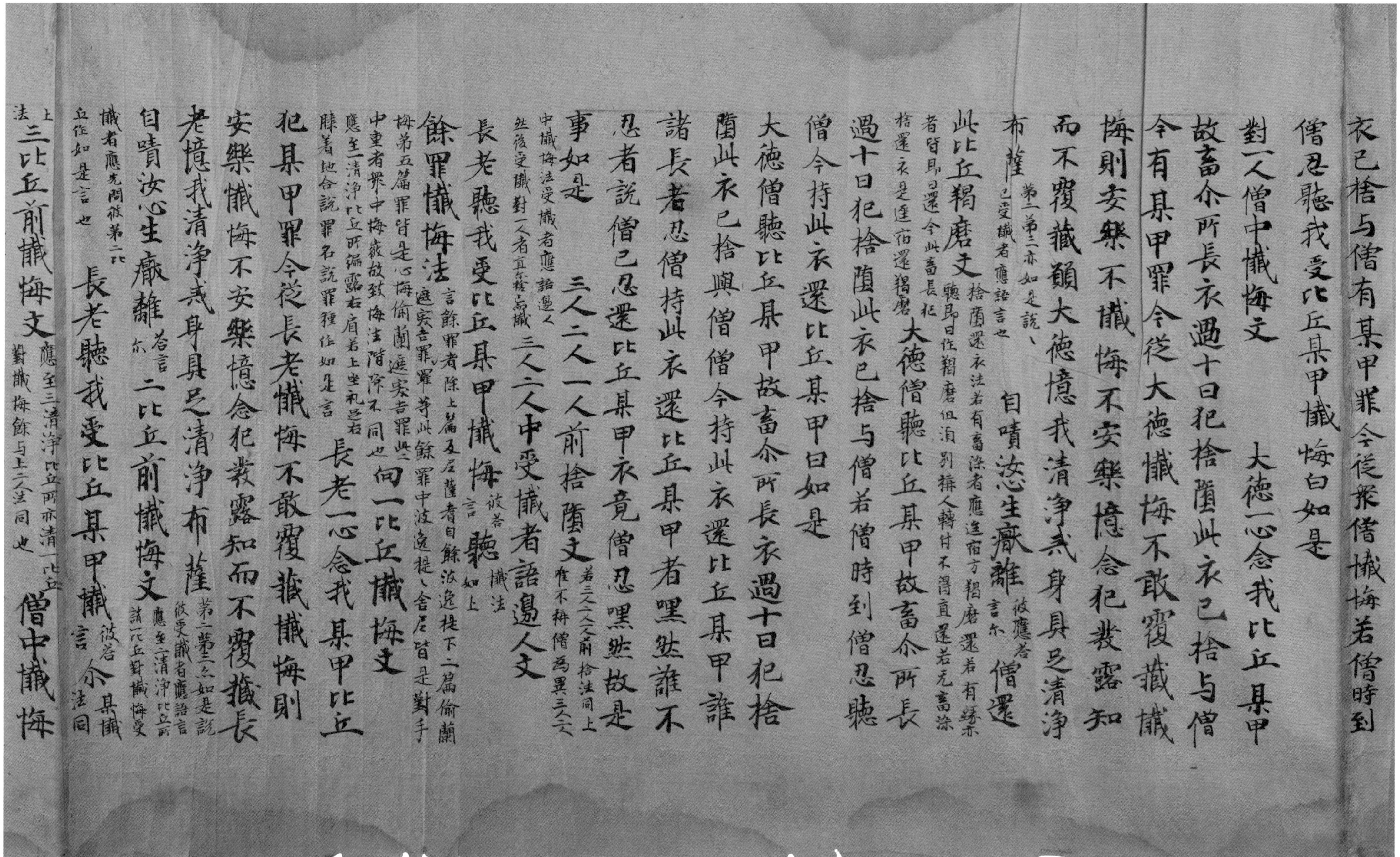
衣已捨与僧有某甲罪今從衆僧懺悔若僧時到
僧忍聽我受比丘某甲懺悔白如是
對一人僧中懺悔文　大德一心念我比丘某甲
故畜尒所長衣過十日犯捨墮此衣已捨与僧
今有某甲罪今從大德懺悔不敢覆藏懺
悔則安樂不懺悔不安樂憶念犯發露知
而不覆藏願大德憶我清淨戒身具足清淨
布薩　第二第三亦如是說、　已受懺者應語言也　自嘖汝心生厭離　彼應答言尒　僧還
此比丘羯磨文　捨墮還衣法若有畜涂者應逕宿方羯磨還若有緣未聽即日作羯磨但須别稱人轉付不得直還若无畜涂者皆即日還令此畜長衣捨還衣是逕宿還羯磨　大德僧聽比丘某甲故畜尒所長
過十日犯捨墮此衣已捨与僧若僧時到僧忍聽
僧今持此衣還比丘某甲白如是
大德僧聽比丘某甲故畜尒所長衣過十日犯捨
墮此衣已捨與僧僧今持此衣還比丘某甲誰
諸長老忍僧持此衣還比丘某甲者嘿然誰不
忍者說僧已忍還比丘某甲衣竟僧忍嘿然故是
事如是　三人二人一人前捨墮文　若三人二人之前捨法同上唯不稱僧爲異三人之
中懺悔法受懺者應語邊人然後受懺對一人者直尒受懺　三人二人中受懺者語邊人文
長老聽我受比丘某甲懺悔　彼若言聽　懺法如上
餘罪懺悔法　言餘罪者除上篇及居薩耆自餘波逸提下二篇偷蘭遮突吉羅等此餘罪中波逸提乀舍尼皆是對手
悔弟五篇罪皆是心悔偷蘭遮突吉羅與之中重者衆中悔最故致悔法隋亦不同也　向一比丘懺悔文
應至一清淨比丘所偏露右肩若上坐礼足右膝著地合說罪名說罪種作如是言　長老一心念我某甲比丘
犯某甲罪今從長老懺悔不敢覆藏懺悔則
安樂懺悔不安樂憶念犯發露知而不覆藏長
老憶我清淨戒身具足清淨布薩　第二第三亦如是說　彼受懺者應語言
自嘖汝心生厭離　答言尒　二比丘前懺悔文　應至二清淨比丘所請一比丘對懺悔受懺者應先問彼第二比丘作如是言也
長老聽我受比丘某甲懺　彼若言尒　悔法同
上法　三比丘前懺悔文　應至三清淨比丘所亦請一比丘對懺悔餘与上二人法同也　僧中懺悔

懺者應先問彼第二比丘作如是言也　長老聽我受比丘某甲懺彼若言尒某懺法同

上法三比丘前懺悔文應至三清淨比丘所亦清一比丘對懺悔餘與上二人法同也　僧中懺悔

文應往僧中偏露右肩脫革屣礼僧足已右膝著地合掌白如是言也　大德僧聽我比丘某甲

犯某甲罪今從僧乞懺悔懺悔第二第三亦如是說僧中別請一人對懺悔至清淨比丘所作如是言

我比丘某甲請大德懺悔受懺者應白僧已然後受懺應作如是白也　大德僧

聽彼比丘某甲犯某甲罪今從僧懺悔若僧時

到僧忍聽我受比丘某甲懺白如是作如是白已受懺悔其法曰上　一切

僧同犯耶僧中懺悔文於住處當說戒時一切僧同犯而同犯者不得相向懺悔既臨說戒時復不容於外求清淨

比丘說戒事重故聽衆以第白而懺得為說戒應作如是白也　大德僧聽此一切衆僧犯罪

若僧時到僧忍聽此一切僧懺悔白如是作是白已然後說戒

疑罪發露文至一清淨比丘所偏露右肩脫革屣礼足已胡著地合掌自稱所犯戒名口作是語也　大德

憶念我於某甲罪生疑今向大德說須後无疑

時當如法懺悔　一切僧同犯罪疑於僧中

發露文亦是當說戒時疑罪發露與上懺法同應作如是白　大德僧聽

此一切僧於罪有疑若僧時到僧忍聽此衆

僧自說罪白如是作如是白已然後得說戒　說戒法第四

與欲及清淨文若有佛法僧事病患及看病與欲清淨法　大德一心念今日衆

僧布薩說戒我某甲為某緣事故如法僧事

與欲清淨有五種與欲若言與汝欲若言我說欲若言與我說欲若現身相若廣說盡成與欲若不者則不成與欲自恣時與欲

之同但言我與欲自恣為異也　受欲清淨文隨能憶姓字多少得受至僧中應如是說　大德一心

念衆多比丘為某緣事我與衆多比丘受欲清

淨彼如法僧事與欲清淨

轉與欲清淨文受彼欲清淨已後自有事起故以彼及己欲清淨更轉與餘人言　長老一心念我

比丘某甲與衆多比丘受欲清淨今有緣事彼

及我身如法僧事與欲清淨　布薩說戒文

布薩曰若小食上若大食上上坐應唱言　今布薩曰某時衆僧集堂說戒若四

人若過四人應先白已然後說戒白者如戒中說若三人若二人各各相向共作三語布薩言也　長老一心念今日

衆僧十五日說戒我某甲清淨如是三說若一人應心念口言

人若過四人應先白已然後說戒白者如戒中說若三人
若二人各各相向共作三語布薩言也

衆僧十五日說戒我某甲清淨 如是三說若一人應心念口言

長老一心念今日衆僧十五日說戒我某甲清淨 第二第三亦如是說

告清淨文 布薩日有三式十六日十五日十四日人有客舊已說未有先後衆
有多少及等客已說後舊比丘來多之以等皆更重說戒若
舊比丘少當出界外說戒若舊比丘已說戒後客比丘應更重說戒客比丘少之
以等應自出界外說戒若說戒日同而時不同客舊先後少之以等若舊比丘說
戒後客比丘來多之以等皆更重說戒若客比丘少當告清淨若客比丘說戒後舊比丘
來多之以等客比丘當更重說戒少當告清淨依次坐聽若衆未起若多已起
說以不說義皆同上清淨
法 應 言

八難事起及餘緣略說戒文 八難者王難賊
難火難水難病難人難非人難惡虫難是為八難及餘緣者大衆集床坐
少若衆病大衆集坐上覆蓋不同或天雨若布薩多若鬭諍事起論阿毗
曇毗尼說法夜已久明相未出應作羯磨說戒若明相出不得宿受欲清淨羯
磨說戒應隨事遠近可廣說廣說不者如法治可略說使略說不者
如法 若難事近不得略說即應從坐起去略說戒者說戒序已餘者應言僧常聞
聞若說序四事已餘者應言僧常聞如是乃至提舍尼餘者應言僧常聞

差教誡比丘尼法 僧說戒時誦戒者應問誰遣比丘尼
來受教受尼囑授者應為白僧言

大德僧聽比丘尼僧某甲等和合礼大德僧足

求教授 如是三說衆中若有教人
應差若无上坐應說教誡勅

差教誡比丘尼人羯磨文

大德僧聽若僧時到僧忍聽差比丘某甲教
授比丘尼白如是

大德僧聽僧差比丘某甲教授比丘尼誰諸
長老忍僧差比丘某甲教授比丘尼者嘿然
誰不忍者說僧已忍差比丘某甲教授比丘尼
竟僧忍嘿然故是事如是持 被差人往尼寺中
應教集尼僧已先為
說八不違法何等為八一者雖百歲比丘尼見
親受戒比丘應起迎逆礼拜與敷淨坐具此法
應尊重讚嘆盡形壽不得違
二者比丘尼不應罵比丘呵嘖比丘不應誹謗

應尊重讚嘆盡形壽不得違
二者比丘尼不應罵比丘呵嘖比丘不應誹謗
言破戒破見破威儀此法應尊重讚嘆盡
形壽不得違　三者比丘尼不應爲比丘作舉
作憶念作自言不應遮他覓罪說戒自恣不
不應呵比丘應呵比丘尼此法應尊重讚嘆
盡形壽不得違　四者式叉摩那學戒已從
比丘僧乞受大戒此法應尊重讚嘆盡形壽
不得違　五者比丘尼犯僧殘罪應在二部
僧中半月行摩那埵此法應尊重讚嘆盡
形壽不得違　六者比丘尼半月半月從僧
乞教授此法應尊重讚嘆盡形壽不得違
七者比丘尼不應在無比丘僧處夏安居此法應尊
重讚歎盡形壽不得違　八者比丘尼僧安
居竟應比丘僧中求三事自恣見聞疑此法
應尊重讚嘆盡形壽不得違（說八不可違已然後隨意爲說法）
上坐誡勑文（若言）此處無教授人尼衆等當如法
布薩謹慎莫放逸（明日尼來時受囑者應還依此文答遣）
安居法第五　僧差人分房舍卧具羯磨文
大德僧聽若僧時到僧忍聽差比丘某甲分
房舍卧具誰諸長老忍僧差比丘某甲
分房舍卧具者嘿然誰不忍者說僧已
忍差比丘某甲分房舍卧具竟僧忍嘿然
故是事如是持（分房法先使管事人選擇一房取已餘白上坐次第取房白言）大德上
坐如是好房舍卧具隨意所樂便取（先与上坐）
（房已次与第二第三第四乃至下坐亦如是若長房應留著比丘房）
安居文　長老一心念我某

坐如是好房舍臥具隨意所樂便取（先与上坐）
房已次与第二第三第四乃至下坐亦如是若長房應留客比丘房
安居文　長老一心念我某
甲比丘依某甲聚落某甲僧伽藍某甲房舍
前三月夏安居房舍破脩治故（第二第三亦如是說）依某
甲持律若有疑事當往問（後安居亦如是作，言後安居爲異）
受七日文　長老一心念我比丘某甲受七日法出
界外爲某甲事故還此中安居白長老令知（第二第三亦如是說）
尒時優婆塞請我欲布施及房舍比丘自念汝去不及七日還白佛佛言白令去聽有如是事受過七日法若十五日若一月白羯磨亦如是白之
受過七日法羯磨文
大德僧聽若僧時到僧忍聽某甲比丘受過七日
法（若十五日若一月）出界外爲某甲事故還此中安居如是白
大德僧聽某甲比丘受過七日法（若十五日若一月）出界外
爲某甲事故還中此安居誰諸長老忍僧聽某
甲比丘受過七日法（若十五日若一月）出界外爲某甲事故還此
中安居者嘿然誰不忍者說僧已忍某甲比丘受過七
日法（若十五日若一月）出界外爲某甲事故還此中安居竟
僧忍嘿然故事是如是持
自恣法第六　僧差自恣人羯磨文
大德僧聽若僧時到僧忍聽僧差比丘某甲作
受自恣人白如是　大德聽僧差比丘某甲作
受自恣人誰諸長老忍僧差比丘某甲作受
允僧已忍差比

務本 089 號 羯磨（16–16）

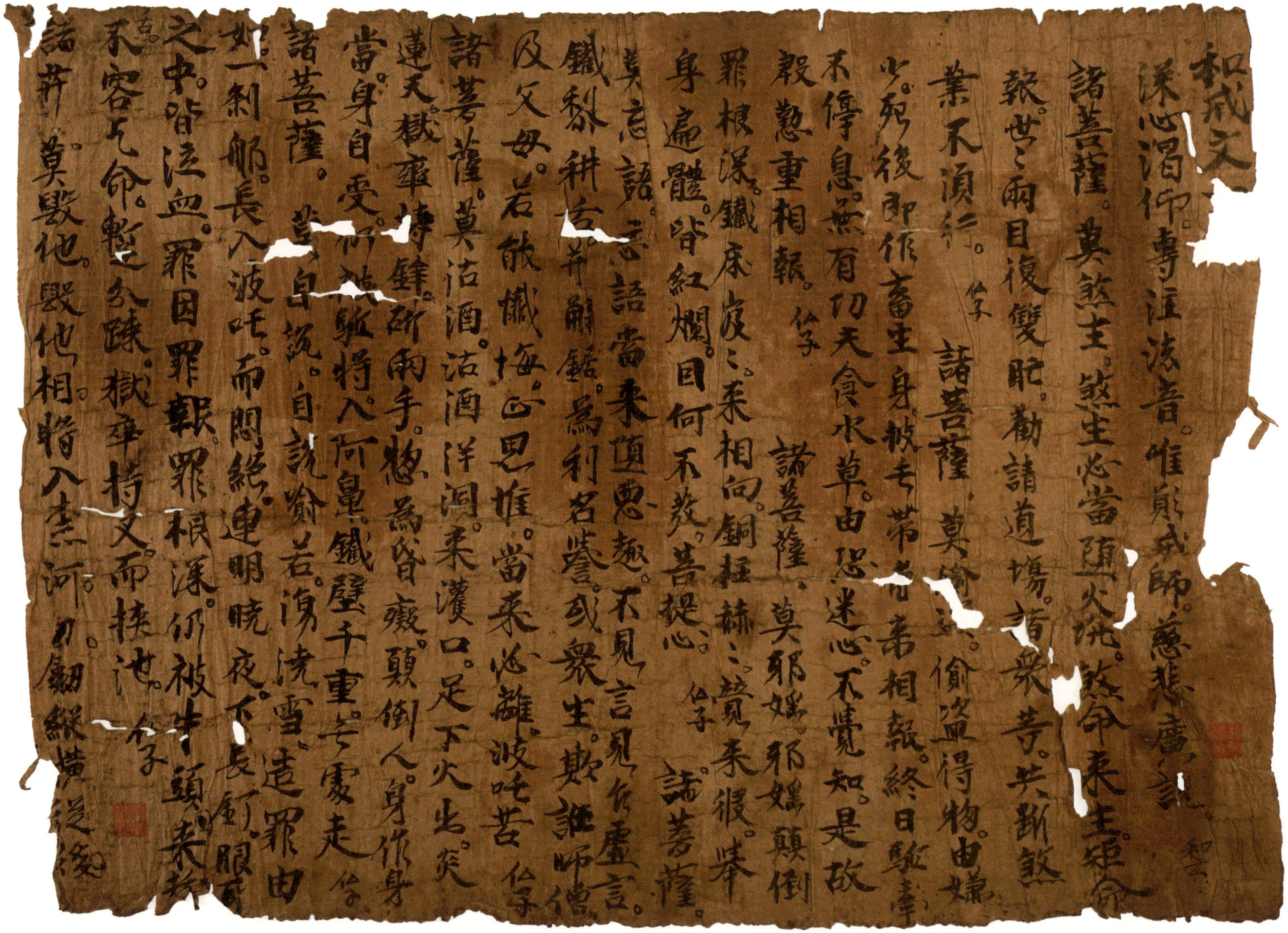

和戒文
深心渴仰。專注法音。唯願戒師。慈悲廣說。 和云
諸菩薩。莫煞生。煞生必當墮火坑。煞命來生短命
報。世世兩目復雙盲。勸請道場。諸衆等。共斷煞
業不須行。 仏子 諸菩薩。莫偷盜。偷盜得物。由嫌
少。死後即作畜生身。披毛帶角常相報。終日駈牽
不停息。無有功夫食水草。由恐迷心不覺知。是故
殺𢙣重相報。 仏子 諸菩薩。莫邪婬。邪婬顛倒
罪根深。鐵床夜夜來相向。銅柱赫赫覺來侵。舉
身遍體。皆紅爛。因何不發菩提心。 仏子 諸菩薩。
莫妄語。妄語當來墮惡趣。不見言見作虛言。
鐵犁耕舌并解鋸。爲利名譽。惑衆生。欺誑師僧
及父母。若能懺悔一心思惟。當來必離波吒苦。 仏子
諸菩薩。莫沽酒。沽酒洋洞來灌口。足下火出炎
連天。獄卒持鏵斫兩手。惣爲昏癡顛倒人。身作身
當身自受。所被驅將入阿鼻。鐵壁千重無處走。 仏子
諸菩薩。莫自說。自說喻若湯澆雪。造罪由
如一剎那。長入波吒而悶絕。連明曉夜下長釘。眼耳
之中皆注血。罪因罪報。罪根深。所被牛頭來拷
舌。不容乞命。整分踈。獄卒持叉而挾世。 仏子
諸菩薩。莫毀他。毀他相將入奈河。刀劍縱橫從

務本 090 號 和菩薩戒文（01–01）

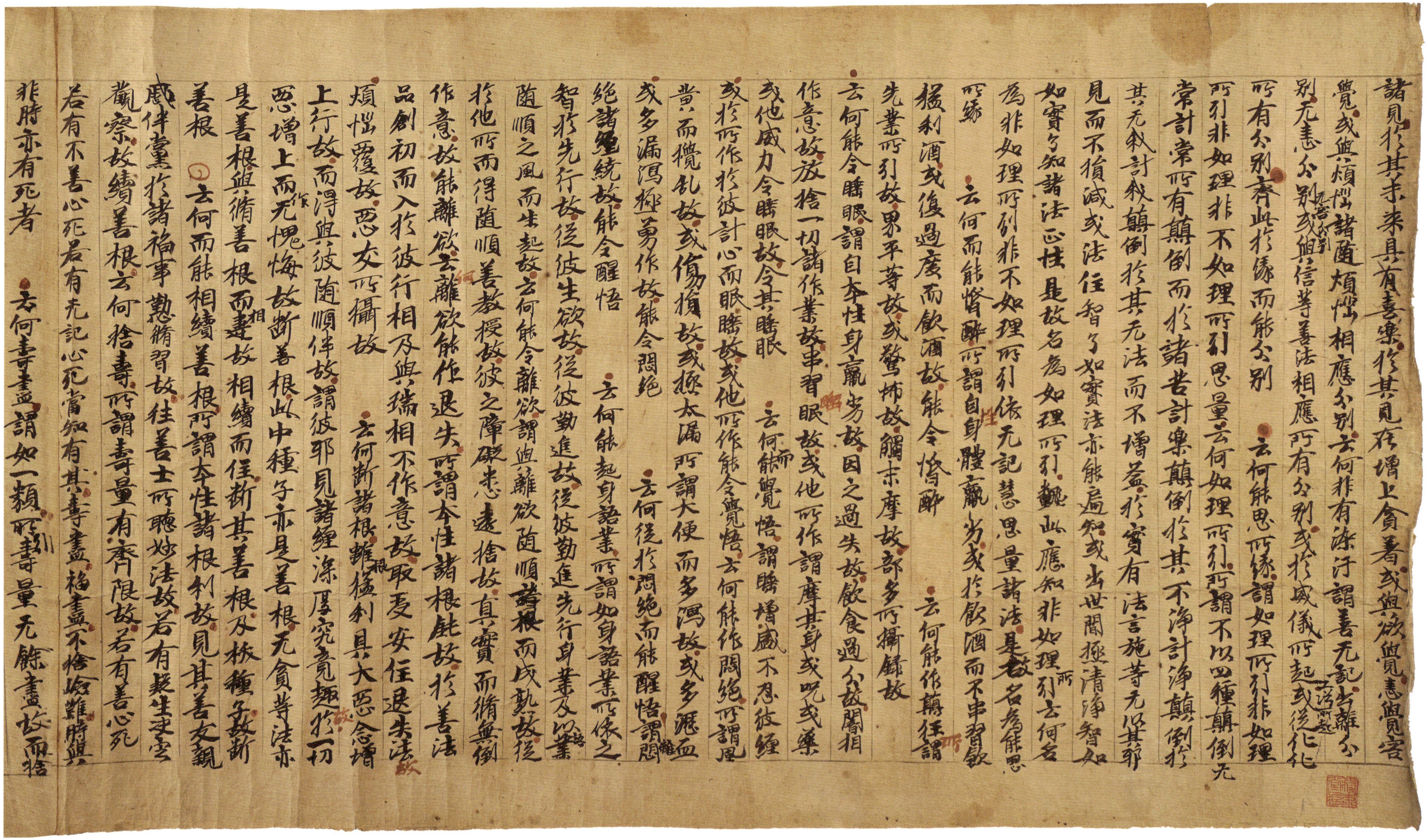
諸見於其未來具有喜樂於其見在增上貪著或與欲與覺恚與覺害
覺或與煩惱諸隨煩惱相應分別云何非有染汙謂善无記皆離分
別无恚分別或與信等善法相應所有分別或於威儀所起或從化化
所有分別齊此於緣而能分別　云何能思所緣謂如理所引非如理
所引非如理非不如理所引思量云何如理所引所謂不以四種顛倒无
常計常所有顛倒而於諸苦計樂顛倒於其不淨計淨顛倒於
其无我計我顛倒於其无法而不增益於實有法言施等无得其邪
見而不損減或法住智了知實法亦能遍知或出世間極清淨智如
如實了知諸法正性是故名為如理所引觀此應知非如理所引云何名
為非如理所引非不如理所引依无記慧思量諸法是故名為能思
所緣　云何而能惛醉所謂自身體羸劣或於飲酒而不串習飲
猛利酒或復過度而飲酒故能令惛醉　云何能作顛狂謂
先業所引故界不平等故或驚怖故觸末摩故部多所擾亂故
云何能令睡眠謂自本性身羸劣故因之過失故飲食過分故闇相
作意故放捨一切諸作業故串習眠故或他所作謂摩其身或呪或藥
或他威力令睡眠故令其睡眠　云何能覺悟謂睡增盛不忍彼纏
或於所作於彼計心而眠睡故或他所作能令覺悟　云何能作悶絕所謂風
黃熱而攪亂故或傷損故或極太漏所謂大便而多瀉故或多瀉血
或多漏瀉極勇作故能令悶絕　云何從於悶絕而能醒悟謂悶
絕諸纏繞故能令醒悟　云何能起身語業所謂如身語業所依之
智於先行故從彼生欲故從彼勤進故從彼勤進先行身業及以語業
隨順之風而生起故　云何能令離欲謂與離欲隨順諸根而成熟故從
於他所而得隨順善教授故彼之障礙悉遠捨故真實而脩無倒
作意故能離欲　云離欲能作退失所謂本性諸根鈍故於善法
品創初而入於彼行相及與瑞相不作意故取受安住退失法故
煩惱覆故惡友所攝故　云何斷諸根雖猛利具大惡念增
上行故而得與彼隨順伴故謂彼邪見諸纏深厚究竟趣於一切
惡增上而无慚愧悔故斷善根此中種子亦是善根无貪等法亦
是善根與脩善根而建相故相續而住斷其善根及於種子故斷
善根　云何而能相續善根所謂本性諸根利故見其善友親
感伴黨於諸福事慇懃脩習故往善士所聽妙法故若有疑生來受
觀察故續善根　云何捨壽所謂壽量有齊限故若有善心死
若有不善心死若有无記心死當知有其壽盡福盡不捨險難時與
非時亦有死者　云何壽盡謂如一類所壽量无餘盡故而捨

務本 091 號 瑜伽師地論義疏（擬）（02-01）

若有不善心死若有无記心死當知有其壽盡福盡不捨嶮難時與
非時亦有死者
云何壽盡謂如一類所引壽量无餘盡故而捨
壽者此則名為時至死而。云何福盡謂如一類无其資具而捨壽者
云何不捨嶮難薄伽梵說而壽未盡有捨壽者有其九因及有
九緣云何為九所謂不節量而食故不相宜食故未消而食故未
消積聚不除遣故已熟不放出故不習近諸藥故不知串習未
串習故非時而行故不脩梵行故此則名為非時而死
云何具善心死謂如有一捨壽之時先所習近一切善法或自憶念或
他令憶當尒之時於彼心中信等善法所習行者乃至麁相未滅已來
而當生起細想行時善心即退住无記心彼於尒時先所串習所有諸
善不能增進餘亦不能令憶念故云何具不善心死謂如有一捨壽之時先
所串習諸不善法或自憶念或他令憶當尒之時於彼心中貪等諸不
善法所習行者乃至麁相未滅已來而生起者一切同前善位所說此中
具善心死者以安樂死而捨壽故臨終之時於彼身中猛利之受而不生
起具不善心而捨壽者當以苦死而捨壽故臨終之時於彼身中
猛利苦受而當生起具其善心捨壽之者覩色无有錯亂具不善心捨壽
之者覩色則有錯亂云何具无記心捨壽謂或脩善及不善法或都不
脩自亦不憶他亦不復令憶念故亦非善心非染心者捨壽之時安樂
捨壽亦不捨壽諸苦捨壽　復次若有脩善及不善法補特伽
羅捨壽之者先所串習善不善法或自憶念或他令憶當尒之時彼
於何者而多串習彼極有力彼心於彼而趣向之餘皆忘失又復於
二等串習者於何取初或自憶念或他令憶於彼不退餘悉不轉
彼當尒時由二種因一樂戲論因二善不善諸業因故先業所引有諸
果彼受用已捨壽之時作惡業者先作不善所感不愛果之業相
悉皆現前謂猶如夢衆多惡色於彼顯現佛薄伽梵依此說言
若造諸惡不善之業而積集者尒時於彼猶如晡時諸山山岑所
有諸影臨增上臨覩前臨當知彼補特伽羅如從於明趣向闇室
令現於此脩善法者如從於闇入其明室翫此之者是其善業所
感果報差別者臨捨時壽於彼如夢諸不愛色及不可意種種
諸相悉來現前若有造作大不善者由見彼諸不善相故從身汗
流從毛孔中諸毛皆豎揮足手等失大小便於空捫摸眼睛翻轉口
流涎唾如是等法悉皆顯現若是中者於彼有現有不現故是足之
不現一切怨悉臨終之時乃至其相未曚昧來久遠串習者我之
心而遍生起從此已後將謂我无愛樂其身此則是彼中有成就

務本 091 號 瑜伽師地論義疏（擬）（印章）

印文：方廣錩審定　務本堂藏　◇

務本 091 號背 殘地契（擬）（01-01）

雲去月現 塵拂鏡明

（代後記）

二〇一三年在廣西師範大學出版社出版的，由著名學者、敦煌遺書研究專家方廣錩教授編的《務本堂藏敦煌遺書①》（下稱『卷一』），得到學界關注，及圖書館、佛教寺院等相關機構的充分肯定。十年之後的今天，《務本堂藏敦煌遺書②》（下稱『卷二』）也即將出版。在這裏，先對卷一進行簡單的介紹，以便讀者對務本堂藏的敦煌遺書有全面的了解。

卷一共收入古寫經四十三號，其中敦煌遺書三十二號、非敦煌中國古寫經一號、日本古寫經十號。按照文物、文獻狀態的不同，附條記目錄五十一款，規模可觀、內容豐富，且由名家鑒賞，是我國私人收藏家出版的收入敦煌遺書較爲完整、較具規模的圖錄。

本書（卷二）的排版，沿襲了卷一的風格，不同的是，本書在版面上更加尊重原經書的紙張完整性，必要的卷子採用横排的方式。其内容方面，有方廣錩教授的詳細論説，本文便不再贅述。

務本堂是一家私人收藏機構，數十年來，本着對佛教的虔誠信仰、對中華民族優秀傳統文化的熱愛，不惜巨資，竭盡所能，收藏保存敦煌遺書。而出版敦煌遺書，將之公之于衆，是爲了發揚敦煌遺書寶貴的歷史文獻價值和研究價值。

二〇一五年，務本堂的工作人員曾冒着風險，携二十卷最有研究價值的經書前往浙江瑞安的安福寺，爲該寺佛學研究生提供最真實的千年佛經版本，讓學子們得以親手觸摸經書的紙張質感，對敦煌遺書的文物性有了真實的了解。學子們紛紛表示大開眼界，獲益匪淺。

在收集、整理經書的過程中，務本堂堂主不忘向專家學者們學習，向方廣錩教授及敦煌研究院的學者們請教，也曾在上海花園飯店拜訪了敦煌研究院前院長樊錦詩先生，向樊院長請教敦煌遺書及敦煌莫高窟的歷史價值、文化價值與藝術價值。當務本堂堂主從樊院長處得知敦煌正在從事莫高窟壁畫及雕像的數字化保護工作時，即承諾向這一偉大工程盡綿薄之力。二〇二〇年五月，務本堂派人前往敦煌研究院，向敦煌莫高窟數字保護基金會捐款二十萬元人民幣。

二〇二一年春，卷二已經拍攝、編纂完畢，在出版社排版、編校之際，突然傳來一個驚人消息，卷二中已排版的第八十一號古籍善本《金光明最勝王經》卷八（即《金光明最勝王經堅牢地神品第十八》）居然是四川省圖書館在十六年前被盜的九件珍貴文物之一。公安部門自案發便開始追查，克服重重困難，終于案破。而《金光明最勝王經》卷八系務本堂于二〇一五年秋季，在北京一家正規拍賣公司以巨資競拍所得，合規合法，手續一應俱全。這是一個棘手的難題，關乎原主、拍賣公司，以及務本堂三家對該文物的權屬問題。收藏界内，大家都在想，正常情況下，權屬劃分需要一場曠日持久的訴訟。但務本堂堂主以大局爲重，不忘收藏初心，明大義，輕私利，將該藏品慷慨捐贈給四川省圖書館，讓文物得以物歸原主。此舉令人贊嘆，亦成就一宗業内美談。

《務本堂藏敦煌遺書②》順利出版，很大程度得益于方廣錩教授再度擔綱總編。這是一個極其需要細心和耐心的工作。方教授以客觀嚴謹的學術態度，對每一卷、每一行、每一字、每一邊角、每一印章、每一細枝末節等，都認真丈量、考核、對照、鑒定，付出了極大辛勞，堪稱學界巨擘、人品楷模。

雲去月現，塵拂鏡明。人類衹要除去邪念與私心，那麽平静明亮的心靈自然會出現，自然有豁達大度的胸襟與氣魄。

在此謹向方廣錩教授致以崇高敬意和由衷感謝！

期待務本堂春風育物，一以貫之。

感謝四川省圖書館同意將本書的八十一號《金光明最勝王經》卷八印刷入書，讓更多的讀者研究、了解、參考。這也是對務本堂收藏過程中此事件的一個歷史紀念。

鄧　燕

二〇二三年二月七日於上海銜香閣

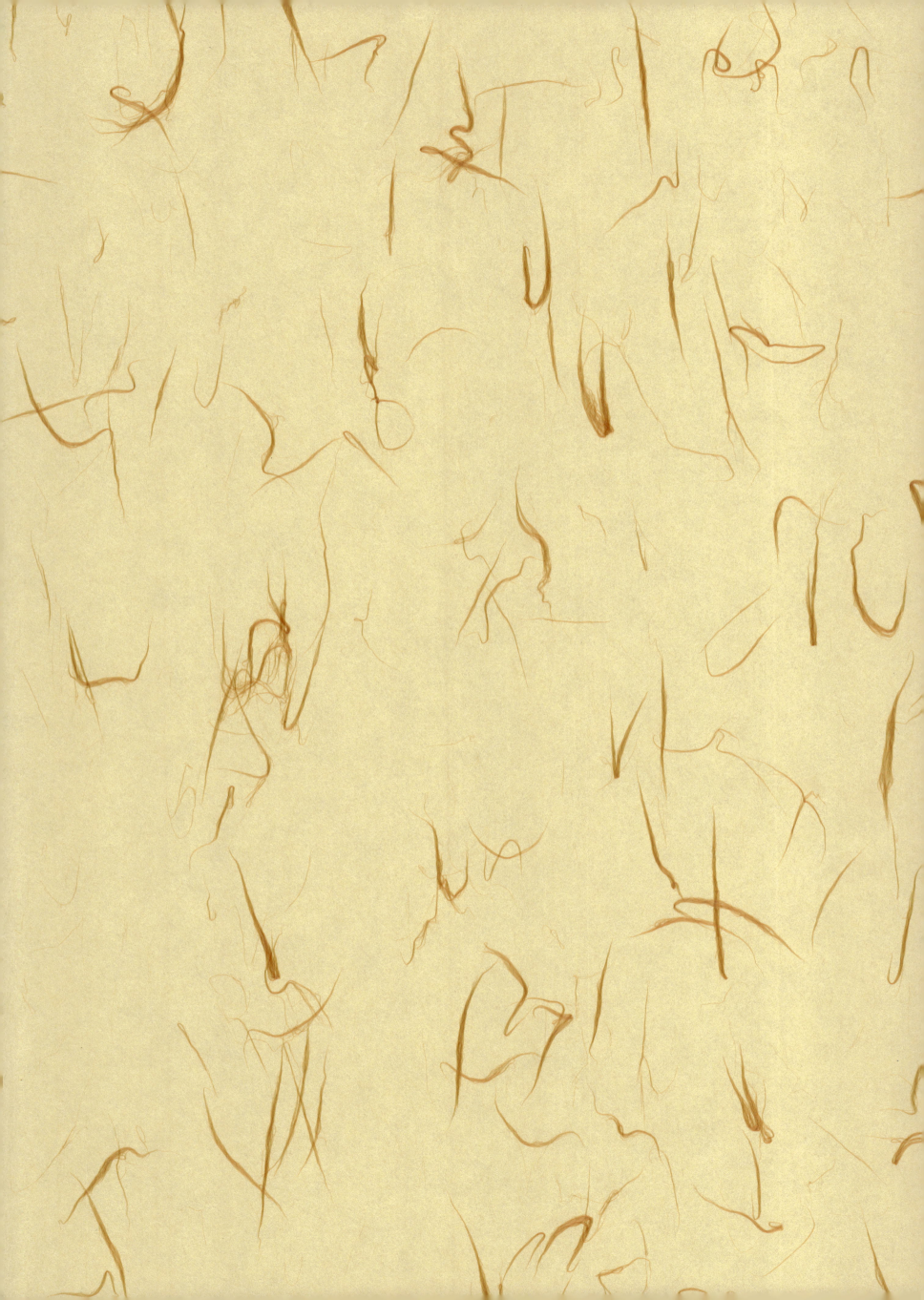

The Hall of Wuben Collection of Dunhuang Manuscripts

②

Collected by The Hall of Wuben

Edited by Fang Guangchang

廣西師範大學出版社
· 桂林 ·

條記目錄著錄凡例

本條記目錄諸條目意義如下：

1.1 著錄遺書編號，用“務本某號”，意爲“務本堂藏敦煌遺書”等古寫經。文獻抄寫在遺書背面者，標注爲“背”。一件遺書上抄寫多個文獻者，用數字1、2、3等依次分別標示。一號中包括幾件遺書，且幾件遺書的形態各自獨立者，用字母A、B、C等予以區别。

1.3 著錄遺書所抄文獻的名稱、卷本、卷次。

2.1 著錄遺書的總體數據，包括長度、高度、紙數、正面抄寫總行數與每行字數、背面抄寫總行數與每行字數。

2.2 著錄遺書每紙數據，包括每紙長度及抄寫行數。

2.3 著錄遺書的外觀，包括：（1）裝幀形式。（2）首尾存況。（3）紙張。（4）護首、軸、軸頭、扉頁、扉畫。（5）卷面殘破情況及其位置。（6）尾部情況。（7）有無附加物（蟲繭、油污、綫繩及其他）。（8）有無裱補及其年代。（9）界欄。（10）修整。（11）其他需要交代的問題。

2.4 著錄一件遺書抄寫多個文獻的情況。

2.5 著錄一件遺書上所抄寫的多個文獻之間的關系。

3.1 著錄文獻首部文字與對照本核對的結果。

3.2 著錄文獻尾部文字與對照本核對的結果。

3.3 著錄對該文獻的錄文。錄文時，殘缺一字用一個“□”表示。殘缺字數難以確定者用“□…□”表示。補字用“［ ］”括注。衍字用“< >”括注。錯字照錄，在錯字後用“（ ）”括注正字。難以辨認的字用“◇”表示。雙行小字用“【 】”括注。必要時用“/”表示原文换行。

本目錄其他諸項凡著錄卷面文字，所用符號意義與上相同。

3.4 著錄對該文獻的説明。

4.1 著錄文獻的首題。

4.2 著錄文獻的尾題。

5 著錄本文獻與對照本的不同。

6.1 著錄可與本遺書首部綴接的其他遺書的編號。

6.2 著錄可與本遺書尾部綴接的其他遺書的編號。

7.1 著錄題記、題名、勘記等。

7.2 著錄印章。

7.3 著錄雜寫。

8 著錄年代。

9.1 著錄字體，如有武周新字、合體字等，予以説明。

9.2 著錄卷面二次加工情况，包括句讀、點標、科分、間隔號、行間加行、行間加字、朱筆、墨塗、倒乙、刪除、重文號、兑廢等。

10 著錄敦煌遺書發現後，近現代人的裝裱及附加的内容，如繪畫、題跋、勘記、印章等。

13 備注，著錄與本遺書相關的問題。

上述諸條，有則著錄，無則空缺。

説　明：

一、日本寫經集錦帖（擬）共有寫經殘片96件，難以用字母A、B、C等標注，故一并著錄在第3.4項中。

二、本條記目錄爲農歷年份標注其相應的公歷紀年時，未進行歲頭年末之换算，請讀者使用時注意自行换算。

條記目録

務本 044 號至 091 號

1.1 務本 044 號 1……一

1.3 彩繪佛像（扉畫）
2.1 1419.2 釐米 ×31.2 釐米；31 紙；共 559 行，行 16 ~ 18 字。
2.2 01 : 44.0，00； 02 : 38.5，15； 03 : 46.3，19； 04 : 46.3，19；
05 : 44.5，19； 06 : 46.3，19； 07 : 46.2，19； 08 : 46.5，19；
09 : 46.5，19； 10 : 46.3，19； 11 : 46.4，19； 12 : 46.3，19；
13 : 46.5，19； 14 : 46.4，19； 15 : 46.5，19； 16 : 46.5，19；
17 : 46.3，19； 18 : 46.4，19； 19 : 44.0，18； 20 : 46.5，19；
21 : 46.4，19； 22 : 46.0，19； 23 : 46.0，19； 24 : 46.0，19；
25 : 46.3，19； 26 : 46.3，19； 27 : 46.0，19； 28 : 46.3，19；
29 : 46.2，19； 30 : 46.3，19； 31 : 44.2，13。
2.3 卷軸裝。首全尾全。有墨欄。有護首。第 16、27 紙繪有小佛像。現代已修整，護首有現代鑲裱，鑲裱時讓出扉葉之扉畫。後配天竿、縹帶與尾軸。
2.4 本遺書包括兩個文獻：（1）《彩繪佛像》（扉畫），畫在扉頁。今編爲務本 044 號 1。（2）《佛名經》（十六卷本）卷一一，559 行，抄寫在正面。今編爲務本 044 號 2。
3.4 説明：
本扉畫爲彩繪佛像，畫在卷首扉頁上。所繪佛像結跏趺坐在蓮花座上，雙手結手印，背有全身光，上有天蓋。
7.4 有護首。護首有經名簽，上寫“佛説佛名經卷第十一”。經名上有經名號。
8 9 ~ 10 世紀。歸義軍時期唐寫本。
9.1 楷書。
9.2 有行間校加字。
10 現代有修整，後配天竿、縹帶及尾軸。首題下有正方形陽文朱印，0.9 釐米 ×0.9 釐米，印文爲“務本 / 堂藏”。卷尾題記下有正方形陽文朱印，1.8 釐米 ×1.8 釐米，印文爲“廣錩 / 審定”。
護首下粘貼圓形紙簽，上有火漆印記。
卷中夾有紙條，上寫“佛説佛名經卷第十一”。經名上有經名號。

1.1 務本 044 號 2……二

1.3 佛名經（十六卷本）卷一一
2.4 本遺書由兩個文獻組成，本號爲第 2 個，559 行。抄寫在正面。餘參見務本 044 號 1。
3.1 首全→《七寺古逸經典研究叢書》，3/538B01。
3.2 尾全→《七寺古逸經典研究叢書》，3/584B06。
4.1 佛説佛名經卷第十一（首）。
4.2 佛説佛名經卷第十一（尾）。
7.1 尾有題記 6 行：“敬寫《大佛名經》貳佰捌拾捌卷。惟 / 願城隍安泰，百姓康寧。/ 府主尚書曹公已（己）躬永壽，繼紹 / 長年，合宅枝羅，常然慶吉。於 / 時貞明六年（920）歲次庚辰五月拾 / 五日寫訖。/”
8 920 年。歸義軍時期寫本。
9.1 楷書。“世”字或有缺筆。
9.2 有校改。有倒乙。有行間校加字。

1.1 務本 045 號……一七

1.3 十誦羯磨比丘要用
2.1 380 釐米 ×24.8 釐米；11 紙；共 233 行，行 23 ~ 26 字。
2.2 01 : 21.4，13； 02 : 37.8，23； 03 : 37.8，24； 04 : 37.9，23；
05 : 37.9，23； 06 : 37.8，23； 07 : 37.9，24； 08 : 37.7，23；
09 : 37.5，23； 10 : 37.4，23； 11 : 18.9，11。
2.3 卷軸裝。首殘尾殘。卷首上下有殘缺，上下邊有水漬及破損，卷尾左上殘缺。卷背有古代裱補及現代裱補。有墨欄。已修整。
3.1 首殘→大正 1439，23/0501A11。
3.2 尾殘→大正 1439，23/0499B11。
5 與《大正藏》本對照，文字有參差，可供校勘。或爲異本，有待進一步研究。
8 5 ~ 6 世紀。南北朝寫本。
9.1 行楷。
9.2 有重文號、刪除號、倒乙、行間加行、行間校加字。
10 卷首下邊有正方形陽文朱印，0.9 釐米 ×0.9 釐米，印文爲“務本 / 堂藏”。卷首背有圓形陽文朱印，直徑 1.1 釐米，印文爲“顧鼇”。卷首背下粘有紙簽，上寫“唐經 / 破◇”。卷尾空白處有正方形陽文朱印，1.8 釐米 ×1.8 釐米，印文爲“廣錩 / 審定”。

1.1 務本 046 號……二二

1.3 金光明最勝王經卷六
2.1 531 釐米 ×27.4 釐米；13 紙；共 334 行，行 17 字。
2.2 01 : 27.6，18； 02 : 42.4，26； 03 : 42.0，26； 04 : 42.4，27；
05 : 42.0，27； 06 : 42.3，27； 07 : 41.7，26； 08 : 41.5，26；
09 : 42.0，27； 10 : 41.8，26； 11 : 42.0，26； 12 : 41.6，26；
13 : 41.7，26。
2.3 卷軸裝。首殘尾殘。卷首殘破，右下有殘缺，上下邊有水漬，上邊有破裂，接縫處有開裂，卷尾殘破嚴重。有墨欄。制式抄寫。
3.1 首殘→大正 0665，16/0427B28。
3.2 尾殘→大正 0665，16/0431C03。
7.3 上邊有雜寫字“行深”；下邊有雜寫“汝”。
8 9 ~ 10 世紀。歸義軍時期寫本。
9.1 楷書。
10 卷首下有正方形陽文朱印，0.9 釐米 ×0.9 釐米，印文爲“務本 / 堂藏”。卷尾下邊有正方形陽文朱印，1.8 釐米 ×1.8 釐米，印文爲“廣錩 / 審定”。

1.1 務本 047 號……二九

1.3 金剛般若波羅蜜經（菩提流支本）
2.1 519.9 釐米 ×25.1 釐米；5 紙；共 297 行，行 17 字。
2.2 01 : 17.4，00； 02 : 139.5，82； 03 : 142.3，84； 04 : 140.4，83；
05 : 80.3，48。
2.3 卷軸裝。首全尾殘。密紋紙，砑光上蠟。有護首，有竹質天竿。卷首尾有破損。背有現代裱補。有墨欄。已修整，現代修補，接出拖尾，後配尾軸。
3.1 首全→大正 0236，08/0752C10。
3.2 尾殘→大正 0236，08/0756A01。
4.1 金剛般若波羅蜜經，序分第一（首）。
5 與《大正藏》本對照，本文獻與明《嘉興藏》相同，爲菩提流支十二分本，首題經名後有“序分第一”，卷中有分名，因尾殘，僅剩“斷疑分第十”。
7.4 有護首，護首寫有經名“金剛般若波羅蜜經”。
8 7 ~ 8 世紀。唐寫本。
9.1 楷書。
9.2 有行間校加字。有刮改。
10 現代修補，接出拖尾，後配尾軸。卷首背有墨筆寫“劉家桂（？），◇品”。墨筆字下有藍色鋼筆（？）文字，因遮蓋難以辨認，似爲“◇…◇等三人”。
首題下有正方形陽文朱印，0.9 釐米 ×0.9 釐米，印文爲“務本 / 堂藏”。卷尾下邊有正方形陽文朱印，1.8 釐米 ×1.8 釐米，印文爲“廣錩 / 審定”。現代接出拖尾鈐有僞造“金粟山 / 藏經紙”陽文朱印，有印本殘痕。

1.1 務本 048 號……四一

1.3 妙法蓮華經卷六
2.1 400.5 釐米 ×24 釐米；10 紙；共 262 行，行 17 字。
2.2 01 : 03.7，02； 02 : 47.1，31； 03 : 47.3，31； 04 : 47.0，31；

05 : 46.9，31；　06 : 47.2，31；　07 : 47.2，31；　08 : 47.2，31；
09 : 46.7，31；　10 : 20.2，12。

2.3　卷軸裝。首斷尾全。密紋打紙。有墨欄。已修整，通卷現代托裱，接出護首及拖尾。

3.1　首殘→大正 0262，09/0051C08。

3.2　尾全→大正 0262，09/0055A09。

4.2　妙法蓮華經卷第六（尾）。

8　7 ~ 8 世紀。唐寫本。

9.1　楷書。

10　通卷現代托裱，接出淺棕色與藍色相間、有孩童吹笙圖案及祥雲花紋的織錦護首，有骨別子。
玉池有篆書題跋“敦煌石室唐人寫經”。
題跋首有朱印 3 枚：（1）長方形陽文，2.1 釐米 ×3.5 釐米，印文爲“覺曉 / 齋 /”。（2）正方形陰文，2.8 釐米 ×2.8 釐米，印文爲“龐 / 龐山 /”。（3）正方形陽文，2.55 釐米 ×2.55 釐米，印文爲“東川曹 / 氏十硯 / 齋 /”。
題跋尾有 4 枚朱印：（1）長方形陽文，1.4 釐米 ×1.7 釐米，印文爲“楊昭 / 儁觀 /”。（2）正方形陰文，1.9 釐米 ×1.9 釐米，印文爲“圓園 / 審定 /”。（3）正方形陽文，1.9 釐米 ×1.9 釐米，印文爲“張 / 遠伯 /”。（4）正方形陽文，1.8 釐米 ×1.8 釐米，印文爲“志潭 / 之章 /”。
卷首品題下有正方形陽文朱印，0.9 釐米 ×0.9 釐米，印文爲“務本 / 堂藏”。卷末尾題下有 3 枚正方形陽文朱印：（1）1.3 釐米 ×1.3 釐米，印文爲“晋（？）/ ◇ /”。（2）3 釐米 ×3 釐米，印文爲“卅六峰 / 草堂 /”。已變色，色偏黑。（3）1.8 釐米 ×1.8 釐米，印文爲“廣錩 / 審定”。卷尾接出拖尾。

1.1 務本 049 號……………………………………五一

1.3　金光明經卷四

2.1　598.7 釐米 ×26.1 釐米；12 紙，共 326 行，行 15 ~ 17 字。

2.2　01 : 48.3，27；　02 : 53.1，30；　03 : 53.2，28；　04 : 53.3，30；
05 : 53.5，30；　06 : 53.3，30；　07 : 53.4，30；　08 : 53.3，30；
09 : 53.3，30；　10 : 53.3，30；　11 : 53.2，30；　12 : 17.5，01。

2.3　卷軸裝。首斷尾全。打紙。前部多有殘洞，有等距離火燒殘洞。有燕尾。尾有原軸，兩端塗黑漆。有墨欄。現代修整，接出護首，護首裝較粗竹質天竿，有彩色織錦縹帶。

3.1　首殘→大正 0663，16/0353C21。

3.2　尾全→大正 0663，16/0358A29。

4.2　金光明經卷第四（尾）。

8　10 ~ 11 世紀。宋代寫本。非敦煌遺書。

9.1　楷書。“世”字缺筆。

10　現代修整，護首粘貼紙簽，上寫“金光明經卷第四”。
卷首品題下有正方形陽文朱印，0.9 釐米 ×0.9 釐米，印文爲“務本 / 堂藏”。
尾題後有 3 枚印章：（1）長方形佛禪定圖案朱印，1.3 釐米 ×1.4 釐米。（2）長方形陽文朱印，1 釐米 ×1.2 釐米，印文爲“白氏 / 過眼 /”。（3）正方形陽文朱印，1.8 釐米 ×1.8 釐米，印文爲“廣錩 / 審定”。
卷首背下與現代護首接縫處有與尾題下相同的半枚佛禪定朱印。

1.1 務本 050 號……………………………………六三

1.3　大般若波羅蜜多經卷三五八

2.1　362 釐米 ×26 釐米；8 紙；共 194 行，行 17 字。

2.2　01 : 23.8，00；　02 : 41.1，26；　03 : 49.5，28；　04 : 49.5，28；
05 : 49.8，28；　06 : 49.4，28；　07 : 49.7，28；　08 : 49.2，28。

2.3　卷軸裝。首全尾脱。打紙，砑光上蠟。有護首，已殘破。護首現代修裱，裝較粗竹質天竿，有彩色絲綫縹帶。接出拖尾，配有尾軸。卷面有水漬，略有紅色污痕，下邊略殘，現代溜邊。有墨欄。

3.1　首全→大正 0220，06/0842A17。

3.2　尾殘→大正 0220，06/0844B13。

4.1　大般若波羅蜜多經卷第三百五十八，初分多問不二品第六十一之八，三藏法師玄奘奉詔譯（首）。

7.1　護首有題名“賢護”。

7.3　護首下有雜寫“心心”。

7.4　護首寫有經名、袟號：“大般若波羅蜜多經卷第三百五十八，卌六。”經名上有經名號。

8　8 ~ 9 世紀。吐蕃統治時期寫本。

9.1　楷書。

9.2　有行間校加字。有刮改。

10　現代已修整，接出拖尾。
首題下有正方形陽文朱印，0.9 釐米 ×0.9 釐米，印文爲“務本 / 堂藏”。卷尾下邊有正方形陽文朱印，1.8 釐米 ×1.8 釐米，印文爲“廣錩 / 審定”。

1.1 務本 051 號……………………………………七一

1.3　佛母大孔雀明王經（異卷）卷上

2.1　577.6 釐米 ×26.3 釐米；13 紙；共 306 行，行 15 ~ 16 字。

2.2　01 : 48.5，26；　02 : 48.4，26；　03 : 48.1，26；　04 : 48.4，26；
05 : 48.1，26；　06 : 48.3，26；　07 : 48.3，26；　08 : 48.1，25；
09 : 48.4，26；　10 : 48.4，25；　11 : 48.2，26；　12 : 38.9，21；
13 : 07.5，01。

2.3　卷軸裝。首脱尾全。前部上下有等距離殘缺，卷面多水漬，紙性略退，上下邊有霉爛。爲先粘接縫，後書寫文字。有燕尾。尾有原軸，兩端塗紫紅色漆，頂端點朱漆。有墨欄。已修整，現代接出護首及拖尾。

3.1　首殘→大正 0982，19/0424A29。

3.2　尾全→大正 0982，19/0428A16。

4.2　佛母大孔雀明王經卷上（尾）。

5　與《大正藏》本對照，文字多有參差。相當於《大正藏》本卷中前部至後部。尾題乃後人補寫，文字與正文不協。

8　10 ~ 11 世紀。宋代寫本。非敦煌遺書。

9.1　楷書。

9.2　有刮改。有倒乙。有校改。有行間校加字。

10　卷首下邊有正方形陽文朱印，0.9 釐米 ×0.9 釐米，印文爲“務本 / 堂藏”。尾題下有正方形陽文朱印，1.8 釐米 ×1.8 釐米，印文爲“廣錩 / 審定”。
尾軸上下粘有紙簽，上端紙簽寫“13 春 3026”。下端紙簽寫“BB3276”。

1.1 務本 052 號……………………………………七七

1.3　淨名經關中疏卷上

2.1　2436.4 釐米 ×29.4 釐米；58 紙；正面 1593 行，行 25 ~ 29 字；背面 7 行，行 4 ~ 20 字。

2.2　01 : 14.3，09；　02 : 42.7，27；　03 : 43.5，27；　04 : 43.3，27；
05 : 43.0，27；　06 : 43.2，27；　07 : 43.3，27；　08 : 43.3，27；
09 : 43.0，27；　10 : 43.3，27；　11 : 42.8，27；　12 : 43.1，27；
13 : 42.7，27；　14 : 43.5，27；　15 : 43.2，27；　16 : 43.3，27；
17 : 43.0，26；　18 : 43.2，26；　19 : 43.2，27；　20 : 43.2，27；
21 : 43.0，26；　22 : 43.3，27；　23 : 43.4，27；　24 : 43.2，27；
25 : 43.4，27；　26 : 43.3，27；　27 : 43.3，27；　28 : 43.0，27；
29 : 43.0，27；　30 : 43.7，27；　31 : 43.4，27；　32 : 43.0，27；
33 : 43.3，28；　34 : 43.5，27；　35 : 43.0，27；　36 : 42.2，27；
37 : 43.0，27；　38 : 43.0，27；　39 : 14.3，10；　40 : 41.5，28；
41 : 40.5，28；　42 : 42.0，29；　43 : 40.5，28；　44 : 44.0，29；
45 : 41.8，34；　46 : 45.8，33；　47 : 43.0，32；　48 : 42.4，32；
49 : 42.7，32；　50 : 42.2，32；　51 : 42.4，32；　52 : 42.9，32；
53 : 42.9，32；　54 : 42.8，32；　55 : 42.7，32；　56 : 42.9，32；
57 : 43.3，34；　58 : 44.7，14。

2.3　卷軸裝。首殘尾全。打紙，砑光上蠟。卷首右上殘缺，前部有殘破、油污，上邊有磨損，有現代裱補，卷面有水漬。第 26 紙上有抄紙孔洞。第 42、43 紙接縫處空一行。自第 47 紙開始换紙，自第 57 紙又换紙張。第 50、51 紙曾經脱開，再粘接時粘住部分抄寫文字。第 50、51 紙上有原殘洞。卷首背有蟲繭。有墨欄。第 3 紙背有 1 行補注；第 14 紙背有 4 行補注；第 29 紙背有 1 行補注（十力者）；第 31、32 紙接縫處背有 1 行朱筆補注。有後配尾軸，軸上卷現代紙。

3.1　首殘→藏外佛教文獻，02/0177A07。

3.2　尾全→藏外佛教文獻，02/0292A05。

4.2　淨名經關中疏卷上（尾）。

7.3　背有朱筆雜寫“此是何男”。

8　8 ~ 9 世紀。吐蕃統治時期寫本。

9.1　楷書。

9.2　有行間加行。有行間校加字。有校改。有圈删。有塗抹。第 24 紙起有朱筆間隔號。

10　配木盒。
盒蓋上有墨筆寫“淨名經關中疏，唐道掖撰”。
盒蓋内有墨筆寫“此本敦煌出土，希睹之一本也。/ 昭和廿年正月日田方南敬題。/ 同本者佛蘭西國民圖書館本及 / 大英博物館本。而我邦傳來 / 有此一本而已 /”。
木盒外一端有墨筆寫“道掖撰 / 淨名經關中疏上卷 /”。
卷首下邊有正方形陽文朱印，0.9 釐米 ×0.9 釐米，印文爲“務本 / 堂藏”。
卷尾下有正方形陽文朱印，2.1 釐米 ×2.1 釐米，印文爲“木齋審定”。
卷尾下有正方形陽文朱印，1.8 釐米 ×1.8 釐米，印文爲“廣錩 / 審定”。
卷首背粘有 2 個紙簽：一爲“13 春，2037”；一爲“3”。
卷中上邊前後粘有個紙簽：文字一爲“◇◇品第三”；一爲“◇…◇品第四”。
木盒外粘有 3 個紙簽：文字一爲“BB3584”；一爲“13 春，2037”；一爲“110”。

1.1 務本 053 號…………………………………… 一三四

1.3 佛名經（十六卷本）卷一三
2.1 635.8 釐米 ×25.7 釐米；13 紙；正面 363 行，行 16 ～ 18 字。背面 1 行，行 9 字。
2.2 01：49.0，28； 02：49.0，28； 03：48.9，28； 04：48.8，28；
05：49.0，28； 06：49.0，28； 07：49.0，27； 08：48.9，28；
09：49.1，28； 10：48.8，28； 11：48.7，28； 12：48.9，28；
13：48.7，28。
2.3 卷軸裝。首脱尾脱。有墨欄。經黄打紙。卷面有等距離水漬。
3.1 首殘→《七寺古逸經典研究叢書》，3/646B05。
3.2 尾殘→《七寺古逸經典研究叢書》，3/674B04。
7.1 卷首背有勘記“佛名經第十三，頭末（末？）毛”。“毛”字多寫一横。
8 9 ～ 10 世紀。歸義軍時期寫本。
9.1 楷書。
9.2 有刮改。有朱筆行間校加字。
10 卷尾上接縫處有半枚殘朱印，0.4 釐米 ×1.4 釐米，印文難以辨認。
卷首下邊有正方形陽文朱印，0.9 釐米 ×0.9 釐米，印文爲“務本 / 堂藏”。
卷尾下邊有正方形陽文朱印，1.8 釐米 ×1.8 釐米，印文爲“廣鋁 / 審定”。

1.1 務本 054 號…………………………………… 一四七

1.3 摩訶般若波羅蜜經（異卷）卷一五
2.1 508.4 釐米 ×25.7 釐米；11 紙；正面 280 行，行 17 字。
2.2 01：48.2，26； 02：49.6，28； 03：49.7，28； 04：49.8，28；
05：49.8，28； 06：49.8，29； 07：49.6，28； 08：49.5，29；
09：49.7，28； 10：47.6，27； 11：15.1，01。
2.3 卷軸裝。首脱尾全。下邊有水漬。有墨欄。卷首背有古代裱補，上面有字，朝内粘貼，難以辨認。有燕尾。後配尾軸。
3.1 首殘→大正 0223，08/0290B09。
3.2 尾全→大正 0223，08/0293C15。
4.2 摩訶般若波羅蜜經卷第十五（尾）。
5 與《大正藏》本對照，分卷不同。相當於《大正藏》本卷十之首部至中部。《大正藏》本品之品名爲“法稱品第三十七”，但《資福藏》《普寧藏》《嘉興藏》及日本宫内寮圖書廳寫本的品名與本卷相同，作“舍利品”。日本《聖語藏》唐寫本品名作“舍利校量品”。
本卷首部脱落，首行品名“摩訶般若波羅蜜經舍利品第卅七”下有“十二”兩字，筆迹與原卷不協，應爲近代人補書。故卷首起於何處，尚需研究。
本卷尾部分卷與日本《聖語藏》唐寫本相同。
8 7 ～ 8 世紀。唐寫本。
9.1 楷書。
9.2 有朱筆行間校加字。
10 現代配木盒。
木盒蓋上粘貼紙簽寫：“敦煌出土經。/ 摩訶般若波羅密經，大品。/”
首題下有正方形陽文朱印，0.9 釐米 ×0.9 釐米，印文爲“務本 / 堂藏”。
卷尾下有正方形陽文朱印，1.8 釐米 ×1.8 釐米，印文爲“廣鋁 / 審定”。

1.1 務本 055 號…………………………………… 一五七

1.3 明一切衆生對根上下起行法
2.1 284.5 釐米 ×25.8 釐米；8 紙；共 151 行，行 16 ～ 17 字。
2.2 01：01.3，01； 02：42.7，23； 03：43.0，23； 04：43.2，23；
05：43.2，23； 06：43.3，23； 07：43.2，23； 08：24.6，12。
2.3 卷軸裝。首殘尾全。卷首殘破嚴重，上下邊多有殘缺破損，卷面有火灼殘洞，通卷有水漬，下邊有油污，第 3、4 紙上邊有等距離蟲蛀殘洞，卷尾上下有殘缺，上邊紙張變色、脆裂。有墨欄。紙厚：0.1 釐米，0.1 釐米，0.1 釐米，0.11 釐米，0.11 釐米。重：56 克。周長：10.5 釐米。直徑：2.5 釐米。
4.2 ［明一切衆生］對根上下起行法一卷（尾）。
5 本文獻爲三階教經典，又名“《對根起行法》”。《開元釋教錄》卷第十八載：“《對根起行法》，一卷。（《明一切衆生對根上下起行法》，於内有五段。）”三階教典籍目錄《人集錄都目》則著錄爲：“《明一切衆生對根上下起行法》，於内有五段，一卷，九紙。”本遺書首殘尾全，有尾題，現存八紙，與上述著錄相符。
自敦煌遺書發現後，矢吹慶輝、西本照真等先後考訂出《對根起行法》抄本數種，但經查核，前此考訂之諸號與本號内容均有差異。本號有尾題，確爲三階教之《對根上下起行法》。故本遺書的發現，對研究三階教及其典籍均提出新的課題。且本遺書并非出自敦煌藏經洞，故亦對三階教的流傳提供了新的數據。
7.1 尾有 1 行題記：“□…□次（？）戊□…□月□◇朔（？）三戊申相州法藏寺撰。”
8 7 ～ 8 世紀。唐寫本。非敦煌遺書。
9.1 楷書。
10 首紙行下空白處有正方形陽文朱印，0.9 釐米 ×0.9 釐米，印文爲“務本 / 堂藏”。
尾題下邊有正方形陽文朱印，1.8 釐米 ×1.8 釐米，印文爲“廣鋁 / 審定”。
卷首背下粘貼兩個圓形紙簽，分别有文字：（1）“北京保利國際拍賣有限公司，/14 春 /3465/”。（2）“北京保利國際拍賣有限公司，/BB/6180/”。

1.1 務本 056 號…………………………………… 一六〇

1.3 瑜伽師地論卷七四
2.1 454.6 釐米 ×24.8 釐米；11 紙；共 235 行，行 16 ～ 17 字。
2.2 01：39.0，21； 02：43.0，23； 03：43.1，23； 04：43.0，23；
05：42.9，23； 06：43.1，23； 07：43.1，23； 08：43.2，23；
09：42.9，23； 10：43.3，23； 11：28.0，07。
2.3 卷軸裝。首殘尾全。經黄打紙。卷首殘爛嚴重，上下邊多水漬，下邊有殘破，卷尾下邊有等距離鼠嚙及蟲蛀殘缺和殘洞。有燕尾。有墨欄。
3.1 首殘→大正 1579，30/0708A10。
3.2 尾全→大正 1579，30/0710C22。
4.2 瑜伽師地論卷第七十四（尾）。
5 與《大正藏》本對照，文字略有參差。
7.1 卷首上有一個殘缺“兑”字。
8 7 ～ 8 世紀。唐寫本。非敦煌遺書。
9.1 楷書。
10 第一紙下邊有正方形陽文朱印，0.9 釐米 ×0.9 釐米，印文爲“務本 / 堂藏”。
拖尾有正方形陽文朱印，1.8 釐米 ×1.8 釐米，印文爲“廣鋁 / 審定”。
卷首背下粘貼兩個圓形紙簽，分别有文字：（1）“北京保利國際拍賣有限公司，/14 春 /3467/”。（2）“北京保利國際拍賣有限公司，/BB/6183/”。

1.1 務本 057 號…………………………………… 一六六

1.3 大般涅槃經（北本異卷）卷一七
2.1 791.8 釐米 ×25.8 釐米；21 紙；共 453 行，行 17 字。
2.2 01：25.5，15； 02：39.5，23； 03：39.8，23； 04：39.7，23；
05：39.6，23； 06：39.5，23； 07：39.7，23； 08：39.8，23；
09：39.5，23； 10：39.7，23； 11：39.7，23； 12：39.5，23；
13：40.4，24； 14：39.8，23； 15：39.7，23； 16：39.7，23；
17：39.8，23； 18：39.7，23； 19：39.4，23； 20：39.5，23；
21：12.3，03。
2.3 卷軸裝。首殘尾全。卷面有水漬，前半卷上邊有霉斑，前 5 紙下邊有等距離鼠嚙殘洞，第 12 至 15 紙上邊及卷尾有等距離蟲蛀殘洞，第 13 紙下邊殘破。第 10 紙背有現代裱補。有燕尾。有墨欄。有劃界欄針孔。
3.1 首殘→大正 0374，12/0463B14。
3.2 尾全→大正 0374，12/0468C25。
4.2 大般涅槃經卷第十七（尾）。
5 與《大正藏》本對照，分卷不同。相當於《大正藏》本卷一七前部至卷一八前部。
7.1 尾有 1 行題記：“比丘曇義。”
8 5 ～ 6 世紀。南北朝寫本。
9.1 隸楷。
9.2 有刮改。
10 卷首下邊有正方形陽文朱印，0.9 釐米 ×0.9 釐米，印文爲“務本 / 堂藏”。
拖尾有正方形陽文朱印，1.8 釐米 ×1.8 釐米，印文爲“廣鋁 / 審定”。
卷首背下粘貼兩個圓形紙簽，分别有文字：（1）“北京保利國際拍賣有限公司，/13 秋 /4016/”。（2）“北京保利國際拍賣有限公司，/BB/5146/”。

1.1 務本 058 號…………………………………… 一七六

1.3 大寶積經卷五四
2.1 42.2 釐米 ×23.4 釐米；1 紙；共 24 行，行 17 字。
2.3 卷軸裝。首斷尾斷。經黄打紙。有墨欄。與務本 059 號前後粘接，托裱於同一個手卷中，日式裝幀。
3.1 首殘→大正 0310，11/0319A16。
3.2 尾殘→大正 0310，11/0319B11。
8 7 ～ 8 世紀。唐寫本。
9.1 楷書。“世”字缺筆。
10 現代與務本 059 號前後粘接，托裱於同一個手卷中。後配木盒。日式托裱。接出護首，護首有磨損。有天竿及藍色縹帶。有灑金箋扉頁。護首有金色經名簽，上有墨書“唐人寫經二種。寶宋室”。
卷首下邊有正方形陽文朱印，0.8 釐米 ×0.8 釐米，印文爲“廬盦”。
卷首上邊有正方形陽文朱印，0.9 釐米 ×0.9 釐米，印文爲“務本 / 堂藏”。

1.1 務本 059 號 …………………………… 一七七

1.3 佛本行集經卷四六

2.1 40.1 釐米 ×23.4 釐米；1 紙；共 22 行，行 17 字。

2.3 卷軸裝。首斷尾斷。經黃打紙。有墨欄。與務本 058 號前後粘接，托裱於同一個手卷中，日式裝幀。

3.1 首殘→大正 0190，03/0868A24。

3.2 尾殘→大正 0190，03/0868B18。

8 7 ~ 8 世紀。唐寫本。

9.1 楷書。

10 現代與務本 058 號前後粘接，通卷托裱於同一個手卷。
卷尾左下有正方形陽文朱印，0.8 釐米 ×0.8 釐米，印文爲“廬盦”。
行下空白處有正方形陽文朱印，1.8 釐米 ×1.8 釐米，印文爲“廣鋁/審定”。
手卷拖尾有題跋 5 行：“右唐人寫經兩種計四十六行。/ 前廿四行爲一人，後廿二行另出 / 一人手。然均整勁有神，乃寫 / 經中之佳者。云出自敦煌石窟 / 寺也。辛丑冬得於日京。/”
此題跋爲臺灣著名收藏家林熊光所寫。此處“辛丑”系 1961 年。題跋下有 3 枚印章：
（1）正方形陽文朱印，0.9 釐米 ×0.9 釐米，印文爲“朗庵 /”。
（2）正方形陽文朱印，2.1 釐米 ×2.1 釐米，印文爲“寶 / 宋室 /”。
（3）正方形陽文朱印，2.1 釐米 ×2.1 釐米，印文爲“林氏 / 家藏 /”。

1.1 務本 060 號 …………………………… 一七八

1.3 根本説一切有部毗奈耶雜事卷一七

2.1 799.4 釐米 ×26.4 釐米；19 紙；共 406 行，行 17 字。

2.2 01：20.0，00； 02：42.4，22； 03：44.5，24； 04：44.5，24；
05：44.4，24； 06：42.5，23； 07：44.5，24； 08：44.5，24；
09：44.4，24； 10：44.5，24； 11：44.5，24； 12：44.6，24；
13：44.5，24； 14：32.7，18； 15：44.5，24； 16：44.5，24；
17：44.6，24； 18：42.3，21； 19：41.0，10。

2.3 卷軸裝。首全尾全。有護首。護首有竹質天竿及藍白色編織縹帶。卷首多水漬，有蟲蛀殘洞。卷尾有破損及等距離蟲蛀殘洞。有燕尾。尾有原軸，鑲亞腰型軸頭，塗棕色漆，上軸頭已壞。有墨欄。現代已修整，上下溜邊。

3.1 首全→大正 1451，24/0282A02。

3.2 尾全→大正 1451，24/0286C02。

4.1 根本説一切有部毗奈耶雜事卷第十七，三藏法師沙門義淨奉，制譯（首）。

4.2 根本説一切有部毗奈耶雜事卷第十七（尾）。

7.1 尾有題記 11 行：“皇后藤原氏光明子奉爲 / 尊考贈正一位太政太臣府君、尊妣贈 / 從一位橘氏太夫人，敬寫一切經論及律，/ 莊嚴既了。伏願憑斯勝因，奉資冥助，/ 永庇菩提之樹，長游般若之津。又願 / 上奉　　聖朝，恒延福壽。下及寮采，/ 共盡忠節。又光明子自發誓言：弘濟 / 沉淪，勤除煩障，妙窮諸法，早契菩提。/ 乃至傳燈無窮，流布天下。聞名、持卷，/ 獲福消灾。一切迷方，會歸覺路。/ 天平十二年五月一日記。/”

7.4 有護首，粘貼有經名簽，上寫“[説一切] 有部毗奈耶雜事卷第十七”。

8 日本天平 12 年（740）寫本。

9.1 楷書。

9.2 有刮改。有朱筆校改。

10 扉葉下左有 2 枚印章：
（1）正方形陽文朱印，2.3 釐米 ×2.3 釐米，印文爲“張壁 / 東藏 /”。
（2）正方形陰文朱印，2.4 釐米 ×2.4 釐米，印文爲“晚香 / 齋 /”。
後配雙木盒。
木盒一端粘貼 3 個紙簽：“067”“BB7450”“14 秋 2203”。
卷首譯者名旁有正方形陽文朱印，0.9 釐米 ×0.9 釐米，印文爲“務本 / 堂藏”。
卷尾題記後有正方形陽文朱印，1.8 釐米 ×1.8 釐米，印文爲“廣鋁 / 審定”。
本遺書被列入日本重要文化財産。

1.1 務本 061 號 …………………………… 一八七

1.3 金光明經卷三

2.1 417.2 釐米 ×26.4 釐米；9 紙；共 228 行，行 16 ~ 17 字。

2.2 01：23.0，13； 02：51.7，30； 03：53.8，30； 04：53.7，30；
05：53.5，30； 06：53.5，30； 07：53.5，30； 08：53.5，30；
09：21.0，5。

2.3 卷軸裝。首斷尾全。有燕尾。尾有原軸，兩端塗黑色漆。有墨欄。

3.1 首殘→大正 0663，16/0349A29。

3.2 尾全→大正 0663，16/0352B09。

4.2 金光明經卷第三（尾）。

8 7 ~ 8 世紀。唐寫本。非敦煌遺書。

9.1 楷書。“世”字缺筆。

10 現代通卷托裱，接出護首及拖尾。卷首自品題前被裁掉，以品題冒充首題。
卷首品題下有正方形陽文朱印，0.9 釐米 ×0.9 釐米，印文爲“務本 / 堂藏”。
尾題後有正方形陽文朱印，1.8 釐米 ×1.8 釐米，印文爲“廣鋁 / 審定”。

1.1 務本 062 號 …………………………… 一九五

1.3 金光明經卷三

2.1 354.4 釐米 ×26 釐米；8 紙；共 207 行，行 17 字。

2.2 01：10.7，06； 02：51.4，31； 03：51.7，31； 04：51.7，31；
05：51.7，31； 06：51.5，31； 07：51.4，31； 08：34.3，15。

2.3 卷軸裝。首斷尾全。經黃打紙，砑光上蠟。上下邊紙張變脆、多有殘缺破損，下邊多有鼠嚙殘缺。有燕尾。尾有原軸，兩端塗棕色漆。有墨欄。尾紙中部有兩行墨欄。

3.1 首殘→大正 0663，16/0349B20。

3.2 尾全→大正 0663，16/0352B09。

4.2 金光明經卷第三（尾）。

8 7 ~ 8 世紀。唐寫本。非敦煌遺書。

9.1 楷書。有倒乙。

10 卷首上邊有正方形陽文朱印，0.9 釐米 ×0.9 釐米，印文爲“務本 / 堂藏”。
尾題下空白處有正方形陽文朱印，1.8 釐米 ×1.8 釐米，印文爲“廣鋁 / 審定”。

1.1 務本 063 號 …………………………… 二〇三

1.3 信力入印法門經卷一

2.1 831.1 釐米 ×26.5 釐米；17 紙；共 443 行，行 17 字。

2.2 01：50.8，27； 02：51.2，27； 03：51.1，27； 04：50.8，27；
05：51.0，27； 06：47.9，26； 07：51.2，28； 08：51.2，27；
09：51.4，27； 10：51.4，28； 11：51.3，28； 12：51.4，28；
13：51.4，28； 14：51.1，28； 15：51.0，28； 16：50.9，28；
17：16.0，05。

2.3 卷軸裝。首斷尾全。經黃打紙，砑光上蠟。第 1 至 13 紙有等距離鼠嚙殘洞。上下邊多水漬及霉斑。卷尾蟲蛀嚴重。有燕尾。有墨欄。

3.1 首殘→大正 0305，10/0929B26。

3.2 尾全→大正 0305，10/0934B20。

4.2 信力入印經卷第一（尾）。

8 7 ~ 8 世紀。唐寫本。非敦煌遺書。

9.1 楷書。

9.2 有刮改。

10 卷首下邊有正方形陽文朱印，0.9 釐米 ×0.9 釐米，印文爲“務本 / 堂藏”。
尾題下有正方形陽文朱印，1.8 釐米 ×1.8 釐米，印文爲“廣鋁 / 審定”。

1.1 務本 064 號 …………………………… 二一九

1.3 十誦羯磨比丘要用

2.1 649.9 釐米 ×25.6 釐米；18 紙；共 438 行，行 16 ~ 17 字。

2.2 01：36.6，25； 02：37.9，26； 03：38.0，26； 04：38.0，26；
05：38.1，26； 06：38.1，26； 07：38.3，26； 08：38.3，26；
09：38.3，26； 10：38.2，26； 11：27.5，19； 12：38.0，26；
13：38.2，26； 14：37.9，26； 15：38.0，26； 16：38.5，26；
17：38.5，26； 18：13.5，04。

2.3 卷軸裝。首斷尾全。有雙行夾注。卷面有水漬，第 11 紙下邊殘破。尾有原軸，上軸頭已斷，軸頭塗棕色漆。有墨欄。

3.1 首殘→大正 1439，23/0498A08。

3.2 尾全→大正 1439，23/0503C11。

4.2 十誦僧尼要事羯磨一卷（尾）。

5 與《大正藏》本對照，文字略有參差。

8 8 ~ 9 世紀。唐寫本。非敦煌遺書。

9.1 楷書。

9.2 有刮改。

10 卷首下邊有正方形陽文朱印，0.9 釐米 ×0.9 釐米，印文爲“務本 / 堂藏”。
尾題下空白處有正方形陽文朱印，1.8 釐米 ×1.8 釐米，印文爲“廣鋁 / 審定”。

1.1 務本 065 號 …………………………… 二三七

1.3 大般涅槃經卷一七

2.1 340.9 釐米 ×26 釐米；9 紙；共 207 行，行 17 字。

2.2 01：36.1，24； 02：38.0，24； 03：38.0，24； 04：38.2，24；
05：38.2，24； 06：39.0，24； 07：39.0，24； 08：38.9，24；
09：35.5，15。

2.3 卷軸裝。首斷尾全。卷首有殘洞，卷面有水漬，卷尾下邊略殘。有墨欄。

有燕尾。尾有原軸，上軸頭已壞，軸頭塗棕色漆。
3.1 首殘→大正 0374，12/0465B28。
3.2 尾全→大正 0374，12/0468A06。
4.2 大般涅槃經卷第十七（尾）。
8 8 世紀。唐寫本。非敦煌遺書。
9.1 楷書。“愍”字有缺筆。
10 卷首下邊有正方形陽文朱印，0.9 釐米 ×0.9 釐米，印文爲“務本 / 堂藏”。尾題下空白處有正方形陽文朱印，1.8 釐米 ×1.8 釐米，印文爲“廣錩 / 審定”。

1.1 務本 066 號……………………………… 二四一

1.3 金光明經卷二
2.1 762.8 釐米 ×27.2 釐米；17 紙；共 377 行，行 19 字。
2.2 01 : 21.0，10； 02 : 46.5，23； 03 : 46.5，23； 04 : 45.9，23；
05 : 46.2，23； 06 : 46.5，23； 07 : 46.5，24； 08 : 46.5，23；
09 : 46.4，23； 10 : 46.4，23； 11 : 46.5，23； 12 : 46.4，23；
13 : 46.4，23； 14 : 46.3，23； 15 : 46.4，23； 16 : 46.4，23；
17 : 46.0，21。
2.3 卷軸裝。首斷尾全。卷首下邊有殘缺，上邊有污漬。前 6 紙上邊有等距離水漬。有墨欄。尾有原軸，兩端塗棕色漆。
3.1 首殘→大正 0663，16/0341A27。
3.2 尾全→大正 0663，16/0346B09。
4.2 金光明經卷第二（尾）。
8 7 ~ 8 世紀。唐寫本。非敦煌遺書。
9.1 楷書。
9.2 有刮改。
10 卷首下邊有正方形陽文朱印，0.9 釐米 ×0.9 釐米，印文爲“務本 / 堂藏”。卷尾空白處有正方形陽文朱印，1.8 釐米 ×1.8 釐米，印文爲“廣錩 / 審定”。

1.1 務本 067 號……………………………… 二五〇

1.3 金光明經卷一
2.1 533.2 釐米 ×24.8 釐米；12 紙；共 296 行，行 17 字。
2.2 01 : 16.2，09； 02 : 51.7，29； 03 : 51.7，29； 04 : 51.4，29；
05 : 51.4，29； 06 : 51.4，29； 07 : 51.6，29； 08 : 51.7，29；
09 : 51.7，29； 10 : 50.2，29； 11 : 47.2，26； 12 : 07.0，00。
2.3 卷軸裝。首斷尾全。經黄打紙，砑光上蠟。上下邊多水漬，卷尾下有蟲蛀小殘洞。有燕尾。尾有原軸，兩端塗棕色漆。有墨欄。
3.1 首殘→大正 0663，16/0336B10。
3.2 尾全→大正 0663，16/0340C10。
4.2 金光明經卷第一（尾）。
8 7 ~ 8 世紀。唐寫本。非敦煌遺書。
9.1 楷書。“世”字缺筆。
10 卷首品題下有正方形陽文朱印，0.9 釐米 ×0.9 釐米，印文爲“務本 / 堂藏”。卷尾空白處有正方形陽文朱印，1.8釐米 ×1.8釐米，印文爲“廣錩 / 審定”。

1.1 務本 068 號……………………………… 二六一

1.3 大方廣佛華嚴經（晋譯六十卷本）卷二二
2.1 257 釐米 ×26 釐米；7 紙；共 152 行，行 17 字。
2.2 01 : 13.5，08； 02 : 40.5，24； 03 : 40.4，24； 04 : 40.6，24；
05 : 40.7，24； 06 : 40.7，24； 07 : 40.6，24。
2.3 卷軸裝。首斷尾殘。經黄打紙，砑光上蠟。上下邊有水漬。有墨欄。
3.1 首殘→大正 0278，09/0539B14。
3.2 尾殘→大正 0278，09/0541B23。
8 7 ~ 8 世紀。唐寫本。非敦煌遺書。
9.1 楷書。
10 卷首下邊有正方形陽文朱印，0.9 釐米 ×0.9 釐米，印文爲“務本 / 堂藏”。
卷首下邊有正方形陽文朱印，1.8 釐米 ×1.8 釐米，印文爲“廣錩 / 審定”。

1.1 務本 069 號……………………………… 二六五

1.3 妙法蓮華經卷二
2.1 171.2 釐米 ×26.2 釐米；5 紙；共 98 行，行 17 字。
2.2 01 : 42.1，24； 02 : 41.7，24； 03 : 41.3，24； 04 : 42.0，24；
05 : 04.1，02。
2.3 卷軸裝。首殘尾殘。卷面多水漬，上下邊有殘缺破損，卷首尤甚。卷首背有墨漬。有墨欄。
3.1 首殘→大正 0262，09/0012C15。
3.2 尾殘→大正 0262，09/0014A05。
8 7 ~ 8 世紀。唐寫本。非敦煌遺書。
9.1 楷書。
10 卷首下邊有正方形陽文朱印，0.9 釐米 ×0.9 釐米，印文爲“務本 / 堂藏”。卷尾下邊有正方形陽文朱印，1.8 釐米 ×1.8 釐米，印文爲“廣錩 / 審定”。

1.1 務本 070 號……………………………… 二六七

1.3 金光明經卷四
2.1 357.4 釐米 ×25 釐米；8 紙；共 215 行，行 17 字。
2.2 01 : 35.6，22； 02 : 50.3，31； 03 : 50.7，31； 04 : 50.4，31；
05 : 50.7，31； 06 : 50.6，31； 07 : 50.4，31； 08 : 18.7，07。
2.3 卷軸裝。首斷尾全。打紙。上下邊變脆，上下邊多有殘缺破損。有燕尾。尾有原軸，兩端塗棕色漆。有墨欄。
3.1 首→大正 0663，16/0355A21。
3.2 尾→大正 0663，16/0358A29。
4.2 金光明經卷第四（尾）。
8 7 ~ 8 世紀。唐寫本。非敦煌遺書。
9.1 楷書。“愍”字有缺筆。
10 卷首下邊有正方形陽文朱印，0.9 釐米 ×0.9 釐米，印文爲“務本 / 堂藏”。卷尾空白處有正方形陽文朱印，1.8 釐米 ×1.8 釐米，印文爲“廣錩 / 審定”。

1.1 務本 071 號……………………………… 二七五

1.3 無垢淨光大陀羅尼經
2.1 454.7 釐米 ×24.9 釐米；10 紙；共 253 行，行 17 字。
2.2 01 : 45.5，26； 02 : 49.0，28； 03 : 49.0，28； 04 : 49.0，28；
05 : 48.5，28； 06 : 49.1，28； 07 : 49.2，28； 08 : 49.1，28；
09 : 48.8，26； 10 : 17.5，05。
2.3 卷軸裝。首斷尾全。經黄打紙，砑光上蠟。上下邊有水漬，卷尾多有水漬、污漬及蟲蛀殘洞。有燕尾。有墨欄。
3.1 首殘→大正 1024，19/0718C01。
3.2 尾全→大正 1024，19/0721B12。
4.2 無垢淨光大陀羅尼經一卷（尾）。
7.1 尾有 7 行題記：“佛弟子陪戎校尉孔嘉言妻苗氏久纏痾 / 瘵，痛苦在身。妙藥仙方，不能痊愈。聞此 / 法教，弘闡大猷，救護衆生，一切危厄。然 / 抽減財寶，敬造斯經。上願 / 皇王皇後，聖化無窮。下及一切有情，在病 / 苦者，悉蒙救療，去離床枕。亡化衆生，脱 / 地獄苦。/”
8 8 世紀。唐寫本。非敦煌遺書。
9.1 楷書。“世”字有缺筆。
10 卷首下邊有正方形陽文朱印，0.9 釐米 ×0.9 釐米，印文爲“務本 / 堂藏”。卷尾題記下空白處有正方形陽文朱印，1.8 釐米 ×1.8 釐米，印文爲“廣錩 / 審定”。

1.1 務本 072 號……………………………… 二八五

1.3 勝天王般若波羅蜜經卷六
2.1 513 釐米 ×25.8 釐米；11 紙；共 288 行，行 17 字。
2.2 01 : 19.7，00； 02 : 49.2，28； 03 : 49.5，29； 04 : 49.8，29；
05 : 49.5，29； 06 : 49.6，29； 07 : 50.0，29； 08 : 48.5，28；
09 : 49.3，29； 10 : 49.3，29； 11 : 48.6，29。
2.3 卷軸裝。首全尾殘。有護首，有經名簽，有竹質天竿。卷面多水漬，有霉爛殘洞。卷尾倒數第三行卷面殘損。有墨欄。
3.1 首全→大正 0231，08/0716C02。
3.2 尾殘→大正 0231，08/0720A03。
4.1 勝天王般若波羅蜜經述德品第十，六（首）。
7.4 有護首。寫有經名“勝天王般若波羅蜜經卷第六”。上有經名號。
8 9 ~ 10 世紀。歸義軍時期寫本。
9.1 楷書。
10 護首下部有鉛筆寫保利拍賣公司編號“BB7482”。另有編號，不清。
護首下部有方形裱補紙，上有朱筆字痕。
首題下有正方形陽文朱印，0.9 釐米 ×0.9 釐米，印文爲“務本 / 堂藏”。卷尾下邊有正方形陽文朱印，1.8 釐米 ×1.8 釐米，印文爲“廣錩 / 審定”。

1.1 務本 073 號……………………………… 二九五

1.3 摩訶般若波羅蜜經（異卷）卷一五
2.1 324.8 釐米 ×25 釐米；8 紙；共 183 行，行 17 字。
2.2 01 : 39.5，22； 02 : 41.0，23； 03 : 40.7，23； 04 : 40.7，23；
05 : 40.5，23； 06 : 40.8，23； 07 : 40.7，23； 08 : 40.9，23。
2.3 卷軸裝。首殘尾脱。卷首殘破。有墨欄。現代已修整，接出護首，配竹質天竿、經名簽及縹帶。經名簽空白無字。後配尾軸，軸上朱筆書“二ノ一〇”，鑲日式透明軸頭。後配木盒。盒蓋粘貼紙簽寫“080”。
3.1 首全→大正 0223，08/0288A14。

3.2 尾殘→大正 0223，08/0290B02。

4.1 摩訶般若波羅蜜經阿難品第卅五，卷十五（首）。

5 與《大正藏》本對照，分卷不同。相當於《大正藏》本卷九後部。《大正藏》本此品題爲“尊導品第三十六（丹：阿難稱譽品）”。

8 7 ~ 8 世紀。唐寫本。

9.1 楷書。“世”字缺筆。

9.2 有倒乙。有朱筆行間校加字。

10 首題下有正方形陽文朱印，0.9 釐米 ×0.9 釐米，印文爲“務本 / 堂藏”。
卷尾下邊有正方形陽文朱印，1.8 釐米 ×1.8 釐米，印文爲“廣鋁 / 審定”。

1.1 務本 074 號……………………………… 二九九

1.3 觀佛三昧海經（異卷）卷八

2.1 396.2 釐米 ×25.5 釐米；9 紙；共 213 行，行 17 字。

2.2 01 : 23.5，13； 02 : 51.7，28； 03 : 52.4，28； 04 : 52.3，28；
05 : 52.2，28； 06 : 52.3，28； 07 : 52.3，28； 08 : 52.3，28；
09 : 07.2，04。

2.3 卷軸裝。首殘尾殘。卷尾有破損及蟲蛀殘洞。有墨欄。

3.1 首殘→大正 0643，15/0692C17。

3.2 尾殘→大正 0643，15/0695B07。

5 與《大正藏》本對照，分卷不同。本文獻相當於《大正藏》本卷九後部至卷十中、後部。由於本遺書首尾均殘，無首尾題，故難以確認其卷次。但據歷代經錄，該《觀佛三昧海經》先後有八卷、十卷兩種卷本，目前《大正藏》所收爲十卷本，本文獻年代較早，兼有《大正藏》十卷本的卷九、卷十經文，故原爲八卷本的可能性較大。詳情待考。

8 6 世紀。南北朝寫本。

9.1 隸楷。

9.2 有刮改。

10 卷首上邊有正方形陽文朱印，1.7 釐米 ×2 釐米，印文爲“潁上 / 常任 / 俠讀 /”。
卷首下邊有正方形陽文朱印，0.9 釐米 ×0.9 釐米，印文爲“務本 / 堂藏”。
卷尾末行下有正方形陽文朱印，1.2 釐米 ×1.2 釐米，印文爲“常 / 任俠 /”，側印。
卷尾下邊有正方形陽文朱印，1.8 釐米 ×1.8 釐米，印文爲“廣鋁 / 審定”。

1.1 務本 075 號……………………………… 三〇八

1.3 佛垂般涅槃略說教誡經

2.1 142.6 釐米 ×26 釐米；3 紙；共 76 行，行 17 字。

2.2 01 : 52.2，28； 02 : 52.1，28； 03 : 38.3，20。

2.3 卷軸裝。首脱尾全。卷面有殘洞。有墨欄。背有現代裱補。

3.1 首殘→大正 0389，12 /1111C04。

3.2 尾全→大正 0389，12 /1112B22。

4.2 佛垂般涅槃略說教誡經（尾）。

8 6 世紀。南北朝寫本。

9.1 隸楷。

9.2 有塗抹。有行間校加字。

10 首行下空白處有正方形陽文朱印，1.7 釐米 ×2 釐米，印文爲“潁上 / 常任 / 俠讀 /”。
前一印章下方有正方形陽文朱印，0.9 釐米 ×0.9 釐米，印文爲“務本 / 堂藏”。
尾題下近下邊處有正方形陽文朱印，1.7 釐米 ×2 釐米，印文爲“潁上 / 常任 / 俠讀 /”。
卷尾下邊有正方形陽文朱印，0.9 釐米 ×0.9 釐米，印文爲“務本 / 堂藏”。
旁有正方形陽文朱印，1.8 釐米 ×1.8 釐米，印文爲“廣鋁 / 審定”。

1.1 務本 076 號 1……………………………… 三一一

1.3 金剛經纂（刻本）

2.1 122.1 釐米 ×28.9 釐米；4 紙；共 52 行，行 13 ~ 20 餘字。

2.2 01 : 34.1，16； 02 : 19.0，08； 03 : 35.7，20； 04 : 33.3，08。

2.3 卷軸裝。首脱尾全。第 1、2 紙爲刻本；第 1 紙框寬 32.9 釐米，框長（高？）21.3 釐米；上邊 3.7 釐米，下邊 4 釐米；第 2 紙框寬 16.3 釐米，框高同；尾題下有印刷小花。第 3、4 紙爲後接寫本，高 30.8 釐米，有折叠欄。第 1、2 紙上下邊及第 3 紙下邊多有殘缺破損，第 1 紙下邊有蟲蛀小洞及蟲繭。有後配老軸。

2.4 本遺書包括兩個文獻：（1）《金剛經纂》（刻本），24 行，抄寫在正面。今編爲務本 076 號 1。（2）《玄奘法師逐月十齋日》，28 行，今編爲務本 076 號 2。

2.5 上述兩個文獻原本分别流通，且一爲刻本，一爲寫本，但因内容均爲論述天神伺察，故被粘接在一起。今仍作爲兩個文獻予以著錄。

3.3 錄文：

（首殘）

八日齋，太子下界，念 / 南無藥師琉璃光佛一千口。/

十四日齋，司命下界，念 / 南無賢劫千佛一千口。/

十五日齋，五道將軍下界，念 / 南無阿彌陀佛一千口。/

十八日齋，閻羅王下界，念 / 南無地藏菩薩一千口。/

二十三日齋，天大將軍下界，念 / 南無勢志菩薩一千口。/

二十四日齋，司錄下界，念 / 南無當來下生彌勒尊佛一千口。/

二十八日齋，太山府軍（君）下界，念 / 南無盧舍那佛一千口。/

二十九日齋，［四］天王下界，念 / 南無藥王菩薩一千口。/

三十日齋，大梵天王下界，念 / 南無釋迦牟尼佛一千口。/

普勸受持《金剛經纂》，莫生疑惑。審 / 須聽，降伏其心，煞六賊。

佛說是經已，/ 長老須菩提及諸比丘、比丘尼、優婆塞、/ 優婆夷，一切世間天、人、阿修羅，聞佛所 / 說，皆大歡喜，信受奉行。

金剛經纂一卷。

（錄文完）

4.2 金剛經纂一卷（尾）。

5 本文獻未爲歷代大藏經所收。在敦煌遺書中被發現後，曾被整理收入《藏外佛教文獻》第一輯，但與本文獻文字有差異。本遺書爲在晋南地區發現的唐五代刻本，體現了該文獻在不同時代、不同地區的流傳形態，對研究中國佛教天神伺察思想及其流變具有一定的意義，對研究中國早期刻本亦有重要意義。

8 10 世紀。唐五代刻本。非敦煌遺書。

9.1 楷書。

10 第一紙右下有正方形陽文朱印，0.9 釐米 ×0.9 釐米，印文爲“務本 / 堂藏”。
第二紙左下有正方形陽文朱印，1.0 釐米 ×1.0 釐米，印文爲“方 / 廣鋁 / 審定”。

1.1 務本 076 號 2……………………………… 三一二

1.3 玄奘法師逐月十齋日

2.4 本遺書由兩個文獻組成，本號爲第 2 個，28 行。餘參見務本 076 號 1。

3.3 錄文：

（首全）

玄奘法師逐月十齋日 /

一日，善惡童子下界，念定光佛一千口。/ 不［墮］刀山地獄。

聞說刀山不未（可）攀，嵯峨峯（險）峻見心酸。/

每逢齋日勤修福，兑（免）向前逞（程）惡業牽。

八日，太子下界，/ 念藥師瑠璃光佛一千口，不墮鑊湯地獄。

勸君勤念藥師王，兑（免）去鑊湯受苦亲（辛）。

落在波中何時出，莫交九處鑊湯煎。

十四日 <齋>，司命下界。/ 念賢劫千佛一千口，不墮寒冰地獄。/

就中最苦是寒冰，到彼如何救得君。

旦（但）念諸佛求功得（德），/ 必向人天好處生。

十五日，五道將軍下界，念阿彌陀佛一千口，/ 不墮釰（劍）樹地獄。

聞說彌陀福最深，摧殘釰（劍）樹自消亡。/

白（自）作白（自）招還白（自）受，莫大（待）臨時手脚忙。

十八日，閻羅王下界。/ 念地藏菩薩一千口，不墮拔舌地獄。

菩薩能徐（除）衆苦多，/ 拔舌地獄不相過，

只有今生念［佛］者，當來決定不波波。/

二十三日，天大將軍下界，念 <大> 勢志（至）菩薩一千口，不墮毒 <蛇> 地獄。/

菩薩慈悲廣大多，救苦人間出愛河。

九品蓮花兼有分，/ 毒蛇地獄不相過。

廿四日，察命下界，<念觀音菩薩一千口，不墮挫碓地獄。>

偈曰：

斬身挫碓没休時，/ 受罪那堪細說之。

則問此身何處得？都緣造罪不修持。/

二十八日，太山府君下［界］，念盧 <舍> 那佛一千口，<不墮鋸解地獄。>

偈曰：

如來功得（德）本圓明，由如朗月出群星。

旦（但）念彌陀功得（德）力，/ 鋸解因何敢近君。

二十九日四天王下界，/ 念藥王菩薩一千口，<不墮鐵床地獄。>

偈曰：/

菩薩 <真> 名號藥王，念者須交兑（免）禍殃。

生在人天須快樂，/ 鐵床地獄自消亡。

三十日，大梵天王下 <界>，念 / 釋迦牟尼佛一千口，<不墮黑暗地獄。>

偈曰：

大聖牟尼福最深，/ 皈依◇事兑（免）深泛。

記得人身（生）須覺悟，折莫臨時錯用心。/

偈曰：

勸君一句直（值）千金，不在幽玄在深□。/

要知廣大修行處，莫慢神禮莫慢心。/

（錄文完）

4.1 玄奘法師逐月十齋日（首）。
5 本文獻又名《地藏菩薩十齋日》，在中國民間廣泛流傳。張總曾匯攏整理八種文本，發表在《藏外佛教文獻》第七輯，并撰文介紹。此次發現者與張總整理的第八種文獻形態基本相同，每齋日附有偈頌。但行文有較大差異，故爲第九種異本。對研究中國的天神伺察思想及信仰層面佛教具有相當重要的價值。
7.2 第三紙中下部有正方形陽文朱印，印文不清。第三紙首部下邊殘留半個騎縫朱印，與前印乃同一印章。
8 12 世紀。北宋寫本。非敦煌遺書。
9.1 楷書。
9.2 有塗抹。有行間校加字。有圈刪。有重文號。有間隔號。
10 卷首及第三紙右下有正方形陽文朱印，0.9 釐米 ×0.9 釐米，印文爲“務本 / 堂藏”。
第二紙及卷尾空白處有正方形陽文朱印，1.0 釐米 ×1.0 釐米，印文爲“方/廣錩/審定”。

1.1 務本 077 號……………………………… 三一三

1.3 別譯雜阿含經・雜寶藏經鈔（擬）
2.1 126.3 釐米 ×26.3 釐米；4 紙；共 71 行，行 17 字。
2.2 01 : 25.2，14； 02 : 42.7，24； 03 : 42.7，24； 04 : 15.7，09。
2.3 卷軸裝。首斷尾斷。打紙，研光上蠟。上邊有等距離殘缺，上下邊有水漬及污漬。有墨欄。
3.4 説明：
與《大正藏》本對照，本遺書分別抄寫《別譯雜阿含經》與《雜寶藏經鈔》等兩個文獻：
第 1 行至第 61 行抄寫《別譯雜阿含經》卷十二後部的一段。經文可參見大正 0100，020/0460A21 ~ 0461A12。
第 62 行至第 71 行抄寫《雜寶藏經》卷五前部中的一段。經文參見大正 0203，04/0471C17 ~ 0472A03。
由於所抄《別譯雜阿含經》卷十二末尾及《雜寶藏經》卷五前部均爲五言偈頌，所用爲同一張紙，故應爲抄寫者因某種目的有意爲之。暫擬此名，詳情待考。
8. 7 世紀。唐寫本。
9.1 楷書。“世”字缺筆。
9.2 有朱筆科分符號。有行間校加字。
10 卷首下邊有正方形陽文朱印，0.9 釐米 ×0.9 釐米，印文爲“務本 / 堂藏”。
卷尾下部空白處有正方形陽文朱印，1.0 釐米 ×1.0 釐米，印文爲“方 / 廣錩 / 審定”。

1.1 務本 078 號……………………………… 三一五

1.3 預修十王生七經
2.1 179.4 釐米 ×27 釐米；6 紙；共 92 行，行 17 字。
2.2 01 : 09.5，05； 02 : 33.5，19； 03 : 34.5，18； 04 : 33.8，17； 05 : 34.7，17； 06 : 33.4，16。
2.3 卷軸裝。首斷尾全。上下邊多有殘缺破損，有蟲蛀殘洞。有燕尾。有折叠欄。
3.1 首殘→新修卍續藏 0021，01 /0408C21。
3.2 尾全→新修卍續藏 0021，01 /0410A20。
4.2 佛説十王經一卷（尾）。
5 與《大正藏》本對照，文字有參差，經名亦有不同。《大正藏》本爲“佛説預修十王生七經”。
8 10 ~ 11 世紀。北宋寫本。晋南寫經。
9.1 楷書。
9.2 有行間加行。
10 卷首下部行間空白處有正方形陽文朱印，0.9 釐米 ×0.9 釐米，印文爲“務本 / 堂藏”。
尾題下空白處有正方形陽文朱印，1.0 釐米 ×1.0 釐米，印文爲“方 / 廣錩 / 審定”。

1.1 務本 079 號……………………………… 三一七

1.3 維摩詰所説經卷上
2.1 330.7 釐米 ×24.3 釐米；8 紙；共 193 行，行 17 字。
2.2 01 : 30.6，18； 02 : 43.1，25； 03 : 43.1，25； 04 : 42.6，25； 05 : 42.9，25； 06 : 42.7，25； 07 : 43.1，25； 08 : 42.6，25。
2.3 卷軸裝。首斷尾脱。卷面尚好。有墨欄。現代通卷托裱，接出護首及拖尾。
3.1 首殘→大正 0475，14/0539C14。
3.2 尾殘→大正 0475，14/0542A17。
8 8 ~ 9 世紀。吐蕃統治時期寫本。
9.1 楷書。“世”字缺筆。
10 現代通卷托裱，接出米色底、藍、緑、黄、橘紅等色團花織錦護首。有縹帶。接出拖尾。
護首有經名簽，上寫“維摩經弟子品。唐人手寫本。陳衡恪題 /”。
護首下粘貼紙簽，上寫編號“58”。
後配淺緑色六角形花紋布面紙盒。
盒蓋上粘貼紙簽，上寫編號“086 號”。
卷首下扉葉處有正方形陰文朱印，2.5 釐米 ×2.5 釐米，印文爲“頡頏 / 樓藏 /”。
現代拖尾有 6 行題跋：“此義寧陳師曾槐堂遺物。/ 敦煌出品如斯完好者不多。/ 見弟子品尤難得。今以贈 / 仲鳴先生試一絜較，當知 / 非廠肆所常遇也。/ 秋岳黄浚。/”
題跋首下有正方形陽文朱印，2 釐米 ×2 釐米，印文爲“聆風 / 簃 /”。
題跋尾下有正方形陰文朱印，2 釐米 ×2 釐米，印文爲“侯官 / 黄浚 /”。
卷軸一端粘貼保利拍賣紙簽，上有 “15 秋 /1354”。
卷首下部約空白處有正方形陽文朱印，0.9 釐米 ×0.9 釐米，印文爲“務本 / 堂藏”。
卷尾下空白處有正方形陽文朱印，1.0 釐米 ×1.0 釐米，印文爲“方 / 廣錩 / 審定”。

1.1 務本 080 號……………………………… 三二二

1.3 大般若波羅蜜多經卷四三九
2.1 792.4 釐米 ×23.6 釐米；17 紙；共 413 行，行 17 字。
2.2 01 : 47.6，27； 02 : 50.3，28； 03 : 50.3，28； 04 : 50.0，28； 05 : 50.5，28； 06 : 50.0，28； 07 : 50.8，28.5； 08 : 46.8，26.5； 09 : 46.5，26； 10 : 46.2，26； 11 : 46.6，26； 12 : 46.4，26； 13 : 46.3，26； 14 : 46.3，26； 15 : 46.5，26； 16 : 46.4，26； 17 : 24.9，11。
2.3 卷軸裝。首全尾全。有墨欄。現代通卷托裱，接出護首及拖尾。
3.1 首全→大正 0220，07/0209C02。
3.2 尾全→大正 0220，07/0214C14。
4.1 大般若波羅蜜多經卷第四百卌九，第二分東北方品第卌三之二，三藏法師玄奘奉詔譯（首）。
4.2 大般若波羅蜜多經卷第四百卌九（尾）。
7.1 尾有 1 行題記：“一校了。”
8 8 ~ 12 世紀。日本平安時期寫本。
9.1 楷書。
10 現代通卷托裱，接出米色底、藍色團花織錦護首，有天竿、縹帶及玉別子。卷尾接出拖尾。後配玉質軸頭。
護首有紙簽，寫“唐人寫大般若波羅蜜經。/ 庚申中春 / 曼公題 /”。
護首下粘貼兩個白紙簽寫“15 秋 /749 /” “15 秋 /1446 /”。
紙簽下有正方形陽文朱印，1 釐米 ×1.2 釐米，印文待辨識。
卷首下邊有正方形陽文朱印，0.9 釐米 ×0.9 釐米，印文爲“務本 / 堂藏”。
卷尾下有正方形陰文朱印，2.1 釐米 ×2.1 釐米，印文爲“毗陵吴 / 觀順（？）曼 / 公審藏 /”。
卷尾空白處有正方形陽文朱印，1.0 釐米 ×1.0 釐米，印文爲“方 / 廣錩 / 審定”。

1.1 務本 081 號……………………………… 三三九

1.3 金光明最勝王經卷八
2.1 142 釐米 ×22.9 釐米；5 紙；共 89 行，行 17 字。
2.2 01 : 05.1，03； 02 : 44.5，28； 03 : 44.5，28； 04 : 44.5，28； 05 : 03.4，02。
2.3 卷軸裝。首斷尾斷。卷面多蟲蛀殘洞。有墨欄。現代通卷托裱，接出護首及拖尾。
3.1 首殘→大正 0665，16/0440A17。
3.2 尾殘→大正 0665，16/0441A24。
8 8 ~ 12 世紀。日本平安時期寫本。
9.1 楷書。
10 現代通卷托裱，接出黄緑色底、棕、藍色花紋織錦護首。有與護首同樣紋樣及質地的織錦縹帶及骨別子。現代接出拖尾。護首粘貼白色經簽。有與護首同樣紋樣及質地的織錦書囊。
後配灰色布面紙盒。
盒蓋上粘貼白紙簽寫“088#/”。
書囊底部粘貼兩個白紙簽，上寫“15 秋 /51 /” “15 秋 /1447 /”。
卷首品題下存陽文朱印，印文已殘，現存 2.2 釐米 ×3 釐米，難以辨認。
卷首下邊有正方形陽文朱印，0.9 釐米 ×0.9 釐米，印文爲“務本 / 堂藏”。
卷尾空白處有正方形陰文朱印，1.9 釐米 ×1.9 釐米，印文爲“趙熙”。
卷尾下邊有正方形陽文朱印，1.0 釐米 ×1.0 釐米，印文爲“方 / 廣錩 / 審定”。
卷尾有 11 人題跋，詳情如下：
（1）鄭孝胥題跋 11 行：“袖中有諫書，不顧上怒 / 喜。直聲雖如雷，貪墨殊 / 未止。史魚事無道，伯玉耻 / 君子。心腸一木石，面目安 / 能改？緣何獨佞佛，正坐 / 文字美。結習不易除，覺 / 癢因有技。以經名其室，意 / 特重唐楷。誰能白世尊，何以置此士？欲

識堅牢神，現身只公是。辛亥二月。/ 堯生（方注：此卷主人趙熙，字堯生，光緒二十年大考名列一等，授翰林院國史館編修）侍御屬題。孝胥。/”

題跋前有長方形陽文朱印，1.4 釐米 ×2.9 釐米，印文爲“海藏樓”。

題跋下有兩枚印章：

・正方形陽文朱印，0.7 釐米 ×0.8 釐米，印文爲“太”。

・正方形陽文朱印，0.7 釐米 ×0.8 釐米，印文爲“夷”。

鄭孝胥 (1860 ~ 1938)，字蘇龕（蘇堪），一字太夷，號海藏，嘗取東坡“萬人如海一身藏”詩意，顔所居曰“海藏樓”，世稱“鄭海藏”。中國近代的政治人物、書法家。

（2）湯壽潛題跋 12 行：“夷甫解清談，遂任陸沈（沉）責。/ 如何殿中虎，忽墮苦空（？）窟。皈 / 心最勝王，取經額其室。豈以光 / 明經，奪此積立鐵。文字所纏 / 縛，賢者未易脱。九（？）關獅豹蹲，/ 擊之其勿失。功成歸耦畊，/ 或（？）如江待溺。大地皆沃壤，經 / 王無乃黠。世無堅牢神，碁劫 / 日益急。小詩幸解頤，未敢 / 作棒喝。/ 堯生侍御同歲命題。/ 宣統三年（1911）春仲壽潛草◇（於？）◇（小？）站畏壘居。/”

題跋下有長方形陽文朱印，0.8釐米×1.2釐米，印文爲“蟄先”。（注：湯壽潛字蟄先）

（3）宋育仁題跋 9 行：“丈室身隨不繫舟，風輪無 / 住悟閻浮。微塵衆現堅 / 牢地，中土名從贍部洲（經中 / 語）。寶月常明諸品淨，人天 / 最勝幾生修。陸沈（沉）坐看田 / 成海，好心桃源通世謀。爲 / 堯生侍御老先生題寫經卷。/ 時宣統三年秋九月。/ 問琴閣主宋育仁芸子。/”

（4）江瀚題跋 10 行：“論交自巴渝，歷歷廿年事。中 / 更幾别離，每見輒狂喜。秋 / 泛木瀆舟，春攬江亭讌。嵩 / 嶽纔題石，津門還邂地。欸 / 應舊雨招（？），將即滄波駛。臨 / 歧詎無感，匡時亮有計。言 / 笑怨敵伏，指顧人天利。願 / 君葆此經。毋忘堅牢意。/ 堯生吾仲屬題并以送别。/ 辛亥十一月江瀚叔海。/”

題跋下有正方形陽文朱印，1.8 釐米 ×1.8 釐米，印文爲“尗（叔）海 / 所作 /”。（注：江瀚字“叔海”）

（5）陳三立題跋 23 行：“昔過宜都楊廣文，示我鏽笥 / 寫經卷。北齊唐宋各數幅，購 / 歸東瀛私禁臠。風離雨散二 / 十秋，夢想珠璣爛兩眼。近歲 / 敦煌古石室，掘發祕（秘）籍雜釋 / 典。唐人墨瀋益光怪，好事攜 / 取競流轉。鄉井詩翁客嶺嶠 /（謂新建/楊筠谷/），喜獲二本皆精善。一紙 / 割遺趙御史，其一帰裝爐烽 / 燹。海宇鼎沸横幹戈，竄匿尾 / 閭對杯琖。殘年趙侯亦南奔，/ 向詩堅牢果上選。楚弓趙璧 / 浪比擬，坐嘆神物有晦顯。/ 趙侯自是百世士，天製高文 / 知者鮮。據臺論列抒至痛，/ 諫疏都成陸沈（沉）讖。况今龍 / 蛇發殺機，猿鶴蟲沙供一 / 眄。吾儕死徒（徒）誰復恣，妄冀 / 佛力保餘喘。胸中造化幾 / 虧成，世外狡獪無擇揀。盡 / 除文字了語言，壓劫靈臺 / 示不染。題奉 / 堯生先生。陳三立。/”

題跋下有正方形陰文朱印，1.6釐米×1.6釐米，印文爲“陳印/三立/”。

（6）楊增犖題跋 19 行：“有唐士人名寫經，敦煌之室藏者精。/ 羅浮故人能好我，《金剛》以外《金光明》。/（葉盤持詒《金剛經》，羅癭廣詒《金光明》《法華》數卷）/ 我留《金剛》警衰廢，取《光明》卷歸臺卿。/ 自從嶺海經鄂渚，盡失所寶歸瑶 / 京。而君此卷仍在笥，喜極不忍思平 / 生。一官燕市坐貧病，十載滄桑多 / 變更。頻年上書百不省，一朝發難成 / 都城。武昌繼起天下應，秋來五色揚 / 民旌。與君逃死不擇地，歲暮海天 / 陰復晴。此中浩劫佛所閔，妙明一朵 / 無盡鐙（燈）。造物於君怪多取，馬楊李 / 杜幾◇并。陶令辭官更嗜酒，魯連 / 蹈海空圍城。願君從此鏟百念，坐斷 / 衆壑爲枯僧。堅牢在中不在外，乞 / 與經王論上乘。‘帰（歸）臺卿’作‘分臺卿’。/ 滬上爲 / 雪王龕題《金光明經》唐寫本。/ 辛亥臘月新建楊增犖。/”

題跋下有長方形陽文朱印，1.1 釐米 ×1.9 釐米，印文爲“僧笥 /”。

（7）周善培題跋 6 行：“無可奈何聊奉佛，應知佛意遠 / 常情。萬桑萅落慚三宿，一念堅牢誤 / 半生。劫後家人安寂寞，尊前言論 / 許從（縱）横。禮堂願借殘經寫，莫問中 / 原處處兵。/ 雪王堪師命題。善培壬子五月同（？）家瀨上。/”

（8）趙熙題跋 11 行：“蘭陵王 / 李唐筆，千歲香嚴手迹。何人考，年月姓名，/ 惟有堅牢，字千百，宣南四立壁。收得禪心一 / 篋，是楊雲。宣統二年，手割敦煌萬山色。/

秋風滿京國，嘆諫草無功，天黯南北，傷 / 心馬角烏頭白，便水遠山遠，一聲去也。燕 / 雲如夢萬里隔，剩身外經册。

榮德，/ 故山碧。準台髪頭陀，身傍諸佛，梵天 / 花雨峨眉宅。衹甚日携手，卷中詞客。金 / 光明字，月一片，照石室。/

丙辰秋榮縣山中自題。趙熙記。/”

題跋首上有長方形陽文朱印，1.1 釐米 ×2.2 釐米，印文爲“香宋”。

題跋首下有正方形陽文朱印，1.6 釐米 ×1.6 釐米，此印文爲“堯生”。

題跋下有長方形陽文朱印，2.9 釐米 ×3 釐米，印文爲“不可時 / 旅衹以 / 自嬉 /”。

倒數第二行“卷”字點去。

（9）胡薇元題跋18行：“碑碣世尠漢與秦，流傳至斯摧復（復？）湮。於 / 今世字習軟媚，勁拙經，師唐人，何須 / 截鐵尚分隸。石室敦煌轉遺弃，烏蘭 / 黑水久錮扃，零落瓜州任沈（沉）翳。詩翁 / 筠谷收珊瑚，《金剛》《光明》雙曇耀。割詒 /《金光最聖（勝）》卷，榮州侍御珍楷模。搜求 / 幽荒心獨苦，寶存堅牢深汲古。陽關 / 龍勒發秘藏（？），免教精粹失中土。從來 / 百事皆有癖，關君篤嗜同金石。試問 / 何物果堅牢，神品不以三公易。本皆 / 絶倫，奈何拙劣求逸民。我書庸 / 茶常自媿，詩賞逢君多精神。展 / 卷流連不忍去，榆欓盛經多典據。/ 若令供養久護持，他日爭傳萬 / 松處。生 / 成都爲 / 雪王龕題《金光明勝王經》唐寫本 / 丙辰七月山陰胡薇元。/”

題跋下有正方形陰文朱印，1.7 釐米 ×1.7 釐米，印文爲“百梅 / 亭長 /”。

（10）鄧鴻荃題跋 11 行：“桑海今何世？記搜從，敦煌石室，釋家文 / 字。寫入烏闌（欄）神采在，◇（酷？）似浣花箋紙。/ 語語是，無生真諦。不恨唐人吾不見，/ 恨今人，無佛稱尊耳。造劫者，大都 / 是。

榮州，侍御奇男子，记昔年，豐 / 稜嶽嶽，盡情收起。好飲耽詩還結客，/ 抱定堅牢宗旨。更不説，河清難俟。願 / 得光明周八表，度衆生，苦厄兵戈裏。施 / 法力，共悲喜。/ 右調金縷曲。丙辰秋八月爲 / 堯生先生題。/ 鄧鴻荃。/”

題跋下有正方形陽文朱印，1.6 釐米 ×1.6 釐米，印文爲“雨人”。

（11）林思進題跋7行：“重展《金光》一卷經，諸公名姓似新亭。衹（只）/ 因携上◇峰頂，誦與山猿夜夜聽。/ 衆生擾擾火煎膏，道力寧容著一豪。但 / 得◇（胸？）强腰脚健，此身何處不堅牢。/ 堯生先生命題唐人寫《金光明經・堅牢地神品》卷 / 子，曩曾見之京師雪王龕，忽忽六年矣。感書二 / 絶乞 教。丙辰八月思進録似（？）/”

題跋下有正方形陰文朱印，0.9 釐米 ×0.9 釐米，印文爲“林印 / 思進 /”。

1.1 務本 082 號……………………………… 三四七

1.3 日本寫經殘片集錦（擬）

2.1 456.9 釐米 ×25.1 釐米；30 紙；共 245 行，行 14 ~ 20 字。

2.2 01：24.0，11； 02：14.2，07； 03：26.4，14； 04：08.0，04；
05：08.6，04； 06：10.8，05； 07：28.2，14； 08：12.4，06；
09：09.4，05； 10：10.0，05； 11：10.5，05； 12：49.4，26；
13：06.3，03； 14：08.8，10； 15：07.2，08； 16：12.2，06；
17：10.2，05； 18：05.3，03； 19：32.3，15； 20：18.2，10；
21：13.0，07； 22：06.1，03； 23：06.7，03； 24：07.0，04；
25：10.4，06； 26：14.1，07； 27：15.7，08； 28：16.1，08；
29：04.6，02； 30：50.8，31。

2.3 殘片。首殘尾殘。現代通卷托裱，接出護首及拖尾。

3.4 説明：

本遺書共包括 29 塊日本寫經殘片，詳情如下：

（1）殘片。首斷尾斷。24 釐米 ×25.1 釐米，1 紙；正面 11 行，行字不等；背面 11 行，行約 14 字。正面有墨欄，有朱筆、墨筆校加字。紙面有蟲蛀。

本遺書正面 11 行，逐日著錄自十三日至二十三日諸事項。

背面抄寫偈頌，似爲佛教法會所用。托裱時背面佛教文獻被遮裱，難以辨認。似有“見聞供養聖遺迹”“南無人天有情所歸依”等文字。該佛教文獻未爲歷代大藏經所收，詳情待考。

從紙張、字體考察，本遺書應爲日本鎌倉時代寫本。不排除平安晚期及室町早期的可能。從裝裱形態看，作爲卷首附屬裱補，有類玉池（但不符合手卷玉池應有位置，詳情待考）或護首，佛教文獻部分向裏粘貼，且無現代説明紙，故本遺書非本手卷有機組成部分。

（2）殘片。首斷尾斷。14.2 釐米 ×25.1 釐米，1 紙；7 行，行 17 字。打紙，砑光上蠟。有墨欄。

前有現代説明一紙，17.7 釐米 ×25.1 釐米。分上下兩部分書寫。

上部 3 行，文爲“《瑜伽師地論》卷第八。/ 本地多（分）中有尋有伺等三地之五。/ 彌勒菩薩説，三藏法師玄奘［奉　詔譯］/”。

下部 14 行，文爲“本經末文曰：/ 皇后藤原氏光明子奉爲 / 尊考贈正一位太政太臣府君，尊 / 妣贈從一位橘氏太夫人，敬寫一切 / 經、/ 論及律。莊嚴既了，伏願憑斯勝 / 回（因），奉資冥助。永庇菩提之樹，長游 / 般若之津。又願上奉　聖朝，恒延 / 福壽；下及寮采（宷），共盡忠節。又光 / 明子自發誓言：弘濟沉淪，勤除煩障，妙窮諸法，早契菩提。乃至傳 / 燈無窮，流布天下。聞名持卷，獲 / 福消灾。一切迷方，會歸覺路。/ 天平十二年（740）五月一日記。/ 南都東大寺一切經 /”。

下部第 10 行第 3 字旁有圈注，下邊有校改字“窮”。

本遺書所抄爲《瑜伽師地論》卷八。首部文字相當於《大正藏》第 30 卷第 1579 頁上欄第 22 行，尾部文字相當於《大正藏》第 30 卷第 1579 頁中欄第 1 行。

（3）殘片。首斷尾斷。26.4 釐米 ×25.1 釐米，1 紙；14 行，行 12 ~ 16 字。有墨欄，紙面有蟲蛀。

前有現代説明一紙，5.9 釐米 ×25.1 釐米。分上下兩部分書寫。

上部 1 行，文爲“《佛説佛名經》/”。

下部3行，文爲“神獲景雲年（767 ~ 770）中，法隆寺一切經。/傳曰：天平年（729 ~ 749）中行信大僧都弟子/孝仁大德真迹云云”。

本遺書所抄爲《五千五百佛名神咒除障滅罪經》卷七，首部文字相當於《大正藏》第14卷第348頁下欄第5行，尾部文字相當於《大正藏》第14卷第348頁下欄第18行。

（4）殘片。首斷尾斷。8釐米 ×25.1釐米；1紙；4行，行17字。有墨欄，紙面有蟲蛀。

前有現代説明一紙，5.5釐米 ×25.1釐米。分上下兩部分書寫。

上部3行，文爲“《鸚鵡經》/法隆寺一切經之内/同寺東室納/”。

下部4行，文爲“本經末文曰：奉爲　皇后宫/維天平寶字五年（1421）三月八日敬寫竟。/願主僧光覺/”。

本遺書所抄爲《中阿含經》卷四四之《根本分别品·鸚鵡經第九》。首部文字相當於《大正藏》第1卷第704頁下欄第12行，尾部文字相當於《大正藏》第1卷第704頁下欄第16行。

（5）殘片。首斷尾斷。8.6釐米 ×25.1釐米；1紙；4行，行20字（偈頌）。有墨欄，紙面有蟲蛀。

前有現代説明一紙，4.2釐米 ×25.1釐米。分上下兩部分書寫。

上部1行，文爲“《大方廣佛華嚴經》/”。

下部2行，文爲“大職冠藤氏鎌足公御真迹。/大和國永久寺藏云云。見經帙/”。上文“見經帙”，原文爲日文，作“經袟ニ見タリ”。

本遺書所抄爲《大方廣佛華嚴經》（八十卷本）卷六〇。首部文字相當於《大正藏》第10卷第324頁中欄第26行，尾部文字相當於《大正藏》第10卷第324頁下欄第4行。

（6）殘片。首斷尾斷。10.8釐米 ×25.1釐米；1紙；5行，行17字。有墨欄，紙面有蟲蛀。

前有現代説明一紙，5.5釐米 ×25.1釐米。分上下兩部分書寫。

上部1行，文爲“《大乘論》/”。

下部1行，文爲“神護景雲年（767 ~ 770）中法隆寺一切經/”。

本遺書所抄爲《攝大乘論釋論》卷六。首部文字相當於《大正藏》第31卷第1596頁中欄第3行，尾部文字相當於《大正藏》第31卷第1596頁中欄第7行。

（7）殘片。首斷尾斷。28.2釐米 ×25.1釐米；1紙；14行，行17字。首殘尾殘。有墨欄，紙面有蟲蛀。

前有現代説明一紙，8.3釐米 ×25.1釐米。分上下兩部分書寫。

上部1行，文爲“《馬邑經》第一竟/”。

下部4行，文爲“本經末文曰：/天長元年（824）正月日，沙門覺範寫畢。/因云真言宗新義派高祖理源大師真迹。/大和長谷寺經輪藏云云/”。上文“有”寫作日文“アリ”。

本遺書所抄爲《中阿含經》卷四八之《雙品四》。首部文字相當於《大正藏》第1卷第727頁中欄第24行，尾部文字相當於《大正藏》第1卷第727頁下欄第9行。

（8）殘片。首斷尾斷。12.4釐米 ×25.1釐米；1紙；6行，行17字。有墨欄，紙面上下略有蟲蛀。

前有現代説明一紙，17.6釐米 ×25.1釐米。分上下兩部分書寫。

上部1行，文爲“《説一切有部順正理論》卷第六/”。

下部3行，文爲“弘仁年（810 ~ 824）中嵯峨天皇/御真筆。/法隆寺一切經之内，同寺塔中西園院經藏納/”。

本遺書所抄爲《阿毗達磨順正理論》卷六。首部文字相當於《大正藏》第29卷第1562頁中欄第11行，尾部文字相當於《大正藏》第29卷第1562頁中欄第17行。

（9）殘片。首斷尾斷。9.4釐米 ×25.1釐米；1紙；5行，行17字。有墨欄，紙面略有蟲蛀。

前有現代説明一紙，5.7釐米 ×25.1釐米。分上下兩部分書寫。

上部2行，文爲“《金剛力士經》/法隆寺一切經/”。

下部13行，文爲“本經願文曰：/維神護景雲二年（768）歲在戊申五月十三日，/景中（申）弟子謹　奉爲　先聖敬寫/一切經。工夫之莊嚴畢矣，法師之轉/讀盡焉。伏願搞（橋？）山之鳳輅，向蓮場/而鳴鑾；汾水之龍驂，泛香海而留影。/遂披不測之了義，永證彌高之法/身。遠暨存亡，傍周動植。同兹景福，/共沐禪流，或（惑？）變桑（？）田，敢作頌曰：/

非有能仁，誰明正法？

惟朕仰止，給/修慧業。

權門利廣子，拔苦知力/用。

妙子登岸，

敢對不居之歲月，式/垂罔（？）極之頌翰（翰）/”。

第三行“中”字旁有圈注，上部相應處有圈注校改字“申”。

本遺書所抄爲《大寶積經》卷一一。首部文字相當於《大正藏》第11卷第61頁上欄第5行，尾部文字相當於《大正藏》第11卷第61頁上欄第10行。

（10）殘片。首斷尾斷。10釐米 ×25.1釐米；1紙；5行，行字不等。有墨欄。

前有現代説明一紙，8.1釐米 ×25.1釐米。分上下兩部分書寫。

上部1行，文爲“《摩呵（訶）噌（僧）祇律》/”。

下部3行，文爲“本經末文曰：/天平廿一年（749）正月武義郡三川户赤萬吕。/法隆寺一切經/”。

本遺書所抄爲《東方最勝燈王如來經》。首部文字相當於《大正藏》第21卷第870頁下欄第9行，尾部文字相當於《大正藏》第21卷第870頁下欄第13行。

（11）殘片。首斷尾斷。10.5釐米 ×25.1釐米；1紙；5行，行17字。有墨欄，卷面有蟲蛀。

前有現代説明一紙，8.4釐米 ×25.1釐米。分上下兩部分書寫。

上部2行，文爲“《佛説菩薩投身飴（飼）餓/虎塔因緣經》/”。

下部5行，文爲“本經末文曰：/天平十三年（741）歲次辛［巳］三月八日，發願/左京八條二坊高史千島，/高史摘。/法隆寺一切經/”。

本遺書所抄爲《菩薩投身飴餓虎起塔因緣經》，首部文字相當於《大正藏》第3卷第427頁下欄第18行，尾部文字相當於《大正藏》第3卷第427頁下欄第24行。

（12）殘片。首斷尾斷。49.4釐米 ×25.1釐米；1紙；26行，行17字。有墨欄，卷面多蟲蛀。

前有現代説明一紙，3.9釐米 ×25.1釐米。分上下兩部分書寫。

上部1行，文爲“《大般若波羅蜜多經》”。

下部5行，文爲“本經文末曰：/天平二年（730）歲次庚午三月上旬，始寫《大般若經》/一部六百卷。/右京七條二坊黄君滿吕寫奉/南都興福寺一切經之内，當時法隆寺一切經藏納ム/”。末句意爲“當時收納在法隆寺一切經藏中”。

本遺書所抄爲《大般若波羅蜜多經》卷六〇，首部文字相當於《大正藏》第5卷第341頁下欄第23行，尾部文字相當於《大正藏》第5卷第342頁上欄第20行。

（13）殘片。首斷尾斷。6.3釐米 ×25.1釐米；1紙；3行，行17字。有墨欄，卷面有蟲蛀。

前有現代説明一紙，5釐米 ×25.1釐米。分上下兩部分書寫。

上部1行，文爲“《别譯雜阿含經》/”。

下部1行，文爲“初誦第一/”。

本遺書所抄爲《别譯雜阿含經》卷一，首部文字相當於《大正藏》第2卷第380頁中欄第9行，尾部文字相當於《大正藏》第2卷第380頁中欄第12行。

（14）殘片。首斷尾斷。8.8釐米 ×25.1釐米；1紙；10行，行20字（偈頌）。首行半殘，有墨欄，卷面多蟲蛀。

前有現代説明一紙，5.1釐米 ×25.1釐米。分上下兩部分書寫。

上部1行，文爲“《大方廣佛華嚴經》/”。

下部1行，文爲“神護景雲年（767 ~ 770）中，法隆寺一切經/”。

本遺書所抄爲《修行道地經》卷二，首部文字相當於《大正藏》第15卷第190頁中欄第19行，尾部文字相當於《大正藏》第15卷第190頁下欄第9行。

（15）殘片。首斷尾斷。7.2釐米 ×25.1釐米；1紙；8行，行17字。有墨欄，卷面多蟲蛀。

前有現代説明一紙，7.5釐米 ×25.1釐米。分上下兩部分書寫。

上部1行，文爲“《大方廣佛華嚴經菩提問明品》卷第十/”。

下部1行，文爲“法隆寺一切經/”。

本遺書所抄爲《大方廣佛華嚴經》（八十卷本）卷六〇之《入法界品》第三九之一。首部文字相當於《大正藏》第10卷第279頁上欄第18行，尾部文字相當於《大正藏》第10卷第279頁上欄第26行。

（16）殘片。首斷尾斷。12.2釐米 ×25.1釐米；1紙；6行，行17字。有墨欄，卷面有小殘洞。

前有現代説明一紙，5.4釐米 ×25.1釐米。分上下兩部分書寫。

上部2行，文爲“《中阿鋡（含）·七法品·善人往經》卷第六/當時法隆寺一切經/”。

下部8行，文爲“本經末文曰：/承和元年（834）七月廿八日於◇◇（方按：‘◇◇’旁注‘〇不分明’，亦即此兩字難以辨認）讀之。/嘉祥二年（849）八月十五日一◇（方按：‘◇’旁注‘〇◇◇◇ヤ不詳’）勘（？）了（？）。/同年九月五日藥師寺西院講（？）了。/此奥書如列。草書故，文字不詳。又，白墨テ而書タルコ［ト］（方按：此句意爲原卷題跋用白墨書寫）。/筆者，沙門真濟真迹。/傳記云：真濟大德ハ沙門空海第二弟子。/天長（824 ~ 834）中，東寺補任長者云云。同寺舊記アリ（方按：此句意爲傳記中記載真濟是空海的第二個大弟子。天長年中，補任爲東寺長者。現存東寺原有的記載）”。

本遺書所抄爲《中阿含經》卷二之《七法品》，首部文字相當於《大正藏》第1卷第430頁上欄第23行，尾部文字相當於《大正藏》第1卷第430頁中欄第1行。

（17）殘片。首斷尾斷。10.2釐米 ×25.1釐米；1紙；5行，行17字。有墨欄。

前有現代説明一紙，17.3釐米 ×25.1釐米。分上下兩部分書寫。

上部1行，文爲“《瑜伽師地論》卷第十/”。

下部2行，文爲“本地多（分）中有尋有伺等三地之七。彌勒菩薩説。/南都東大寺一切經/”。

本遺書所抄爲《瑜伽師地論》卷十。首部文字相當於《大正藏》第30卷第1579頁下欄第22行，尾部文字相當於《大正藏》第30卷第1579頁下欄第27行。

（18）殘片。首斷尾斷。5.3 釐米 ×25.1 釐米；1 紙；3 行，行 17 字。有墨欄，卷面有蟲蛀。

前有現代説明一紙，21.8 釐米 ×25.1 釐米。分上下兩部分書寫。

上部 2 行，文爲"《瑜伽師地論》卷第十二 / 法隆寺一切經 /"。

下部 16 行，文爲"本經願文曰：/ 若夫法海淵曠，譬彼滄［溟］；慧日高明，等斯 / 靈曜。受持、頂戴，福利無邊；讀誦、書寫，/ 勝業難測。是以大法師，諱行信，平生之 / 日，至心發願，敬寫法花一乘之宗，金皷（鼓）滅罪 / 之文，般若真空之教，瑜伽五分之法，合貳仟 / 柒伯（佰）卷經論。奉翊　聖朝，退報四恩，兼救群 / 品。然假體如浮雲，草命似電光。未畢其事，/ 含玉從化。弟子孝仁等，不勝風樹之傷，/ 敬弁（？）先仰願桂（？），畏　聖朝金輪之化，與乾坤 / 無動；長遠之壽，爭劫石彌遠。退願篤蒙四 / 恩，枕涅槃之山，坐菩提之樹。位成灌頂，力奮 / 降魔。廣及法界，六道有識，離苦得樂，査登覺 / 道。/ 神護景雲元年（767）九月五日敬奉寫竟 /"。文中有敬空。有校補。有圈删後補改。

本遺書所抄爲《瑜伽師地論》卷五，首部文字相當於《大正藏》第 30 卷第 301 頁中欄第 22 行，尾部文字相當於《大正藏》第 30 卷第 301 頁中欄第 35 行。

《顯揚聖教論》卷一八有大體相同的文字，參見《大正藏》第 31 卷第 571 頁上欄第 25 行至 28 行。但文字與本遺書略有參差。

（19）殘片。首斷尾斷。32.3 釐米 ×25.1 釐米；1 紙；15 行，行 17 字。有墨欄，卷面多蟲蛀，有等距離大塊蟲蛀。

前有現代説明一紙，5.6 釐米 ×25.1 釐米。分上下兩部分書寫。

上部 1 行，文爲"《大方廣佛華嚴經》/"。

下部 1 行，文爲"神獲（護）景雲年（767 ~ 770）中法隆寺一切經 /"。

本遺書所抄爲《大方廣佛華嚴經》（八十卷本）卷六八，首部文字相當於《大正藏》第 10 卷第 365 頁下欄第 15 行，尾部文字相當於《大正藏》第 10 卷第 366 頁上欄第 2 行。

（20）殘片。首斷尾斷。18.2 釐米 ×25.1 釐米；1 紙；10 行，行 17 字。有墨欄，卷面有蟲蛀。泥金寫經。

前有現代説明一紙，5.8 釐米 ×25.1 釐米。分上下兩部分書寫。

上部 1 行，文爲"《妙法蓮華經受戒品》/"。

下部 1 行，文爲"筆者不詳 /"。

本遺書所抄爲《妙法蓮華經》卷六之《藥王菩薩本事品二三》，首部文字相當於《大正藏》第 9 卷第 54 頁中欄第 24 行，尾部文字相當於《大正藏》第 9 卷第 54 頁下欄第 5 行。

（21）殘片。首斷尾斷。13 釐米 ×25.1 釐米；1 紙；7 行，行 17 字。上下邊殘缺嚴重。有墨欄，卷面多蟲蛀。

前有現代説明一紙，10 釐米 ×25.1 釐米。分上下兩部分書寫。

上部 1 行，文爲"《瑜伽師地論》卷第廿五 /"。

下部 1 行，文爲"神獲（護）景雲年中（767 ~ 770）法隆寺一切經 /"。

本遺書所抄爲《瑜伽師地論》卷二七，首部文字相當於《大正藏》第 30 卷第 435 頁中欄第 12 行，尾部文字相當於《大正藏》第 30 卷第 435 頁中欄第 18 行。

（22）殘片。首斷尾斷。6.1 釐米 ×25.1 釐米；1 紙；3 行，行 17 字。有墨欄，卷面有蟲蛀。

前有現代説明一紙，15.6 釐米 ×25.1 釐米。分上下兩部分書寫。

上部 2 行，文爲"《阿毗曇八犍度》卷第二 / 法隆寺一切經 /"。

下部 9 行，文爲"本經末文曰：/ 奉爲　皇后宮 / 維　天平寶字五年（761）三月八日敬奉寫竟。/ 願主僧光覺。/ 秦連鵜根子。/ 物部連長女。/ 物部連飯良子。/ 度津臣家守。/ 物部連志都子 /"。

本遺書所抄爲《中阿含經》卷五九，相同文句，在該卷共四見。第一次出現，首部文字相當於《大正藏》第 1 卷第 796 頁中欄第 18 行，尾部文字相當於《大正藏》第 1 卷第 796 頁中欄第 21 行。其餘三次依次出現，爲避文繁，不一一著錄。

（23）殘片。首斷尾斷。6.7 釐米 ×25.1 釐米；1 紙；3 行，行 17 字。有墨欄，卷面有蟲蛀。

前有現代説明一紙，6 釐米 ×25.1 釐米。分上下兩部分書寫。

上部 1 行，文爲"《大般若波羅蜜多經》/"。

下部 1 行，文爲"延歷年中（782 ~ 806），大安寺一切經 /"。

本遺書所抄爲《瑜伽師地論》卷一三，首部文字相當於《大正藏》第 30 卷第 341 頁中欄第 16 行，尾部文字相當於《大正藏》第 30 卷第 341 頁中欄第 19 行。

（24）殘片。首斷尾斷。7 釐米 ×25.1 釐米；1 紙；4 行，行 17 字。有墨欄，卷面有蟲蛀。

前有現代説明一紙，5.5 釐米 ×25.1 釐米。分上下兩部分書寫。

上部 2 行，文爲"《僧伽咤經》卷第三。/ 法隆寺一切經 /"。

下部 2 行，文爲"本經願主：宇尊喜都麻呂。/ 傳記云：筆者朝野魚養云云，在 /"。

本遺書所抄爲《僧伽咤經》卷三，首部文字相當於《大正藏》第 13 卷第 970 頁上欄第 25 行，尾部文字相當於《大正藏》第 13 卷第 970 頁上欄第 29 行。

（25）殘片。首斷尾斷。10.4 釐米 ×25.1 釐米；1 紙；6 行，行 17 字。有墨欄，卷面略有蟲蛀。

前有現代説明一紙，5 釐米 ×25.1 釐米。分上下兩部分書寫。

上部 1 行，文爲"《大般若波羅蜜多經》/"。

下部 1 行，文爲"南都春日經之内 /"。

本遺書所抄爲《大般若波羅蜜多經》卷三九四，首部文字相當於《大正藏》第 6 卷第 1040 頁中欄第 6 行，尾部文字相當於《大正藏》第 6 卷第 1040 頁中欄第 11 行。

（26）殘片。首斷尾斷。14.1 釐米 ×25.1 釐米；1 紙；7 行，行 22 ~ 26 字。有墨欄，卷面有蟲蛀。

前有現代説明一紙，5.7 釐米 ×25.1 釐米。分上下兩部分書寫。

上部 1 行，文爲"《唯識論》/"。

下部 1 行，文爲"延曆年（782 ~ 806）中，法隆寺一切經 /"。

本遺書所抄爲《大乘法苑義林章》卷四，首部文字相當於《大正藏》第 45 卷第 321 頁中欄第 9 行，尾部文字相當於《大正藏》第 45 卷第 321 頁中欄第 19 行。

（27）殘片。首斷尾斷。15.7 釐米 ×25.1 釐米；1 紙；8 行，行 17 字。有墨欄，卷面有蟲蛀。

前有現代説明一紙，10.2 釐米 ×25.1 釐米。分上下兩部分書寫。

上部 1 行，文爲"《大般若波羅蜜多經》卷第三百五十一 /"。

下部 3 行，文爲"天平勝寶年（749 ~ 757）中，南都 / 元興寺一切經之内，/ 當時藥師寺藏 /"。

本遺書所抄爲《大般若波羅蜜多經》卷五六七，首部文字相當於《大正藏》第 7 卷第 930 頁中欄第 23 行，尾部文字相當於《大正藏》第 7 卷第 930 頁下欄第 1 行。

（28）殘片。首斷尾斷。20.7 釐米 ×25.1 釐米；2 紙（第一紙 16.1 釐米，第二紙 4.6 釐米）；10 行（第一紙 8 行，第二紙 2 行），行 17 字。首殘尾殘。有墨欄，卷面略有蟲蛀。

前有現代説明一紙，5.1 釐米 ×25.1 釐米。分上下兩部分書寫。

上部6行，分爲兩部分。第一部分2行，文爲"《中阿鋡（含）・王相應品・天使經》/卷第七，初一日誦/"。第二部分4行，文爲"因云本經筆者，福貴寺/住僧，法隆寺東院別當/道詮律師真迹云云。傳/記見了リ/"。末句意爲"見傳記"。

下部 8 行，分爲兩部分。第一部分爲對原卷題跋的錄文，6 行，文爲"本經願文曰：/ 弘仁四年（813）丙申十月廿四日，於藥師寺南院書寫し。/ 信◇法師爲現存父滅罪生善，後世菩提◇ / 法隆寺僧，知識一切經之内◇ / 此◇（方按：'◇'旁注'○不分明'。）一ア（？）藥師寺受取書寫◇。/ 回向智足天。一部知識。○藥師寺西室住僧桓忠爲之 /"。第二部分爲對上述錄文的説明，2 行，文爲"此奥書列如真草ト◇亂書故，文字不明。依而其侭（修？）/ 慈慈授（摹）寫スル者也 /"。

上述文字有旁注，有行間校加字。

本遺書所抄爲《中阿含經》卷一二，首部文字相當於《大正藏》第 1 卷第 501 頁中欄第 2 行，尾部文字相當於《大正藏》第 1 卷第 501 頁中欄第 12 行。

本文獻中"加攝如來"，《大正藏》本作"迦葉如來"。故知當時乃一人讀誦，一人書寫。

兩紙接縫處背面有正方形陽文墨印，4.7 釐米 ×4.7 釐米，印文爲"法隆寺 / 一切經"。

又，弘仁四年（813）爲"癸巳"，"丙申"當弘仁七年（816）。詳情待考。

（29）殘片。首斷尾斷。50.8 釐米 ×25.1 釐米；1 紙；31 行，行 17 字。有墨欄，卷面有蟲蛀。

前有現代説明一紙，5.1 釐米 ×25.1 釐米。分上下兩部分書寫。

上部 1 行，文爲"《辨（辯）中邊論》卷下 /"。

下部 5 行，文爲"本經末文曰：/ 寶三年二月卅日寫畢 / 藥師寺釋弘○（方按：下原注'此文字蟲喰ニ（？）而 / 不詳 /'。）/ 當寺法隆寺一切經 /"。年號有缺文，無從補正。

本遺書所抄爲《辯中邊論》卷下，首部文字相當於《大正藏》第 31 卷第 476 頁下欄第 16 行，尾部文字相當於《大正藏》第 31 卷第 477 頁上欄第 20 行。

有行間校加字。

卷尾有半個陽文殘墨印，2.5 釐米 ×4.7 釐米，現存印文爲"一切經"，即前號背騎縫印"法隆寺 / 一切經"的一部分。

後接拖尾，鑲裱金色紙箋一張，有題跋 14 行。文爲"此卷日本人寫經，凡二十餘則。以 / 中國紀年考之：天平十二年當唐 / 元（玄）宗開元廿八年。天平寶字五年，唐 / 肅宗上元二年。神護（護）景雲凡三年，/ 當代宗大曆二年至四年。天長元年，/ 當穆宗長慶四年。弘仁凡十四年，/ 當憲宗元和五年至穆宗長慶三 / 年。天平廿一年爲天平勝寶元年，/ 當唐天寶八年。延曆元年，當德宗 / 建中三年。延曆廿四年，當順宗永 / 貞元年。承和元年，當文宗太和八 / 年。嘉祥二年，當唐大中三年。餘 / 皆易推。唐人寫經，法度嚴整，真可 / 寶矣。景張太史尚珍重之。文廷式題 /"。

題跋下有長方形陽文朱印，1.7 釐米 ×1.6 釐米，印文不清，可見"章"字。似爲"文廷式章"或"廷式◇章"，詳情待考。

9.1　楷書。

10　現代通卷托裱，接出米色底、藍、淺棕、豆緑色花紋織錦護首。有織錦縹帶。現代接出拖尾。
拖尾有印章兩方：
（1）正方形陽文朱印，1.0 釐米 ×1.0 釐米，印文爲“方 / 廣錩 / 審定”。
（2）正方形陽文朱印，0.9 釐米 ×0.9 釐米，印文爲“務本 / 堂藏”。

1.1 務本 083 號……………………………… 三六二

1.3　妙法蓮華經卷六
2.1　975.5 釐米 ×25.5 釐米；21 紙；共 576 行，行 17 字。
2.2　01 : 45.0，27；02 : 46.7，28；03 : 46.7，28；04 : 46.7，28；05 : 46.7，28；06 : 46.7，28；07 : 46.7，28；08 : 46.7，28；09 : 46.7，28；10 : 46.7，28；11 : 46.7，28；12 : 46.7，28；13 : 46.7，28；14 : 46.7，28；15 : 46.7，28；16 : 46.7，28；17 : 46.7，28；18 : 46.7，28；19 : 46.7，28；20 : 46.7，28；21 : 43.2，17。
2.3　卷軸裝。首殘尾全。經黄打紙，研光上蠟。卷首似曾粘貼紙張，後揭下，現存粘接痕迹。卷前部上下有水漬及殘損，邊緣略有磨損。卷首背有現代裱補。有燕尾。有墨欄。
3.1　首殘→大正 0262，09/0046C20。
3.2　尾全→大正 0262，09/0055A09。
4.2　妙法蓮華經卷第六（尾）。
8　7 ～ 8 世紀。唐寫本。
9.1　楷書。“世”字缺筆。
9.2　有刮改。
10　現代收藏於日本制木盒中。
盒蓋上粘貼紙簽。上寫：“妙法蓮華經第六，首欠。/”下有墨筆寫“殘”字。
木盒一端外側有兩層粘貼紙簽殘迹，裹面一層上有陽文殘缺朱印，印文難以辨認。
卷首背上有現代墨筆草書勘記“廿二多（無？）記（？）”，意義待考。
卷首背騎縫處及卷尾背鈐有正方形陽文朱印，1.2 釐米 ×1.2 釐米，印文爲“俊（後？）峰”。
卷首下邊有正方形陽文朱印，0.9 釐米 ×0.9 釐米，印文爲“務本 / 堂藏”。
卷題下有正方形陽文朱印，1.0 釐米 ×1.0 釐米，印文爲“方 / 廣錩 / 審定”。

1.1 務本 084 號 1……………………………… 三八三

1.3　妙法蓮華經卷七
2.1　25.7 釐米 ×221.7 釐米；5 紙；正面 118 行，行 17 字。背面 64 行，行 3 ～ 17 字。
2.2　01 : 47.5，27；02 : 49.5，28；03 : 49.5，28；04 : 49.5，28；05 : 25.7，07。
2.3　卷軸裝。經黄紙。首殘尾斷。卷面有油污，多有破損及殘洞。背有多處用古代寫經殘片修補。有墨欄。
2.4　本遺書包括 3 個文獻：（1）《妙法蓮華經》卷七，111 行，抄寫在正面，今編爲務本 084 號 1。（2）《妙法蓮華經卷十八及題記》（擬），7 行，抄寫在正面，今編爲務本 084 號 2。（3）《裱補紙殘片》（擬），著録作爲裱補紙粘貼在背面的 14 塊殘片，今統一編爲務本 084 號背。
2.5　本遺書原抄“妙法蓮華經妙音菩薩品第廿四”，從形態看，首尾均殘，僅有品題，所屬卷本卷次尚需考訂，今按照體例，著錄爲七卷本卷七。卷尾有敦煌古紙一張，20 世紀有人在上面僞造經文及尾題、題記。背面又用敦煌寫經殘片粘貼以爲裱補紙。爲體現本遺書這一特點，便於分析，特著錄爲 3 個文獻。
説明：該遺書背面目前有裱補紙 18 塊。其中 4 塊目前粘於務本 084 號 1 首部背面，尚未揭下。14 塊已經揭下。今將未揭下的 4 塊編入本號，而將揭下的 14 塊裱補紙合編爲務本 084 號背。
3.1　首全→大正 0262，09/0055A12。
3.2　尾殘→大正 0262，09/0056B18。
3.4　説明：
在七卷本《妙法蓮華經》中，“妙音菩薩品第廿四”爲卷首第一品。其首題一般寫作“妙法蓮花經妙音菩薩品第廿四，七”。但本遺書僅有經名品題，以下紙張殘缺，是否有“七”字，尚難斷定。從卷首殘况考察，頗疑該紙前有殘失，并不完整。又，按照敦煌遺書慣例，每卷第一紙抄寫 26 行，本遺書第一紙則抄寫 27 行；然寫經亦有行款不規範者，故僅 27 行一項不足以成爲判定卷本卷次的證據。凡此種種，本文獻所屬卷本、卷次尚需考訂，今暫按著錄體例，定爲七卷本卷七，詳情待考。
本號卷首背面現粘貼有裱補紙 4 張，
（1）首尾殘（覺已～億劫），7.5 釐米 ×27.5 釐米，4 行，行 17 字。《觀佛三昧海經》卷四，參見大正 0643，15/0666B15 ～ b19。6 世紀。南北朝寫本。未揭。
（2）首尾及上下殘（色光～佛及），5.2 釐米 ×6.4 釐米，3 行，行 5 字殘。《妙法蓮華經》卷六，參見大正 0262，09/0051C19 ～ 21。7 ～ 8 世紀。唐寫本。未揭。
（3）首尾及上下殘（伽人～中坐師），6.7 釐米 ×10.3 釐米，4 行，行 8 字殘。《妙法蓮華經》卷六，參見大正 0262，09/0051C25 ～ 28。7 ～ 8 世紀。唐寫本。未揭。
（4）首尾及上下殘，正面向裹粘貼，内容待考。
8　8 世紀。唐寫本。
9.1　楷書。
9.2　有刮改。
10　現代收藏於日本制木盒中。
盒蓋墨書：“妙法蓮華經妙音菩薩品第廿四，一卷。/”
盒蓋下粘貼粉紅色紙簽，上有紅筆寫伍倫拍賣編號“07”。
木盒一端外側粘貼紙簽，上有墨筆寫“第三十九號 / 妙法蓮華 / 經卷第十八 / 妙音菩 / 薩品第廿四 /”。
木盒中有白色紙簽，上有 2 行打印文字：“濱田德海搜集 / 中國古代寫經・寫本・文書コレクションの內。/”

1.1 務本 084 號 2……………………………… 三八八

1.3　妙法蓮華經卷十八及題記（擬）
1.5　濱田 039
2.4　本遺書由 3 個文獻組成，本號爲第 2 個，7 行。抄寫在正面。餘參見務本 084 號 1。
3.4　説明：
本遺書所用紙張爲敦煌藏經洞出土 8 世紀古紙。但所寫經文 3 行、尾題 1 行、題記 3 行，合計 7 行文字均爲 20 世紀僞造。
僞造文字的書寫特徵模仿得與原卷極爲相似，墨色調得與原卷幾乎一致，并不惜用唐寫經殘片作爲裱補紙粘貼在背面，企圖以此證明末紙確爲藏經洞敦煌遺書。僞造手法達到很高的水準，可以成爲研究 20 世紀僞造敦煌遺書的標本之一。
4.2　妙法蓮華經卷第十八（尾）。
7.1　卷尾有題記 3 行：“大唐武德六年（623 年）三月七日佛弟子朱善智 / 奉爲七世師尊父母敬造法華經一部 / 恭敬供養。/”爲現代僞造。
8　20 世紀。現代寫本。
9.1　楷書。
10　卷尾左下方有正方形陽文朱印，2.9 釐米 ×2.9 釐米，印文爲“德化李 / 氏凡將 / 閣珍藏 /”。
14.3《妙法蓮華經》卷七“妙音菩薩品”第二十四末尾文字，應爲如下（務本 084 號 1 現存部分，依照務本 084 號 1 行款書寫，并加行號）：
（1）“爾時，華德菩薩白佛言：‘世尊！是妙音菩薩，深 /
（2）種善根。世尊！是菩薩住何三昧而能如是在 /
（3）所變現，度脱衆生？’佛告華德菩薩：‘善男子！其 /
（4）三昧名現一切色身，妙音菩薩住是三昧中，/
（5）能如是饒益無量衆生。’説是《妙音菩薩品》時，與 /
（6）妙音菩薩具來者八萬四千人，皆得現一切色 /
（務本 084 號 1 至此换紙，以下按照每行 17 字，擬補行號）
（1）身三昧；此娑婆世界無量菩薩，亦得是三昧 /
（2）及陀羅尼。爾時，妙音菩薩摩訶薩 ‖ 供養釋迦 /
（3）牟尼佛及多寶佛塔已，還歸本土。所經諸國，/
（4）六種震動，雨寶蓮華，作百千萬億種種伎樂。/
（5）既到本國，與八萬四千菩薩，圍繞至淨華宿 /
（6）王智佛所，白佛言：‘世尊！我到娑婆世界饒益 /
（7）衆生，見釋迦牟尼佛，及見多寶佛塔。禮拜、供 /
（8）養。又見文殊師利法王子菩薩，及見藥王菩 /
（9）薩、得勤精進力菩薩、勇施菩薩等，亦令是八 /
（10）萬四千菩薩得現一切色身三昧。’説是《妙音 /
（11）菩薩來往品》時，四萬二千天子得無生法忍，/
（12）華德菩薩得法華三昧。”/
（參見 CBETA2016，T09，no.0262，p.56b12–c1。）
現務本 084 號 1《妙法蓮華經》卷七“妙音菩薩品”第二十四末尾文字作（保留行款）：
（1）“爾時華德菩薩白佛言：‘世尊！是妙音菩薩，深 /
（2）種善根。世尊！是菩薩住何三昧而能如是在 /
（3）所變現，度脱衆生？’佛告華德菩薩：‘善男子！其 /
（4）三昧名現一切色身，妙音菩薩住是三昧中，/
（5）能如是饒益無量衆生。’説是《妙音菩薩品》時，與 /
（6）妙音菩薩具來者八萬四千人，皆得現一切色 /
（務本 084 號 1 到此换紙，以下爲務本 084 號 2 經文）
（1）身三昧；此娑婆世界無量菩薩，亦得是三 /
（2）昧及陀羅尼。爾時，妙音菩薩、‖ 華德菩薩摩 /
（3）訶薩問佛説已，恭敬圍繞，作禮而去。/”
（經文完）
亦即按照《妙法蓮華經》卷七“妙音菩薩品”第二十四之原文，務本 084 號 2 卷尾應該尚有經文 12 行。但因原卷殘缺，這 12 行經文亦缺失。作僞者手中雖有敦煌藏經洞所出敦煌古紙，但長度衹有

25.7 釐米，雖可勉强抄寫缺失的 12 行經文，但無法續寫尾題與題記，而尾題與題記，對作僞者提高寫卷身價，作用更爲重要。於是作僞者將原 12 行經文簡縮爲 3 行，具體方法是：尾紙第一行、第二行“‖”號以前照抄原文，然後加上請法者“華德菩薩”之名，并仿照佛經中流通分的慣例，加上“恭敬圍繞，作禮而去”，結束經文。紙張以下空白處，用來書寫尾題與題記。

務本 084 號 2 尾題作“妙法蓮華經卷第十八”。歷史上《妙法蓮華經》有二卷本、七卷本、八卷本、十卷本等，從無十八卷本。

由於用來接補的尾紙是藏經洞所出 8 世紀的紙張，故卷尾的“大唐武德六年（623）”的題記自然也不能成立。

1.1 務本 084 號背……………………………………三八九

1.3 裱補紙殘片（擬）

1.5 濱田 039

2.4 本遺書由 3 個文獻組成，本號爲第 3 個，著錄背面的 14 塊裱補紙。餘參見務本 084 號 1。

3.4 說明：

本遺書背面原有 24 塊敦煌遺書殘片，從現有狀態看，應分别屬於唐寫本《妙法蓮華經》卷六殘卷與南北朝寫本《觀佛三昧海經》卷四殘卷。作僞者爲了證明卷尾續接尾紙的真實性，不惜將上述兩種殘卷撕爲 24 塊，作爲裱補紙粘貼在背面。

由於各種原因，今按照體例著錄其中已經揭下、單獨編號的 14 號裱補紙。

（1）首尾及下殘（力～量無邊），8.1 釐米 ×11.7 釐米，7 行，行 3 字殘。《妙法蓮華經》卷六，參見大正 0262，09/0051C26 ～ 52A03。7 ～ 8 世紀。唐寫本。

（2）首尾及上下殘，1.7 釐米 ×2.5 釐米，3 行，行 2 字殘。僅餘殘字痕，難以辨認。可能爲“是二音～動其中”。從形態看，與《妙法蓮華經》卷六似爲同一遺書。參見大正 0262，09/0051C23 ～ 24。7 ～ 8 世紀。唐寫本。

（3）首尾及上殘（修羅～恭敬），6 釐米 ×9 釐米，6 行，行 2 字。《妙法蓮華經》卷六，參見大正 0262，09/0051C25 ～ 52A05。7 ～ 8 世紀．唐寫本。

（4）首尾及上下殘，1.7 釐米 ×3.2 釐米，2 行，僅餘 4 個殘字，可辨“界［地］”“婆［阿］”4 字。《妙法蓮華經》卷六，參見大正 0262，09/0051C24 ～ 25。7 ～ 8 世紀。唐寫本。

（5）首尾及上下殘（時諸天～釋迦），4.6 釐米 ×5.6 釐米，3 行，行 5 字殘。《妙法蓮華經》卷六，參見大正 0262，09/0052A02 ～ 04。7 ～ 8 世紀。唐寫本。

（6）首尾及上下殘（訶薩及～是已皆），3.3 釐米 ×3.4 釐米，3 行，行 3 字殘。《妙法蓮華經》卷六，參見大正 0262，09/0051 C29 ～ 52A02。7 ～ 8 世紀。唐寫本。

（7）首尾及下殘（彈指～迦樓羅），5 釐米 ×6.5 釐米，3 行，行 3 字殘。《妙法蓮華經》卷六，參見大正 0262，09/0051C23 ～ 25。7 ～ 8 世紀。唐寫本。

（8）首尾及上下殘（然後～睺羅），5.6 釐米 ×7.5 釐米，4 行，行 6 字殘。《妙法蓮華經》卷六，參見大正 0262，09/0051 C22 ～ 25。7 ～ 8 世紀。唐寫本。

（9）首尾及下殘（迦樓～現大），4.6 釐米 ×7.7 釐米，2 行，行 4 字殘。《妙法蓮華經》卷六，參見大正 0262，09/0051 C17 ～ 18。7 ～ 8 世紀。唐寫本。

（10）首尾及上下殘（衆恭敬～過此無），3.7 釐米 ×3.8 釐米，3 行，行 3 字殘。《妙法蓮華經》卷六，參見大正 0262，09/0052A01 ～ 03。7 ～ 8 世紀。唐寫本。

（11）首尾及上下殘（在寶［塔中］～尼佛既貝），3.7 釐米 ×5.5 釐米，3 行，行 4 字殘。《妙法蓮華經》卷六，參見大正 0262，09/0051 C28 ～ 52A02。7 ～ 8 世紀。唐寫本。

（12）首尾及上下殘（虚空～諸菩薩），5.5 釐米 ×8.4 釐米，3 行，行 8 字殘。《妙法蓮華經》卷六，參見大正 0262，09/0052A02 ～ 05。7 ～ 8 世紀。唐寫本。

（13）首尾及上下殘（樹下師～無量光），4.2 釐米 ×4.7 釐米，2 行，行 4 字殘。僅餘 8 個殘字。《妙法蓮華經》卷六，參見大正 0262，09/0051C20 ～ 21。7 ～ 8 世紀。唐寫本。

（14）首尾及上殘（婆～訶薩），3.9 釐米 ×5.8 釐米，2 行，行 3 字。《妙法蓮華經》卷六，參見大正 0262，09/0052A04 ～ 52A05。7 ～ 8 世紀。唐寫本。

1.1 務本 085 號……………………………………三九二

1.3 釋摩男經

2.1 163.5 釐米 ×24.3 釐米；5 紙；共 93 行，行 17 字。

2.2 01 : 28.0，16； 02 : 41.5，24； 03 : 41.5，24； 04 : 41.5，24； 05 : 11.0，05。

2.3 卷軸裝。首斷尾全。首紙有斷裂，卷面有水漬，接縫處稍有開裂。有墨欄。現代通卷托裱，接出護首及拖尾，後配尾軸。

3.1 首殘→大正 0054，01/0848B10。

3.2 尾全→大正 0054，01/0849B19。

4.2 佛說釋摩男經（尾）。

5 本經典，歷代經錄著錄作“釋摩男經”“釋摩男本經”“五陰因事經”，《大正藏》依《高麗藏》作“釋摩男本四子經”。

8 8 世紀。唐寫本。

9.1 楷書。“世”字缺筆。

10 現代通卷裝裱。接出藏青色底、金色龍紋織錦護首。配日式赭色縹帶。後配尾軸。

玉池有 23 行題跋：“斯物産於甘 / 肅敦煌縣，發 / 現在光緒二十 / 六年。經考 / 古家法人員 / 西亞查閱，確 / 係唐朝時代，/ 即唐僧佛 / 經。歐洲賽會 / 時，全球古物 / 以唐經墨汁 / 爲古物中不 / 可多得之墨 / 寶。前清西太 / 后曾電陜甘 / 總督全數收 / 歸國有。所尚 / 有遺漏之經 / 卷，被當地人 / 民私賣，以致 / 散佚不齊。/ 民國十九年（1930）夏。/ 曹善祥。/”

題跋前有兩枚印章：

（1）長方形陽文朱印，1.2 釐米 ×3.2 釐米，印文爲“爲善 / 最樂 /”。

（2）長方形陰文朱印，1 釐米 ×1.8 釐米，印文爲“賜壽 /”。

題跋後有正方形陰文朱印，1.8 釐米 ×1.8 釐米，印文爲“曹善 / 祥印 /”。

曹善祥，民國人物，生平待考。

經卷前有墨筆書“唐人寫佛說釋摩男經”。

收藏於日本制木盒中。

盒蓋上粘貼紙簽寫：“佛說釋摩男經，首欠。/”下有墨筆寫：“一卷。/”

盒蓋上紙簽下未粘牢處可見原墨寫文字：“西藏文字經。”下有墨筆寫：“一卷。/”

木盒中有白色紙簽，上有 2 行打印文字：“濱田德海搜集 / 中國古代寫經・寫本・文書コレクションの內。/”

木盒中附有復印紙一張，爲本號卷尾文字。又有從《佛書解說大辭典》復印關於本經資料一份。

卷首下邊有正方形陽文朱印，0.9 釐米 ×0.9 釐米，印文爲“務本 / 堂藏”。

卷題下有正方形陽文朱印，1.0 釐米 ×1.0 釐米，印文爲“方 / 廣錩 / 審定”。

1.1 務本 086 號……………………………………三九六

1.3 觀世音經

2.1 163.5 釐米 ×25 釐米；4 紙；共 86 行，行 17~19 字。

2.2 01 : 43.0，24； 02 : 49.5，28； 03 : 49.5，28； 04 : 21.5，06。

2.3 卷軸裝。首殘尾全。硬黄紙。首紙右下殘缺一大塊，卷面有水漬，多有殘破，首尾較爲嚴重。卷尾上端有蟲繭。卷背有現代修補。有墨欄。有燕尾。

3.1 首殘→大正 0262，09/0057A05。

3.2 尾全→大正 0262，09/0058B07。

4.2 觀世音經（尾）。

8 7 ～ 8 世紀。唐寫本。

9.1 楷書。

10 現代收藏於日本制木盒中。

盒蓋上貼簽條寫“觀世音經”。盒蓋有墨筆書“卷第十二，一卷”。

木盒一面貼編號“107”。

木盒一端外側粘貼有紙簽殘迹，上有原號碼，似爲“102 號”。

包裹卷子的白紙上有伍倫編號“25”。

木盒中有白色紙簽，上有兩行打印文字：“濱田德海搜集 / 中國古代寫經・寫本・文書コレクションの內。/”

卷首及卷尾背面均有圓形陽文朱印一枚，印文模糊難辨。

卷首下邊有正方形陽文朱印，0.9 釐米 ×0.9 釐米，印文爲“務本 / 堂藏”。

卷題下有正方形陽文朱印，1.0 釐米 ×1.0 釐米，印文爲“方 / 廣錩 / 審定”。

1.1 務本 087 號……………………………………四〇〇

1.3 維摩詰所說經卷一

2.1 575 釐米 ×24.6 釐米；13 紙；共 342 行，行 17 字。

2.2 01 : 16.0，09； 02 : 47.0，28； 03 : 47.0，28； 04 : 47.0，28； 05 : 47.0，28； 06 : 47.0，28； 07 : 47.0，28； 08 : 47.0，28； 09 : 47.0，28； 10 : 47.0，28； 11 : 47.0，28； 12 : 47.0，28； 13 : 42.0，25。

2.3 卷軸裝。首殘尾殘。經黄紙。首尾有殘破，卷面保存較好。有墨欄。現代通卷托裱，接出護首及拖尾。後配玉軸。

3.1 首殘→大正 0475，14/0537B23。

3.2 尾殘→大正 0475，14/0541C06。

8 7 ～ 8 世紀。唐寫本。

9.1 楷書。“世”字缺筆。

10 現代通卷托裱。卷首接出米色底，有藏青色、琥珀色、豆绿色等萬字菊紋織錦護首。有縹帶及玉别子。有牙白色雲紋、萬字紋織錦隔水。

卷尾接有拖尾。尾有玉軸頭。
收藏於日本制木盒中。
包裹卷子爲一塊黄色布料。
木盒上有白色紙簽，上有兩行打印文字：“濱田德海搜集 / 中國古代寫經・寫本・文書コレクションの内。/”
卷首下邊有正方形陽文朱印，0.9 釐米 ×0.9 釐米，印文爲“務本 / 堂藏”。
卷題下有正方形陽文朱印，1.0 釐米 ×1.0 釐米，印文爲“方 / 廣錩 / 審定”。

1.1 務本 088 號 1 ······································ 四一三

1.3 黄仕强傳（擬）
2.1 906.5 釐米 ×24.3 釐米；21 紙；共 506 行；行 15~18 字。
2.2 01 : 41.5，22； 02 : 40.5，24； 03 : 42.5，25； 04 : 43.0，25；
05 : 43.0，25； 06 : 43.0，25； 07 : 43.0，25； 08 : 43.0，25；
09 : 43.0，25； 10 : 43.0，25； 11 : 43.0，25； 12 : 43.0，25；
13 : 43.0，25； 14 : 43.0，25； 15 : 43.0，25； 16 : 43.0，25；
17 : 43.0，25； 18 : 43.0，25； 19 : 41.0，24； 20 : 48.0，28；
21 : 48.0，08。
2.3 卷軸裝。首全尾全。首紙下邊有殘缺，下邊有粉紅色水漬。有現代裱補。有墨欄。卷尾後配日本木軸。
2.4 本遺書包括 3 個文獻：（1）《黄仕强傳》（擬），36 行，抄寫在正面，今編爲務本 088 號 1。（2）《普賢菩薩説證明經》，171 行，抄寫在正面，今編爲務本 088 號 2。（3）《證香火本因經》，299 行，抄寫在正面，今編爲務本 088 號 3。
2.5 本遺書連續抄寫《黄仕强傳》（擬）、《普賢菩薩説證明經》、《證香火本因經》等 3 個文獻，其中《黄仕强傳》（擬）爲入冥故事，亦爲宣傳《普賢菩薩説證明經》的宣傳品。而《證香火本因經》始終與《普賢菩薩説證明經》合抄，故名稱後綴有“第二”。在長期流傳中，3 個文獻實際已經成爲一個整體，僅爲便於分析，按照體例著錄爲 3 個文獻。
3.4 説明：
《黄仕强傳》（擬），敦煌遺書中存有 10 餘號，敦煌學界亦有錄文與研究。本文獻行文略有參差，可供校勘。
本文獻原置於《普賢菩薩説證明經》之前，無題目。現題爲研究者所擬。本遺書的首題“證明經”，尾題“佛説證明經”，實爲“普賢菩薩説證明經”之簡稱。今按照抄寫順序，將首題著錄於此，而將尾題著錄在務本 088 號 3。
4.1 證明經（首）。
7.3 卷尾有 3 行雜寫：“品時衆中八萬四千衆生皆發無等等阿耨 / 多羅三藐三菩提心 /”，“觀音品經一卷 /”。
8 9 ~ 10 世紀。歸義軍時期寫本。
9.1 楷書。
10 現代卷尾後配日本木軸。
收藏於日本制木盒中。
盒蓋上有原寫文字後被去除痕迹。
包裹卷子的白紙上有濱田原編號“112”。
木盒中有白色紙簽，上有兩行打印文字：“濱田德海搜集 / 中國古代寫經・寫本・文書コレクションの内。/”
木盒中附有從《佛書解説大辭典》復印的相關資料。
卷首下邊有正方形陽文朱印，0.9 釐米 ×0.9 釐米，印文爲“務本 / 堂藏”。
尾卷空白處有正方形陽文朱印，1.0 釐米 ×1.0 釐米，印文爲“方 / 廣錩 / 審定”。
卷尾有正方形陽文朱印，1.6 釐米 ×1.6 釐米，印文爲“南海藏經”。

1.1 務本 088 號 2 ······································ 四一四

1.3 普賢菩薩説證明經
2.4 本遺書由 3 個文獻組成，本號爲第 2 個，171 行。抄寫在正面。餘參見務本 088 號 1。
3.1 首全→大正 2879，85/1362C15。
3.2 尾全→大正 2879，85/1364C18。
4.1 佛爲普賢菩薩説此證明經（首）。
5 與《大正藏》本對照，文字與《大正藏》本略有不同，可供校勘。
8 9 ~ 10 世紀。歸義軍時期寫本。
9.1 楷書。
9.2 有行間校加字。

1.1 務本 088 號 3 ······································ 四二一

1.3 證香火本因經第二
2.4 本遺書由 3 個文獻組成，本號爲第 3 個，299 行。抄寫在正面。餘參見務本 088 號 1。
3.1 首全→大正 2879，85/1364C20。
3.2 尾全→大正 2879，85/1368B19。
4.1 佛説香火本因緣經第二（首）。
4.2 佛説證明經（尾）。
5 與《大正藏》本對照，文字與《大正藏》本略有不同，可供校勘。
8 9 ~ 10 世紀。歸義軍時期寫本。
9.1 楷書。
9.2 有刮改。

1.1 務本 089 號 ······································ 四三四

1.3 羯磨
2.1 660.3 釐米 ×28.9 釐米；16 紙；共 395 行，行 16~18 字。
2.2 01 : 26.3，17； 02 : 43.0，27； 03 : 43.0，26； 04 : 43.0，27；
05 : 43.0，28； 06 : 43.0，28； 07 : 43.0，28； 08 : 43.0，24；
09 : 43.0，22； 10 : 43.0，24； 11 : 43.0，25； 12 : 43.0，26；
13 : 43.0，26； 14 : 43.0，22； 15 : 43.0，24； 16 : 32 .0，21。
2.3 卷軸裝。首殘尾殘。薄紙。卷首、尾上下有殘缺，卷面有水漬，上下邊破損較多，首尾尤重。背有現代裱補。有墨欄。有雙行小字夾注。現代已修整，接出拖尾。
3.1 首殘→大正 1433，22/1051C10。
3.2 尾殘→大正 1433，22/1057C15。
5 與《大正藏》本相比，文字有參差，可供校勘。
8 8 世紀，唐寫本。
9.1 楷書。“愍”字缺筆。
9.2 有刮改。有倒乙。有行間校加字。
10 現代已修整，接出拖尾。
收藏於日本制木盒中。
盒蓋上粘貼紙簽寫：“比丘羯磨文疏。/”
木盒一端外側有原粘貼紙簽殘迹。
包裹卷子的白紙上有濱田原編號“122”。
木盒中有白色紙簽，上有兩行打印文字：“濱田德海搜集 / 中國古代寫經・寫本・文書コレクションの内。/”
木盒中有從《佛書解説大辭典》復印的相關資料。
卷首下邊有正方形陽文朱印，0.9 釐米 ×0.9 釐米，印文爲“務本 / 堂藏”。
卷尾空白處有正方形陽文朱印，1.0 釐米 ×1.0 釐米，印文爲“方 / 廣錩 / 審定”。

1.1 務本 090 號 ······································ 四五〇

1.3 和菩薩戒文
2.1 39 釐米 ×27.8 釐米；1 紙；正面 20 行，行 15 ~ 18 字。背面 5 行，行 17 ~ 18 字。
2.3 卷軸裝。首全尾殘。卷面多有油污，有殘破及殘缺。
3.1 首全→大正 2851，85/1300B05。
3.2 尾殘→大正 2851，85/1300B28
4.1 和戒文（首）。
5 與《大正藏》相比，文字有參差，可供校勘。
7.3 卷背首有 4 行雜寫，因前一紙脱失，故第一行文字半殘，難以辨認，今録文如下：
“□…□龍華三會，/ 速證 < 無 > 無生。彌勒尊前，□明受記。見存眷屬，/ 福樂百年。過往亡靈，神生淨土。和南一切賢聖，/ 後（？）然念佛三匝。/”
卷背中有淡墨雜寫一行“深心渴仰專注法音。惟願戒”。卷末有淡墨雜寫一行，難以辨認，似與卷中雜寫内容相同。
8 9 ~ 10 世紀。歸義軍時期寫本。
9.1 楷書。
9.2 有斷句。有重文號。
10 原卷夾在塑料片中。附有從《鳴沙餘韵》復印的有關資料兩份。
夾中有白色紙簽，上有兩行打印文字：“濱田德海搜集 / 中國古代寫經・寫本・文書コレクションの内。/”下粘貼小紙簽，有濱田原編號“124”。
卷首下邊有正方形陽文朱印，0.9 釐米 ×0.9 釐米，印文爲“務本 / 堂藏”。
卷尾空白處有正方形陽文朱印，1.0 釐米 ×1.0 釐米，印文爲“方 / 廣錩 / 審定”。

1.1 務本 091 號 ······································ 四五一

1.3 瑜伽師地論義疏（擬）
2.1 92 釐米 ×29.2 釐米；2 紙；正面 66 行，行 23 ~ 28 字。背面 3 行，行 16 字。
2.2 01 : 46.0，33； 02 : 46.0，33。
2.3 卷軸裝。首脱尾脱。卷面有油污及破裂。背有古代裱補，上面有殘文書。有墨欄。小字本。
2.4 本遺書包括兩個文獻：（1）《瑜伽師地論義疏》（擬），66 行，抄寫在正面。今編爲務本 091 號。（2）《殘地契》（擬），3 行，抄寫在背面裱補紙上。今編爲務本 091 號背。

2.5 本遺書原抄《瑜伽師地論義疏》（擬），後因有殘破，從某作廢地契上剪下一紙，作爲裱補紙粘貼在背面。正背面文獻從内容看無邏輯聯系。今按照體例著録爲兩個文獻。
3.4 説明：
本文獻未爲歷代大藏經所收，亦未爲歷代經録所著録。乃 9 世紀歸義軍統治初期，敦煌地區著名沙門法成向弟子解説的《瑜伽師地論》卷一“本地分中意地第二之一”的記録。以往所知敦煌遺書中保存的法成向弟子解説的《瑜伽師地論》的記録共有兩種，一種爲“分門記”，一種爲“隨聽疏”。本遺書與上述兩種形態均不相同，乃隨文解義，故擬名爲“義疏”。本文獻爲研究敦煌地區佛教義學水平及沙門法成提供了新的資料。本文獻雖僅 66 行，但由於至今尚未發現第二號，故值得重視。
8 9 世紀。歸義軍時期寫本。
9.1 行楷。
9.2 有朱筆斷句。有朱筆、墨筆行間校加字。
10 收藏於日本制木盒中。
盒蓋上粘貼紙簽寫：“云何菩提斷卷。/”
木盒一端外側有原粘貼紙簽殘迹，上有號碼“1”。
包裹卷子的白紙上有伍倫編號“36”及濱田原編號“149”。
木盒中有白色紙簽，上有兩行打印文字：“濱田德海搜集 / 中國古代寫經・寫本・文書コレクションの内。/”
木盒中附有復印資料一份。
卷首下邊有正方形陽文朱印，0.9 釐米 ×0.9 釐米，印文爲“務本 / 堂藏”。
卷題下有正方形陽文朱印，1.0 釐米 ×1.0 釐米，印文爲“方 / 廣錩 / 審定”。

1.1 務本 091 號背……………………………… 四五三

1.3 殘地契（擬）
2.4 本遺書由兩個文獻組成，本號爲第 2 個，3 行。抄寫在背面。餘參見務本 091 號。
3.3 録文
（首殘）
◇…◇子東西十六步，南北三十五步，柒□…□ /
二十四（？）步，道西地◇◇◇地東西二十七［步］□…□ /
東西二十步，南北十一步半，園西◇地◇東□…□ /
（録文完）。
8 9 ~ 10 世紀。歸義軍時期寫本。
9.1 行楷。
9.2 有校改。